Alexander Zinn

Von »Staatsfeinden« zu »Überbleibseln der kapitalistischen Ordnung«

Homosexuelle in Sachsen 1933–1968

Berichte und Studien

Nr. 86

herausgegeben von
Thomas Lindenberger und Clemens Vollnhals
im Auftrag vom
Hannah-Arendt-Institut
für Totalitarismusforschung e.V.

Alexander Zinn

Von »Staatsfeinden« zu »Überbleibseln der kapitalistischen Ordnung«

Homosexuelle in Sachsen 1933–1968

V&R unipress

MIX
Papier aus verantwortungsvollen Quellen
FSC® C083411

Bibliografische Information der Deutschen Nationalbibliothek
Die Deutsche Nationalbibliothek verzeichnet diese Publikation in der Deutschen Nationalbibliografie; detaillierte bibliografische Daten sind im Internet über https://dnb.de abrufbar.

Umschlagabbildung: Private Netzwerke: Leipziger Freundeskreis in den 1930er-Jahren, Quelle: SächsStA Leipzig, Bestand 20114, Sign. 6922, Bl. 30.
Satz: Hannah-Arendt-Institut für Totalitarismusforschung, Dresden
Druck und Bindung: CPI books GmbH, Birkstraße 10, D-25917 Leck
Printed in the EU.

Vandenhoeck & Ruprecht Verlage | www.vandenhoeck-ruprecht-verlage.com

ISSN 2366-0422
ISBN 978-3-8471-1322-5

Inhaltsverzeichnis

Vorwort

»Weder aufgeklärt noch gesühnt«, mit diesen Worten prangerte der Dresdner Nervenarzt und Homosexuellenaktivist Rudolf Klimmer 1966 an, dass der »nazistische Massenmord an Homosexuellen« in der DDR ignoriert und sogar ehemaligen KZ-Häftlingen der Status eines »Opfers des Faschismus« verweigert werde.[1] Anlass dieser Beschwerde war ein Feature von Radio Bremen unter dem Titel »Der rosa Winkel«, das im Juni desselben Jahres ausgestrahlt worden war – einer von vielen kleinen Schritten, mit denen die Aufarbeitung der nationalsozialistischen Homosexuellenverfolgung in der Bundesrepublik begann. Freilich sollte es auch hier noch fast zwanzig Jahre dauern, bis mit Bundespräsident Richard von Weizsäcker 1985 schließlich ein hoher Repräsentant des Staates das Unrecht anerkannte, das schwulen Männern während der NS-Zeit widerfahren war.[2] Zur Aufhebung der Verurteilungen nach dem von den Nationalsozialisten erheblich verschärften »Homosexuellenparagrafen« 175 des Strafgesetzbuches kam es bekanntermaßen erst im Jahr 2002 und die Urteile, die in der Nachkriegszeit gefällt worden waren, hob der Deutsche Bundestag erst 2017 auf. Noch zurückhaltender waren die Entschädigungsregelungen, die seit den 1980er-Jahren erlassen wurden und die Homosexuelle bis heute als NS-Opfer zweiter Klasse behandeln.[3]

Für Homosexuelle brachte das Jahr 1945 nicht die ersehnte Befreiung. Im Gegenteil, die Verfolgung kam schon bald wieder in Gang und das galt sowohl für Ost- wie auch für Westdeutschland. Noch bis Ende der 1960er-Jahre wurden schwule Männer in beiden deutschen Staaten strafrechtlich verfolgt, in der Bundesrepublik galt die NS-Fassung des § 175 unverändert fort, in der DDR kehrte

1 Schreiben vom 15.10.1966 (BArch, DP/1/2488, Bl. 45).

2 Rede vom 8.5.1985 (https://www.bundespraesident.de/SharedDocs/Reden/DE/Richard-von-Weizsaecker/Reden/1985/05/19850508_Rede.html; 21.12.2020).

3 Vgl. Alexander Zinn, »Aus dem Volkskörper entfernt«? Homosexuelle Männer im Nationalsozialismus, Frankfurt a.M. 2018, S. 530f.

man 1950 zwar zur »milderen« Fassung aus dem Jahr 1871 zurück, doch auch hier behielt man den von den Nationalsozialisten geschaffenen § 175a bei, der die sogenannte »qualifizierte« Homosexualität mit besonders harten Strafen bedrohte. Damit einher gingen die Repression schwuler und lesbischer Subkulturen und eine Stigmatisierung, die das alltägliche Leben erheblich einschränkten und ein ausgefeiltes Stigma-Management notwendig machten. Vor diesem Hintergrund verwundert es nicht sehr, dass auch die Geschichtswissenschaft lange brauchte, um sich dem Thema anzunähern. Die ersten Initiativen zur Aufarbeitung erwuchsen aus der in den 1970er-Jahren neugegründeten Lesben- und Schwulenbewegung – mit all den Problemen, die mit solcher Forschung einhergehen: Von der Verklärung einer »heldenhaften« Bewegungsgeschichte bis zur Dramatisierung des »Martyriums« der Verfolgten. Auch Klimmers Rede vom »nazistischen Massenmord« muss man vor diesem Hintergrund betrachten. Dass wir heute wissen, dass Homosexuelle gerade nicht zu den Verfolgtengruppen gehörten, die einem »Massenmord« zum Opfer fielen, ist letztlich aber Homosexuellenaktivisten wie Klimmer zu verdanken, die irgendwann begannen, die »eigene« Geschichte aufzuarbeiten. Erst seit den späten 1980er-Jahren verlagerte sich die einschlägige Forschung mehr und mehr in den akademischen Bereich der Universitäten. Doch trotz einiger Fortschritte kann Bernd-Ulrich Hergemöllers Feststellung aus dem Jahr 1999, zumindest die »deutschsprachige Historiographie« sei »noch weit davon entfernt, das Thema Homosexualitäten als gleichberechtigten und notwendigen Bestandteil des Wissenschaftskanons wahrzunehmen, zu akzeptieren und zu institutionalisieren«, auch heute noch Gültigkeit beanspruchen.[4]

Zur NS-Zeit war vor allem in den frühen 1990er-Jahren eine ganze Reihe Publikationen erschienen, die das Thema erkundeten und viele Forschungslücken aufzeigten.[5] In den folgenden Jahren wurde noch eine Reihe von Regionalstudien veröffentlicht, die sich auf Großstädte konzentrierten.[6] Dann jedoch erschien die Forschung schon wieder zu erlahmen, neue Impulse waren selten. Erst in

4 Bernd-Ulrich Hergemöller, Einführung in die Historiographie der Homosexualitäten, Tübingen 1999, S. 10.

5 Vgl. Burkhard Jellonnek, Homosexuelle unter dem Hakenkreuz. Die Verfolgung von Homosexuellen im Dritten Reich, Paderborn 1990; Claudia Schoppmann, Nationalsozialistische Sexualpolitik und weibliche Homosexualität, Pfaffenweiler 1991; Günter Grau (Hg.), Homosexualität in der NS-Zeit. Dokumente einer Diskriminierung und Verfolgung, Frankfurt a. M. 1993.

6 Vgl. Frank Sparing, »... wegen Vergehen nach § 175 verhaftet«. Die Verfolgung der Düsseldorfer Homosexuellen während des Nationalsozialismus, Düsseldorf 1997; Andreas Pretzel/Gabriele Roßbach, »Wegen der zu erwartenden hohen Strafe ...«. Homosexuellenverfolgung in Berlin 1933–1945, Hg. vom Kulturring in Berlin e. V., Berlin 2000; Stefan Micheler/Moritz Terfloth, Homosexuelle Männer als Opfer des Nationalsozialismus in Hamburg. Materialien zur Geschichte gleichgeschlechtlichen Lebens in Hamburg. Band 1, Hamburg 2002; Jürgen Müller, Ausgrenzung der Homosexuellen aus der Volksgemeinschaft. Die Verfolgung von Homosexuellen in Köln 1933–1945, Köln 2003.

jüngster Zeit rückt das Thema wieder ins Blickfeld, wobei inzwischen weniger das Verfolgungsprogramm der Machthaber im Fokus steht, sondern mehr nach dessen praktischer Umsetzung und nach den Auswirkungen auf das alltägliche Leben von Schwulen und Lesben gefragt wird. Nachdem sich die Forschung zunächst auf Metropolen wie Berlin, Hamburg, Düsseldorf und Köln konzentriert hatte, werden nun zunehmend Flächenländer untersucht. So erschienen in den letzten Jahren Berichte zu Rheinland-Pfalz und Hessen sowie Studien zu Thüringen und Baden-Württemberg.[7] Dabei wurden auch gängige Annahmen der bisherigen Forschung hinterfragt, zum Beispiel hinsichtlich des Anzeigeverhaltens der Bevölkerung, der Praxis der KZ-Einweisungen durch die Kriminalpolizeistellen oder der Situation lesbischer Frauen im Nationalsozialismus. Hinzu traten eher neue Forschungsfragen, zum Beispiel nach der Durchschlagskraft des Verfolgungsprogramms, den Unterschieden der Verfolgungspraxis in Stadt und Land oder nach den Formen und Bedingungen des Stigma-Managements Homosexueller.[8]

Zu den Studien, die neuen Fragestellungen nachgehen, zählt auch die hier vorgelegte Arbeit zu Alltag und Verfolgung Homosexueller in Sachsen. Der Impuls zu diesem Projekt kam von der Dresdner Gleichstellungsbeauftragten und dem christlichen Stammtisch des Vereins Gerede e. V., die im Herbst 2016 eine Gedenkfeier für die im Nationalsozialismus verfolgten Homosexuellen ausrichteten. Umgesetzt werden konnte das Forschungsvorhaben durch das Hannah-Arendt-Institut für Totalitarismusforschung e. V. an der TU Dresden (HAIT) dank einer Finanzierung durch das Wissenschaftsministerium des Freistaates Sachsen. Inhaltlich wurde mit dem Vorhaben in verschiedener Hinsicht »Neuland« betreten: Zum einen wurden NS- und Nachkriegszeit gemeinsam untersucht: Mit der Erweiterung des Blickwinkels um die beiden Dekaden bis zur Abschaffung des § 175 im Jahr 1968 wurde ein Untersuchungszeitraum gewählt, der die historischen Höhepunkte der Verfolgung Homosexueller umfasst, einer Verfolgungspolitik, die überdies von zwei diktatorischen Regimen geprägt wurde. Das ermöglichte es, Kontinuitäten wie auch Brüche dieser Politik herauszuarbeiten. Aber auch mögliche Zusammenhänge von autoritärer Herrschaft und Verfolgung aufgrund der sexuellen Identität konnten so in den Blick genommen

---

7 Vgl. Zinn, Volkskörper; Günter Grau/Kirsten Plötz, Verfolgung und Diskriminierung der Homosexualität in Rheinland-Pfalz, Mainz 2017 (https://mffjiv.rlp.de/fileadmin/MFFJIV/Vielfalt/RLP_unterm_Regenbogen/Forschungsbericht_gesamt.pdf; 8.12.2020); Kirsten Plötz/Marcus Velke, Aufarbeitung von Verfolgung und Repression lesbischer und schwuler Lebensweisen in Hessen 1945–1985, Wiesbaden 2018 (https://soziales.hessen.de/sites/default/files/media/hsm/forschungsbericht_aufarbeitung_verfolgung.pdf; 8.12.2020); Julia Noah Munier, Lebenswelten und Verfolgungsschicksale homosexueller Männer in Baden und Württemberg im 20. Jahrhundert, Stuttgart 2021.

8 Vgl. insbes. Zinn, Volkskörper; ders. (Hg.), Homosexuelle in Deutschland 1933–1969. Beiträge zu Alltag, Stigmatisierung und Verfolgung, Göttingen 2019.

werden, so insbesondere die 1951 von dem Juristen Richard Lange aufgeworfene Frage, ob die Homosexuellenverfolgung nicht »typisch totalitär war«.[9] »Neuland« war in diesem Kontext auch, dass die Auswirkungen der bislang erst rudimentär erforschten DDR-Homosexuellenpolitik auf eine bestimmte Region untersucht wurden. Von besonderem Interesse waren dabei nicht nur die Verfolgungspraxis von Polizei und Justiz, sondern auch die Folgen für das alltägliche Leben von Schwulen und Lesben und somit die Frage, wer in welchem Maße von der Verfolgung betroffen war und inwieweit sich der Alltag veränderte. »Neuland« war schließlich aber auch der Ansatz, einen Schwerpunkt der Untersuchung bei möglichen Unterschieden der Verfolgungspraxis in Stadt und Land zu setzen. Dafür eignete sich Sachsen ganz besonders, handelt es sich doch um ein Flächenland, das sowohl von pulsierenden Großstädten als auch von Klein- und Mittelstädten in eher ländlich strukturierten Regionen geprägt ist. Anknüpfend an die Untersuchung des Verfassers zu Thüringen, die – im Vergleich zu Metropolen wie Berlin oder Hamburg – deutliche regionale Besonderheiten der Verfolgung zutage gefördert hatte, ergab sich somit die Chance, diese Ergebnisse anhand einer anderen Region mit gemischterer Besiedlungsstruktur zu überprüfen.

Viele der Thüringer Ergebnisse bestätigten sich auch in Sachsen. So insbesondere die Erkenntnis, dass das von Gestapo-Chef Heinrich Himmler initiierte Verfolgungsprogramm kein Selbstläufer war. Ganz im Gegenteil: Die lokale Umsetzung bereitete erhebliche Probleme, weil die Flut von Anweisungen, die aus der 1936 geschaffenen »Reichszentrale zur Bekämpfung der Homosexualität« in die Provinz schwappte, die örtlichen Kriminalpolizeistellen nicht selten überforderte. Vor allem in ländlichen Regionen, deren Polizeibehörden ohnehin weniger einschlägige Erfahrungen hatten als die Sittendezernate der Großstädte, kam die gewünschte Verfolgung nur mühsam in Gang und der massive Druck Himmlers, der die Homosexuellenverfolgung zum Maßstab für »die Tüchtigkeit der Kriminalpolizei« erklärte, hatte hier mitunter eine eher kontraproduktive Wirkung.[10] Nicht immer erwiesen sich die lokalen Akteure bei Polizei und Justiz also als die »willigen Vollstrecker«, als die man sie heute oft sieht. Die Gestapo versuchte zwar, lokale Defizite durch den Einsatz von »Sonderkommandos« und »Spezialsachbearbeitern« auszugleichen, die die Ermittlungen für ein paar Monate übernahmen und die örtlichen Polizeikräften »anleiten« sollten. Eine nachhaltige Wirkung hatten solche Einsätze aber nur selten. Kurz: Das von Himmler initiierte

9 Richard Lange war seit 1943 Juraprofessor an der Universität Jena und 1945 maßgeblich an der Ausarbeitung des neuen thüringischen Strafgesetzbuches beteiligt, mit dem man zum alten § 175 zurückkehrte. 1949 wechselte er an die Freie Universität Berlin, 1951 dann an die Kölner Universität. Vgl. Zinn, Volkskörper, S. 503 und 507; Richard Lange, Anmerkung zum BGH-Urteil vom 13.3.1951. In: Juristenzeitung, 6 (1951) 17, S. 562–564, hier 563.

10 Richtlinien vom 11.5.1937 (HStA Marburg, Bestand 180 Eschwege, Nr. 1718, Bl. 105–113, hier 112R).

Verfolgungsprogramm drohte gerade an seiner Maßlosigkeit zu scheitern. Dennoch wurden in Sachsen tausende schwule Männer zu Gefängnisstrafen verurteilt, mehrere hundert wurden schließlich sogar in Konzentrationslager eingewiesen.

In der Praxis gingen die meisten Ermittlungsverfahren allerdings nicht auf Kripo-Aktivitäten zurück, sondern auf Anzeigen aus der Bevölkerung. Dies ließ sich in Sachsen sowohl für die Großstadt Leipzig wie auch für das eher kleinstädtisch und ländlich geprägte Umland nachweisen und ist insofern ein bemerkenswerter Befund, als die bisherige Forschung ein entsprechendes Anzeigeverhalten zwar für Großstädte, nicht aber für eher ländlich geprägte Regionen nachweisen konnte.[11] Auf den ersten Blick scheint sich hier also das Bild einer sich selbstüberwachenden »Volksgemeinschaft« zu bestätigen, das die NS-Forschung der vergangenen beiden Jahrzehnte geprägt, aber auch kontroverse Debatten ausgelöst hat.[12] Bei genauerer Betrachtung zeigt sich allerdings, dass die hohen Anzeigequoten im Kontext der Homosexuellenverfolgung weniger Ausdruck einer Ausgrenzung von Minderheiten aus einem vermeintlich homogenen »Volkskörper« waren. Zumindest fällt es schwer, die Motive der Anzeigeerstatter auf das Schlagwort »Homophobie« zu reduzieren. Denn die meisten Anzeigen wurden im Kontext tatsächlicher oder vermeintlicher »Jugendverführung« erstattet, oft von den Jugendlichen selbst, die sich von sexuellen Avancen Homosexueller belästigt fühlten, mitunter aber auch von deren Angehörigen oder Arbeitskollegen, die sich um die »gesunde« sexuelle Entwicklung der jungen Männer sorgten. Auch dies ist ein Beispiel dafür, dass eine differenzierte Analyse mitunter komplexere Befunde zeitigt, als es so manche Theorie über die Herrschaftsstrukturen des NS-Staates erwarten lässt.

Eher überraschende Ergebnisse zeigten sich auch im Hinblick auf die Nachkriegszeit: Nach einer reformorientierten Phase kam die strafrechtliche Verfolgung hier ab Anfang der 1950er-Jahre wieder in Schwung, wobei sich Polizei und Justiz zunächst bemühten, die Einschränkung des § 175, die das Oberste Gericht der DDR verfügt hatte, zu umgehen. Bis Mitte der 1960er-Jahre standen auch »gewöhnliche« Homosexuelle weiter im Visier der Verfolgungsbehörden. Obwohl die Verfolgungsintensität in diesen Fällen geringer war als in der Bundesrepublik, wo die NS-Fassung des § 175 unverändert in Kraft blieb, erwies sich die verbreitete Annahme, die DDR habe die Verfolgung der »einfachen« Homosexualität spätestens mit dem Strafrechtsergänzungsgesetz von 1957 eingestellt, als eine nicht

11 Vgl. Zinn, Volkskörper, S. 536f.

12 Vgl. Robert Gellately, Die Gestapo und die deutsche Gesellschaft. Zur Entstehung einer selbstüberwachenden Gesellschaft. In: Detlef Schmiechen-Ackermann (Hg.), Anpassung, Verweigerung, Widerstand. Soziale Milieus, politische Kultur und der Widerstand gegen den Nationalsozialismus in Deutschland im regionalen Vergleich, Berlin 1997, S. 109–121; Frank Bajohr/Michael Wildt, Volksgemeinschaft. Neue Forschungen zur Gesellschaft des Nationalsozialismus, Frankfurt a.M. 2012.

zu belegende Legende. Wenig Beachtung fand in der einschlägigen Forschung bislang auch, dass in der DDR seit Ende der 1950er-Jahre sogenannte »Gesellschaftsgerichte« entstanden, die die reguläre Justiz mit »Erziehungsmaßnahmen« unterstützten. Die »Gesellschaftsgerichte« kamen neben Disziplinarkammern und Parteigerichten zum Einsatz, um Homosexualität auch in Beruf und Alltag zu sanktionieren und die »Erziehung« zu einem den »moralischen Anschauungen der Werktätigen« genügenden Lebenswandel zu gewährleisten. Anders als im Strafrecht scheinen von solchen Sanktionen, die von Exmatrikulationen bis zu Berufsverboten reichten, auch lesbische Frauen betroffen gewesen zu sein, was die Homosexuellenpolitik der DDR ebenfalls in einem neuen Licht erscheinen lässt.

Kurz: Die vorliegende Studie hat neben der regionalgeschichtlichen Aufarbeitung auch eine ganze Reihe von Erkenntnissen zutage gefördert, die gängige Perspektiven modifizieren und neue Forschungsfragen aufwerfen. Dem Anliegen Klimmers, die Verfolgung Homosexueller endlich in den Blick zu nehmen und »aufzuklären«, konnte, wenn auch mit 50-jähriger Verspätung, nun auch im Hinblick auf Sachsen Genüge getan werden. Freilich bleiben weiterhin viele Fragen offen, die noch einer eingehenderen Erforschung bedürfen. Insofern ist zu hoffen, dass diese Untersuchung dazu beiträgt, Forscherinnen und Forscher zu neuen Studien zu inspirieren. Die Geschichte der Homosexualitäten, das hat das sächsische Projekt erneut vor Augen geführt, ist nicht nur ein »Orchideenthema«, sondern ein äußerst komplexes Forschungsfeld von gesamtgesellschaftlicher Relevanz. Auch wenn es eine Binsenweisheit ist, kann sie nicht oft genug wiederholt werden: Der Umgang mit gesellschaftlichen Minderheiten sagt vor allem etwas über die Mehrheit aus. Wenn wir also die Geschichte der Stigmatisierung, Ausgrenzung und Verfolgung Homosexueller schreiben, schreiben wir in erster Linie die Geschichte der moralischen, politischen und sozialpsychologischen Verfasstheit der Mehrheitsgesellschaft.

Ausdrücklich bedanken möchte ich mich an dieser Stelle bei der ehemaligen sächsischen Wissenschaftsministerin Eva-Maria Stange, bei der Dresdner Gleichstellungsbeauftragten Alexandra-Kathrin Stanislaw-Kemenah, beim stellvertretenden Direktor des Hannah-Arendt-Institutes Clemens Vollnhals und bei Markus und Paul Raschka vom christlichen Stammtisch, die dieses Projekt auf den Weg gebracht haben. Mein besonderer Dank gilt den Zeitzeugen Frank Paul und Rainer Falz, die offenherzig über ihr Leben und über den Alltag Homosexueller in Dresden berichteten, Fabia Speth, Christopher Mäbert, Susanne zur Nieden und Raimund Wolfert, die die Recherchen tatkräftig unterstützten, Eckhard Prinz, der mir Einsicht in den Nachlass von Rudolf Klimmer gewährt hat und den Mitarbeitern der sächsischen Staatsarchive, die mir viele wertvolle Hinweise gegeben haben.

Dresden im Dezember 2020 Alexander Zinn

I. Die Verfolgung Homosexueller auf Reichsebene 1933–1945

1. Die ideologischen Motive der Verfolgungspolitik

Prägend für das Homosexuellenbild der Nationalsozialisten waren die Vorstellungen des »Reichsführers SS« und späteren Chefs der Geheimen Staatspolizei (Gestapo) Heinrich Himmler. Schon in jungen Jahren setzte er sich mit dem Thema auseinander. Großen Einfluss auf ihn hatten die Theorien des in den 1920er-Jahren vieldiskutierten Schriftstellers Hans Blüher. 1922 las er Blühers Buch über die »Rolle der Erotik in der männlichen Gesellschaft«, das ihn zugleich verstörte und faszinierte. So notierte er am 4. März 1922 in seinem Tagebuch: »In dem Buch gelesen, es packt und rüttelt einen im Tiefsten, man möchte zur Frage kommen, was hat das Leben für einen Zweck, es hat aber einen. – Tee. Studiert. Abendessen. Wieder gelesen. […] Übungen. ½ 11 Uhr Bett, unruhig geschlafen.«[1] Mit seiner These, Homoerotik sei konstitutiv für Männerbund und Staat, knüpfte Blüher an zeitgenössische Männerbundtheorien an.[2] Sie war aber auch eine Antwort auf die »Eulenburg-Affäre«, die von dem Vorwurf bestimmt gewesen war, ein Kreis Homosexueller übe auf den deutschen Kaiser einen ungünstigen Einfluss aus und untergrabe damit die Verteidigungsfähigkeit des Reiches.[3] Demgegenüber

1 Zit. nach Peter Longerich, Heinrich Himmler. Biographie, München 2008, S. 59.

2 Ein wichtiger Einflussfaktor war Heinrich Schurtz hymnisch aufgenommenes Werk über »Altersklassen und Männerbünde«, in dem dieser zwischen familiärem »Geschlechtsverband« und männlichem »Geselligkeitsverband« unterschied, wobei er dem Letzteren eine herausragende Rolle im Zivilisationsprozess zuschrieb. Ein weiterer Einflussfaktor war Benedict Friedländers »Renaissance des Eros Uranios«, in dem dieser die gleichgeschlechtliche Liebe »als Grundlage der Socialität« beschrieb. Heinrich Schurtz, Altersklassen und Männerbünde. Eine Darstellung der Grundformen der Gesellschaft, Berlin 1902, S. 14; Benedict Friedländer, Die Renaissance des Eros Uranios. Die physiologische Freundschaft, ein normaler Grundtrieb des Menschen und eine Frage der männlichen Gesellungsfreiheit, Schmargendorf-Berlin 1904, S. 211–252.

3 Vgl. Norman Domeier, Der Eulenburg-Skandal. Eine politische Kulturgeschichte des Kaiserreichs, Frankfurt a. M. 2010.

Abb. 1: Hans Blüher 1907; Quelle: Archiv der deutschen Jugendbewegung, N4, Nr. 16.

versuchte Blüher, Homosexualität und Staatlichkeit positiv zu verbinden: Während in der »heterosexuellen Liebesrichtung die Tendenz zur Absonderung« liege, wirke »die invertierte [homosexuelle] Richtung stets sozialisierend«. Unbewusste Homoerotik wie auch ausgelebte Homosexualität erklärte er nicht nur zum Bindeglied von Männerbünden wie dem Wandervogel, er betrachtete sie als »die Grundlage der Staatenbildung«.[4] Die zentrale Figur dabei war der »Männerheld«, in Blühers Augen der ideale Staatsmann, dessen erotischer Strahlkraft Jünglinge und Männer reihenweise erlägen. Aufgrund ihrer »Heldenliebe« zu ihm könne er nicht nur seine politischen Ziele verfolgen, sondern auch mit seinen »päderastischen Wünschen offen hervortreten, sie durchsetzen, aber nicht das mindeste dadurch an Autorität verlieren«.[5]

So fasziniert Himmler von Blühers Thesen auch war: Er zog aus ihnen ganz andere Schlüsse, als es diesem Kämpfer für die Rechte Homosexueller recht sein konnte. In seiner Leseliste notierte er: »Dass es eine männliche Gesellschaft geben muss, ist klar. Ob man es als Erotik bezeichnen kann, bezweifle ich. Auf jeden Fall ist die reine Päderastie eine Verirrung eines degenerierten Individuums, da sie naturwidrig ist.«[6] Himmler entwickelte schließlich eine eigene Theorie, die Blühers Thesen auf den Kopf stellte: Ihm erschien die Homosexualität als eine Bedrohung des Staates, den er ebenso wie Blüher als eine Domäne des Mannes betrachtete. Homosexuelle Männer strebten in seinen Augen danach, staatliche Strukturen zu unterwandern, was diese aber nicht, wie Blüher meinte, stärke, sondern im Gegenteil zur »Zerstörung des Staates« führe.[7] In diesem Punkt zeigte sich Himmler auch stark beeinflusst von den um die Jahrhundertwende populären Dekadenztheorien, die den Untergang des Römischen Reiches und anderer mächtiger Staaten auf eine Ausbreitung der Homosexualität zurückführten.[8] Damit verbunden war die Vorstellung vom »Päderasten«, der »in normalem Geschlechtsgenuss übersättigt« sei und »zunächst und zumeist Knaben nachstellt und sie an Leib und Seele verdirbt«, wie es der Psychiater Richard Krafft-Ebing 1898 formuliert hatte.[9]

---

4 Hans Blüher, Die deutsche Wandervogelbewegung als erotisches Phänomen. Berlin 1914. Zit. nach Faksimile-Nachdruck: Hans Blüher, Wandervogel 1 bis 3. Geschichte einer Jugendbewegung, Frankfurt a. M. 1976, S. 85 f.

5 Hans Blüher, Die Rolle der Erotik in der männlichen Gesellschaft, Jena 1917, S. 243. Vgl. auch ders., Die Rolle der Erotik in der männlichen Gesellschaft. Eine Theorie der menschlichen Staatsbildung nach Wesen und Wert. II. Band: Familie und Männerbund, Jena 1919, S. 217–224.

6 Zit. nach Longerich, Himmler, S. 59.

7 Heinrich Himmler, Geheimrede am 18.2.1937. In: ders., Geheimreden 1933 bis 1945 und andere Ansprachen. Hg. von Bradley F. Smith und Agnes F. Peterson, Frankfurt a. M. 1974, S. 93–104, hier 95.

8 Vgl. Zinn, Volkskörper, S. 66 f.

9 Richard von Krafft-Ebing, Psychopathia sexualis. Mit besonderer Berücksichtigung der conträren Sexualempfindung. Eine klinisch-forensische Studie. Zehnte, verbesserte und theilweise vermehrte Auflage, Stuttgart 1898, S. 347, 356 f., 367 f.

Sehr ausführlich schilderte Himmler die »dauernde Gefahrenquelle« einer Unterwanderung des nationalsozialistischen »Männerstaates« in einer Geheimrede am 18. Februar 1937 vor SS-Gruppenführern in Bad Tölz: »Wenn Sie an irgendeiner Stelle einen so veranlagten Mann im Männerstaat haben, der etwas zu sagen hat, können Sie mit Sicherheit drei, vier, acht, zehn und noch mehr gleichveranlagte Menschen finden; denn einer zieht den anderen nach, und wehe, wenn da ein oder zwei Normale unter diesen Leuten sind, sie werden in Grund und Boden verdammt, sie können machen was sie wollen, sie werden kaputtgemacht.« In den Augen Himmlers waren Homosexuelle eine verschworene Gemeinschaft, die das Leistungsprinzip durch »ein erotisches Prinzip« ersetzte. In dem Augenblick aber, wo »ein geschlechtliches Prinzip im Männerstaat von Mann zu Mann« einkehre, beginne »die Zerstörung des Staates«, so Himmler weiter. »Homosexualität bringt also jede Leistung, jeden Aufbau nach Leistung im Staat zu Fall und zerstört den Staat in seinen Grundfesten.«[10]

Das von Himmler entwickelte Bedrohungsszenario war eng verknüpft mit den Erfahrungen, die er mit seinem Vorgesetzten, dem homosexuellen SA-Stabschef Ernst Röhm, gemacht hatte. In den Augen Himmlers war Röhm der Prototyp eines Homosexuellen, der eine Clique Gleichveranlagter um sich sammele, mit der er zur Macht dränge. Die Ermordung Röhms und einiger anderer Homosexueller aus seinem engeren Führungszirkel, die Himmler im Juni 1934 im Auftrag Adolf Hitlers organisierte, wurde gegenüber der Öffentlichkeit denn auch als die Abwehr eines Putschversuches Homosexueller legitimiert. Dass es sich bei der Verknüpfung der angeblichen Putschabsichten Röhms mit einer homosexuellen Verschwörung eben nicht nur um »Propaganda«, sondern um ein aus den Thesen Blühers erwachsenes und zur Wahnvorstellung verkehrtes ideologisches Konstrukt handelte, zeigte sich daran, dass Himmler diese Linie auch intern gegenüber seinen Mitarbeitern vertrat. So berichtete der spätere Verwaltungschef des Geheimen Staatspolizeiamtes (Gestapa) Werner Best, Himmler habe bereits kurz nach der Mordaktion den versammelten SS-Führern erklärt, man sei nur »knapp der Gefahr entgangen, einen Staat von Urningen [Homosexuellen] zu bekommen«.[11]

Ideologisch eingebettet wurde dieses Bedrohungsszenario in die rassenpolitische Konzeption eines Überlebenskampfes des deutschen Volkes. In seiner Geheimrede stilisierte Himmler die Bekämpfung der Homosexualität zur »Lebensfrage jedes Volkes«.[12] Konkret nannte er zwei rassenideologische Motive:

10 Himmler, Geheimreden, S. 95 f.

11 Brief von Dr. Werner Best vom 28.6.1984. Zit. nach Jellonnek, Homosexuelle unter dem Hakenkreuz, S. 98.

12 Himmler, Geheimreden, S. 104.

Zum einen bedrohe die Homosexualität die Reproduktion der Bevölkerung, so dass, wenn sie nicht bekämpft werde, »unser Volk an dieser Seuche kaputtgeht«.[13] Denn homosexuelle Männer fielen als Erzeuger aus, was »den Geschlechtshaushalt Deutschlands in Unordnung bringt und zu einer Katastrophe wird«. Wesentlich intensiver beschäftigte Himmler allerdings die in seinen Augen drohende Unterwanderung des Staates durch Homosexuelle, was er ebenfalls rassenideologisch einordnete. So seien »die germanischen Völker und insbesondere das deutsche Volk« im Gegensatz zu anderen Völkern seit Jahrhunderten, wenn nicht sogar Jahrtausenden »männerstaatlich regiert«. Aus dieser von Himmler positiv gewerteten Tradition ergebe sich jedoch die besondere Gefahr, dass »dieser Männerstaat« jetzt »durch Homosexualität im Begriff« sei, »sich selbst kaputt zu machen«:[14] Die germanischen »Vorfahren« hätten dieses Problem durch »Auslöschen dieses anormalen Lebens« gelöst: »Das musste entfernt werden, so wie wir Brennnesseln ausziehen, auf einen Haufen werfen und verbrennen.« Heute sei »das leider, muss ich sagen, nicht mehr möglich«. Zumindest aber innerhalb der SS plädierte Himmler für eliminatorische Lösungen: Würden hier Homosexuelle ertappt, so würden sie »in ein Konzentrationslager gebracht« und dort »auf der Flucht erschossen«. Letztlich waren Himmlers Ausführungen zwar inkonsistent: Die angebliche Bedrohung der Zeugungskraft des deutschen Volkes hätte sich durch die Tötung Homosexueller jedenfalls nicht bekämpfen lassen. Dass es bei der Homosexualität ums Ganze ging, war für Himmler aber klar: »Wir müssen uns darüber klar sein, wenn wir dieses Laster weiter in Deutschland haben, ohne es bekämpfen zu können, dann ist das das Ende Deutschlands, das Ende der germanischen Welt.«[15]

Verbreitet wurde dieses Bedrohungsszenario nicht nur auf diversen Arbeitstagungen, sondern auch in einer im Frühjahr 1937 publizierten Artikelserie der SS-Zeitschrift »Das Schwarze Korps«. Zum Beispiel in einem Artikel vom 4. März, der unter der Überschrift »Das sind Staatsfeinde« erschien: »Sie [die Homosexuellen] sind Staatsverbrecher, weil sie nicht nur aus ›Neigung‹, sondern ebenso aus Zweckmäßigkeitsgründen immer mit ihresgleichen umgehen, sobald sie irgendwo eine leitende Stellung bekleiden und Vorgesetzte abhängiger Untergebener sind. Sie bilden einen Staat im Staate, eine geheime, den Interessen des Volkes zuwiderlaufende, also staatsfeindliche Organisation.« Wenig überraschend ist es, dass als Kronzeuge für diese These der »Wandervogelapostel Hans Blüher« angeführt wurde, dessen »Ideologie« sich »gegen den Bestand der Volksgemeinschaft« wende. Letztlich gipfelte der Artikel in der Forderung: »Nicht

13 Ebd., S. 93.

14 Ebd., S. 94.

15 Ebd., S. 97. Zur praktischen Umsetzung der Todesstrafe innerhalb der SS vgl. Zinn, Volkskörper, S. 325 f.

›arme, kranke Menschen‹ sind zu ›behandeln‹, sondern Staatsfeinde sind auszumerzen.«[16] In den meisten Presseveröffentlichungen wurde die Homosexuellenverfolgung hingegen mit plakativeren und eingängigeren Motiven gerechtfertigt. So insbesondere mit der Vorstellung, Homosexuelle verführten die »deutsche Jugend«, beraubten das deutsche Volk so seiner »Zeugungskraft« und bedrohten die Fortpflanzung und das angestrebte Bevölkerungswachstum.[17]

Im Kern zielte die nationalsozialistische Verfolgungspolitik weniger auf die »veranlagten« Homosexuellen, die in den Augen der Gestapo nur eine kleine Minderheit darstellten, sondern vor allem auf die breite Masse jener Männer in NS-Organisationen und »Männerstaat«, die nach Blühers Theorie besonders anfällig erschienen für Homoerotik und Homosexualität. Obgleich Himmler den »Männerstaat« für unverzichtbar hielt, sah er »in der gesamten Bewegung eine zu starke Vermännlichung und in dieser übertriebenen Vermännlichung das Saatbeet für die Homosexualität«.[18] Er hielt es offenbar für eine reale Gefahr, dass ein Großteil der Männer, aber auch »die ganze Jugend zur Homosexualität abwandert«.[19] Deren »Verführung« zu verhindern, war der eigentliche Zweck der Verfolgungsmaßnahmen, hätte eine solche in seinen Augen doch unweigerlich zur »Zerstörung des Staates« geführt.[20] Erst dieses Bedrohungsszenario macht plausibel, warum die NS-Führung die Homosexualität für »eine Staatsgefahr mindestens vom gleichen Umfange wie der Kommunismus« hielt und warum deren Verfolgung in den 1930er-Jahren zu einem der wichtigsten Aufgabengebiete der Gestapo wurde.[21]

2. Erste Verfolgungsmaßnahmen der Gestapo 1934/35

Mit der Ermordung Röhms war die Bahn frei für die von Himmler angestrebte Verfolgungspolitik. Im Geheimen Staatspolizeiamt in Berlin wurde bereits im Juli 1934 ein Sonderdezernat II 1 S eingerichtet, das sich mit der Nachbearbeitung des »Röhm-Putsches« beschäftigte und seine Aktivitäten bald auf die Bekämpfung der Homosexualität konzentrierte. Zweifellos sah Himmler die größte Gefahr in jenen Homosexuellen, die in Staat und Partei in Amt und Würden standen. Doch die Verfolgungsmaßnahmen, die die Gestapo im Herbst 1934 einleitete, richteten

16 O. V., Das sind Staatsfeinde. In: Das Schwarze Korps vom 4.3.1937, S. 1–2.
17 Vgl. Kapitel II.10.
18 Himmler, Geheimreden, S. 103.
19 Ebd., S. 98.
20 Ebd., S. 95.
21 Gestapo-Bericht vom 4.12.1935 (LHA Koblenz, Bestand 584/1, Nr. 8191, Bl. 31).

sich ohne Ansehen der Person gegen alle mutmaßlich homosexuellen Männer. So ordnete das Sonderdezernat am 24. Oktober 1934 in einem an alle Polizeibehörden versandten Telegramm die reichsweite Erfassung »sämtlicher Personen, die sich irgendwie homosexuell betätigt haben«, an. Namentliche Listen waren bis zum 1. Dezember einzureichen. »Um Zweifeln zu begegnen«, wurde eine Woche später in einem zweiten Telegramm präzisiert, dass nur »Männer« zu melden seien. Mitzuteilen sei auch die Mitgliedschaft in »politischen Organisationen«, ebenso sei auf homosexuelle »Verfehlungen, insbesondere von Seiten politischer Persönlichkeiten«, zu achten.[22] Insgesamt scheint diese erste Erfassungsaktion aber nur begrenzten Erfolg gehabt zu haben. Einige Polizeistationen teilten jedenfalls mit, dass »derartige Personen im hiesigen Dienstbezirk keine vorhanden« seien.[23]

Das Gestapo-Sonderdezernat versuchte nun, seine Ziele mit anderen Maßnahmen umzusetzen. Im Dezember 1934 begann die Berliner Gestapo, Razzien auf Homosexuelle durchzuführen. Dabei wurden Gaststätten, in der Folge aber oft auch Privatwohnungen durchsucht. Die Gestapo arbeitete nach dem »Schneeballprinzip«: Zunächst versuchte man, an bekannten Treffpunkten möglichst viele Homosexuelle festzunehmen, Amtshilfe leistete dabei auch die SS-Leibstandarte Adolf Hitler. Die Verhafteten wurden dann in das Geheime Staatspolizeiamt in der Prinz-Albrecht-Straße gebracht, wo sie oft »12 und mehr Stunden in den Gängen« stehen mussten, ohne auch nur ihre »Notdurft verrichten zu dürfen«. Während der Vernehmungen wurden sie beschimpft und misshandelt. Ziel war es, die Namen weiterer Homosexueller in Erfahrung zu bringen, die man dann zur Vernehmung vorlud oder mittels Hausdurchsuchung zu überführen versuchte. Nach ihrer Vernehmung wurden die Gefangenen »entweder entlassen oder in das sogenannte ›Kolumbia-Haus‹ (Tempelhof) gebracht«, von wo ein »sehr großer Teil« später »in das Konzentrationslager Lichtenburg« verschleppt wurde.[24] Die dortigen Zustände schilderte der Schauspieler Kurt von Ruffin später folgendermaßen: »Unten im Hof musste man dann erleben, dass Transvestiten, die gebracht wurden, die zwangsweise als Frauen reisen mussten, dann vor allen ausgekleidet und geprügelt wurden, gestoßen und geschunden, bis sie nackt waren. Die Bonzen, die SS-Schergen haben sich an der Verzweiflung dieser Menschen geweidet. Einer von ihnen – ich weiß nicht, wie er hieß – wurde zur Strafe in die Latrine, die unten war, wurde mit dem Kopf in die Kloake [gestoßen] und

22 Telegramme vom 24.10.1934 und 1.11.1934. In: Grau, Homosexualität in der NS-Zeit, S. 74.

23 Zit. nach Jellonnek, Homosexuelle, S. 111 f.

24 Anonymer Brief an Reichsbischof Müller vom 12.6.1935 (BA-MA, Film 1842/AN 5525 555–558).

erstickte da.«[25] Eine Darstellung, die nicht übertrieben sein dürfte. Gewalttätige Übergriffe und Todesfälle in den Konzentrationslagern Columbiahaus und Lichtenburg beschäftigten im Frühjahr 1935 auch das Reichsjustizministerium.[26]

Auch in anderen Regionen gab es Aktionen gegen die homosexuelle Szene. So kam es in Bayern bereits in der Nacht zum 21. Oktober 1934 zu einer ähnlichen Aktion. Dabei wurden 184 Personen festgenommen und erkennungsdienstlich behandelt. 24 homosexuelle Männer wurden in Polizeihaft genommen, 54 ins Konzentrationslager Dachau verschleppt. Nach einem Polizeibericht wurden sie dort »gesondert von allen übrigen Gefangenen in einer Baracke für sich untergebracht«: »Die Baracke ist auch in der Nacht hell erleuchtet. Ein ausreichender Wachdienst innerhalb der Baracke sorgt dafür, dass die Häftlinge während der Nacht sich einander nicht nähern können, untertags werden sie ganz besonders zu körperlicher Arbeit herangezogen. In der ersten Zeit ist beabsichtigt, sie auch in der Kost etwas kürzer zu halten, sodass ein gewisser Erfolg dieser Erziehungsmaßnahmen zu erwarten ist.«[27]

Im Frühjahr 1935 weitete dann auch das Gestapa seine Tätigkeit auf andere Regionen aus. Dazu wurden sogenannte »Sonderkommandos« entsandt, die vor Ort ermittelten. Seit März 1935 war ein solches Kommando in Frankfurt am Main im Einsatz. Entsetzt stellte der Berliner Kriminalbezirkssekretär Friedrich Fehling fest, dass es in den dortigen Straßen »von Strichjungen wimmelt, und zwar weit mehr als in Berlin«. Deren Vernehmung erwies sich allerdings als erfolgreicher Ermittlungsansatz: Bis Januar 1936 wurden 309 Strafverfahren eingeleitet.[28] Ein weiteres Sonderkommando wurde Mitte November 1935 nach Koblenz entsandt, um homosexuelle Vorkommnisse im Kloster Waldbreitbach aufzuklären.[29] In seiner Geheimrede vor SS-Gruppenführern erklärte Himmler 1937, die Gestapo hätte schon »in den ersten sechs Wochen unserer Tätigkeit auf

25 Kurt von Ruffin wurde im Dezember 1934 verhaftet und im Frühjahr 1935 schließlich wieder entlassen, angeblich, weil sich der Intendant des Deutschen Theaters, Heinz Hilpert, bei Himmler für ihn stark gemacht hatte. Kurt von Ruffin, Als schwuler Häftling in den KZs Columbiahaus und Lichtenburg 1935/36. Winfried Kuhn interviewt Kurt von Ruffin im Herbst 1978 in Berlin. In: Capri. Zeitschrift für schwule Geschichte, Berlin, 4 (1991, eigentlich Februar 1992) 13, S. 4–10, hier 7; vgl. auch Zinn, Volkskörper, S. 270.

26 So wurden am 22.3.1935 und 6.4.1935 die Homosexualitätsverdächtigen Heinz Hoppe und Kurt Wirtz im KZ Columbiahaus erschossen. Die Generalstaatsanwaltschaft beim Landgericht Berlin ermittelte, bis Hitler im Juli erklärte, »dass sämtliche Strafverfahren wegen der Vorfälle in Lichtenburg niederzuschlagen seien«. Vgl. Zinn, Volkskörper, S. 270.

27 Bericht über das Ergebnis der Razzia vom 27.10.1934, S. 1–3, hier 2 (BayHStA, MInn 72644, unpag., Akz. Nr. 2535 a 89).

28 Zit. nach Dieter Schiefelbein, Zur Verfolgung von Homosexuellen in Frankfurt/Main. In: Axel Ulrich/Renate Knigge-Tesche, Verfolgung und Widerstand in Hessen 1933–1945, Frankfurt a. M. 1996, S. 404–414, hier 408 f. Zu Fehling vgl. auch Zinn, Volkskörper, S. 586, Anm. 107.

29 Vgl. Hans Günter Hockerts, Die Sittlichkeitsprozesse gegen katholische Ordensangehörige und Priester 1936–1937, Mainz 1971, S. 4–6; Zinn, Volkskörper, S. 329 f.

diesem Gebiet im Jahre 1934 mehr Fälle dem Gericht zugeführt, als das gesamte Polizeipräsidium in Berlin in 25 Jahren«.[30] Tatsächlich waren es wohl hunderte, wenn nicht gar tausende schwule Männer, die im Herbst und Winter 1934/35 verhaftet und in vielen Fällen über Wochen und Monate hinweg in Konzentrationslagern inhaftiert wurden. Im Mai 1935 saßen noch mindestens 513 Homosexuelle in Gestapo-Gefängnissen, davon allein 325 im Konzentrationslager Lichtenburg. Das waren rund 80 Prozent aller Schutzhäftlinge, die sich damals in der »Obhut« des Gestapa befanden – ein klarer Hinweis darauf, welche Bedeutung diesem Aufgabenbereich beigemessen wurde.[31]

Obgleich die Verfolgungswelle von 1934/35 auf eine »Säuberung« von Partei und Staat zielte, traf sie meist ganz »gewöhnliche« Homosexuelle. Das zeigen nicht nur die wahllosen Verhaftungen bei Razzien in Kneipen, Hotels und an sonstigen Treffpunkten. Selbst die Ermittlungen, die sich ganz explizit gegen Homosexuelle in NS-Organisationen richteten, trafen im Ergebnis oft Männer, die mit der NS-Bewegung nichts zu tun hatten. Unter den Homosexuellen machte sich schließlich Panik breit. Das galt zumindest für jene, die von den Razzien direkt oder indirekt betroffen waren. So berichteten die »Basler Nachrichten« sogar über »eine ›Massenflucht‹ homosexueller Männer aus den großen Städten entweder auf das Land, vielfach aber auch ins Ausland«.[32] Viele wendeten sich an einen »bekannten Wissenschaftler«, der unter dem Pseudonym »Expertus« in einem Artikel des »Pariser Tageblattes« über die »Zuschriften der deutschen Homosexuellen« berichtete: »Seit einigen Wochen erhalte ich mündliche und schriftliche Berichte, aus denen hervorgeht, dass unter den homosexuell veranlagten Personen Deutschlands eine schwere Panik ausgebrochen ist. Sie gleicht ungefähr dem panischen Schrecken, der sich der deutschen Juden nach dem 1. April 1934, dem Boykotttage, bemächtigte.«[33] Andere beschwerten sich direkt bei den NS-Führern. So der Regierungsrat Erich Gisevius, der sich in mehreren Briefen an Hitler, Göring und fünf Reichsminister gegen die durch seine »Schutzhaft« im Columbiahaus und die darauf folgende Verurteilung bedingte »Doppelbestrafung« wendete.[34] Überliefert ist auch ein anonymer Brief vom 12. Juni 1935 an den evangelischen Reichsbischof Ludwig Müller: »In dem letzten halben Jahre werden in Berlin und im ganzen Reiche Razzien auf Homosexuelle oder als homosexuell Verdächtigte gemacht. Entweder holte man sie (wie vor etwa 1/2 Jahre) aus Lokalen bezw. man

---

30 Himmler, Geheimreden, S. 95 f. und 98.

31 Aufstellung über Schutzhaftfälle vom 11.5.–10.6.1935. In: Grau, Dokumente, S. 87–89.

32 O. V., Große Säuberung. In: Basler Nachrichten vom 19.12.1934, S. 2.

33 Die in dem Artikel dargebrachten Detailkenntnisse legen den Schluss nahe, dass es sich bei dem Autor um Magnus Hirschfeld gehandelt haben könnte. Vgl. Expertus, Die »Ausrottung« der Homosexuellen im Dritten Reich. In: Pariser Tageblatt vom 1.1.1935, S. 1 f.

34 Abschrift eines Briefes vom 5.8.1935 (Geheimes Staatsarchiv Preußischer Kulturbesitz, 90P, Nr. 66, Heft 1, Bl. 109–116, hier 114).

suchte sie in Wohnungen, auf der Straße usw.« Der Absender flehte Müller an: »Bitte helfen Sie. Melden Sie alles, was Sie hierdurch und noch von anderen Seiten erfahren, der höchsten Stelle [...] Man hat mir erzählt, dass unser herrlicher Führer solche Taten auf das Strengste bestrafen würde, falls ihm solche zu Ohren kommen. Ich bin der gleichen Meinung, denn Adolf Hitler will Gerechtigkeit und innigste Nächstenliebe verwirklicht wissen. Hier aber werden – durch diese schrecklichen Tatsachen – *täglich neue Staatsfeinde* erzogen. Das darf doch keinesfalls sein.«[35] Doch die Hoffnung, Reichsbischof Müller oder sogar der »Führer« selbst würden einschreiten, erwies sich als Illusion.

3. Die Verschärfung des § 175 im Jahr 1935

Die von Gestapo und SS initiierte erste Verfolgungswelle im Herbst und Winter 1934/35 entzog sich jeglicher rechtsstaatlichen Kontrolle. Und dennoch zeigte sich das Geheime Staatspolizeiamt bemüht, den Terror rechtsstaatlich zu bemänteln. Offiziell wurden die Maßnahmen deswegen verknüpft mit dem Versuch einer strafrechtlichen Verfolgung der Betroffenen nach § 175 des Strafgesetzbuches. Den meisten verhafteten Homosexuellen konnte man aber keine strafbaren Handlungen im Sinne des 1871 eingeführten Paragrafen nachweisen, denn dieser kriminalisierte nach der Rechtsprechung des Reichsgerichts nur »beischlafähnliche Handlungen«. Die wechselseitige Onanie war dagegen straffrei. Viele der Verhafteten räumten Letztere bei ihren Vernehmungen ein, bestritten aber weitergehende Handlungen. Juristisch konnte man sie so nicht belangen. Dieses »Manko« zwang das Reichsjustizministerium schließlich zum Handeln. So erklärte der Geheime Regierungsrat Dr. Leopold Schäfer später, »üble Erfahrungen der letzten Zeit« hätten es »angezeigt erscheinen lassen, die für die allgemeine Erneuerung des Strafrechts in Aussicht genommenen Verschärfungen der Vorschriften gegen die gleichgeschlechtliche Unzucht zwischen Männern vorweg in Kraft zu setzen«. Der größte »Mangel« des alten Paragrafen sei es gewesen, dass »nur beischlafähnliche Handlungen getroffen wurden, so dass Staatsanwaltschaft und Polizei gegen offensichtlichen gleichgeschlechtlichen Liebesverkehr zwischen Männern nicht einschreiten konnten, wenn sie solche Handlungen nicht nachweisen konnten«.[36]

Dass der Paragraf verschärft werden sollte, war bereits seit September 1934 beschlossene Sache. Der Berichterstatter der Strafrechtskommission Wenzeslaus Graf von Gleispach begründete die geplante Verschärfung damals vor allem mit

35 Anonymer Brief vom 12.6.1935 (BA-MA, Film 1842/AN 5525, Bl. 555–558). Hervorhebung im Original.

36 Leopold Schäfer, Die Einzelheiten der Strafgesetznovelle vom 28.6.1935. In: Deutsche Justiz, 97 (1935) 28, S. 994–999, hier 997.

einer angeblich drohenden »Verfälschung des öffentlichen Lebens«, womit er auf das Bedrohungsszenario zielte, Homosexuelle könnten den nationalsozialistischen »Männerstaat« unterwandern und zerstören. So würde sich »durch die Duldung der männlichen Homosexualität« eine »Verfälschung der Auffassungen und der Grundlage ergeben, auf der unser ganzes gesellschaftliches Leben ruht«. Ein homosexueller Mann könne »z. B. in seiner Betätigung im Amt durch Motive beherrscht werden, die nicht vorausgesehen werden können. Er ist sozusagen eine Frau im männlichen Gewand. Daraus entsteht das, was ich als Verfälschung des öffentlichen Lebens bezeichnen möchte.«[37] Doch erst die Verfolgungsmaßnahmen vom Herbst und Winter 1934/35 führten schließlich zu der Entscheidung, die Verschärfung des § 175 aus der allgemeinen Strafrechtsreform auszukoppeln und vorzuziehen. Seit März 1935 kam es zu mehreren Treffen, am 7. Mai teilte das Justizministerium dem Gestapa dann die endgültige Fassung des Paragrafen mit, die am 28. Juni 1935 schließlich auch vom Reichskabinett beschlossen wurde:[38]

§ 175
(1) Ein Mann, der mit einem anderen Mann Unzucht treibt oder sich von ihm zur Unzucht missbrauchen lässt, wird mit Gefängnis bestraft.
(2) Bei einem Beteiligten, der zur Zeit der Tat noch nicht einundzwanzig Jahre alt war, kann das Gericht in besonders leichten Fällen von Strafe absehen.

§ 175a
Mit Zuchthaus bis zu zehn Jahren, bei mildernden Umständen mit Gefängnis nicht unter drei Monaten wird bestraft:
1. ein Mann, der einen anderen Mann mit Gewalt oder durch Drohung mit gegenwärtiger Gefahr für Leib oder Leben nötigt, mit ihm Unzucht zu treiben, oder sich von ihm zur Unzucht missbrauchen zu lassen;
2. ein Mann, der einen anderen Mann unter Missbrauch einer durch ein Dienst-, Arbeits- oder Unterordnungsverhältnis begründeten Abhängigkeit bestimmt, mit ihm Unzucht zu treiben oder sich von ihm zur Unzucht missbrauchen zu lassen;
3. ein Mann über einundzwanzig Jahre, der eine männliche Person unter einundzwanzig Jahren verführt, mit ihm Unzucht zu treiben oder sich von ihm zur Unzucht missbrauchen zu lassen;
4. ein Mann, der gewerbsmäßig mit Männern Unzucht treibt oder von Männern sich zur Unzucht missbrauchen lässt oder sich dazu anbietet.[39]

---

37 Protokoll der 45. Sitzung der Strafrechtskommission vom 18.9.1934 (BArch, R 3001/20973, Bl. 531–533, hier 531 f.).

38 Jellonnek, Homosexuelle, S. 113, Anm. 138.

39 Gesetz zur Änderung des Strafgesetzbuchs vom 28.6.1935. In: RGBl. 1935, Teil I, S. 839 f. Vgl. auch Thomas Fuchs, Strafgesetzbuch für das Deutsche Reich vom 15. Mai 1871. Historisch-synoptische Edition 1871–2009, Mannheim 2010, S. 820 f.

Der alte Begriff der »widernatürlichen Unzucht« wurde im neuen § 175 durch den der »Unzucht« ersetzt. Dies bedeutete, dass nun jede »unzüchtige« Handlung zwischen Männern belangt werden konnte, soweit mit ihr eine »wollüstige Absicht« verknüpft war. Das schloss nicht nur die bislang straffreie wechselseitige Onanie ein. Theoretisch sollte nun bereits das »bloße Anschauen des geliebten Objekts« oder das »bloße Berühren« dafür ausreichen, bestraft zu werden. Auch das bisher straffreie »Streicheln, Umarmen, Küssen u. dgl.« wurde nun mit Gefängnis bedroht.[40] Neu geschaffen wurde § 175a, der »schwere Fälle« der Unzucht mit Zuchthausstrafen bis zu zehn Jahren bedrohte. Mit diesem Paragrafen wurde nicht nur die Nötigung und der Missbrauch eines Abhängigkeitsverhältnisses bestraft, sondern erstmals ein gesondertes Schutzalter für homosexuelle Handlungen geschaffen, indem der bislang nicht strenger sanktionierte Verkehr mit Jugendlichen oder Heranwachsenden zwischen 14 und 21 Jahren mit Zuchthausstrafen bedroht wurde. Besonders fragwürdig war diese Regelung deswegen, weil sie auch 18- bis 20-Jährige »schützte«, die nach dem damaligen Jugendgerichtsgesetz bereits als Erwachsene galten und voll strafmündig waren. Auch die sogenannte »gewerbsmäßige« Unzucht, das heißt die gleichgeschlechtliche Prostitution, wurde nun (anders als die heterosexuelle) unter Strafe gestellt.

Die Verschärfung des § 175 trat zum 1. September 1935 in Kraft. In einigen Großstädten standen Staatsanwaltschaften und Gerichte bereits in den Startlöchern, um das neue Recht anzuwenden. So kam es schon 1935 zu einem ersten sprunghaften Anstieg der Strafverfahren. Lag die Zahl der Urteile in den Jahren 1933 und 1934 noch um die 700, so erhöhte sie sich 1935 auf 1887. Dabei wurden einige der seit Herbst 1934 verhafteten Männer auch rückwirkend für sexuelle Handlungen verurteilt, die vor der Verschärfung noch gar nicht strafbar waren. Dies geschah, indem der Begriff der »beischlafähnlichen Handlung« neu definiert wurde, sodass er nun auch die wechselseitige Onanie mit einschloss. Damit wurde das Rückwirkungsverbot, demzufolge neue Gesetze nicht auf Handlungen angewendet werden durften, die vor dem Zeitpunkt der Gesetzesverkündung begangen worden waren, umgangen – ein eklatanter Verstoß gegen die bis 1933 geltenden Rechtsgrundsätze. Ein Verstoß allerdings, der höchstrichterlich abgesegnet wurde. So entschied das Reichsgericht am 1. August 1935, dass es künftig in »das Ermessen des Tatrichters« gestellt sei, ob er die wechselseitige Onanie als »beischlafähnliche Handlung« bewertet. Das Gericht war sich dabei »bewusst, dass es mit seiner Rechtsauffassung von der bisherigen Rechtsprechung des RG abweicht«. Nunmehr sei es jedoch angezeigt, »bei der Gesetzesauslegung den Wandel der Lebens- und Rechtsanschauung, den die Staatserneuerung mit sich gebracht hat, zu berücksichtigen«.[41]

40 Rudolf Klare, Homosexualität und Strafrecht, Hamburg 1937, S. 134 f.

41 Urteil vom 1.8.1935. In: RGSt, Band 69, S. 273–276, hier 274 f.

Die Verschärfung des § 175 löste eine Prozesslawine aus. 1936 stieg die Zahl der Verurteilungen auf 5060, im Jahr 1937 dann auf 7898. In den Jahren 1938 und 1939 hielt sie sich auf diesem relativ hohen Niveau. Betrachtet man die Verfolgungsintensität, zeigen sich allerdings deutliche regionale Unterschiede. So variierte die Anzahl der Verurteilungen pro 100000 Einwohner deutlich, wobei der Verfolgungsdruck in urbanen Regionen wesentlich höher war als im ländlichen Umfeld. So kam es im Jahr 1936 reichsweit zu 7,6 Verurteilungen pro 100000 Einwohner. In Berlin lag die Verfolgtenziffer mit 12,9 und in München mit 12,1 aber fast doppelt so hoch. In Sachsen war die Verfolgungsintensität mit 8,1 Urteilen leicht überproportional, in Thüringen dagegen mit nur 2,9 Urteilen pro 100000 Einwohner unterdurchschnittlich.[42] Bei den durch die Gerichte verhängten Strafen kam es zu einer erheblichen Verschärfung. Wurden vor 1933 noch relativ milde Strafen verhängt, meist Geldstrafen (22 %) oder geringe Freiheitsstrafen unter drei Monaten (52 %), so zeigte sich nach der Neufassung des § 175 eine deutlich härtere Gangart: 1936 war der Anteil der Geldstrafen auf 3,6 und der der geringen Freiheitsstrafen auf 16,7 Prozent gesunken. Dagegen dominierten nun Gefängnisstrafen von drei bis elf Monaten (47,2 %), die vor 1933 nur 20,9 Prozent ausgemacht hatten. In weiteren 27,4 Prozent der Fälle wurde sogar auf Gefängnis von einem Jahr und mehr erkannt, vor 1933 waren es nur 2,8 Prozent gewesen. Auf Zuchthausstrafen, die vorher nur in wenigen Ausnahmefällen verhängt worden, nach dem neu geschaffenen § 175a nun aber regulär möglich waren, wurde in immerhin 3,8 Prozent der Fälle erkannt. Die harte Urteilspraxis war auch deshalb bemerkenswert, weil die Verschärfung des § 175 zwar eine erhebliche Ausweitung der Tatbestandsmerkmale, aber keine Erhöhung des Strafrahmens vorsah. Die Richter, so muss man die Entwicklung deuten, handelten hier also oft in vorauseilendem Gehorsam gegenüber den neuen Machthabern.[43]

4. Die Reichszentrale zur Bekämpfung der Homosexualität

Mit der Verschärfung des § 175 waren die juristischen Voraussetzungen für eine exzessive strafrechtliche Verfolgung homosexueller Männer geschaffen. Bei SS und Gestapo war man aber überzeugt, dass »die Führung des Kampfes nicht der Kriminalpolizei überlassen bleiben kann, dass sie vielmehr Aufgabe der politischen Macht und deren vollstreckender Gewalt, der politischen Polizei, ist«.[44]

42 Vgl. Kriminalstatistik für die Jahre 1919–1931. Bearbeitet im Reichsjustizministerium und im Statistischen Reichsamt, Bände 320, 346, 311, 354, 320, 328, 335, 347, 370, 384, 398, 429, 433, Berlin 1927–1934. Vgl. dazu auch Kapitel II.2, Grafik 2.

43 Vgl. Zinn, Volkskörper, S. 303 f. sowie Grafik 20b, S. 681.

44 So die von der Reichsführung der SS herausgegebene Zeitschrift »Das Schwarze Korps«. O. V., Ächtung der Entarteten. In: Das Schwarze Korps vom 1.4.1937, S. 11.

Nicht nur, weil man auch weiterhin unterstellte, Homosexuelle seien grundsätzlich »staatsfeindlich eingestellt«.[45] Die Zuständigkeit der Gestapo wurde auch mit strukturellen Defiziten bei den regulären Verfolgungsbehörden begründet. So beklagte Himmler in seiner Geheimrede, »dass wir einfach nicht so viele Beamte und so viele Richter haben, die wir darauf ansetzen müssten«.[46]

Um dieses Defizit auszugleichen, setzte der frisch gekürte »Chef der deutschen Polizei« auf eine noch stärkere Steuerung der Verfolgungspolitik aus Berlin. Es ging darum, »die politische Macht« mit noch größerer Vehemenz »dort einzusetzen, wo die Kriminalistik versagen musste«. Nicht zuletzt auch deswegen, weil man mehr vorhatte als bloße Strafverfolgung: »Die gestellte politische Aufgabe erschöpft sich ja nicht in der Bestrafung derjenigen, die eine kriminelle Handlung vorgenommen haben, sie umschließt auch erzieherische Bemühungen und schließlich eine Erfolgskontrolle«.[47] Steuern sollte dieses ambitionierte Programm die »Reichszentrale zur Bekämpfung der Homosexualität und der Abtreibung«, die Himmler am 10. Oktober 1936 gründete. Zum Leiter wurde Josef Meisinger berufen, der zuvor schon das entsprechende Gestapo-Sonderdezernat geleitet hatte. Organisatorisch war die Reichszentrale dem Preußischen Landeskriminalpolizeiamt angegliedert, aus dem 1937 das Reichskriminalpolizeiamt hervorging. Der Dienstsitz war in den ersten Jahren jedoch im Gestapa, um mit dem dort neu errichteten Sonderreferat II S, das von Meisinger in Personalunion geleitet wurde, »eine schnelle Zusammenarbeit zu gewährleisten«. Der Zuwachs an Bedeutung, die der Homosexuellenverfolgung beigemessen wurde, spiegelte sich auch im Anwachsen des Personals für dieses Aufgabengebiet. Verfügte Meisinger im Sonderreferat nur über vier Mitarbeiter, so standen ihm bei der Reichszentrale wohl mehrere Dutzend Kriminalbeamte zur Verfügung.[48]

Noch am Tag der Gründung wurden sämtliche Staats- und Kriminalpolizeistellen in einem Geheimerlass angewiesen, an der »Bekämpfung dieser Volksseuchen« (Homosexualität und Abtreibung) mitzuwirken. Aufgabe der Reichszentrale sei es, die »zentrale Erfassung und eine wirksame Bekämpfung dieser Vergehen nach einheitlichen Richtlinien sicherzustellen«. Unter anderem solle sie künftig eine »Reichskartei für Abtreiber und Strichjungen« führen. Die Bearbeitung der einzelnen Delikte obliege »grundsätzlich der örtlich zuständigen Kriminalpolizei«, soweit »staatspolizeiliche Maßnahmen erforderlich werden«, seien diese beim Gestapa »anzuregen«. Die Reichszentrale sei im Übrigen »befugt, Anweisungen über die Fortführung der Ermittlungen zu geben oder sie selbst weiterzuführen«. Neben »Strichjungen« und »Jugendverführern« sollten vor al-

45 Vernehmungsprotokoll vom 12.1.1937 (PAAA, Sign. 005763, unpag.).
46 Himmler, Geheimreden, S. 93 und 102.
47 O. V., Das sind Staatsfeinde! In: Das Schwarze Korps vom 4.3.1937, S. 1.
48 Vgl. Grau, Dokumente, S. 122 und 141–146.

lem homosexuelle Mitglieder von NS-Organisationen, Wehrmachtsangehörige, Ordensmänner, Beamte, Juden und Männer, die vor der Machtübernahme eine »führende Stellung« hatten, erfasst werden.[49] Ende 1939 waren bereits 33 000 Homosexuelle registriert, 1940 waren es dann 42 000.[50]

Hauptaufgabe der Reichszentrale war es, die Verfolgung Homosexueller durch die örtlichen Behörden zu initiieren und koordinieren. Dazu wurden weitere Anordnungen erlassen und spezielle Arbeitstagungen veranstaltet. So wurden die Staats- und Kriminalpolizeistellen am 9. Februar 1937 nochmals auf »die Wichtigkeit der Materie« hingewiesen. Diese erfordere »mehr als bisher eine fachkundigere Bearbeitung durch die Spezialbeamten der Staats- und Kriminalpolizeistellen. Um dies zu gewährleisten, ersuche ich im Rahmen des Möglichen um stärkere Einsetzung der Spezialbeamten in allen wichtigen Fällen.«[51] Im Frühjahr 1937 fanden dann verschiedene Tagungen statt, bei denen Himmler umfangreiche »Richtlinien zur Bekämpfung der Homosexualität und Abtreibung« vorstellte. Darin wurden homosexuelle Männer als »Staatsfeinde« tituliert, die »als solche zu behandeln« seien. Die Bedeutung des ganzen Themas unterstrich der »Chef der deutschen Polizei« mit dem Hinweis, er werde »die Tüchtigkeit der Kriminalpolizei in Zukunft nach den Erfolgen auf diesen Gebieten beurteilen, da er die Bekämpfung der Homosexualität und der Abtreibung für eine der wichtigsten staatspolizeilichen Aufgaben erachte«.[52] Ein Hinweis, der bei einzelnen Beamten einen solchen Diensteifer hervorrief, dass sie nicht nur als Agent provocateur auftraten, sondern auch sexuelle Handlungen ausübten, um Homosexuelle zu überführen. So beklagte der Frankfurter OLG-Präsident, dass ein Kriminalbeamter »seinen eigenen Geschlechtsteil von einem Homosexuellen hat in den Mund nehmen lassen«.[53] Nachdem auch das Reichsjustizministerium derartige Methoden monierte, ließ Himmler die betroffenen Beamten »über die Unzulässigkeit ihres Verhaltens« belehren.[54]

Allerdings betrieben nicht alle Polizeibehörden die Homosexuellenverfolgung mit dem Nachdruck, den man sich in Berlin wünschte. Die Reichszentrale entsandte deswegen immer wieder »Sonderkommandos« mit Gestapobeamten des Homosexuellendezernats in die Provinz. Diese übernahmen vorübergehend die Ermittlungstätigkeit, offenbar mit dem Ziel, die örtliche Kriminalpolizei anzuleiten und zu einem entschiedeneren Vorgehen zu motivieren. In der Praxis verlief die Zusammenarbeit jedoch nicht immer reibungslos, mitunter kam es auch zu

---

49 Geheimerlass vom 10.10.1936. In: ebd., S. 122–125.

50 Berichte der Reichszentrale für die Jahre 1938–1940. In: ebd., S. 154 f.

51 Geheimerlass vom 9.2.1937. In: ebd., S. 135 f.

52 Richtlinien vom 11.5.1937 (HStA Marburg, Bestand 180 Eschwege, Nr. 1718, Bl. 105–113, hier 112R).

53 Lagebericht vom 2.9.1937 (BArch, R 3001/21460, Bl. 23–32).

54 Schreiben vom 24.1.1938 und Antwortschreiben vom 7.6.1938. In: Grau, Dokumente, S. 191–196.

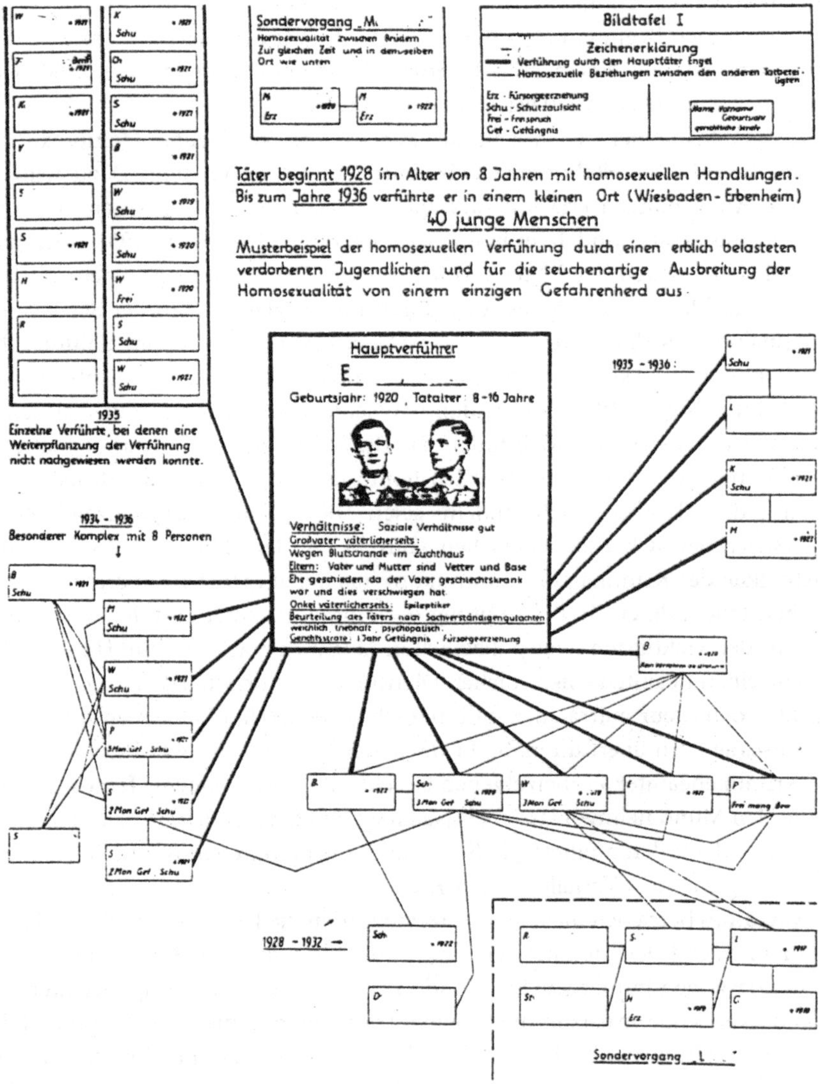

Abb. 2: »Musterbeispiel« für »seuchenartige Ausbreitung der Homosexualität«; Quelle: William Knopp/ Walter Rätz, Kriminalität und Gefährdung der Jugend. Lagebericht bis zum Stande vom 1. Januar 1941. Hg. vom Jugendführer des Deutschen Reiches, Berlin 1941, S. 91.

Kompetenzstreitigkeiten zwischen Gestapo, Kripo und Staatsanwaltschaft. Wie weit das gehen konnte, zeigte der Einsatz eines Sonderkommandos in Hamburg. Hintergrund war wohl, dass dort im Jahr 1935 »nur« 86 Männer nach § 175 verurteilt worden waren, während es in (dem allerdings auch wesentlich größeren) Berlin bereits 277 waren. Das Sonderkommando begann seine Arbeit am 24. Juli 1936 mit Razzien in Homosexuellenlokalen. Einige hundert Männer wurden festgenommen und teilweise in das KZ Fuhlsbüttel eingewiesen. Auch der bisher für die Homosexuellenverfolgung zuständige Kriminaloberinspektor Rudolf Förster wurde in »Schutzhaft« genommen, das Dezernat F 36 der Hamburger Kriminalpolizei entmachtet: Im September 1936 wurde die Homosexuellenverfolgung zunächst der Hamburger Gestapo übertragen, im Sommer 1937 übernahm die Aufgabe dann die neu gegründete Abteilung K 24 der Hamburger Kripo. Der »Erfolg« der Aktion war eindeutig: 1936 wurden mit 402 Männern fast fünfmal so viele verurteilt wie 1935.[55] Zu weiteren Einsätzen von Sonderkommandos kam es in Berlin, Frankfurt, Koblenz, Duisburg, Essen und Bielefeld, später folgten Einsätze in Düsseldorf, Köln und Rudolstadt.[56] Meist gingen die Gestapobeamten mit den bereits vom Herbst 1934 bekannten brachialen Methoden vor, zu denen auch Gewaltanwendung und die Erpressung von Geständnissen gehörten. Der Einsatz der »Sonderkommandos« führte letztlich dazu, dass die Verfolgungstätigkeit an den Einsatzorten – zumindest vorübergehend – angeheizt wurde. So zeigten sich in den Anklagestatistiken deutliche regionale Unterschiede, in denen sich vor allem der »örtlich verschiedene Einsatz der Sonderkommandos der Gestapo« widerspiegelte, wie in den Berichten des Reichsjustizministeriums immer wieder betont wurde.[57]

5. Die Inhaftierung Homosexueller in Konzentrationslagern

Wurde die Inhaftierung Homosexueller in Konzentrationslagern 1934/35 noch als vorübergehende »erzieherische Maßnahme« verstanden, so rechtfertigte man sie seit 1937 zunehmend als dauerhaftes Präventionskonzept. Für Himmler war die Frage, was mit Homosexuellen nach Verbüßung einer Gefängnisstrafe geschah, von großer Bedeutung, schließlich kam »der Homosexuelle« in seinen Augen »aus dem Gefängnis genauso homosexuell heraus, wie er hineingekommen« ist.[58] Da

55 Vgl. Stefan Micheler, Selbstbilder und Fremdbilder der »Anderen«. Männer begehrende Männer in der Weimarer Republik und der NS-Zeit, Konstanz 2005, S. 314–317 und 323–328; Sparing, Vergehen, S. 84 f.

56 Vierteljahresberichte des Reichsjustizministeriums (BArch, R 3001/21165). Vgl. auch Zinn, Volkskörper, S. 299 und 371 f.

57 Vierteljahresberichte des Reichsjustizministeriums (BArch, R 3001/21165).

58 Himmler, Geheimreden, S. 98 f.

eine KZ-Einweisung aller Homosexuellen, deren Zahl man auf zwei Millionen schätzte, aber offenbar unpraktikabel erschien, bedurfte es einer Differenzierung. 1937 setzte sich schließlich eine Unterteilung in »Verführer« und »Verführte« durch, die mit dem Bild der Homosexualität als »Seuche« korrespondierte und eine Identifizierung derjenigen ermöglichen sollte, bei denen die präventive Einweisung in Konzentrationslager vorzunehmen war. Die SS-Zeitschrift »Das Schwarze Korps« charakterisierte die »Verführer« folgendermaßen: »Ihre Gefährlichkeit übersteigt jede Vorstellungskraft. Vierzigtausend Anormale, die man sehr wohl aus der Volksgemeinschaft ausscheiden könnte, sind, wenn man ihnen Freiheit lässt, imstande, zwei Millionen zu vergiften.«[59] Mit solchen Thesen wurde der Boden bereitet für die Einweisung tausender homosexueller Männer in die nationalsozialistischen Straf- und Konzentrationslager: Während die »Verführten« über die normale Strafverfolgung nach § 175 auf den »rechten Weg« kommen sollten, wollte man die »Verführer« künftig »aus der Volksgemeinschaft ausscheiden«. Das wurde teilweise schon bei der Vollstreckung der Gefängnisstrafen praktiziert. So wurden besonders jene Homosexuellen, die man zu hohen Freiheitsstrafen verurteilt hatte, in die Moorlager des Emslandes und andere Strafgefangenenlager eingewiesen. Die Haftbedingungen in diesen Lagern, die unter der Verwaltung des Reichsjustizministeriums standen, ähnelten denen in den Konzentrationslagern. Anders als in den von der SS verwalteten KZs wurden die Häftlinge nach Ablauf ihrer Haftzeit aber entlassen.

Als »rechtliche« Grundlage der KZ-Einweisungen diente nicht nur die staatspolizeiliche Maßnahme der »Schutzhaft«, die auch schon vor einer Verurteilung verhängt werden konnte, wenn, so die schwammige Formulierung, »durch Art und Umfang des Verhaltens der Täter zugleich die öffentliche Sicherheit und Ordnung unmittelbar gefährdet ist«. Im Dezember 1937 wurde auch die sogenannte Vorbeugungshaft eingeführt, die von der Kriminalpolizei angeordnet werden konnte und die ebenfalls eine Einweisung ins Konzentrationslager nach sich zog. In Vorbeugungshaft genommen werden konnten in der Regel nur »Gewohnheitsverbrecher«, die dreimal zu mindestens sechs Monaten Zuchthaus oder Gefängnis verurteilt worden waren.[60] In einem Erlass vom 12. Juli 1940 stellte das Reichssicherheitshauptamt (RSHA) schließlich klar, dass »in Zukunft alle Homosexuellen, die mehr als einen Partner verführt haben, nach ihrer Entlassung aus dem Gefängnis in polizeiliche Vorbeugungshaft zu nehmen« waren.[61] Betroffen

59 O. V., Das sind Staatsfeinde! In: Das Schwarze Korps vom 4.3.1937, S. 1.

60 Erlass vom 14.12.1937. In: Vorbeugende Verbrechensbekämpfung. Erlaßsammlung. Schriftenreihe des Reichskriminalpolizeiamtes. Hg. vom Reichssicherheitshauptamt, Nr. 15, Berlin 1941 (BArch, RD 19/28-15, Bl. 41-44a, hier 42a).

61 Runderlass vom 12.7.1940 (ebd., Bl. 196).

davon war fortan ein großer Teil, vermutlich bis zur Hälfte der Strafentlassenen. Nach welchen Kriterien die Kriminalpolizeistellen die KZ-Häftlinge auswählten, ist bislang kaum erforscht worden. Daten aus Köln und die Ergebnisse dieser Untersuchung deuten aber darauf hin, dass vor allem diejenigen betroffen waren, die dem Konstrukt des »Verführers« am besten entsprachen: Zum einen Prostituierte, zum anderen Männer, die wegen »Jugendverführung« oder wegen Kindesmissbrauchs verurteilt worden waren.[62]

In den Konzentrationslagern wurden Homosexuelle besonders gekennzeichnet, zunächst unter anderem mit einem großen A wie im KZ Lichtenburg, später, nach Einführung einheitlicher Häftlingskategorien ab etwa 1938, mit dem »Rosa Winkel«. Die Behandlung durch die SS-Mannschaften war oft außerordentlich grausam. So wurden homosexuelle Häftlinge grundsätzlich in die sogenannten Strafkompanien eingewiesen, in denen die Lebensbedingungen noch schlechter waren als im restlichen Lager. In Sachsenhausen waren das die Strafkompanie »Schuhläufer«, die Tongrube und das Klinkerwerk, in Dachau die Kiesgrube, in Buchenwald war es der Steinbruch.[63] Überdies gab es Zeiten, in denen »die SS den Homosexuellen besondere Aufmerksamkeit schenkte und deren Vernichtung systematisch organisierte«, wie der ehemalige Häftling Conrad Finkelmeier in seinem Erlebnisbericht über Buchenwald und Ravensbrück schrieb.[64] So lässt sich für den Sommer 1942 in verschiedenen Konzentrationslagern eine Häufung der Todesfälle unter den Rosa-Winkel-Häftlingen feststellen. In Sachsenhausen kam es zu einer Mordaktion, der fast alle dort inhaftierten Homosexuellen zum Opfer fielen. Nachdem man sie von der Isolierung ins Außenlager Klinkerwerk verlegt hatte, wurden von Juli bis September 1942 mindestens 200 homosexuelle Männer umgebracht. In Buchenwald wurde von Juni bis September 1942 fast die Hälfte der damaligen Rosa-Winkel-Häftlinge getötet. Und auch in Ravensbrück, wo im März ein Transport mit 33 Homosexuellen aus Buchenwald eintraf, kamen im Frühjahr und Sommer 1942 auffällig viele homosexuelle Männer ums Leben.[65]

---

62 Vgl. Kapitel II.11.

63 Vgl. Rüdiger Lautmann/Winfried Grikschat/Egbert Schmidt, Der rosa Winkel in den nationalsozialistischen Konzentrationslagern. In: Rüdiger Lautmann (Hg.), Seminar: Gesellschaft und Homosexualität, Frankfurt a. M. 1977, S. 325–365, hier 340; Joachim Müller, »Wie die Bewegung, so die Verpflegung«. Die Strafkompanie Schuhläufer. In: Joachim Müller/Andreas Sternweiler (Hg.), Homosexuelle Männer im KZ Sachsenhausen, Berlin 2000, S. 181–189; Wolfgang Röll, Homosexuelle Häftlinge im Konzentrationslager Buchenwald 1937–1945. In: Olaf Mußmann (Bearb.), Wissenschaftliche Tagung. Homosexuelle in Konzentrationslagern. Vorträge, Bad Münstereifel 2000, S. 94–104; Albert Knoll, Homosexuelle Häftlinge im KZ Dachau. In: Mußmann, Wissenschaftliche Tagung, S. 59–71, hier 62–66.

64 Conrad Finkelmeier, Die braune Apokalypse. Erlebnisbericht eines ehemaligen Redakteurs der Arbeiterpresse aus der Zeit der Nazityrannei, Weimar 1947, S. 141.

65 Zinn, Volkskörper, S. 315.

Ziel des gesamten KZ-Systems war die sogenannte »Vernichtung durch Arbeit«. Für die homosexuellen Häftlinge spielte aber auch der Gedanke der »Umerziehung« eine Rolle. Vorrangig sollte die homosexuelle Veranlagung »ausgemerzt« werden, wenn dies nicht gelang, war die »Vernichtung« des homosexuellen Menschen das Ziel. Der Auschwitz-Kommandant Rudolf Höß schilderte das recht zynisch:

»Während die zur Abkehr Willigen, die den festen Willen dazu hatten, auch die härteste Arbeit durchstanden, gingen die anderen langsam, je nach Konstitution, physisch zu Grunde. Da sie von ihrem Laster nicht lassen konnten oder nicht wollten, wussten sie, dass sie nicht mehr frei werden würden. Dieser stärkst wirksame psychische Druck bei diesen meist zart besaiteten Naturen beschleunigte den physischen Verfall. Kam dazu noch etwa der Verlust des ›Freundes‹ durch Krankheit oder gar durch Tod, so konnte man den Exitus voraussehen. Viele begingen Selbstmord. Der ›Freund‹ bedeutete diesen Naturen in dieser Lage alles. Es kam mehrere Male vor, dass zwei Freunde zusammen in den Tod gingen.«[66]

Verstärkt wurde die prekäre Situation der homosexuellen Häftlinge dadurch, dass das »Prestige des rosa Winkels« in »allen KZL eindeutig negativ« war. Der Buchenwald-Überlebende Eugen Kogon beschrieb den sozialen Status der Homosexuellen in der Häftlingsgesellschaft folgendermaßen: »Im KL genügte schon der Verdacht, um einen Gefangenen als Homosexuellen zu deklarieren und ihn so der Verunglimpfung, dem allgemeinen Misstrauen und besonderen Lebensgefahren preiszugeben.«[67] Auch deswegen waren die Überlebenschancen der Rosa-Winkel-Häftlinge eher gering. Die Mehrheit überlebte den NS-Terror nicht. Rüdiger Lautmann hat eine Todesrate von 60 Prozent errechnet.[68]

6. Die Kriegsjahre: Zwischen Laissez-faire und Radikalisierung

Seit Mitte 1939 verlor die Homosexuellenverfolgung auf Reichsebene an Bedeutung. Im kurz nach Kriegsbeginn gegründeten Reichssicherheitshauptamt hatte das Thema keinen großen Stellenwert mehr, hier setzte man jetzt andere Prioritäten. Viele Mitarbeiter übernahmen neue »Aufgaben« in den okkupierten Ländern, wodurch die Schlagkraft der Gestapo im Reichsgebiet deutlich reduziert wurde. Nach einer Anordnung von RSHA-Chef Reinhard Heydrich sollte sie sich künftig auf die Bekämpfung des Hoch- und Landesverrates und der Sabotage konzentrieren. Die Aktivitäten des für Homosexualitätsdelikte zuständigen Refe-

66 Martin Broszat (Hg.), Kommandant in Auschwitz. Autobiographische Aufzeichnungen des Rudolf Höss, München 1963, S. 81 f.

67 Eugen Kogon, Der SS-Staat. Das System der deutschen Konzentrationslager, Frankfurt a. M. 1946, S. 263.

68 Lautmann/Grikschat/Schmidt, Der rosa Winkel, S. 350.

rats II S sollten dagegen »vollständig eingestellt werden. Dringende Fälle können an die Kriminalpolizei abgegeben werden.« Selbst das ebenfalls von Meisinger geleitete Referat für Parteiangelegenheiten hatte seine Arbeit »grundsätzlich einzustellen mit Ausnahme der bündischen Jugend und ihrer Abarten«.[69] Meisinger selbst wurde im Oktober 1939 als Kommandant der Sicherheitspolizei nach Warschau abgeordnet. Die lokalen Gestapo-Dienststellen hielten sich aber nicht alle an die Berliner Anweisungen. So entfaltete die Leipziger Gestapostelle in den ersten Kriegsjahren beachtliche Aktivitäten.[70]

Auch die regulären Justiz- und Polizeibehörden litten seit 1939 zunehmend unter personellen Engpässen, die oftmals zu einer neuen Prioritätensetzung führten. Die Entwicklung der im Justizministerium noch weitergeführten Kriminalitätsstatistik zeigt, dass Verfolgungsmaßnahmen gegen Homosexuelle in den Augen vieler Mitarbeiter nun nicht mehr zu den vordringlichen Aufgaben gehörten. So halbierte sich die Zahl der Urteile nach den §§ 175 und 175a bereits 1940 auf rund 3603, ab 1943 sank sie dann sogar unter 2000 pro Jahr. Eine Entwicklung, die vor allem in ländlich strukturierten Regionen zum Tragen kam, wie sich am Beispiel Thüringens zeigt. Ein wichtiger Grund für diesen Rückgang dürfte zwar auch gewesen sein, dass ab Sommer 1939 viele junge und sexuell aktive Männer zur Wehrmacht eingezogen wurden. Doch auch wenn man die Zahl der von Militärgerichten verurteilten Männer berücksichtigt, blieb die Gesamtzahl der Verurteilten unter dem Vorkriegsniveau. Die Verfolgungswelle der Jahre 1936 bis 1939 ebbte langsam ab. Gleichwohl war die Verfolgungsintensität auch in den Kriegsjahren noch deutlich höher als vor 1935.[71]

Auf der anderen Seite lässt sich für die Kriegsjahre aber auch eine deutliche Tendenz zur Verschärfung bestimmter Sanktionen feststellen. So zum Beispiel bei der »freiwilligen« Kastration Homosexueller. Schon seit 1935 bestand die Möglichkeit, einem nach § 175 verurteilten Mann »mit seiner Einwilligung« die »Keimdrüsen« zu entfernen.[72] Im Laufe der Jahre wurde der Druck auf nach § 175 verurteilte Männer, ihrer Entmannung »freiwillig« zuzustimmen, deutlich erhöht. Obwohl Reichsinnenminister Wilhelm Frick 1936 die Ausübung jeglichen auch mittelbaren Zwangs, so auch die »Gewährung bedingter Strafaussetzung« verboten hatte, ordnete Himmler am 20. Mai 1939 an, dass »der in Vorbeugungshaft befindliche Sittlichkeitsverbrecher darüber belehrt wird, dass nach Vornahme der Entmannung wahrscheinlich seine Entlassung aus der Vorbeugungshaft wird er-

69 IFZ, MA 445–957417 ff. Zit. nach Jellonnek, Homosexuelle, S. 124 f.
70 Vgl. Kapitel II.5.
71 Vgl. Zinn, Volkskörper, S. 674 f. und 680.
72 Gesetz zur Verhütung erbkranken Nachwuchses i. d. F. v. 26.6.1935. In: RGBl. 1935, Teil I, S. 773.

folgen können«.[73] 1942 wurde schließlich die Möglichkeit geschaffen, KZ-Häftlinge auch gegen ihren Willen unfruchtbar zu machen.[74] Die »Entmannung« Homosexueller ist bislang zwar nur wenig erforscht, es gibt aber Anhaltspunkte dafür, dass die Zahl der Kastrationen nach diesen Erlassen deutlich zunahm.[75] Die Hoffnung von KZ-Insassen, durch diese Maßnahme die Freiheit zu erlangen, wurde allerdings häufig enttäuscht.[76] Und diejenigen, die aus Gefängnis oder KZ entlassen wurden, mussten sich einer umfassenden polizeilichen Überwachung unterwerfen.[77]

Ein anderer Ansatz zur endgültigen »Ausmerzung« der Homosexualität war die Einführung der Todesstrafe. Tatsächlich wurden während der Kriegsjahre nach und nach Möglichkeiten geschaffen, die Todesstrafe zumindest bei bestimmten »Tätergruppen« zu verhängen. Erstmals geschah dies mit der Verordnung gegen Volksschädlinge vom 5. September 1939. Nach § 4 konnten Straftaten, die »unter Ausnutzung der durch den Kriegszustand verursachten außergewöhnlichen Verhältnisse« begangen wurden, mit Zuchthaus oder dem Tode bestraft werden.[78] Im Falle der §§ 175 und 175a wurde von dieser Verordnung zum Beispiel dann Gebrauch gemacht, wenn man Homosexuelle bei Verdunklung in Parkanlagen oder öffentlichen Toiletten aufgriff. So berichtete der Erfurter Oberstaatsanwalt 1943 über einen entsprechenden Fall, bei dem er beabsichtigte, die »Eigenschaft als Volksschädlinge zu bejahen und wegen Ausnutzung der Verdunklung Anklage vor dem Sondergericht zu erheben«.[79] Eine weitere Möglichkeit, die Todesstrafe zu verhängen, wurde durch die Änderung des »Gesetzes gegen gefährliche Gewohnheitsverbrecher« vom 4. September 1941 geschaffen. Nach § 1 verfielen »gefährliche Gewohnheitsverbrecher« und »Sittlichkeitsverbrecher« künftig »der Todesstrafe, wenn der Schutz der Volksgemeinschaft oder das Bedürfnis nach gerechter Sühne es erfordert«.[80] Bei Vergehen gegen die §§ 175 und 175a war dies möglich, wenn man »mindestens drei vorsätzliche Taten begangen« hatte oder

73 Erlass vom 20.5.1939. In: Vorbeugende Verbrechensbekämpfung. Erlaßsammlung (BArch, RD 19/28-15, Bl. 130).

74 Geheimes Rundschreiben vom 14.11.1942. In: Grau, Dokumente, S. 323.

75 Vgl. Jellonnek, Homosexuelle, S. 153; Frank Sparing, Zwangskastration im Nationalsozialismus. In: Kriminalbiologie (Juristische Zeitgeschichte, Band 6, hg. vom Justizministerium des Landes NRW), Düsseldorf 1997, S. 169–212.

76 Joachim Müller, »Um von meinem Trieb befreit zu werden«. Kastrationen im Krankenrevier. In: Müller/Sternweiler (Hg.), Homosexuelle Männer im KZ Sachsenhausen, S. 283–299; Röll, Homosexuelle Häftlinge.

77 Erlass vom 13.11.1941. In: Grau, Dokumente, S. 312–318.

78 Verordnung gegen Volksschädlinge vom 5.9.1939. In: RGBl. 1939, Teil I, S. 1679.

79 Lagebericht vom 9.1.1943 (ThürStA Gotha, Generalakten StA Erfurt, Sign. 4, Bl. 45 f.). Vgl. dazu auch Zinn, Volkskörper, S. 404 f.

80 Gesetz zur Änderung des Reichsstrafgesetzbuches vom 4.9.1941. In: RGBl. 1941, Teil I, S. 549.

»schon zweimal rechtskräftig verurteilt« worden war.[81] In der Praxis scheint von dieser Möglichkeit zwar nur selten Gebrauch gemacht worden zu sein. In einzelnen Fällen kam es aber zur Verhängung der Todesstrafe.[82]

Am 15. November 1941 ordnete Hitler die Todesstrafe dann erstmals ganz explizit für homosexuelle Handlungen an. In einem Erlass »zur Reinhaltung von SS und Polizei« ersetzte er die §§ 175 und 175a für den Bereich von SS und Polizei durch folgende Bestimmung: »Ein Angehöriger von SS und Polizei, der mit einem anderen Mann Unzucht treibt oder sich von ihm zur Unzucht missbrauchen lässt, wird mit dem Tode bestraft. In minder schweren Fällen kann auf Zuchthaus oder Gefängnis nicht unter 6 Monaten erkannt werden.« Die praktische Bedeutung des Erlasses bestand vor allem in der abschreckenden Wirkung. Zur Verhängung von Todesurteilen scheint es hingegen nur selten gekommen zu sein.[83] Interne Maßgabe der SS-Gerichtsbarkeit war es offenbar, dass schwere Fälle »ausgemerzt« werden, während mittlere ins KZ oder zum »Sonderkommando Dirlewanger« kommen sollten und leichte Fälle zur »Sondereinheit der Waffen-SS«.[84] Am 19. Mai 1943 wurde die Todesstrafe schließlich auch für Angehörige der Wehrmacht eingeführt. In »besonders schweren Fällen« konnte fortan »auf Todesstrafe erkannt werden«. Dabei sollte unterschieden werden zwischen jenen, die homosexuelle Handlungen »aus Veranlagung« begingen und denen, »die nur einmal abgeirrt sind, insbesondere dann, wenn sie verführt wurden«. Während die Verhängung der Todesstrafe nur bei Ersteren möglich war, war bei Letzteren »Feindbewährung nach Teilverbüßung oder Verbüßung zulässig«.[85] Inwieweit diese Regelungen angewendet wurden, ist weitgehend unerforscht. Der Rückgang der Zahl der Verurteilungen in den Jahren 1943 und 1944 deutet zumindest darauf hin, dass die neuen Richtlinien nicht zu einer Erhöhung der Verfolgungsintensität führten.[86] Die Regelungen für die sogenannten »Hangtäter« hatten allerdings eine neue Qualität. Nicht nur, weil in besonders schweren Fällen die Todesstrafe verhängt werden konnte. Die weniger schweren Fälle sollten nun grundsätzlich »nach Entlassung aus der Wehrmacht […] in polizeiliche Vorbeugungshaft« genommen und ins Konzentrationslager eingewiesen werden, wie der Chef der Sicherheitspolizei am 12. Mai 1944 anordnete.[87]

---

81 § 20a StGB, eingeführt durch das »Gesetz gegen gefährliche Gewohnheitsverbrecher« vom 24.11.1933. In: RGBl. 1933, Teil I, S. 995–999.

82 Vgl. Zinn, Volkskörper, S. 403.

83 Jellonnek, Homosexuelle, S. 34–36.

84 Vermerk des SS-Richters Bender zu einem Vorschlag vom 14.9.1943. In: Grau, Dokumente, S. 227 f.

85 General Keitel, Richtlinien vom 19.5.1943. In: ebd., S. 224–227.

86 Kriegskriminalstatistik der Wehrmacht. In: ebd., S. 210.

87 Erlass vom 12.5.1944. In: ebd., S. 229 f.

Die Kriegsjahre waren also von widersprüchlichen Entwicklungen geprägt. Schon 1939 kam es zu einer pragmatischen Neuorientierung, bei der die Homosexuellenverfolgung an Bedeutung verlor. Wegen der personellen Schwächung von Polizei- und Justizbehörden sank die Verfolgungsintensität in den folgenden Jahren deutlich. Gleichzeitig wurde das Instrumentarium zur Verfolgung der männlichen Homosexualität immer weiter verschärft. Auf die Verfolgungspraxis scheint diese Radikalisierung aber eher selten durchgeschlagen zu haben. Im Wesentlichen handelte es sich wohl um Schaufensterpolitik, die abschreckende Wirkung entfalten und einem befürchteten »Laissez-faire« vorbeugen sollte. Dass auch dies allenfalls partiell gelang, darauf deuten nicht nur die Urteilsstatistiken hin, sondern auch die Erinnerungsberichte einiger Homosexueller, die besonders die Jahre in der Wehrmacht als »die schönste Zeit meines Lebens« beschrieben.[88] Die zunehmende gesellschaftliche Destabilisierung und Demoralisierung während der Kriegsjahre, so scheint es, hatte für das alltägliche Leben Homosexueller eher positive Effekte.

7. Die Situation lesbischer Frauen unter dem NS-Regime

Die bisherige Forschung zu lesbischen Frauen unter dem NS-Regime ist noch lückenhafter als die zu homosexuellen Männern. Seit Claudia Schoppmanns bahnbrechender Studie aus dem Jahr 1991 hat es keine grundlegend neuen Untersuchungen mehr gegeben.[89] Hinzu kommt, dass Schoppmanns damalige, durchaus differenzierte Ergebnisse oft missverstanden wurden. So wird in Presse und Öffentlichkeit häufig unterstellt, es habe eine »Lesbenverfolgung« gegeben, die sich allenfalls graduell von der Verfolgung homosexueller Männer unterschieden habe.[90] Auch einige Historiker sind der Ansicht, »dass Lesben ebenso eine Verfolgtengruppe waren wie Schwule«.[91] In jüngster Zeit werden solche Perspek-

88 Rüdiger Lautmann, »Hauptdevise: bloß nicht anecken.« Das Leben homosexueller Männer unter dem Nationalsozialismus. In: Johannes Beck (Hg.), Terror und Hoffnung in Deutschland 1933–1945. Leben im Faschismus, Reinbek 1980, S. 366–390, hier 371.

89 Vgl. Schoppmann, Nationalsozialistische Sexualpolitik.

90 Eine Interpretation, zu der aber auch Schoppmann selbst immer wieder beiträgt. So etwa im Interview mit Franziska Schulteß, Lesben im Nationalsozialismus: »Auch weibliche Homosexualität galt als ›entartet‹«. In: Siegessäule vom 3.1.2018 (siegessaeule.de/magazin/3701-lesben-im-nationalsozialismus-auch-weibliche-homosexualit%C3%A4t-galt-als-entartet; 10.6.2020).

91 Jens Dobler, Unzucht und Kuppelei. Lesbenverfolgung im Nationalsozialismus. In: Insa Eschebach (Hg.), Homophobie und Devianz. Weibliche und männliche Homosexualität im Nationalsozialismus, Berlin 2012, S. 53–62, hier 61 f. Vgl. auch die jüngeren Publikationen von Claudia Schoppmann, die dieser Perspektive Vorschub leisten, zum Beispiel: Lesbische Frauen und weibliche Homosexualität im Dritten Reich. In: Michael Schwartz (Hg.), Homosexuelle im Nationalsozialismus, München 2014, S. 85–91; dies., Zwischen strafrechtlicher Verfolgung und gesellschaftlicher Ächtung. Lesbische Frauen im »Dritten Reich«. In: Eschebach (Hg.), Homophobie und Devianz, S. 35–51.

tiven hinterfragt. Kritiker, so insbesondere der Verfasser dieser Studie, meinen, die Situation lesbischer Frauen sei mit Begriffen wie »Stigmatisierung«, »Diskriminierung« und »Toleranz« adäquater zu beschreiben als mit dem der »Verfolgung«, weil eine staatliche Verfolgung weiblicher Homosexualität weder mittels Strafrecht noch über KZ-Einweisungen nachweisbar sei.[92] Diese Einschätzung hat lebhafte Diskussionen ausgelöst.[93] Eine der Ursachen dafür, dass die Debatte mit so großer Leidenschaft geführt wird, liegt sicherlich darin begründet, dass sie nur schwer zu trennen ist von aktuellen politischen Anliegen wie dem der gesellschaftlichen Anerkennung lesbischer Lebensformen. Ein wichtiger Grund für die Vehemenz der Auseinandersetzung ist aber auch, dass die Situation lesbischer Frauen in der NS-Zeit tatsächlich von großer Ambivalenz geprägt war. Eine Ambivalenz, die bis heute für Unklarheit und Missverständnisse zu sorgen scheint.

Wie widersprüchlich sich die Situation lesbischer Frauen unter dem NS-Regime entwickeln sollte, deutete sich schon in der Programmatik der NS-Bewegung an. Einerseits lehnten die Nationalsozialisten auch die weibliche Homosexualität ab, wie es die NSDAP bereits 1928 in einer Stellungnahme formulierte, anderseits hielten sie aber die männliche für die eigentlich gefährliche: »Wer gar an mannmännliche oder weibweibliche Liebe denkt, ist unser Feind. Alles was unser Volk entmannt, zum Spielball unserer Feinde macht, lehnen wir ab [...] Wir verwerfen darum jede Unzucht, vor allem die mannmännliche Liebe, weil die uns der letzten Möglichkeiten beraubt, jemals unser Volk von den Sklavenketten zu befreien, unter denen es jetzt frohnt [sic!].«[94] Bei der Strafrechtsverschärfung im Jahr 1935 verzichtete man deswegen auch ganz bewusst auf eine Kriminalisierung der weiblichen Homosexualität. Begründet wurde die Straffreiheit unter anderem damit, dass lesbische Frauen im Gegensatz zu homosexuellen Männern in der Regel nicht »aus der Fortpflanzung« ausschieden und somit keine »Zeugungskraft vergeudet« würde. Auch glaubten die Mitglieder der Strafrechtskommission, die weibliche Homosexualität sei »unauffälliger, die Gefahr der Verderbnis durch Beispiel also geringer«.[95] Doch nicht nur bevölkerungspolitische Erwägungen

92 Vgl. Zinn, Volkskörper, S. 30f., 283–285 und 312–314; ders., Abschied von der Opferperspektive. Plädoyer für einen Paradigmenwechsel in der schwulen und lesbischen Geschichtsschreibung. In: Zeitschrift für Geschichtswissenschaft, 67 (2019) 11, S. 934–955; Samuel Clowes Huneke, The Duplicity of Tolerance. Lesbian Experiences in Nazi Berlin. In: Journal of Contemporary History, 54 (2019) 1, S. 30–59 (im Folgenden zit. nach der Vorabpublikation).

93 Besonders zugespitzt hat sich dieser Streit in der Debatte über ein Gedenkzeichen für lesbische Frauen in der Gedenkstätte Ravensbrück. Vgl. dazu etwa Steff Urgast, Endlich Denkmal für lesbische Nazi-Opfer? In: Siegessäule vom 28.4.2017 (https://www.siegessaeule.de/magazin/3280-endlich-denkmal-f%C3%BCr-lesbische-nazi-opfer/; 21.12.2020).

94 Eros. Werbeheft der Kampf- und Kunstzeitschrift Der Eigene, (1928) 8, S. 114. Zit. nach Klare, Homosexualität und Strafrecht, S. 149.

95 Zit. nach Bernhard Rosenkranz/Ulf Bollmann/Gottfried Lorenz, Homosexuellen-Verfolgung in Hamburg 1919–1969, Hamburg 2009, S. 170.

sprachen gegen eine Kriminalisierung der lesbischen Liebe, man sah in ihr auch keine »Staatsgefahr«, weil die von homosexuellen Männern drohende »Verfälschung des öffentlichen Lebens« beim »gleichgeschlechtlichen Verkehr zwischen Frauen keine Rolle« spiele, wie es der Berichterstatter Gleispach schon 1934 formuliert hatte.[96]

Zwar diskutierte man eine Ausdehnung des § 175 auf Frauen weiterhin, so in verschiedenen Strafrechtsausschüssen im März 1936 und April 1937. Einige Experten plädierten dabei für eine Ausweitung des Paragrafen. Auch NS-Juristen wie Rudolf Klare plädierten für die Strafbarkeit.[97] Letztlich setzten sich aber immer wieder diejenigen durch, die lesbische Sexualität für vergleichsweise »unschädlich« hielten. Regierungsrat Dr. Leopold Schäfer aus dem Reichsjustizministerium begründete diese Haltung 1936 erneut damit, »dass eine verführte Frau dadurch nicht dauernd dem normalen Geschlechtsverkehr entzogen werde, sondern bevölkerungspolitisch weiterhin nutzbar bleiben werde«. Die »Gefahr sei daher für den Staat lange nicht so groß«.[98] Auch als nach dem »Anschluss« Österreichs 1938 der dortige § 129 zur Debatte stand, der die Unzucht unter Frauen im Gegensatz zum deutschen § 175 einschloss, entschied der Ausschuss für die Angleichung der deutschen Strafrechte, in dem für das gesamte Reich geplanten nationalsozialistischen Strafgesetzbuch für die lesbische Liebe »eine Bestrafung nicht in Aussicht« zu nehmen.[99] Die Verwirklichung dieses Projekts wurde aus pragmatischen Gründen allerdings auf die Zeit nach dem erwarteten »Endsieg« verschoben, der § 129 blieb in der »Ostmark« vorläufig in Kraft.

1940 entschied das Reichsgericht jedoch, dass die widernatürliche Unzucht in Österreich »nunmehr wie im Altreichsrecht« auszulegen sei, wie Roland Freisler, Staatssekretär im Reichsjustizministerium, in der Zeitschrift »Deutsche Justiz« mitteilte.[100] Noch deutlicher wurde Freisler am 31. März 1942, als er in einer Rede vor den Generalstaatsanwälten und Präsidenten der Oberlandesgerichte Richtlinien zur »Strafrechtspflege im Kriege« formulierte. Dabei forderte er, »nicht zu strafen, wo eine innere Schuld nicht da ist«. Als Beispiel nannte er »die Ableh-

---

96 Protokoll der 45. Sitzung der Strafrechtskommission vom 18.9.1934 (BArch, R 3001/20973, Bl. 531–533, hier 531 f.).

97 Vgl. Grau (Hg.), Dokumente, S. 101–105; Schoppmann, Sexualpolitik, 2. überarb. Auflage, Pfaffenweiler 1997, S. 97–104; Klare, Homosexualität und Strafrecht, S. 120–124.

98 Akademie für Deutsches Recht, Unterausschuss zur Vorbereitung der weiteren Arbeiten des Ausschusses für Bevölkerungspolitik, Auszüge aus dem Protokoll der Beratung vom 2.3.1936. In: Grau, Dokumente, S. 102.

99 Adolf Schönke, Strafgesetzbuch für das Deutsche Reich. Kommentar, 2. durchgearb. und erg. Auflage, München 1944, S. 392. Entsprechend äußerte sich Regierungsrat Schäfer auch in einem Schreiben vom 18.6.1942. Abgedruckt in: Grau, Dokumente, S. 114.

100 Roland Freisler, Ein Reich – ein Recht! Gedanken zur Verschmelzung des ostmärkischdeutschen und altreichsdeutschen Strafrechts. In: Deutsche Justiz, 103 (1941) 17, Ausgabe C, S. 478–494, hier 490. Vgl. auch Unzucht wider die Natur nach dem § 129 I b. In: RGSt, Band 74, S. 164–166.

nung der Strafbarkeit der lesbischen Liebe« – was von den Teilnehmern als Anweisung verstanden wurde, »die lesbische Liebe nicht mehr zu bestrafen (gilt für die Ostmark)«.[101] Freislers Richtlinie wurde in der Praxis allerdings nicht von allen Richtern beachtet. So verurteilte das Landgericht Wien noch am 17. Dezember 1943 zwei Frauen nach § 129. Feststellbar ist aber, dass die Richter in den wenigen Fällen, in denen es überhaupt zu Verurteilungen aufgrund lesbischer Sexualkontakte kam, »wesentlich milder« urteilten als »gegen männliche Homosexuelle«. Die Freiheitsstrafen überstiegen »nie sechs Monate« und wurden »zumeist« zur Bewährung ausgesetzt.[102]

Ansonsten jedoch blieb die lesbische Liebe im »Dritten Reich« von strafrechtlicher Verfolgung verschont. Dies galt auch für den 1935 neu geschaffenen Analogieparagrafen, der Handlungen kriminalisierte, die »nach dem gesunden Volksempfinden Bestrafung verdienen«.[103] So erläuterte Regierungsrat Schäfer in der Zeitschrift Deutsche Justiz, dass dadurch »die lesbische Liebe nicht in die Strafbarkeit einbezogen werden soll; die Tribadie kann deshalb auch im Wege der Rechtsanalogie nicht bestraft werden«.[104] Dass Frauen in Einzelfällen tatsächlich nach § 175 verurteilt wurden, hatte andere Gründe. Denn eine Frau konnte »an der Tat des Mannes als Anstifterin oder Gehilfin teilnehmen«. Möglich war auch eine Verurteilung wegen »Unzucht mit Tieren«. Schon vor 1933 waren Frauen regelmäßig nach § 175 verurteilt worden. Auch für die Jahre 1933 bis 1942 sind entsprechende Statistiken überliefert. Demnach wurden in dieser Zeit 23 Frauen verurteilt. Darunter sind mindestens acht Fälle von Unzucht mit Tieren. Die verbleibenden Urteile muss man dem Tatbestand der Beihilfe zurechnen.

Die weitgehende Straffreiheit der weiblichen Homosexualität bedeutete freilich nicht, dass lesbische Frauen keinen Repressalien unterworfen waren. So trafen die Verbote von Vereinen und Zeitschriften der Homosexuellenbewegung, zu denen es seit 1933 kam, auch die lesbische Infrastruktur. Andererseits gelang es aber auch, einige Einrichtungen unter dem NS-Regime fortzuführen, so zum Beispiel einen Berliner Verein, der offiziell als Kegelklub unter dem Namen »Die

101 Vortrag Freislers zur Strafrechtspflege im Kriege vom 31.3.1942 (BArch, R 3001/24162, Bl. 27); Sitzungsprotokoll des Generalstaatsanwalts von Jena (ThHStA Weimar, Generalstaatsanwalt, Sign. 430, Bl. 195–199, hier 196). Zur Fehlinterpretation der Freisler-Rede durch Schoppmann, die diese als bloße Meinungsbekundung abtut, vgl. Zinn, Volkskörper, S. 284 und 593, Anm. 192. Vgl. auch Schoppmann, Sexualpolitik, S. 113; Heinz Boberach (Hg.), Richterbriefe. Dokumente zur Beeinflussung der deutschen Rechtsprechung 1942–1944, Boppard am Rhein 1975, S. 423–448.

102 Niko Wahl, Verfolgung und Vermögensentzug Homosexueller auf dem Gebiet der Republik Österreich während der NS-Zeit. Bemühungen um Restitution, Entschädigung und Pensionen in der Zweiten Republik, Wien 2004, S. 67–69; Claudia Schoppmann, Verbotene Verhältnisse. Frauenliebe 1938–1945, Berlin 1999, S. 121, hier 140.

103 § 2 des Reichsstrafgesetzbuches in der Fassung vom 1.9.1935. In: Fuchs, Strafgesetzbuch für das Deutsche Reich, S. 43.

104 Schäfer, Die Einzelheiten der Strafgesetznovelle vom 28.6.1935, S. 994–999, hier 994.

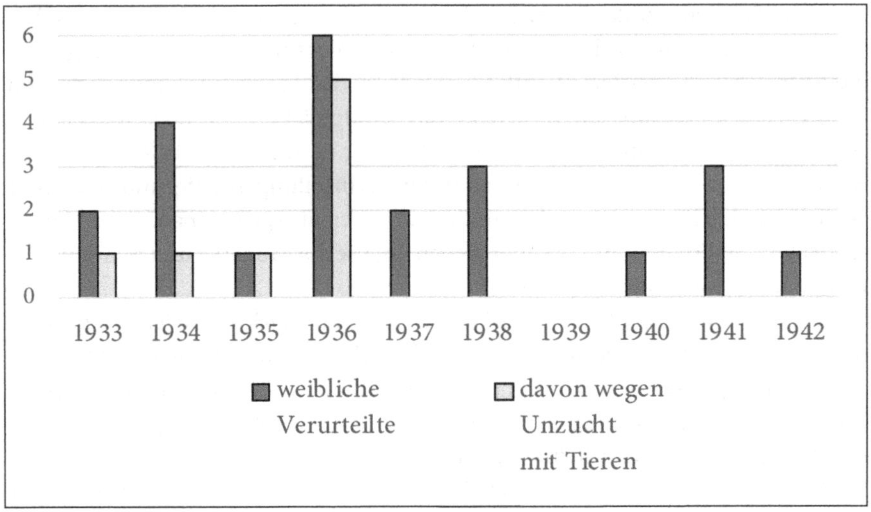

Grafik 1: Verurteilung weiblicher Personen nach § 175 StGB 1933 bis 1942[105]

lustige Neun« firmierte. Die Gestapo beobachtete den Verein zwar über Jahre hinweg. Im April 1937 kam es bei einem der Bälle, die der Klub veranstaltete, auch zu einer Razzia, bei der »95 Frauen und zwei Männer« auf das Polizeipräsidium gebracht wurden, um ihre Personalien zu überprüfen. Das wesentliche Ziel dieser Überwachungsmaßnahmen war aber, »das versteckte Auftreten homosexueller männlicher Personen« bei den Veranstaltungen des Klubs zu enttarnen.[106]

In Bedrängnis gerieten lesbische Frauen vor allem dann, wenn sie von böswilligen Nachbarn angezeigt wurden. Denn in aller Regel leitete die Polizei in solchen Fällen Ermittlungsverfahren ein, mitunter wurden dabei auch akribische Untersuchungen durchgeführt. Doch die Staatsanwaltschaft stellte diese Verfahren regelmäßig ein.[107] Konsequenzen hatten derartige Denunziationen allenfalls dann, wenn die Polizei das »sittliche Wohl« von Kindern gefährdet sah. So wie im Fall der Berliner Fabrikarbeiterinnen Hildegard W. und Helene T., die im März 1940 von einer Nachbarin denunziert wurden, die sich unter anderem daran stieß, dass sich die »beiden Kinder« der W. in »dem gemeinsamen

105 Für die Jahre 1937 bis 1942 ist unklar, wie hoch der Anteil von Verurteilungen wegen »Unzucht mit Tieren« war. Vgl. Rainer Hoffschildt, Mindestens 154 Frauen kommen aufgrund des »§ 175« vor Gericht, S. 4 (cultpress.de/rosa-winkel/Frauen_Paragraf_175.pdf; 13.3.2020). Vgl. dazu auch die Reichskriminalstatistik, die weibliche Personen unter den Verurteilten extra auswies. Kriminalstatistik für die Jahre 1933–1936. Bearb. im Reichsjustizministerium und im Statistischen Reichsamt, Bände 478, 507 und 577, Berlin 1934–1935, 1938 und 1942.

106 Zit. nach Jens Dobler, Von anderen Ufern. Geschichte der Berliner Lesben und Schwulen in Kreuzberg und Friedrichshain, Berlin 2003, S. 186 und 188.

107 Vgl. Huneke, The Duplicity of Tolerance.

Haushalt befinden« und »dass ein derartiger Zustand auf keinen Fall dem gesunden Volksempfinden entspricht«. Die Gestapo nötigte der Mutter schließlich das »Versprechen« ab, zu ihrem Verlobten, der auch der Vater ihrer Kinder war, zu ziehen. Ihre Freundin, die sich zu lesbischen Neigungen bekannte, wurde bedrängt, »das Verhältnis« zu lösen und »den gemeinsamen Haushalt« aufzulösen, darüber hinaus machte man ihr deutlich, dass sie »auch fernerhin beobachtet werde«. Zur Begründung wurde seitens der Gestapo »ganz besonders betont«, dass »die beiden Frauen, ohne auf die Kinder Rücksicht zu nehmen, ihr schamloses Treiben ungeniert ausgeführt haben«.[108]

Auch auf anderen Ebenen mussten lesbische Frauen mit Benachteiligungen rechnen. Da auch weibliche Homosexualität als »sittenwidrig« galt, konnten ihnen zum Beispiel Konzessionen zum Betrieb staatlich kontrollierter Einrichtungen verweigert werden. Auf einen entsprechenden Fall, in dem neben der Homosexualität allerdings auch noch andere Aspekte eine Rolle spielten, hat Samuel Huneke jüngst hingewiesen.[109] Ob man derartige Sanktionen – so auch den Ausschluss aus der NSDAP – tatsächlich als »Verfolgung« einordnen kann, sei einmal dahingestellt. Gut vorstellbar ist allerdings, dass lesbische Frauen in einem anderen Bereich mit einer »Verfolgung« rechnen mussten, nämlich im »Dienststrafrecht«. Homosexuelle Männer wurden oftmals aus dem öffentlichen Dienst »entfernt«, wenn ihre Veranlagung ruchbar wurde. Für die Disziplinierung über ein »Dienststrafverfahren« reichte es aus, wenn man sich »schuldhaft in den Verdacht« brachte, »widernatürlichen Umgang« zu pflegen. Schon dadurch sah man das Ansehen des Beamtentums beschädigt – strafbare Handlungen mussten nicht nachgewiesen werden. Dass auch lesbische Frauen mit »Dienststrafverfahren« drangsaliert worden sein könnten, erscheint vor diesem Hintergrund plausibel; im Einzelfall ist es allerdings noch nicht nachgewiesen worden. Zu bedenken ist dabei aber auch, dass es sich bei dieser Form der Disziplinierung nicht um eine nationalsozialistische »Erfindung« handelte. Denn schon vor 1933 reichte der bloße Verdacht der Homosexualität, um Beamte unter Verweis auf tradierte Ehr- und Standesbegriffe vom Dienst zu suspendieren.[110]

Ein Grund für eine Einweisung ins Konzentrationslager war weibliche Homosexualität nach bisherigem Kenntnisstand nicht. Über diese Frage ist in der Vergangenheit viel spekuliert worden, stichhaltige Belege haben sich dafür aber bis heute nicht finden lassen. So lässt sich zwar nachweisen, dass in den KZ-Unterlagen einer Handvoll weiblicher Häftlinge die Bemerkung »lesbisch« notiert wurde. Bei genauer Betrachtung wird aber deutlich, dass die sexuelle Orientierung in

108 Bericht der Gestapo vom 23.5.1940 (LAB, A Pr. Br. Rep. 030-02-05, Nr. 922, unpag.).

109 Samuel Clowes Huneke, Die Grenzen der Homophobie: Lesbischsein unter dem NS-Regime. In: Zinn (Hg.), Homosexuelle in Deutschland, S. 117–129.

110 Vgl. Zinn, Volkskörper, S. 391–396, hier insbes. 395f.

keinem dieser Fälle für die Inhaftierung ausschlaggebend war.[111] Ein in der Literatur häufig zitiertes Beispiel ist der Fall von Margarete Rosenberg und Elli Smula, die 1940 als Straßenbahnschaffnerinnen bei den Berliner Verkehrsbetrieben (BVG) »dienstverpflichtet« wurden. Wenige Wochen später wurden sie von ihrem Arbeitgeber angezeigt, weil sie »Arbeitskameradinnen mit in die Wohnung nehmen, sie unter Alkohol setzen und dann mit ihnen gleichgeschlechtlich verkehren«.[112] Beide wurden schließlich ins KZ Ravensbrück deportiert, wo man sie als politische Häftlinge registrierte, aber auch auf ihre (angebliche) lesbische Veranlagung hinwies.[113] Auf den ersten Blick scheint die weibliche Homosexualität in diesem Fall also eine entscheidende Rolle gespielt zu haben. Betrachtet man die Dokumente aber genauer, so zeigt sich, dass es der BVG nicht um die sexuellen Handlungen ging, sondern darum, dass die Beteiligten »am nächsten Tag nicht ihren Dienst versehen konnten« – wofür im Wesentlichen der Alkoholkonsum verantwortlich gewesen sein dürfte. So habe Rosenberg »während der 1 ½ Monate ihrer Beschäftigung bei der BVG 16 Tage« gefehlt,[114] wodurch »der Betrieb des Straßenbahnhofs Treptow stark gefährdet« worden sei.[115] Derartige »Dienstpflichtverletzungen« wurden streng verfolgt, erst recht bei einem kriegswichtigen Betrieb wie der BVG. Tatsächlich waren sie auch der Grund für die Verhaftung und KZ-Einweisung der beiden Frauen. So notierte die Gestapo auf der Karteikarte von Rosenberg als »Grund der Schutzhaft« zunächst »Arbeitsverweigerung«, ersetzte den Eintrag dann aber durch die Formulierung: »Hat die Arbeit vernachlässigt.«[116]

Auch ein Fallbeispiel aus Sachsen, das in dieser Studie noch näher beleuchtet wird, macht deutlich, wie ambivalent die Situation lesbischer Frauen im Nationalsozialismus war.[117] Einerseits wurden sie von der Polizei ebenso wie von Teilen der Bevölkerung mit Argwohn beobachtet und mitunter auch schikaniert. Andererseits unterlag die weibliche Homosexualität, vom Sonderfall Österreich abgesehen, weder strafrechtlicher noch anderweitiger staatlicher Verfolgung. Schoppmanns Befund, dass lesbische Frauen »einer Verfolgung weitgehend entgehen« konnten, wenn sie nicht durch »andere Stigmata«, also zum Beispiel eine jüdische Herkunft, bedroht waren, kann bis heute Gültigkeit beanspruchen.[118]

---

111 Ebd., S. 312–314. Vgl. auch Claudia Schoppmann, Elsa Conrad, Margarete Rosenberg, Mary Pünjer, Henny Schermann. Vier Porträts. In: Eschebach (Hg.), Homophobie und Devianz, S. 97–111.

112 Gestapo-Vermerk vom 26.9.1940 (LAB, A Rep. 358-02, Nr. 111948 – Strafverfahren gegen Artur Rosenberg wg. Zuhälterei, Bl. 2).

113 ITS-Archiv Bad Arolsen, Transportliste vom 30.11.1940, Dokumente 1.1.35.1/3761421 und 1.1.35.1/3761422.

114 Urteil vom 25.11.1941 (LAB, A Rep. 358-02, Nr. 111848 – Strafverfahren gegen Margarete Rosenberg wg. Meineids), S. 6.

115 Gestapo-Vermerk vom 26.9.1940 (ebd., Bl. 2).

116 Schutzhaft-Karteikarte Margarete Rosenberg (BArch, R/58/9692).

117 Vgl. Kapitel II.12.

118 Schoppmann, Sexualpolitik, 2. Auflage, S. 263.

II. Die Verfolgung Homosexueller in Sachsen 1933–1945

1. Alltag und Stigma-Management in Stadt und Land

Der Alltag Homosexueller war auch im Sachsen der 1920er- und 1930er-Jahre von der allgemeinen Stigmatisierung und Kriminalisierung der männlichen Homosexualität geprägt. Schwule und Lesben entwickelten deswegen vielfältige Strategien, um mit Anfeindungen, Diskriminierungen und der Reglementierung ihres Lebens umzugehen. Dieses Stigma-Management war oftmals wenig konsistent.[1] Es war abhängig von Sozialisation und sozialer Stellung der Betroffenen, überdies variierte es je nach sozialem Umfeld und aktueller Situation. Gleichwohl lassen sich bestimmte Muster des Stigma-Managements identifizieren, die in diesem Abschnitt kurz skizziert werden sollen. Zunächst soll aber auf die rechtlichen und sozialen Rahmenbedingungen eingegangen werden, mit denen Homosexuelle in den 1920er- und frühen 1930er-Jahren konfrontiert waren. Im Fokus stehen dabei die Folgen der Kriminalisierung, die nur homosexuelle Männer direkt betrafen, die aber auch für den gesellschaftlichen Status lesbischer Frauen nicht unerheblich waren.[2]

Prägend für die Situation war der mit der Reichsgründung 1871 geschaffene § 175 des Reichsstrafgesetzbuches (RStGB). Er bedrohte die »widernatürliche Unzucht« unter Männern mit Gefängnis. Bestraft wurden nach der Rechtsprechung des Reichsgerichts allerdings nur »beischlafähnliche Handlungen«, die wechselseitige Onanie war bis 1935 ebenso straffrei wie Küsse und Zärtlichkeiten. Da es in der Praxis schwierig war, »beischlafähnliche Handlungen« nachzuweisen, blieb die strafrechtliche Verfolgung auf einem eher niedrigen Niveau.

1 Der Begriff des Stigma-Managements wurde von Goffman geprägt. Vgl. Erving Goffman, Stigma. Über Techniken der Bewältigung beschädigter Identität, Frankfurt a. M. 1975. Zum Stigma-Management Homosexueller vgl. auch Zinn, Volkskörper, S. 37–57.

2 Zur spezifischen Situation lesbischer Frauen während der NS-Zeit vgl. Kapitel I.7 und II.12.

Deutschlandweit lag die Zahl der Verurteilungen in den 1920er-Jahren meist deutlich unter 1 000 Fällen pro Jahr. 1931 kam es reichsweit zu 508 Verurteilungen, auf 100 000 Einwohner kamen somit 0,8 Urteile. In Sachsen war die Verfolgungsintensität damals etwas höher, hier wurden 1931 insgesamt 70 Männer verurteilt, was 1,3 Urteilen pro 100 000 Einwohner entsprach.[3] Infolge verschiedener Justizreformen wurden die gegen Homosexuelle verhängten Strafen in den 1920er-Jahren immer milder. Gefängnisstrafen unter drei Monaten konnten nun in Geldstrafen umgewandelt werden.[4] Im Jahr 1931 lag der Anteil der Geldstrafen reichsweit bei 19,7 Prozent. In weiteren 53,1 Prozent der Fälle wurden Freiheitsstrafen unter drei Monaten verhängt, deren Verbüßung den Betroffenen nicht selten durch eine bedingte Strafaussetzung im Rahmen des Gnadenrechts erspart blieb. In Sachsen war die Urteilspraxis 1931 noch zurückhaltender: In 24,2 Prozent der Fälle wurden Geldstrafen, bei weiteren 64,3 Prozent Freiheitsstrafen unter drei Monaten verhängt.[5]

Mit der Kriminalisierung verknüpft waren allerdings verschiedene soziale Folgen, die das Leben erschwerten. Zum einen hatte sie diverse polizeirechtliche Konsequenzen. So wurden Homosexuelle zum Beispiel in Karteien erfasst. In Berlin war das »Verbrecheralbum« bereits 1884 auf »Päderasten« ausgeweitet worden. Für Dresden ist belegt, dass im dortigen Polizeipräsidium spätestens in den 1920er-Jahren nicht nur eine »Päderastenkartei«, sondern auch eine Handschriftensammlung existierte, in der neben Schriftproben von Erpressern und Drohbriefschreibern auch solche von »Päderasten« archiviert wurden.[6] Hatte sich die Dresdner Sittenabteilung früher auf die Kontrolle der Prostitution konzentriert, so ging es nun zunehmend auch um die Überwachung »der Homosexuellen, die in den letzten Jahren an Zahl auffällig zugenommen haben«, wie es in einer Festschrift zur Geschichte der Dresdner Staatspolizei hieß.[7] Überdies wurde das Leben Homosexueller mit diversen polizeirechtlichen Maßnahmen reglementiert, die allerdings von Land zu Land und mitunter auch von Stadt zu Stadt sehr unterschiedlich ausfallen konnten. Während die Berliner Polizei die Treffpunkte Homosexueller beobachtete, aber duldete, versuchte das Dresdner

3 Vgl. Kriminalstatistik für die Jahre 1919–1931.

4 Vgl. Gesetz zur Entlastung der Gerichte vom 11.3.1921. In: RGBl. 1921, Teil I, S. 229–230; Gesetz zur Erweiterung des Anwendungsgebiets der Geldstrafe und zur Einschränkung der kurzen Freiheitsstrafen vom 21.12.1921. In: ebd., S. 1604; Verordnung über Gerichtsverfassung und Strafrechtspflege vom 4.1.1924. In: RGBl. 1924, Teil I, S. 15.

5 Vgl. Kriminalstatistik für die Jahre 1919–1931.

6 Jens Dobler, Zwischen Duldungspolitik und Verbrechensbekämpfung. Homosexuellenverfolgung durch die Berliner Polizei von 1848 bis 1933, Frankfurt a. M. 2008, S. 168; Gerhard Buhtz, Sammlung von Handschriften der Rechtsbrecher. In: Zeitschrift für gerichtliche Schriftuntersuchungen, 3 (1928) 16, S. 9–13.

7 Richard Kötzschke/Walter Thiele, Die Geschichte der Dresdner Staatspolizei zu ihrem 75-jährigen Bestehen, Dresden 1928, S. 37.

Polizeipräsidium, die Einrichtung von Homosexuellenkneipen zu unterbinden.[8] Als sich der 27-jährige Prokurist Titus Priemer 1930 darum bemühte, das Hotel und Restaurant Pansdorf von der Stadt zu pachten, meldete die Kriminalabteilung III »Bedenken« an, weil Priemer »als homosexuell veranlagte Person bekannt« sei: »In den Kreisen der homosexuell veranlagten Personen, insbesondere aber der besseren Kreise, dürfte dies bald bekannt und das genannte Hotel als Absteigequartier von diesen Leuten benutzt werden.« Anlass zur Besorgnis bestünde vor allem, »da bestimmt jugendliche Personen, insb. aber Schüler höherer Lehranstalten dort ein- und ausgehen würden«. Das Gewerbeamt der Stadt verweigerte Priemer daraufhin die Konzession.[9]

Infolge beengter Wohnverhältnisse und rigider Moralvorstellungen wurden auch homosexuelle Kontakte häufig im öffentlichen Raum angebahnt und realisiert. Mit der sogenannten »Bedeutung für Homosexuelle« versuchten verschiedene sächsische Polizeibehörden deswegen, das Verhalten homosexueller Männer in der Öffentlichkeit und überdies auch in ihren privaten Räumen zu reglementieren. So im Fall eines 22-Jährigen und seines 24-jährigen Freundes, die am 28. Oktober 1927 von einem Polizisten überrascht wurden, als sie auf einer Parkbank am Barbarossaplatz onanierten. Strafbar nach § 175 StGB war dies nicht, allenfalls kam § 183 (Erregung öffentlichen Ärgernisses) in Betracht.[10] Die Polizei sah jedoch von einer Anzeige ab und beließ es bei einer Verwarnung und besagter »Bedeutung für Homosexuelle«. Diese untersagte den beiden fortan unter Androhung einer dreitägigen Haftstrafe das »zwecklose Verweilen« an diversen Orten zur »Anbahnung oder Fortsetzung eines näheren Verkehres mit gleichgeschlechtlich Veranlagten oder sich in dieser Beziehung verdächtig machenden Männern«. Auch das »Zusammenwohnen« mit oder »Beherbergen von Mannespersonen« wurde ihnen untersagt.[11] Während die Erteilung von »Bedeutungen für Homosexuelle« in Dresden und Chemnitz bereits in den 1920er-Jahren gängige Praxis war, lässt sich für Leipzig erst ab dem Sommer 1933 ein im Reglement ähnliches »Strichverbot« nachweisen.[12] Wie wirksam diese Verbote

8 In Preußen wurden Meldeauflagen und Aufenthaltsverbote für Homosexuelle erst mit zwei Erlassen vom 10.2.1934 geregelt. Vgl. Jellonnek, Homosexuelle, S. 137, Anm. 246.

9 Stellungnahme vom 8.11.1930 (SächsHStA Dresden, Bestand 10789, Nr. 600, Bl. 11 f.).

10 Interessant ist, dass Berliner Gerichte Anfang der 1920er-Jahre bereits eine Bestrafung nach § 183 ablehnten, wenn es lediglich ein den Homosexuellen nachstellender Polizeibeamter war, der an deren Verhalten »Ärgernis« nahm. Vgl. Dobler, Duldungspolitik, S. 357.

11 Bedeutung vom 18.10.1927 (SächsHStA Dresden, Bestand 10789, Nr. 484, Bl. 3–4). In der Akte wird auf die Bedeutung, Vordruck D 21, verwiesen. Der Wortlaut der »Bedeutung« ist hier zitiert nach dem Fall P. aus dem Jahre 1925. Vgl. Bedeutung vom 8.6.1925 (ebd., Nr. 600, Bl. 2).

12 Vgl. Beschluss vom 15.9.1933 (SächsStA Leipzig, Bestand 20031, PP-S 311, Bl. 2); Vgl. auch ebd., Bestand 20114, Nr. 2347, 786, 6950.

waren, bleibt offen. Einige Männer ließen sich davon jedenfalls nur wenig beeindrucken. So ein 1902 geborener Gürtler, der »schon seit seiner Jugend« regelmäßig »als Treffpunkt Homosexueller bekannte, öffentliche Bedürfnisanstalten in Dresden« aufgesucht hatte. Obwohl ihm die Polizei mehrfach »Bedeutungen« erteilte, wurde er zwischen 1924 und 1937 »insgesamt 21mal dabei betroffen, wie er sich verbotswidrig in derartigen Bedürfnisanstalten aufhielt«.[13]

Die »Bedeutungen« waren juristisch allerdings kaum haltbar, wie ein Ende 1927 für das »Wissenschaftlich humanitäre Komitee« (WhK) angefertigtes Gutachten des Juristen Kurt Hiller deutlich machte. Hintergrund war ein Fall aus Chemnitz, wo das Polizeipräsidium ein homosexuelles Paar aufgefordert hatte, ihr »Zusammenwohnen durch Trennung aufzulösen« und sich »des ferneren Zusammentreffens in ein und demselben Hause« zu »enthalten«. Nach Dresdner Vorbild wurde den Männern überdies die Kontaktanbahnung im öffentlichen Raum untersagt. Hiller vertrat die Auffassung, dass es sich dabei um einen »Missbrauch der Amtsgewalt« handele, weil die Verbote gegen die Reichsverfassung verstießen und auch mit dem Strafgesetzbuch nicht zu rechtfertigen seien. Eine Ansicht, der sich nach Protesten des WhK offenbar auch ein »führender sächsischer Staatsbeamter« und die »maßgebenden Instanzen in Dresden« anschlossen. Das Chemnitzer Polizeipräsidium nahm die Verfügung schließlich zurück.[14] Auch in Dresden löschte das Polizeipräsidium Anfang 1931 nach einem Protestschreiben von Titus Priemer die 1925 gegen diesen ergangene »Bedeutung«, die zur Verweigerung der Gaststättenkonzession geführt hatte. Gleichwohl wurde Priemer weiterhin von der Polizei überwacht.[15] Und auch die Praxis, »Bedeutungen« zu erteilen, wurde keineswegs eingestellt, vielmehr gewann sie nach 1933 an Relevanz. Spätestens ab 1942 waren die »Bedeutungen« dann sogar mit der ausdrücklichen Warnung verknüpft, »im Wiederholungsfalle« in »polizeiliche Vorbeugungshaft genommen«, also in ein Konzentrationslager eingeliefert zu werden.[16]

Überdies konnte die Homosexualität berufsrechtliche Konsequenzen haben. In privatwirtschaftlichen Arbeitsverhältnissen hing alles am Arbeitgeber: Es konnte zu einer Kündigung kommen, es sind aber auch viele Fälle bekannt, in denen die homosexuelle Veranlagung toleriert wurde. So etwa bei dem 17-jährigen Werner Bilz aus Limbach, der 1931 eine Stelle als Dekorateur bei dem

13 Urteil vom 19.11.1943 (SächsStA Leipzig, Bestand 20036, Nr. 14869, Bl. 3–11, hier 5).

14 Mitteilungen des Wissenschaftlich-humanitären Komitees (WhK), Jahrgänge 1926–1933, Faksimile-Nachdruck, Hamburg 1985, S. 85–88, 91–92, 104–107, 128–129.

15 Verfügung vom 23.1.1931 und Schreiben vom 24.1.1931 (SächsHStA Dresden, Bestand 10789, Nr. 600, Bl. 19Rf.).

16 Bedeutung vom 3.9.1942 (SächsHStA Dresden, Bestand 10789, Nr. 813, Bl. 25). Vgl. auch ebd., Nr. 270, Bl. 39; Nr. 261, Bl. 100; Nr. 739, Bl. 6; Nr. 472, Bl. 164.

Meuselwitzer Herrenausstatter Rockmann antrat. Rockmann blieb Bilz' Liebesbeziehung zu dem Dachdecker Rudolf Brazda nicht verborgen, er sah darin aber keinen Kündigungsgrund, vielmehr unterstützte er die beiden.[17] Problematischer war die Situation für Beschäftigte im öffentlichen Dienst. Hier reichte mitunter schon der bloße Verdacht der Homosexualität, um Beamte unter Verweis auf tradierte Ehr- und Standesbegriffe vom Dienst zu suspendieren. Dazu wurden sogenannte »Dienststrafverfahren« angestrengt. So im Fall des 1922 entlassenen Regierungsassessors Ludwig Möser, dem man »eine homosexuelle Veranlagung« unterstellte, weil er sich mit jugendlichen Personen umgab, »die gesellschaftlich weit unter ihm stehen«.[18] Angehörige der Reichswehr mussten nicht nur mit ihrer Entlassung rechnen, sondern auch mit einer härteren Verfolgung nach dem Militärstrafgesetzbuch. So erging es einem 32-jährigen Unteroffizier aus Dresden und seinem Liebhaber, einem 18-jährigen Kraftfahrer. Das Dresdner Schöffengericht verurteilte die beiden im April 1923 zunächst nur zu Geldstrafen und machte damit von der neuen Möglichkeit Gebrauch, geringe Gefängnisstrafen in solche umzuwandeln. Doch das Landgericht hob das Urteil auf Antrag der Staatsanwaltschaft wieder auf und verurteilte den 32-Jährigen nun nach dem Militärstrafgesetzbuch zu einem Jahr Gefängnis, Degradation und Ehrverlust auf drei Jahre, den 18-Jährigen zu vier Wochen Gefängnis. Nach Strafverbüßung fand der unehrenhaft entlassene Unteroffizier zunächst eine Arbeit als Kraftwagenfahrer, nach einer weiteren Verurteilung, diesmal allerdings wegen Unzucht mit Kindern, entzog ihm das Dresdner Polizeipräsidium dann den Führerschein. Eine Maßnahme, die möglich war, wenn, so die schwammige Formulierung, »Tatsachen festgestellt« wurden, die »die Annahme rechtfertigen, dass eine Person zum Führen von Kraftfahrzeugen ungeeignet ist« – und die im konkreten Fall zu einem neuerlichen Arbeitsplatzverlust führte.[19] Um den Führerschein wiederzuerlangen, ließ sich der Mann schließlich von dem Zwickauer Medizinalrat Gustav Boeters zu einer Kastration überreden, die 1931 durchgeführt wurde.[20]

Eine weitere soziale Folge, die aus Stigmatisierung und Kriminalisierung der Homosexualität resultierte, war die erhöhte Vulnerabilität von Schwulen und

17 Alexander Zinn, »Das Glück kam immer zu mir«. Rudolf Brazda – Das Überleben eines Homosexuellen im Dritten Reich, Frankfurt a. M. 2011, S. 91.

18 Rainer Maaß, Ein Darmstädter Landesverrat im Jahre 1922 und seine ungeahnten Folgen. Die unglückliche Geschichte von Ludwig Möser. In: Invertito. Jahrbuch für die Geschichte der Homosexualitäten, 7 (2005), S. 9–36, hier 23.

19 § 29 der Verordnung über Kraftfahrzeugverkehr vom 15.3.1923. In: RGBl. 1923, Teil I, S. 175–187, hier 182.

20 Gustav Boeters war ein entschiedener Verfechter von Sterilisationen und Kastrationen und glaubte auch, die Homosexualität so »heilen« zu können (vgl. Kapitel II.7). Gustav Boeters, Ein homosexueller Kraftwagenführer. In: Monatsschrift für Kriminalpsychologie und Strafrechtsreform, 22 (1931), S. 734–739.

Lesben. Soziale Auffälligkeiten wie häufige Herrenbesuche und andauerndes Junggesellentum konnten zu argwöhnischer Beobachtung führen und Gerüchte auslösen. Mehr noch als auf dem Land drohten in Großstädten, wo die soziale Kontrolle infolge beengter und dennoch anonymer Wohnverhältnisse groß war, Enttarnung, Erpressung oder Strafanzeige. Da schon der bloße Verdacht zu gesellschaftlicher Diskreditierung führen konnte, waren Schwule und Lesben für Kriminelle die idealen Opfer. Im Fokus standen dabei nicht zuletzt bessergestellte Homosexuelle, für die die soziale Reputation von besonderer Bedeutung war. Oft wurden ihnen große Summen abgepresst, mitunter sahen die Betroffenen keinen anderen Ausweg als den Suizid. Ein Beispiel dafür, welche Blüten das Erpressertum trieb, ist der Fall eines 27-jährigen Xylographen aus Dresden, der sich als Strichjunge betätigte. Im Februar 1937 lauerte er gemeinsam mit Freunden einem 31-jährigen Vertreter auf, den er (wohl zu Unrecht) für »schwul« hielt. Er erklärte dem Vertreter, man habe erfahren, dass ein junger Mann »bei ihm geschlafen habe, das sei doch komisch«. Der Vertreter bestritt dies, doch die Erpresser insistierten, sie seien »arme Teufel« und »hätten erfahren, dass er einen andern jungen Mann unterstützte«.[21] Daraufhin gab ihnen der Vertreter zwanzig Mark. Später versuchte der Xylograph auch noch einen seiner Freunde zu erpressen, einen 19-jährigen Strichjungen, der sich angeblich mit dem Vertreter eingelassen hatte. In einem Brief drohte er ihm, dass »im Falle unterlassener Zahlung der ›Fall L.‹ aufgedeckt« werde. In seiner Verzweiflung vertraute sich der 19-Jährige einem Mitbewohner an, dem er erklärte, »es sei am besten, er hänge sich auf«. Um »Unglück zu verhüten«, ging der Mitbewohner schließlich zur Polizei.[22]

Der Jurist und Homosexuellenaktivist Karl Heinrich Ulrichs hatte schon 1879 eine Typologie der verschiedenen »Rupfer«, wie er die Erpresser nannte, entwickelt. Die Extremform unter ihnen war demnach der »Plünderer«, der seinen Sexualpartner später mithilfe von Freunden ausraubte.[23] So wie im Fall eines anderen Mannes aus Dresden, der 1915 in einem Homosexuellenlokal einen 16-Jährigen kennengelernt und mit zu sich nach Hause genommen hatte. Zwei Wochen später erstattete eine Nachbarin Anzeige, dass der Mann von dem Burschen und einem Kumpan in räuberischer Absicht überfallen und gewürgt worden sei.[24] All diese Umstände machten es nötig, das Wissen über die eigene

21 Vernehmungsprotokoll vom 11.2.1937 (SächsHStA Dresden, Bestand 10789, Nr. 504, Bl. 146R–148, hier 147).

22 Bericht vom 9.2.1937 (ebd., Bl. 143 f.).

23 Karl Heinrich Ulrichs, Forschungen über das Räthsel der mannmännlichen Liebe. Band XII. Critische Pfeile, Berlin 1984, S. 48–62. Vgl. auch Magnus Hirschfeld, Die Homosexualität des Mannes und des Weibes, Berlin 1914, S. 873–898.

24 Anzeige vom 11.2.1915 und Vernehmungsprotokoll vom 12.2.1915 (SächsHStA Dresden, Bestand 10789, Nr. 280, Bl. 17 und 20 f.).

Abb. 3: Werner Bilz (1), Rudolf Brazda (2) und ihre homosexuellen Freunde zu Besuch bei Bilz' Mutter in Limbach; Quelle: ThürStA Altenburg, StA LG, Sign. 441.

Homosexualität zu kontrollieren und zu begrenzen. Dieses Stigma-Management variierte in aller Regel stark, je nach Kommunikationspartner und Situation. Es reichte von Strategien bewusster Täuschung oder Täuschung durch Unterlassen über solche des Kuvrierens oder Chiffrierens der Homosexualität gegenüber mutmaßlich »wissenden« Gesprächspartnern bis hin zu offener Kommunikation unter »seinesgleichen«. Um eine heterosexuelle Fassade zu errichten, erfanden einige Homosexuelle Verlobte oder heirateten tatsächlich, teilweise unwissende, mitunter aber auch eingeweihte oder schwule bzw. lesbische Bekannte. Andere unterließen es einfach, entsprechende Erwartungen oder Annahmen des sozialen Umfelds zu dementieren. Gegenüber Familienangehörigen, Freunden, Nachbarn oder Kollegen, die »etwas ahnen« konnten, kamen eher »kuvrierende« Kommunikationsstrategien zum Einsatz, die die Homosexualität weder dementierten noch bestätigten, sondern mehr oder weniger stark andeuteten. Mitunter wurde die Homosexualität aber auch explizit thematisiert, wie im Fall von Werner Bilz aus Limbach, dessen Mutter von seinem Bruder »aufgeklärt« wurde.[25]

Besonders junge und unerfahrene Homosexuelle neigten dazu, recht offen zu kommunizieren. Auch die soziale Herkunft spielte dabei eine Rolle: Unter Arbeitern wurde häufig direkter und unbefangener kommuniziert als in gebildeteren Milieus. So erklärte der 20-jährige Dachdecker Rudolf Brazda im Herbst 1933 gegenüber einer Auftraggeberin, die ihm unterstellt hatte, »er habe sich doch wieder recht lange mit den Weibern draußen rum getrieben«, für »die Weiber habe er nichts übrig, weil er die Männer liebe«. Er nannte ihr »auch einige Namen von Männern, mit denen« er »verkehrte«.[26] Auch zehn Jahre später, als die Verfolgungspolitik in vollem Gange war, agierten einige junge Homosexuelle noch sehr vertrauensselig. So etwa ein 20-jähriger Hilfsarbeiter aus Belgien, der sich 1942 mit einer Arbeitskollegin aus einer Leipziger Fabrik angefreundet hatte und ihr erzählte, »von einem Manne zur Unzucht verführt worden« zu sein und dass »er sich den Umgang mit Männern nicht mehr abgewöhnen könnte«.[27] So direkt wurde das Stigma von den meisten allerdings nur gegenüber besonderen Vertrauenspersonen thematisiert. Relativ offen kommunizierte man vor allem gegenüber anderen Homosexuellen. Doch auch hierbei ließen nicht wenige Vorsicht walten, etwa indem sie sich einer chiffrierenden Sprache bedienten oder, um Erpressungen vorzubeugen, ihre Identität verschleierten, zum Beispiel durch Nutzung von Decknamen.[28] Eher die Ausnahme waren dagegen jene Homosexuellen, die aus ihrer Veranlagung kein Geheimnis machten. So wie der 1899

25 Zinn, Glück, S. 67.

26 Vernehmungsprotokoll vom 28.8.1937 (ThürStA Altenburg, StA LG, Sign. 216, Bl. 11–19, hier 12).

27 Vernehmungsprotokoll vom 9.6.1943 (SächsStA Leipzig, Bestand 20114, Nr. 3030, Bl. 14R–16, hier 15R).

28 Vgl. Zinn, Volkskörper, S. 37–57.

geborene Kohlenhändler Kurt Künzel aus Crimmitschau, dessen Homosexualität 1931 stadtbekannt war: »Überall war Künzel bekannt u. alle wussten, wie es auf sittlichem Gebiete mit ihm stand. Er sagte es auch jedem offen.« Künzel leitete allerdings eine Homosexuellenorganisation, was zu einem offensiveren Stigma-Management prädestinierte.[29]

Die meisten kommunizierten dagegen zurückhaltend. Besonders in Briefen wurden von vielen Codes und Andeutungen genutzt, um eine Enttarnung durch mitlesende Dritte zu vermeiden. So unterzeichnete der oben erwähnte belgische Hilfsarbeiter die Briefe an seinen Liebhaber mit dem Namen »Gitta« – »damit die Sache nicht auffallen soll«, wie er seiner Arbeitskollegin offenherzig anvertraute.[30] Auf Andeutungen beschränkten sich zwei Leipziger Jugendliche, die möglicherweise ein Liebesverhältnis, vielleicht aber auch nur eine enge Freundschaft verband. Einer der beiden, der 18-jährige Hans Triebwasser, ein in Leipzig geborener Pole jüdischer Abstammung, war 1936 nach Kattowitz emigriert, später zog er dann nach Rom. Warum er Deutschland verlassen musste, ist nicht mehr zu klären, es ist aber sehr wahrscheinlich, dass dabei auch seine Freundschaft mit dem ein Jahr jüngeren Schweden Heinz Svensson eine Rolle spielte. Mit diesem tauschte er seither Briefe aus, in denen sich beide in Andeutungen von Liebe, Sehnsucht und Homosexualität ergingen. Während Triebwasser darin relativ unbekümmert »grüßt und küsst« und in deutlicher Anspielung auf »warme Brüder« erklärte, »warm« sei es in Kattowitz »nicht sehr«, er habe aber doch »Chancen« wie »ein Gott«, formulierte Svensson etwas zurückhaltender.[31] Denn Svenssons Schwager überwachte seine Korrespondenz und hatte bereits einen Brief von Triebwasser abgefangen. Als dann auch Svenssons Vater bei seinem Sohn einen Brief an Triebwasser fand, kam es zum familiären Zerwürfnis: »Man will uns unbedingt auseinanderbringen, doch das ist bestimmt unmöglich«, schrieb Svensson. Vielmehr sei es sein »voller Ernst, das Wahr [sic!] zu machen was ich schon vor Jahren mit Dir wollte«. Er sei nun »unbedingt dazu entschlossen, Dir zu folgen« und habe dafür bereits »nach und nach eine Reiseaussteuer zusammengekauft«. Beide »könnten dann ein angenehmes Leben führen mit viel Sonne und Freiheit«.[32] Um die Reisekosten zusammenzubekommen, bestahl Svensson schließlich seinen Arbeitgeber. Er wurde an der Grenze verhaftet, zu zwei Monaten Gefängnis verurteilt und danach aus Deutschland ausgewiesen. Zu einer Verurteilung wegen Homosexualität kam es nicht, weil »Svensson bestritt, sich im

29 Aussage 13.4.1937, S. 4 (ThürStA Altenburg, StA LG, Sign. 505, unpaginierte Abschrift).

30 Vernehmungsprotokoll vom 9.6.1943 (SächsStA Leipzig, Bestand 20114, Nr. 3030, Bl. 14R–16, hier 15R).

31 Postkarte vom 24.11.1936 (SächsStA Leipzig, Bestand 20031, Polizeipräsidium Leipzig, PP-S 3546, Umschlag Bl. 3).

32 Briefentwürfe vom 4.5.1937 und 27.7.1937 (ebd.).

Abb. 4: Heinz Svensson 1935 in Leipzig; Quelle: Familie Svensson/Sirhagen.[33]

Sinne des § 175 RSTGB. schuldig gemacht zu haben« und sich dies auch anhand der bei ihm gefundenen Briefe nicht nachweisen ließ.[34]

Welche Rolle soziales Milieu und Bildungsstand für das Stigma-Management spielten, zeigt auch eine Mikrostudie des Verfassers zum Altenburger Land. Es war vor allem die Sprechfähigkeit, die erheblich variierte, mit steigendem Bildungsgrad aber deutlich zunahm. So wurde das homosexuelle Begehren im bäuerlich-ländlichen Umfeld nur selten offenbart, und wenn dann meist nonverbal. Dagegen finden sich im proletarisch-urbanen Milieu bereits einige Beispiele für eine Verbalisierung des Stigmas. Doch auch hier dominierte noch die nonverbale Kommunikation. Prägend für dieses Milieu war das wissende und duldende Beschweigen des homosexuellen Begehrens. Im kleinbürgerlichen Milieu zeigte sich dagegen eine wesentlich stärkere Tendenz zur verbalen Kommunikation, die vom Wunsch nach einer als erlösend empfundenen Offenbarung geprägt, aber

33 Ich danke Peter Sirhagen, der mir die Fotos seines Vaters zur Verfügung gestellt, und Raimund Wolfert, der mich bei der Suche nach der Familie Svensson tatkräftig unterstützt hat.

34 Bericht vom 9.3.1938 (ebd., Bl. 7R).

häufig konfliktbelastet war. Der Wunsch, bürgerlichen Konventionen zu genügen, war besonders verbreitet, Versuche, das homosexuelle Begehren zu kontrollieren, zu sublimieren oder sogar zu eliminieren, traten hier am deutlichsten zutage. Im Bildungs- und Großbürgertum war die verbale Kommunikation ebenfalls weit verbreitet, sie war aber weniger von der Offenbarung als vielmehr von der Kunst der Umschreibung und Andeutung des Stigmas geprägt. Die Sorge um die gesellschaftliche Reputation und die Angst vor Enttarnung, Erpressung und Diskreditierung waren hier besonders virulent und führten zu einem Stigma-Management, das eine Offenbarung nur gegenüber engen Vertrauten erlaubte. Gegenüber weniger vertrauten Personen übte man sich dagegen in Zurückhaltung und nutzte allenfalls eine codierte Sprache, die in der Sphäre des Doppeldeutigen und Ungefähren verblieb.[35] Teilweise gehörte Homosexualität aber auch zu den Eigenschaften, die ihre Träger besonders »interessant« machten und die somit quasi das Eintrittsbillet besonders in kunst- und kulturorientierte Kreise bildeten. Ein Umstand, den die SS-Zeitschrift »Das Schwarze Korps« 1937 explizit brandmarkte: So sei es »in der bürgerlichen Gesellschaft von heute« geradezu »gang und gäbe«, vom Homosexuellen »wie von einem interessanten Außenseiter zu sprechen«.[36] Geduldet wurden Homosexuelle aber auch in diesen Kreisen nur, wenn sie ihre Veranlagung verschleierten oder im Sinne von Erving Goffman »kuvrierten«, sich also darum bemühten, »zu verhindern, dass das Stigma sich zu mächtig aufdrängt«.[37] Hannah Arendt hat dieses Paradox, das auch den Umgang mit Juden kennzeichnete, 1955 anhand der Beschreibungen der Pariser Gesellschaft des Fin de Siècle durch Marcel Proust treffend analysiert.[38] So habe die bürgerliche Gesellschaft, obwohl sie die »interessanten Außenseiter« integrierte, ihren »Moral- und Anstandskodex nie geändert:

»Damit erreichte sie, dass die neu von ihr akzeptierten Elemente in die zweideutige Situation gerieten, einerseits bei Strafe des Verlustes ihrer Anziehungskraft nicht verheimlichen zu dürfen, wer sie waren, – Homosexuelle oder Juden; andererseits aber auch bei Strafe des Verlustes ihrer Stellung in den Salons nicht offen zugeben zu dürfen, dass sie waren, wer sie waren. So begann jenes komplizierte Spiel des Zeigens und Versteckens, des halb Sich-zu-erkennen-Gebens, der Demut, die aus der Furcht entsprang, wieder verjagt zu werden, und der Arroganz, die aus der Überraschung geboren war, überhaupt zugelassen worden zu sein. In diesem zweideutigen Hin und Her wurde jedes der in Frage stehenden Individuen ein gelernter Schauspieler, nur dass der Vorhang, der dem Spiel ein Ende machen sollte, nie mehr heruntergelassen wurde und die Menschen, die aus ihrem ganzen Leben eine theatralische Rolle gemacht hatten, auch in der Einsamkeit nicht mehr wussten, wer sie eigentlich waren.«[39]

35 Zinn, Volkskörper, S. 234.
36 O. V., Was sag ich meinem Kinde? In: Das Schwarze Korps vom 15.4.1937, S. 6.
37 Goffman, Stigma, S. 129. Vgl. auch Zinn, Volkskörper, S. 48–50.
38 Vgl. Marcel Proust, Auf der Suche nach der verlorenen Zeit, Band 4: Sodom und Gomorrha, Frankfurt a. M. 2011.
39 Hannah Arendt, Element und Ursprünge totaler Herrschaft, Frankfurt a. M. 1955, S. 139.

In den meisten Milieus und sozialen Beziehungen vorherrschend waren verschiedene Spielarten des »wissenden Beschweigens«. Nicht selten war die Konstellation so, dass das soziale Umfeld zumindest ahnte, dass das Gegenüber homosexuell sein könnte. Um niemanden in Verlegenheit zu bringen, wurde das Thema aber von beiden Seiten gemieden. Für die Betroffenen führte dies zu der Situation, dass sie oftmals weder wussten, ob und inwieweit der Gesprächspartner über die eigene Homosexualität informiert war, noch was er davon halten könnte. Entsprechend verdruckst kommunizierten sie dann selbst, was das Gegenüber in der Annahme bestärkte, das Thema besser zu meiden. Anders als im direkten Kontakt mit den Betroffenen war die Homosexualität in deren sozialem Umfeld aber durchaus ein Gesprächsthema, mitunter kursierten auch in breiteren Kreisen entsprechende Gerüchte. Das von Neugier und Klatschsucht motivierte Kommunikationsverhalten ging dabei oft mit einer Gleichgültigkeit einher, die auf eine Duldung der Homosexualität hinauslief. So berichtete ein Melker aus Roda bei Mutzschen 1937: »Aufgefallen ist es mir, dass sich beide gegenseitig wie ein Liebespaar neckten. In Gegenwart von mir und meiner Ehefrau, hat Orlik dem Heller an den [sic!] Bart gezupft und ist ihm auch in die Haare gefahren. Letzteres alles aus Neckerei. Auch ist es vorgekommen, dass Orlik seine Beine auf die des Heller legte, wenn beide bei mir in der Küche nebeneinander gesessen haben.« Besonders im ländlichen Raum konnten Mutmaßungen und Gerüchte aber eine Kommunikationsspirale in Gang setzen, die schließlich die Polizei auf den Plan rief. Im vorliegenden Fall sorgte das Liebesverhältnis zwar vor allem deswegen für Unruhe, weil die Dorfbevölkerung befürchtete, der jüngere Partner habe es nur auf das Geld des Älteren abgesehen. Das änderte freilich nichts daran, dass die beiden schließlich verhaftet wurden. In ihrem Abschlussbericht notierte die Gendarmerie: »Die Einwohner von Roda sind überaus glücklich, dass Orlik und Heller nunmehr auseinander gebracht worden sind. Orlik hätte die Spargroschen des Heller durchgebracht und hätte dann das Weite gesucht.«[40]

Eine wichtige Entlastungsfunktion hatten vor diesem Hintergrund jene Kommunikationssphären, in denen das Wissen um die eigene Homosexualität nicht ständig kontrolliert werden musste: Freundeskreise von Homosexuellen und »Eingeweihte«, zu denen auch das engere soziale Umfeld von Familienangehörigen, Arbeitskollegen, Vermieterinnen und Nachbarn zählen konnte. Besonders den Zimmerwirtinnen kam eine beachtliche Rolle zu, vermieteten einige von ihnen doch in vollem Bewusstsein der näheren Umstände an Männerpaare oder duldeten zumindest die »Männerbesuche« ihrer Untermieter. So wohl auch im Fall des Kristallschleifers Werner Kähler, der wegen seiner Homosexualität bereits unter polizeilicher Überwachung gestanden hatte, als er im Sommer 1938

40 Berichte vom 8.1.1937 und 22.1.1937 (SächsStA Leipzig, Bestand 20114, Nr. 2311, Bl. 8R und 10R).

ein Zimmer bei Bertha Prager in der Leipziger Karlstraße bezog. Als kurz darauf sein Liebhaber ankündigte, dass er nach Leipzig »nachkommen wolle«, brachte Kähler auch diesen bei Frau Prager unter: »Wir hatten 1 Zimmer mit 2 Betten«. Ob die beiden tatsächlich »immer jeder für sich im Bett« schliefen, wie Kähler später gegenüber der Gestapo beteuerte, bleibt offen.[41] Dass einige Vermieterinnen ein eheähnliches Zusammenleben schwuler Paare geradezu protegierten, zeigt der Fall von Rudolf Brazda, dessen Meuselwitzer Wirtin Helene Mahrenholz ihm und seinem Liebhaber ihr altes Schlafzimmer überließ: »Ja, also das Schlafzimmer, in dem die Frau Mahrenholz geschlafen hat, das hat sie denn uns überlassen, denn es war etwas größer, und in ihrem Bett, darin haben wir geschlafen. Es war ein großes Bett, sie hatte früher mit ihrem Mann dort drin geschlafen.«[42] Auch Brazda bestritt diese Situation dann später gegenüber der Leipziger Polizei, indem er behauptete, jeder habe »dort ein Zimmer für sich« gehabt, »zwischen den von uns benutzten Zimmern war noch das Schlafzimmer der Mahrenholz.«[43]

Aber auch Vereinen der homosexuellen Bürgerrechtsbewegung und Homosexuellenlokalen kam eine wichtige Funktion zu. Goffman spricht hier von Räumen, in die man sich »zurückziehen kann zur moralischen Unterstützung und wegen des Behagens, sich zu Hause, entspannt und akzeptiert zu fühlen«. Sie dienten dem Erfahrungsaustausch, der Selbstvergewisserung, der Herstellung kollektiver Identität oder einfach nur der Entspannung und dem ungezwungenen Amüsement. Wie andere Stigmata disponiert auch die Homosexualität »zur Bildung von Gruppen und Verbindungen«, so auch zu Vereinen und Verbänden, die gemeinsame Ziele verfolgen und mit Publikationen oder Veranstaltungen für ihre Anliegen werben.[44] In den 1920er-Jahren existierten zahlreiche solcher Homosexuellenvereine, die sich in ihren Aktivitäten und ihrer politischen Ausrichtung deutlich unterschieden, so die von dem Sexualreformer Magnus Hirschfeld 1897 gegründete Lobby-Organisation »Wissenschaftlich-humanitäres Komitee«, der eher auf Freizeitaktivitäten fokussierte »Bund für Menschenrecht« (BfM) und die der Pflege »männlicher Kultur« verschriebene »Gemeinschaft der Eigenen« (GdE). Ihre Funktion bestand im Wesentlichen darin, »Verhaltensmuster« zu definieren »und so Rollendispositionen und Möglichkeiten zu einem positiven Selbstverständnis« zu schaffen.[45]

41 Vernehmungsprotokoll vom 27.6.1940 (SächsStA Leipzig, Bestand 20031, Polizeipräsidium, PP-S 1425, Bl. 16).

42 Zit. nach Zinn, Glück, S. 55 f.

43 Vernehmungsprotokoll vom 8.4.1937 (ThürStA Altenburg, Bestand StA LG, Sign. 214, Bl. 2 f.).

44 Goffman, Stigma, S. 31 und 35.

45 Gunter Schmidt, Homosexualität und Vorurteil. In: Hans Giese, Homosexualität oder Politik mit dem § 175, Reinbek 1967, S. 109–125, hier 121.

Auch in Sachsen bestanden solche Homosexuellenorganisationen. So hatte der »Bund für Menschenrecht« eine Leipziger Ortsgruppe, die die Gaststätte »Mägdebrunnen« als »Klublokal« nutzte.[46] Noch im Januar und Februar 1933 wurden von der Ortsgruppe gut besuchte Festivitäten veranstaltet, im März stellte sie ihre Aktivitäten dann ein. In ihrer letzten Ausgabe kündigte die Verbandszeitschrift Blätter für Menschenrecht für den 4. März 1933 »Messe-Veranstaltungen« an, »wo sich wieder einmal alle Geschäftsfreunde und Artgenossen aus dem ganzen Reich zusammenfinden«.[47] Auch in Chemnitz gab es eine Ortsgruppe des BfM, die vor 1933 verschiedene »Bälle« veranstaltete. Stärker politisch engagiert war das WhK, das ebenfalls in Chemnitz aktiv war. So organisierte es im April 1928 eine Kundgebung mit 300 Teilnehmern, um die »Chemnitzer Öffentlichkeit über die geradezu unerhörte Homosexuellen-Verfolgung aufzuklären«. Dabei hielt der WhK-Vorsitzende Magnus Hirschfeld eine Rede, in der er kritisierte, dass die Chemnitzer »Polizei aus der Verfolgung Homosexueller in letzter Zeit geradezu ein System gemacht« habe, wie die »Chemnitzer Volksstimme« am 25. April 1928 berichtete. Die Proteste verfehlten ihre Wirkung nicht. So berichtete die »Volksstimme« in einem weiteren Artikel über Erpressungen Homosexueller und fragte: »Wäre es nicht besser, dass die Gesetzgeber durch besseres Verstehen verhindern, dass Homosexuelle solchen Verbrechern in die Hände fallen?«[48]

Auch im ländlichen Raum existierten Homosexuellenorganisationen. Eine wichtige Funktion für die Region zwischen Chemnitz, Zwickau und Leipzig hatte der »Bund der Freunde« bzw. »Bund der homosexuellen Freunde«, der bis 1933 regelmäßig in der Gaststätte »Stadt Dresden« in Crimmitschau tagte. Leiter des Bundes war der oben bereits erwähnte Kohlenhändler Kurt Künzel, der allgemein die »Präsidentin« genannt wurde. Möglicherweise handelte es sich ebenfalls um eine Ortsgruppe des BfM, jedenfalls konzentrierte sich auch dieser Bund auf Freizeitaktivitäten. Überliefert ist dazu ein Bericht über ein Treffen im Jahr 1931: »Einmal, es muss 1931 gewesen sein, hieß es, bei der Künzeln ist großes Treffen, wer wollte, konnte sich einfinden. Ich war unter den 35–40 Mann mit anwesend. Künzel bewirtete uns mit Cafe u. Kuchen. […] Am Abend ging es nach ›Stadt Dresden‹ wo im Vereinszimmer ein gemütl. Beisammensein stattfand. In den späteren Stunden teilte sich die Gesellschaft paarweise«. Ein gewisser emanzipatorischer Anspruch schwang aber nicht nur im Namen des Bundes mit. Offenbar ging es auch bei den Veranstaltungen gelegentlich um politische Fragen, insbesondere um den § 175. So habe ein Teilnehmer »übrigens mal ein Gedicht

46 Vernehmungsprotokoll vom 9.12.1939 (SächsStA Leipzig, Bestand 20031, Sign. PP-S 6174, Bl. 17).

47 Günter Grau, Leipzigs Drittes Geschlecht. In: Capri. Zeitschrift für schwule Geschichte, 11 (1998) 25, S. 27–47, hier 43.

48 WhK (Hg.), Mitteilungen, S. 85–88, 91–92, 104–107, 128–129.

Abb. 5: Rückzug ins Private: Ausflug eines Leipziger Freundeskreises; Quelle: SächsStA Leipzig, Bestand 20114, Nr. 6922, Bl. 30.

geschrieben u. in Crimmitschau in St. Dresden durch ein Mikrophon gesprochen unter dem Motto ›Hallo hallo, hier warme Welle 175.‹ In diesem Gedicht waren viele durch den Kakao gezogen.«[49] Vielleicht kam es dazu Ende 1932, als der »Bund der Freunde« in »Stadt Dresden« eine Silvesterfeier ausrichtete.[50] Die letzte offizielle Veranstaltung des Bundes, an der 63 Personen teilnahmen, fand am 18. März 1933 statt. Sie wurde durch eine Razzia der Kriminalpolizei beendet.[51] Der Bund trat danach nicht mehr in Erscheinung. Doch als informelles Netzwerk bestand er weiter, die hier geknüpften Kontakte wurden auch in den folgenden Jahren noch gepflegt.[52]

Eine informelle Struktur, die für einige Homosexuelle große Bedeutung hatte, fand sich schließlich in der bündischen Jugend. Blühers Buch über die »Wandervogelbewegung als erotisches Phänomen« wurde hier breit rezipiert. Und in einigen Bünden, so insbesondere im 1921 von den Gebrüdern Karl und Robert Oelbermann gegründeten Nerother Wandervogel und in der 1929 von Eberhard Koebel gegründeten Deutschen Jungenschaft »dj.1.11«, zeigte man sich auch gegenüber der Homosexualität aufgeschlossen.[53] 1933 wechselte ein Teil der

49 Aussage vom 13.4.1937, S. 5 (ThürStA Altenburg, StA LG, Sign. 505, unpag. Abschrift).

50 Urteil vom 20.8.1937 (ThürStA Rudolstadt, Sign. 5-33-4410-1590, Bl. 4).

51 Bericht vom 25.1.1937 (ThürStA Altenburg, StA LG, Sign. 239, Band I, Bl. 57–57R). Vgl. auch Kapitel II.4.

52 Vgl. Zinn, Volkskörper, S. 138–140.

53 Vgl. Blüher, Wandervogelbewegung; Ulfried Geuter, Homosexualität in der deutschen Jugendbewegung. Jungenfreundschaft und Sexualität im Diskurs von Jugendbewegung, Psychoanalyse und Jugendpsychologie am Beginn des 20. Jahrhunderts, Frankfurt a. M. 1994, S. 92–107; Stefan Krolle, »Bündische Umtriebe«. Geschichte des Nerother Wandervogels vor und unter dem NS-Staat. Ein Jugendbund zwischen Konformität und Widerstand, Münster 1985.

Mitglieder zu Jungvolk und Hitlerjugend (HJ), wo bündische Traditionen und der offene Umgang mit Homosexualität zunächst fortlebten. Die Gestapo ging gegen diese »bündischen Umtriebe« allerdings scharf vor, prominente Führer wie Robert Oelbermann wurden verhaftet, andere führten die Traditionen später in der Illegalität fort.[54] Unter den Verhafteten war auch Hans Scholl, der in Ulm eine Gruppe gebildet hatte, in der er »das Bündische Brauchtum und Gedankengut der Deutschen Jungenschaft fortsetzte«, wozu aus Sicht der Staatsanwaltschaft auch »starke homoerotische Bestrebungen« zählten.[55] Tatsächlich hatte Scholl auch ein schwärmerisches Verhältnis zu einem jüngeren Kameraden entwickelt, dem er sich mehrfach sexuell näherte. Ende 1937 wurde er verhaftet und nach § 175a angeklagt, ein Erlebnis, das seinen Weg in den Widerstand ebnete. Auch in Sachsen lebte die bündische Tradition nach 1933 fort. So trafen sich zwischen 1936 und 1938 auf dem Andreasplatz in Leipzig junge Männer in einheitlicher »Tracht, bestehend aus kurzen Hosen, buntkarierten Hemden und Slalombluse«. Sie unternahmen gemeinsame Fahrten, schrieben Gedichte und lasen »verbotene Bücher aus dem Günther-Wolff-Verlag in Plauen«, der die Schriften der dj.1.11 veröffentlicht hatte. Und auch homoerotische Beziehungen waren unter ihnen nicht tabu. Zwei wichtige Personen der »Gruppe Andreasplatz« waren die 1920 geborenen Jugendlichen Paul Meinhardt und Heinz Tronicke, die nicht nur eine enge Freundschaft sondern auch ein sexuelles Verhältnis verband.[56]

Die NS-Bewegung war trotz der Übertritte vieler Angehöriger der Jugendbewegung kein besonderer Anziehungspunkt für Homosexuelle. Die nach der Ernennung des homosexuellen SA-Stabschefs Ernst Röhm in der antifaschistischen Propaganda ventilierte Vorstellung, die NSDAP sei »geradezu zur Bewegung der Homosexuellen geworden«, lässt sich mit den sächsischen Daten jedenfalls nicht untermauern.[57] Unter 292 in Leipzig wegen homosexueller Handlungen angeklagten Männern hatten 21 der NSDAP angehört, der Organisationsgrad lag mit 7,2 Prozent also unter dem der Gesamtbevölkerung, der bis Mai 1943 auf 9,7 Pro-

54 Vgl. Zinn, Volkskörper, S. 330–336.

55 Vgl. Gestapo-Bericht vom 22.1.1938 und Anklageschrift vom 7.5.1938. In: Ulrich Herrmann, Vom HJ-Führer zur Weißen Rose: Hans Scholl vor dem Stuttgarter Sondergericht 1937/38, Weinheim 2012, S. 291–311, hier 297 und 304; Kurzbiografie Hans Scholl (scholl.rosa-winkel.de; 12.11.2019).

56 Urteil vom 1.11.1939 (SächsStA Chemnitz, Bestand 30068, Nr. 5180, Bl. 3–15, hier 8 f.). Vgl. auch Vernehmungsprotokolle vom 17. und 18.2.1938 und Bericht vom 12.11.1937 (SächsStA Leipzig, Bestand 20114, Nr. 323, Bl. 8, 10 und 20–30); Polizeiakte Meinhardt (ebd., Bestand 20031, PP-S 2317/30).

57 O. V., »Die Säuberungsaktion«. In: Volksstimme (Saarbrücken) vom 29.12.1934, S. 3. Vgl. dazu auch Alexander Zinn, Die soziale Konstruktion des homosexuellen Nationalsozialisten. Zu Genese und Etablierung eines Stereotyps, Frankfurt a. M. 1997.

zent anstieg.[58] Wie in der restlichen Bevölkerung gab es aber auch unter Homosexuellen Milieus, die sich als besonders anfällig für die NS-Ideologie erwiesen. Während NSDAP-Mitglieder unter den angeklagten Arbeitern mit 5,1 Prozent eher unterrepräsentiert waren, waren sie unter Angehörigen der Mittelschicht (8,3 %) und des Bildungs- und Großbürgertums (22,2 %) stärker vertreten.[59] Ohne Frage war der Anpassungsdruck in diesen Schichten auch größer, insbesondere Beamten wurde oft »geraten«, in die Partei einzutreten. Gerade im Kleinbürgertum gab es aber auch ein Milieu eher prekärer Existenzen, die sich aus den verschiedensten Gründen auf der »Verliererseite« des Lebens wähnten und mit der NS-Bewegung auch eine persönliche Karrierechance verbanden. Zu ihnen zählte zum Beispiel Helmuth von Wangenheim, dessen militärische Karriere mit dem Ersten Weltkrieg beendet worden war und der seither als kaufmännischer Vertreter firmierte. 1930 wurde er Parteimitglied und avancierte schnell zum politischen Leiter in der Altenburger NSDAP-Kreisleitung. Nach seinem Umzug nach Dresden im August 1932 war er auch dort »eifrig tätig« und erwarb sich »Verdienste für die nationalsozialistische Bewegung«.[60] Tatsächlich wurden Homosexuelle bis zur Ermordung Röhms im Sommer 1934 in NS-Organisationen geduldet. Seither ging man gegen sie aber rigide vor. So reichte bei Wangenheim schon der »Verdacht, sich dauernd gegen den § 175 zu vergehen«, um im September 1934 ein Parteiausschlussverfahren einzuleiten. Nachdem man einschlägige Akten des Dresdner Polizeipräsidiums eingesehen hatte, wurde er am 10. Oktober mittels einstweiliger Verfügung ausgeschlossen: »Grund: Ihre annormale [sic!] Veranlagung«.[61]

Wichtige Orte der Selbstvergewisserung und der Kontaktanbahnung waren die Homosexuellenlokale in den Großstädten Leipzig, Chemnitz und Dresden. Hier gab es zahlreiche Gaststätten, die ausschließlich oder vornehmlich von Schwulen und Lesben frequentiert wurden. In Dresden gehörte dazu das »Café

58 Zugrundegelegt wurden die Einwohnerzahl laut Volkszählung vom Mai 1939 und die NSDAP-Mitgliederzahl vom Mai 1943, die damals bei 7,7 Millionen lag.

59 Ähnliche Ergebnisse hatten sich bereits im Altenburger Land gezeigt. Vgl. Zinn, Volkskörper, S. 420–422. Dagegen behauptete John C. Fout 2002, unter den von ihm untersuchten Verurteilten aus Hamburg wären 50 Prozent NSDAP-Mitglieder gewesen. Fout machte in seinem Aufsatz allerdings keine Quellenangaben und gab auch nicht an, wie groß die hierfür untersuchte Stichprobe war. John C. Fout, Homosexuelle in der NS-Zeit: Neue Forschungsansätze über Alltagsleben und Verfolgung. In: Burkhard Jellonnek/Rüdiger Lautmann (Hg.), Nationalsozialistischer Terror gegen Homosexuelle. Verdrängt und ungesühnt, Paderborn 2002, S. 163–172, hier 172.

60 Urteil vom 12.1.1938 (SächsStA Chemnitz, Bestand 30068, Nr. 8642, Bl. 5–17, hier 12 und 15).

61 Beschluss des Gaugerichts Sachsen vom 10.10.1934 (BArch, OPG J 0084, Bl. 1–8, hier 5). Vgl. auch die beachtliche Überlieferung von Polizeiakten homosexueller NSDAP-Mitglieder im Hauptstaatsarchiv Dresden, die auf eine gezielte Auswahl derartiger Fälle durch Archivmitarbeiter schließen lässt (SächsHStA Dresden, Bestand 10789, Nr. 69, 91, 96, 202, 222, 261, 270, 722 und 813).

Diana-Klause« in der Kleinen Plaunschen Straße, das später dann offenbar in der Weinligstraße residierte – dort bediente nicht nur ein homosexueller Kellner, auch viele lesbische Frauen verkehrten hier. Homosexuellentreffpunkte waren überdies das »Dampfschiff« in der Rampischestraße, das »Café Eden« und die Gaststätte »Grinzinger« an der Sophienkirche.[62] Zahlreiche Kneipen gab es auch in der Messestadt Leipzig. Große Bedeutung hatte hier der »Mägdebrunnen«, bis 1933 »Klublokal« des BfM, aber auch die »Elisenburg«, wo sich »gewohnheitsmäßig Homosexuelle getroffen haben um dort gegenseitigen geschlechtlichen Anschluss zu suchen und zu finden«.[63] Ein »Verkehrslokal der besseren Homosexuellen« war, zumindest nach Einschätzung der Leipziger Kriminalpolizei, das Klub-Lokal »New York« in der Hainstraße.[64] Es befand sich in der »Maro-Diele«, abends wurden die Lichter gedimmt, um das Café in ein Tanzlokal zu verwandeln.[65]

Bis 1933 waren diese Lokale legal, 1934/35 kam es dann allerdings zur Schließung einer ganzen Reihe dieser Kneipen. Betroffen waren vor allem die Treffpunkte schwuler Männer, weiterhin geduldet wurden hingegen Lesben-Lokale wie das »Café Löffler« in Dresden, das auch 1941 in »sittenpolizeilicher Hinsicht« keinen »Anlass zum Einschreiten« bot.[66] Doch auch für schwule Männer fanden sich immer wieder Lokale, die sich zu neuen Anlaufpunkten entwickelten. Über Mundpropaganda sprach sich herum, in welchem Lokal man sich treffen konnte. In Leipzig war das zum Beispiel die »Griechische Weinstube«, in der sich »Homosexuelle gerne aufhalten«[67] und die das Leipziger Amtsgericht noch im September 1940 als ein »Verkehrslokal der Homosexuellen« bezeichnete.[68] Auch der »Burgkeller«, eine »führende Groß-Gaststätte der Messestadt im Zentrum«, entwickelte sich Mitte der dreißiger Jahre zu einer solchen Anlaufstelle.[69] So teilte der Wirt der Kripo im Februar 1938 mit, »dass sich ab und zu junge Leute in der Gaststätte aufhalten, die vermutlich widernatürliche Unzucht mit Männern treiben«.[70] Zu den Gästen beider Lokale gehörte zum Beispiel ein 19-Jähriger, der

62 Vernehmungsprotokoll vom 12.7.1938 (SächsHStA Dresden, Bestand 10789, Nr. 124, Bl. 46); Vernehmungsprotokoll vom 16.9.1931 (ebd., Nr. 619, Bl. 6).

63 Vermerk vom 29.1.1944 (SächsStA Leipzig, Bestand 20114, Nr. 3729, Bl. 2). Zur Elisenburg vgl. auch Vernehmungsprotokoll vom 14.6.1935 (SächsStA Leipzig, Bestand 20031, PP-S 6834, Bl. 2); Bericht vom 15.5.1937 (PP-S 3459, Bl. 20).

64 Bericht vom 22.2.1937 (ThürStA Altenburg, StA LG, Sign. 239, Band I, Bl. 227R).

65 Vgl. Zinn, Glück, S. 54.

66 Bericht vom 7.3.1941 (SächsHStA Dresden, Bestand 10789, Nr. 619, Bl. 52).

67 Vernehmungsprotokoll vom 18.2.1938 (SächsStA Leipzig, Bestand 20114, Nr. 323, Bl. 10).

68 Urteilsabschrift vom 17.9.1940 (SächsStA Chemnitz, Bestand 30068, Nr. 1376, Bl. 6).

69 Eigenwerbung des Burgkellers auf einer Postkarte von 1938. Privatbesitz des Verfassers.

70 Fernsprechmitteilung vom 24.2.1938 (SächsStA Leipzig, Bestand 20031, PP-S 7922, jetzt: Bestand 22236, Nr. 43, Bl. 70 f.).

Abb. 6: Private Netzwerke: Leipziger Freundeskreis in den 1930er-Jahren; Quelle: SächsStA Leipzig, Bestand 20114, Sign. 6922, Bl. 30.

dem Amtsgericht »als typischer Homosexueller« erschien: »Er ist ein weichlicher junger Mensch, der kein Interesse für das andere Geschlecht hat, sich schminkt, pudert und die Fingernägel lackiert, ›zufällig‹ mit Vorliebe in Homosexuellenlokalen verkehrt und dort auch immer wieder hingeht«.[71]

Die 1933/34 einsetzende Repression von Homosexuellenorganisationen und -lokalen führte aber auch zu einer Verlagerung gleichgeschlechtlicher Treffpunkte: einerseits in den privaten Bereich von Freundeszirkeln, andererseits aber auch in den öffentlichen Raum von Straßen, Parkanlagen und gewöhnlichen Gaststätten. So beklagte 1937 ein junger Mann, dass man den Homosexuellen »die ganze Freiheit, hauptsächlich die Lokale genommen« habe: »Damals wussten wir immer, wo wir hingehörten, u. lernten uns gegenseitig kennen u. kümmerten uns weniger um die Außenwelt. Außerdem ist auch dem Staat allerhand Geld an Steuern durch den überall verbreiteten Bund für Menschenrecht zugeflossen.« Durch die Schließung der Lokale jedoch »sahen [wir] uns gezwungen, private Zusammenkünfte zu veranstalten«.[72]

Teilweise etablierten sich Zirkel, die solche Zusammenkünfte organisierten und Privaträume bereitstellten. Oft waren es Zimmerwirtinnen oder gute Freundinnen schwuler Männer, unter ihnen auch lesbische Frauen, die ihrerseits Spaß daran hatten, an den privaten Feiern teilzunehmen. So offenbar die beiden Leipzigerinnen Hanna Kleen und Elsa Rübner, »engste Vertraute« des schwulen

71 Urteilsabschrift vom 17.9.1940 (SächsStA Chemnitz, Bestand 30068, Nr. 1376, Bl. 6R).

72 Aussage vom 13.4.1937 (ThürStA Altenburg, StA LG, Sign. 505, unpag. Abschrift), S. 22.

Schriftstellers Hans von Gerstenbergk, die in den Kriegsjahren regelrechte Orgien organisierten: »Die Liebesstunden werden in der Beethovenstr. abgehalten, bei einem Frl. Hansi. Dort ist Absteigequartier, für Männer und Frauen, denn die Hansi ist genau so eingestellt. Dort sind oft die tollsten Sachen vorgekommen, manchmal in einem Zimmer, Männer im Bett und Weiber auf der Couch.«[73]

Die Kontaktanbahnung im öffentlichen Raum, zu der es jetzt vermehrt kam, fand an allen erdenklichen Orten statt. Die Fälle, die später in Strafakten dokumentiert wurden, zeigen ein breites Spektrum homoerotischer Annäherungsversuche. Und die Umstände, unter denen die betroffenen Männer verhaftet wurden, deuten darauf hin, dass die Möglichkeit, in die Fänge der Polizei zu geraten, auch Mitte und Ende der 1930er-Jahre nur wenig abschreckend wirkte. Obwohl der Verfolgungsdruck während der NS-Zeit erheblich stieg, war seine Wirkung begrenzt – insgesamt geriet höchstens ein Viertel der mutmaßlichen Homosexuellenpopulation ins Visier der Polizeibehörden, verurteilt wurden wohl nur etwa neun Prozent.[74] Das Bedrohungsgefühl war sicherlich sehr unterschiedlich ausgeprägt, gerade bei jungen Männern obsiegte aber oft das sexuelle Begehren. Die ganze Ambivalenz der damaligen Situation hat wohl kaum einer treffender beschrieben als der 1917 geborene Maler und Wissenschaftler J. A. W.: »Sicher, die Nazis trieben unsere Leute noch tiefer in die Illegalität, viele wurden in ihren barbarischen Lagern ermordet, und trotzdem gab es auch in dieser Zeit das, was man heute als Szene bezeichnet. Der Sexualtrieb ist auf Dauer nicht zu unterdrücken. Schon gar nicht, wenn du jung und ansehnlich bist und zeitweise aus gar nichts anderem als Trieb zu bestehen scheinst. Außerdem glauben junge Menschen immer, dass das Schlimmste nur den anderen passiert.«[75]

Ohne Frage waren die mitunter recht offensiven Annäherungsversuche, zu denen es insbesondere in Großstädten wie Leipzig kam, aber äußerst gefährlich. Nicht zuletzt auch deswegen, weil immer die Gefahr bestand, an Männer zu geraten, die an derartigen Avancen kein Interesse hatten – mit dem Risiko, dass diese Anzeige erstatteten. So wie im Fall eines 31-jährigen Dekorationsmalers, der im Februar 1938 an der Straßenbahnhaltestelle am Leipziger Königsplatz einen 17-jährigen HJ-Angehörigen »fortwährend verliebt« anschaute. Später machte er auch körperliche Annäherungsversuche. Schließlich verabredete sich der Hitlerjunge mit ihm, allerdings nur in der Absicht, einen Homosexuellen verhaften zu lassen.[76] Freilich waren die Risiken und das »Risiko-Management« auch

73 Denunziationsschreiben vom 31.8.1942 (SächsStA Leipzig, Bestand 20114, Nr. 7098, Bl. 30).

74 Vgl. Zinn, Volkskörper, S. 540.

75 Zit. nach Jürgen Lemke, Ganz normal anders. Auskünfte schwuler Männer aus der DDR, Frankfurt a. M. 1989, S. 122.

76 Anklageschrift vom 22.3.1938 (SächsStA Leipzig, Bestand 20114, Nr. 786, Bl. 2).

sehr unterschiedlich ausgeprägt. Einige verzichteten ganz auf Sex. Doch schon wer mit einer gewissen Vorsicht agierte, indem er zum Beispiel auf Straßenbekanntschaften verzichtete, konnte die Gefahr, in die Verfolgungsmaschinerie zu geraten, deutlich reduzieren. So kam es, dass trotz der massiven Verfolgungspolitik, die in den nächsten Kapiteln näher beschrieben wird, ein großer Teil der schwulen Männer mehr oder weniger »unbeschadet« durchs »Dritte Reich« kam. So offenbar auch der 1909 geborene Handlungsgehilfe Werner Weiser, der 1935 beschuldigt wurde, in seinem Leipziger Zimmer »päderastische Orgien« zu veranstalten – über eine Falltür hatte er von dort aus Zugang zu einem Lagerraum, was die Phantasie von Nachbarn und Polizei offenbar beflügelt hatte. Die Kripo konnte Weiser, »der den homosexuellen Kreisen angehört und dies auch nicht in Abrede stellt«, aber weder ein Verhältnis zu seinem Mitbewohner noch zu seinem Arbeitgeber nachweisen.[77] Außer dem »Strichverbot« hatte das Verfahren für ihn keine Konsequenzen. In seiner Polizeiakte findet sich ansonsten nur noch der Antrag auf einen Reisepass, den er 1939 für eine Italienreise stellte und gegen den auch die Gestapo »keine Bedenken« erhob.[78]

2. Die Entwicklung der Verfolgung in Sachsen

Bis zur NS-Machtübernahme lag die praktische Bedeutung des § 175 weniger in der strafrechtlichen Sanktionierung, die damals nur wenige Männer betraf, als vielmehr in der »generalpräventiven« Stigmatisierung insbesondere der männlichen Homosexualität, die mit dem Paragrafen verknüpft war. Mit den massiven Verfolgungsmaßnahmen, die die neuen Machthaber im Herbst 1934 einleiteten, änderte sich die Situation grundlegend. Fortan ging es nicht mehr nur um Abschreckung und Repression, sondern um eine komplette »Ausmerzung« der männlichen Homosexualität und der ihr von Gestapo-Chef Heinrich Himmler und seinen Getreuen zugeschriebenen gesellschaftlichen Folgen. Langfristiges Ziel dieser Politik war die Einführung der Todesstrafe zumindest für die »unverbesserlichen« Homosexuellen. So forderte der SS-Unterführer und spätere Professor für Rechts- und Religionsgeschichte Karl-August Eckhardt bereits in einem am 22. Mai 1935 in der SS-Zeitschrift »Das Schwarze Korps« veröffentlichten Artikel, »in der Beurteilung der Homosexualität« zurückzukehren »zu dem nordischen Leitgedanken der Ausmerzung der Entarteten«.[79]

77 Bericht und Strichverbot vom 9.4.1935 (SächsStA Leipzig, Bestand 20031, PP–S 6213, Bl. 2–5, hier 2R).

78 Antrag vom 4.3.1939 (Bl. 11 f., hier 11R).

79 Zit. nach Harry Wilde, Das Schicksal der Verfemten, Tübingen 1969, S. 33.

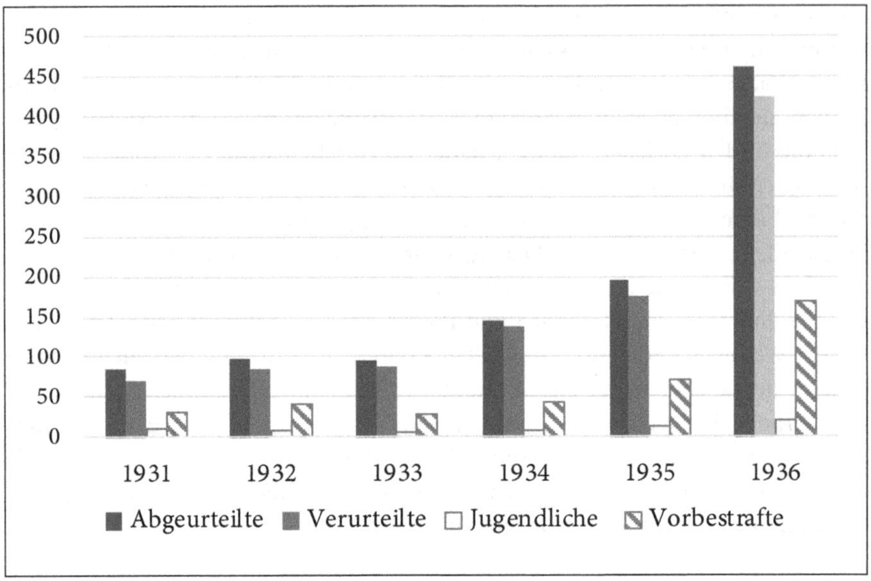

Grafik 2: Strafverfolgung in Sachsen nach den §§ 175/175a in den Jahren 1931 bis 1936[80]

Wie sich dieser Bedeutungswandel der Strafverfolgung in Sachsen vollzog, zeigt die Entwicklung der Kriminalstatistik. So stieg die Zahl der Verurteilungen nach § 175 in den Jahren 1931 bis 1933 nur moderat von 70 auf 87, dann aber sprunghaft von bereits 138 im Jahr 1934 auf 423 im Jahr 1936 (vgl. Grafik 2). Sachsen gehörte damit zu den Ländern, die die neue Verfolgungspolitik relativ schnell umsetzten.

Vergleicht man die Zahl der Verurteilungen pro 100 000 Einwohner, so lag Sachsen bereits 1931 mit 1,3 Verurteilungen über dem reichsweiten Durchschnitt von 0,8. Und auch in den folgenden Jahren hielt sich der Verfolgungseifer der sächsischen Polizei- und Justizbehörden auf überdurchschnittlichem Niveau. 1936 war die Verfolgungsintensität mit 8,1 Verurteilungen weiterhin höher als der deutsche Durchschnitt von 7,6. In den Jahren 1937 bis 1939 fiel Sachsen dann im regionalen Vergleich etwas zurück. Für diese Jahre sind Anklagestatistiken überliefert, die zeigen, dass die Verfolgungstätigkeit in Sachsen nun nicht mehr so stark anstieg wie im Reichsdurchschnitt. Gleichwohl erreichte sie mit 11,5 bis 13,8 Anklagen pro 100 000 Einwohner ein deutliches höheres Niveau als in den Vorjahren.

Im Reichsgebiet gab es allerdings auch große regionale Unterschiede (vgl. Grafik 3). Vergleicht man die Zahl Angeklagten bzw. der Abgeurteilten über den Zeitraum von 1931 bis 1939, so zeigt sich eine klare Tendenz zu höheren Verfolgungsquoten in urbanen und niedrigeren in ländlichen Regionen. So lag die

80 Kriminalstatistik für die Jahre 1931–1936.

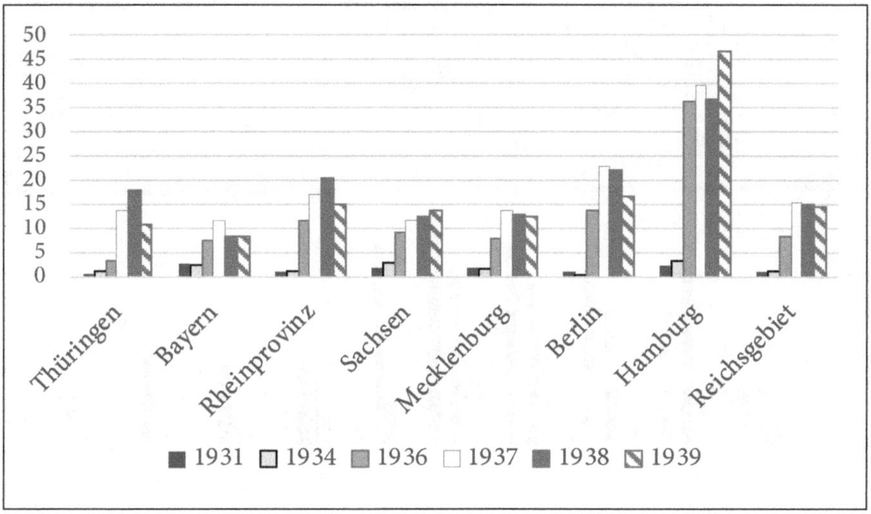

Grafik 3: Anklagen nach den §§ 175/175a pro 100 000 Einwohner im regionalen Vergleich[81]

Zahl der Anklagen in Bayern, Mecklenburg und die meiste Zeit auch in Thüringen unter dem Reichsdurchschnitt, in der Rheinprovinz, Berlin und Hamburg dagegen klar darüber. In den Jahren vor Beginn der NS-Verfolgungspolitik zeigen sich allerdings einige Besonderheiten, die diesem Muster nicht entsprechen. So war die Verfolgungsintensität in Bayern und Mecklenburg bis 1935 überdurchschnittlich, in Berlin dagegen unterdurchschnittlich. In den frühen 1930er-Jahren waren regionale Traditionen des Umgangs mit Homosexualität offensichtlich noch wirksamer, ab 1936 war dann die von der Berliner Gestapo vorgegebene Verfolgungspolitik maßgeblich, die sich in Großstädten leichter umsetzen ließ als auf dem Land.

Ein Trend, der sich auch innerhalb von Sachsen zeigte (vgl. Grafik 4). Denn auch hier gab es bei der Zahl der Anklagen ab 1935 ein deutliches Stadt-Land-Gefälle: So war die Verfolgungsintensität im Landgerichtsbezirk Dresden deutlich höher als in den anderen untersuchten Bezirken. 1939 ging mit 240 Anklagen gut ein Drittel der sächsischen Strafverfahren auf das Konto der Dresdner Staatsanwaltschaft. Das entsprach 21,6 Anklagen pro 100 000 Einwohner, während der sächsische Durchschnitt nur bei 13,8 lag. In Leipzig war die Zahl der Ankla-

81 Berechnung des Verfassers auf Basis der Kriminalstatistik und der Volkszählungen von 1933 und 1939. Vgl. Kriminalstatistik für die Jahre 1931–1936; Anklagestatistik der Jahre 1937–1939 (Bundesarchiv, R 3001/21160–21165); Statistisches Jahrbuch für das Deutsche Reich. Hg. vom Statistischen Reichsamt, Zweiundfünfzigster Jahrgang, Berlin 1933, S. 5; ebd., Neunundfünfzigster Jahrgang, Berlin 1942, S. 7.

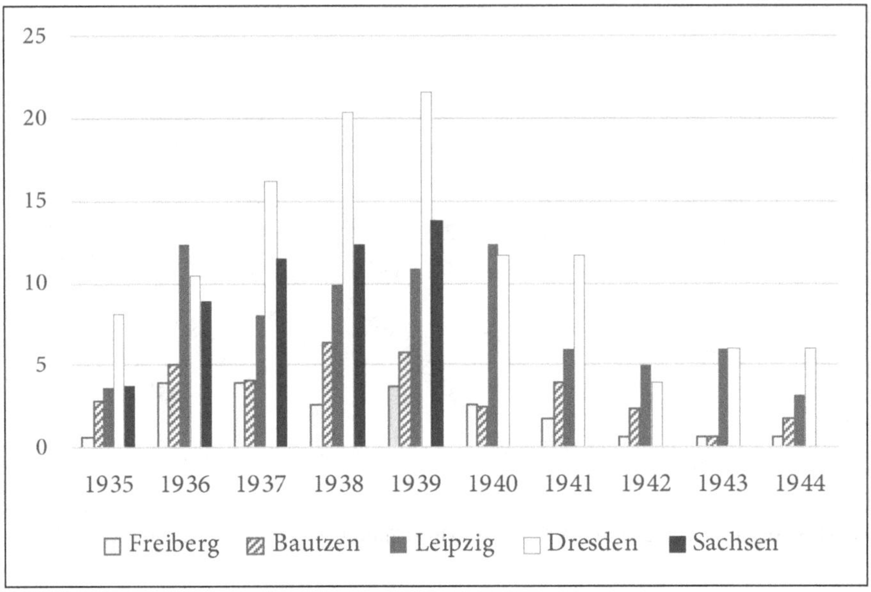

Grafik 4: Anklagen nach den §§ 175/175a pro 100 000 Einwohner in sächsischen LG-Bezirken[82]

gen 1939 nur etwa halb so hoch wie in Dresden, in eher ländlich strukturierten Bezirken lag sie mit 3,7 (Freiberg) und 5,8 (Bautzen) noch viel niedriger. Eine Tendenz, die sich nicht nur im Jahr 1939 zeigte, sondern für den kompletten Untersuchungszeitraum der Jahre 1935–1945 galt. In absoluten Zahlen kam es in diesem Zeitraum im Landgerichtsbezirk Dresden zu etwa 1 300 Anklagen nach den §§ 175 und 175a. Im Landgerichtsbezirk Leipzig, der ungefähr dieselbe Einwohnerzahl hatte wie Dresden, belief sich die Zahl der Anklagen dagegen nur auf ca. 900. Noch geringer war die Verfolgungsintensität in den eher ländlichen Regionen: Für Bautzen konnten 170 und für Freiberg 73 Anklagen ermittelt werden.[83]

82 Berechnung des Verfassers auf Basis der Register der Hauptverfahren der Staatsanwaltschaften Dresden, Bautzen und Freiberg aus den Jahren 1935–1944, der Gefangenentagebücher des Leipziger Polizeipräsidiums und der Volkszählung von 1939. Die Zahlen der Anklagen in Dresden und Leipzig wurden teilweise geschätzt. Vgl. SächsHStA Dresden, Bestand 11120, StA LG Dresden sowie Bestand 11121, Landgericht Freiberg; StFilA Bautzen, Bestand 50071, Landgericht Bautzen; SächsStA Leipzig, Bestand 20031, PP-S 8501–8533; Michael Rademacher, Deutsche Verwaltungsgeschichte von der Reichseinigung 1871 bis zur Wiedervereinigung, Osnabrück 1990 (http://treemagic.org/rademacher/www.verwaltungsgeschichte.de; 12.10.2019).

83 Ausgewertet wurden Register der Staatsanwaltschaften und für Leipzig, wo keine Register überliefert sind, Gefangenentagebücher des Polizeipräsidiums und mehrere hundert Akten des Landgerichts zu Strafverfahren. Auf dieser Basis waren trotz der auch bei den Registern teilweise lückenhaften Überlieferung verlässliche Schätzungen möglich. Zu den Quellen vgl. Anm. 84 in diesem Kapitel.

Für das Stadt-Land-Gefälle gibt es eine ganze Reihe plausibler Gründe: So dürfte der Bevölkerungsanteil Homosexueller in Großstädten durch Zuzug tendenziell höher gelegen haben als auf dem Land. Auch war die Homosexualität in Großstädten, in denen es mehr öffentliche Treffpunkte Homosexueller gab, generell sichtbarer als in ländlichen Regionen, in denen das homosexuelle Leben eher in privaten Zirkeln organisiert war. Zudem waren die Polizeibehörden in Großstädten mit Sittendezernaten in der Regel besser aufgestellt und die Gestapo unterstützte die Verfolgung hier oftmals mit eigenen Homosexuellendezernaten oder der Entsendung von Sonderkommandos.[84] Die gravierenden Unterschiede zwischen Dresden und Leipzig lassen sich mit all dem allerdings nicht erklären. Hier müssen weitere Aspekte eine Rolle gespielt haben. Anhaltspunkte gibt es dafür, dass die Leipziger Kripo deutlich schlechter aufgestellt war als die Dresdner, womit wohl auch zu erklären ist, dass sich die Leipziger Gestapo 1939 in die Homosexuellenverfolgung einschaltete und diese schließlich für zweieinhalb Jahre unterstützte. Eine Rolle gespielt haben könnten aber auch grundlegende Mentalitätsunterschiede, die in einer möglicherweise liberaleren Tradition der Handelsmetropole Leipzig und tendenziell konservativeren Einstellungen in der von Beamten und Pensionären geprägten Landeshauptstadt gewurzelt haben könnten.

Ein Stadt-Land-Gefälle zeigte sich schließlich auch in einem anderen Punkt sehr deutlich: bei der Verfolgung der »einfachen« Homosexualität nach § 175 und der »qualifizierten« Fälle nach § 175a (vgl. Grafik 5). Während es in den Großstädten Dresden und Leipzig in rund der Hälfte aller Anklagen um die »einfache«, das heißt einvernehmliche Homosexualität ging, konzentrierten sich die Ermittlungen in den ländlichen Regionen auf die »qualifizierten« Fälle, insbesondere auf die der sogenannten »Jugendverführung« nach § 175a, Ziff. 3. So betrug der Anteil der Anklagen wegen »einfacher Homosexualität« in Dresden 54,7 und in Leipzig etwa 52,6 Prozent, in Bautzen dagegen nur 24,7 und in Freiberg lediglich 24,5 Prozent. In den meisten anderen Fällen ging es hingegen um »Jugendverführung« oder Kindesmissbrauch. Während der Anteil dieser Fälle in den Großstädten Leipzig und Dresden um die 43 Prozent lag, machte er in den ländlichen Bezirken drei Viertel aller Fälle aus, wobei hier auch der Anteil von sexuellen Handlungen mit Kindern deutlich höher lag als in den Großstädten. Eine ähnliche Tendenz hatte sich bereits in den von Klein- und Mittelstädten geprägten thüringischen Landgerichtsbezirken gezeigt. Hier lag der Anteil der Verurteilungen wegen »einfacher Homosexualität« insgesamt zwar höher als in den ländlichen Bezirken Sachsens: in Meiningen bei 38,5 Prozent, in Altenburg bei 53,6 und im doppelt so großen Gera bei 55,3 Prozent. In den beiden Mittelstädten Meiningen (22272 Einwohner im

84 Die hohe Verfolgungsrate in Hamburg lässt sich beispielsweise auf den Einsatz eines Gestapo-Sonderkommandos zurückführen. Vgl. dazu Kapitel I.4.

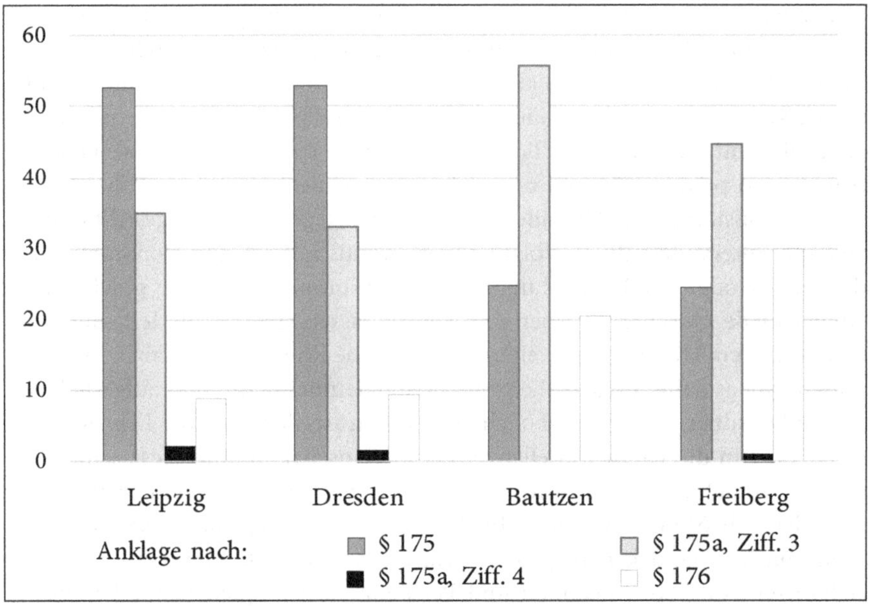

Grafik 5: Anklagen nach unterschiedlichen Straftatbeständen in Prozent

Jahr 1939) und Altenburg (44 338 Einwohner) war dies jedoch zeitlich begrenzten Verfolgungswellen geschuldet, die viele »gewöhnliche« Homosexuelle trafen und die Statistik verzerrten. In den übrigen Zeiten beschränkte sich die Verfolgung auch hier auf Fälle von »Jugendverführung« und Kindesmissbrauch.[85] Die wesentliche Ursache dafür war, dass die einvernehmliche Homosexualität schwerer nachzuweisen war als qualifizierte Fälle, in denen es häufig einen »Geschädigten« gab, der Anzeige erstattete. Gerade in ländlichen Regionen, in denen die Polizei in der Regel nur wenig Erfahrung mit außergewöhnlichen »Sittlichkeitsdelikten« wie der Homosexualität hatte, war die Verfolgung vornehmlich reaktiv, also auf Anzeigen angewiesen. In Großstädten ermittelte die Polizei hingegen auch aus Eigeninitiative, etwa mittels Beobachtung bekannter Treffpunkte. Überdies war die Anzeigebereitschaft in ländlichen Regionen generell geringer als in Großstädten, was das Stadt-Land-Gefälle bei der Verfolgung weiter verstärkte.[86]

85 Vgl. Zinn, Volkskörper, S. 683–684.
86 Zum Anzeigeverhalten vgl. Kapitel II.6.

2.1 Die Phasen der Verfolgung

Betrachtet man den gesamten Zeitraum der NS-Herrschaft, so lassen sich für Sachsen verschiedene Phasen der Verfolgung identifizieren, die mit der Entwicklung auf Reichsebene korrespondierten. Auf eine erste etwa zweijährige Periode eher unkoordinierter Aktivitäten seit Sommer 1934 folgte ab Herbst 1936 eine Phase, die von dem Anspruch systematischen Vorgehens geprägt war und den quantitativen Höhepunkt der Verfolgungsmaßnahmen markierte. Seit Herbst 1939 verlor die Homosexuellenverfolgung dann an Relevanz, zum einen, weil die meisten jungen Männer zum Kriegsdienst eingezogen wurden, zum anderen, weil auch die Polizei- und Justizbehörden zunehmend mit Personalengpässen zu kämpfen hatten.

Ähnlich wie auf Reichsebene ist auch in Sachsen erkennbar, dass das Jahr 1933 für die strafrechtliche Verfolgung homosexueller Männer keine Zäsur war. Die Zahl der Verurteilungen bewegte sich auf einem ähnlichen Niveau wie in den Vorjahren. Allerdings kam es wie in Berlin und anderen Regionen zu ersten Repressionsmaßnahmen gegen Einrichtungen der homosexuellen Subkultur. Jedenfalls stellten Vereine wie die Leipziger Ortsgruppe des »Bundes für Menschenrecht«, die im Januar und Februar noch gut besuchte Festivitäten veranstaltet hatte, im März ihre Aktivitäten ein.[87] Dass dies auf Anordnung oder Druck der Polizei geschah, ist nicht zu belegen, aber wahrscheinlich. Darauf deutet zumindest das Vorgehen gegen den von Kurt Künzel geleiteten »Bund der Freunde« in Crimmitschau hin. Dieser wurde im März 1933 zum Ziel einer polizeilichen Razzia. Danach trat er offiziell nicht mehr in Erscheinung, existierte aber als informelles Netzwerk fort.[88] Hinweise auf weitergehende Repressionsmaßnahmen finden sich für diese Frühphase der NS-Herrschaft kaum. Tatsächlich scheint es so gewesen zu sein, dass sich viele Homosexuelle 1933 noch nicht besonders bedroht fühlten. Während einzelne, besonders politisch links stehende Schwule und Lesben, bereits emigrierten, glaubten andere sogar, nun habe »die Stunde geschlagen für die Beseitigung des § 175«.

Tatsächlich machten sich nicht wenige Homosexuelle damals noch Illusionen und besonders schwule Männer aus den Reihen von SA und NSDAP vertrauten auf entsprechende »Verheißungen ihres Stabschefs Röhm«.[89] Homosexuelle NS-Führer wie Röhm schienen in dieser Phase etabliert und nur schwer angreifbar zu sein. Ein gutes Beispiel dafür ist der Fall des in Dresden residierenden Obergebietsführers der Hitlerjugend Franz Schnaedter, der seine Stellung auch

87 Grau, Leipzigs Drittes Geschlecht, S. 43.

88 Bericht vom 25.1.1937 (ThürStA Altenburg, StA LG, Sign. 239, Band I, Bl. 57–57R); Zinn, Volkskörper, S. 413. Vgl. auch Kapitel II.4.

89 So die in diesem Punkt wohl korrekte Darstellung von Hans Blüher, Die Rede des Aristophanes. Prolegomena zu einer Soziologie des Menschengeschlechts, Hamburg 1966, S. 67.

dazu nutzte, um sexuelle Kontakte mit ihm unterstellten Hitlerjungen anzubahnen. Ein Umstand, der die sächsische Gauleitung im Februar 1934 dazu veranlasste, der Reichsjugendführung belastendes Material zu übergeben. Im März wurde Schnaedter dann zwar als sächsischer HJ-Führer durch Martin Ludwig abgelöst, er blieb aber Obergebietsführer. Die Reichsjugendführung tat die Vorwürfe offenbar als »gemeine Denunziationen« ab und erklärte, Schnaedter genieße das »volle Vertrauen des Reichsjugendführers«. Im April ermittelten dann Kripo und Gestapo gegen Schnaedter, vermutlich wurde er am 14. April auch kurzzeitig festgenommen. Gegenüber der Reichsjugendführung wurde nun der Vorwurf erhoben, ihre Untersuchung »sei unsachlich gewesen«, was anscheinend sogar dazu führte, dass Baldur von Schirach gegenüber Rudolf Heß mit seinem Rücktritt drohte. Bei einer Gebietsführertagung am 17. April setzte sich Schirach dann angeblich »in leidenschaftlicher Form für Schnaedter ein« und ging »soweit, dem für den Schritt der Polizei in Dresden verantwortlichen Innenminister und stellvertretenden Gauleiter« Karl Fritsch »das Betreten der RJF« und aller außersächsischen HJ-Dienststellen zu verbieten. Darüber hinaus erteilte Schirach den Befehl, »sich von keinen Polizeibeamten jemals verhaften zu lassen – notfalls mit der Waffe eine Verhaftung zu verhindern«. Schnaedter blieb vorerst im Amt, wie in vielen anderen Fällen auch machte erst die Ermordung des homosexuellen SA-Stabschefs Ernst Röhm am 1. Juli 1934 den Weg frei für seine Verfolgung.[90]

2.2 Der Beginn der Verfolgung nach dem »Röhm-Putsch«

Die eigentliche Zäsur für die Homosexuellenverfolgung markierten also auch in Sachsen die Ereignisse des sogenannten »Röhm-Putsches«. Die Rechtfertigung der Morde an Röhm und seiner Entourage mit deren Homosexualität führte zu einem Stimmungsumschwung. Die meisten offiziellen Stellungnahmen fokussierten zwar auf das Bedrohungsszenario einer homosexuellen Verschwörung, die darauf gezielt habe, »einen Staat aufzurichten, der dann ein Staat dieser kranken Individuen geworden wäre«, wie Göring erklären ließ.[91] Für die Bevölkerung war es aber offenbar von größerer Relevanz, dass die Homosexualität mit dem Topos der Jugendverführung verknüpft wurde. So etwa in der vielfach abgedruckten »Erklärung der Reichspressestelle der NSDAP«, die das Deutsche Nachrichtenbüro am 30. Juni herausgab: »Die Durchführung der Verhaftung

90 Schreiben Martin Ludwigs vom 23.8.1934 in OPG-Akte Heinz Hugo John (BArch, R 9361-I/18935, Bl. 30–37, hier 33); Schreiben des Kriminalamtes vom 17.4.1934 und 23.11.1934 (SächsHStA Dresden, Bestand 10789, Nr. 722, Bl. 1, 8f.). Vgl. auch den Fall des hessischen HJ-Führers Walter Kramer. Zinn, Volkskörper, S. 256, 273f.

91 Ministerpräsident Göring über die Säuberungsaktion. In: Deutsches Nachrichten Büro, Erste Abend-Ausgabe vom 30.6.1934 (BArch, R 43/II/1202, Bl. 270R–271R, hier 271).

zeigte moralisch so traurige Bilder, dass jede Spur von Mitempfinden schwinden musste. Einige dieser SA-Führer hatten sich Lustknaben mitgenommen. Einer wurde in der ekelhaftesten Situation aufgeschreckt und verhaftet. Der Führer gab den Befehl zur rücksichtslosen Ausrottung dieser Pestbeule.«[92] Einige Bürger, besonders aber Angehörige von NS-Organisationen, fühlten sich nun ermutigt, ihr Wissen über vermeintliche Homosexuelle, insbesondere aber über »Jugendverführer« preiszugeben. So etwa ein Dresdner Tischlermeister, der den NSDAP-Ortsgruppenleiter Wilhelm Johst am 3. Juli erneut anzeigte, nachdem er dies am 19. Januar bereits vergeblich getan hatte. Nach eigener Aussage ging es ihm darum, »die NSDAP von homosexuellen Führern zu befreien«.[93] Andere betätigten sich gleich als Hilfspolizisten. So etwa in Leipzig, wo der 18-jährige Scharführer Gerhard Gebauer und der 20-jährige Rottenführer Helmut Kanzler ebenfalls am 3. Juli einen von ihnen der Homosexualität verdächtigten 28-jährigen Mann und den ihn begleitenden 15-jährigen Bäckerlehrling von der Straße weg auf die Polizeiwache schleppten.[94]

Die ersten Aktivitäten von Gestapo und Polizeibehörden zielten auf Homosexuelle in Staats- und Parteifunktionen. Bei der Berliner Gestapo war man überzeugt, man sei nur »knapp der Gefahr entgangen, einen Staat von Urningen [Homosexuellen] zu bekommen«, wie Himmler bereits kurz nach der Mordaktion den versammelten SS-Führern erklärte.[95] Das Sonderdezernat, das die Gestapo nach der Mordaktion einrichtete, hatte deswegen auch in erster Linie die Aufgabe, Homosexuelle in Partei und Verwaltung aufzuspüren und ihrer Funktionen zu entheben. Eine Zielrichtung, auf die Ende Juli auch die sächsische Polizei eingeschworen wurde. So wies das sächsische Innenministerium die Polizeibehörden am 30. Juli an, NSDAP-Parteimitglieder, »die nach § 175 StGB. bestraft oder homosexueller Betätigung verdächtig sind«, der NSDAP-Gauleitung »namentlich mitzuteilen«. Dass auch hierbei ein besonderer Fokus auf dem Aspekt der »Jugendverführung« lag, zeigte sich daran, dass extra darauf hingewiesen wurden, auch der Homosexualität verdächtigte »Angehörige der Jugendorganisationen« zu melden, und zwar unabhängig von ihrer Parteizugehörigkeit.[96] Noch vor

92 Erklärung der Reichspressestelle der NSDAP. In: ebd., Bl. 268 f. Vgl. auch o. V., Der Führer greift durch. In: Sondernummer des Völkischen Beobachters vom 1.7.1934, S. 1.

93 Allerdings verlief auch diese Anzeige wieder im Sande, Johst wurde erst nach einer Anzeige der NSDAP-Kreisleitung Dresden im Jahr 1937 verurteilt. Vgl. Anzeigen vom 3.7.1934 und 14.6.1937 (SächsHStA Dresden, Bestand 10789, Nr. 270, Bl. 27R und 80–84).

94 Bericht vom 5.7.1934 (SächsStA Leipzig, Bestand 20031, PP-S 7922, Bl. 12–13).

95 Brief von Dr. Werner Best an Jellonnek vom 28.6.1984. Zit. nach Jellonnek, Homosexuelle, S. 98. Auch Tobias zitiert eine solche Aufzeichnung von Best aus dem Jahr 1949. Karl-Heinz Janßen/Fritz Tobias, Der Sturz der Generäle. Hitler und die Blomberg-Fritsch-Krise 1938, München 1994, S. 93.

96 Schreiben des sächsischen Innenministeriums vom 30.7.1934 (Kreisarchiv Pirna, Stadtrat Hohenstein, Verwaltungspolizei: Allgemeines).

der Berliner Gestapo, die Ende Oktober dann eine ähnliche, noch weitergehende Anweisung herausgab, begannen die sächsischen Behörden und Parteidienststellen also mit der Erfassung homosexueller Männer.

Die für die Verfolgungsbehörden in diesen Wochen wohl wichtigsten Fälle betrafen die sächsische HJ-Führung: Den bereits erwähnten HJ-Obergebietsführer Franz Schnaedter und seinen Nachfolger als HJ-Führer Sachsens, Martin Ludwig. Schnaedter wurde unter anderem vorgeworfen, seine »persönliche Ordonanz«, einen knapp 16-jährigen Hitlerjungen, mehrfach belästigt und unter Missbrauch seiner Stellung als Vorgesetzter und Erzieher zu sexuellen Handlungen gedrängt zu haben. Anlässlich der Mordaktion vom 30. Juni wurde Schnaedter von der Reichsjugendführung als HJ-Obergebietsführer abgesetzt. Kurz darauf tauchte er unter, seit 1. November wurde mit einem Steckbrief nach ihm gefahndet. Am 2. Februar 1935 schloss man ihn dann aus der NSDAP aus, wogegen seine Mutter Einspruch einzulegen versuchte. Belastet wurde Schnaedter auch durch eine Aussage seines Nachfolgers Ludwig, der seinerseits im Zuge des »Röhm-Putsches« abgesetzt und im Berliner Columbiahaus inhaftiert worden war. Auch Ludwig wurden homosexuelle Handlungen vorgeworfen, wogegen er sich mit zahlreichen Eingaben, aber letztlich erfolglos zur Wehr setzte. Schnaedter stellte sich nach Monaten im Untergrund schließlich und wurde im November 1935 vor dem Dresdner Landgericht angeklagt. Er leugnete alles und sah sich als Opfer einer politischen Intrige. Das Gericht hielt die Zeugen hingegen für glaubwürdig und verurteilte ihn zu einer dreijährigen Zuchthausstrafe, die er bis November 1938 in Zwickau verbüßte.[97]

Trotz der anfänglichen Konzentration auf Homosexuelle in NS-Organisationen weiteten sich die Verfolgungsmaßnahmen – ähnlich wie in Berlin – schon bald auf »gewöhnliche« Homosexuelle aus. Bei Razzien in Homosexuellenlokalen und an anderen Treffpunkten versuchten die Polizeibehörden, möglichst viele Verdächtige aufzugreifen und namhaft zu machen. So kam es im Herbst 1934 in Leipzig zu mehreren derartigen Aktionen, die sicherlich auch der Einschüchterung dienen sollten und die Schließung der Kneipen nach sich zogen.[98] Anders als in Berlin wurden aber offenbar nur wenige Männer in Konzentrationslager verschleppt. Nur in einem Fall lässt sich eine Haft im KZ Lichtenburg nachweisen, in das die

97 Telegramm vom 5.11.1934 (SächsHStA Dresden, Bestand 10789, Nr. 722, Bl. 6); Urteil vom 14.3.1935 (SächsStA Chemnitz, Bestand Zuchthaus Zwickau, Nr. 19804, Bl. 3–26); Zu Schnaedters Parteiausschluss vgl. seine OPG-Akte (BArch, R 9361-I/34829 und R 9361-II/1120178). Vgl. auch Michael Buddrus, Totale Erziehung für den totalen Krieg. Hitlerjugend und nationalsozialistische Jugendpolitik, München 2003, S. 1182 und 1208.

98 Geschlossen wurde im Herbst 1934 zum Beispiel das Klub-Lokal »New York«. Vgl. Bericht vom 22.2.1937 (ThürStA Altenburg, StA LG, Sign. 239, Band I, Bl. 227R). Zu einer Razzia auf Homosexuelle kam es auch in der Gaststätte »Eliesenburg«. Vermerk vom 29.1.1944 (SächsStA Leipzig, Bestand 20114, Nr. 3729, Bl. 2).

Berliner Gestapo 1934/35 hunderte Homosexuelle deportierte. Ein 28-jähriger Leipziger, der bereits 1928 wegen tätlicher Beleidigung verurteilt worden war, weil er einem Tischlerlehrling ans Geschlechtsteil gegriffen hatte, wurde im Sommer 1935 wegen eines ähnlichen Vorfalls verhaftet und am 11. Juli ins KZ-Lichtenburg überstellt. Hintergrund könnte die Absicht gewesen sein, ihn bis zum Inkrafttreten der Neufassung des § 175 am 1. September in Haft zu halten und dann – entgegen dem Rückwirkungsverbot – nach den neuen Bestimmungen verurteilen zu lassen. Tatsächlich wurde der junge Mann nach seiner Entlassung aus der Lichtenburg am 25. Oktober vom Leipziger Amtsgericht zu einem Monat Gefängnis verurteilt, allerdings erneut nur wegen Beleidigung nach § 185.[99]

Die Zahl der Verurteilungen verdoppelte sich zunächst von 87 im Jahr 1933 auf 176 im Jahr 1935. Doch erst die Verschärfung des § 175, die am 1. September 1935 in Kraft trat, führte schließlich dazu, dass auch die Strafjustiz zu einem wichtigen Faktor der Verfolgung wurde. Entscheidend dafür war, dass der Tatbestand von »beischlafähnlichen Handlungen« auf sämtliche Handlungen, denen eine »wollüstige Absicht« zugrunde lag, ausgeweitet wurde. Damit war nun auch die weit verbreitete wechselseitige Onanie strafbar. Dass sich die Zahl der Verurteilungen 1936 fast verdreifachte, ist im Wesentlichen auf diese Strafrechtsverschärfung zurückzuführen. Bei den verhängten Strafen zeigte sich nun eine wesentlich härtere Gangart. Waren 1931 noch in fast 90 Prozent der Fälle Geld- oder milde Gefängnisstrafen unter drei Monaten verhängt worden, die häufig zur Bewährung ausgesetzt wurden, so dominierten 1936 mit 52,5 Prozent Gefängnisstrafen von drei Monaten und mehr. Gleichwohl blieb die Strafpraxis in Sachsen milder als im Reichsdurchschnitt, wo 1936 bereits mehr als drei Viertel aller Strafen bei drei Monaten Gefängnis und mehr lagen. Allerdings zeigten sich auch innerhalb Sachsens einige »Ungleichzeitigkeiten« der Entwicklung: So war die Strafpraxis in Dresden 1936 bereits deutlich härter als im sächsischen Durchschnitt.[100] Ein Befund, der zu den bereits aufgezeigten regionalen Unterschieden bei der Verfolgungsintensität passt.

Homosexuelle waren in dieser Phase nur in geringem Maße von Einweisungen in Konzentrationslager, so insbesondere in die »Sachsenburg«, betroffen. In einem Häftlingsbericht zur Sachsenburg ist zwar von einem Mithäftling die Rede, der von den SS-Schergen als »schwules, homosexuelles Schwein« beschimpft worden sei. Was genau der Haftgrund war, bleibt jedoch offen. Rainer Hoffschildt berichtet über einen Fall, bei dem die Inhaftierung offenbar politische Gründe hatte.[101] In einem anderen Fall, über den Jan-Henrik Peters berichtet, gab

99 Vgl. Geldnachweisbuch des KZ Lichtenburg vom 11. Juli 1935 (Auskunft von Rainer Hoffschildt vom 30.9.2019); Vorstrafenregister (SächsStA Leipzig, Bestand 20114, Nr. 6980).

100 Zur Strafpraxis in Sachsen vgl. Kapitel II.7, insbes. Grafik 11, 13 und 14.

101 In einem anderen Fall, den Hoffschildt nennt, scheint es sich dagegen um einen politischen Häftling gehandelt zu haben: Johann Friedrich Kukuk, der KPD-Mitglied gewesen war, wurde

es Vorstrafen nach § 176 wegen unzüchtiger Handlungen mit Kindern.[102] Insoweit spricht viel dafür, dass Homosexuelle in Sachsen bis 1937 in der Regel nur bei politischer Gegnerschaft in Konzentrationslager eingewiesen wurden, oder aber dann, wenn die damals gültigen Bestimmungen zur »vorbeugenden Polizeihaft gegen Berufsverbrecher« erfüllt waren: Wenn ihre Vorstrafen also sexuelle Handlungen mit Kindern bzw. nach der ab 10. Februar 1934 gültigen Regelung Handlungen mit Jugendlichen bis 16 Jahren betrafen und sie »gewohnheitsmäßig Jugendliche aus sexuellen Beweggründen« belästigten.[103]

2.3 Die Hochphase der Strafverfolgung in den Jahren 1937 bis 1939

Die Hochphase der Strafverfolgung waren die Jahre 1937 bis 1939, in denen die Berliner Gestapo die Homosexuellenverfolgung mit großem Nachdruck vorantrieb. Angeheizt wurde die Entwicklung durch zahlreiche Maßnahmen, die Polizei und Justiz dazu anhalten sollten, die Homosexuellenverfolgung mit Priorität zu behandeln. So veranstaltete die im Herbst 1936 gegründete »Reichszentrale zur Bekämpfung der Homosexualität und der Abtreibung« verschiedene Tagungen und gab diverse Erlasse und Richtlinien heraus, um die Motivation und den Kenntnisstand der lokalen Polizeibehörden zu erhöhen. Mitte März 1937 fand in Berlin eine Tagung statt, zu der auch die Leiter der sächsischen Staats- und Kriminalpolizeistellen geladen waren. Dabei stellte Heinrich Himmler umfangreiche »Richtlinien zur Bekämpfung der Homosexualität und Abtreibung« vor, einen detaillierten Leitfaden für polizeiliche Aktivitäten, die über die Verfolgung

vom 15. Juni 1933 bis 1934 in der Sachsenburg inhaftiert. 1938 wurde er dann wegen sexueller Nötigung oder Vergewaltigung eines 15-jährigen Mädchens verurteilt und 1942 nach Buchenwald deportiert. Seine dortige Kategorisierung als Homosexueller wurde erst später hinzugefügt, möglicherweise ging sie auf homosexuelles Verhalten im Lager zurück. Ein ähnlicher Fall ist der von Werner Belger, der auf einer Häftlingsliste der Sachsenburg als politischer Häftling geführt, bei seiner Einlieferung nach Buchenwald am 19.9.1937 dann aber als »175er« registriert wurde. Auskunft von Rainer Hoffschildt vom 30.9.2019; Werner Belger, geboren 27.9.1907 (ITS-Archiv).

102 Ähnlich gelagert war wohl auch der Fall eines weiteren Mannes, der 28 Vorstrafen hatte, unter anderem auch wegen Diebstahls und Beleidigung. Er wurde 1933 und 1934 in der Sachsenburg inhaftiert, nach Verurteilungen wegen homosexueller Handlungen an Kindern in den Jahren 1939 und 1942 wurde er dann 1943 nach Buchenwald eingewiesen. Vgl. Paul Rath, geboren 13.5.1896 (ITS-Archiv); Jan-Henrik Peters, Ein Homosexueller im KZ Sachsenburg. Alfred Kastner (1889–1938). In: Bernd Pampel/Mike Schmeitzner (Hg.), Konzentrationslager Sachsenburg (1933–1937), S. 373–379.

103 Erlass des Preußischen Innenministers vom 10.2.1934. Die preußische Regelung wurde bis Juni 1936 von den meisten deutschen Ländern übernommen. In den sächsischen Gesetz- und Verwaltungsblättern finden sich allerdings keine Hinweise darauf, dass sie von Sachsen übernommen worden wären. Vgl. Grau, Dokumente, S. 66–67; Jellonnek, Homosexuelle, S. 135; Karl-Leo Terhorst, Polizeiliche planmäßige Überwachung und polizeiliche Vorbeugungshaft im Dritten Reich, Heidelberg 1985, S. 101–103.

von Verstößen gegen § 175 deutlich hinausgingen. Erwartet wurden weitreichende Präventionsmaßnahmen, von der Identifizierung und Registrierung über eine »ständige Kontrolle« und »Überwachung« homosexueller Männer bis hin zu einer »Meldepflicht bei Wohnungswechsel«. Treffpunkte wie Bahnhöfe, Parkanlagen sowie Schwimm- und Bedürfnisanstalten sollten ebenso überwacht werden wie Hotels und der Anzeigenteil von Tageszeitungen. Die Forderung an die örtlichen Polizeidienststellen war klar: »Sämtliche als Homosexuelle erkannten Männer sind zwecks polizeilicher Behandlung zu sistieren, zu photographieren und zu daktyloskopieren. […] Sie sind nach ihrer erkennungsdienstlichen Behandlung eingehend nach Briefen von Gleichgesinnten und Freunden zu durchsuchen, ebenso sind auch ihre Wohnräume einer genauen Revision zu unterziehen.«

Die umfassenden Richtlinien waren auch das Ergebnis der 1936 vollzogenen Zentralisierung der deutschen Polizei, die nun bis in Detail vom Berliner Reichskriminalpolizeiamt gesteuert werden sollte. Doch dies stieß nicht bei allen Polizeibeamten auf Wohlwollen. Einige »Provinzkriminalisten« konnten, wie schon der Historiker Patrick Wagner betonte, »hierin keinen Fortschritt erkennen« und »in größeren Polizeibehörden außerhalb Preußens hielten sich lange Vorbehalte« gegen die »feindliche Übernahme«.[104] In punkto Homosexuellenverfolgung versuchte Himmler wohl auch deswegen, den Druck auf die Polizeibehörden zu erhöhen. So drohte er, Beamte, »die bei der Bearbeitung dieser Fälle nicht nach seinen Richtlinien verfahren«, würden von »ihm zur Rechenschaft gezogen«.[105] In der Praxis führten die Richtlinien aber zunächst eher zu Chaos. So insbesondere die Anordnung, dass künftig alle Verfahren von der Kriminalpolizei und nicht mehr von Gendarmerieposten oder Außenstellen zu führen seien – wohl auch eine Konsequenz aus der Erkenntnis, dass »ländliche und kleinstädtische Polizeibehörden mit kriminalistischer Methodik nur unzureichend vertraut seien«.[106] Die Kriminalpolizeistelle Dresden gab deswegen eine Verfügung heraus, derzufolge alle einschlägigen Verfahren nach Dresden abgegeben werden sollten. Daraufhin weigerten sich einzelne Gendarmerieposten, entsprechende Ermittlungsverfahren durchzuführen, was schließlich eine Beschwerde des Bautzener Oberstaatsanwaltes Karl Buch bei Generalstaatsanwalt Heinrich Jung in Dresden nach sich zog: Die »vorgesehene Bearbeitung aller dieser Fälle von Dresden aus würde die Erledigung außerordentlich erschweren und verzögern«, zumal

104 Patrick Wagner, Hitlers Kriminalisten. Die deutsche Kriminalpolizei und der Nationalsozialismus, München 2002, S. 77.

105 Die als vertraulich gekennzeichneten Richtlinien wurden von den örtlichen Polizeistellen vervielfältigt und an Landratsämter, Bürgermeister und Gendarmeriestationen weitergereicht. So etwa am 11.5.1937 von der Kriminalpolizeistelle Kassel. Vgl. HStA Marburg, Bestand 180 Eschwege, Nr. 1718, Bl. 105–113.

106 Zu diesem Ergebnis kam der Berliner Kriminalrat Walter Zirpins 1937 zum Beispiel im Fall des homosexuellen Kindermörders Adolf Seefeldt. Vgl. Wagner, Hitlers Kriminalisten, S. 73.

»schon jetzt in der Behandlung der genannten Sachen infolge der neuartigen Regelungen ein Stocken eingetreten« sei, »das umso ärger werden« würde, »je länger der jetzige Zustand dauert«.[107] Wie man das Problem löste, ist nicht überliefert, vermutlich wurde die Anordnung aber zurückgenommen.

Zu den »neuartigen Regelungen«, die Staatsanwaltschaft und Justiz ins »Stocken« geraten ließen, gehörte auch die Anweisung des Generalstaatsanwaltes vom 23. März 1937, zu allen Verfahren nach §§ 175 und 175a die Anklageschrift und das Urteil in doppelter Ausfertigung einzureichen, »letzteres mit dem Zusatz, ob und inwieweit es rechtskräftig geworden ist«. Die Anordnung ging auf ein entsprechendes Verlangen des Reichsjustizministeriums zurück, wo man die Dokumente offenbar auswerten wollte. Dass eine derartig umfassende Datensammlung nur schwer handhabbar war – allein im Jahr 1937 wurden 8 271 entsprechende Urteile gesprochen – scheint man im Reichsjustizministerium bald bemerkt zu haben. Am 25. August wurde die Anordnung jedenfalls dahingehend abgeändert, dass die Unterlagen künftig nur noch zu Fällen, an denen Parteiangehörige beteiligt waren, bzw. in Fällen, »die aus anderen Gründen besonders wichtig sind«, einzureichen seien. Überdies sollten nun aber monatlich namentliche Listen der Verurteilten erstellt und eingereicht werden. Eine Verpflichtung, die bei den Staatsanwaltschaften offenbar auch nicht auf viel Gegenliebe stieß. Der Bautzener Oberstaatsanwalt berichtete jedenfalls sehr nachlässig. Obgleich es im November 1937 zu vier Verurteilungen kam, schrieb er dem Generalstaatsanwalt am 2. Dezember, »Strafsachen aus §§ 175, 175a« seien »nicht vorgekommen«. Kurz darauf wurde die »monatliche listenmäßige Berichterstattung« dann auch wieder abgeschafft. Offenbar erkannte man im Reichsjustizministerium, dass die ausufernde Bürokratie dem Verfolgungseifer der Beamten nicht zuträglich war.[108]

Tatsächlich erwies es sich als eine der wesentlichen Schwierigkeiten der Verfolgungspolitik, dass die regulären Polizei- und Justizbehörden mit erheblicher Mehrarbeit belastet wurden, ohne dass ihnen dafür zusätzliches Personal zur Verfügung gestellt worden wäre. Nicht nur, dass nun deutlich mehr Strafverfahren zu bearbeiten waren. Auch der Ermittlungsaufwand war bei Verfahren gegen Homosexuelle oft wesentlich größer als bei anderen Delikten. Denn sexuelle Handlungen ließen sich nur schwer nachweisen. In der Regel musste zumindest einem der Partner ein Geständnis abgerungen werden. Zu Geständnissen konnte man die Beschuldigten aber meist nur dann »motivieren«, wenn man sie anhand von Zeugenaussagen und Indizien in die Enge trieb. Voraussetzung dafür waren Wohnungsdurchsuchungen, die Auswertung von Briefen und Fotoalben sowie umfassende Befragungen des sozialen Umfeldes. Delikate Aufgaben, zumal es um

107 Bericht vom 5.4.1937 (StFilA Bautzen, Bestand 50071, Nr. 85, Bl. 9 f.).

108 Anordnungen des Generalstaatsanwaltes vom 23.3.1937, 25.8.1937 und 14.12.1937 (ebd., Bl. 8, 11, 17); Bericht des Oberstaatsanwaltes vom 2.12.1937 (ebd., Bl. 16).

äußerst intime Fragen ging. Aufgaben jedenfalls, um die sich nicht alle Beamte rissen. Obwohl man den Polizei- und Justizapparat 1933 »gleichgeschaltet« hatte, waren nur wenige Mitarbeiter glühende Nationalsozialisten und es war auch nicht so, dass alle Polizeibeamten die verschärfte Verfolgungspolitik gegenüber Homosexuellen guthießen. Die vergleichsweise liberale Handhabung des Themas in den Weimarer Jahren hatte viele Kripobeamte geprägt. Zur Erinnerung: Nur wenige Jahre vorher, im Herbst 1929, hatte der Reichstag die Abschaffung des § 175 beschlossen. Bei den wenigen Prozessen, zu denen es damals noch kam, hatte man äußerst milde Urteile verhängt. Und in Sachsen war die Urteilspraxis 1931 sogar liberaler gewesen als im Reichsdurchschnitt. Im Zuge der Ermittlungen gewannen einige der Beschuldigten denn auch den Eindruck, dass sich der Verfolgungseifer der Kriminalbeamten in Grenzen hielt. Rudolf Brazda, der im April 1937 in Leipzig verhaftet und von dem in der dortigen Fachabteilung D zuständigen Kriminalassistenten Erich Feldmann vernommen wurde, zeigte retrospektiv Verständnis für die Ermittler, die schon im Amt waren, »als der § 175 noch nicht angewendet wurde, und später mussten sie uns deshalb ausquetschen. Sie mussten machen, was die Nazis wollten.«[109] Offen bleibt allerdings, ob das Verständnis und Einfühlungsvermögen, das Feldmann laut Brazda signalisierte, nicht bloß taktischer Natur war.

Nach 1933 traten zwar viele Beamte der NSDAP bei, nicht wenige aber aus bloßem Opportunismus. Erich Bruno Feldmann ist ein Beispiel für diejenigen, die den »richtigen Zeitpunkt« verpassten und deswegen erst nach Aufhebung der Mitgliedersperre am 1. Mai 1937 in die Partei aufgenommen wurden. 1894 geboren, arbeitete er seit 1919 bei der Leipziger Schutzpolizei und war seit 1931 bei der Kripo – er war also durch die in den Weimarer Jahren gerade in Leipzig vorherrschende liberale Praxis des Umgangs mit Homosexuellen geprägt worden. Gleichwohl entwickelte er sich im Laufe der NS-Zeit zu einem Experten auf dem Gebiet der Homosexuellenverfolgung, der seine Aufgabe mit Elan erledigte. Auch wenn er nicht zu den Scharfmachern zählte, plädierte er bei vorbestraften »Jugendverführern« durchaus auch mal dafür, dass diese »ganz scharf angefasst werden« sollten.[110]

Ähnlich wie bei der Polizei waren auch die Karrieren vieler Justizbeamter von Opportunismus und Anpassung an die »neue Zeit« geprägt. Doch nicht alle waren dabei so schnell wie der bereits erwähnte Bautzener Oberstaatsanwalt Karl Buch. Dem 1878 geborenen Buch gelang es, noch vor Erlass der Mitgliedersperre am 1. Mai 1933 in die NSDAP aufgenommen zu werden. In Parteikreisen wurden

109 Zit. nach Zinn, Volkskörper, S. 437 f.

110 Vermerk vom 8.5.1944 in Ermittlungsakte (SächsStA Leipzig, Bestand 20114, Nr. 4539, Bl. 9). Zu Feldmann vgl. seine Personalkarteikarte (SächsHStA Dresden, 13471 NS-Archiv des MfS, Nr. ZB 7712 A.2).

Abb. 7: Kriminaloberassistent Erich Bruno Feldmann; Quelle: SächsHStAD Dresden, 13471 NS-Archiv des MfS, Nr. ZB 7712 A.2.

solche Neumitglieder allerdings abschätzig als »Märzgefallene« bezeichnet. Und so war es nicht verwunderlich, dass Buch, wie auch viele andere Beamte der älteren Generation, von den Parteidienststellen kritisch beäugt wurde.

Als er 1937 vom Generalstaatsanwalt als Landgerichtspräsident vorgeschlagen wurde, scheiterte die Beförderung an einer Stellungnahme von Gauleiter Martin Mutschmann, in der sich dieser darüber mokierte, dass Buch »erst vor wenigen Wochen seinen NSV-Beitrag herabsetzen wollte«. Mutschmanns Urteil war vernichtend: Buch sei »Mitglied der NSDAP und bemüht sich, ihr Gedankengut zu erfassen. Eine politische Kampfnatur ist er nicht.«[111]

Weniger beflissen zeigte sich der Erste Staatsanwalt am Leipziger Landgericht, der dort die meisten Verfahren gegen Homosexuelle bearbeitete. Hans Krethlow war Jahrgang 1884 und bereits seit 1916 Staatsanwalt, im Mai 1932 wurde er dann zum Ersten Staatsanwalt befördert. Politisch war er wie viele Beamte deutschna-

111 Schreiben Mutschmanns vom 17.3.1937 (BArch, R 3001/52964, Bl. 2).

Abb. 8: Bautzens Oberstaatsanwalt Dr. Karl Buch; Quelle: BArch, R3001/52964.

tional eingestellt und von 1919 bis 1933 Mitglied der DNVP gewesen. Um Aufnahme in die NSDAP bemühte er sich erst 1938 und diese »späte Anmeldung zur Partei« wurde vom NSDAP-Kreisgericht denn auch als »Beweis« für »mangelnde Verbundenheit mit dem nationalsozialistischen Staat« gewertet.[112] Auch von der sächsischen Gauleitung wurde Krethlow »für nicht geeignet gehalten, führend im nationalsozialistischen Staate zu wirken«. Das Leumundszeugnis von Oberstaatsanwalt Martin Thomas, der ihm 1937 attestierte, »voll zur neuen Zeit« zu stehen, blieb ebenso wirkungslos wie die Stellungnahme von Generalstaatsanwalt Jung, der darauf hinwies, dass »im Dienste keine Wahrnehmungen gemacht worden« seien, die »geeignet wären, Bedenken gegen seine politische Zuverlässigkeit zu

112 Beschluss des NSDAP-Kreisgerichts vom 7.9.1938 (BArch, R 9361/II/581198, Bild 1912–1914, hier 1912).

begründen«.[113] Krethlow blieb zwar Erster Staatsanwalt, wurde in der NS-Zeit aber nicht mehr befördert. Demgegenüber gelang es Oberstaatsanwalt Thomas, wie Krethlow Jahrgang 1884 und in den Weimarer Jahren Mitglied der DNVP, zum 1. Mai 1937 in die NSDAP aufgenommen zu werden. Der »neuen Zeit« verdankte er auch seinen wichtigsten Karriereschritt, denn zum Oberstaatsanwalt wurde er am 1. Juni 1933 befördert, nicht zuletzt wohl deswegen, weil er sich »peinlichst bemüht« zeigte, »seine Dienstobliegenheiten im Sinne der Anordnungen der nat.-soz. Regierung aufs sorgfältigste zu erledigen«, wie ihm Gauleiter Mutschmann 1936 attestierte. Dennoch konnte auch Thomas, dessen Vorgesetzte ihn regelmäßig für weitere Beförderungen vorschlugen, im »Dritten Reich« keine weiteren Karriereschritte mehr machen.[114] Die meisten Beamten bei Polizei und Justiz zeigten also eine große Anpassungsbereitschaft an die »neue Zeit«, was aber nicht notwendig bedeutete, dass sie auch alle Anordnungen begrüßten und mit dem gewünschten Elan umsetzten. Die deutlichen Unterschiede bei der Verfolgungsintensität, die sich beispielsweise zwischen Leipzig und Dresden zeigten, waren sicherlich auch Ausdruck des sehr unterschiedlich ausgeprägten Verfolgungseifers der beteiligten Akteure.

Ernst Fraenkel hat derartige Probleme in seiner Theorie des »Doppelstaates« überzeugend als Konflikt zwischen dem von den regulären Verfolgungsbehörden repräsentierten »Normenstaat« und den neuen Instanzen des »Maßnahmenstaates« wie etwa der Gestapo beschrieben. Wurde die »innere Anpassung« von den Repräsentanten des »Normenstaates« nicht in ausreichendem Maße vollzogen, so kam es bei der praktischen Umsetzung der ideologisch motivierten Projekte zu Problemen. Bei der Gestapo war man sich sehr wohl bewusst, dass die »Durchdringung des Staatsgefüges mit nationalsozialistischem Gedankengut« noch nicht weit genug vorangeschritten war, um wichtige Aufgaben wie die der Homosexuellenverfolgung allein den Institutionen des »Normenstaates« zu überlassen.[115] Der »Chef der deutschen Polizei« Heinrich Himmler und das Berliner Gestapa versuchten deswegen immer wieder, regionale »Defizite« der Verfolgungsbehörden durch die Entsendung von Gestapo-Sonderkommandos auszugleichen. Für Sachsen ließen sich bislang zwar keine Hinweise auf derartige Einsätze finden, auszuschließen sind sie deswegen aber noch nicht. Belegen lässt sich hingegen, dass sich lokale Gestapostellen in die Verfolgungsmaßnahmen einschalteten. Insbesondere ein entsprechender Einsatz der Leipziger Gestapo in den Jahren 1939 bis 1941 diente wohl dazu, »Defizite« der Leipziger Kripo auszugleichen.[116]

113 Beurteilung des Oberstaatsanwaltes vom 18.9.1936 und des Generalstaatsanwaltes vom 13.1.1937, Personalakte Krethlow (BArch, R 3001/64716, unpag.).

114 Stellungnahme Mutschmanns vom 22.1.1936, Personalakte Thomas (BArch, R 3001/78297, Bl. 3).

115 Ernst Fraenkel, Der Doppelstaat, Hamburg 2012, S. 124.

116 Zum Einsatz von Sonderkommandos vgl. Kapitel I.4, zu den sächsischen Gestapo-Aktivitäten Kapitel II.5.

Trotz einiger Startschwierigkeiten lief die Verfolgung in den Jahren 1937 bis 1939 schließlich auf Hochtouren. Die Zahl der Anklagen nach den §§ 175 und 175a erreichte in diesem Zeitraum Spitzenwerte, wobei sie nochmals von 601 (1937) auf 722 (1939) stieg. Vor allem in den Großstädten stiegen die Verfolgungszahlen steil an, aber auch in den eher ländlich geprägten Gerichtsbezirken gewann das Thema an Bedeutung (vgl. Grafik 4). Ein großer Teil der Strafverfahren ging aber nicht auf Ermittlungserfolge der Polizeibehörden zurück, sondern war externen Anzeigen geschuldet. Dies galt vor allem für die Großstädte, in denen die Anzeigebereitschaft insgesamt größer gewesen zu sein scheint als in den eher ländlichen Regionen – darauf deuteten zumindest die bislang zum Anzeigeverhalten vorliegenden Studien hin. In den vom Verfasser untersuchten Regionen Leipzig und Thüringen ist diese Tendenz allerdings weniger eindeutig. Zwar lag die Anzeigequote in den eher ländlich geprägten thüringischen Gerichtsbezirken Altenburg, Rudolstadt und Gotha mit 13 bis 18 Prozent vergleichsweise niedrig. Im Leipziger Umland war der Anteil externer Anzeigen mit 88 Prozent aber deutlich höher als im Stadtgebiet, wo er etwa 56 Prozent betrug. Der überwiegende Teil dieser Anzeigen wurde allerdings nicht von »homophoben« Nachbarn erstattet, sondern von Jugendlichen, die mit sexuellen Avancen älterer Männer konfrontiert waren.[117]

Die »vorbeugende Verbrechensbekämpfung« spielte in den Jahren 1937 bis 1939 eine größere Rolle als in den ersten Jahren der NS-Herrschaft. Jedenfalls in der Theorie: Als ein Instrument des »Maßnahmenstaates« wurde sie im Dezember 1937 durch einen entsprechenden Erlass geregelt. Einheitliche Regeln gab es nun für die »polizeiliche planmäßige Überwachung«, die in den meisten Ländern bereits seit längerem möglich war. Wer mindestens dreimal »in gleicher oder ähnlicher Weise straffällig geworden« und dreimal zu mindestens drei Monaten Gefängnis verurteilt worden war, konnte künftig unter polizeiliche Überwachung gestellt werden. Dabei ging es um ein breites Spektrum polizeilicher Auflagen, so insbesondere um Meldeauflagen, Aufenthalts- und Kontaktverbote.[118] Für Homosexuelle kamen hier vor allem die Auflagen in Betracht, die mit der Dresdner »Bedeutung« und dem Leipziger »Strichverbot« bereits länger zur Praxis der sächsischen Polizeibehörden gehörten, also das Verbot, öffentliche Orte »*zur Herbeiführung des Anschlusses* an männliche Personen zu unsittlichen Zwecken« aufzusuchen oder Männer zu beherbergen.[119] Wurden die Auflagen verletzt, dann drohten nun aber nicht mehr nur einige Tage Polizeihaft, sondern

117 Zum Anzeigeverhalten vgl. auch Kapitel II.6.

118 Vgl. Erlass vom 14.12.1937 und Richtlinien vom 4.4.1938. In: Vorbeugende Verbrechensbekämpfung. Erlaßsammlung (BArch, RD 19/28-15, Bl. 41–44a und 65–78).

119 Strichverbot vom 25.3.1935 (SStAL, Bestand 20031, PP-S 7010, Bl. 26). Hervorhebung im Original. Vgl. auch Kapitel II.1 und II.3.

die Einweisung in ein Konzentrationslager. Während die Verhängung von »Bedeutung« und »Strichverbot« zur gängigen Praxis der Polizeiarbeit gehörte, finden sich aber nur wenige Belege dafür, dass Homosexuelle auch unter »planmäßige Überwachung« gestellt wurden. Für Leipzig ließen sich nur in fünf Fällen entsprechende Hinweise finden, was auch damit zusammenhängen könnte, dass die Überwachung in der Regel erst nach Strafverbüßung angeordnet wurde, zu einem Zeitpunkt also, zu dem die Akten der Gerichte bereits geschlossen worden waren.[120] Doch auch in den Personenakten der Polizei und in Gerichtsakten von Wiederholungstätern finden sich nur wenige Hinweise.

Der Grund für einen wohl eher sparsamen Einsatz dieses Instrumentes könnte gewesen sein, dass die Überwachung beim Reichskriminalpolizeiamt beantragt werden musste, während über »Bedeutung« und »Strichverbot« vom Polizeipräsidenten in eigener Regie entschieden werden konnte.[121] Ohnehin war mit der »planmäßigen Überwachung« ein hoher Verwaltungsaufwand verbunden, mussten Wohnsitz- und Meldeauflagen doch auch kontrolliert werden. Schon in den Jahren 1938 und 1939 war deswegen die Tendenz erkennbar, entweder auf die »planmäßige Überwachung« zu verzichten, oder gleich zum härteren Mittel der Vorbeugungshaft zu greifen. So etwa im Fall eines Leipziger Schriftstellers, der eine Zuchthausstrafe nach § 175a, Ziff. 3 verbüßte. Als seine Entlassung anstand, empfahl das Zuchthaus Ludwigsburg am 4. Juli 1939, den Betroffenen unter »planmäßige Überwachung« zu stellen. Doch das Reichskriminalpolizeiamt verfügte – vermutlich auf Antrag der Leipziger Kripo – seine Einweisung ins Konzentrationslager Buchenwald.[122] Ab 1940 genoss die Vorbeugungshaft gegenüber der »einen hohen Verwaltungsaufwand« erfordernden Überwachung »aus kriegsbedingten Gründen« dann generell Priorität.[123]

In den Jahren 1937 bis 1939 war die Vorbeugungshaft dagegen noch die Ausnahme. Bis Dezember 1937 konnte sie in der Regel nur bei Kindesmissbrauch oder gewohnheitsmäßiger Belästigung Jugendlicher bis 16 Jahre verhängt werden. In Sachsen scheint das kaum vorgekommen zu sein. Erst eine Sonderaktion vom März 1937 führte schließlich zur Inhaftierung einer geringen Zahl »homosexueller« Häftlinge im Konzentrationslager Sachsenburg. Im Zuge der von Himmler angeordneten Verhaftungsaktion gegen zweitausend »nicht in Arbeit

120 Vgl. Kapitel II.3.

121 Terhorst, Polizeiliche planmäßige Überwachung und polizeiliche Vorbeugungshaft, S. 120–133.

122 Beachtlich ist in diesem Fall, dass es neben der letzten Strafe nur eine Vorstrafe von drei Wochen Gefängnis nach § 175 gab und damit die Voraussetzungen des Erlasses vom 14.12.1937 gar nicht erfüllt waren. Offenbar stufte man ihn aber als »Gefahr für die Allgemeinheit« ein und begründete die KZ-Einweisung mit diesem Ausnahmetatbestand. Schreiben des Zuchthauses Ludwigsburg vom 4.7.1939 und Sonderverfügung des RKPA vom 4.9.1939 (SächsStA Leipzig, Bestand 20031, Nr. 347, Bl. 9, 11).

123 Terhorst, Polizeiliche planmäßige Überwachung und polizeiliche Vorbeugungshaft, S. 124.

befindliche Berufs- und Gewohnheitsverbrecher« kamen mindestens fünf »homosexuelle« Männer in die Sachsenburg.[124] Auch diese Fälle scheinen sich oft um Kindesmissbrauch und »Jugendverführung« gedreht zu haben. So etwa ein Fall, über den Hoffschildt berichtet und bei dem es um sexuelle Handlungen mit Kindern, übrigens auch mit Mädchen, ging.[125] Andererseits hatten die örtlichen Kriminalpolizeibehörden bei dieser »Sonderaktion« auch viel »Entscheidungsfreiheit« – an die Bestimmungen zur »vorbeugenden Polizeihaft« waren sie explizit nicht gebunden.[126] Und so waren es in einem Fall offenbar nicht zwei für »unerheblich« erklärte Vorstrafen wegen Rückfalldiebstahls und Postvergehens, die zur KZ-Einweisung führten, sondern der Umstand, dass sich der Betroffene zwischen 1930 und 1932 »homosexuell betätigt« hätte und einer »erheblich belasteten Sippe« entstamme.[127] Der Erlass vom Dezember 1937 brachte dann erstmals die Möglichkeit, auch »gewöhnliche« Homosexuelle in Konzentrationslager einzuweisen, wenn sie mindestens dreimal zu sechs Monaten Gefängnis verurteilt worden waren.[128] In den Jahren 1938 und 1939 waren davon aber noch relativ wenige Männer betroffen. Unter den 81 Männern aus Leipzig, die (auch) wegen homosexuellen Handlungen in Konzentrationslager eingewiesen wurden, finden sich für diese Jahre nur drei Fälle. Bedeutung gewann die KZ-Einweisung Homosexueller hier erst in den Kriegsjahren.

2.4 Die Verfolgung in den Kriegsjahren

Nach Kriegsbeginn verlor die Homosexuellenverfolgung ähnlich wie auf Reichsebene auch in Sachsen an Bedeutung. Zum einen wurde das Personal der Verfolgungsbehörden ausgedünnt – ein Teil wurde zur Wehrmacht eingezogen, ein anderer Teil in die annektierten und besetzten Gebiete entsandt. So konstatierte der sächsische Generalstaatsanwalt auf einer Dienstbesprechung im November 1943, sechzig Prozent der Staatsanwälte und die Hälfte der Richter seien »zur Wehrmacht eingezogen«. Darüber hinaus seien »durch die letzte Aktion« von der Justiz »2 100 Mann an die Rüstungsindustrie abgegeben worden«, insgesamt würden mindestens zehn Prozent »des Personals an die Rüstungswirtschaft

124 Vgl. die Fälle August Junker, geboren 2.9.1886, Alfred Kastner, geboren 4.11.1889, Hermann Fries, geboren 21.9.1912, Gerhard Laux, geboren 15.4.1900 und Kurt Grosch, geboren 21.3.1905 (ITS-Archiv); Zinn, Volkskörper, S. 690; Peters, Ein Homosexueller im KZ Sachsenburg, S. 379.

125 Peters, Ein Homosexueller im KZ Sachsenburg, S. 379; Auskunft von Rainer Hoffschildt vom 30.9.2019.

126 Terhorst, Polizeiliche planmäßige Überwachung und polizeiliche Vorbeugungshaft, S. 109–114, hier 109 f.

127 Werner Lehmann, geboren 5.11.1910 (ITS-Archiv, Dokument 1.1.30.1-3411414).

128 Erlass vom 14.12.1937. In: Vorbeugende Verbrechensbekämpfung. Erlaßsammlung (BArch, RD 19/28-15, Bl. 41–44a).

abzugeben sein«.[129] Zum anderen wurden die meisten jungen Männer, die unter den Verfolgten die größte Gruppe bildeten, zur Wehrmacht eingezogen und an die Front verlegt. Ein Umstand, mit dem der Generalstaatsanwalt bereits 1940 den Rückgang der Verfolgungstätigkeit zu erklären versuchte: »Dass die Delikte nach § 175 StGB. merklich gering zur Verfolgung gekommen sind, mag wohl mit in der Tatsache begründet liegen, dass ein großer Teil der jungen, geschlechtsreifen Männer zum Heer einberufen ist [...].«[130] Im Reichsgebiet und auch in Sachsen dürfte die männliche Homosexualität in den Kriegsjahren also eine etwas geringere Rolle gespielt haben als zuvor. Andererseits kamen in diesen Jahren viele junge Männer als Fremd- und Zwangsarbeiter ins Land. Beziehungen zu deutschen Frauen wurden bei ihnen erbarmungslos verfolgt, was homosexuelle Kontakte begünstigt haben dürfte. Und auch die Heimatbesuche der deutschen Soldaten wurden nicht nur für heterosexuelle sondern auch für gleichgeschlechtliche Abenteuer genutzt.

Offenkundig ist aber, dass die Strafverfahren nach den §§ 175 und 175a ab 1940 deutlich zurückgingen. Auch wenn es einige zeitliche und regionale Schwankungen gab, so sank die Zahl der Anklagen in den vier untersuchten sächsischen Landgerichtsbezirken bis 1943 im Schnitt doch auf das Niveau vor der Verschärfung der Verfolgungspolitik im Jahr 1935. Während die Homosexuellenverfolgung in den eher ländlichen Bezirken Bautzen und Freiberg damit keine nennenswerte Rolle mehr spielte, war sie in den Großstädten Leipzig und Dresden aber durchaus noch ein relevanter Faktor. So führte die Leipziger Fachabteilung D unter der Leitung des 1941 zum Kriminalsekretär beförderten Erich Feldmann weiterhin viele Ermittlungsverfahren gegen Homosexuelle durch. 1940 kam es in Leipzig noch zu etwa 100 Anklagen – die Hälfte dieser Verfahren ging allerdings nicht auf Kripo-Ermittlungen, sondern auf den Einsatz der Gestapo zurück, die sich hier seit 1939 engagierte.[131] Nach Beendigung des Gestapo-Einsatzes sank die Zahl der Anklagen dann aber auch in Leipzig rapide, 1941 zunächst auf etwa 60, 1941/42 dann auf jeweils etwa 50 und 1944 auf nur noch 35 Fälle.[132] Dabei ging es auch immer seltener um die »einfache« Homosexualität, sondern zunehmend um Fälle sogenannter »Jugendverführung« nach § 175a, die in der Regel aufgrund von Anzeigen davon betroffener Jugendlicher verfolgt wurden.

Neben den regulären Gerichten beschäftigte die Homosexuellenverfolgung in den Kriegsjahren auch die Wehrmachtsgerichte. Und auch für solche Verfahren leisteten die sächsischen Polizeibehörden die nötige Zuarbeit. So etwa im Fall

129 Protokoll der Dienstbesprechung vom 5.11.1943 (SächsHStA Dresden, Bestand 11117, Nr. 100, Bl. 2).

130 Lagebericht vom 26.6.1940 (BArch, R 3001/23362, Bild 05/352, Bl. 10).

131 Vgl. Kapitel II.5.

132 Vgl. Kapitel II.3, Grafik 7.

eines 39-jährigen Gefreiten, der bei der Leipziger Flakdivision eingesetzt war und am 16. November 1943 verhaftet wurde. Zum Verhängnis wurde ihm, dass man bei ihm die Liebesbriefe eines Unteroffiziers gefunden hatte. Die beiden hatten sich im August 1941 im Berliner Variété »Wintergarten« kennengelernt und sich nach der Verlegung des Unteroffiziers an die Front in Rumänien zahlreiche Briefe geschickt, in denen sie sich ihrer Liebe versicherten: »Ach Junge, wir wollen aushalten und in Treue und Liebe fest zusammenhalten.« Der Gefreite wurde am 9. Februar 1944 vom Feldgericht der 14. Flak Div. Leipzig nach § 175 zu zwei Jahren Gefängnis verurteilt und aus der Wehrmacht entlassen. Das Schicksal seines Liebhabers ließ sich nicht aufklären.[133]

Während es in den Kriegsjahren einerseits zu einem quantitativen Rückgang der Strafverfolgung kam, so waren diese Jahre andererseits auch von einer Radikalisierung der Verfolgungsmaßnahmen geprägt. Zu nennen sind die oben bereits geschilderten Bestrebungen zur Einführung der Todesstrafe und zur Ausweitung der Möglichkeiten der Kastration Homosexueller.[134] Das wesentliche Instrument, mit dem die Eskalation der Homosexuellenverfolgung vorangetrieben wurde, war allerdings die KZ-Einweisung. Entscheidend hierfür war die Anordnung vom 12. Juli 1940, dass »in Zukunft alle Homosexuellen, die mehr als einen Partner verführt haben, nach ihrer Entlassung aus dem Gefängnis in polizeiliche Vorbeugungshaft zu nehmen« seien.[135] Waren bislang drei Vorstrafen nötig gewesen, um wegen homosexueller Handlungen in ein Konzentrationslager eingewiesen zu werden, so reichte nach der neuen Regelung nun theoretisch schon eine Verurteilung. Gleichwohl blieb die Formulierung schwammig, was den zuständigen Gestapo- und Kriminalpolizeistellen einen großen Ermessensspielraum eröffnete. Denn was genau unter einer »Verführung« zu verstehen war, musste letztlich der Gestapo- oder Kriminalbeamte beurteilen, der über die KZ-Einweisung entschied. Die Leipziger Kripo interpretierte diesen Begriff zum Beispiel sehr zurückhaltend im Sinne von »Jugendverführung«.[136] In den folgenden Jahren wurde von diesem Instrument dennoch ausgiebig Gebrauch gemacht. Unter 428 namentlich bekannten Leipzigern, die zwischen 1935 und 1945 wegen homosexueller Handlungen verurteilt wurden, konnten 81 spätere KZ-Häftlinge identifiziert werden. Nur zehn dieser Männer waren vor dem 12. Juli 1940 in ein Konzentrationslager eingewiesen worden. Mit anderen Worten: Die »Vorbeugungshaft« wurde für die Homosexuellenverfolgung erst in den Kriegsjahren relevant und muss als der quantitativ bedeutsamste Ausdruck der fortschreitenden Radikalisierung der Verfolgungsmaßnahmen betrachtet werden.

133 Urteil vom 9.2.1944 (SächsStA Leipzig, Bestand 20114, Nr. 608, Bl. 6).

134 Vgl. Kapitel I.6.

135 Runderlass vom 12.7.1940. In: Vorbeugende Verbrechensbekämpfung. Erlaßsammlung (BArch, RD 19/28–15, Bl. 196).

136 Zur Einweisungspraxis der Leipziger Behörden vgl. Kapitel II.11.

3. Polizeiaktivitäten in der Großstadt

In den sächsischen Großstädten hatte die Polizei bereits einen langjährigen Erfahrungsschatz im Umgang mit dem Thema Homosexualität. Die Sittendezernate, in aller Regel die »Fachabteilung D« des jeweiligen Kriminalamtes, verfügten über Mitarbeiter, die die Treffpunkte Homosexueller kannten und sich spezifische Kompetenzen in der Bekämpfung der Homosexualität angeeignet hatten. Dabei ging es zunächst weniger um die strafrechtliche Verfolgung nach § 175, die bis 1933 kaum Relevanz hatte, sondern um niedrigschwelligere polizeirechtliche Maßnahmen, die allerdings auch von Stadt zu Stadt variierten. Erinnert sei an die »Bedeutung für Homosexuelle«, die die Dresdner Polizei bereits in den 1920er-Jahren einsetzte, um schwule Männer aus dem öffentlichen Raum zu verdrängen, aber auch an die Chemnitzer Versuche, Homosexuellen das Zusammenleben in einer Wohnung zu untersagen.[137] Ähnliches ist aus Leipzig nicht bekannt. Doch auch hier gab es die Tradition, für Homosexuelle Personenakten anzulegen, in denen nicht nur strafbare Handlungen nach § 175 dokumentiert wurden, sondern sämtliche polizeilichen Ermittlungen in Bezug auf die betroffene Person. So zum Beispiel im Fall eines 34-jährigen Masseurs, der 1912 eng umschlungen mit einem 27-Jährigen auf einer Parkbank im Leipziger Rosental überrascht worden war. Da man den beiden strafrechtlich allenfalls »groben Unfug« nach § 360 vorhalten konnte, begnügte sich die Polizei damit, Personenakten anzulegen und beide in die sogenannte »Päderastenkartei« aufzunehmen.[138]

In den »Päderastenkarteien« wurden Namen und Fotos der Betroffenen gesammelt – ab Mitte der 1930er-Jahre übrigens auch von lesbischen Frauen.[139] Die Karteien dienten der »allgemeinen Gefahrenabwehr«. Bereits 1852 wurden sie als »Vorrath und Hülfswaffen« der Polizeiarbeit propagiert.[140] Zu Beginn des 20. Jahrhunderts wurde dieses Erfassungssystem immer weiter differenziert, das heißt es wurden immer mehr Kategorien von Karteikarten geschaffen, die einen schnellen Zugriff auf die Personenakten sichern sollten. In Sachsen wurden die Karteikarten seit 1922 in einer »Landesnachrichtenzentrale« verwaltet, die die »von den Kriminal- und Justizbehörden eingehenden Nachrichten mit dem Karteimaterial« verglich, um mögliche Täter oder auch Opfer zu identifizieren.[141] Der österreichische Historiker Peter Becker spricht von einem »mehrdimensionalen Verweissystem«,

137 Vgl. Kapitel II.1.

138 Ermittlungsbericht und Verfügung vom 26.3.1912 (SächsStA Leipzig, Bestand 20031, PP–S 7010, Bl. 1–4).

139 Vgl. Kapitel II.12.

140 Gustav Zimmermann, Wesen, Geschichte, Literatur, characteristische Thätigkeiten und Organisation der modernen Polizei. Ein Leitfaden für Polizisten und Juristen, Hannover 1852, S. 60. Vgl. auch Dobler, Duldungspolitik, S. 145.

141 Kötzschke/Thiele, Geschichte der Dresdner Staatspolizei, S. 36.

das die »relationale Datenbank« vorweggenommen habe.[142] Ins Internetzeitalter übersetzt, könnte man Kategorien wie »Päderast«, »Prostituierte«, »Masochistin« oder auch »Lesbierin« als »Keywords« einer Suchmaschine bezeichnen.

Dass Homosexualität eine der Kategorien war, die mit Karteikarten erfasst wurden, kann nicht wirklich überraschen. Denn sie wurde damals im Kontext von Kriminalität verortet, was nicht nur wegen der Strafbarkeit der männlichen Homosexualität nahelag. Ohne Frage erhöhten Stigmatisierung und Kriminalisierung auch das Risiko, zum Opfer von Kriminellen, so zum Beispiel von Erpressern zu werden – und auch die Gefahr, selbst in die Kriminalität abzugleiten. Der Sexualreformer Magnus Hirschfeld betonte 1914 denn auch, die Berliner Kartotheken hätten keinen »aggressiven oder bedrohlichen, sondern nur einen informatorischen Charakter«, damit »bei Verbrechen, die an oder von Homosexuellen begangen werden, die Behörde unterrichtet ist, ob die Betreffenden im Verdacht gleichgeschlechtlicher Neigungen standen«. Hirschfeld, der die Berliner Polizei, mit der er eng kooperierte, hier bewusst von Kritik ausnahm, war aber nicht so naiv, zu glauben, die Kartotheken könnten nicht auch zur Verfolgung der Homosexualität genutzt werden. In seinen Augen standen zumindest »die auswärtigen Polizeiorgane« nicht »auf so vorurteilsloser kriminalwissenschaftlicher Höhe wie die Berliner Behörde«.[143]

Auf diesem Erfahrungsschatz konnten die Polizeibehörden der Großstädte aufbauen, als das Thema der Homosexuellenverfolgung ab 1933 an Bedeutung gewann. Zunächst standen sie aber weiterhin vor der Schwierigkeit, Homosexuelle an ihren Treffpunkten zwar identifizieren, ihnen aber nur selten strafbare Handlungen nachweisen zu können. Denn Sexualität vollzog sich meist im Verborgenen. Und die mitunter auch im öffentlichen Raum praktizierte wechselseitige Onanie, die viele Homosexuelle bei Befragungen einräumten, wurde erst mit der Verschärfung des § 175 am 1. September 1935 strafbar. Die ersten Maßnahmen, mit denen das polizeiliche Vorgehen verschärft wurde, konzentrierten sich deswegen auf eine verstärkte Kontrolle und Bekämpfung der Treffpunkte Homosexueller. So kam es ähnlich wie in Berlin ab Herbst 1934 auch in Leipzig (und wohl auch in anderen sächsischen Großstädten) zu Razzien und zur Schließung von Homosexuellenkneipen.[144] Belegt ist, dass das Klub-Lokal »New York« in der Leipziger Hainstraße, ein »Verkehrslokal der besseren Homosexuellen«, im

142 Peter Becker, Von der Biographie zur Genealogie. Zur Vorgeschichte der Kriminologie als Wissenschaft und diskursiver Praxis. In: Hans E. Bödeker/Peter H. Reill/Jürgen Schlumbohm (Hg.), Wissenschaft als kulturelle Praxis, 1750–1900, Göttingen 1999, S. 334–375, hier 360. Zit. nach Dobler, Duldungspolitik, S. 172.

143 Hirschfeld, Die Homosexualität des Mannes und des Weibes, S. 1020 f.

144 Die folgende Darstellung konzentriert sich auf die anhand der überlieferten Quellen am besten nachvollziehbaren Aktivitäten der Leipziger Kriminalpolizei.

Herbst »behördlich geschlossen« wurde.[145] In der »Elisenburg« kam es zunächst nur zu einer »Razzia auf Homosexuelle«, im betreffenden Polizeibericht von 1944 war dann aber von der »inzwischen behördlich geschlossenen Gastwirtschaft« die Rede. Bei den Razzien angetroffene Männer wurden zur Polizei gebracht und befragt. Dabei räumten viele ihre homosexuelle Veranlagung ein, leugneten in aller Regel aber, sich strafbarer Handlungen schuldig gemacht zu haben. So etwa ein 21-jähriger Kellner, der in der »Elisenburg« festgenommen wurde und seine »anormale sexuelle Einstellung nicht in Abrede« stellte. Da man ihm keine Straftat nachweisen konnte, begnügte man sich zunächst damit, ihn in der »Kartei Kl. VII B I« zu registrieren.[146]

Polizeitaktisch problematisch waren die Kneipenschließungen insoweit, als das homosexuelle Leben so zumindest teilweise in den Privatbereich abgedrängt wurde. Das wird wohl auch der Grund dafür gewesen sein, dass in den folgenden Jahren doch noch einige Homosexuellentreffpunkte geduldet wurden. In Leipzig waren das zum Beispiel die »Griechische Weinstube« in der Poststraße und der »Burgkeller« am Naschmarkt. Die Überwachung solcher Lokale war ein wesentlicher Ansatzpunkt, um homosexuelle Männer identifizieren und Ermittlungen überhaupt erst einleiten zu können. Dass im »Burgkeller« »gewohnheitsmäßig homosexuell veranlagte Männer verkehren«, war der Kripo spätestens seit dem Frühjahr 1938 bekannt.[147] Da eine ständige Überwachung aber schon aus personellen Gründen kaum möglich war, kooperierte die Polizei mit Wirten und Kellnern. Für den »Burgkeller« ist dies belegt – hier vertraute die Kripo auf die Aussage des Kellners, »dass das Verhalten der homosexuell veranlagten Gäste bisher immer einwandfrei gewesen sei und ein Grund zum Einschreiten nicht vorgelegen habe«.[148] Nur wenn sich der Kellner oder andere Gäste belästigt fühlten und Anzeige erstatteten, leitete sie Ermittlungen ein. So etwa im Fall eines 35-jährigen Drehers, der im August 1939 von zwei Gästen aus dem »Burgkeller« zur Polizei geschleppt wurde.[149] Das Vorgehen der Kripo blieb also überwiegend reaktiv. Zu einer regelmäßigen Überwachung durch Polizeibeamte kam es wohl erst, als sich die Leipziger Gestapo in die Homosexuellenverfolgung einschaltete.[150]

Die Kripo konzentrierte ihre Aktivitäten eher auf Treffpunkte im öffentlichen Raum. Zu diesem Zweck führte die »Fachabteilung F« des Leipziger Kriminalamtes, die insbesondere für die Überwachung öffentlicher »Lustbarkeiten«

145 Bericht vom 22.2.1937 (ThürStA Altenburg, StA LG, Sign. 239, Band I, Bl. 227R).

146 Vermerk vom 29.1.1944 (SächsStA Leipzig, Bestand 20114, Nr. 3729, Bl. 2).

147 Bericht vom 2.3.1938 (SächsStA Leipzig, Bestand 20031, PP-S 7922, jetzt: Bestand 22236, Nr. 43, Bl. 71R f., hier 71R).

148 Vermerk zum Bericht vom 25.2.1938 (ebd., Bl. 71).

149 Bericht vom 19.8.1939 (SächsStA Leipzig, Bestand 20114, Nr. 4264, Bl. 1 f.).

150 Vgl. Kapitel II.5.

wie Tanzveranstaltungen oder Filmvorführungen zuständig war, sogenannte »Päderastenstreifen« durch.[151] Dabei ging es vor allem darum, den inneren Promenadenring »unter besonderer Beobachtung der öffentl. Bedürfnisanstalten wegen den dort vorkommenden Päderasten« zu überwachen, wie es in einem Bericht etwas umständlich hieß.[152] Verdächtig machte sich, wer »fortgesetzt seine Augen nach der Bedürfnisanstalt gerichtet« hielt[153] oder »zwecklos längere Zeit in der Anstalt« verweilte,[154] kurz, wer »seinem Benehmen« nach für »seine geschlechtlichen Neigungen nur Männerbekanntschaften machen« wollte.[155] Auch wer gleich mehrere Bedürfnisanstalten hintereinander aufsuchte, wurde »gestellt und dem Polizeipräsidium zugeführt«.[156] So geschah es im September 1933 einem 19-Jährigen, in dem die Kriminalkommissare Siegert und Zocher »sofort einen sogenannten Strichjungen« zu erkennen glaubten. Der junge Mann wurde »der Amtsstelle zugeführt«, wo er unumwunden erklärte, »an einem Mädchen habe« er »kein Interesse, nur an den Burschen in meinem Alter, die ebenso wie ich veranlagt sind«. Mitunter komme es auch vor, dass man ihm »Zigaretten verabreicht und auch eine kleine Zeche bezahlt. 50 derartige Fälle muss ich glatt zugeben«. Der 19-Jährige wurde daraufhin »vorläufig in Gewahrsam genommen«, um seine Befragung durch die für Homosexuelle eigentlich zuständige Sittenabteilung D zu ermöglichen. Gegenüber Kriminalkommissar Breitenborn gestand er denn auch ein, »dass ich auf den Strich gehe«. Als Konsequenz wurde gegen ihn schließlich das sogenannte »Strichverbot« verhängt, das das »Begehen des sogenannten Päderastenstrichs, der den gesamten Promenadenring und die dort befindlichen Bedürfnisanstalten einschließt«, verbot. Bei Zuwiderhandlung drohten dem jungen Mann 14 Tage Polizeihaft.[157]

Das »Strichverbot« war eine Neuerung, die sich an die Dresdner »Bedeutung« anlehnte und nun auch in Leipzig Aufenthaltsverbote für Homosexuelle ermöglichte. Die rechtliche Grundlage war § 361, Ziff. 6 des Strafgesetzbuches, demzufolge mit Polizeihaft bestraft werden konnte, wer »öffentlich in auffälliger Weise« zur »Unzucht auffordert oder sich dazu anbietet« – ein Paragraf, der erst 1927 auf die männliche Prostitution ausgeweitet und im Juni 1933 nochmals verschärft worden war. Seither reichte es auch aus, dass sich »einzelne« belästigt fühlen könnten. Im Kern ging es bei § 361, Ziff. 6 zwar um die Prostitution, mit dem »Strichverbot« wurde diese Regelung von der Leipziger Polizei aber sukzessive auf jede

151 Zu den Aufgaben der Fachabteilung F vgl. Kötzschke/Thiele, Geschichte der Dresdner Staatspolizei, S. 40 f.
152 Bericht vom 7.4.1934 (SächsStA Leipzig, Bestand 20031, PP-S 3459, Bl. 16).
153 Bericht vom 14.9.1933 (ebd., Nr. 311, Bl. 1).
154 Bericht vom 16.4.1934 (ebd., Nr. 7010, Bl. 19).
155 Bericht vom 7.4.1934 (ebd., Nr. 3459, Bl. 16).
156 Bericht vom 13.6.1935 (ebd., Nr. 6834, Bl. 1).
157 Bericht vom 14.9.1933 (ebd., Nr. 311, Bl. 1 f.).

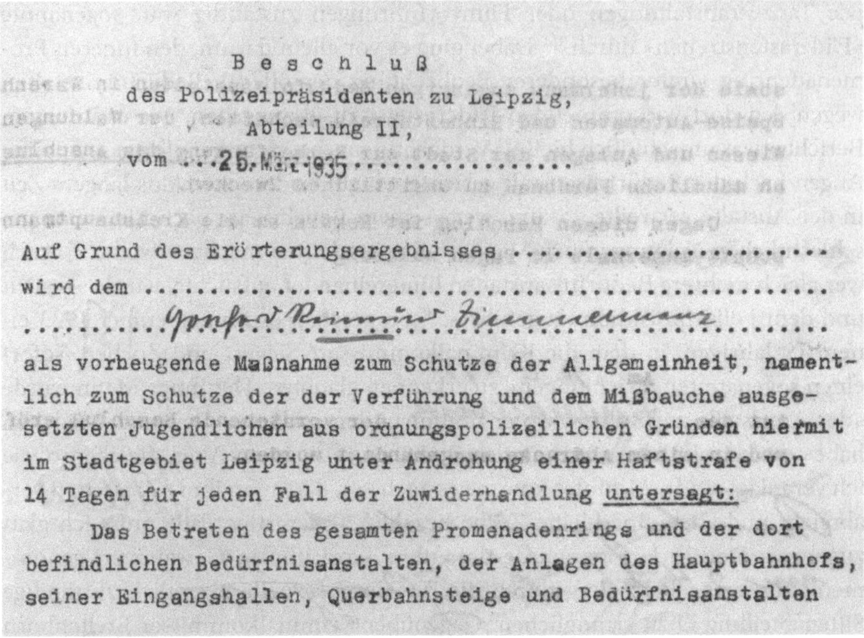

B e s c h l u ß
des Polizeipräsidenten zu Leipzig,
Abteilung II,
vom ...25. März 1935.................

Auf Grund des Erörterungsergebnisses ....
wird dem ....
..........Gerhard [illegible] Zimmermann........
als vorbeugende Maßnahme zum Schutze der Allgemeinheit, nament-
lich zum Schutze der der Verführung und dem Mißbauche ausge-
setzten Jugendlichen aus ordnungspolizeilichen Gründen hiermit
im Stadtgebiet Leipzig unter Androhung einer Haftstrafe von
14 Tagen für jeden Fall der Zuwiderhandlung untersagt:
Das Betreten des gesamten Promenadenrings und der dort
befindlichen Bedürfnisanstalten, der Anlagen des Hauptbahnhofs,
seiner Eingangshallen, Querbahnsteige und Bedürfnisanstalten

Abb. 9: Die aktualisierte Form des Strichverbots aus dem Jahr 1935; Quelle: SächsStA Leipzig, Bestand 20031, PP-S 7010, Bl. 26.

homosexuelle Kontaktanbahnung ausgeweitet. War in der ersten Fassung noch vom »Päderastenstrich« die Rede, so wurde 1935 bereits der Aufenthalt in großen Teilen der Innenstadt verboten, soweit er »*zur Herbeiführung des Anschlusses* an männliche Personen zu unsittlichen Zwecken« diente.[158] Verhängt wurde die in den Polizeiakten weiterhin als »Strichverbot« titulierte Maßnahme nunmehr gegen sämtliche Männer, die an öffentlichen Homosexuellentreffpunkten wie Parkanlagen oder Toiletten aufgegriffen wurden. Auch im Sprachgebrauch der Homosexuellen wurde die heutzutage oft als »Cruising« bezeichnete Kontaktanbahnung im öffentlichen Raum deswegen zunehmend als »Strich« bezeichnet, so etwa von Rudolf Brazda, der damals oft in Leipzig verkehrte.[159]

Was bei Zuwiderhandlung drohte, war auch dem oben erwähnten Strichjungen bewusst, als er am 27. Mai 1935 erneut einer »Päderastenstreife« begegnete. Der junge Mann ergriff die Flucht und wurde erst nach einer dramatischen Verfolgungsjagd, der sich einfache Bürger als Hilfspolizisten anschlossen, verhaftet

158 Strichverbot vom 25.3.1935 (SStAL, Bestand 20031, PP-S 7010, Bl. 26). Hervorhebung im Original.
159 Vgl. Zinn, Glück, S. 156.

und »mittels Handfeßlers« zum Polizeipräsidium gebracht.[160] Bei der Vernehmung durch den in der Fachabteilung D inzwischen zuständigen Kriminalhauptwachtmeister Feldmann räumte er erneut zahlreiche homosexuelle Handlungen ein. Dass er neben wechselseitiger Onanie nun auch den Oralverkehr mit einem Mann zugab, wurde ihm und seinem Partner schließlich zum Verhängnis. Der ältere Mann bestritt den Oralverkehr zwar, Feldmann schenkte dem aber keinen Glauben, schließlich wisse dieser »als alter Homosexueller ganz genau, worauf es ankommt«.[161] Die beiden wurden vor dem Amtsgericht angeklagt und der Ältere zu einem, der Jüngere zu vier Monaten Gefängnis verurteilt. Die zehntätige Haftstrafe für die Übertretung des »Strichverbotes«, die der inzwischen 21-jährige Strichjunge überdies verbüßen musste, fiel da kaum noch ins Gewicht.[162]

»Päderastenstreifen«, Strichverbote und kurzfristige Polizeihaft waren die wesentlichen polizeilichen Instrumente zur Repression Homosexueller. Das zeigen die Daten über Verhaftungen der Homosexualität verdächtigter Männer. Viele von ihnen wurden bereits nach wenigen Tagen wieder aus dem Polizeigefängnis entlassen, entweder, weil man ihnen keine strafbaren Handlungen nachweisen konnte, oder nach Verbüßung einer Polizeihaft wegen Übertretung des »Strichverbots«. Von 104 Männern, die die Leipziger Polizei 1935 wegen Homosexualitätsverdachts verhaftete, wurden 63 nach wenigen Stunden oder Tagen wieder auf freien Fuß gesetzt, 13 weitere nach Verbüßung kurzer Haftstrafen im Arbeitshaus. 1936 waren es 90 von 209 Verhafteten, die man nach kurzer Zeit entließ, weitere 26 kamen nach einer mehrtätigen Haftstrafe frei. Und auch in den folgenden Jahren wurde noch mindestens ein Drittel der Verhafteten nach kurzer Zeit wieder entlassen (vgl. Grafik 7). Die wesentliche Ursache dafür, dass so viele Männer vergleichsweise »glimpflich« davonkamen, war, dass man ihnen oft nicht mehr vorhalten konnte als ihre Anwesenheit an einschlägigen Treffpunkten. Denn der Nachweis sexueller Handlungen nach den §§ 175 und 175a gestaltete sich in aller Regel schwierig.

Zumindest anfangs leugnete ein großer Teil der Beschuldigten strafbare Handlungen, was die Beweisführung erheblich erschwerte. Denn ein Indizienbeweis war bei sexuellen Handlungen kaum möglich. Das zeigt der Fall eines 32-jährigen Handelsvertreters, der im Herbst 1934 am Leipziger Hauptbahnhof einen 22-jährigen arbeitslosen Arbeiter kennenlernte. Die beiden fanden »Gefallen aneinander, sodass sich aus der zufälligen Begegnung ein Freundschaftsverhältnis« entwickelte.[163] Der Handelsvertreter lud den Jüngeren zu Reisen ein, bei denen sie

160 Berichte vom 27.5.1935 (SächsStA Leipzig, Bestand 20031, PP-S 311, Bl. 4f.).
161 Vermerk vom 31.5.1935 (ebd., Bl. 10R).
162 Vgl. Mitteilungen des Amtsgerichts vom 24.9.1935 (ebd., Bl. 14f.) und Strafverfügung vom 28.5.1935 (ebd., Bl. 8).
163 Anklageschrift vom 9.1.1936 (SächsStA Leipzig, Bestand 20114, Nr. 45, Bl. 20).

teilweise im selben Zimmer übernachteten. Sehr zum Missfallen der eifersüchtigen Geliebten des Arbeiters, der er angeblich über seine homosexuellen Abenteuer berichtete. Sie zeigte die beiden schließlich bei der NSV an, nicht ohne zu erwähnen, dass es sich bei dem Handelsvertreter, mit dem ihr Geliebter verkehre, um einen Juden handele »und dass der Verkehr ein unzüchtiger wäre«. So habe sie selbst gesehen, dass beide »im Auto sich geküsst hätten«. Doch die beiden Beschuldigten bestritten gegenüber Kriminalhauptwachtmeister Feldmann alles. Dieser ermittelte akribisch, befragte Vermieterinnen und Freunde und benannte schließlich fünf Zeugen, die die Schuld der beiden erweisen sollten. Im folgenden Prozess scheiterte dieser Versuch der Beweisführung aber kläglich. Denn die Hauptbelastungszeugin, von den Richtern auf die Konsequenzen eines Meineides hingewiesen, erklärte in der Hauptverhandlung, ihre Aussage, die Feldmann offenbar mit allzu viel Wohlwollen aufgenommen hatte, sei falsch.[164]

In Verfahren wegen Homosexualität war das Geständnis die »Königin der Beweismittel«. Das Vorgehen erfahrener Polizeibeamter wie des inzwischen als Kriminalassistent signierenden Erich Feldmann zielte deswegen darauf, die Beschuldigten mit einer Mischung aus Verständnis und Drohung dazu zu bewegen, strafbare Handlungen einzugestehen. Um den Druck zu erhöhen, wurden Wohnungen durchsucht, in der Hoffnung, belastende Fotos, Briefe oder Tagebücher zu finden. Es wurden Zeugen vernommen und Gegenüberstellungen arrangiert. Im Kern ging es aber immer darum, zumindest einen der beteiligten Partner zu einem Geständnis zu bewegen.

Dass es Feldmann dabei nicht an psychologischem Geschick mangelte, zeigt der Fall des 23-jährigen Dachdeckers Rudolf Brazda, den die Leipziger Kripo am 8. April 1937 an seinem Arbeitsplatz im Paulaner Thomasbräu verhaftete. Hintergrund waren Fotos und Postkarten, die man bei einem Altenburger Freund gefunden und der Brazda bei einer Vernehmung dann schließlich auch als einen Homosexuellen bezeichnet hatte. Als Feldmann den Vorgang auf den Tisch bekam, ordnete er an, dass sofort »energisch durchgegriffen wird«.[165] Brazda leugnete bei seiner ersten Vernehmung zunächst alles. So sei er »in geschlechtlicher Hinsicht nur auf weiblichen Verkehr eingestellt und habe zu Männern keine Neigung«. Das Verhältnis zu seinem Liebhaber schilderte er möglichst distanziert: Außer kurzen Unterhaltungen »habe ich mit Bilz nichts weiter gehabt«. Feldmann versuchte, diese Strategie mit einem Überraschungseffekt zu durchkreuzen. Er legte Brazda die beschlagnahmten Fotos vor und fordert ihn auf, die abgebildeten Personen zu identifizieren. Dieser ließ sich tatsächlich verunsichern und benannte die abgebildeten Freunde.[166]

164 Urteil vom 9.4.1936 (ebd., 50–56, hier 53R).
165 Aktennotiz vom 7.4.1937 (ThürStA Altenburg, StA LG, Sign. 214, Bl. 1).
166 Vernehmungsprotokoll vom 8.4.1937 (ebd., Bl. 3).

Abb. 10: Von der Polizei beschlagnahmtes Foto: Bilz (1), Brazda (2) und ihre Freunde; Quelle: ThürStA Altenburg, StA LG, Sign. 448.

Als ein wichtiges Instrument, um Beschuldigte gefügig zu machen, erwies sich die Untersuchungshaft. So auch bei Brazda, der »wegen Verdunkelungsgefahr in Haft genommen« und ins Untersuchungsgefängnis 1 in der Moltkestraße gebracht wurde. Bei seiner Vernehmung am folgenden Tag war Brazda bereits so eingeschüchtert, dass er immer mehr Details einräumte. Feldmann konfrontierte ihn mit den Aussagen seiner Freunde und Brazda gestand ein, dass er »im Scherz« wohl »auch den Bilz mal mit geküsst« und sich »bei ihm auf Spaziergängen eingehenkelt« habe. Feldmann hakte weiter nach, fragte, ob er Bilz denn nicht »seine Frau« genannt habe. Brazda machte hier ebenfalls Zugeständnisse und erklärte, es sei »auch richtig, dass ich gesprächsweise gesagt habe, der Bilz komme mir wie eine Frau vor. Sein ganzes Benehmen und sein Aussehen war auch stark weibisch betont. Bilz war zart und in seinem Auftreten überhaupt nicht energisch.« All das reichte für einen Haftbefehl, den Feldmann nun beim Amtsrichter beantragte. Er war sich seiner Sache sicher, schließlich hatte Brazda in seinen Augen »das typische Aussehen der homosexuell veranlagten Männer«.[167] In den folgenden Wochen saß Brazda im Untersuchungsgefängnis, ohne dass man ihn vernahm. Ein Brief an seine Mutter wurde beschlagnahmt, diese erfuhr erst

167 Vernehmungsprotokoll vom 9.4.1937 (ThürStA Altenburg, StA LG, Sign. 257, Bl. 54f., hier 54R).

Wochen später von der Verhaftung des Sohnes. Und ohne Kontakt zur Außenwelt war dieser psychisch bald am Ende. Als er am 5. Mai erneut vernommen wurde, versuchte es Feldmann mit einem psychologischen Trick: Er sagte Brazda »seine homosexuelle Veranlagung auf den Kopf« zu. Dieser fing »an zu weinen« und gab das Versteckspiel auf: »Ich will nun heute die Wahrheit sagen. Mit dem erwähnten Bilz habe ich zusammen onaniert, und zwar habe ich in den Jahren 1934/35 damit angefangen.« Nach der Verschärfung des § 175 im September 1935 hatten sich die beiden damit strafbar gemacht. Für Feldmann war der Fall erfolgreich abgeschlossen. Bereits am 14. Mai wurde Brazda vom Altenburger Landgericht zu sechs Monaten Gefängnis verurteilt.[168]

Retrospektiv schilderte Brazda die Vernehmungen so, als habe die Kripo ohnehin schon alles gewusst: »Sie haben uns ausgefragt, obwohl sie alles wussten, und dann eingesperrt.« Tatsächlich zeigte die Strategie, die Beschuldigten mit Fotos und belastenden Aussagen ihrer Freunde zu konfrontieren, oft Wirkung. Aber auch einfühlsames Verhalten und gutes Zureden gehörten zu den Verhörmethoden: »Ich sitze hier und der Beamte mir gegenüber, ich hatte meine Hand so auf dem Tisch und er hat seine Hand auf meine gelegt und anständig geredet mit mir: ›Schade, ich muss meine Pflicht tun, du kannst jetzt erzählen, wenn du schwindelst, das kommt doch raus, also sag die Wahrheit‹.«[169] Erfolgreich waren solche Methoden besonders bei jungen Homosexuellen wie Brazda, die mit der Polizei noch keinen Kontakt gehabt hatten. Aber auch jene Beschuldigten, die unter ihrem Stigma litten und nur über ein geringes Selbstbewusstsein verfügten, neigten dazu, umfassende Geständnisse abzulegen und dabei oft auch andere Homosexuelle zu belasten. Solche Geständnisse, die mitunter den Charakter von »Lebensbeichten« annahmen, waren ermittlungstaktisch von besonderem Wert. Denn sie lösten oft einen »Schneeballeffekt« aus, der zur Verhaftung und Verurteilung dutzender Homosexueller führen konnte. Ein Beispiel ist der Fall eines 43-jährigen verheirateten Fleischermeisters, der sich im April 1943 auf einer Toilette am Leipziger Neuen Theater von einem Kriminalbeamten ansprechen ließ, der dort als Agent provocateur auf Anschluss wartete. Schon in seiner ersten Vernehmung gab der Fleischermeister bereitwillig Auskunft, nicht nur über die Absender der 14 Briefe, die man bei ihm gefunden hatte, sondern auch über etwaige sexuelle Kontakte mit diesen. Im Verlaufe allein dieses Verfahrens wurden schließlich acht Männer nach § 175 angeklagt.[170] Doch nicht alle Verdächtigen erwiesen sich als derartig kooperativ. Ein 26-jähriger Angestellter, dem man

168 Vernehmungsprotokoll vom 5.5.1937 (ebd., Bl. 18 f.). Vgl. auch das Urteil vom 14.5.1937 (ebd., Bl. 27–30).

169 Zinn, Glück, S. 87 f.

170 Bericht vom 8.4.1943 und Vernehmungsprotokolle vom 9. und 11.4.1943 (SächsStA Leipzig, Bestand 20114, Nr. 3137, Bl. 1–8).

sexuelle Kontakte zu diversen Soldaten unterstellte, erklärte Kriminalassistent Feldmann unverblümt: »Ich weiß, dass sie [sic!] mir bei der Bearbeitung sexueller Vorgänge überlegen sind und mein Todesurteil gesprochen wird. Ich ziehe es aber solange als möglich hinaus.« Mit Erfolg: Das Strafverfahren wurde schließlich aus Mangel an Beweisen eingestellt.[171]

Unkooperativ zeigte sich auch der oben bereits erwähnte Schriftsteller Hans von Gerstenbergk, der ebenfalls von einem ehemaligen Sexualpartner belastet wurde. Da es sich bei Gerstenbergk um einen Künstlernamen handelte, war er beim »Meldeamt nicht zu ermitteln«. Doch in der »Kartei der Päderasten«, in der er »seit 1931 als Homosexueller« registriert war, hatte man auch seinen »Schriftstellernamen« notiert.[172] Der ehemalige Maurer, der sich früher im bündischen Umfeld bewegt hatte, war bereits einschlägig vorbestraft. Doch er verfügte über ein ausgeprägtes Selbstbewusstsein und bestritt alle Vorwürfe. Im Gegensatz zu den meisten anderen Angeklagten leistete er sich einen Rechtsanwalt und benannte zwei Zeuginnen, die beteuern sollten, dass er »normalen sexuellen Verkehr mit dem weiblichen Geschlechte gepflogen« habe.[173] Kriminalassistent Feldmann konnte sich aber nicht nur auf die Aussage des Sexualpartners stützen, mit der sich dieser auch selbst belastete. Überdies flatterte ihm auch noch ein Denunziationsschreiben eines weiteren Sexualpartners ins Haus, das die Glaubwürdigkeit der Zeuginnen unterminierte. Die eine sei die »engste Vertraute« des Angeklagten, die sich »sogar als ›Braut‹ ausgegeben« und »am Tage nach der Verhaftung alles belastentes [sic!] aus der Wohnung« entfernt habe. Die andere sei »genau so eingestellt« wie Gerstenbergk und »zu allem fähig, auch zu einem Meineid«.[174] Zu einem Meineid kam es beim Prozess dann nicht, vielmehr belasteten auch die Zeuginnen den Angeklagten, der schließlich zu einem Jahr Gefängnis verurteilt wurde.[175]

Die aktive Polizeiarbeit, die durch Kontrollen von Homosexuellentreffpunkten und das Schneeballsystem von Geständnissen in Gang gehalten wurde, traf vor allem die einvernehmliche Homosexualität nach § 175, um die es in den sächsischen Großstädten bei rund der Hälfte der Angeklagten ging. In Leipzig, wo die Ursachen von 54 Ermittlungsverfahren nach § 175 untersucht werden konnten, gingen rund zwanzig Prozent der Fälle unmittelbar auf polizeiliche Aktivitäten wie die Beobachtung von Homosexuellenkneipen oder Päderastenstreifen zurück – zwei Drittel davon waren allerdings das Resultat von Gestapo-Aktivitäten.[176] Weitere

171 Bericht vom 4.2.1936 (SächsStA Leipzig, Bestand 20031, PP-S 6834, Bl. 8).
172 Bericht vom 8.7.1942 (SächsStA Leipzig, Bestand 20114, Nr. 7098, Bl. 2, hier 2R).
173 Anwaltsschreiben vom 6.8.1942 (ebd., Bl. 18). Vgl. auch Vernehmungsprotokoll vom 10.7.1942 (ebd., Bl. 4–6).
174 Denunziationsschreiben vom 31.8.1942 (ebd., Bl. 30).
175 Urteil vom 3.9.1942 (ebd., Bl. 33 f.).
176 Zur Rolle der Gestapo vgl. Kapitel II.5.

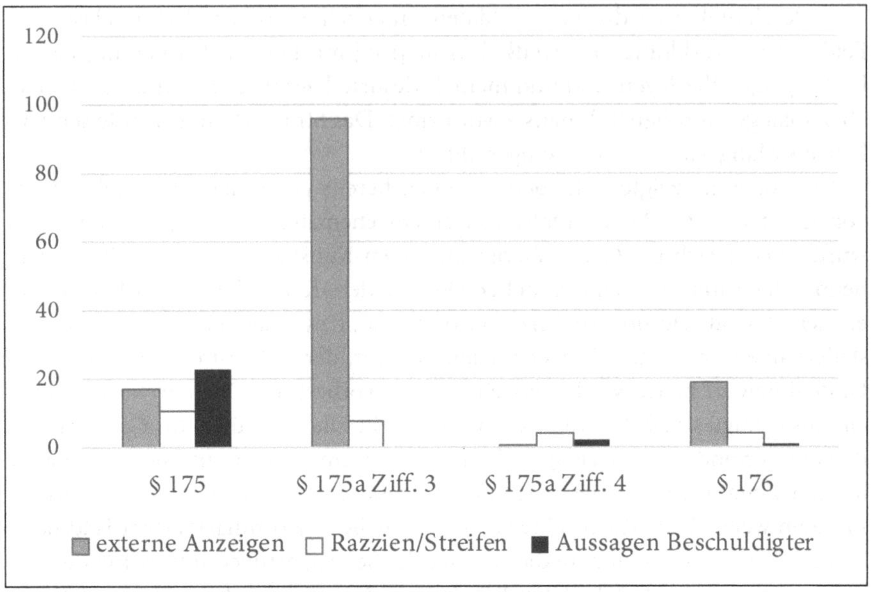

Grafik 6: Ursachen polizeilicher Ermittlungen im Stadtgebiet Leipzig

42,6 Prozent der Verfahren waren das Ergebnis belastender Aussagen in den Geständnissen Homosexueller. Durch externe Anzeigen wurden dagegen nur 31,5 Prozent der Ermittlungsverfahren ausgelöst, wobei die Anzeigen in fast 60 Prozent dieser Fälle von Männern erstattet wurden, die sich von sexuellen Avancen Homosexueller belästigt fühlten (vgl. Grafik 6).

Ganz anders sieht es hingegen aus, wenn man die Ermittlungsverfahren betrachtet, bei denen es um den Vorwurf der »Jugendverführung« nach § 175a, Ziff. 3 oder um den Verdacht unzüchtiger Handlungen mit Kindern nach § 176 ging. In Leipzig konnten die Ursachen von 128 derartigen Verfahren ermittelt werden. Das Ergebnis ist sehr deutlich: Fast 90 Prozent dieser Strafverfahren kamen durch externe Anzeigen zustande, durch polizeiliche Ermittlungen dagegen nur 9,4 Prozent. Anzeigeerstatter waren vor allem Jugendliche, die sich von sexuellen Avancen Homosexueller belästigt fühlten. Aber auch Familienangehörige, Freunde oder Arbeitskollegen, denen sie sich anvertraut hatten, benachrichtigten häufig die Polizei.[177]

Für die Polizei begann die Arbeit in diesen Fällen in der Regel erst mit der Anzeigeerstattung auf der Wache. Da es notwendigerweise Zeugen gab, war der Rechercheaufwand in der Regel eher bescheiden. Geprüft werden musste, ob die

177 Vgl. Kapitel II.6.

inkriminierte Handlung strafrechtlich relevant war. Je nach Alter und Eindruck ließ man auch die Glaubwürdigkeit der Zeugen durch Befragungen ihrer Lehrer oder psychologische Gutachten bestätigen. Gutachten gab man in Zweifelsfällen auch in Auftrag, um die Beschuldigten zu durchleuchten. So im Fall eines 38-jährigen Drehers, der von einem 14-Jährigen angezeigt worden war, weil er ihn im Stadtbad unter der Dusche am Penis berührt haben sollte. Der Gerichtsgutachter Dr. med. Hans Rodewald, ein oft beauftragter »Experte« in Verfahren gegen Homosexuelle, konnte in diesem Fall allerdings keine Anhaltspunkte für eine homosexuelle Veranlagung feststellen – nicht ohne »zu bemerken, dass neuerdings bestritten wird, dass es eine solche Veranlagung gibt«.[178] Polizei und Staatsanwaltschaft sahen dennoch einen hinreichenden Tatverdacht, um Anklage zu erheben. Das Gericht hatte dagegen Zweifel, ob die Aussagen des Jugendlichen, »die subjektiv sicherlich richtig sind, objektiv richtig sind« und sprach den Angeklagten frei.[179] Bei Verfahren, die durch externe Anzeigen zustande kamen, spielten die Zeugen oft die entscheidende Rolle. Zwar bemühte sich die Kripo auch in diesen Fällen darum, die Beschuldigten zu Geständnissen zu bewegen; in vielen Fällen auch mit Erfolg. Gelang dies aber nicht, hing alles davon ab, wie glaubwürdig die Zeugen in der Verhandlung erschienen. Als problematisch konnte sich dann der Diensteifer der zuständigen Kripobeamten erweisen, der sie mitunter dazu verleitete, die Glaubwürdigkeit der Zeugen falsch einzuschätzen. Aussagen, die bei der Polizei mit Wohlwollen aufgenommen worden waren, wurden vor Richtern, die auf die Konsequenzen eines Meineides hinwiesen, dann mitunter zurückgezogen.

Ein Gebiet, auf dem die Kripo in der Regel erst nach Verurteilung und Strafverbüßung tätig werden konnte, war die »vorbeugende Verbrechenbekämpfung«, zielte sie nach den Erlassen vom Dezember 1937 doch auf mindestens dreimal Vorbestrafte.[180] Wie oben bereits geschildert, erwies sich der bürokratische Aufwand, der insbesondere mit der planmäßigen polizeilichen Überwachung verknüpft war, in der Praxis allerdings als eine hohe Hürde.[181] Wie hoch der Aufwand mitunter war und welche Koordinierungsprobleme die verschiedenen Zuständigkeiten nach sich ziehen konnten, zeigt der Fall eines 25-jährigen Kristallschleifers aus Hamburg, der dort im Jahr 1935 zu fünf Monaten Gefängnis verurteilt und, weil die Gestapo ihn für einen Strichjungen hielt, 1936 für weitere sieben Wochen im Konzentrationslager Fuhlsbüttel inhaftiert worden war.[182] Am 23. November 1937 verhängte die Hamburger Kripo gegen ihn die »planmäßige

178 Gutachten vom 22.4.1940 (SächsStA Leipzig, Bestand 20114, Nr. 432, Bl. 25–28, hier 28).
179 Urteil vom 3.5.1940 (ebd., Bl. 39).
180 Vgl. Erlass vom 14.12.1937. In: Erlaßsammlung (ebd., Bl. 41–44a).
181 Vgl. Kapitel II.2.
182 Zum Hamburger Gestapo-Sonderkommando und zur Verfolgungswelle von 1936 vgl. Kapitel I.4.

Überwachung«: Er musste sich wöchentlich bei der Polizei melden, durfte nachts die Wohnung nicht verlassen, sich weder in Bedürfnisanstalten noch auf Spielplätzen aufhalten und auch »nicht bei Personen Wohnung nehmen, wo Kinder oder Jugendliche vorhanden sind«.[183] Der junge Mann entschied sich daraufhin, Hamburg zu verlassen. Sechs Tage später erschien er bei der Leipziger Polizei, um sich dort polizeilich anzumelden und diese über seine »Überwachung« zu informieren. Nun setzte ein komplexes Prüfverfahren ein: Die Leipziger Kripo wollte ihrerseits die »planmäßige Überwachung« bei der Kriminalpolizeileitstelle Dresden beantragen und forderte dafür die Hamburger Akten an.[184] Aus diesen ergab sich jedoch, dass der Betroffene »bisher überhaupt nur einmal vorbestraft« war und deswegen »die Voraussetzungen für eine planmäßige Überwachung aufgrund der Verfügungen des sächsischen Ministers des Innern« nicht gegeben waren[185] – die Hamburger Regelungen waren wesentlich schärfer.[186] Eine Situation, die der Leipziger Kripo unbefriedigend erschien, weshalb sie die Akten nach Dresden weiterleitete, sei in Hamburg doch »eine Anzahl von Verboten erlassen worden«, die »auch in Sachsen zur Verhängung bei Sittlichkeitsverbrechern angebracht erscheinen«.[187] Die Kripo nutzte die Gelegenheit, um auch gleich noch auf den grundsätzlichen »Mangel« der sächsischen Regelungen hinzuweisen, dass »Sittlichkeitsverbrechern an Kindern«, anders als in Hamburg, nicht verboten werden könne, »das Wohnen bei Untermietern [sic!] mit Kindern« zu verbieten.[188]

Da die planmäßige Überwachung nicht angeordnet werden konnte, wurde der junge Mann nun behelfsweise »außerplanmäßig überwacht«.[189] Während sich dieser am 11. Januar 1938 nach Breloh bei Münster abmeldete,[190] beantragte die Kriminalpolizeileitstelle Dresden beim Reichskriminalpolizeiamt in Berlin, »ihm das Verbot aufzuerlegen, bei Personen Wohnung zu nehmen, in der [sic!] Kin-

183 Eröffnungsverhandlung vom 23.11.1937 (SächsStA Leipzig, Bestand 20031, Polizeipräsidium, PP–S 1425, Bl. 2).

184 Bericht vom 29.11.1937 (ebd., Bl. 3).

185 Vermerk vom 24.12.1937 (ebd., Bl. 4R).

186 Die scharfe Hamburger Regelung spricht dafür, dass Michelers Annahme, die planmäßige Überwachung sei in Hamburg häufig angeordnet worden, für die Frühphase der Verfolgung zutreffen könnte. Aufgrund der schlechten Überlieferung von Polizeiakten lässt sich die Hamburger Praxis allerdings auch nur für die Zeit vor 1937 nachvollziehen. Vgl. Stefan Micheler, »Wir dachten, damit ein gutes Werk zu tun …« Verfolgung Männer begehrender Männer während der NS-Zeit in Hamburg unter besonderer Berücksichtigung von Denunziationen. In: Alexander Zinn (Hg.), Homosexuelle in Deutschland 1933–1969. Beiträge zu Alltag, Stigmatisierung und Verfolgung, Göttingen 2019, S. 61–84, hier 83, Anm. 42.

187 Vermerk vom 24.12.1937 (SächsStA Leipzig, Bestand 20031, Polizeipräsidium, PP–S 1425, Bl. 4R).

188 Schreiben vom 4.1.1938, falsch datiert auf 4.1.1937 (ebd., Bl. 6f., hier 6R).

189 Ebd., Bl. 6R.

190 Postkarte vom 11.1.1938 (ebd., Bl. 8).

der und Jugendliche vorhanden sind« – offenbar hatte sie den Leipziger Hinweis missverstanden, handelte es sich im konkreten Fall doch keineswegs um einen »Sittlichkeitsverbrecher an Kindern«. Das Reichskriminalpolizeiamt lehnte die Maßnahme am 18. Februar denn auch ab: Aus der Verurteilung »wegen widernatürlicher Unzucht« ergebe sich »nicht die Notwendigkeit«, ihm »das Verbot aufzuerlegen«. Soweit »in anderen Fällen ein solches Verbot erforderlich« erscheine, sei nunmehr nach dem neuen Erlass vom 14. Dezember 1937 »meine Genehmigung einzuholen«.[191] Nachdem sich der junge Mann dann im Juni 1938 erneut in Leipzig anmeldete, zog die Leipziger Kripo offenbar keine Überwachung mehr in Betracht.[192] Die Hamburger Kripo teilte schließlich im September mit, dass er nicht mehr unter planmäßiger Überwachung stehe.[193] Offenbar hatte man auch dort bemerkt, dass die scharfen Hamburger Regelungen durch den demgegenüber milderen Erlass vom Dezember 1937 obsolet geworden waren.

In den aus Leipzig überlieferten Akten finden sich für die folgenden Jahre nur in wenigen Fällen Hinweise auf eine Verhängung der planmäßigen Überwachung.[194] Zwar scheint man diese Maßnahme in der zuständigen Fachabteilung durchaus für ein probates Mittel gehalten zu haben. So plädierte Kriminaloberassistent Feldmann 1940 bei einem erst einmal nach § 175a vorbestraften Mann dafür, diesem »auf 3 wo planmäßige Überwachung aufzuerlegen«, um »sein Tun und Treiben in der Folgezeit überprüfen zu können«.[195] Der zuständige Kriminaloberassistent Willy Frenzel lehnte hingegen ab, weil die »Tat noch keine Maßnahmen gem. Erl. v. 14.12.1937«, der ja tatsächlich drei Vorstrafen voraussetzte, erfordere.[196] Insgesamt, so scheint es, wurde die planmäßige Überwachung eher zurückhaltend gehandhabt. Spätestens seit 1940 bevorzugte man ohnehin die Möglichkeit der Vorbeugungshaft, die für die Kripo insgesamt mit weniger Aufwand verbunden war.[197]

Zusammenfassend lässt sich festhalten, dass Strafverfahren gegen Homosexuelle nur in einem geringen Umfang auf Polizeiaktivitäten wie Überwachungsmaßnahmen, die Beobachtung von Homosexuellenkneipen oder Päderastenstreifen zurückgingen. Dies gilt zumindest für Leipzig, wo solche Aktivitäten in zwei

191 Schreiben vom 18.2.1938 (ebd., Bl. 9).
192 Postkarte vom 13.6.1938 (ebd., Bl. 11).
193 Schreiben vom 1.9.1938 (ebd., Bl. 12).
194 Vgl. SächsStA Leipzig, Bestand 20031, Nr. 1216/51, Bl. 34, Nr. 2001, Bl. 14R; Bestand 20114, Bl. 6980, Bl. 1 und Nr. 1255, Bl. 4. Zu Dresden findet sich in den überlieferten Akten nur ein Fall: 1942 erteilte die Kriminalpolizeileitstelle eine Verwarnung »auf Grund der Bestimmungen über polizeiliche Vorbeugungsmaßnahmen« unter Androhung polizeilicher »Vorbeugungshaft« (SächsHStA Dresden, Bestand 10789, Nr. 813, Bl. 25).
195 Vermerk vom 6.9.1940 (SächsStA Leipzig, Bestand 20031, Polizeipräsidium, PP-S 2001, Bl. 14R).
196 Vermerk vom 14.9.1940 (ebd., Bl. 15).
197 Zur Praxis der Anordnung der Vorbeugungshaft vgl. Kapitel II.11.

Dritteln der entsprechenden Strafverfahren auch nicht von den regulären Polizeibehörden ausgingen, sondern von der Gestapo. Bei der einvernehmlichen Homosexualität bescherten vielmehr Geständnisse Homosexueller, in denen diese ihre Sexualpartner belasteten, die größten Ermittlungserfolge. Bei homosexueller »Jugendverführung« oder Kindesmissbrauch war die Polizeiarbeit hingegen ganz überwiegend reaktiv. Hier waren es fast immer die von sexuellen Avancen oder Übergriffen Betroffenen selbst oder ihr soziales Umfeld, die die Ermittlungsverfahren auslösten. Für die Strafverfolgung hatten polizeiliche Aktivitäten wie Überwachungsmaßnahmen und Päderastenstreifen also nur geringe Relevanz. Größere Bedeutung dürften sie dagegen für die alltägliche Repression homosexuellen Lebens gehabt haben, die sich in Razzien und »Strichverboten« manifestierte. In welchem Umfang diese aber überhaupt zum Einsatz kamen und wie schwerwiegend die Auswirkungen tatsächlich waren, lässt sich anhand der überlieferten Dokumente nur schwer einschätzen.

Als wenig förderlich für ein aktives Vorgehen der Polizei dürften sich gerade die Maßnahmen erwiesen haben, mit denen Polizeichef Himmler und die von ihm gegründete Reichszentrale zur Bekämpfung der Homosexualität die Verfolgung eigentlich anheizen wollten. Die ausufernde Datensammlung und das umfassende Berichtswesen, das die Reichszentrale mit detaillierten Informationen über nahezu alle polizeibekannten Homosexuellen versorgen sollte, führten zu einem bürokratischen Mehraufwand, der personelle Kapazitäten der Kripo dauerhaft band. So musste seit Herbst 1936 für jeden Beschuldigten ein »Vordruck B« ausgefüllt und mit Lichtbild an die Reichszentrale geschickt werden. Für homosexuelle Straftaten Wehrpflichtiger gab es ebenso einen »Vordruck IS« wie für Strichjungen, für Jugendliche hingegen den »Vordruck HJ.FR2«.[198] Seit August 1937 waren darüber hinaus ein vierteljährlicher Tätigkeitsbericht über Sittlichkeitsdelikte und eine Beschuldigtenstatistik einzureichen. Erst Mitte Oktober 1944 fielen die über »Homosexualität zu erstattenden Meldungen« aus »Gründen der Arbeitserleichterung und Einsparung von Vordrucken ab sofort weg«.[199] Vor diesem Hintergrund kann es nicht verwundern, dass viele der von Himmler geforderten Maßnahmen schon aus personellen Gründen nicht umzusetzen waren: Die »ständige Überwachung der Verkehrsstraßen, der Bahnhöfe« usw., die »ständige Kontrolle der Hotelfremden und Pensionsgäste«, die »Überwachung des Anzeigenteils der Tageszeitungen« oder gar die Erfassung aller »männlichen Personen«, die »im Verdacht stehen, homosexuell veranlagt zu sein«, war ohne eine massive personelle Aufstockung der Kripo unmöglich.[200] Doch die Kripo

198 Vgl. Reprodukionen der Vordrucke bei Grau, Dokumente, S. 126–128.

199 Beschuldigtenstatistik der Leipziger Kriminalpolizei (SächsStA Leipzig, Bestand 20031, PP-V 4952).

200 Richtlinien vom 11.5.1937 (HStA Marburg, Bestand 180 Eschwege, Nr. 1718, Bl. 105–113, hier 109 f.).

wurde vielerorts sogar geschwächt, weil die Gestapo Beamte der Sittenpolizei für ihre Homosexuellendezernate abwarb.[201]

Von einer massiven »Homosexuellenjagd« konnte im Hinblick auf die regulären Polizeibehörden in der Praxis also kaum die Rede sein. Obwohl die Verfolgungstätigkeit fast überall zunahm, verblieb sie doch oft auf einem eher bescheidenen Niveau. Viel hing von der Motivation der lokalen Akteure ab, aber auch davon, welche personellen Prioritäten die jeweiligen Polizeibehörden setzten. Das lässt sich an der Entwicklung der Verhaftungen in Leipzig, die anhand der Gefangenentagebücher des Polizeipräsidiums ausgewertet werden konnte, gut ablesen (vgl. Grafik 7).[202] Zwar ist eine deutliche Zunahme des Vorgehens gegen Homosexuelle nach 1933 erkennbar, doch die Entwicklung war von einigen Schwankungen geprägt, die die Schwierigkeiten der praktischen Arbeit widerspiegeln. So erreichte die Homosexuellenverfolgung in Leipzig 1936 einen ersten Höhepunkt, was zu den politischen Maßnahmen in dieser Zeit passt: der Verschärfung des § 175 im Vorjahr und der Gründung der Reichszentrale zur Bekämpfung der Homosexualität im Herbst 1936. Infolgedessen kam es in Leipzig offenbar zu einem verstärkten Einsatz von »Päderastenstreifen«, was sich an der hohen Zahl der nach kurzer Zeit wieder entlassenen Verdächtigen zeigt: Männer, die man zumeist wohl an einschlägigen Treffpunkten wie Parkanklagen und Bedürfnisanstalten aufgegriffen hatte, denen man aber keine strafbaren Handlungen nachweisen konnte und allenfalls ein »Strichverbot« erteilte.

1937 kam es dann zu einem deutlichen Rückgang der Zahl der Verhafteten. Vermutlich setzte man in diesem Jahr schon wieder andere Prioritäten, sodass die Arbeit nun an der einschlägigen Fachabteilung D hängenblieb, die personell eher bescheiden aufgestellt war. Denn dort konzentrierte sich die Homosexualitätsbekämpfung im Wesentlichen auf einen Mitarbeiter: Kriminalassistent Feldmann hatte zwar eine Handvoll Kollegen, die ihn unterstützten, doch in den meisten

201 So zum Beispiel in Berlin, wo die Gestapo für ihr Sonderdezernat und die Reichszentrale »Spezialisten« der Kripo wie die Kriminalassistenten Willi Justus und Friedrich Fehling anwarb. Janßen/Tobias, Sturz der Generäle, S. 92, 96, 277, 279; Longerich, Himmler, S. 236. Vgl. auch Kapitel II.5.

202 In der Forschungsliteratur oftmals missverstanden wird die Beschuldigtenstatistik der Leipziger Kriminalpolizei aus den Jahren 1937 bis 1944, die nicht nur Fälle von Homosexualität, sondern auch eine ganz erhebliche Zahl von Fällen heterosexueller Handlungen nach den §§ 174 und 176 StGB umfasste. Die wesentlich höheren Zahlen dieser Statistik sagen deswegen nichts über den Umfang der Homosexuellenverfolgung aus. So irrt etwa Carsten Schreiber, wenn er schreibt, allein 1937/38 habe die Leipziger Kripo »gegen insgesamt 898 der Homosexualität beschuldigte Männer« ermittelt. Vgl. SächsStA Leipzig, Bestand 20031, PP–V 4952; Carsten Schreiber, Täter und Opfer. Der Verfolgungsapparat im NS-Staat. In: Clemens Vollnhals (Hg.), Sachsen in der NS-Zeit, Leipzig 2002, S. 170–182, hier 180. Vgl. auch Hans Brenner/Wolfgang Heidrich/Klaus-Dieter Müller/Dietmar Wendler (Hg.), NS-Terror und Verfolgung in Sachsen. Von den Frühen Konzentrationslagern bis zu den Todesmärschen, Dresden 2018, S. 111 f.

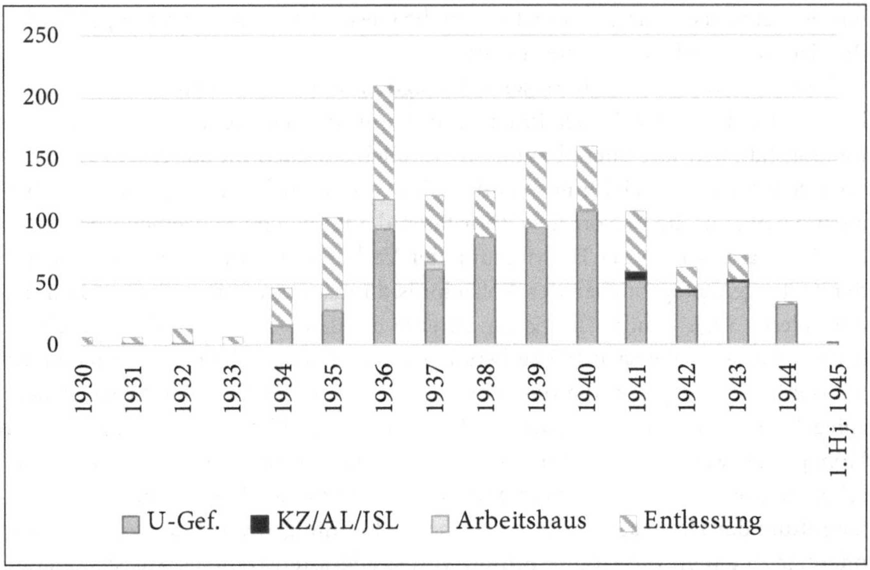

Grafik 7: Wegen Homosexualität Verhaftete im Leipziger Polizeigefängnis und ihr weiterer Verbleib[203]

Fällen führte er die Vernehmungen durch, schrieb die Berichte und ermittelte vereinzelt auch vor Ort. 1937 bearbeitete er 72 von 121 Fällen, 1938 waren es 65 von 124 und 1939 sogar 97 von 119 Fällen (der Kripo). In den Kriegsjahren war Feldmann dann offenbar der einzige Bearbeiter, der für homosexuelle Delikte zuständig war. Diese Konzentration der Ermittlungsarbeit auf einen Beamten ist beachtlich. Das Resultat war eine wesentlich geringere Verfolgungsintensität als beispielsweise in Dresden, wo offenbar auch personell andere Prioritäten gesetzt wurden. Im dortigen Landgerichtsbezirk, der mit 1,1 Millionen Einwohnern eine ähnliche Größe hatte wie der Leipziger, kam es jedenfalls zu deutlich mehr Anklagen wegen homosexueller Handlungen (vgl. Grafik 8).

So erhob die Dresdner Staatsanwaltschaft 1938 zum Beispiel in 249 Fällen Anklage. Für Leipzig liegen zwar keine Register vor, die eine exakte Ermittlung der dortigen Strafverfahren ermöglichen. Auf der Basis der Gefangenentagebücher und der überlieferten Strafakten des Leipziger Landgerichts kann man aber da-

203 Mitgezählt wurden auch sogenannte »Sittlichkeitsverletzer«, soweit die Fälle von Kriminalbeamten untersucht wurden, die schwerpunktmäßig das Sachgebiet Homosexualität bearbeiteten. Da es unwahrscheinlich ist, dass es in allen diesen Fällen um Homosexualität ging, dürften die Zahlen insgesamt eher zu hoch liegen. Gefangenentagebücher des Polizeipräsidiums Leipzig aus den Jahren 1930 bis 1945 (SächsStA Leipzig, Bestand 20031, PP-S 8496 bis PP-S 8532).

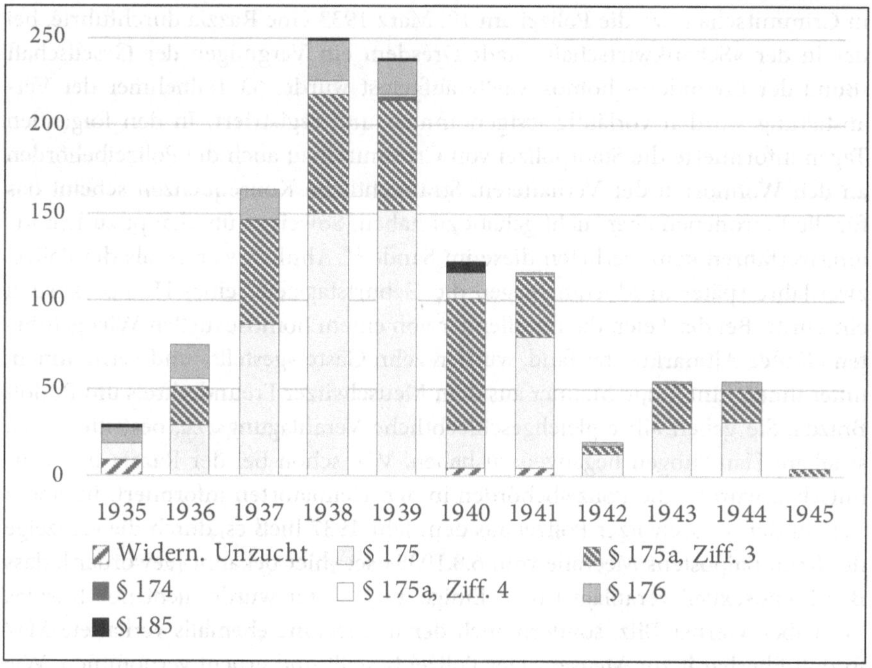

Grafik 8: Anklagen wegen homosexueller Handlungen im Landgerichtsbezirk Dresden[204]

von ausgehen, dass es 1938 weniger als die Hälfte der Dresdner Fälle waren. Ein Umstand, der schließlich auch dazu geführt haben dürfte, dass sich Anfang 1939 die Leipziger Gestapo in die dortige Verfolgungsarbeit einschaltete.

4. Polizeiaktivitäten im ländlichen Umfeld

Schwieriger noch als in den Großstädten war die Umsetzung der neuen Verfolgungspolitik in den ländlichen Regionen. Es war vor allem die mangelnde Erfahrung der Polizeibehörden in Dörfern, Klein- und Mittelstädten, die dazu führte, dass sich die Strafverfolgung nach § 175 hier auf einem wesentlichen niedrigeren Niveau bewegte. Zwar kam es auch in den ländlich geprägten Regionen schon kurz nach der NS-Machtübernahme zu ersten Repressionsmaßnahmen. So etwa

204 Ergebnisse der Auswertung der Register der StA LG Dresden (SächsHStA Dresden, Bestand 11120). Da die Überlieferung der Register teilweise unvollständig ist, dürfte die tatsächliche Zahl der Anklagen in einigen Jahren deutlich höher gelegen haben. Vgl. dazu die Schätzung des Verfassers in Kapitel II.2, Grafik 4.

in Crimmitschau, wo die Polizei am 18. März 1933 eine Razzia durchführte, bei der in der »Schankwirtschaft ›Stadt Dresden‹ ein Vergnügen der Gesellschaft ›Bund der Freunde‹ – homosexuell« aufgelöst wurde. 63 Teilnehmer der Veranstaltung wurden vorläufig festgenommen und registriert. In den folgenden Tagen informierte die Stadtpolizei von Crimmitschau auch die Polizeibehörden an den Wohnorten der Verhafteten. Strafrechtliche Konsequenzen scheint das für die Betroffenen aber nicht gehabt zu haben. Soweit es überhaupt zu Ermittlungsverfahren kam, verliefen diese im Sande.[205] Ähnlich war es, als die Polizei zwei Jahre später in Meerane gegen die Geburtstagsfeier eines Homosexuellen einschritt. Bei der Feier, die im offenbar von einem homosexuellen Wirt geführten »Kaffee Altmarkt« stattfand, wurden zehn Gäste »gestellt« und vernommen, unter ihnen fünf junge Männer aus dem Meuselwitzer Freundeskreis um Rudolf Brazda. Sie gaben »ihre gleichgeschlechtliche Veranlagung« zu, bestritten aber, strafbare Handlungen begangen zu haben. Wie schon bei der Razzia in Crimmitschau wurden die Polizeibehörden in den Heimatorten informiert. In einem Bericht der Meuselwitzer Polizei aus dem Jahr 1937 hieß es, durch die »Anzeige des Kriminalpostens Meerane vom 6.8.1935« sei »hier bekannt [geworden], dass Bilz homosexuell veranlagt ist«.[206] Einige Tage später wurde nicht nur Brazdas Liebhaber Werner Bilz, sondern auch der in Meerane ebenfalls verhaftete Max Rudolf Eberhardt zur Meuselwitzer Polizei bestellt und erneut vernommen. Wie geschickt die örtliche Polizei dabei vorging, bleibt offen; jedenfalls konnte den beiden »nichts nachgewiesen werden«, wie es in einem späteren Polizeibericht hieß. Das Ermittlungsverfahren, das die Kriminalpolizei von Zwickau führte, wurde schließlich eingestellt.[207]

Doch den lokalen Verfolgungsbehörden fehlte es nicht nur an praktischer Erfahrung, auch ihre Zuständigkeit wurde durch die zahlreichen und mitunter widersprüchlichen Erlasse aus Berlin infrage gestellt. Inwieweit Ermittlungsverfahren gegen Homosexuelle von den oftmals beim Bürgermeister angesiedelten Ortspolizeistellen oder Gendarmerieposten durchzuführen waren, war seit Himmlers Erlass vom 10. Oktober 1936 zumindest unklar. Darin hieß es nämlich, die Bearbeitung obliege grundsätzlich der »örtlich zuständigen Kriminalpolizei«. Im Februar 1937 wurden dann zwar auch die »örtlich zuständigen Ortspolizeistellen« ermächtigt, zu ermitteln. Gleichzeitig wurde jedoch darauf hingewiesen, dass »mehr als bisher eine fachkundigere Bearbeitung durch die Spezialbeamten der

205 Bericht vom 25.1.1937 (ThürStA Altenburg, StA LG, Sign. 239, Band I, Bl. 57 f.); Zinn, Volkskörper, S. 413.

206 Bericht vom 31.3.1937 (ebd., Sign. 264, Bl. 49 f. sowie die folgenden unpaginierten Blätter).

207 Bericht vom 20.4.1937 (ebd., Sign. 222, Bl. 14 f.). Vgl. auch Zinn, Volkskörper, S. 425.

Staats- und Kriminalpolizeistellen« und deswegen eine »stärkere Einsetzung der Spezialbeamten« notwendig sei. Auch bei einer Tagung der Leiter der Kriminaldienststellen, die im März in Berlin stattfand und bei der Himmler seine Richtlinien vorstellte, verwies er darauf, beim »Fehlen geeigneter Bearbeiter« seien »sofort Spezialbeamte der Kriminalpolizeistelle« anzufordern.[208]

Vom Leiter der Kriminalpolizeistelle Dresden wurde Himmler offenbar so verstanden, »dass alle obenerwähnten Sachen künftig nur von den Kriminalpolizeistellen allein und nicht mehr von deren Außenstellen und Gendarmerieposten zu bearbeiten seien«. Ende März wurden deswegen die Kriminalaußenstellen und Gendarmerieposten »von der Kriminalpolizeistelle Dresden schriftlich angewiesen«, alle aus §§ 175, 175a und 218 »anhängig werdenden Sachen unverzüglich der Kriminalpolizeistelle Dresden zur Bearbeitung zuzuleiten«. Eine Anweisung, die dazu führte, dass Gendarmerieposten in einschlägigen Fällen sogar Ermittlungsersuchen der Staatsanwaltschaft unbearbeitet zurücksandten. Ob der oben bereits erwähnte Einwand des Bautzener Oberstaatsanwaltes, die »vorgesehene Bearbeitung aller dieser Fälle von Dresden aus würde die Erledigung außerordentlich erschweren und verzögern«, zu einer nochmaligen Neuregelung der Zuständigkeit führte, ist zwar unklar.[209] Zumindest im Landgerichtsbezirk Leipzig wurde die Zuständigkeit in den folgenden Jahren aber relativ pragmatisch gehandhabt. Das zeigen die überlieferten Dokumente zu 46 Strafverfahren gegen Männer, die im ländlichen Raum dieses Landgerichtsbezirks wohnten.

Offiziell war hier zwar die Leipziger Kripo zuständig, in der Praxis wurde ein Teil der Strafverfahren aber von den örtlichen Polizeistellen bearbeitet und nur zur Vorbereitung der Anklage nach Leipzig übersandt. Im Frühjahr 1937 herrschte aber auch im Leipziger Landgerichtsbezirk noch Unsicherheit darüber, wie künftig vorzugehen sei. Während im Januar 1937, also kurz vor Herausgabe von Himmlers Richtlinien, der Gendarmerieposten Mutzschen in einem Verfahren nach § 175 noch vollkommen eigenständig ermitteln konnte, zog die Leipziger Kripo im April 1937 einen Fall aus Leisnig komplett an sich. Als der dortige Gendarmerieposten Kriminalassistent Feldmann darüber informierte, dass ein 25-jähriger Maurer aus Gersdorf und dessen 23-jähriger Freund wegen Homosexualität angezeigt worden seien, fuhr dieser zwei Wochen später persönlich nach Gersdorf, um den Anzeigeerstatter und die Beschuldigten zu vernehmen. Nachdem der Arbeiter gestand, mit seinem Freund noch bis 1936 wechselseitige Onanie betrieben zu haben, ließ Feldmann ihn festnehmen und dem Amtsgericht in

208 Grau, Dokumente, S. 122–125, 135–136; Richtlinien vom 11.5.1937 (HStA Marburg, Bestand 180 Eschwege, Nr. 1718, Bl. 105–113, hier 109).

209 Bericht vom 5.4.1937 (StFilA Bautzen, Bestand 50071, Nr. 85, Bl. 9 f.).

Leisnig überstellen, wo er dann bis zum Prozesstermin im September in U-Haft saß.[210] Dass die Leipziger Kripo diesen Fall an sich zog, dürfte mit der zeitlichen Nähe zu Himmlers Erlassen und Richtlinien zu erklären sein. Durchhalten ließ sich diese Vorgehensweise aber allein schon aus arbeitsökonomischen Gründen nicht. In den folgenden Jahren lag die Verantwortung so auch oft bei den örtlichen Polizeistellen. Dies gilt jedenfalls für Grimma, Wurzen und wohl auch Borna, wo die Kriminalpolizeistelle Leipzig Außenstellen unterhielt, denen man offenbar die nötige Professionalität zutraute, Ermittlungsverfahren nach § 175 auch selbsttätig durchzuführen. So etwa in einem Fall aus dem Jahr 1939, den der dortige Kriminalsekretär Wagner komplett bearbeitete.[211] In einer ganzen Reihe von Fällen schaltete sich der »Spezialbeamte« der Leipziger Kripo aber auch in die Ermittlungen ein.[212]

Die mangelnde Erfahrung der örtlichen Polizeistellen und die Verlagerung der Verantwortung zur Leipziger Kripo führten dazu, dass die Polizeiarbeit im Umland reaktiv blieb und sich noch mehr als in den Großstädten auf externe Anzeigen verließ. Waren es in Leipzig 56,2 Prozent, so gingen im Umland 87,8 Prozent der Ermittlungsverfahren auf Anzeigen von Betroffenen oder aus der Bevölkerung zurück. Durch aktive Polizeiarbeit kamen dagegen nur 7,3 Prozent der Verfahren zustande (vgl. Grafik 9). Das war natürlich auch dem Umstand geschuldet, dass es in kleineren Gemeinden in aller Regel an jenen Homosexuellentreffpunkten mangelte, auf die sich die Aktivitäten von Gestapo und Sittenpolizei in den Großstädten konzentrierten. Gleichgeschlechtliche Kontaktanbahnung vollzog sich im ländlichen Raum nicht an sozial separierten Orten, sondern quasi vor aller Augen, am Arbeitsplatz, in Geschäften und insbesondere in Gaststätten. Vor diesem Hintergrund kann es auch nicht verwundern, dass unter den externen Anzeigen solche von unbeteiligten Beobachtern (27,8 %) und Arbeitskollegen (22,2 %) wesentlich höher lagen als in der Großstadt. Dagegen hatten Anzeigen sexuell Umworbener, die in Leipzig fast die Hälfte ausmachten, im Umland mit 19,4 Prozent eine deutlich geringere Relevanz. Besonders Gaststätten erwiesen sich im Leipziger Umland als gefährliche Orte. Denn die unter Alkoholeinfluss oftmals unbekümmerte Kontaktaufnahme blieb weder Wirten noch Gästen verborgen, was zu Klatsch und Gerüchten, vereinzelt aber auch zu Strafanzeigen führen konnte. So etwa 1941 in der Schankwirtschaft »Albrecht« in Groitzsch, wo ein 38-jähriger Maschinenschlosser einen 17-jährigen Schlosserlehrling zu Bier und Kartenspiel einlud und schließlich mit ihm auf der Toilette verschwand. Beendet wurde ihr Stelldichein schließlich »durch das Hinzukommen des Wir-

210 Berichte vom 10.5. und 27.5.1937 (SächsStA Leipzig, Bestand 20114, Nr. 6920, Bl. 2–8).
211 Vgl. SächsStA Leipzig, Bestand 20114, Nr. 6922, Nr. 2311.
212 Vgl. SächsStA Leipzig, Bestand 20114, Nr. 6922, Nr. 7157, Nr. 4539, Nr. 7004.

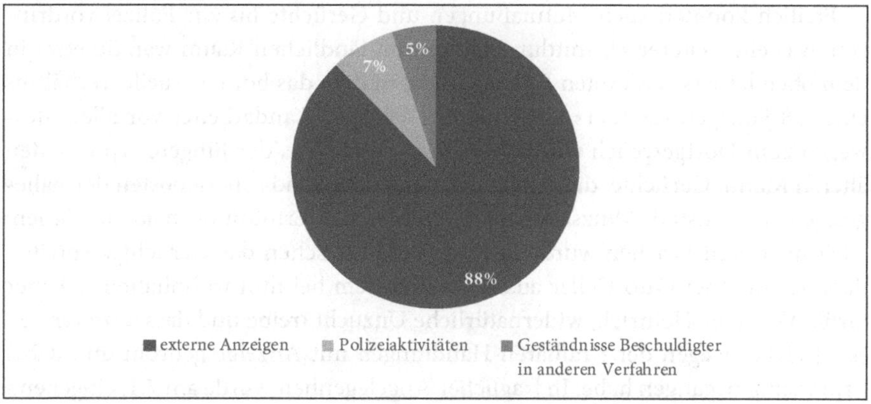

Grafik 9: Ursachen polizeilicher Ermittlungen im Leipziger Umland

tes, dessen Ehefrau das lange Ausbleiben der beiden aufgefallen war«.[213] Als ähnlich aufmerksam erwies sich die Gastwirtin des Restaurants Zum Altmarkt in Oschatz, die am 8. März 1939 bei der Polizei anzeigte, bei ihr verkehrten »seit ca. 4 Wochen drei junge Männer, von denen zu vermuten steht, dass sie sich im Sinne des § 175 betätigen«.[214]

Trotz der großen Bedeutung externer Anzeigen für die Polizeiarbeit wäre es aber voreilig, daraus den Schluss zu ziehen, die Anzeigebereitschaft sei auf dem Land besonders groß gewesen. Die Untersuchung des Verfassers zum Altenburger Land hat vielmehr gezeigt, dass die mutmaßliche Homosexualität vieler Männer in deren sozialem Umfeld zwar häufig Gesprächsthema war, aber nur selten zur Anzeige führte.[215] So war es auch im Fall eines 35-jährigen einschlägig vorbestraften kaufmännischen Angestellten aus Grimma, über den schon »vielfach erzählt« worden war, dass er »ein ›Warmer Bruder‹ sei«; nicht zuletzt in den Gasthäusern, in denen er verkehrte. Den Gastwirten Schaale und Schlenker war auch bekannt, dass ein 20-jähriger Arbeitsdienstmann »der erklärte Freund« des 35-Jährigen sei und sich von diesem habe »freihalten lassen«.[216] All dieser Klatsch führte aber nicht zu einer Anzeige. Erst als der 35-Jährige gegenüber einem anderen Arbeitsdienstmann auf der Toilette des Café Schaale übergriffig wurde, ging der Betroffene zur Polizei, woraufhin dieser dann auch die schon länger kursierenden Gerüchte bekannt wurden.[217]

213 Urteil vom 30.6.1941 (SächsStA Leipzig, Bestand 20114, Nr. 6987), S. 2.
214 Bericht vom 8.3.1939 (SächsStA Leipzig, Bestand 20114, Nr. 365, Bl. 1).
215 Vgl. Zinn, Volkskörper, S. 378–383.
216 Bericht vom 3.1.1939 (SächsStA Leipzig, Bestand 20114, Nr. 6922, Bl. 29–31, hier 29).
217 Bericht vom 29.12.1938 (ebd., Bl. 1–4, 10–12).

Freilich konnten auch Mutmaßungen und Gerüchte bis zur Polizei vordringen, was ein weiterer »Ermittlungsfaktor« im ländlichen Raum war. So etwa in dem oben bereits erwähnten Fall aus Roda, in dem das homosexuelle Verhältnis eines 58-jährigen Rentners mit einem 21-jährigen Landarbeiter vor allem deswegen zum Dorfgespräch wurde, weil man vermutete, der Jüngere erpresse den älteren Mann. Gerüchte, die schließlich auch den Gendarmerieposten der nahegelegenen Kleinstadt Mutzschen dazu veranlassten, Ermittlungen aufzunehmen: »Seit mehreren Wochen wurde in Roda bei Mutzschen das Gerücht verbreitet, dass der Rentner Otto Heller aus Roda, mit dem bei ihm wohnhaften Arbeiter Orlik, Vorname Heinrich, widernatürliche Unzucht treibe und dass letzterer den [sic!] Heller wegen der strafbaren Handlungen mit Anzeige gedroht und dabei Erpressung begangen habe. In fraglicher Angelegenheit wurde am 7.1. eingehend erörtert und festgestellt, dass die Gerüchte tatsächlich auf Wahrheit beruhen.«[218]

Während Orlik und Heller schließlich angeklagt wurden, verliefen andere Verfahren, die aufgrund von Gerüchten eingeleitet wurden, im Sande. So etwa in einem Fall aus Bad Lausick, wo die Gendarmerie am 6. Dezember 1938 notierte: »Weiter kam mir schon vor einiger Zeit zur Kenntnis, dass der Sohn des Johne als Homosexueller anzusprechen sei. Beweise hierfür konnte ich aber nicht erbringen.« Tatsächlich taugten Gerüchte meist nicht als Beweise, mitunter mangelte es aber auch am nötigen Erfahrungsschatz und der Motivation der örtlichen Polizisten, die häufig dazu tendierten, die Unruhe, die solche Ermittlungsverfahren erregten, möglichst gering zu halten. So wurden die Ermittlungen im Fall Johne erst dann wieder aufgenommen, als eine auswärtige Polizeistelle nachhakte, bei der sich ein Zeuge gemeldet hatte.[219] In aller Regel bedurfte es konkreter Anschuldigungen durch von sexuellen Angeboten Betroffene oder andere Augenzeugen, damit die Ermittlungen der Polizeistellen zum »Erfolg« führten. Insoweit bestätigte sich Himmlers Hoffnung, die höhere soziale Kontrolle in Dörfern und Kleinstädten werde die Homosexuellenverfolgung anheizen, nur bedingt. Zwar erscheint seine Überlegung, »gerade in kleineren Gemeinden« werde »der Homosexuelle seine Veranlagung nicht dauernd verschleiern können«, durchaus plausibel. Tatsächlich war es so, dass »sein andersgeartetes Wesen, sein eigentümliches Benehmen« oft auffielen und »über ihn gesprochen« wurde.[220] Solche Gerüchte führten aber nicht notwendig zu Anzeigen und selbst wenn es zu polizeilichen Ermittlungen kam, wurden diese oftmals ohne Ergebnis eingestellt.

218 Bericht vom 7.1.1937 (SächsStA Leipzig, Bestand 20114, Nr. 2311, Bl. 1).

219 Bericht vom 6.12.1938 (SächsStA Leipzig, Bestand 20114, Nr. 4132, Bl. 12).

220 Richtlinien vom 11.5.1937 (HStA Marburg, Bestand 180 Eschwege, Nr. 1718, Bl. 105–113, hier 109).

Betrachtet man die Straftatbestände, um die es im Leipziger Umland ging, so zeigt sich ein ähnliches Bild wie in den Landgerichtsbezirken Bautzen und Freiberg.[221] In mehr als zwei Dritteln der Fälle ging es um Jugendverführung oder Kindesmissbrauch, nur bei etwa 29 Prozent um die »einfache« Homosexualität nach § 175. Letztere war für die Verfolgungspraxis auf dem Land also von wesentlich geringerer Bedeutung als in den Großstädten Dresden oder Leipzig – eine Folge davon, dass auch die aktive Polizeiarbeit, die in den Großstädten überwiegend die »gewöhnliche« Homosexualität traf, im Leipziger Umland (und wohl auch in anderen ländlichen Regionen) nur eine marginale Rolle spielte. Und so kann es auch nicht überraschen, dass die wenigen Fälle »einfacher« Homosexualität, die im Leipziger Umland überhaupt verfolgt wurden, eher selten durch polizeiliche Aktivitäten entdeckt wurden. Nur 20 Prozent der Verfahren nach § 175 wurden durch Polizeiarbeit ausgelöst, 80 Prozent durch externe Anzeigen. Hier zeigt sich ein eklatanter Unterschied zur Situation in Leipzig, wo fast zwei Drittel dieser Verfahren durch Polizeiarbeit und nur 31,5 Prozent durch Anzeigen ausgelöst wurden. Bei den Verfahren wegen Jugendverführung und Kindesmissbrauch waren die Unterschiede zwischen Stadt und Land hingegen nicht so auffällig. Hier wie dort spielte die Polizeiarbeit bei der Aufdeckung dieser Delikte kaum eine Rolle: Während in der Stadt 89,8 Prozent dieser Verfahren durch Anzeigen ausgelöst wurden, waren es im Leipziger Umland 92,3 Prozent.

Mutmaßungen und Gerüchte führten also vor allem dann zur Strafanzeige, wenn man glaubte, dass Jugendliche oder Kinder betroffen seien. So etwa in einem Fall aus Wurzen, in dem ein 40-jähriger Ofensetzer Anzeige erstattete, nachdem ihm entsprechende Gerüchte über einen 31-jährigen Mann, der bereits wegen homosexueller »Jugendverführung« vorbestraft war, zu Ohren gekommen waren: »Ich habe in Erfahrung gebracht, dass der Schulknabe Gerhard R. von einem Manne Walter F. in Wurzen, Johannisgasse 11 wohnhaft, Zigaretten geschenkt erhalten hat.« Deswegen vermute er, dass »hier widernatürliche Unzucht vorliegt. Mir sind sämtliche Personen, außer R., unbekannt. R. ist ein großer starker Junge, der aber noch zur Schule geht.« Der Fall zeigt nicht nur, wie die Gerüchteküche in Dörfern und Kleinstädten funktionierte, er macht auch deutlich, dass es vor allem das Thema Jugendverführung war, das die Öffentlichkeit beschäftigte. So berichtete der Anzeigeerstatter über die Quellen seiner Information:

»Die Frau Leistner, in Wurzen, Johannis Gasse 7 erzählte es mir und diese will es von einer Frau Drehobl gehört haben. Der Drehobl hat es der Bäckerlehrling Hickmann, bei dem Bäckermeister Schreyer, in der Johannis Gasse 9 erzählt. Die Drehobl will den Hickmann gefragt haben weshalb er

221 Vgl. Kapitel II.2, Grafik 3.

keine Zigaretten bekommen habe worauf dieser gesagt haben soll, dass der Schuljunge R. ein Freund von dem F. sei. Als diese ihm sagte, dass doch der F. zu alt wäre mit solch einem Jungen verkehren [sic!] sagte Hickmann, er könnte es ihr nicht sagen, es handele sich um eine Schweinerei.«[222]

Zusammenfassend lässt sich festhalten, dass die Polizeiarbeit im ländlichen Umfeld fast ausschließlich reaktiv war. Eigenständige Ermittlungen, wie sie Kripo und Gestapo in Großstädten durchführten, blieben in Dörfern, Klein- und Mittelstädten die große Ausnahme. Das lag nicht nur daran, dass es hier nur wenige homosexuelle Treffpunkte gab, die man hätte beobachten können. Auch strukturelle Probleme und unklare Zuständigkeiten führten dazu, dass die örtlichen Polizeibehörden nur selten die Initiative ergriffen. Entscheidender Faktor der Polizeiarbeit blieben somit externe Anzeigen aus der Bevölkerung, die ganz überwiegend mutmaßliche »Jugendverführer« betrafen.

5. Die Rolle der Gestapo

Eine wesentliche Triebfeder der Homosexuellenverfolgung waren die Aktivitäten der Gestapo. Das Berliner Geheime Staatspolizeiamt und die dort angesiedelte Reichszentrale zur Bekämpfung der Homosexualität gaben den Takt vor und setzten die lokalen Polizeibehörden notfalls auch durch die Entsendung von Sonderkommandos unter Druck. Doch auch regionale Gestapostellen nahmen sich des Themas an. In vielen Dienststellen wurden nach dem Vorbild des Gestapa eigene Homosexuellendezernate gegründet, die die Verfolgung in Konkurrenz zur Kriminalpolizei vorantrieben – so zum Beispiel 1937 in Neustadt an der Weinstraße und 1938 in Düsseldorf.[223] Für Sachsen ist die Quellenlage zur Gestapo zwar schlecht, viele Dokumente wurden vernichtet oder durch Bombenangriffe zerstört. Anhand von Strafverfolgungsakten und Gefangenentagebüchern lässt sich jedoch zeigen, dass die Homosexuellenverfolgung auch in Sachsen ein wichtiges Arbeitsgebiet der Gestapo war. Auf einen Einsatz externer Sonderkommandos gibt es bislang zwar keine Hinweise. Belegen lässt sich hingegen, dass die lokalen Gestapostellen eigene Maßnahmen ergriffen, um die Verfolgung zu forcieren. Zur Situation in Dresden und Leipzig sind verschiedene Dokumente erhalten geblieben, die das verdeutlichen.

Eine Besonderheit der sächsischen Gestapo war, dass der Einfluss Himmlers bis 1937 eher gering blieb. Die politische Polizei, die in Preußen bereits 1934 in die Gestapo eingegliedert worden war, war hier bis April 1937 Bestandteil der örtlichen Polizeipräsidien. Das 1933 gegründete, personell nur sehr schwach aufge-

222 Bericht vom 8.3.1941 (SächsStA Leipzig, Bestand 20114, Nr. 7004, Bl. 1).
223 Vgl. Jellonnek, Homosexuelle, S. 189 f., 222 f., 277 f.

stellte Geheime Staatspolizeiamt in Dresden hatte lediglich eine koordinierende Funktion. Seit Januar 1934 fungierte Himmler zwar offiziell als »Kommandeur« der sächsischen Gestapo, faktisch hatte er aber keine Befehlsgewalt.[224] Die Homosexuellenverfolgung, die Himmler mit der von ihm kontrollierten preußischen Gestapo seit 1934 massiv vorantrieb, war für die politische Polizei in Sachsen in diesen Jahren nur von geringer Relevanz. Homosexuellendezernate scheint es in dieser Frühphase nicht gegeben zu haben.[225] Und auch von KZ-Einweisungen waren in Sachsen zunächst nur wenige Homosexuelle betroffen. Während die preußische Gestapo 1934/35 hunderte schwule Männer in Konzentrationslager verschleppte, ist für Sachsen nur ein Fall aus dem Juli 1935 dokumentiert.[226]

Zwar widmete sich die politische Polizei seit 1934 auch Homosexuellen in den Reihen der NS-Bewegung, die Himmler für besonders gefährlich hielt. Zu nennen ist hier insbesondere der Fall des HJ-Gebietsführers Franz Schnaedter.[227] Zu einem wesentlichen Arbeitsgebiet wurde die Homosexuellenverfolgung aber erst ab 1937. In der Dresdner Gestapoleitstelle und in den neu geschaffenen Gestapo-Dienststellen in Leipzig und Chemnitz dürften nun ebenfalls Homosexuellendezernate eingerichtet worden sein. Nachweisbar ist, dass es bei der Leipziger Gestapo mit dem Kriminaloberassistenten Hermann Helmut Walther spätestens seit Anfang 1939 einen »Spezialsachbearbeiter« für das Gebiet der Homosexualität gab.[228] Offen bleibt, ob die sächsische Gestapo, ähnlich wie in anderen Regionen, für die Homosexuellenverfolgung auch Beamte der Sittenpolizei abwarb, was mitunter zu einer Schwächung der Kripo und einer Verschärfung der Konkurrenzsituation beitrug.[229] Die konkurrierende Zuständigkeit von Gestapo und Kriminalpolizei, die die Homosexuellenverfolgung prägte, trat jedenfalls auch in Sachsen zutage. Das Ziel dieser Wettbewerbssituation war es wohl, den Verfolgungseifer der beteiligten Beamten zu steigern, oder, wie es Ernst Fraenkel in seiner Theorie des »Doppelstaates« formulierte, »die innere Anpassung« der regulären Verfolgungsbehörden wie auch die »Durchdringung des Staatsgefüges mit nationalsozialistischem Gedankengut« zu forcieren.[230] Mitunter kam es dabei aber

224 Schreiber, Täter und Opfer, S. 175.

225 Vgl. den Geschäftsverteilungsplan der politischen Abteilung der Leipziger Polizei vom 19.7.1935. In: Hans Dieter Schmid, Gestapo Leipzig. Politische Abteilung des Polizeipräsidiums und Staatspolizeistelle Leipzig 1933–1945, Beucha 1997, S. 12.

226 Schreiber, Täter und Opfer, S. 180. Vgl. dazu auch Kapitel II.2.

227 Vgl. Schreiben des Kriminalamtes an das Geheime Staatspolizeiamt in Dresden vom 17.4.1934 (SächsHStA Dresden, Bestand 10789, Nr. 722, Bl. 1). Vgl. auch Kapitel II.2.

228 Teilweise wird der Name des »Spezialsachbearbeiters« auch mit »Walter« angegeben. Vgl. Vermerk vom 15.8.1941 (SächsStA Leipzig, Bestand 20114, Nr. 395, Bl. 10); Sitzungsprotokoll vom 26.9.1940 (ebd., Nr. 4967, 25–27, hier 26); Gefangenenbuch 2. HJ 1940 (SächsStA Leipzig, PP-S 8516, Lfd. Nr. 384–385).

229 Vgl. Kapitel II.3.

230 Ernst Fraenkel, Der Doppelstaat, Hamburg 2012, S. 124.

auch zu Kompetenzstreitigkeiten zwischen Gestapo, Kripo und Staatsanwaltschaft, die die Arbeit eher lähmten als beflügelten.[231] So mahnte Reinhard Heydrich, Chef der Sicherheitspolizei, bereits am 4. März 1937 an, »dass Geheime Staatspolizei und Kriminalpolizei aufs engste zusammenarbeiten« müssten. Es werde immer »Situationen geben, wo beide Zuständigkeiten sich überschneiden (Brände, Explosionen, Sabotageverdächtige, § 175, § 218)«. Er habe »kein Verständnis dafür, wenn – wie so oft bisher – Reibungen und Missverständnisse auftreten«.[232]

Welche »Reibungen und Missverständnisse« entstehen konnten, dokumentiert ein Fall aus Dresden. Dort hatte die Gestapoleitstelle 1938 damit begonnen, bereits verurteilte und in Gefängnissen einsitzende Homosexuelle zu verhören. Offensichtliches Ziel dieser Aktion war es, die Namen bislang unbekannter Homosexueller in Erfahrung zu bringen – und der Kripo die vermeintliche Unzulänglichkeit ihrer Ermittlungsmethoden vor Augen zu führen. Zum »Opfer« dieses Vorgehens wurde ein 26-jähriger Buchhalter, der im April 1937 wegen »homosexueller Veranlagung« verhaftet und zu 18 Monaten Gefängnis verurteilt worden war, die er in Bautzen verbüßte. Im März 1938 begann die Gestapoleitstelle Dresden, sich für den Fall zu interessieren. Nachdem er in einer anderen Sache in das Untersuchungsgefängnis Dresden verlegt worden war, wurde der Buchhalter durch den Gestapobeamten Hans Dämelow »eingehend zu dem ihn [sic!] in dieser Hinsicht noch bekannten Tatsachen und Personen befragt«. Mit welchen Methoden die Befragung durchgeführt wurde, bleibt offen; jedenfalls zeigte sich der Verhörte »kooperativ«. So machte er detaillierte Angaben zur Dresdner Homosexuellenszene und nannte die Namen und Adressen mehrerer schwuler Männer. Besonderes Interesse der Gestapo weckten dabei die Angaben zu einem Mann, der ebenfalls in Bautzen einsaß: Dieser habe »einen großen Freundeskreis« und seine Freunde gehörten »fast alle den homosexuellen Kreisen an«.[233]

Die Namen der benannten Homosexuellen reichte die Gestapo zur weiteren Ermittlung an die Kripo weiter – mit der Maßgabe, über Verdächtige, die NS-Organisationen angehörten, Bericht zu erstatten. Doch die Kripoleitstelle reagierte eher pikiert: Zwar verfasste Kriminaloberassistent Willy Seidel Anfang April einen umfassenden Bericht, konnte es sich aber nicht verkneifen, darauf aufmerksam zu machen, dass die »angegebenen Personen zum größten Teile hier bereits ausreichend bekannt« gewesen seien. »Mit Bestimmtheit« sei anzunehmen, dass »keiner der Genannten mehr der Partei, der SA oder SS angehört, da die betreffenden Dienststellen sofort von der Straftat eines ihrer Mitglieder in Kenntnis gesetzt werden«.[234] Die Gestapo ermittelte dennoch weiter. Den Buchhalter warb sie als

231 Vgl. Zinn, Volkskörper, S. 298f.

232 Rundschreiben an die Staats- und Kriminalpolizeistellen vom 4.3.1937. In: Grau, Dokumente, S. 137f.

233 Vernehmungsprotokoll vom 10.3.1938 (SächsHStA Dresden, Bestand 10789, Nr. 124, Bl. 34).

234 Bericht vom 5.4.1938 (ebd., Bl. 35R–39, hier 38f.).

Spitzel an, um »bei den im Gefängnis in Bautzen einsitzenden 175-ern herum zu horchen«.[235] Angesetzt wurde er insbesondere auf den bereits erwähnten Mitgefangenen, der sicherlich »mit weiteren Angaben dienen« könne, »der Polizei gegenüber« aber »bestimmt keine Angaben machen« werde. Die Gefängnisleitung wurde deswegen ersucht, die beiden »in eine Zelle zusammenzulegen«, damit der Buchalter von seinem Mitgefangenen »weitere sachdienliche Angaben erhält«.[236]

Mitte Juni meldete sich der Spitzel schließlich bei der Gestapo und wurde in der Außendienststelle Bautzen befragt. Dabei erstattete er einen umfassenden Bericht über die homosexuellen Freundschaften des Mitgefangenen, in dem 39 Männer erwähnt wurden. Ende August wurden die beiden dann bei der Dresdner Gestapo vernommen und gegenübergestellt. Während der Spitzel seine Angaben wiederholte, bestritt der Mitgefangene jeden sexuellen Kontakt mit den genannten Personen.[237] Kriminalassistent Prenzel, der den Fall inzwischen übernommen hatte, schenkte ihm keinen Glauben und setzte sich dafür ein, die Ermittlungen seitens der Gestapo weiterzuführen, weil sich unter den Verdächtigten auch »Angehörige von Verbänden der NSDAP« befänden. Konkret schlug er vor, den Mitgefangenen weiter zu befragen und ihn nach seiner Entlassung aus dem Gefängnis in »Schutzhaft zu nehmen, um den Gang der Erörterungen nicht zu beeinträchtigen«. Gegen die 39 als Homosexuelle verdächtigten Männer solle »eine Aktion« eingeleitet werden, ihre Wohnungen seien zu durchsuchen und »die Betreffenden gegebenenfalls festzunehmen«.[238]

Die Vorgesetzten des Gestapobeamten Prenzel wollten sich diesen Vorschlägen allerdings nicht anschließen. Nach Rücksprache mit dem Kripobeamten Seidel vertrauten sie auf dessen Behauptung, die Aussagen des Spitzels seien durch die Kriminalpolizei »bereits ausgewertet« worden. Eine Fehleinschätzung, denn der Kripo-Bericht, den Seidel nochmals überreichte, stammte von Anfang April, einem Zeitpunkt also, zu dem die umfassenden Spitzelberichte noch gar nicht zu Protokoll gegeben waren. Kriminalassistent Prenzel ruderte dennoch zurück: Aufgrund des Kripo-Berichts, der ihm eigentlich aus den Akten bekannt sein musste, habe sich nunmehr »eine neue Sachlage ergeben«. Seine Vorschläge für das weitere Vorgehen seien »somit überholt«. Stattdessen schlug er nun vor, den Vorgang der Kripoleitstelle »zur weiteren Bearbeitung zu übersenden«. Dass »eine Bearbeitung von hier aus nicht erforderlich ist«, ergäbe sich vor allem daraus, dass es keine »Beweise für eine strafbare Handlung« durch »Angehörige von Parteigliederungen und der Wehrmacht« gebe.[239] Ein heimlicher Triumph

235 Bericht vom 27.6.1938 (ebd., Bl. 44R).
236 Vernehmungsprotokoll vom 10.3.1938 (ebd., Bl. 35f.).
237 Vernehmungsprotokoll vom 12.7.1938 (ebd., Bl. 45–46); Vernehmungsprotokoll vom 31.8.1938 (ebd., Bl. 48–56R).
238 Bericht vom 31.8.1938 (ebd., Bl. 57–58).
239 Berichte vom 22.9.1938 und 17.10.1938 (ebd., Bl. 59–64R, hier 61Rf.).

für die Dresdner Kripo, die Mitte November noch einen abschließenden Bericht verfasste, demzufolge die »angegebenen Personen« zum »weitaus größten Teile bereits ausreichend bekannt gewesen« seien. Mit unverhohlener Genugtuung stellte Kriminaloberassistent Seidel fest, dass die Angaben des Gestapo-Spitzels »für die sachbearbeitenden Beamten absolut nichts Neues« gewesen seien und es »zwecklos« wäre, wenn man ihnen weiter »nachginge«.[240] Für die Gestapo geriet der ganze Vorgang zu einer Blamage. Für die verdächtigten Homosexuellen erwies sich diese Entwicklung allerdings als eine glückliche Fügung, entgingen sie doch so der von Prenzel angeregten »Aktion«.

Der Dresdner Fall zeigt, welche Probleme die Konkurrenz zwischen Kripo und Gestapo produzieren konnte, macht aber auch deutlich, welche Aufgabenverteilung prinzipiell vorherrschte. Während die Gestapo für Fälle von politischer Bedeutung zuständig war, blieben die »gewöhnlichen« Homosexuellen der Kripo überlassen. Diese Linie hatte Himmler 1936/37 in seinen »Geheimerlassen« zur Homosexualitätsbekämpfung vorgezeichnet. Demnach oblag die Verfolgung, »soweit nicht politische Gesichtspunkte in Erscheinung« traten, »der örtlich zuständigen Kriminalpolizei«. Wenn »staatspolizeiliche Maßnahmen erforderlich« wurden, waren diese beim Gestapa »anzuregen«. »Meldung zu erstatten« war vor allem über homosexuelle Mitglieder von NS-Organisationen, Wehrmachtsangehörige, Ordensmänner, Beamte, Juden und Männer, die vor der Machtübernahme eine »führende Stellung« hatten.[241] Auch in Sachsen scheint diese Linie zunächst so umgesetzt worden zu sein. So schaltete sich die Leipziger Gestapo anfangs nur dann in Ermittlungen ein, wenn es um »politische« Fälle ging, etwa um Angehörige der Bündischen Jugend. 1938 ermittelte sie zum Beispiel gegen einige Männer, die sie verdächtigte, Mitglied der verbotenen Deutschen Jungenschaft dj.1.11. zu sein, die man ähnlich wie den »Nerother Wandervogel« für die »vollkommen moralische Verseuchung und Zersetzung der Deutschen Jugendbewegung« verantwortlich machte, weil in beiden Bünden »das Gleichgeschlechtliche zur Grundlage« geworden sei.[242] Auch in diesen Verfahren ermittelten Kripo und Gestapo parallel, wobei es ebenfalls zu Reibungsverlusten kam. So wurde ein 25-Jähriger zunächst vom Leipziger Landgericht wegen Homosexualität nach § 175 verurteilt, wobei die Richter betonten, ihnen sei »über den Stand der Strafsache wegen des politischen Delikts amtlich hier nichts bekannt geworden«. Dieses wurde dann zwei Monate später vom Sondergericht Freiberg abgeurteilt.[243]

240 Bericht vom 15.11.1938 (ebd., Bl. 66).

241 Geheimerlasse vom 10.10.1936 und 9.2.1937. In: Grau, Dokumente, S. 122–125 und 135f.

242 Undatierte Gestapo-Analyse aus dem Jahr 1936 (HStA Düsseldorf, RW-58 14605). Zit. nach Krolle, »Bündische Umtriebe«, S. 53f.

243 Urteile vom 15.9.1938 und 25.11.1938 (SächsStA Leipzig, Bestand 20114, Nr. 323, Bl. 161–168 und 188f., hier 162).

Entgegen der Aufgabenabgrenzung schaltete sich die Leipziger Gestapo 1939/40 schließlich aber auch in die reguläre Homosexuellenverfolgung ein. Der Auslöser war vermutlich derselbe wie in verschiedenen anderen Großstädten, wo mangelnde Erfolge der Kripo zum Einsatz von Gestapo-Sonderkommandos führten – so etwa in Frankfurt am Main, wo es im Sommer 1938 zu einem entsprechenden Einsatz kam, nachdem der dortige Oberstaatsanwalt ein »Nachlassen der polizeilichen Ermittlungstätigkeit« beklagt hatte.[244] Tatsächlich war die Zahl der Anklagen nach den §§ 175/175a, nachdem sie 1936 einen ersten Höhepunkt erreicht hatte, in Leipzig wieder deutlich zurückgegangen. Insgesamt wurden hier auch wesentlich weniger Männer vor Gericht gestellt als zum Beispiel in Dresden. Hatte es dort 1938 mindestens 227 Anklagen gegeben (zzgl. 22 Anklagen wegen homosexuellen Kindesmissbrauchs), so waren es in Leipzig weniger als die Hälfte.[245] Es dürfte also auch bei dem Leipziger Gestapo-Einsatz darum gegangen sein, die örtlichen Kripobeamten zu unterstützen und zu einem schärferen Vorgehen anzutreiben. Beachtlich sind allerdings Beginn und Dauer des Einsatzes, vor allem, dass er sich bis August 1941 hinzog. Denn im Berliner Gestapa war die Homosexualitätsbekämpfung auf Anweisung Heydrichs bereits zu Kriegsbeginn »vollständig eingestellt« und an die »Kriminalpolizei abgegeben« worden.[246] Eine Entscheidung, die der Abkommandierung zahlreicher Gestapobeamter in die besetzten Gebiete geschuldet war und deswegen auch in den nachgeordneten Gestapostellen im Reich hätte Beachtung finden müssen. Doch in Leipzig schätzte man die Situation anders ein. Der Homosexuellenverfolgung räumte man hier weiterhin eine hohe politische Relevanz ein, was auch darin zum Ausdruck kam, dass man die Verhaftungen Homosexueller, zu denen es nun kam, als »politisch« bzw. »politisch § 175« deklarierte.[247]

Der Einstieg in die Homosexuellenverfolgung erfolgte Anfang 1939, als man die bündische Jugendgruppe »Andreasplatz« ins Visier nahm und dabei auch die gleichgeschlechtlichen Kontakte einiger ihrer Mitglieder aufdeckte.[248] Am 10. Januar verhaftete der Gestapo-»Spezialsachbearbeiter« Walther den 18-jährigen Paul Meinhardt, einen führenden Kopf der Gruppe. In den folgenden Monaten kam es zur Verhaftung von 36 weiteren Personen, wobei es sich überwiegend um junge Männer im Alter von 16 bis 19 Jahren handelte, die wahrscheinlich der »Gruppe Andreasplatz« zuzuordnen sind.[249] Unter den Verhafteten waren aber

---

244 Schiefelbein, Verfolgung von Homosexuellen, S. 410–412.

245 Vgl. dazu Kapitel II.2, Grafik 4.

246 Erlass des Reichssicherheitshauptamtes vom 31.8.1939 (IfZ, MA 445–957417). Zit. nach Jellonnek, Homosexuelle, S. 124 f.

247 Gefangenentagebuch 2. Hj. 1940 (SächsStA Leipzig, Bestand 20031, PP-S 8516, Lfd. Nr. 384–385 sowie 416/9 und 417/0).

248 Zur Gruppe Andreasplatz vgl. auch Kapitel II.1 und Kapitel II.7.

249 Gefangenentagebuch 1939 (ebd., PP-S 8514, Lfd. Nr. 108, 160, 502, 503, 799–803, 980–986, 1027–1029, 1249, 1250, 1302, 1363–1369, 1563, 1598, 1600, 1910).

auch einige ältere Männer, bei denen es wohl allein um den Aspekt der Homosexualität ging.[250] Nachdem Meinhardt und ein weiteres Gruppenmitglied im November 1939 vom Sondergericht Freiberg wegen Homosexualität und bündischer Umtriebe verurteilt worden waren, widmete sich der »Spezialsachbearbeiter« Walther dann überwiegend der Verfolgung »gewöhnlicher« Homosexueller.[251] Spätestens ab März 1940 kam es zu umfangreichen Überwachungsmaßnahmen in der Gaststätte »Burgkellerklause«, dem Kellergeschoss des »Burgkellers«, das »als Verkehrslokal der Homosexuellen bekannt«[252] war und wo diese meist »in ziemlich interner Weise zusammensaßen« und sich »auch an ihrem Äußeren unterschieden« von den »anderen Männern«.[253] In den folgenden Monaten verkehrten dort regelmäßig Gestapobeamte, um Homosexuelle zu identifizieren, zu strafbaren Handlungen zu animieren und sie dann »auf frischer Tat« festzunehmen. Dazu bedienten sie sich verschiedener »Vertrauenspersonen«, die sie entweder mitbrachten oder unter den Stammgästen anwarben. Als verdeckter Ermittler der Gestapo agierte der »Spezialsachbearbeiter« Helmut Walther auch selbst. So begaben sich Walther und eine nicht namentlich genannte »Vertrauensperson« zum Beispiel am 3. März 1940 in die »Burgkellerklause«. Weil die beiden dort »allein zusammensaßen«, weckten sie das Interesse eines 24-jährigen kaufmännischen Angestellten, der sie für ein homosexuelles Paar hielt. Der 24-Jährige interessierte sich vor allem für die »Vertrauensperson«, vermutlich ein attraktiver junger Mann, der bewusst als »Lockvogel« eingesetzt wurde. Durch »auffällige Bewegungen über den Tisch hinweg« forderte er ihn auf, »einmal hinauszugehen«, wo dann »ein übliches Gespräch« stattfand, aus dem »die Absichten« des kaufmännischen Angestellten »klar hervorgingen«. Da der 24-Jährige dem Gestapobeamten aber »kein Unbekannter war«, ließ er »die Angelegenheit vorerst bewendet sein«. Ziel der Ermittlung war es offenbar, bislang noch unbekannte Homosexuelle zu identifizieren. Zum Verhängnis wurde dem 24-Jährigen allerdings, dass er dem Gestapobeamten und dessen Begleiter folgte, als sie die Gaststätte verließen. Er sprach die beiden an und begleitete sie, bis sich Walther schließlich »auswies und ihn festnahm«.[254]

Die festgenommenen Männer wurden bei der Gestapo »eingehend belehrt«, insbesondere »über die Stellung des Staates zum Homosexuellen«,[255] derzufolge »nach heutiger Staatsauffassung der Homosexuelle als Volksschädling ange-

250 Ebd., Lfd. Nr. 104, 109, 391, 1230. Vgl. zu einem dieser Fälle auch die entsprechenden Strafakten des Landgerichts: SächsStA Leipzig, Bestand 20114, Nr. 4414 und 4468.

251 Urteil vom 1.11.1939 (SächsStA Chemnitz, Bestand 30068, Nr. 5180, Bl. 3–15).

252 Vernehmungsprotokoll vom 4.3.1940 (SächsStA Leipzig, Bestand 20114, Nr. 5155, Bl. 3–8, hier 6).

253 Vernehmungsprotokoll vom 23.10.1943 (ebd., Nr. 3998, Bl. 1A–2R, hier 2).

254 Gestapo-Bericht vom 4.3.1940 (SächsStA Leipzig, Bestand 20114, Nr. 5155, Bl. 2). Vgl. auch das Vernehmungsprotokoll vom 4.3.1940 (ebd., Bl. 3–8, hier insbes. 7f.).

255 Vernehmungsprotokoll vom 16.7.1941 (ebd., Nr. 395, Bl. 4f., hier 4).

Abb. 11: Innenraum der Gaststätte »Burgkeller« – Postkarte aus dem Jahr 1938; Quelle: Privatbesitz des Verfassers.

sprochen werden muss«.[256] Vor Beginn der Vernehmung wurden sie aber auch »auf die gegen« sie »möglichen staatspolizeilichen Maßnahmen aufmerksam gemacht«.[257] Die Drohung, bei mangelnder Kooperation in ein Konzentrationslager eingewiesen zu werden, gehörte zum Standardrepertoire der Gestapo, wurde mitunter aber auch von der Kripo eingesetzt, um Geständnisse zu erzwingen.[258] Eine Praxis, die den gewünschten »Erfolg« in der Regel nicht verfehlte. Die meisten Beschuldigten legten in den Gestapo-Verhören umfassende Geständnisse ab, oft gaben sie dabei mehr zu, als ihnen lieb war, mitunter auch mehr, als der Wahrheit entsprach. So wohl auch im Fall eines 58-jährigen Packers, der sein Geständnis bei der richterlichen Vernehmung mit der Begründung widerrief, es sei ihm »von den Beamten in den Mund gelegt worden«, während er »geistisch [sic!] und körperlich vollkommen deprimiert« war.[259] Zum Einsatz gekommen sein könnte auch die »verschärfte Vernehmung«, eine euphemistische Umschreibung von

256 Vermerk vom 15.8.1941 (ebd., Bl. 10).

257 Vernehmungsprotokoll vom 4.3.1940 (ebd., Nr. 5155, Bl. 3).

258 So wird Rudolf Brazda von einem Karlsbader Kriminalbeamten gedroht, dass er »auf 2 Jahre in ein Konzentrationslager kommen« könne, wenn er »hartnäckig leugne« (SoavP, Akte 4 Kms 5/41, Band I, Bl. 85). Vgl. auch Zinn, Glück, S. 205.

259 Vernehmungsprotokoll vom 19.7.1941 (SächsStA Leipzig, Bestand 20114, Nr. 395, Bl. 7).

Gewalt und Folter, die eigentlich nur in Hochverratsfällen angewandt werden durfte. Auf eine entsprechende Beschwerde erklärte der Leiter der Reichszentrale zur Bekämpfung der Homosexualität, Josef Meisinger jedoch, dass sie auch bei Homosexuellen genutzt werden dürfte, da unter ihnen ein Zusammenhang existiere, der »dem unter Kommunisten üblichen ähnlich« sei.[260] Auch wenn es für die Anwendung solcher »Ermittlungsmethoden« in Sachsen keine Belege gibt, zeigt allein schon die Tatsache, dass die Gestapo die Beschuldigten nach den Verhören unterschreiben ließ, diese seien »ohne jeden Zwang oder Druckmittel freiwillig« vonstattengegangen, dass letzteres wohl eher nicht der Fall war.[261]

In den folgenden Monaten wurden im »Burgkeller« zahlreiche Männer festgenommen. Am 22. Juni kam es sogar zu einer »unauffällig durchgeführten Razzia«, bei der der »Spezialsachbearbeiter« Walther zwischen 21.45 Uhr und 23.30 Uhr elf Männer ins Polizeipräsidium einliefern ließ.[262] Als Grund der Einlieferung wurde »politisch § 175« notiert, bei zwei weiteren Verhaftungen zwei Wochen später sogar nur »politisch«.[263] Tatsächlich ging es in all diesen Fällen aber »nur« um Homosexualität, der man bei der Gestapo generell eine politische Bedeutung beimaß. So etwa im als »politisch« gekennzeichneten Fall eines 20-jährigen Werkzeugschlossers, der laut Gestapo-Bericht »des öfteren in der Gaststätte ›Burgkeller‹ angetroffen« worden war und »dort mit zu den Stammgästen« zählte: »Es wurde festgestellt, dass er größtenteils immer an Tischen von Homosexuellen platznahm. Er wurde deshalb wegen des Verdachts der gleichgeschlechtlichen Betätigung in den Abendstunden des 4.7.1940 festgenommen.«[264]

Auffällig ist, dass sich die Gestapo besonders für junge Männer interessierte.[265] Ziel war es offensichtlich, nach dem »Schneeballprinzip« möglichst viele Homosexuelle zu enttarnen, wobei jungen und unerfahrenen Männern eine Schlüsselfunktion zugedacht war. Denn ihnen fehlte es in der Regel an Erfahrung im Umgang mit der Polizei, weshalb sie den Verhören nur selten gewachsen waren und die Namen vieler ihrer Freunde und Sexualpartner nannten. So etwa ein 18-Jähriger, der fünf seiner älteren Partner namentlich benannte.[266]

Zum Teil handelte es sich bei den jungen Männern aber auch um Strichjungen, auf die es die Gestapo besonders abgesehen hatte. Zum einen, weil man sie für gefährliche Verbreiter der »Seuche« Homosexualität hielt, zum anderen, weil

260 Zit. nach Sparing, Vergehen, S. 133.
261 Vernehmungsprotokoll vom 4.3.1940 (SächsStA Leipzig, Bestand 20114, Nr. 5155, Bl. 8).
262 Gestapo-Bericht vom 27.6.1940 (ebd., Bestand 20031, PP-S 1425, Bl. 14).
263 Gefangenenbuch 2. HJ 1940 (ebd., PP-S 8516, Lfd. Nr. 384–385 sowie 416/9 und 417/0).
264 Bericht vom 11.7.1940 (ebd., Bestand 20114, Nr. 4860, Bl. 1b).
265 So waren sieben der am 22.6.1940 Verhafteten jünger als dreißig. Gefangenenbuch 2. HJ 1940 (ebd., PP-S 8516, Lfd. Nr. 384–385).
266 Vgl. Strafbefehl vom 27.7.1940 (SächsStA Chemnitz, Bestand 30068, Nr. 7409, Bl. 2).

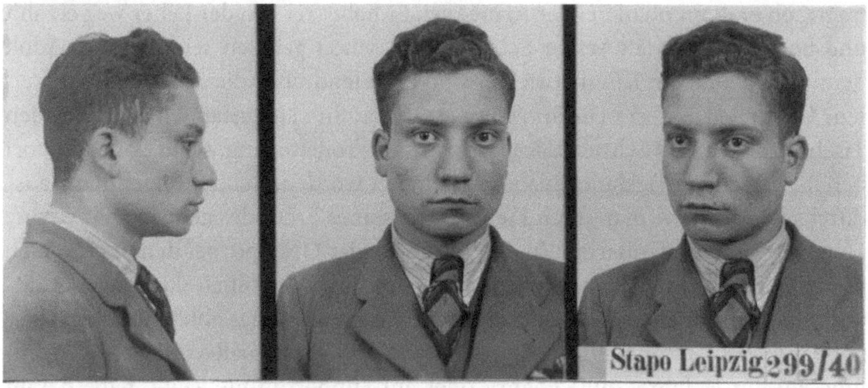

Abb. 12: Gestapo-Fotos eines am 4.7.1940 im »Burgkeller« verhafteten 20-jährigen Werkzeugschlossers; Quelle: SächsStA Leipzig, Bestand 20114, Nr. 4860, Bl. 1b.

sie viele Kontakte hatten, Homosexuellen gegenüber aber häufig nur eine geringe Loyalität empfanden, was sie als »Kronzeugen« prädestinierte. Darüber hinaus erschienen sie auch besonders geeignet dafür, als »Vertrauenspersonen« und Zuträger der Gestapo angeworben zu werden. Als solcher wurde wohl ein von zuhause ausgerissener 17-jähriger Maschinenzeichner eingesetzt, der eines Vergehens nach § 175 beschuldigt wurde und »seit dem 24.9.1940 bei der Geheimen Staatspolizei in Schutzhaft« saß.[267] Wenig später wurde er wieder auf freien Fuß gesetzt, was im Rahmen der regulären Strafverfolgung nur äußerst selten vorkam. Vermutlich war seine Freilassung an die Bedingung geknüpft, fortan als Lockvogel und Gestapo-Spitzel zu arbeiten. Im Dezember 1940 besuchte er jedenfalls wieder »homosexuelle Verkehrslokale«, unter anderem den »Burgkeller«, wo er einen Matrosen und einen Soldaten kennenlernte, mit denen er gegen Bezahlung onanierte. Das wurde ihm in den folgenden Strafprozessen dann allerdings noch zusätzlich zur Last gelegt, weshalb man ihn schließlich auch wegen Prostitution nach § 175a, Ziff. 4 verurteilte. Ein deutlicher Hinweis darauf, dass er der Gestapo über seine neuen Begegnungen berichtet hatte.[268]

Dass die Verhaftungen und Gestapoverhöre auch dazu dienten, neue »Vertrauenspersonen« anzuwerben, wurde Jahrzehnte später durch den Augenzeugenbericht des Friseurs Walter Schwarze bestätigt, der ein Opfer der Razzia vom 22. Juni geworden war. Nach seiner Schilderung war der damals 25-jährige Schwarze im »Burgkeller« von einer jungen Frau angesprochen worden, die ihn

267 Anklageschrift vom 26.11.1940 (SächsStA Leipzig, Bestand 20114, Nr. 5074, Bl. 29–30, hier 29).

268 Vgl. Sitzungsprotokoll vom 10.2.1941 (ebd., Bl. 44–46); Anklageschrift vom 8.3.1941 (ebd., Nr. 5572, Bl. 43 f.); Urteil vom 28.4.1941 (SächsStA Chemnitz, Bestand 30068, Nr. 924, Bl. 5–12).

fragte, ob er denn nicht bei der Armee sei. Er habe frei von der Leber weg erzählt und beklagt, dass viele seiner Schulfreunde schon gefallen seien: »Muss Adolf denn so ein Blutvergießen anrichten? So ein Elend über die Menschen verbreiten? Über alle Länder?« Die junge Frau sei daraufhin aufgestanden und habe den Tisch verlassen. Als Schwarze wenig später zur Toilette ging, sei er von zwei dort bereits wartenden Gestapo-Beamten verhaftet worden. Bei der folgenden Hausdurchsuchung habe man dann Liebesbriefe seines Freundes gefunden, die seine Homosexualität offenbarten. In den Verhören der Gestapo, bei denen er sich zu seiner Veranlagung bekannt habe, habe man ihm schließlich das Angebot unterbreitet, als Gestapo-Spitzel zu arbeiten, was er allerdings ablehnt habe. Später habe ihm ein Gestapo-Beamter drei Zettel zur Unterschrift vorlegt: »Umschulung auf ein ¼ Jahr«, auf »1 Jahr« oder auf »unbestimmte Zeit«, habe darauf gestanden. Und: »Heimkehr unerwünscht«. »Ich habe in meiner Rage, in meiner Nervosität gar nicht gewusst, was ich unterschreibe […].«[269] Ein halbes Jahr nach seiner Verhaftung wurde Schwarze nach Sachsenhausen deportiert, im April 1941 dann nach Groß-Rosen. Am 24. April 1944 entließ man ihn schließlich zur Wehrmacht.[270]

Neben den Gestapoaktivitäten im »Burgkeller« sind für Leipzig auch noch Ermittlungen an Treffpunkten im öffentlichen Raum nachweisbar. So kontrollierte der »Spezialsachbearbeiter« Walther im Juli 1941 auch öffentliche Toiletten: »Anlässlich einer Überprüfung der Bedürfnisanstalten auf dem Promenadenring nach Homosexuellen« verhaftete er den oben bereits erwähnten 58-jährigen Packer, weil er ihn verdächtigte, »einen Partner zur Ausübung des widernatürlichen Verkehrs zu suchen«.[271] Mit derartigen Aktivitäten trat die Gestapo in direkte Konkurrenz zu den »Päderastenstreifen« der Kriminalpolizei. In welchem Umfang dies geschah und wie »produktiv« diese Wettbewerbssituation war, bleibt offen. Doch schon im Zuge der Gestapo-Ermittlungen im »Burgkeller«, die sich mindestens bis Dezember 1940 hinzogen, dürften schließlich dutzende Homosexuelle verhaftet worden sein – allein in zu neun Angeklagten überlieferten Strafakten, die im Zusammenhang mit der »Burgkeller«-Überwachung angelegt

269 Zit. nach Joachim Müller, »Narben bleiben immer«. Das Leben des Walter Schwarze. In: Müller/Sternweiler (Hg.), Homosexuelle Männer im KZ Sachsenhausen, S. 359–372, hier 360 und 362.

270 Schwarzes Schilderung, er sei weder angeklagt noch verurteilt worden, lässt sich wegen der lückenhaften Überlieferung nicht überprüfen. Eine Strafakte fand sich nicht, aus dem Gefangenenbuch geht nur hervor, dass er nach sieben Tagen aus dem Polizei- in das Untersuchungsgefängnis verlegt, am 2.11.1940 von dort als »Rückführung politisch« wieder zurückverlegt und am 18.12.1940 nach Sachsenhausen überstellt wurde. Gefangenenbuch 2. HJ 1940 (SächsStA Leipzig, Bestand 20031, PP–S 8516, Lfd. Nr. 3849 und 7519). Vgl. auch Müller, »Narben bleiben immer«, S. 363 und 372, Anm. 14.

271 Bericht vom 16.7.1941 (SächsStA Leipzig, Bestand 20114, Nr. 395, Bl. 3).

wurden, tauchen weitere dreißig Beschuldigte auf.[272] Betroffen waren vor allem »gewöhnliche« Homosexuelle, die einvernehmliche Sexualkontakte mit Erwachsenen suchten und deswegen in Homosexuellenlokalen wie dem »Burgkeller« verkehrten. Damit setzte die Leipziger Gestapo in ihrer Ermittlungsarbeit andere Schwerpunkte als die Kripo, die sich häufiger mit Fällen sogenannter »Jugendverführung« beschäftigte, die von Betroffenen oder ihren Angehörigen zur Anzeige gebracht wurden.

Diese Schwerpunktsetzung wurzelte in dem von Himmler propagierten Bedrohungsszenario einer Unterwanderung des Staates durch »Cliquen« homosexueller Männer. Auch in anderen Regionen fokussierte die Gestapo ihre Arbeit auf die Enttarnung homosexueller »Netzwerke«, denen man einen staatsgefährdenden Charakter zuschrieb. Es ging darum, »der heimlichen Zirkelbildung der Homosexuellen, die im »Burgkeller« zu verkehren pflegten«, Einhalt zu gebieten. Wer »sich trotz der fortgesetzt erfolgten Razzien weiterhin im »Burgkeller« aufhielt«, konnte »aus vorbeugenden Gründen in staatspolizeiliche Haft genommen« und, falls sich – wie wohl auch im Fall von Walter Schwarze – kein Vergehen nach § 175 nachwiesen ließ, ins Konzentrationslager überstellt werden.[273] So reichte Gestapo-Kommissar Walther im Fall des »Pressevertreters« Herbert Ferdinand Dankwarth »§ 175 Verdacht« als Grund, um ihn nach neun Monaten Polizeihaft ins KZ Sachsenhausen zu deportieren und im Fall des kaufmännischen Angestellten Georg Egon Ziesche war dies der Grund, um ihn in das kurz zuvor von der Gestapo eingerichtete »Arbeitserziehungslager« Oberleutensdorf-Maltheuern zu schicken.[274] Mitunter waren dies zwar nur »Zwischenstationen«, um die Beschuldigten gefügig zu machen – Ziesche jedenfalls wurde dann ein halbes Jahr später vom Leipziger Landgericht zu einer Gefängnisstrafe verurteilt,[275] ebenso war es bei dem Masseur Raimund Zimmermann, der nach sechs Monaten in Maltheuern vor Gericht gestellt wurde.[276] Aber auch bei denjenigen, die die Gestapo der »ordentlichen Gerichtsbarkeit« überantwortete, ordnete sie meist die »Rückführung nach Strafverbüßung« an. Entweder, weil man beabsichtigte, den Verurteilten zu verwarnen, wie im Fall eines 20-jährigen Maschinenschlossers, der »nach seiner Entlassung aus dem Jugendgefängnis zunächst 14 Tage lang von der Geheimen Staatspolizei in Gewahrsam gehalten« wurde, bevor man ihn zu seiner Mutter ent-

---

272 Vgl. SächsStA Leipzig, Bestand 20114, Nr. 5178, Nr. 5155, Nr. 5572, Nr. 379, Nr. 4860, Nr. 4965, Nr. 4967, Nr. 4390; SächsStA Chemnitz, Bestand 30068, Nr. 7409, Nr. 924 und Nr. 1376.

273 Bericht vom 31.8.1940 (SächsStA Leipzig, Bestand 20114, Nr. 5178), Bl. 2. Zum Fall von Schwarze vgl. Anm. 270.

274 Vgl. Gefangenentagebuch 1/1941 (ebd., Bestand 20031, PP-S 8517, Lfd. Nr. 8926 und 1951).

275 Urteil vom 7.3.1942 (ebd., PP-S 6834, Bl. 49).

276 Gefangenentagebuch 2/1941 (ebd., Nr. 8518, Lfd. Nr. 5883); Urteil vom 9.3.1942 (ebd., PP-S 7010, Bl. 65).

ließ.[277] Oder, um den Betroffenen dann doch noch in einem »Konzentrationslager unterzubringen«.[278] Die KZ-Einweisungspraxis der Gestapo erwies sich damit als wesentlich rigider als die der Kripo.[279]

Weibliche Homosexualität erschien Heinrich Himmler aus den genannten Gründen nicht als ernstzunehmende Bedrohung für den nationalsozialistischen »Männerstaat«, weshalb sie weder strafrechtlich verfolgt wurde noch Anlass für eine Einweisung in Konzentrationslager war. Für die Gestapo war die lesbische Liebe in der Regel nur von geringem Interesse, wie die entsprechenden Aktivitäten der Berliner Staatspolizei gezeigt haben – in den Fokus geriet sie allenfalls, wenn sie öffentlichen Anstoß erregte, etwa weil Kinder oder Jugendliche »betroffen« waren, oder wenn man sich Erkenntnisse über homosexuelle Männer erhoffte.[280] Die Daten aus Sachsen bestätigen dieses Bild. Unter tausenden Verhafteten, die die Gefangenentagebücher des Leipziger Polizeipräsidiums füllen, darunter rund 1 200 der Homosexualität beschuldigte Männer (vgl. Grafik 7), findet sich nur in einem Fall ein klarer Hinweis auf weibliche Homosexualität.[281] Am 10. März 1941 ließ Walther zwei junge Frauen einliefern, eine 23-jährige Kellnerin und eine 30-jährige Verkäuferin, bei denen als Haftgrund »Lesbische Liebe« eingetragen wurde.[282] Über die Hintergründe der Verhaftung kann man nur spekulieren. Vielleicht hatten die beiden, ähnlich wie in einem Fall aus Dresden, der in Kapitel II.12 vorgestellt wird, öffentliches Ärgernis erregt. Ebenso gut könnte die Verhaftung aber auch in Zusammenhang mit der Verfolgung homosexueller Männer gestanden haben, die der »Spezialfachbeamte« zu diesem Zeitpunkt noch immer betrieb. Eventuell erhoffte sich Walther Informationen über die »Zirkelbildung der Homosexuellen« im »Burgkeller« und/oder wollte die beiden, ähnlich wie im Fall Schwarze, als Spitzel anwerben. Was auch immer der Hintergrund war:

277 Schreiben vom 2.12.1941 (SächsStA Chemnitz, Bestand 30068, Nr. 1376, Bl. 29). Vgl. dazu auch folgende Fälle: Gefangenentagebuch 1/1941 (SächsStA Leipzig, Bestand 20031, PP–S 8517, Nr. 1443, 1633).

278 Mitteilung vom 14.12.1940 (SächsStA Leipzig, Bestand 20114, Nr. 4371, Vollstreckungsheft, Bl. 4). Vgl. auch Gestapo-Ersuchen vom 4.12.1940 (ebd., Bl. 3).

279 Vgl. Kapitel II.11.

280 Vgl. Kapitel I.7 und II.12.

281 Im Juli 1944 gibt es noch einen Eintrag zur Verhaftung einer 24-jährigen Frau wegen Verdachts des »Umhertreibens u. widernatürlicher Unzucht«. Dass es dabei um weibliche Homosexualität ging, ist unwahrscheinlich – vielmehr dürfte es sich um »widernatürliche Unzucht« mit Tieren nach § 175b gehandelt haben, oder aber um einen fehlerhaften Eintrag, der eigentlich gewerbliche Unzucht meinte. Die Frau wurde zwei Tage nach ihrer Verhaftung der Gestapo überstellt und erst zwei Monate später aus der Polizeihaft entlassen. Gefangenentagebuch 2/1944 (SächsStA Leipzig, Bestand 20031, PP–S 8530, Lfd. Nr. 4335).

282 Gefangenentagebuch 1/1941 (SächsStA Leipzig, Bestand 20031, PP–S 8517, Lfd. Nr. 1849 und 1851).

Die beiden Frauen wurden nach zwei Tagen Polizeihaft entlassen. Hinweise auf weitere Konsequenzen finden sich nicht.[283]

Die Leipziger Gestapo beendete ihre Tätigkeit auf dem Gebiet der Homosexuellenverfolgung im August 1941 schließlich ebenso überraschend, wie sie sie begonnen hatte. Inwieweit dies mit einer Neuorganisation des bislang zuständigen Referats II S in Zusammenhang stand, bleibt offen. Dass es zu einer solchen Umstrukturierung kam, ergibt sich daraus, dass das Referat im März 1941 mehrfach als »II S Neu« bezeichnet wurde.[284] Die weitgehende Einstellung der Ermittlungen gegen Homosexuelle dürfte aber vor allem darauf zurückzuführen gewesen sein, dass der »Spezialfachbeamte« Walther versetzt wurde – offenbar ins Referat III, wo er nun für andere Aufgaben zuständig war.[285] Und auch das Referat II S kümmerte sich, zumindest laut den Gefangenentagebüchern, in der Folgezeit nur noch ein Mal um den Fall eines der Homosexualität beschuldigten Mannes.[286] Das zeigt erneut, wie bedeutsam das Engagement einzelner Akteure für die Homosexuellenverfolgung war.[287] Das eigentliche Ziel des Gestapo-Einsatzes, die Verfolgungstätigkeit der Kripo dauerhaft zu steigern, wurde allerdings nicht erreicht. Im Gegensatz zu anderen sächsischen Regionen sank die Zahl der Verhaftungen, Anklagen und Verurteilungen in den ersten beiden Kriegsjahren zwar nicht. Vielmehr kam es in Leipzig sogar zu einem leichten Anstieg: Hatte es 1938 nur 124 Verhaftungen gegeben, so waren es 1939 bereits 156 und 1940 sogar 161, wobei mit 81 Fällen rund die Hälfte auf das Konto der Gestapo ging. Durch deren Rückzug sank die Zahl der Verhaftungen 1941 aber bereits wieder auf 108 (davon noch 26 durch die Gestapo veranlasst), 1942 waren es dann nur noch 63.[288]

6. Anzeigen und Denunziationen

Anzeigen Dritter spielten für die Verfolgungspraxis in Sachsen eine große Rolle. Die Polizeibehörden stützten ihre Ermittlungsarbeit in erheblichem Umfang auf diese Form der Zuarbeit aus der Bevölkerung. Beispielhaft untersucht werden konnte die Anzeigebereitschaft anhand des Landgerichtsbezirks Leipzig.

283 Auch eine Recherche im ITS-Archiv Bad Arolsen zur Frage einer späteren KZ-Einweisung blieb ergebnislos.

284 Gefangenentagebuch 1/1941 (SächsStA Leipzig, Bestand 20031, PP–S 8517, Lfd. Nr. 1849, 1851 und 1951).

285 Vgl. Gefangenentagebuch 1/1943 (ebd., Bestand 20031, PP–S 8526, Lfd. Nr. 2816).

286 Vgl. Gefangenentagebuch 5/1942 (ebd., Bestand 20031, PP–S 8525, Lfd. Nr. 20142).

287 Vgl. Zinn, Volkskörper, S. 534f.

288 Vgl. auch Kapitel II.2, Grafik 4, und Kapitel II.3, Grafik 7.

Hier ließen sich die Ursachen von 220 Strafverfahren ermitteln, also von etwa einem Viertel der insgesamt während der NS-Zeit durchgeführten ca. 900 Verfahren. 161 dieser Verfahren (73 %) wurden durch externe Anzeigen ausgelöst. Zu berücksichtigen ist dabei allerdings, dass Strafverfahren wegen »einfacher« Homosexualität im Aktenbestand deutlich unterrepräsentiert sind, insbesondere deswegen, weil die Unterlagen der Amtsgerichte nicht überliefert sind. Weil die Ermittlungsursachen bei »einfacher« Homosexualität in der Regel andere waren, als bei Verfahren wegen »Jugendverführung« nach § 175a, war es notwendig, diese Schieflage in der Überlieferung statistisch zu bereinigen. Dadurch reduziert sich die Anzeigequote auf knapp 60 Prozent. Grundlage der folgenden Ausführungen sind nicht die überlieferten, sondern die bereinigten Daten.[289]

Betrachtet man die Anzeigequote genauer, so zeigt sich auch hier ein deutliches Stadt-Land-Gefälle. Während sie im Leipziger Stadtgebiet mit 56,2 Prozent vergleichsweise niedrig lag, betrug sie im Umland 87,8 Prozent. Hier spiegelt sich der Umstand, dass Kripo und Gestapo in der Stadt mittels Päderastenstreifen und Razzien auch eigene Ermittlungen durchführten, während die Polizeiarbeit auf dem Land weitestgehend reaktiv war. Beachtlich ist das Ergebnis dennoch, widerspricht es doch den bislang vorliegenden Studien zur Anzeigebereitschaft in Stadt und Land. Diese hatten ergeben, dass die Anzeigequoten in Städten wesentlich höher gelegen haben könnten als auf dem Land. Auch wenn die Ergebnisse wegen unterschiedlicher Zählweisen nur bedingt vergleichbar waren, war diese Tendenz doch eindeutig (vgl. Grafik 10).[290]

Das entgegengesetzte Ergebnis aus dem Leipziger Umland stellt diese Sichtweise nun infrage. Und es gibt gute Gründe, anzunehmen, dass dieses Ergebnis valider ist als die bislang vorliegenden Studien zum ländlichen Raum, untersuchten sie doch meist besondere Konstellationen, die vielleicht gar nicht repräsentativ waren. So basiert Burkhard Jellonneks Studie, die die Ergebnisse zur Pfalz und zu Mainfranken lieferte, auf der Auswertung von Gestapo-Akten, spiegelt also auch nur das Anzeigeaufkommen bei der Gestapo wider. Dass die Hemmschwellen, sich an die Gestapo zu wenden, größer waren als bei regulären Polizeibehörden, liegt nahe. Hinzu kommt, dass die Gestapo auf dem Land gar keine Dienststellen unterhielt; ein zusätzliches Hindernis, sich an sie zu wenden. Insoweit dürften Jellonneks Daten nur einen Ausschnitt des Anzeigeaufkommens in den untersuchten Gebieten wiedergeben – und wahrscheinlich den geringeren Teil.

289 Um die Daten zu bereinigen, wurde die Anzahl der Verfahren wegen einfacher Homosexualität nach § 175 verdreifacht. Dadurch wurden ähnliche Werte erreicht wie für Dresden, für das infolge der dortigen Registerauswertung verlässliche Daten vorliegen.

290 So rechnete Pretzel in Berlin offenbar alle Verfahren, die durch spätere Aussagen Beschuldigter ausgelöst wurden, der Anzeige zu, durch die das erste Ermittlungsverfahren ausgelöst worden war. Dadurch dürfte sich der Anteil der durch Anzeigen ausgelösten Verfahren deutlich erhöht haben. Vgl. Pretzel/Roßbach, Strafe, S. 22 und 55.

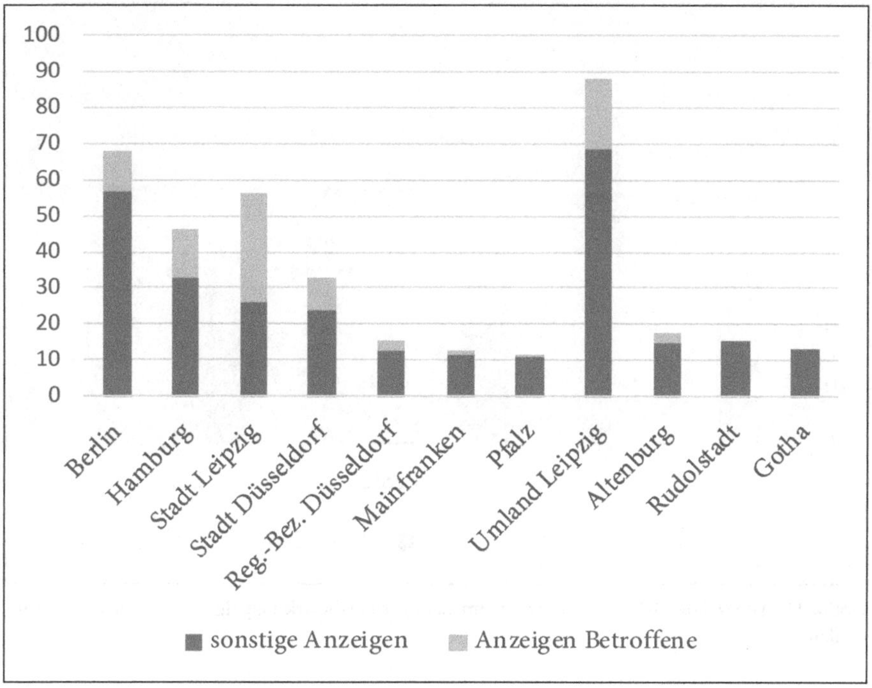

Grafik 10: Prozentualer Anteil der Strafverfahren, die auf externe Anzeigen zurückgingen[291]

Auch die Ergebnisse des Verfassers zu den thüringischen Landgerichtsbezirken Altenburg, Rudolstadt und Gotha könnten zu niedrig liegen. So konnten in Rudolstadt und Gotha nur die Register der Staatsanwaltschaft ausgewertet werden, in denen zwar auch die Anzeigeerstatter notiert wurden, bei denen aber unklar ist, ob die Eintragungen der Polizeibeamten tatsächlich immer vollständig waren. Zu Altenburg sind hingegen zahlreiche Ermittlungsakten überliefert. Hier war die Situation aber insoweit eine besondere, als es im Jahr 1937 zu einer massiven Verfolgungswelle kam, die nur durch die akribische Ermittlungsarbeit eines ehrgeizigen Assessors der Staatsanwaltschaft möglich wurde. In den restlichen Jahren sah es ganz anders aus: die wenigen Ermittlungsverfahren, zu denen es überhaupt kam, wurden häufig durch Anzeigen ausgelöst. Würde man das Jahr 1937 und die Verfahren, deren Ursache unklar ist, in der Statistik nicht berücksichtigen, so ergäbe sich auch für Altenburg mit 45,5 Prozent eine wesentlich höhere Anzeigequote. Wie typisch die Altenburger Prozesswelle von 1937 für den

291 Vgl. Micheler, »Wir dachten, damit ein gutes Werk zu tun …«, S. 70; Pretzel/Roßbach, Strafe, S. 22; Sparing, Vergehen, S. 213; Jellonnek, Homosexuelle, S. 194, 236f. und 283; Zinn, Volkskörper, S. 678.

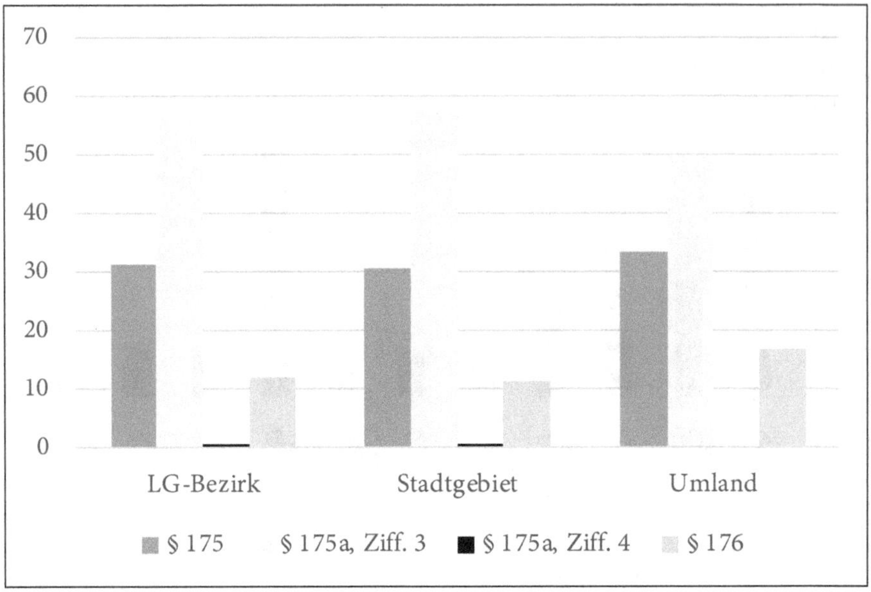

Grafik 11: Angezeigte Delikte (in Prozent) im Landgerichtsbezirk Leipzig, im Stadtgebiet und im Umland

ländlichen Raum war, bleibt allerdings offen. Während sich in den thüringischen Landgerichtsbezirken Gotha, Rudolstadt und Meiningen für die Jahre 1938/39 ähnliche Verfolgungswellen nachweisen lassen, ist dies in den sächsischen Landgerichtsbezirken Bautzen und Freiberg nicht der Fall.

Freilich bilden auch die Leipziger Daten nur einen Ausschnitt, ihre Aussagekraft ist ebenfalls begrenzt. Anhand der statistisch bereinigten Daten sind dennoch Einblicke möglich, die so noch keine der bislang vorliegenden Studien gegeben hat. Dies gilt vor allem für die Frage, welche Delikte in welchem Maße angezeigt wurden und wer jeweils die Anzeigeerstatter waren. Betrachtet man die verschiedenen Delikte, so zeigt sich, dass es weniger die »einfache« Homosexualität war, die zur Anzeige kam, als vielmehr die sogenannte »Jugendverführung« und Fälle von Kindesmissbrauch. Mehr als zwei Drittel der Anzeigen bezogen sich auf »Jugendverführung« nach § 175a, Ziff. 3 oder Kindesmissbrauch nach § 176, Ziff. 3, nur ein knappes Drittel auf die »einfache« Homosexualität nach § 175; die männliche Prostitution (§ 175a, Ziff. 4) war dagegen irrelevant. Dies gilt sowohl für das Stadtgebiet wie auch für das Umland – lediglich der Anteil des Kindesmissbrauchs lag im Umland etwas höher (vgl. Grafik 11). Da »Jugendverführung« und Kindesmissbrauch nur 44 Prozent aller Strafverfahren ausmachten, war die Anzeigebereitschaft bei diesen Delikten also überproportional hoch. Die Anzeigeerstatter hielten diese Aspekte offenbar für besonders verwerflich. Wahrscheinlich war ihre Perspektive auf das Thema Homosexualität auch vom volkstümlichen Klischee des »Knabenschänders« geprägt, weshalb die Sensibilität für Übergriffe auf Kinder und Jugendliche erhöht gewesen sein dürfte. Beachtlich sind diese Ergebnisse auch deswegen, weil sie das verbreitete Bild einer zutiefst homophoben Bevölkerung relativieren – ein Bild, das in der einschlägigen Forschung aus den hohen Anzeigequoten hergeleitet wurde. So konstatierten Stefan Micheler, Jürgen Müller und Andreas Pretzel 2002, das NS-Regime habe sich »bei der Verfolgung homosexueller Menschen« auf eine »tief verwurzelte homophobe Tradition in der deutschen Gesellschaft« stützen können.[292] Die Leipziger Daten, die das Anzeigeverhalten erstmals nach verschiedenen Delikten aufschlüsseln, lassen diese Interpretation fragwürdig erscheinen. Sie legen vielmehr nahe, dass sich der Furor der meisten Anzeigeerstatter weniger gegen »gewöhnliche« Homosexuelle als vielmehr auf Handlungen richtete, die teilweise auch heute noch strafrechtlicher Verfolgung unterliegen: auf Sexualkontakte mit Minderjährigen.

Deutlich wird das auch, wenn man genauer betrachtet, wer die Polizei informierte. In Leipzig zumindest wurde der größte Teil der Anzeigen von Jugendlichen und Heranwachsenden erstattet, die mit sexuellen Avancen älterer Männer konfrontiert waren, oder aber von ihren Eltern, Freunden bzw. Arbeitskollegen, denen sie sich anvertraut hatten. 48 Prozent der Anzeigen wurden von Betroffenen unerwünschter sexueller Avancen erstattet. Unter ihnen stellten Jugendliche mit 54,5 Prozent und Heranwachsende mit 29,9 Prozent den größten Anteil, erwachsene Männer (10,4 %) und Kinder (5,2 %) den geringsten. Aber auch Anzeigen von Kollegen und Vorgesetzten (18,3 %) sowie von Familienangehörigen und Freunden (11,9 %) spielten eine Rolle. Klassische »Denunziationen« durch unbeteiligte Beobachter (13,4 %), Nachbarn (4,5 %) oder NS-Organisationen (3 %) waren dagegen von geringerer Relevanz (vgl. Grafik 12). Diese Ergebnisse stellen das verbreitete Klischee vom homophoben Nachbarn, der hinter der Gardine lauert oder an der Wand lauscht, um Schwule zu denunzieren, gründlich infrage. Vielmehr scheint die Anzeigebereitschaft in einem engen Zusammenhang mit dem Thema »Jugendverführung« gestanden zu haben, wobei die direkte Konfrontation mit homosexuellen »Avancen« wohl in vielen Fällen ausschlaggebend war. Zwar gab es auch dabei eine homophobe, oder vielleicht besser: eine heteronormative Komponente. Denn oftmals wurden Handlungen angezeigt, die man im heterosexuellen Kontext widerspruchslos hinnahm und mitunter sogar goutierte. Gleichwohl wäre es problematisch, hier von einer primär homosexuellenfeindlichen Motivation zu sprechen. Denn eine solche Interpretation blendete aus, dass sich die Betroffenen tatsächlich belästigt gefühlt oder dass ihre Eltern

292 Micheler/Müller/Pretzel, Verfolgung, S. 9 und 15.

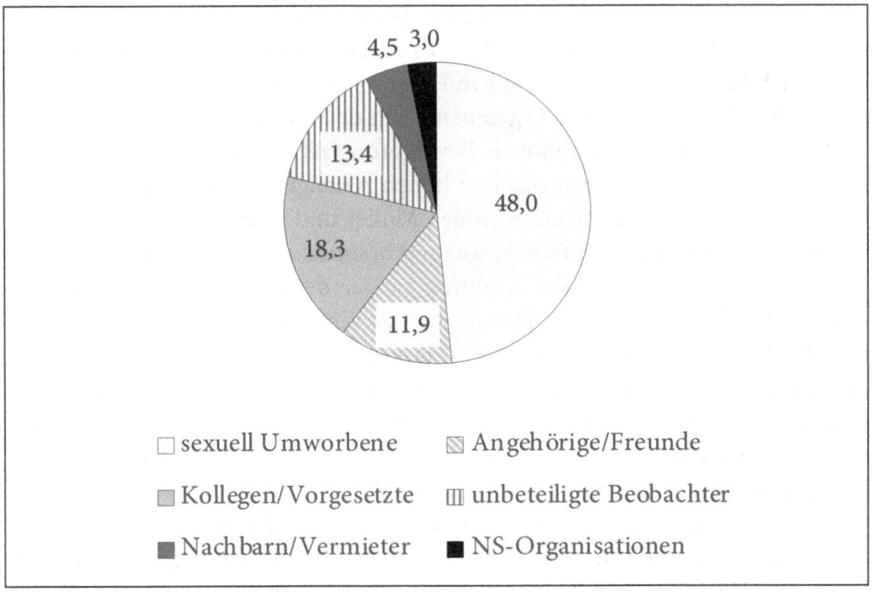

Grafik 12: Prozentualer Anteil der Anzeigeerstatter im Landgerichtsbezirk Leipzig

»zu einem großen Teil« aus bloßer »Sorge« um ihre Söhne gehandelt haben könnten, wie Pretzel zu Recht anmerkt.[293]

Nun soll hier aber auch nicht der Eindruck entstehen, das in der NS-Zeit propagierte Schreckensbild der »Jugendverführung« sei deckungsgleich mit heutigen Vorstellungen von sexuellem Missbrauch Minderjähriger. Dies wäre verfehlt, insbesondere auch deswegen, weil es sich bei vielen Handlungen, die nach § 175a, Ziff. 3 angeklagt wurden, nicht um explizit sexuelle handelte, sondern um verbale, vor allem aber um nonverbale Versuche der Kontaktaufnahme. Als Verführungsversuch im Sinne des § 175a wurde es bereits gewertet, wenn man seinen Sitznachbarn im Kino über der Hose am Oberschenkel oder im Genitalbereich berührte. Dass eine derartige Handlung in den 1930er-Jahren als moralisch verwerflich und strafwürdig galt, war nicht nur der NS-Politik geschuldet. Es hatte seine tieferen Wurzeln in einem männlichen Ehrenkodex, demzufolge ein homosexuelles Angebot als eine Kränkung galt – bereits vor Einführung des § 175a hatte man derartige Avancen auf Antrag als »tätliche Beleidigung« nach § 185 verfolgt. Andererseits sollte man aber nicht übersehen, dass unaufgeforderte körperliche Berührungen auch heute als inadäquat und neuerdings sogar wieder als strafwürdig erachtet werden, wie die 2016 erfolgte Einführung des § 184i zeigt,

293 Pretzel/Roßbach, Strafe, S. 25.

der es verbietet, dass eine andere Person »in sexuell bestimmter Weise körperlich berührt und dadurch belästigt« wird. Überraschend wirkt vor diesem Hintergrund Michelers Annahme, in den meisten der entsprechenden Fälle aus Hamburg könne »von einer ›Verführung‹ gar nicht die Rede sein«. Den »Vorwurf der ›Verführung‹ Jugendlicher« als ein bloßes »Stereotyp« der Nazi-Propaganda abzutun, wäre aber doch zu einfach.[294] Die Leipziger Fälle hinterlassen jedenfalls einen anderen Eindruck. Auch wenn man über den Begriff der »Verführung« trefflich streiten kann, bleibt es im Ergebnis doch dabei, dass es sich beim Gros der Fälle, die hier nach § 175a, Ziff. 3 angeklagt wurden, um mehr oder weniger inadäquate Versuche der Kontaktaufnahme handelte, die die sexuelle Integrität der Betroffenen zumindest tangierten.

6.1 Anzeigen durch von homosexuellen Avancen Betroffene

Zu den meisten Anzeigen kam es nach gescheiterten Versuchen der Kontaktaufnahme im öffentlichen Raum, in der Regel auf der Straße, mitunter auch in Kneipen, Kinos oder Schwimmbädern (77 Fälle). Die Betroffenen, zumeist Jugendliche zwischen 14 bis 17 Jahren, wendeten sich teilweise direkt an Passanten oder Streifenpolizisten, mit deren Hilfe sie den »zudringlichen« Homosexuellen auf die nächste Wache brachten. So etwa ein 15-Jähriger, den ein 30-jähriger Zeitschriftenwerber im Oktober 1936 in einem Hauseingang angesprochen, geküsst und an das Geschlechtsteil gefasst hatte. Dessen Angebot, ein Bier trinken zu gehen, schlug er aus, stattdessen verfolgte er den älteren Mann und ließ ihn verhaften, als dieser sein Glück beim nächsten versuchte.[295] Ähnlich agierte ein 14-jähriger »Jungwerker der Reichsbahn«, den ein 75-jähriger Rentner im März 1944 auf dem Leipziger Hauptbahnhof mit »offenen Armen« abfing und in einen Hof hinter dem Hotel Astoria lockte, wo er ihm an den Penis griff. Der 14-Jährige wehrte sich mit einem Taschenmesser und ließ den Rentner verhaften.[296] Dieser erklärte später, der Junge habe sich ihm angeboten und Geld sowie seine Uhr gefordert.[297]

Nicht alle der von sexuellen Avancen Betroffenen waren bloße »Opfer«. Zum Teil war das Ganze für die Jugendlichen auch mit einer gewissen Abenteuerlust verknüpft: Mit der reizvollen Chance, sich aushalten zu lassen oder mittels Erpressung zu bereichern. Oder mit der Spannung, sich als »Hilfspolizist« betätigen und an dem von der NS-Führung propagierten Kampf gegen »homosexuelle

294 Micheler, »Wir dachten, damit ein gutes Werk zu tun …«, S. 68.

295 Anklageschrift vom 16.12.1936 und Urteil vom 11.2.1937 (SächsStA Leipzig, Bestand 20114, Nr. 2256, Bl. 15 f. und 33 f.).

296 Anklageschrift vom 31.5.1944 (ebd., Nr. 4597, Bl. 2).

297 Schreiben des Rechtsanwaltes vom 31.8.1944 (ebd., Bl. 17).

Staatsfeinde« und »Jugendverderber« mitwirken zu können. Ein typischer Fall war der eines 17-jährigen Hitlerjungen, dem im Februar 1938 an der Leipziger Straßenbahnhaltestelle Königsplatz ein etwa 30-jähriger Mann auffiel, der ihn »fortwährend verliebt« anschaute.[298] Der Mann folgte ihm in die Straßenbahn, wo er ihm schließlich sein Knie zwischen die Beine schob und an das Geschlechtsteil griff. Der Hitlerjunge wendete sich zunächst ab, verabredete sich dann aber mit dem Mann für einen der folgenden Tage. Am nächsten Tag ging er zur Polizei und zeigte den Vorfall an. Dort wurde er »angewiesen, zur verabredeten Zeit an die ausgemachte Stelle zu gehen, damit man den Angeklagten festnehmen konnte«, wie es im Urteil später hieß. Dieser wurde dann wegen »Verführung« eines Jugendlichen nach § 175a, Ziff. 3 zu einem Jahr und drei Monaten Gefängnis verurteilt.[299]

Eine homophobe Komponente hatten viele dieser Anzeigen also nicht nur deswegen, weil es oft um Handlungen ging, die im heterosexuellen Kontext als »normal« galten. Einige Jugendliche legten es auch bewusst darauf an, Homosexuelle verhaften zu lassen und suchten zu diesem Zweck einschlägige Treffpunkte auf. Zum Beispiel ein 16-jähriger Arbeiter, der zu Silvester 1938 auf der öffentlichen Toilette an der Karl-Tauchnitz-Straße auf Schwulenjagd ging und in einem 40-jährigen Eisenhobler sein willfähriges Opfer fand. Zurück auf der Straße, sprach er einen Streifenpolizisten an, um den 40-Jährigen dann gemeinsam auf die Wache zu bringen. Gegenüber der Polizei erklärte der 16-Jährige später nicht ohne Stolz: »Mir war es in der Hauptsache darum zu tun, einen solchen Menschen festnehmen zu lassen, was mir auch gelungen ist.«[300] Mitunter schoss die Homosexuellenjagd aber auch über »das Ziel« hinaus. So im Fall eines 18-jährigen Friseurs, der Ende April 1939 vor dem Leipziger Kino Regina-Palast von einem zehn Jahre älteren Mann angesprochen und zu einem Eis eingeladen wurde. Eine Einladung in dessen Wohnung schlug er aus, stattdessen verabredeten sich die beiden für den folgenden Tag an der Hauptpost. Der 18-Jährige ging zur Polizei, die er davon überzeugte, dass ihn der ältere Mann verführen wollte. Zur Verabredung erschien er dann mit einem Polizisten, der den mutmaßlichen Homosexuellen verhaftete. Das Leipziger Landgericht war von der Verführungsabsicht allerdings nicht zu überzeugen und sprach den Mann frei.[301]

Derartige Fälle zeigen, dass bei den Anzeigeerstattern mitunter auch Projektionen und vielleicht auch heimliche Wünsche und daraus resultierender Selbsthass mit im Spiel waren. So möglicherweise auch im Fall eines 19-jährigen Maurers,

298 Anklageschrift vom 22.3.1938 (ebd., Nr. 2390, Bl. 2).

299 Urteil vom 12.5.1938 (ebd., Bl. 30–35, hier 32).

300 Schreiben des Rechtsanwaltes vom 2.5.1939 (ebd., Nr. 6894, Bl. 21). Vgl. auch Urteil vom 16.6.1939 (ebd., Bl. 27–34).

301 Anklageschrift vom 29.6.1939 (ebd., Nr. 363, Bl. 6) und Urteil vom 26.9.1939 (ebd., Bl. 22–24).

der im August 1938 mit seiner Braut und einem Freund das Leipziger Gasthaus »Rote Mühle« besuchte. Vor der Tür lernte er einen 38-jährigen Juristen kennen, den er dann in den König-Albert-Park begleitete, wo ihn dieser küsste und an den Penis fasste. Im Anschluss ließ er den Mann festnehmen. Da er sich in einem anderen Fall ähnlich verhalten hatte, nahm ihm die Staatsanwaltschaft aber nicht ab, dass er die »Unzuchtshandlung an sich nur deshalb geduldet« habe, um den 38-Jährigen »später zu überführen«, und erhob gegen ihn ebenfalls Anklage nach § 175. »Als Bewahrer der Volksmoral« sei er unglaubwürdig. Das Gericht, das einen Erpressungsversuch witterte, sprach schließlich beide frei.[302]

6.2 Anzeigen durch Arbeitskollegen und Vorgesetzte

Neben den Betroffenen selbst waren es vor allem Arbeitskollegen und Vorgesetzte, die die Polizei verständigten. Fast immer ging es dabei um vermeintliche oder tatsächliche »Jugendverführung«, nur in zwei von 28 Fällen stand dieser Vorwurf zum Zeitpunkt der Anzeigeerstattung nicht im Raum.[303] Auch in ihren Begründungen, warum sie die Polizei informierten, fokussierten die Anzeigeerstatter oft auf den Aspekt der »Jugendverführung«. So etwa ein Betriebsobmann, der vermutete, dass ein Angestellter »geschlechtlich abnorm ist und dadurch Jugendliche sittlich erheblich gefährdet«.[304] Der Prokurist einer anderen Firma hielt es für seine »Pflicht darüber Anzeige zu erstatten, handelt es sich bei dem Verführten noch dazu um einen Jugendlichen«.[305] Und ein Buchhändler, dessen ehemaliger Laufbursche sich ihm anvertraut hatte, erklärte: »Ich erstatte die Anzeige aus eigenem Antrieb, um zu verhüten, dass unsere Jugend in sittlicher Hinsicht gefährdet wird. Von R. bin ich zur Anzeigeerstattung nicht beauftragt worden.«[306]

In etwa einem Drittel der Fälle waren es die Betroffenen, die ihren Vorgesetzten oder Kollegen von ihren homosexuellen Kontakten, bei denen es sich in der Regel um sexuelle Übergriffe anderer Kollegen handelte, erzählten. Teilweise erhofften sie sich Rat oder Hilfe: So wohl ein 17-Jähriger, der laut Staatsanwaltschaft »in solche seelische Niedergeschlagenheit« geraten war, »dass er sich dem Sozialreferenten des Werkes [...] anvertraute«.[307] Teilweise handelte es sich um eher unbeabsichtigte Geständnisse, nachdem die Jugendlichen, in der Regel Lehrlinge, durch eigenes Fehlverhalten in Bedrängnis geraten waren. So etwa ein

302 Anklageschrift vom 24.10.1938 und Urteil vom 28./29.12.1938 (ebd., Nr. 4319, Bl. 12f., 36–47).

303 Die Urteile lauteten hingegen in vier Fällen auf »einfache« Homosexualität, da die Handlungen mit den jugendlichen Partnern nach Ansicht des Gerichts einvernehmlich gewesen waren. Vgl. SächsStA Leipzig, Bestand 20114, Nr. 379, 7014, 4226, 4032.

304 Anzeige vom 12.6.1941 (ebd., Nr. 7000, Bl. 1).

305 Anzeige vom 7.11.1941 (ebd., Nr. 379, Bl. 1).

306 Anzeige vom 19.11.1941 (ebd., Nr. 7076, Bl. 1).

307 Bericht der Staatsanwaltschaft vom 6.4.1941 (ebd., Nr. 6977, Bl. 24f.).

15-jähriger Arbeitsbursche, der bei der Polizei zu Protokoll gab: »Weil ich jetzt mal von Leipzig ausgerissen war, wurde ich dann bei meiner Rückkehr vom Arbeitgeber näher ausgefragt und dabei habe ich auch die Sache von dem Manne im Westbade mit erzählt.«[308] Nicht alle Jugendlichen waren allerdings bereit, von dem mitunter auch einvernehmlichen Sex zu erzählen. So zeigte ein Tischler einen Kollegen an, weil dieser den Lehrlingen »unsittliche« Bilder gezeigt habe: Ob er »die Lehrlinge auch unsittlich berührt hat, konnte ich nicht aus den Lehrlingen herausbekommen«.[309]

Die meisten Anzeigen von Arbeitskollegen und Vorgesetzten wurden allerdings nicht durch Geständnisse Jugendlicher ausgelöst, sondern durch Beobachtungen und Gerüchte im Betrieb. Anders als im öffentlichen Raum war die soziale Kontrolle am Arbeitsplatz in der Regel sehr hoch. Die Kollegen traf man jeden Tag aufs Neue und der persönliche Austausch beschränkte sich nur selten auf berufliche Fragen. Oft wurden auch private Dinge gestreift, Dinge, die sich dann schnell herumsprachen. So im Fall eines 15-jährigen Schlosserlehrlings, der später berichtete: »Ich habe dann nach den Vorfällen auch ab und zu kleine Andeutungen gemacht und dadurch ist die Sache nach und nach bekannt geworden.«[310] Besonders größere Firmen erwiesen sich als Orte, an denen Klatsch und Tratsch Kommunikationsspiralen auslösen konnten, die eine Anzeige schließlich unumgänglich machten. So wohl auch in dem oben bereits zitierten Fall, in dem der Prokurist auch deswegen Anzeige erstattete, »da im Betrieb viel davon erzählt wird«.[311]

Unter besonderer Beobachtung standen all jene Männer, die man der Homosexualität verdächtigte – ein Verdacht, in den man vor allem dann geriet, wenn man sich »mit den Jugendlichen« eines »Betriebes in auffälliger Weise« anfreundete.[312] Eine wichtige Rolle spielten dabei die Vertreter verschiedener NS-Organisationen, die die ideologische Linientreue der Unternehmen gewährleisten sollten. So etwa der »Jugendwalter« der ATG-Maschinenfabrik, von dem gegen einen 46-jährigen Arbeiter der »Verdacht auf homosexuelle Veranlagung ausgesprochen« wurde. Schon bald nach dessen Einstellung habe man »die Beobachtung gemacht«, dass »er eine große Vorliebe für Jugendliche, insbesondere die Militärschüler und ATG-Lehrlinge, zeigte«.[313] In einem anderen Fall war es der Werkschutz, bei dem ein 46-jähriger Hilfsdreher »schon seit längerer Zeit im Verdacht« stand, »ein ›Schwuler‹ zu sein«. Denn es war »vom Werkschutz schon mehrfach beobachtet worden«, dass er sich »viel mit jugendlichen Arbeitskame-

308 Anzeige und Vernehmungsprotokoll vom 7.4.1943 (ebd., Nr. 3185, Bl. 1–3, hier 3).

309 Anzeige vom 1.5.1942 (ebd., Nr. 7116, Bl. 1).

310 Bericht vom 19.2.1938 (ebd., Nr. 2817, Bl. 2R).

311 Anzeige vom 7.11.1941 (ebd., Nr. 379, Bl. 1).

312 Anzeige vom 12.6.1941 (ebd., Nr. 7000, Bl. 1).

313 Anzeige vom 27.1.1942 (ebd., Nr. 616, Bl. 1).

raden abgebe«. Nicht immer führten derartige Beobachtungen aber zur Anzeige. Im geschilderten Fall war es vielmehr so, dass die Anschuldigungen erst im Zuge eines anderen Strafverfahrens wegen Diebstahls zur Sprache kamen.[314] Tatsächlich scheinen sich viele Arbeitgeber mit Anzeigen eher zurückgehalten und auf andere Mechanismen der »Konfliktregelung« gesetzt zu haben. So im Fall eines 49-jährigen Spulenfahrers in einer Baumwollspinnerei, dessen Vorgesetzten nicht verborgen blieb, dass er einen 16-jährigen Arbeitsburschen »zu sich heranzog, ihn liebkoste usw.«. Zunächst behalf man sich damit, beide zu verwarnen und den 49-Jährigen in eine andere Abteilung zu versetzen. Da man aber weiterhin den Verdacht hegte, dass sich die beiden »außerhalb des Betriebes« treffen, rief man schließlich eine der NS-Kontrollinstanzen auf den Plan. In einem Brief an die NSV teilte die Leitung der Baumwollspinnerei mit: »Der obengenannte Jugendliche fällt uns seit einiger Zeit durch sein schlechtes Aussehen auf.« Es dränge sich der Verdacht auf, dass er »zu homosexuellen Zwecken missbraucht wird«.[315] Bei der Kripo landete die Anzeige erst fünf Monate später, nachdem sich inzwischen auch die NSDAP-Gauleitung mit dem Fall beschäftigt hatte.

6.3 Anzeigen durch Familienangehörige

Zu Anzeigen durch Familienangehörige kam es zumindest in Leipzig nur dann, wenn diese vermuteten, ihre minderjährigen Söhne oder Brüder seien durch ältere Männer »verführt« oder sexuell missbraucht worden. Im Aktenbestand des Leipziger Landgerichts sind nähere Informationen zu insgesamt 23 derartigen Anzeigen überliefert, neun davon betrafen den Vorwurf des Kindesmissbrauchs nach § 176, der Rest den der »Jugendverführung«. Bei den Fällen von Kindesmissbrauch waren es fast immer die Söhne selbst, die sich ihren Eltern anvertrauten. So auch in einem weiteren Fall eines 14-jährigen Dreherlehrlings, der 1942 von einem 46-jährigen Baggerführer auf der Straße angesprochen und in einem leeren Bauwagen sexuell bedrängt worden war.[316] In den meisten Fällen, in denen es um den Vorwurf der »Jugendverführung« ging, waren die Hintergründe der Anzeigen hingegen komplexer. Oft hatten sich die Jugendlichen auf die sexuellen Kontakte freiwillig eingelassen, teilweise aus Abenteuerlust, teilweise aus eigenem sexuellem Interesse. Die Wege, auf denen die Eltern davon erfuhren, waren unterschiedlich. In zwei Fällen wurden die Söhne bei sexuellen Aktivitäten überrascht, einmal von einem Nachbarn, der die Sache dem Vater erzählte, einmal von der Mutter, die schon länger den Verdacht hegte, dass ein 38-jähriger

314 Vernehmungsprotokoll vom 15.9.43 (ebd., Nr. 7144, Bl. 1).
315 Schreiben an NSV vom 18.6.41 (ebd., Nr. 618, Bl. 2).
316 Anzeige vom 12.7.1942 (ebd., Nr. 7106, Bl. 2) und Anklageschrift vom 28.7.1942 (ebd., Bl. 13).

Polizeihauptwachtmeister zu ihrem 15-jährigen Sohn »unerlaubte Beziehungen unterhalte«. Sie überraschte die beiden in der Wohnung des Polizisten und erstattete Anzeige, »da ihr die Lage, in der sie ihren Sohn angetroffen hatte, verfänglich vorgekommen war«.[317]

Die meisten Fälle, die zur Anzeige kamen, basierten dagegen auf dem bloßen Verdacht der Eltern, dass ihr Sohn »verführt« worden sei. Es waren vor allem Verhaltensänderungen, die diesen Verdacht erregten. So erklärte eine Mutter der Polizei, dass ihr 16-jähriger Sohn »oft nach Leipzig fahre und nachts nicht nach Hause käme«.[318] In einem anderen Fall berichtete die Mutter eines 17-Jährigen, dass dieser nicht mehr arbeite und auch zu Terminen bei Ämtern nicht erscheine. Offenbar werde er von einem 45-jährigen Werkmeister ausgehalten.[319] Ein Stiefvater verdächtigte einen 40-jährigen Schlosser »der Päderastie, weil er mit meinem Sohn wiederholt Lichtspielhäuser besucht und mein Sohn öfter Geschenke erhalten hat«.[320] In einem weiteren Fall war es die Schwester, die sich an die Polizei wandte, weil ihr 16-jähriger Bruder nicht mehr zur Arbeit gehe und unter dem ungünstigen Einfluss eines »asozialen« Gärtners stehe, der ihn »so in seinen Bann gezogen« habe, »dass er sich sogar Nächte hindurch in seiner Wohnung aufgehalten hat. Über das, was dort getrieben worden ist, schweigt sich mein Bruder aus.«[321]

Tatsächlich berichteten viele Söhne auch auf Nachfragen nicht über die Sexualkontakte zu den in der Regel deutlich älteren Männern. Auf der Suche nach Beweisen fingen einige Eltern deshalb ihre Briefe ab. So etwa die Mutter eines 19-jährigen Markthelfers, die einen Brief von dessen 26-jährigem Liebhaber öffnete, »woraus zu entnehmen« war, »dass er sich [sic!] mit unserem Sohne unsittlich verkehrt«. Auf ihren »Vorhalt« habe der Sohn dann auch »eingestanden«, dass sich der 26-Jährige an ihm habe »vergreifen wollen«, was er aber »abgewehrt« habe.[322] Ein folgenschweres »Geständnis«, führte es doch letztlich zur Strafanzeige der Mutter, die offenbar davon überzeugt war, ihr Sohn werde von einem älteren Homosexuellen bedrängt. Tatsächlich handelte es sich in diesem Fall aber um ein einvernehmliches Verhältnis, weshalb schließlich auch der Sohn zu einem Jahr und acht Monaten Gefängnis verurteilt wurde.[323] Dass ihre Strafanzeigen auch solche Konsequenzen haben konnten, war freilich den wenigsten Eltern bewusst. Die meisten schienen vielmehr ehrlich besorgt darum, dass ihre Söhne zur Homosexualität »verführt« werden und infolgedessen auf die »schiefe

317 Anzeige vom 27.2.1939 (ebd., Nr. 2982, Handakte, Bl. 2).
318 Anzeige vom 21.11.1938 (ebd., Nr. 4828, Bl. 1).
319 Bericht vom 29.6.1944 (ebd., Nr. 4607, Bl. 1).
320 Anzeige vom 9.4.1939 (ebd., Nr. 5044, Bl. 1).
321 Anzeige vom 12.4.1943 (ebd., Nr. 3630, Bl. 1).
322 Anzeige vom 28.10.1938 (ebd., Nr. 1233, Bl. 2 f.).
323 Urteil vom 13.3.1939 (ebd., Nr. 1233, Bl. 40–42R).

Bahn« geraten könnten. Als Erziehungsberechtigte fühlten sie sich verpflichtet, dem vorzubeugen – welche Rolle die elterliche Aufsichtspflicht spielte, zeigt sich auch daran, dass sich im Aktenbestand keine Anzeigen von Eltern finden, deren Söhne bereits volljährig waren. Insoweit wäre es verfehlt, Homophobie als das zentrale Motiv derartiger Anzeigen identifizieren zu wollen. Selbstverständlich waren auch Anzeige erstattende Eltern alles andere als frei von den negativen Bildern und Bewertungen einer Gesellschaft, in der Homosexualität als Laster, Krankheit und Verbrechen galt. In aller Regel war ihre primäre Motivation aber weniger, einen Homosexuellen hinter Gitter zu bringen, als vielmehr, ihre Söhne zu schützen. Im Kern ging es bei den Anzeigen immer um den Topos der »Verführung«.

Erfuhren Eltern, dass ihre Söhne homosexuell veranlagt waren, so waren die Reaktionen sehr unterschiedlich. Einige wiesen sie aus dem Haus, andere versuchten sie zu schützen. Dass sie sie bei der Polizei anzeigten, war hingegen die absolute Ausnahme. Doch auch ein solcher Fall findet sich im Leipziger Aktenbestand. Zwar ging es auch dabei um den Vorwurf der »Jugendverführung«. Allerdings war der Vater, der Anzeige erstattete, davon überzeugt, dass auch sein Sohn, ein 17-jähriger Zimmerlehrling, der Homosexualität verfallen sei: »Ich habe das Gefühl, dass mein Sohn geschlechtlich nicht normal veranlagt ist und dass er mit B., der doch 20 Jahre älter als mein Sohn ist, gleichgeschlechtlich verkehrt. Anfang Januar 1939 erhielt mein Sohn durch die Post von B. ein Schreiben, das ich zur Sache gebe.« Zuvor war der Vater, ein 45-jähriger Friseur, der von der Situation offenbar vollkommen überfordert war, bereits »bei dem Jugendamt vorstellig geworden« und hatte »um Unterbringung meines Sohnes gebeten«. Das Jugendamt habe ihn dann »beauftragt, Anzeige zu erstatten«.[324] Drei Tage später erschien der Friseur erneut bei der Polizei und gab eine Vermisstenanzeige auf, weil sich der Sohn inzwischen abgesetzt hatte: »Ich bitte, meinen Sohn bei Betreffen in Schutzhaft zu nehmen, da ich schon mit dem Jugendamt Rücksprache genommen habe, um ihn in eine Zwangserziehung zu bringen.« Denn er sei überzeugt, dass »sein jetziges Tun der erste Schritt zum Verbrechertum« sei.[325] Der Sohn, der neun Tage später wieder auftauchte, gab schließlich zu Protokoll, er sei »durch den Mann 2 Mal belästigt worden«. Ein Strafverfahren blieb ihm erspart.[326]

---

324 Anzeige vom 9.2.1939 (ebd., Nr. 1226, Bl. 1).
325 Anzeige vom 12.2.1939 (ebd., Bl. 3f.).
326 Vernehmungsprotokoll vom 21.2.1939 (ebd., Nr. 1226, Bl. 4–5R, hier 5R).

6.4 Anzeigen durch Nachbarn und sonstige Beobachter

Abschließend sollen jene Anzeigen beleuchtet werden, die man klassischerweise mit dem Begriff der »Denunziation« assoziiert; nämlich solche, die durch Nachbarn, NS-Organisationen oder unbeteiligte Beobachter erstattet wurden. Anzeigen durch Nachbarn und NS-Organisationen waren in Leipzig mit jeweils vier Fällen schon quantitativ weitgehend irrelevant. Auf einer so dünnen Datenbasis kann man nur wenig verlässliche Aussagen treffen. Auffällig ist allerdings, dass auch hier das Thema »Jugendverführung« dominierte. Bei den Anzeigen aus der Nachbarschaft ging es in drei von vier Fällen darum, nur einer betraf die »einfache« Homosexualität: Ein 33-Jähriger hatte einen stark alkoholisierten 22-Jährigen, der nicht schwul war, mit auf sein Hotelzimmer genommen. Schnell kam es zu einer lautstarken und gewalttätigen Auseinandersetzung um Sex und Geld, weshalb die Zimmernachbarn die Polizei riefen.[327] Homophobie kann man auch in diesem Fall nur schwer als Motiv der Anzeigeerstatter unterstellen. Bei den Anzeigen durch NS-Organisationen ging es in allen vier Fällen um »Jugendverführung« oder Kindesmissbrauch. Hier spielten insbesondere entsprechende Beobachtungen und Gerüchte in der HJ eine Rolle. So etwa in einem Fall, in dem ein Achtjähriger »von einem 16-jährigen Jungen für homosexuelle Triebe missbraucht worden« war,[328] oder in einem anderen, in dem der HJ-Streifendienst eine Kontrolle in einer Jugendherberge durchführte.[329]

Von größerer Relevanz waren Anzeigen durch unbeteiligte Beobachter (19 Fälle). Ein Drittel drehte sich um den Vorwurf »einfacher Homosexualität«, ein vergleichsweise hoher Anteil. Bei den restlichen Anzeigen ging es ebenfalls um »Jugendverführung« oder Kindesmissbrauch. In etwa der Hälfte der Fälle wurden die Betroffenen bei sexuellen Handlungen im öffentlichen Raum überrascht, so zum Beispiel in Gaststätten, Schwimmbädern, Parkanlagen oder Toiletten. Häufig waren es die Wirte, Bademeister oder Toilettenwärter, die misstrauisch wurden, mitunter aber auch andere Besucher. So etwa in der Gaststätte »Bären-Eck«, in der sich ein 28-jähriger Klempner mit einem 18-jährigen Gelegenheitsprostituierten auf die Toilette zurückzog: »Während der Angeklagte und K. sich noch im Abort befanden, erschienen Greim und der Bäcker Bornkessel. Diese nahmen den Angeklagten mit zur Polizeiwache und zeigten ihn an.«[330] Auch die öffentlichen Toiletten waren gefährliche Treffpunkte, wurden sie doch nicht nur von »Päderastenstreifen« kontrolliert: Nach Anzeigen einer Abortwärterin und eines Besuchers geriet ein 62-jähriger Masseur 1939 und 1940 gleich zweimal ins Visier der Polizei. Die Toilettenfrau hatte ihn auf einem Foto aus der Päderastenkartei

327 Anzeige vom 12.4.1939 (ebd., Nr. 6906, Bl. 1).
328 Abschrift eines Briefes vom 3.12.1943 (ebd., Nr. 4611, Bl. 1).
329 Vgl. SächsStA Leipzig, Bestand 20114, Nr. 6890, Bl. 1.
330 Urteil vom 22.10.1937 (ebd., Nr. 2555), S. 3.

identifiziert. Nach der Anzeige eines Arbeiters, der auf der Bedürfnisanstalt am Georgiring Männer beim Sex beobachtet hatte, wurde er erneut vorgeladen.[331]

In der anderen Hälfte der Fälle waren die Anzeigeerstatter nicht vollkommen »unbeteiligte« Beobachter, vielmehr handelte es sich um Personen aus dem weiteren sozialen Umfeld der Betroffenen. In einem Fall war es ein Pfarrer,[332] in einem anderen eine Kontoristin und ein Polizist, denen die enge Beziehung von Jugendlichen zu älteren Männern auffiel. So zum Beispiel die eines 16-jährigen Lehrlings zu einem 32-jährigen Chorsänger, der durch dessen ständiges »Auflauern u. Bearbeiten schließlich so verstört und scheu« geworden sei, »dass es den Zeugen Schmidt und Riemer auffiel«.[333] Während bei diesen und ähnlichen Anzeigen die Sorge um die Entwicklung der Jugendlichen das bestimmende Motiv gewesen sein dürfte, ging es in anderen Fällen um Rache und Eifersucht: Anzeige erstattete zum Beispiel die Geliebte eines 23-jährigen Arbeiters, der sich mit einem zehn Jahre älteren Handelsvertreter eingelassen hatte.[334] Oder ein des Diebstahls beschuldigter Koch, der zu Protokoll gab, der »Sohn des Geschädigten sei ein Schwein, der solle nur stille sein und hätte besser getan nichts zu erwähnen«.[335] Die in der einschlägigen Forschung häufig unterstellte »Übereinstimmung zwischen den Machthabern und der Bevölkerung in der Frage der Notwendigkeit der Homosexuellenverfolgung« lässt sich somit selbst bei den Anzeigen »unbeteiligter« Beobachter nur zum Teil als das primäre Motiv identifizieren.[336] Sehr wohl aber zum Beispiel bei einem 17-jährigen Kontoristen, der ein Paar anzeigte, das ihm ein Jahr zuvor bei einem Spaziergang angedeutet hatte, homosexuell zu sein. Zur Begründung, warum er die Polizei nun doch informierte, erklärte er: »Anzeige habe ich bisher nicht erstattet, weil ich keine Unannehmlichkeiten haben wollte. In der Presse habe ich jetzt oft von solchen Vorgängen gelesen und aus diesem Grunde habe ich nachträglich noch zur Anzeige gebracht, was mir von L. und S. bekannt war.«[337]

In dieser Rechtfertigung scheint überdies ein Aspekt auf, der für viele Anzeigeerstatter relevant gewesen sein dürfte: Offenbar war es so, dass die Intensivierung der Verfolgungsmaßnahmen durch Polizei und Justiz und die – insgesamt allerdings sehr zurückhaltende – mediale Berichterstattung darüber die Anzeigebereitschaft beflügelten.[338] Ein solcher Zusammenhang lässt sich für das

331 Anzeigen vom 30.3.1939 und 2.5.1940 (Bestand 20031, Nr. 7010, Bl. 38–43 und 52–63).
332 Vgl. SächsStA Leipzig, Bestand 20114, Nr. 2566.
333 Anklageschrift vom 28.3.1936 (ebd., Nr. 2644, 43f., hier 43R).
334 Urteil vom 9.4.1936 (ebd., Nr. 45, Bl. 50–56, hier 53Rf.).
335 Vernehmungsprotokoll vom 28.5.1938 (ebd., Nr. 4132, Bl. 2).
336 Burkhard Jellonnek, »Staatspolizeiliche Fahndungs- und Ermittlungsmethoden gegen Homosexuelle. Regionale Differenzen und Gemeinsamkeiten«. In: Gerhard Paul/Klaus-Michael Mallmann (Hg.), Die Gestapo. Mythos und Realität, Darmstadt 2003, S. 343–356, hier 350f. Vgl. auch Micheler/Müller/Pretzel, Verfolgung, S. 9; Pretzel/Roßbach, Strafe, S. 22.
337 Anzeige vom 22.4.1937 (SächsStA Leipzig, Bestand 20114, Nr. 6920, Bl. 4).
338 Zur Berichterstattung vgl. auch Kapitel II.9.

Altenburger Land belegen. So kam es dort nach den »Homosexuellenprozessen« von 1937, über die die lokalen Zeitungen ausführlich berichteten, zu deutlich mehr Anzeigen aus der Bevölkerung. Allerdings richteten sie sich auch weiterhin fast ausschließlich gegen »Jugendverführer« und »Kinderschänder«, kaum jedoch gegen »gewöhnliche« Homosexuelle.[339] Die Verfolgungsmaßnahmen motivierten einzelne offenbar dazu, zuvor gehegte Bedenken zurückzustellen und sich an die Polizei zu wenden, konnten sie sich in dieser Frage doch nun tatsächlich in »Übereinstimmung« mit den Machthabern fühlen. Dennoch wäre es verfehlt, anzunehmen, die Stimmung sei im Laufe der 1930er-Jahre in einen kollektiven Rausch der Homophobie gekippt. Denn die bloße Tatsache, dass ein großer Teil der polizeilichen Ermittlungsverfahren auf Anzeigen aus der Bevölkerung zurückging, ist noch kein Beleg dafür, dass die Anzeigebereitschaft der Bevölkerung insgesamt besonders groß gewesen wäre.

Wenn in der einschlägigen Forschung immer wieder auf »die große Bereitschaft vieler Deutscher« verwiesen wird, Homosexuelle anzuzeigen, führt das eher in die Irre.[340] Übersehen wird dabei das Dunkelfeld der Fälle, die gar nicht zur Anzeige kamen. Bernward Dörner warnt zu Recht, dass »das intensive Studium der Quantität und Qualität der Denunziationen […] zu einer Überbetonung dieses Phänomens« führen und somit leicht der Eindruck entstehen könne, »die Bevölkerung hätte fast durchweg aus Denunzianten bestanden«. Dabei werde »ausgeblendet, dass ein vermutlich außerordentlich großes Dunkelfeld strafbedrohter Handlungen nicht zur Anzeige gebracht wurde«.[341] Eine Gefahr, die bei der Aufarbeitung der Homosexuellenverfolgung auf der Hand liegt, verleiten die hohen Anzeigequoten doch leicht zu der Fehldeutung, die Anzeigebereitschaft der Bevölkerung müsse sehr groß gewesen sein. Groß war aber eben auch das Dunkelfeld: So muss man im Hinblick auf die mutmaßliche Homosexuellenpopulation davon ausgehen, dass während der NS-Zeit nur etwa ein Viertel der schwulen Männer ins Visier der Ermittlungsbehörden geriet und nicht mehr als zehn Prozent verurteilt wurden. Das spricht dafür, dass die Anzeigebereitschaft der Bevölkerung insgesamt eher gering war, was auch die Studie des Verfassers zum Alltagsleben Homosexueller im Altenburger Land nahelegt, wo selbst »stadtbekannte« Homosexuelle über Jahre hinweg geduldet wurden. Aus welchen Gründen auch immer: Viele Bürger schreckten offenbar davor zurück, sich an die Polizei zu wenden.[342] Ein Phänomen, das 1938 auch der Oberstaatsanwalt von Gera beklagte. In einem Lagebericht schrieb er, dass »die Bevölkerung zum Teil

339 Vgl. Zinn, Volkskörper, S. 466 f. und 488 f.

340 Micheler/Müller/Pretzel, Verfolgung, S. 15.

341 Bernward Dörner, NS-Herrschaft und Denunziation. Anmerkungen zu Defiziten in der Denunziationsforschung. In: Historical Social Research, 26 (2001) 2/3, S. 55–69, hier 61.

342 Vgl. Zinn, Volkskörper, S. 238 f., 309 und 538.

diesen Dingen viel zu gleichgültig gegenübersteht. Sonst hätte das hemmungslose Treiben von zweien dieser Verbrecher längst zur Anzeige führen müssen.«[343]

Ob die Bevölkerung der Homosexualität tatsächlich »größtenteils gleichgültig« gegenüberstand, wie es Magnus Hirschfeld 1922 noch diagnostiziert hatte, ist schwer zu beurteilen.[344] Denn weder in den 1920er- noch in den 1930er-Jahren wurden entsprechende Meinungsumfragen durchgeführt. Eine Annäherung an diese Frage ist also nur über Umwege möglich, wobei das Anzeigeverhalten sicherlich ein Indikator ist. Aus der Verachtung, die in einzelnen Anzeigen zum Ausdruck kam, aber pauschal auf eine »Homophobie breiter Bevölkerungskreise« zu schließen, wie in der bisherigen Forschung häufig geschehen, greift zu kurz.[345] Übersehen wird dabei nicht nur das Dunkelfeld, sondern auch, dass die Motive sehr unterschiedlich sein konnten und auch die Anzeigen, zu denen es kam, nur selten monokausal zu erklären sind. Ohne Frage gab es bei den meisten Anzeigen eine homophobe Komponente – allein schon, weil Homosexuelle eine in vielerlei Hinsicht vulnerable Gruppe waren. Häufig standen aber ganz andere Aspekte im Vordergrund. Neben dem Schutz vor »Jugendverführung« spielten auch private Konflikte, Neid, Eifersucht und Rachegelüste eine Rolle. Ein Ergebnis, dass sich bereits in anderen Studien zeigte: Bei den von Reinhard Mann untersuchten Düsseldorfer Gestapo-Akten begründeten nur 24 Prozent der Anzeigeerstatter ihre Handlung mit »systemloyalen« Einstellungen, demgegenüber ging es in 37 Prozent der Fälle um eine »Bereinigung privater Konflikte«.[346]

Die Analyse der verschiedenen Gruppen von Anzeigeerstattern und der in Leipzig angezeigten Delikte zeigt, dass es in aller Regel sehr spezielle Konstellationen waren, die zur Benachrichtigung der Polizei führten. Im Wesentlichen waren dies die zwei folgenden: Zum einen Situationen, in denen sich Jugendliche oder Heranwachsende durch homosexuelle Avancen belästigt fühlten oder die Chance witterten, sich als mutige »Schwulenjäger« zu profilieren. Zum anderen solche Konstellationen, in denen Familienangehörige, Vorgesetzte oder Kollegen, die sich für Kinder oder Jugendliche verantwortlich fühlten, den Eindruck gewannen, diese würden durch ältere Homosexuelle bedrängt. Wesentlich seltener angezeigt wurde hingegen die »einfache« Homosexualität und selbst unter diesen Fällen gab es eine ganze Reihe, die zunächst um den Vorwurf der »Jugendverführung« kreisten und es sich erst später herausstellte, dass dieser angesichts des Verhaltens der jugendlichen Partner nicht aufrechtzuerhalten war.

343 Lagebericht vom 16.3.1938 (ThHStA Weimar, Generalstaatsanwalt, Sign. 438, Bl. 26).

344 Magnus Hirschfeld, Von einst bis jetzt. Geschichte einer homosexuellen Bewegung 1897–1922, Berlin 1986, S. 22.

345 Jellonnek, Fahndungs- und Ermittlungsmethoden, S. 351.

346 Reinhard Mann, Protest und Kontrolle im Dritten Reich. Nationalsozialistische Herrschaft im Alltag einer rheinischen Großstadt, Frankfurt a. M. 1987, S. 295. Vgl. auch Gellately, Die Gestapo und die deutsche Gesellschaft, S. 117.

7. Prozesse und Strafen

Neben Staatsanwaltschaft und Polizei kam den Gerichten die wichtigste Funktion im Rahmen der Verfolgungspolitik zu. Die Art und Weise, wie die Justiz die Strafverfolgung umsetzte, kann als Ausdruck der Motivation der beteiligten Beamten und einer für die jeweilige Region typischen Mentalität verstanden werden. Für Sachsen kommt man dabei zu eher widersprüchlichen Befunden: Wie bereits oben geschildert, zeigten sich deutliche regionale Unterschiede bei der Verfolgungsintensität, wobei die Zahl der Anklagen in Sachsen sowohl 1931 wie auch 1936 über dem reichsweiten Durchschnitt lag.[347] Vor diesem Hintergrund ist es beachtlich, dass die Urteilspraxis hier vergleichsweise milde ausfiel. 1931 wurden immerhin 24,3 Prozent der Angeklagten zu Geldstrafen verurteilt (Reich: 19,1 %), weitere 64,3 Prozent zu geringen Freiheitsstrafen unter drei Monaten (Reich: 53,1 %). 1932 lag der Anteil der Geldstrafen mit 38,1 Prozent sogar noch höher, der der geringen Freiheitsstrafen lag bei 54,8 Prozent (vgl. Grafik 13).

Die sächsischen Gerichte urteilten vor der NS-Machtübernahme also äußerst zurückhaltend. Eine vergleichsweise liberale Praxis, die der in Berlin näherkam als der in Hamburg oder in der Rheinprovinz, wo die Urteile schon damals deutlich härter ausfielen. Lokale Mentalitäten spielten dabei sicherlich eine Rolle. Die insgesamt zurückhaltende Urteilspraxis war aber auch Ausdruck der Tatsache, dass der § 175 in den 1920er-Jahren zunehmend infrage gestellt worden war. Viele Richter nutzten deswegen die 1921 geschaffene Möglichkeit, Gefängnisstrafen unter drei Monaten in Geldstrafen umzuwandeln oder zur Bewährung auszusetzen.[348] Bis 1933 änderte sich an dieser Urteilspraxis wenig und auch danach setzte nur langsam ein Wandel ein. Erst 1936, ein Jahr nach der Verschärfung des § 175, fielen die Strafen dann deutlich härter aus: Geldstrafen (8 %) und geringe Freiheitsstrafen (38,5 %) wurden nun seltener verhängt, stattdessen dominierten Gefängnisstrafen bis 12 Monate (35,7 %) oder länger (13 %). Im Vergleich zum Reichsgebiet war diese Urteilspraxis aber immer noch milde. Noch deutlicher war der Unterschied zu den damaligen Hochburgen der Verfolgung: zu Berlin, Hamburg und der Rheinprovinz, wo die Gerichte wesentlich härter urteilten (vgl. Grafik 14). Hatte es vor 1933 noch eine gewisse Tendenz zu eher milden Strafen in Großstädten und eher härteren in ländlichen Regionen gegeben, so verkehrte sich dieser Trend nun ins Gegenteil. Besonders in jenen Großstädten, in denen die Gestapo die Homosexuellenverfolgung mit Sonderkommandos vorantrieb, stieg nicht nur die Zahl der Anklagen deutlich, auch die Urteilspraxis verschärfte sich. Offenbar fühlte sich

347 Vgl. Kapitel II.2.

348 Vgl. Gesetz zur Entlastung der Gerichte vom 11.3.1921. In: RGBl. 1921, Teil I, S. 229–230; Gesetz zur Erweiterung des Anwendungsgebiets der Geldstrafe und zur Einschränkung der kurzen Freiheitsstrafen vom 21.12.1921. In: ebd., S. 1604. Vgl. auch Zinn, Volkskörper, S. 61 f.

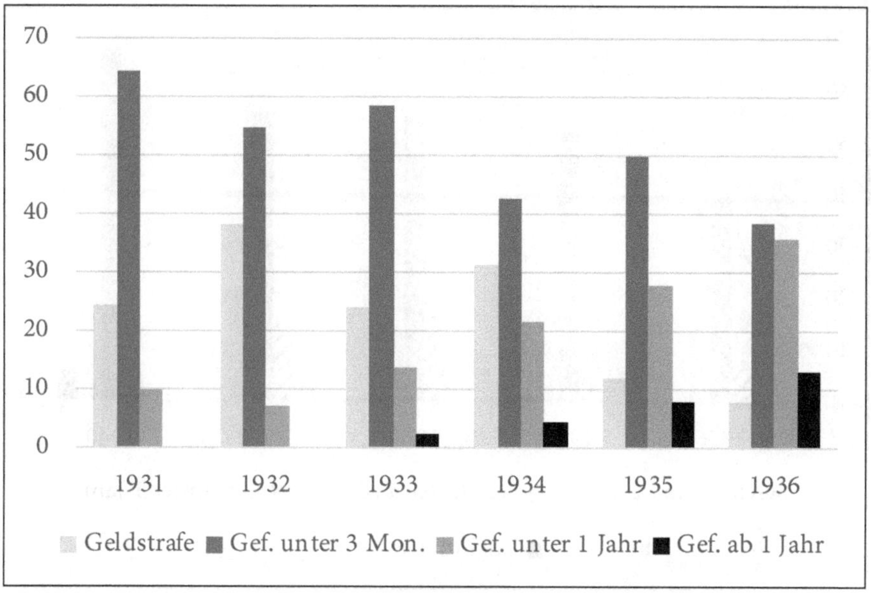

Grafik 13: Entwicklung des Strafmaßes in Sachsen 1931–1936 (prozentualer Anteil)[349]

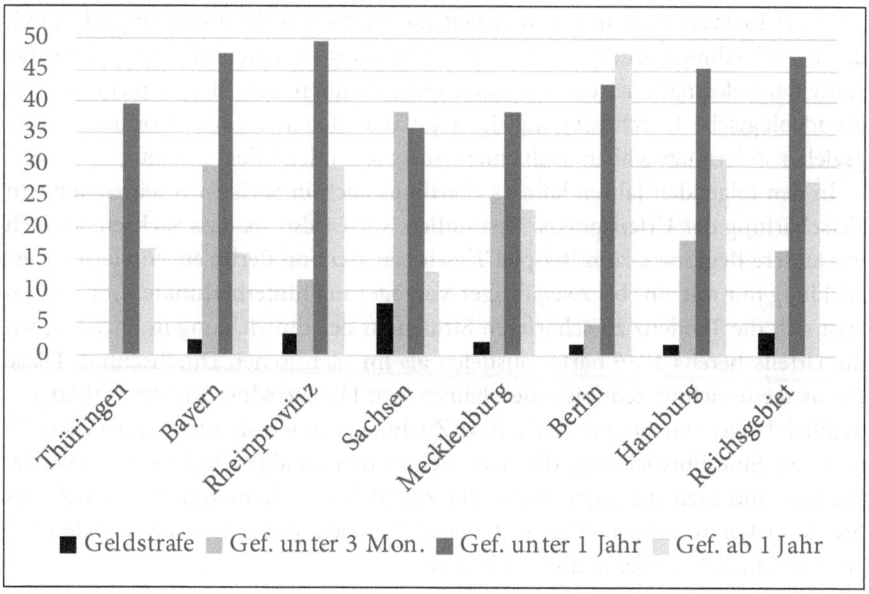

Grafik 14: Strafmaß 1936 in ausgewählten Regionen (prozentualer Anteil)[350]

349 Kriminalstatistik für die Jahre 1931–1936.

350 Berechnung des Verfassers auf der Basis der Kriminalstatistik für die Jahre 1931–1936.

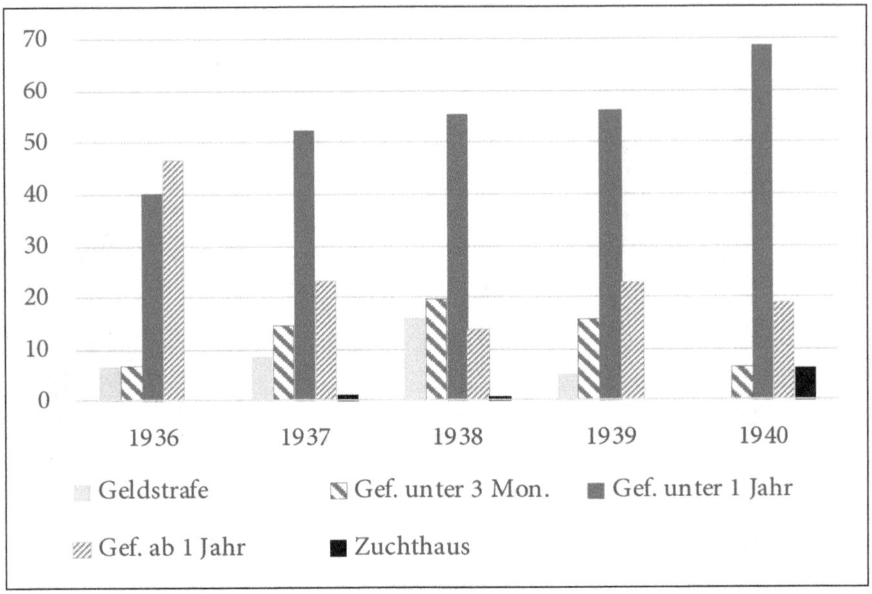

Grafik 15: Strafmaß in Dresden bei Verurteilungen nach § 175 (prozentualer Anteil)[351]

auch die Richterschaft, in deren Arbeit die Gestapo nicht direkt eingriff, durch deren Maßnahmen unter Druck gesetzt. Ein Beleg für Fraenkels These, derartige Aktivitäten des nationalsozialistischen »Maßnahmenstaat« hätten nicht nur auf die ideologische Durchdringung der regulären Behörden des »Normenstaates« gezielt, sondern tatsächlich auch einen entsprechenden Effekt gehabt.[352]

In den folgenden Jahren kam es allerdings auch in Sachsen zu einer weiteren Verschärfung der Urteilspraxis. Vermutlich war es also so, dass Sachsen, ähnlich wie andere Regionen, zum Beispiel Thüringen, der von Berlin aus forcierten Entwicklung nur mit ein- bis zweijähriger Verzögerung hinterherhinkte. Gut ablesen lässt sich die Tendenz zu schärferen Strafen an der Entwicklung in Dresden, wo die Urteile bereits 1936 härter ausfielen als im sächsischen Durchschnitt. Diese Praxis setzte sich in den folgenden Jahren fort: Die Dresdner Richter verhängten deutlich längere Gefängnisstrafen bzw. Zuchthausstrafen als zuvor (vgl. Grafik 15 und 16). Eine Entwicklung, die sich auch in den Landgerichtsbezirken Leipzig, Bautzen und Freiberg zeigte. Hatte der Anteil der Freiheitsstrafen von mehr als drei Monaten in Sachsen 1936 noch bei 48,7 Prozent gelegen, so lag er in den folgenden Jahren fast überall über 75 Prozent.

351 Daten auf der Basis der Auswertung der Register der Hauptverfahren der Staatsanwaltschaft Dresden der Jahre 1936–1940 (SächsHStA Dresden, Bestand 11120, StA LG Dresden).

352 Fraenkel, Doppelstaat, S. 124.

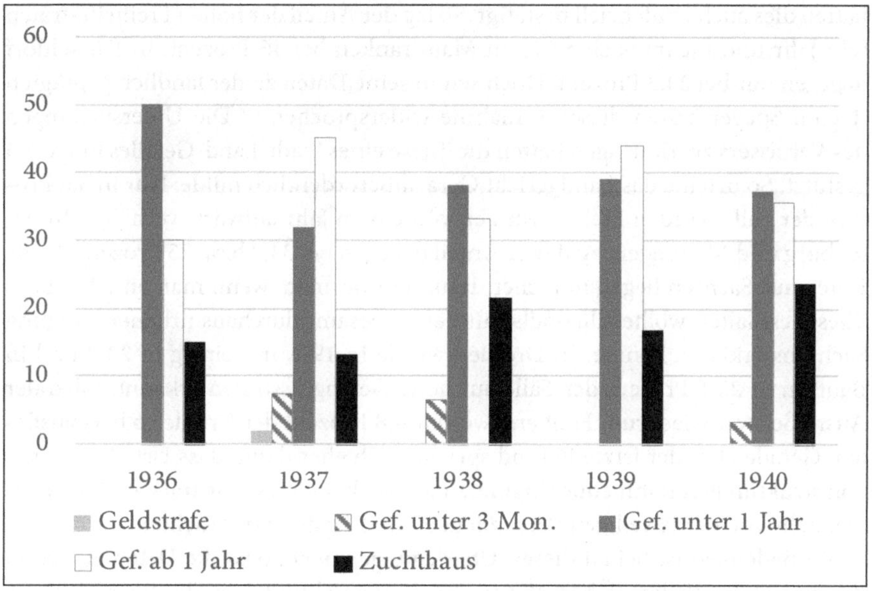

Grafik 16: Strafmaß in Dresden bei Verurteilungen nach § 175a (prozentualer Anteil)[353]

Bei Verurteilungen nach § 175a wurden generell deutlich härtere Strafen verhängt als bei der »einfachen« Homosexualität nach § 175, was angesichts der Einordnung dieses Tatbestandes als ein Verbrechen, bei dem grundsätzlich Zuchthausstrafen zu verhängen waren, nicht überrascht. Beachtlich ist vor diesem Hintergrund vielmehr, dass die Gerichte in den meisten Fällen auf mildernde Umstände erkannten, was eine Verurteilung zu Gefängnis statt Zuchthaus ermöglichte.

Vergleicht man die Landgerichtsbezirke untereinander, so zeigen sich beim Strafmaß nur kleinere Unterschiede, die insgesamt wenig signifikant erscheinen. Bemerkenswert ist vor allem, dass die Urteile in Freiberg insgesamt am mildesten ausfielen, in Bautzen hingegen am härtesten, die Großstädte Leipzig und Dresden rangierten dazwischen.

Für grundsätzliche Unterschiede zwischen Großstadt und Land, wie sie in bisherigen Forschungsarbeiten herausgearbeitet wurden, spricht dies eher nicht. Jellonneks Überlegung, die »›Alltäglichkeit‹ von Homosexualität« könnte in größeren Städten »auch zu einem maßvolleren Urteilsverhalten« geführt haben, erscheint zwar durchaus plausibel. Seine Daten zu Mainfranken und Düsseldorf

353 Daten auf der Basis der Auswertung der Register der Hauptverfahren der Staatsanwaltschaft Dresden der Jahre 1936–1940 (SächsHStA Dresden, Bestand 11120, StA LG Dresden).

hatten dies auch tendenziell bestätigt. So lag der Anteil der hohen Freiheitsstrafen (ein Jahr und mehr) nach § 175 in Mainfranken bei 46 Prozent, in Düsseldorf dagegen nur bei 24,3 Prozent. Doch schon seine Daten zu der ländlich geprägten Region Speyer hatten dieser Annahme widersprochen.[354] Die Untersuchungen des Verfassers zu Thüringen hatten die These eines Stadt-Land-Gefälles hingegen gestützt. So urteilte das Landgericht Gera außerordentlich milde: Nur in 5,6 Prozent der Fälle wurden Freiheitsstrafen von einem Jahr aufwärts verhängt. In Altenburg und Meiningen lag dieser Anteil dagegen bei 34,2 bzw. 25 Prozent.[355] Die Daten aus Sachsen liegen nun eher darunter, was man, wenn man an Jellonneks These festhalten wollte, allenfalls mit der insgesamt durchaus urbanen Prägung Sachsens erklären könnte: In Dresden wurde in 19,1, in Leipzig in 23,9 und in Bautzen in 25,1 Prozent der Fälle auf hohe Gefängnisstrafen erkannt. Liberaler Ausreißer war wiederum Freiberg, wo nur 4,8 Prozent der Urteile so hart ausfielen. Gerade aber der letzte Befund spricht doch eher dafür, dass Urteile weniger von strukturellen Rahmenbedingungen wie »urban« versus »rural« abhingen, als vielmehr von der jeweiligen Persönlichkeit und Haltung der Richter.

Zu Bedenken ist bei all diesen Überlegungen auch, dass die Daten aufgrund der unterschiedlichen Überlieferung nur eingeschränkt vergleichbar sind. So sind die Dresdner Zahlen nur für die Jahre 1936 bis 1940 einigermaßen verlässlich (583 Urteile), für Bautzen liegen lediglich für 1939 bis 1944 aussagekräftige Angaben vor (63 Urteile), für Freiberg hingegen für den vergleichsweise großen Zeitraum von 1935 bis 1944 (61 Urteile). In Freiberg fließen also auch Daten aus den Jahren 1935/36 mit ein, in denen die Urteilspraxis überall noch wesentlich milder war. In Leipzig ist die Situation hingegen so, dass keine Register der Staatsanwaltschaft erhalten geblieben sind, sondern nur Informationen aus Strafakten des Landgerichts zusammengetragen werden konnten, deren Überlieferung ebenfalls lückenhaft ist. In diesen finden sich Hinweise auf 371 Verurteilungen nach den §§ 175/175a, wobei die tendenziell milderen Urteile von Amtsgerichten deutlich unterrepräsentiert sind, was erklären dürfte, warum die Leipziger Urteilspraxis im regionalen Vergleich etwas härter erscheint als die Dresdner (vgl. Grafik 17). Festhalten lässt sich allerdings, dass sich das deutliche Stadt-Land-Gefälle, das bei der Verfolgungsintensität zutage getreten war, in der Urteilspraxis nicht widerspiegelt. Auch die signifikanten Unterschiede zwischen Leipzig und Dresden, die sich im Hinblick auf die Anzahl der Strafverfahren gezeigt hatten, sind bei den verhängten Strafen nicht feststellbar.[356] Die Überlegung, dass der Verfolgungseifer in der »liberalen« Handelsmetropole Leipzig geringer gewesen

354 Vgl. Jellonnek, Homosexuelle, S. 210, 253 und 311.
355 Zinn, Volkskörper, S. 368 f.
356 Vgl. Kapitel II.2.

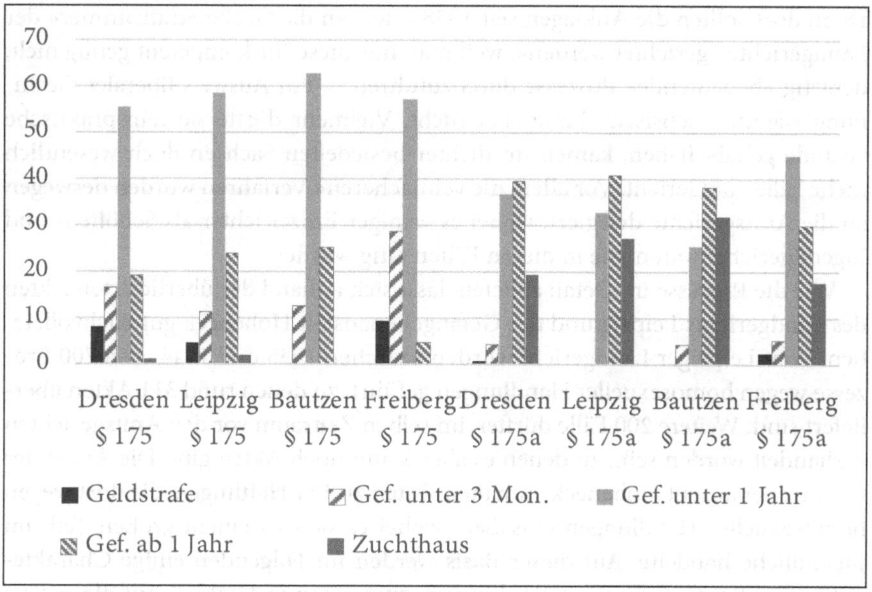

Grafik 17: Strafmaß 1935 bis 1944 im regionalen Vergleich (prozentualer Anteil)[357]

sein könnte als in der traditionell eher konservativen Beamtenstadt Dresden, findet hier also keine Stütze. Die Leipziger Richter urteilten jedenfalls ähnlich wie die Dresdner. Ein Befund, der nur dann relativiert würde, wenn man davon ausginge, dass in Leipzig bei insgesamt deutlich weniger Strafverfahren tendenziell »schwerere« Fälle vor Gericht kamen.

Seit Verschärfung des § 175 im Sommer 1935 fanden die meisten Prozesse wieder vor den Landgerichten statt. Waren sie seit der Justizreform von 1924 grundsätzlich vor den Amtsgerichten verhandelt worden, so wurde die »Bedeutung der Sache« nun auch in Sachsen so hoch eingestuft, dass die Staatsanwaltschaften die Anklage in der Regel beim Landgericht erhoben.[358] In Dresden wurden 1936 nur noch fünf von 70 Anklagen beim Amtsgericht eingereicht und auch in den folgenden Jahren lag dieser Anteil nur bei etwa einem Viertel aller Verfahren. Im Vergleich zu Thüringen war diese Praxis dennoch zurückhaltend:

357 Daten auf der Basis der Auswertung der Register der Hauptverfahren der Staatsanwaltschaften Dresden, Bautzen und Freiberg der Jahre 1935–1944 sowie von Akten zu 428 Verurteilungen durch Leipziger Gerichte. Vgl. SächsHStA Dresden, Bestand 11120, StA LG Dresden sowie Bestand 11121, Landgericht Freiberg; StFilA Bautzen, Bestand 50071, Landgericht Bautzen; SächsStA Leipzig, Bestand 20114, Landgericht Leipzig.

358 Verordnung über Gerichtsverfassung und Strafrechtspflege vom 4.1.1924. In: RGBl. 1924, Teil I, S. 15.

Denn dort sollten die Anklagen seit 1938 »stets an die Große Strafkammer« der Landgerichte »gerichtet werden«, weil man nur diese für kompetent genug hielt, derartig »bedeutende« Prozesse durchzuführen.[359] Ein Ausweis liberaler Gesinnung war die sächsische Linie aber nicht. Vielmehr dürfte sie rein praktische Gründe gehabt haben, kamen im dichter besiedelten Sachsen doch wesentlich mehr Fälle vor Gericht. Vor allem die »einfacheren« Verfahren wurden deswegen an die Amtsgerichte delegiert, wobei es weniger Einzelrichter als Schöffen- und Jugendgerichte waren, die in diesen Fällen tätig wurden.

Wie die Prozesse im Detail abliefen, lässt sich anhand der überlieferten Akten des Landgerichts Leipzig und der Gefangenenanstalt Hoheneck gut nachvollziehen. Vom Leipziger Landgericht wurden zwischen 1935 und 1944 etwa 700 Prozesse wegen homosexueller Handlungen geführt, zu denen rund 311 Akten überliefert sind. Weitere 200 Fälle dürften im selben Zeitraum vor den Amtsgerichten verhandelt worden sein, zu denen es aber kaum noch Akten gibt. Die Akten der Gefangenenanstalt Hoheneck enthalten Daten zu 161 Häftlingen, die dort wegen homosexueller Handlungen einsaßen, wobei es sich zu einem großen Teil um Jugendliche handelte. Auf dieser Basis werden im Folgenden einige Charakteristika der Prozesse und Urteile skizziert, zum einen in Hinblick auf die soziale Stellung der Angeklagten, zum anderen mit Blick auf die fünf wesentlichen »Verfolgtengruppen«: Jugendliche, »gewöhnliche« Homosexuelle, »Jugendverführer«, Strichjungen und homosexuelle »Staatsfeinde«.

7.1 Sozialstruktur der Angeklagten

Zunächst ein Blick auf die Sozialstruktur der Leipziger Angeklagten. Hier zeigt sich, dass es keine signifikanten Unterschiede zur männlichen Bevölkerung Sachsens gab (vgl. Grafik 18). Die soziale Stellung hatte also keinen erkennbaren Einfluss darauf, ob die Polizei im Verdachtsfall ermittelte und die Staatsanwaltschaft Anklage erhob. Dies wäre allenfalls so, wenn man, wie Burkhard Jellonnek, davon ausginge, dass es unter Homosexuellen mehr Mittelschichtangehörige gab als in der Normalbevölkerung – dann wäre die Arbeiterschaft unter den Angeklagten überrepräsentiert. Jellonneks These ist allerdings nicht haltbar, und das gleich in mehrfacher Hinsicht. Zum einen gründet er sie auf die Auswertung von Gestapo-Akten, also auf Verfolgtenakten, die allenfalls den Fokus der Gestapo-Ermittlungen spiegeln, aber keine Rückschlüsse auf die »Homosexuellenpopulation« zulassen. Zum anderen operiert er teilweise mit unkorrekten Ver-

359 Niederschrift über die Besprechung mit den Oberstaatsanwälten am 31.1. und 1.2.1938 in Jena (ThHStA Weimar, Generalstaatsanwalt, Sign. 430, Bl. 22f.).

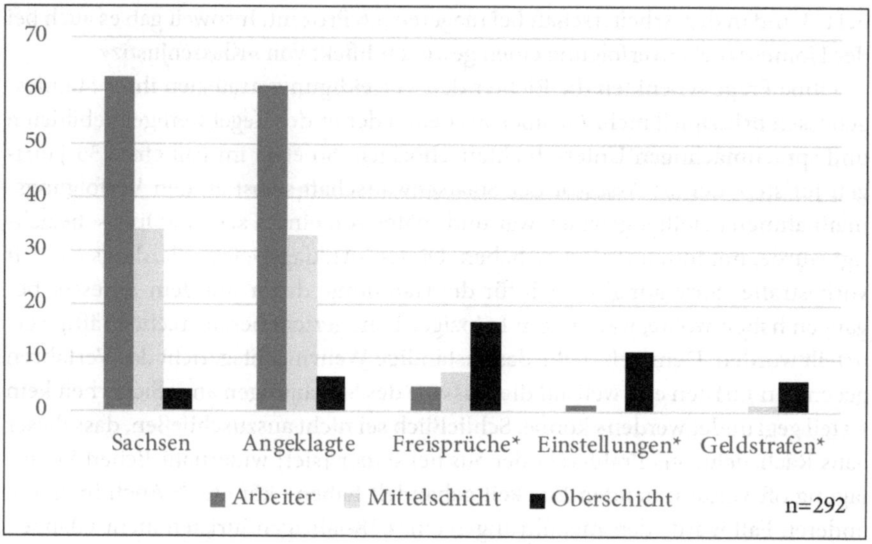

Grafik 18: Sozialstruktur der männlichen Bevölkerung Sachsens und der Angeklagten vor dem LG Leipzig (*prozentualer Anteil bezogen auf die jeweilige Sozialgruppe)[360]

gleichsdaten zur Allgemeinbevölkerung, sodass im Ergebnis ein vollkommen falscher Eindruck entsteht. Kurz: Die These einer Mittelschichtorientierung Homosexueller ist mit Jellonneks Daten nicht zu belegen, was im Übrigen auch die Erhebungen des Verfassers zu Thüringen bestätigen. Dort ließ sich unter den Beschuldigten und Angeklagten vielmehr eine leichte Überrepräsentation der Arbeiterschaft nachweisen, ein naheliegender Effekt, der im Wesentlichen mit der schlechteren materiellen Ausstattung und Bildungsdefiziten dieser Schicht zu erklären sein dürfte.[361]

Dass Angehörige der Unterschicht bei Polizei und Gerichten eine schlechtere Ausgangslage hatten als die oberen Klassen, zeigt sich auch beim Blick auf die Leipziger Daten. Interessant ist hier vor allem die Frage, wie hoch die Chance war, eine Freiheitsstrafe zu vermeiden. Tatsächlich treten an diesem Punkt deutliche soziale Unterschiede zutage: Während es einem Drittel der Oberschichtangehörigen gelang, mit einem Freispruch, der Einstellung des Verfahrens oder einer Geldstrafe davonzukommen, lag dieser Anteil unter Mittelschichtangehörigen nur

360 Daten der Angeklagten auf der Basis der Auswertung von 311 Strafakten zu 292 Personen (SächsStA Leipzig, Bestand 20114, Landgericht Leipzig); Daten der sächsischen Bevölkerung: Andreas Oettel, Gewerbezählungen in Sachsen in der 1. Hälfte des 20. Jahrhunderts – Struktur der Wirtschaft, Grafik 7, S. 14 (statistik.sachsen.de/download/300_Voe-Fachbeitrage/Ausgabe_06.pdf; 2.4.2020).

361 Vgl. Zinn, Volkskörper, S. 126–128, 163–165, 666–669.

bei 8,3 und in der Arbeiterschaft bei mageren 5,6 Prozent. Insoweit gab es auch bei der Homosexuellenverfolgung einen gewissen Effekt von »Klassenjustiz«.

Ohne Frage schenkten die Richter den Verteidigungsstrategien ihrer Standesgenossen prinzipiell mehr Glauben als denen der in der Regel weniger gebildeten und sprachmächtigen Unterschichtangehörigen. So etwa im Fall eines 35-jährigen Juristen, der als Assessor der Staatsanwaltschaft selbst an den Verfolgungsmaßnahmen beteiligt gewesen war und später von einem seiner »Opfer« bezichtigt wurde, mit ihm onaniert zu haben. Dieser »Ankläger« war allerdings ein »oft vorbestrafter Strichjunge«, auch für die Handlung, die er mit dem Assessor begangen haben wollte, war er vom Leipziger Landgericht bereits rechtskräftig verurteilt worden. Dennoch stellte das zuständige Wehrmachtsgericht das Verfahren gegen den Juristen ein, weil auf die Aussage des Strichjungen »mit Sicherheit kein Urteil gegründet werden« könne. Schließlich sei nicht auszuschließen, dass dieser »aus Rachsucht, aus Prahlerei oder aus bei seiner [sic!] widernatürlichen Veranlagung oft vorkommenden Eitelkeit gehandelt haben« könnte.[362] Auch in einem anderen Fall wurde den Ausführungen eines 38-jährigen Juristen mehr Glauben geschenkt als denen des 19-jährigen Maurers, der ihn angezeigt hatte. Dem ehemaligen Vorsitzenden des »Ehrengerichts der Deutschen Arbeitsfront« in Halle wurde zur Last gelegt, den 19-jährigen auf einer Parkbank geküsst und an dessen Glied herumgespielt zu haben. Obgleich er beides bei seiner ersten polizeilichen Vernehmung eingestanden hatte, räumte er im Prozess nur den Kuss ein, zu dem es »im Überschwang der Gefühle« gekommen sei, weil er in dem jungen Mann einen wahren Freund zu erkennen geglaubt habe. Die sexuelle Handlung habe er bei der Polizei nur eingestanden, weil er schnell entlassen werden wollte und man ihm ansonsten keinen Glauben geschenkt hätte. Das Gericht meinte zwar, dass »die Ausführungen des Angeklagten, vor allem im Hinblick auf seine Vorbildung und fachliche Tätigkeit bei der DAF., recht merkwürdig erscheinen«, kam aber zu dem wohlwollenden Ergebnis, dass sie »doch nicht zu widerlegen« seien. Den ebenfalls widersprüchlichen Angaben des Maurers, der ihn angezeigt hatte, schenkte es jedenfalls weniger Glauben und sprach ihn frei.[363]

Hinzu kam, dass Mittel- und Oberschichtangehörige auch eher über die finanziellen Ressourcen verfügten, einen Rechtsanwalt zu Rate zu ziehen. Mindestens jeder Dritte von ihnen nahm juristischen Beistand in Anspruch, bei den Angeklagten der Unterschicht finden sich hingegen nur in 17,4 Prozent der Fälle Hinweise darauf, dass sie einen Anwalt beauftragten. Auch wenn diese Zahlen aufgrund der schlechten Überlieferung insgesamt zu niedrig liegen dürften, kann

362 Verfügung vom 3.7.1940 (SächsStA Leipzig, Bestand 20114, Nr. 2183, Bl. 118f., hier 118R).

363 Urteil vom 28./29.12.1938 (SächsStA Leipzig, Bestand 20114, Nr. 4319, Bl. 36–47, hier 41 und 43).

kein Zweifel daran bestehen, dass es in dieser Frage ein soziales Gefälle gab. Ein entsprechendes Bild zeigte sich jedenfalls auch im Altenburger Land, wo immerhin ein Drittel der Arbeiter, zwei Drittel der Mittelschichtangehörigen und alle Oberschichtangehörigen von Anwälten vertreten wurden.[364] Kurz: Die soziale Stellung der Angeklagten war durchaus ein Einflussfaktor für Prozessverlauf und Strafmaß.

7.2 Prozesse gegen Jugendliche

Wenden wir uns nun der Urteilspraxis bei spezifischen »Tätergruppen« zu. Zunächst ein Blick auf die Verfahren gegen Jugendliche, die in aller Regel bei den Jugendgerichten landeten – wenn sie nicht schon vorzeitig mit Verwarnungen und anderen »erzieherischen« Maßnahmen beendet wurden. So stellte die Jugendabteilung der Staatsanwaltschaft Dresden 1939 drei Viertel derartiger Ermittlungsverfahren ein.[365] Auch im späteren Verfahren konnte das »Gericht in besonders leichten Fällen von Strafe absehen«, wenn der Angeklagte zur »Zeit der Tat noch nicht einundzwanzig Jahre alt war«.[366] Dennoch machte man in Sachsen Jahr für Jahr mehreren dutzend Jugendlichen den Prozess: Angeklagt wurden vor allem diejenigen, die man für »echte« Homosexuelle und »Verführer« hielt oder als »Rädelsführer« für pubertäre Sexualpraktiken in Internaten oder Jugendorganisationen verantwortlich machte. Ein typischer Fall war der eines 17-jährigen Hilfsarbeiters aus Chemnitz, gegen den das Jugendgericht in Annaberg im Mai 1941 verhandelte. Er hatte nicht nur mit einem 15-Jährigen onaniert, sondern im Vorjahr bereits »eine gleiche Handlung versucht«, was wohl zu der Einschätzung führte, bei ihm handele es sich um einen gefährlichen »Verführer«: So beschuldigte man ihn, dass er den 15-Jährigen »auf die gleiche Bahn der Unzucht führte, ihn sittlich vergiftet und in seinem ganzen Wesen für sein weiteres Leben weitgehenst [sic!] verdarb«. Ganz im Sinne der vorherrschenden Doktrin von der Homosexualität als einer »Seuche«, die sich über »Verführung« verbreite, wurde ihm vorgehalten, er habe damit »einen neuen Gefahrenherd hinsichtlich der Schädigung von Sitte und Gesundheit jugendlicher Volksgenossen« geschaffen.

---

364 Zinn, Volkskörper, S. 454.

365 Von 120 Ermittlungsverfahren wurden zunächst 32 weiter verfolgt: teilweise wurden sie an andere Abteilungen abgegeben, teilweise an andere Staatsanwaltschaften. Anklage erhoben wurde 1939 in mindestens sieben dieser Fälle. Vgl. Vorverfahrensregister 20 Js aus 1939 (SächsHStA Dresden, Bestand 11120, Nr. 814).

366 Paragraf 175, Satz 2 des Reichsstrafgesetzbuches in der Fassung vom 1.9.1935. In: Fuchs, Strafgesetzbuch für das Deutsche Reich, S. 820.

Verurteilt wurde der 17-Jährige zu sechs Monaten Gefängnis, einer für eine einmalige Handlung nicht unüblichen, bei einem nicht vorbestraften Jugendlichen aber eher harten Strafe.[367]

Von den Landgerichten wurden Jugendliche hingegen meist nur als Mitangeklagte verurteilt, nämlich dann, wenn sie sich allzu bereitwillig auf sexuelle Kontakte mit älteren Männern eingelassen hatten. So zum Beispiel im Fall eines 19-jährigen Markthelfers, der eine mehr als zweijährige Beziehung zu einem acht Jahre älteren Mann und währenddessen auch noch Sexualkontakte mit Dritten unterhalten hatte. Ihn verurteilte das Leipziger Landgericht zu einem Jahr und acht Monaten, seinen Liebhaber zu zwei Jahren Gefängnis. Bei der Strafzumessung wurde ihnen angelastet, dass »die Straftaten sich über einen längeren Zeitraum erstreckten«, obwohl man gerade diesen Umstand auch strafmildernd als »fortgesetzte Handlung« hätte werten können. Darüber hinaus machte das Landgericht auch die Art der sexuellen Handlungen zu einem Kriterium der Strafbemessung: So seien »beide sehr weit gegangen«, denn es sei »nicht nur bei der gegenseitigen Onanie geblieben, sondern sogar zum Mund- und Afterverkehr gekommen«.[368] Eine nach sexuellen Handlungen differenzierte Betrachtung ließ sich zwar aus der Rechtsentwicklung, nicht aber aus dem Wortlaut des § 175, der pauschal die »Unzucht« unter Strafe stellte, ableiten. Überdies wurden den beiden Angeklagten die bürgerlichen Ehrenrechte für zwei Jahre aberkannt, weil ihre Handlungen, so das Gericht, »auf einer gemeinen und ehrlosen Gesinnung beruhen«. Mit dieser Zusatzstrafe war der »dauernde Verlust der öffentlichen Ämter, Würden, Titel, Orden und Ehrenzeichen« verknüpft, aber zum Beispiel auch die »Unfähigkeit, während der im Urteile bestimmten Zeit« in das Deutsche Heer einzutreten oder in öffentlichen Angelegenheiten zu stimmen, zu wählen bzw. gewählt zu werden. Bei Verurteilungen wegen »einfacher« Homosexualität nach § 175 war ein solcher »Ehrverlust« seit der Neufassung des Paragrafen im Jahr 1935 eigentlich gar nicht mehr möglich. Voraussetzung war vielmehr, dass auch eine Zuchthausstrafe verhängt oder aus mildernden Umständen auf eine Gefängnisstrafe von mindestens drei Monaten erkannt wurde.[369] Dies war zwar bei dem älteren Partner der Fall, weil er überdies auch nach § 175a wegen »Verführung« eines anderen Jugendlichen verurteilt wurde, nicht aber bei dem 19-jährigen Markthelfer, in dessen Fall das Landgericht damit gesetzwidrig urteilte.

---

367 Urteil vom 26.5.1941 (SächsStA Chemnitz, Bestand 30068, Nr. 912, Bl. 3).

368 Urteil vom 13.3.1939 (SächsStA Leipzig, Bestand 20114, Nr. 1233, Bl. 2f., 40–42R, hier 42). Zur Rechtsprechung des Reichsgerichts zur »fortgesetzten Handlung« bei § 175 vgl. RGSt, Band 69, S. 273f.; Band 70, S. 145f., 245f. und 283f. Vgl. auch Zinn, Volkskörper, S. 457f.

369 Paragraf 32, 33 und 175 des Reichsstrafgesetzbuches in der Fassung vom 1.1.1872, Paragraf 34 in der Fassung vom 7.9.1896 und Paragraf 175 in der Fassung vom 1.9.1935. In: Fuchs, Strafgesetzbuch für das Deutsche Reich, S. 160f. und 820.

7.3 Verurteilungen wegen »einfacher« Homosexualität nach § 175

In Fällen, bei denen es um die »einfache« Homosexualität nach § 175 ging, war auch die Anzahl der Sexualpartner ein entscheidendes Kriterium für die Strafzumessung. Als Faustregel kann gelten: Je mehr Sexualpartner und Sexualkontakte es gegeben hatte, desto höher fiel die Strafe aus. Welche Rolle auch dabei die Verteidigungsstrategie und die soziale Stellung der Angeklagten spielten, zeigt der Fall zweier belgischer Hilfsarbeiter bei einer Leipziger Maschinenfabrik und dreier mit ihnen befreundeter Kaufleute. Zwei von ihnen hatte ein längeres Liebesverhältnis verbunden, zwei andere hatten sich im Herbst 1942 im »Kaffee Corso« kennengelernt und sich zu Silvester im Hotel »Astoria« wiedergetroffen, wo es auch zu sexuellen Handlungen kam. Ein halbes Jahr später wurden die 19 und 21 Jahre alten Belgier nach einem Hinweis der Gestapo festgenommen. Nach anfänglichem Leugnen gestanden sie die Sexualkontakte mit den zwanzig Jahre älteren Geschäftsmännern, der 21-jährige Hauptangeklagte räumte darüber hinaus noch zehn weitere anonyme Sexualkontakte ein. Auch zwei der Kaufleute legten Geständnisse ab, nur der Dritte bestritt jede strafbare Handlung.

Im Prozess ließen sich die Geschäftsleute dann von Rechtsanwälten vertreten, die die Vorwürfe in Abrede stellten. Der 21-jährige Hauptangeklagte verteidigte sich dagegen selbst, wobei er im Großen und Ganzen an seinem Geständnis festhielt. Dies erwies sich als keine kluge Strategie: Mit anderthalb Jahren Gefängnis erhielt er die höchste Strafe, während die Kaufmänner, die sich zum Teil damit verteidigten, sie seien das »Opfer eines Ausländers«, mit einem bis acht Monaten davonkamen. Die Strafzumessung erfolgte dabei additiv: Für eine »fortgesetzte Handlung«, also mehrere Sexualkontakte mit demselben Partner, erhielt der Hauptangeklagte als »Einsatzstrafe« zehn Monate Gefängnis, für jeden weiteren Sexualkontakt mit anderen Partnern vier Monate. Am Ende wurden diese Einzelstrafen summiert und zu einer insgesamt niedrigeren Gesamtstrafe zusammengefasst. Neben den sexuellen Handlungen spielte aber auch die Einschätzung der Persönlichkeit der Angeklagten eine Rolle. Während es den Kaufmännern gelang, sich unter Verweis auf Freundinnen, denen sie bereits »die Ehe versprochen« hätten,[370] in bestem Licht darzustellen, wurden die jungen Belgier kritischer beurteilt: Schon die Kripo hatte betont, die beiden machten »einen überaus weiblichen und femininen Eindruck, wie er unter Homosexuellen öfter zu finden ist«.[371] Das Landgericht charakterisierte dann vor allem den Hauptangeklagten als »in seiner Veranlagung sehr verdorben und höchst gefährlich«. Überdies legte man ihm zur Last, »allenthalben die treibende Kraft« gewesen und »in der

370 Sitzungsprotokoll vom 9.8.1943 (SächsStA Leipzig, Bestand 20114, Nr. 3030, Bl. 86–89, hier 88 f.).

371 Bericht vom 8.6.1943 (ebd., Bl. 8 f.).

Abb. 13: Private Aufnahmen aus Prozessakte: »Einen überaus weiblichen und femininen Eindruck«; Quelle: SächsStA Leipzig, Bestand 20114, Nr. 3030, Umschlag Bl. 47.

Absicht« gehandelt zu haben, »sich Vorteile zu verschaffen«. Seinem zwei Jahre jüngeren Kollegen wurde dagegen zugutegehalten, dass sich dieser »verderbliche Einfluss« auf ihn ausgewirkt habe und er »erst aufgrund dieser Beeinflussung zu seinen Straftaten gebracht worden« sei. Mit sechs Monaten Gefängnis kam er denn auch wesentlich glimpflicher davon.[372]

Für eine Verurteilung musste es allerdings nicht zu einer explizit sexuellen Handlung gekommen sein, ausreichend war schon eine Berührung über der Kleidung, solange sie in vermeintlich »wollüstiger Absicht« erfolgte. So im Falle eines 40-jährigen Veterinärmediziners, der im Herbst 1938 im Kino Lichtburg seinen Sitznachbarn am Oberschenkel und, nach einer einladenden Geste, auch an dessen Geschlechtsteil berührt hatte. Der 24-jährige Unteroffizier hatte allerdings sofort erkannt, »dass ich es mit einem Homosexuellen zu tun hatte« und nur, um sich davon zu »überzeugen«, seine »Mütze, welche bis jetzt auf dem Schoße lag«, weggezogen.[373] Gegenüber der Polizei erklärte der Tierarzt, zu der Berührung sei es in einer »mir unbewussten Erregung« gekommen, bestritt aber, homosexuell zu sein.[374] Das Landgericht sah dadurch den Tatbestand der »Unzucht« erfüllt und verurteilte ihn nach § 175 und wegen Beleidigung nach § 185 zu vier Monaten Gefängnis. Die Revision, die sein Rechtsanwalt einlegte, wurde vom Reichsgericht als unbegründet verworfen.[375]

372 Urteil vom 9.8.1943 (ebd., Bl. 90–99, hier 98).

373 Bericht vom 1.10.1938 (SächsStA Leipzig, Bestand 20114, Nr. 6898, Ermittlungsakte der Polizei, Bl. 1–4R, hier 1).

374 Ebd., Bl. 4R.

375 Vgl. Urteile vom 17.5.1939 und 18.8.1941 und Revision vom 20.5.1939 (ebd., Handakte der Staatsanwaltschaft, Bl. 13–18, 20; Strafvollstreckungsheft, Bl. 3, 7, 18, 23).

7.4 Verurteilungen wegen »Jugendverführung« nach § 175a, Ziffer 3

Deutlich strenger wurde in aller Regel die sogenannte »Jugendverführung« beurteilt. Zwar erkannten die Gerichte in mindestens drei Viertel aller Fälle auf »mildernde Umstände«, sodass nicht die eigentlich vorgesehenen Zuchthausstrafen verhängt wurden, sondern »nur« Gefängnisstrafen. Wenn man allerdings bedenkt, dass es in vielen Fällen nicht um explizit sexuelle Handlungen, sondern lediglich um missglückte Versuche der Kontaktanbahnung ging, erscheint es in etwas anderem Licht, dass das Strafmaß meist mehr als ein Jahr betrug (vgl. Grafik 17). So etwa im Fall eines 29-jährigen Dekorationsmalers, der Anfang 1936 einen 18-jährigen Unterprimaner ansprach, abküsste und in ein Gebüsch zog, wogegen sich dieser erfolgreich zur Wehr setzte. Das Leipziger Landgericht verurteilte ihn dafür wegen »versuchter Verführung« nach § 175a zu einem Jahr Gefängnis und zwei Jahren Ehrverlust. Nach seiner Entlassung geriet der Dekorationsmaler schon bald wieder in eine ähnliche Situation, dieses Mal lautete das Urteil auf ein Jahr und drei Monate Gefängnis.[376] Auffällig ist allerdings, dass die unterschiedlichen Strafkammern des Landgerichts die Frage, was unter »Verführung« zu verstehen sei, keineswegs einheitlich beurteilten. Besonders in den ersten Jahren nach Einführung des § 175a gab es hier deutliche Differenzen. So lehnte es die 45. Strafkammer im Januar 1937 trotz einer entsprechenden Anklage der Staatsanwaltschaft ab, einen 33-jährigen Kleinhändler, der einem 16-Jährigen über der Hose an den Penis gegriffen hatte, wegen versuchter »Verführung« nach § 175a zu verurteilen. Die »begleitende Absicht«, den Jugendlichen »geneigt zu machen«, sei nicht zweifelsfrei festzustellen, »immerhin« aber eine unzüchtige Handlung nach § 175.[377] Dagegen verurteilte die 39. Strafkammer nur wenige Wochen später einen 30-jährigen Zeitschriftenwerber wegen der gleichen Handlung an einem 15-Jährigen nach § 175a.[378] Beim Strafmaß kamen beide Kammern allerdings zum selben Ergebnis von sechs Monaten Gefängnis.

Tatsächlich war der Begriff der »Verführung« so schwammig, dass er große Interpretationsspielräume eröffnete. Viel hing deswegen von den Gesamtumständen ab, insbesondere von der Persönlichkeit des Angeklagten und von seinen Vorstrafen. So wurde ein nach § 175a angeklagter aber noch nicht vorbestrafter 22-jähriger Friseurgehilfe freigesprochen, der einem 17-jährigen Zimmernachbarn häufig »mit der Hand durch das Haar« gefahren, ihm »verliebt in die Augen« geschaut und dabei »von ›schwulen‹ Männern« erzählt hatte.[379] Dagegen wurde ein 39-jähriger Klavierbauer nach § 175a zu einem Jahr und drei Monaten Zuchthaus, zwei Jahren Ehrverlust und anschließender Sicherungsverwahrung verurteilt: Er hatte einem

376 Urteile vom 31.3.1936 und 12.5.1938 (ebd., Nr. 2390, Bl. 25; Nr. 786, Bl. 30–35).
377 Urteil vom 14.1.1937 (ebd., Nr. 2629, Bl. 4–9, hier 7 f.).
378 Urteil vom 11.2.1937 (ebd., Nr. 2256, Bl. 33 f.).
379 Urteil vom 9.5.1938 (ebd., Nr. 216, Bl. 63–69).

20-jährigen Arbeiter für sexuelle Gefälligkeiten Geld angeboten, ob er ihn auch an der Schulter und im Genitalbereich berührt hatte, war strittig. Der Mann war allerdings wegen ähnlicher Versuche der Kontaktaufnahme (auch gegenüber einem 12- und einem 13-Jährigen) sowie Diebstahls und Bettelei mehrfach vorbestraft und unterlag bereits dem »Strichverbot« und der »planmäßigen Überwachung«. Wie in einer ganzen Reihe von Verfahren wurde auch in diesem Fall Gerichtsobermedizinalrat Dr. Rodewald um einen »kriminalbiologischen« Befundbericht gebeten, in dem er zu dem Ergebnis kam, »bei seiner Veranlagung« stelle der Angeklagte »eine Gefahr für unerfahrene junge Männer« dar.[380] Das Gericht stützte sich auf dieses »Sachverständigengutachten«, als es den Mann als Gefahr »insbesondere für die männliche deutsche Jugend« einstufte und zusätzlich nach dem 1934 geschaffenen § 20a StGB als »gefährlichen Gewohnheitsverbrecher« verurteilte.[381]

Wie volatil die Beurteilung derartiger »Verführungsversuche« war, zeigt sich allerdings daran, dass der Amtsrichter die Ausstellung eines Haftbefehls zunächst abgelehnt hatte, da der 20-jährige Zeuge widersprüchliche Aussagen gemacht habe. Überdies meinte er, ein Versuch der »Verführung« nach § 175a sei nicht zu belegen, »da nicht bewiesen werden« könne, dass der Beschuldigte »gewusst hätte, dass K. erst 20 Jahre alt ist«.[382] Ein Aspekt, auf den es durchaus ankam. So wurde der Vorwurf der »Verführung« in einem anderen Verfahren fallengelassen, weil der angeblich Verführte »nicht mehr den Eindruck eines Mannes unter 21 Jahren« machte.[383] Der Anwalt des verurteilten Klavierbauers sah das ähnlich und legte Revision ein. Da überdies nicht zu beweisen sei, dass es überhaupt zu einer Berührung kam, forderte er den Freispruch seines Mandanten, mindestens aber die Aufhebung der Sicherungsverwahrung. Wenn es sich »nur um einen Wortwechsel« gehandelt habe, liege eine »Verführung im Sinne des § 175a, Ziff. 3 StGB überhaupt nicht vor«.[384] Tatsächlich wurden rein verbale Versuche der Kontaktaufnahme vom Leipziger Landgericht nicht unbedingt als »Verführungsversuch« gewertet.[385] Das Reichsgericht verwarf die Revision aber als »offensichtlich unbegründet«.[386] Der Klavierbauer wurde nach Strafverbüßung 1941 in die Sicherungsanstalt Gräfentonna eingewiesen und im Mai 1943 von dort ins Konzentrationslager Buchenwald überstellt, wo er einen Monat später ums Leben kam.[387]

380 Gutachten vom 5.1.1940 (ebd., Nr. 1255, Bl. 67–75) und »kriminalbiologisch-pönologischer Befundbericht« vom 8.1.1940 (ebd., Bl. 76–81, hier 81).

381 Urteil vom 9.1.1940 (ebd., Bl. 89–98R, hier 98 f.).

382 Schreiben des Amtsgerichts vom 31.7.1939 (ebd., Bl. 7).

383 Urteil vom 29.4.1940 (ebd., Nr. 4830, Bl. 26, hier 26R).

384 Revisionsbegründung vom 10.2.1940 (ebd., Nr. 1255, Bl. 108–118, hier 110).

385 So kam es in einem entsprechenden Fall zu einem Freispruch. Vgl. SächsStA Leipzig, Bestand 20114, Nr. 363.

386 Beschluss des Reichsgerichts vom 15.3.1940 (ebd., Nr. 1255, Bl. 122).

387 Individuelle Häftlingsunterlagen KL Buchenwald, Karteikarte SV-Häftling Nr. 13128 (ITS-Archiv, Sign. 01010503 oS, Dokument 7406138).

Für die Frage, ob es sich um »Verführung« handelte, spielte schließlich auch das Verhalten der Jugendlichen eine maßgebliche Rolle. Hatten sie sich »von Anfang an nur zu willfährig« gezeigt oder waren mit den älteren Männern sogar regelrechte Verhältnisse eingegangen, so wurde der Vorwurf der »Verführung« in der Regel fallengelassen.[388] So etwa in einem Fall, in dem das Gericht feststellte, der 16-jährige Jugendliche sei sich der Absichten seines älteren Partners »von vorneherein bewusst« gewesen: Er »duldete die Handlungen, ohne dass es erst einer Verführung bedurft hätte«.[389] In einem anderen Fall, in dem ein 27-jähriger Musiklehrer mit seinem 15-jährigen Schüler ein längeres Verhältnis unterhalten hatte, kam es zunächst zwar zu einer Verurteilung nach § 175a. Im Revisionsverfahren hob das Reichsgericht das Urteil dann aber auf und schloss sich der Argumentation des Rechtsanwaltes an, »von Verführung« könne »keine Rede sein, wenn der Minderjährige ohne Willensbeeinflussung zur Unzucht bereit ist und sich dazu ohne weiteres preisgibt«.[390]

In der Regel war es in solchen Verfahren die Staatsanwaltschaft, die den Begriff der »Verführung« sehr weit auslegte und auch in zweifelhaften Fällen Anklage nach § 175a erhob. Mitunter trotz eigener Bedenken: So im Fall eines 34-jährigen Fabrikarbeiters, der mit einem 18-Jährigen Sex gehabt hatte, wofür dieser dann zwei Mark verlangte. Die Staatsanwaltschaft wollte nicht ausschließen, dass der 18-Jährige »von vorneherein dazu entschlossen war, sich auf dem Leipziger Hauptbahnhofe von einem Manne ansprechen und zur Unzucht gegen Entgelt missbrauchen zu lassen nach Art eines Strichjungen«. Infolgedessen werde wohl »nicht zu erweisen sein«, dass der Fabrikarbeiter den jungen Mann »tatsächlich zur Unzucht verführt hat. Möglicherweise hat es der Verführung im dargelegten Sinne gar nicht erst bedurft.« Trotz dieser Darlegung erhob die Staatsanwaltschaft aber Anklage nach § 175a.[391] Das Landgericht schloss sich dem an und verurteilte den Fabrikarbeiter wegen »Verführung« zu acht und den 18-Jährigen zu drei Monaten Gefängnis.[392] Revision legten die beiden nicht ein.

388 Urteil vom 5.8.1943 (SächsStA Leipzig, Bestand 20114, Nr. 3630, Bl. 38R).
389 Urteil vom 23.2.1942 (ebd., Nr. 618, Bl. 33 f., hier 34).
390 Schreiben des Rechtsanwaltes vom 28.1.1938 (ebd., Nr. 256, Bl. 45 f.). Vgl. dazu das Urteil des Reichsgerichts vom 1.3.1938 (ebd., Bl. 50).
391 Anklageschrift vom 5.2.1940 (ebd., Nr. 4859, Bl. 14 f.).
392 Urteil vom 30.3.1940 (ebd., Bl. 29 f.).

7.5 Verurteilungen wegen Prostitution nach § 175a, Ziffer 4

Der Verfolgung der männlichen Prostitution kam eine besondere Bedeutung zu, sah man in Strichjungen ähnlich wie in »Jugendverführern« doch die »Seuchenherde«, die die Verbreitung der Homosexualität erst ermöglichten. Polizei und Gestapo hatten auch aus ermittlungstaktischen Gründen ein besonderes Augenmerk auf sie, hielt man sie doch für die idealen Kronzeugen, die wenig Hemmungen hätten, die Namen ihrer Freier preiszugeben. Eine Hoffnung, die sich zwar nicht immer erfüllte, denn einige Strichjungen zeigten sich durchaus loyal gegenüber ihren Freiern. So etwa ein schon mehrfach vorbestrafter 23-Jähriger, der sich zu einer Art »Edel-Prostituierten« emporgearbeitet hatte: »Er hatte so viele ›Freunde‹ dieser Art, dass er sich auf diese feste Kundschaft beschränken konnte und nicht mehr nötig hatte, auf den Strich zu gehen. Der Beschuldigte gibt das selbst zu. Die Namen seiner ›Freunde‹ verrät er nicht.«[393] Die meisten Strichjungen erwiesen sich aber tatsächlich als eher redselig – besonders jene, die auch nicht davor zurückgeschreckt waren, ihre Freier zu erpressen. Einige scheinen die Aufmerksamkeit, die ihnen die Polizeibehörden entgegenbrachten, indem man sie als »Spion«, »verdeckter Ermittler« oder »Agent provocateur« einsetzte, regelrecht genossen zu haben.[394] Manche von ihnen gaben sich dabei wohl auch der Hoffnung hin, als »Kronzeugen« mit milderen Strafen davonzukommen. Eine trügerische Hoffnung, wurden sie von den Gerichten doch wesentlich härter angefasst als alle anderen »Tätergruppen«.

Insgesamt konnten 14 Urteile des Leipziger Landgerichtes nach § 175a, Ziff. 4 ausgewertet werden. Nur in zwei Fällen wurden Gefängnisstrafen unter 12 Monaten verhängt, wobei beide Verurteilte auch noch unter 21 Jahren alt waren. In solchen Fällen wurde es oft als strafmildernd berücksichtigt, wenn die Jugendlichen in den Augen des Gerichtes ihrerseits Opfer von »Jugendverführern« geworden waren, die sie »auf diese Bahn eines Übeltäters gedrängt« hätten. So etwa im Fall eines 15-Jährigen aus Chemnitz, der nach eigenen Angaben Anfang 1941 von einem Schauspieler »verführt« worden war und dann »Gefallen an dieser leichten Art, Geld zu verdienen«, gefunden hatte. Das Gericht hielt es für unzureichend, »Erziehungsmaßnahmen anzuordnen«, auch der Jugendarrest sei als »Zuchtmittel« wegen seiner »beschränkten Höchstdauer nicht ausreichend, dem Angeklagten das Gemeinschaftswidrige seines Verhaltens eindringlich zum Bewusstsein zu bringen«. Deswegen verhängte es eine Strafe von sechs Monaten Gefängnis.[395] In der Hälfte der Fälle wurden vom Leipziger Landgericht hingegen Zuchthausstrafen zwischen 18 und 48 Monaten verhängt. So erhielt ein 22-jähriger Arbeiter, der bislang nur mit sechs Tagen Polizeihaft wegen Übertretung

393 Urteil vom 10.8.1938 (ebd., Nr. 4246, Bl. 19).

394 Vgl. Kapitel II.5.

395 Urteil vom 20.6.1941 (SächsStA Chemnitz, Bestand 30068, Nr. 6476, Bl. 10–13, hier 11 und 13).

des »Strichverbots« bestraft worden war, eine Zuchthausstrafe von zwei Jahren, überdies wurden ihm die Ehrenrechte auf drei Jahre aberkannt. Das Landgericht begründete die harte Strafe damit, dass er »ein arbeitsscheuer Mensch« sei, »der seit 1932 von der Unzucht mit Männern lebt und noch nie richtig gearbeitet« habe: »Er ist ein ausgesprochener sogenannter Strichjunge und als solcher eine große Gefahr für die Allgemeinheit. Die Unzucht zwischen Männern soll aber gerade im neuen Staate mit allen zu Gebote stehenden Mitteln und mit der ganzen Strenge des Gesetzes ausgerottet werden.«[396] In vier Fällen ging es überdies um Erpressung, was das Strafmaß allerdings nicht unbedingt erhöhte. So kam ein 25-jähriger Ofensetzer mit anderthalb Jahren Zuchthaus davon, obwohl er den von ihm erpressten Homosexuellen in den Selbstmord getrieben hatte. In den Augen der Staatsanwaltschaft hatte er sich mit dem Mann nur eingelassen, weil dieser »vermögend und zu dauernden Geldleistungen in der Lage war«. Bevor sich das Erpressungsopfer im Connewitzer Holz an einem Mast der Hochspannungsleitung erhängte, hatte es allerdings seinen Anwalt informiert, der dafür sorgte, dass man den Erpresser, als er erneut in der Wohnung seines Opfers vorstellig wurde, festnahm.[397]

7.6 Verurteilungen von »homosexuellen Staatsfeinden«

Besonders scharf verfolgt wurden jene Männer, denen man unterstellte, homosexuelle »Cliquen« und »Netzwerke« gebildet zu haben, die auf eine »Zerstörung des Staates« ausgerichtet seien. Dies galt zuvörderst für die Angehörigen der bündischen Jugend, die seit Ende 1935 im Fokus der Gestapo standen.[398] Verfolgt wurden insbesondere die Führer der beiden Bünde, die angeblich »das Gleichgeschlechtliche zur Grundlage« gemacht hatten: die des Nerother Wandervogels und der Deutschen Jungenschaft dj.1.11.[399] Eng verknüpft mit dem Vorwurf staatsfeindlicher Bestrebungen war auch hier der Topos der »Jugendverführung«, sah man in der bündischen Jugend doch den »Hauptgefahrenherd für die homosexuelle Verseuchung der Jugend«. Denn die von den Jugendführern der Bünde angeblich verführten Jugendlichen würden »dann ihrerseits wieder zu Verführern anderer Jugendlicher«. Die »Entwicklung eines bündischen Leibpimpfen vom Eintritt in den Bund bis zum Endstadium der homosexuellen Verseuchung« dokumentierte die Reichsjugendführung in einem Geheimbericht sogar mit

396 Urteil vom 13.5.1936 (SächsStA Leipzig, Bestand 20114, Nr. 2720, Bl. 46–50, hier 49 f.).
397 Anklageschrift vom 12.5.1938 (ebd., Nr. 945, Handakte, Bl. 1–5, hier 5).
398 Vgl. Zinn, Volkskörper, S. 331 f.
399 Undatierte Gestapo-Analyse aus dem Jahr 1936 (HStA Düsseldorf, RW-58 14605). Zit. nach Krolle, »Bündische Umtriebe«, S. 52 f., hier 53.

Bildtafel II

Die Entwicklung eines bündischen Leibpimpfen vom Eintritt in den Bund bis zum Endstadium der homosexuellen Verseuchung

Die obige Fotomontage zeigt den Leibpimpfen eines Nerotherführers (Bildmitte) in verschiedenen Entwicklungsstadien während seiner Zugehörigkeit zur Bündischen Jugend (Nerother Wandervogelbund im Rheinland).
Das Bild oben links zeigt ihn bei seinem Eintritt in den Bund, die Bilder unten im Endstadium seiner Entwicklung nach vorangegangener homosexueller Verseuchung innerhalb des Bundes.

Abb. 14: »Streng vertraulich!« Fotomontage aus Geheimbericht der Reichsjugendführung; Quelle: William Knopp/Walter Rätz, Kriminalität und Gefährdung der Jugend. Lagebericht bis zum Stande vom 1. Januar 1941. Hg. vom Jugendführer des Deutschen Reiches, Berlin 1941, S. 107.

einer Fotomontage, die die angebliche »Verweichlichung« und »Verweiblichung« Homosexueller bildlich vor Augen führen sollte.[400]

Vor diesem Hintergrund verwundert es nicht, dass auch einfache Mitglieder der Jugendbünde ins Fadenkreuz der Gestapo gerieten, so etwa die 1920 geborenen Jugendlichen Paul Meinhardt und Heinz Tronicke, die der Leipziger »Gruppe Andreasplatz« angehört hatten.[401] Die beiden verband nicht nur eine enge Freundschaft, sondern auch ein sexuelles Verhältnis, weshalb sie 1939 wegen Vergehens nach § 175 und Verstoßes gegen das Verbot der bündischen Jugend vor Gericht gestellt wurden. Da es sich dabei um ein politisches Delikt handelte, wurden derartige Prozesse vor den 1933 geschaffenen »Sondergerichten« durchgeführt. Meinhardt und Tronicke machte man vor dem Sondergericht Freiberg den Prozess, wobei Meinhardt, dem man noch eine weitere homosexuelle Handlung und Diebstahl vorhielt, zu anderthalb Jahren Gefängnis verurteilt wurde, Tronicke zu einem Jahr. Die schärfsten Teilstrafen wurden in beiden Fällen für die »bündische Betätigung« ausgesprochen, bei Meinhardt, der daran »führend beteiligt« gewesen sei, waren dies zwölf, bei Tronicke acht Monate. In den Augen der Richter mussten diese Strafen »an sich schon hoch ausfallen, weil die ›Bündische Jugend‹ mit ihren zweifelhaften Idealen eine große Gefahr für die deutsche Jugend in sich birgt«. Konkret begründet wurde dies mit »kommunistischen Tendenzen« der bündischen Gruppen, aber auch mit dem in deren Reihen propagierten »Grundsatz der Freundschaft«, der »häufig homosexuelle Verfehlungen zur Folge« gehabt habe, die »in der bündischen Literatur in mehr oder weniger offener Form als geradezu natürlich und erstrebenswert hingestellt« worden seien.[402]

Zu wie vielen derartigen Verfahren es in Sachsen kam, harrt noch der weiteren Aufarbeitung, wäre aber angesichts der vergleichsweise guten Überlieferung der Akten des Sondergerichts Freiberg ein lohnendes Forschungsvorhaben.[403] In den Beständen des Staatsarchivs Leipzig ließ sich neben dem geschilderten Fall nur ein ähnliches Verfahren finden, das ebenfalls vor dem Freiberger Sondergericht verhandelt wurde.[404] Bekannt ist allerdings, dass die Landeshauptstadt Dresden im Herbst 1939 zum Schauplatz politischer Prozesse wurde, bei denen es ebenfalls um eine angeblich staatsfeindliche Organisation ging, deren politische Gefährlichkeit mit homosexuellen Verbindungen ihrer Mitglieder erklärt wurde. Es

400 William Knopp/Walter Rätz, Kriminalität und Gefährdung der Jugend. Lagebericht bis zum Stande vom 1. Januar 1941. Hg. vom Jugendführer des Deutschen Reiches, Berlin 1941, Bildtafel 11, S. 107.

401 Vgl. Kapitel II.1 und II.11.

402 Urteil vom 1.11.1939 (SächsStA Chemnitz, Bestand 30068, Nr. 5180, Bl. 3–15, hier 8 und 14).

403 Vgl. Manfred Zeidler, Das Sondergericht Freiberg. Zu Justiz und Repression in Sachsen 1933–1945, Dresden 1998, S. 29 f.

404 Urteile vom 15.9.1938 und 25.11.1938 (SächsStA Leipzig, Bestand 20114, Nr. 323, Bl. 161–168 und 188 f.).

war der sudetendeutsche Kameradschaftsbund (KB), der nach der Annexion des Sudetenlandes ins Visier von SD und Gestapo geraten war und deren Mitgliedern nun an einem sicheren Ort außerhalb ihres ehemaligen Wirkungskreises der Prozess gemacht werden sollte. Der Kameradschaftsbund hatte zwar für die Loslösung des Sudetenlandes von der Tschechoslowakei gekämpft. Auch waren der KB-Geschäftsführer Walter Brand und andere führende Köpfe schon zu Beginn der 1930er-Jahre in die NSDAP eingetreten. Wegen ihrer geistigen Nähe zu dem Wiener Philosophen Othmar Spann, der einst einen klerikal-faschistischen Ständestaat angestrebt und eine Autonomie des Sudetenlandes präferiert hatte, waren sie der NS-Führung aber suspekt. Vor allem die konspirativen Strukturen im KB, dessen Mitglieder »einen Bürgen stellen und sich zu Stillschweigen und Gehorsam verpflichten« mussten, erschienen verdächtig, passten sie doch nur allzu gut zu Himmlers Bedrohungsszenario einer Unterwanderung durch homosexuelle Geheimbünde. Misstrauen erregte aber auch, dass der Bund eine »Infiltrationstaktik« verfolgte, um »die Träger dieser Lehre an die entscheidenden Machtpositionen zu bringen«. Dass damit auch eine homoerotische Traditionslinie verknüpft sei, glaubte man im Gestapa schon 1936. So sei »der Einfluss des Georgekreises auf die politisch führenden Spannanhänger« von »entscheidender Bedeutung«. Dieser Einfluss beruhe auf »dessen Gemeinschaftserlebnis«, das »im letzten Grunde auf der Gleichgeschlechtlichkeit beruht«.[405] Dies waren Mutmaßungen, die keineswegs nur Wahnvorstellungen von Verschwörungstheoretikern aus dem Gestapa spiegelten. Denn tatsächlich hatte der KB-Gründer Heinrich Rutha unter Berufung auf Platon, Hans Blüher und Stefan George die Freundesliebe als tragende Kraft des Männerbundes propagiert, die sich auch in sexuellen Handlungen wie der gegenseitigen Onanie ausdrücken könne – als Homosexualität wollte er das allerdings nicht verstanden wissen.[406] Ruthas starker Einfluss auf die sudetendeutsche Politik – er war unter anderem außenpolitischer Berater des späteren Gauleiters Konrad Henlein gewesen – wurde von vielen Seiten kritisch beobachtet. Nicht nur das Gestapa witterte eine homosexuelle Verschwörung, sondern auch die Sicherheitsbehörden der Tschechoslowakei. So

405 Der Spannkreis. Gefahren und Auswirkungen (BArch, R 58/497), S. 10 f., 20 f.

406 In der einschlägigen Forschungsliteratur wurde dieser Umstand in der Regel nebulös umschrieben, so zum Beispiel bei Smelser, der von einem »Netz persönlicher Kontakte« spricht, »das durch die besonderen Freundschaften, die für den Mitteleuropäischen Männerbund kennzeichnend waren, zusammengehalten wurde«. Erst eine vor kurzem publizierte Untersuchung von Cornwall thematisiert Ruthas Homosexualität und sieht sie als wesentliche Triebkraft seiner Tätigkeit. Vgl. Ronald M. Smelser, Das Sudetenproblem und das Dritte Reich 1933–1938. Von der Volkstumspolitik zur Nationalsozialistischen Außenpolitik, München 1980, S. 60; Mark Cornwall, The Devil's Wall. The Nationalist Youth Mission of Heinz Rutha, Cambridge 2012, S. 140–151.

war Rutha bereits am 4. Oktober 1937 von der tschechischen Polizei wegen Homosexualität verhaftet worden, am 5. November hatte er sich dann im Gefängnis von Böhmisch-Leipa das Leben genommen.

Die Dresdner Prozesse von 1939 muss man als das Nachspiel dieser Ereignisse betrachten. Nach der Besetzung des Sudetenlandes wurde die Causa Rutha noch einmal aufgerollt. Das Gestapa entsandte dafür ein Sonderkommando nach Dresden, das Kriminalkommissar Erich Samerski leitete, der für Parteiangelegenheiten und die bündische Jugend zuständig war.[407] Offensichtlich ging es darum, Homosexuelle aus Ruthas Umfeld zu enttarnen, die inzwischen einflussreiche Positionen bekleideten. Das gelang zumindest partiell: Nach der Verhaftung des sudetendeutschen Gauamtsleiters Rupert Glaas und des Gebietsjungvolkbeauftragten Willi Zimmermann, die beide »gleichgeschlechtlichen Verkehr in Form der gegenseitigen Onanie« einräumten, wurde am 24. April 1939 auch der Gauschulungsleiter Josef Suchy festgenommen. Er reagierte erstaunlich offensiv: In einem achtseitigen Papier, mit dem er sich gegen seinen Ausschluss aus der NSDAP wehrte, rechtfertigte er, dass die wechselseitige Onanie im Kameradschaftsbund praktiziert worden war: Es habe sich dabei nicht um Homosexualität gehandelt, sondern um eine »Bündigungshandlung«[408] bzw. »Samenweihe«, die, wie das Oberste Parteigericht resümierte, ein »für den Kampf unbedingt erforderliches Vertrauens- und Treueverhältnis zwischen den Partnern geschaffen und die Erotik der Jugend an ein politisches Ziel, eben die Befreiung der Heimat, gebunden« habe.[409]

In den Ermittlungsakten wurde schließlich »planmäßig der Eindruck erweckt, dass der ganze Sudetengau, namentlich in seinen politischen Kreisen, homosexuell verseucht sei«, wie der zuständige Staatsanwalt Hans Meier nach dem Krieg erklärte. Auch die »Ausdehnung der Ermittlungen auf ca. 300 Personen« zeigt, mit welcher Akribie die Gestapo versuchte, die unterstellte Verschwörung nachzuweisen.[410] Nüchtern betrachtet brach dieses Szenario aber in sich zusammen. Denn einem großen Teil der Verdächtigen ließen sich keine Vergehen nach § 175 nachweisen. Mit viel Mühe gelang es schließlich, 49 Männer vor Gericht zu stellen. Die meisten Angeklagten stammten zwar aus der Jugendbewegung, dem Kameradschaftsbund hatten aber nur wenige angehört. Das wesentliche Bindeglied zwischen ihnen schien vielmehr zu sein, dass sie Rutha persönlich gekannt hatten.[411] Dass die Prozesse vor dem Dresdner Landgericht und nicht vor dem Sondergericht verhandelt wurden, dürfte aber weniger dieser Erkenntnis als

407 Vgl. Geschäftsverteilungsplan vom 1.7.1939 (BArch, R 58/840, Bl. 186–204); Schreiben vom 7.2.1940 (BArch, R 3001/23062, Bl. 12); Walter Becher, Zeitzeuge. Ein Lebensbericht, München 1990, S. 103.

408 Eingabe Suchys vom 22.4.1940 (BArch, OPG J 0018, Bl. 31–34, hier 32R).

409 Beschluss des OPG vom 11.6.1940 (ebd., Bl. 3–6, hier 5).

410 Becher, Zeitzeuge, S. 104.

411 Vgl. Zinn, Volkskörper, S. 335, Anm. 422.

vielmehr dem Versuch geschuldet gewesen sein, den durchaus politischen Charakter der Verfahren gegenüber der Öffentlichkeit zu vernebeln. Die Tatsache, dass sich unter den Angeklagten auch hochrangige NS-Führer aus der sudetendeutschen Gauleitung befanden, sollte nicht publik werden, hätte sie das antifaschistische Propagandaklischee vom »schwulen Nazi« doch aufs Neue bestätigt. Die »Dresdner Nachrichten« berichteten über die Prozesse denn auch so, wie in der NS-Presse üblich: als handele es sich um einen »klassischen« Fall von »Jugendverführung«.[412] Die Überschrift der Kurzmeldung lautete: »Zuchthaus und Gefängnisstrafen wegen Verführung Jugendlicher«.[413] Juristisch betrachtet ging es in es den Verfahren zwar meist nur um den Vorwurf der »einfachen« Homosexualität nach § 175, der Vorwurf der »Jugendverführung« spielte aber durchaus eine Rolle. Allerdings verband sich hier die Vorstellung einer homosexuellen mit der einer politischen »Verführung«, unterstellte man Rutha und seinem Umfeld doch, dass in der von ihm gegründeten »Jungenschaft« und später auch im Kameradschaftsbund »die Jungen politisch erzogen und zu einer Führerschicht herangebildet werden sollten, wobei auf eine enge ›homoerotische‹ Bindung zwischen Führer und Gefolgschaft hinzuwirken sei«.[414]

Tatsächlich waren unter den Angeklagten einige politische Funktionsträger des Sudetengaus: Neben Josef Suchy, der das Gauschulungsamt geleitet hatte, sind hier vor allem zu nennen: der Leiter des Gauamts Technik Rupert Glaas, der HJ-Banngeschäftsführer Anton Pleyer, der Jungvolkbeauftragte der HJ-Gebietsführung Reichenberg Wilhelm Zimmermann, der Sozialabteilungsleiter der HJ-Gebietsführung Justin Siegert und Dr. Ernst Leibl, Leiter der Kultur- und Presseabteilung der Deutschpolitischen Arbeitsstelle in Prag. Bei den meisten Beschuldigten handelte es sich aber um Wissenschaftler, Künstler oder Unternehmer, die keine herausragende politische Funktion bekleidet hatten. Die Prozesse begannen am 27. Oktober 1939 mit einem spektakulären Verfahren gegen Anton Pleyer, der zu 36 Monaten Gefängnis verurteilt wurde. Die gleiche Strafe erhielt am 19. Dezember auch Prof. Anton Purkl, ein Gymnasiallehrer aus Eger. Die meisten Strafen fielen mit vier bis zwölf Monaten aber deutlich milder aus. Dass neun Verfahren eingestellt wurden und zwei mit Freisprüchen endeten, zeigt überdies, dass die Ermittlungen des übereifrigen Gestapo-Sonderkommandos der gerichtlichen Prüfung deutlich seltener standhielten als die der regulären Ermittlungsbehörden.[415]

---

412 Vgl. Kapitel II.9.

413 O. V., Zuchthaus und Gefängnisstrafen wegen Verführung Jugendlicher. In: Dresdner Nachrichten vom 11.1.1940, S. 4. Vgl. auch o. V., Zuchthaus und Gefängnis für Jugendverderber. In: Leipziger Neuesten Nachrichten vom 11.1.1940, S. 7.

414 Urteil vom 19.12.1939 (BArch, R 3001/23062, Bl. 14–25, hier 17).

415 Vgl. Register der StA LG Dresden, Geschäftsstelle 1, 1939 (SächsHStA Dresden, Bestand 11120, Nr. 2735).

Der Fall von Prof. Anton Purkl ist der einzige, zu dem Unterlagen überliefert sind. Diese Dokumente sind sehr aufschlussreich, machen sie doch deutlich, dass die Verfolgungsbehörden tatsächlich davon ausgingen, ein homosexuelles Netzwerk zerschlagen zu haben, das mit seinen »auf den Schriften von Blüher beruhenden homoerotischen Auffassungen« den Kameradschaftsbund dominiert habe und nun die NSDAP infiltrieren wolle.[416] Andererseits zeigen sie aber auch, wie dürftig die »Beweislage« in dieser Hinsicht letztlich war. So konnte man Purkl zwar einen Sexualkontakt mit Suchy nachweisen, der »durch das verwerfliche Mittel der ›Samenweihe‹ besondere Wirkung« habe erzielen wollen. Purkls Erklärung, er habe »sich zu diesen Anschauungen nicht bekannt«, konnte die Staatsanwaltschaft aber ebenso wenig widerlegen wie seine Behauptung, er habe mit Suchy seit 1928 keinen Kontakt mehr gehabt.[417] Verurteilt wurde er schließlich für eine Reihe von Sexualkontakten zu verschiedenen Männern und einem seiner Schüler, zu denen es zwischen 1934 und 1939 gekommen war und die weder mit dem Kameradschaftsbund in Zusammenhang standen, noch eine andere politische Konnotation hatten. Staatsanwalt Meyer bemühte sich dennoch, die Sexualkontakte zu politisieren: So sei es »bemerkenswert«, dass sie zustande kamen, »während das Sudetenland um seine Freiheit rang und sie erkämpfte«.[418]

Dass der Vorwurf der Homosexualität ein bloßer »Vorwand« für ein in Wahrheit politisch motiviertes Verfahren gewesen sei, wie der KB-Geschäftsführer Walter Brand nach dem Krieg behauptete, führt allerdings in die Irre.[419] In den Augen der NS-Führung war die Homosexualität vielmehr der politische Kern der unterstellten Verschwörung, wie auch zwei Stellungnahmen der Reichskanzlei zu Gnadengesuchen Purkls zeigten. Diese lehnte das Amt für Gnadensachen ab, weil Purkl zu dem »berüchtigten Rutha-Kreis« gehöre, der »durch gleichgeschlechtliche Verfehlungen seiner Mitglieder« der »politischen Arbeit der SdP. [Sudetendeutschen Partei] im Sudetenland so erheblichen Schaden zugefügt« habe.[420] Auch bei Gestapo und SS schien man letztlich überzeugt zu sein, eine Verschwörerclique enttarnt zu haben. So zumindest wurden die Prozesse in der SS-Zeitschrift »Das Schwarze Korps« bewertet. Angegriffen wurde auch hier vor allem Rutha, der der »Hauptangeklagte« hätte sein müssen, habe er doch versucht, »einen ›homoerotischen Männerbund als staatstragende Organisation‹ zu

---

416 Anklageschrift vom 26.9.1939 (BArch, R 3001/23062, Bl. 2–8, hier 3).

417 Ebd., Bl. 4.

418 Ebd., Bl. 6 f.

419 Walter Brand, Auf verlorenem Posten. Ein sudetendeutscher Politiker zwischen Autonomie und Anschluss, München 1985, S. 182. Vgl. auch S. 154, 162. Walter Becher verstieg sich sogar zu der Behauptung, »unbescholtene Menschen, Familienväter und Ledige« seien »mit dem erprobten Vorwurf nach § 175« verfolgt worden. Becher, Zeitzeuge, S. 103. Vgl. dazu auch Zinn, Volkskörper, S. 333.

420 Schreiben vom 21.5.1941 und 31.1.1942 (BArch, R 3001/23062, Bl. 33 und 39).

schaffen«. Rutha und seine Mitstreiter seien »Staatsfeinde«, die »aus menschlicher Unsauberkeit zu politischer Eigenbrötelei getrieben« worden und deswegen »auszumerzen« seien.[421]

7.7 Verurteilungen als »gefährliche Gewohnheitsverbrecher« und »Maßregeln«

Kaum eine Rolle spielten in Sachsen Verurteilungen Homosexueller als »gefährliche Gewohnheitsverbrecher« nach § 20a und »Maßregeln der Sicherung und Besserung« nach § 42a, beides nationalsozialistische Verschärfungen des Strafrechtes aus dem Jahr 1934. Eine Verurteilung nach § 20a ermöglichte die Verhängung einer Zuchthausstrafe, Voraussetzung waren zwei Vorstrafen von mindestens sechs Monaten Gefängnis. Überdies konnte das Gericht in solchen Fällen »Sicherungsverwahrung« nach § 42e anordnen, wenn, so die schwammige Formulierung, »die öffentliche Sicherheit es erfordert«.[422] Die Auswertung von 428 Leipziger Urteilen wegen homosexueller Handlungen aus den Jahren 1935 bis 1945 hat allerdings ergeben, dass es nur in zwölf Fällen (= 2,8 %) zu Verurteilungen nach § 20a kam, darunter hatte es in sechs Fällen Vorstrafen wegen Kindesmissbrauchs nach § 176 gegeben, in fünf Fällen war es um »Jugendverführung« nach § 175a gegangen, in einem um männliche Prostitution. Sicherungsverwahrung wurde schließlich in acht Fällen angeordnet – ein im Vergleich zu Berlin, wo das Landgericht bei 5 286 Verurteilungen nur 22 Mal Sicherungsverwahrung anordnete, sogar noch hoher Wert.[423] Allerdings ist weder in Leipzig noch in Dresden, Freiberg oder Bautzen ein Fall »einfacher« Homosexualität nachweisbar, in dem reguläre Gerichte § 20a angewendet oder Sicherungsverwahrung angeordnet hätten. Nur in einem Kriegsgerichtsverfahren des Dresdner Feldgerichts für den Luftgau III kam es zu einem solchen Urteil. Ein Mann, der sich in einem Leipziger Dampfbad einem Unteroffizier genähert hatte, war zunächst wegen Erregung öffentlichen Ärgernisses und Beleidigung zu 18 Monaten Gefängnis verurteilt worden. Aufgrund eines Rechtsgutachtens wurde das erste Urteil jedoch wieder aufgehoben und der Mann als »gefährlicher Gewohnheitsverbrecher« zu 25 Monaten Zuchthaus und anschließender Sicherungsverwahrung verurteilt. Begründet wurde dies mit »seiner homosexuellen Veranlagung«, aufgrund derer der Angeklagte »einen unwiderstehlichen Hang zu gleichgeschlechtlicher Betätigung« habe und »auch in Zukunft nicht die erforderlichen Hemmungen aufbringen« werde. Interessant ist, dass selbst in diesem Fall, in dem es gar keine jugendli-

421 O. V., Staatsfeinde werden ausgemerzt. In: Das Schwarze Korps vom 18.1.1940, S. 4.

422 Vgl. Paragrafen 20a und 42a bis 42n des Reichsstrafgesetzbuch in der Fassung vom 1.1.1934. In: Fuchs, Strafgesetzbuch für das Deutsche Reich, S. 126 und 181–200; Müller, Ausgrenzung, S. 69–71.

423 Pretzel/Roßbach, Strafe, S. 180 und 182.

chen Partner gegeben hatte, mit dem Jugendschutz argumentiert wurde. Denn »ein solches Treiben«, so das Feldgericht, sei »besonders im Kriege, wo die heranwachsende männliche Jugend vielfach ohne hinreichende Beaufsichtigung ist, sehr gefährlich« und könne »erheblichen Schaden anrichten«.[424] Die sächsische Praxis entsprach in dieser Frage weitgehend der Kölner Linie, wo keine Verurteilungen »einfacher« Homosexualität nach den §§ 20a oder 42e nachweisbar sind.[425] Dagegen scheint die Hamburger Justiz wesentlich schärfer geurteilt zu haben. Laut Micheler waren hier 40 Prozent der Sicherungsverwahrten wegen »einfacher« Homosexualität nach § 175 verurteilt worden[426] – wobei allerdings unklar bleibt, ob Micheler bei dieser Zählung alle Vorstrafen oder nur die letzte Verurteilung berücksichtigte.[427] Tatsächlich findet sich auch im Bestand des Zuchthauses Waldheim ein Fall aus Hamburg, in dem es allein wegen Vorstrafen aufgrund von »einfacher« Homosexualität zur Verhängung der Sicherungsverwahrung nach den §§ 20a und 42e kam. In den Augen des Hamburger Landgerichts machte es den Mann zu einem »gefährlichen Gewohnheitsverbrecher«, dass er »einen unwiderstehlichen Hang zur Unzucht mit Männern« hatte.[428]

Auch die übrigen »Maßregeln der Sicherung und Besserung« wie die Einweisung in »Heil- und Pflegeanstalten« oder die »Entmannung« waren in Sachsen nur von untergeordneter Bedeutung, worauf bereits die Zahlen der Reichskriminalstatistik der Jahre 1934 bis 1936 hingedeutet hatten. In diesen Jahren hatte sich die Zahl der bei Verurteilungen nach den §§ 175/175a angeordneten Maßregeln zwar langsam gesteigert, dennoch war 1936 bei reichsweit 5060 Verurteilungen nur in 16 Fällen (0,3 %) Sicherungsverwahrung angeordnet worden. Eine etwas größere Rolle spielten mit immerhin 38 Fällen die Einweisungen in Heil- und Pflegeanstalten.[429] In solchen Anstalten konnte interniert werden, wer nach § 51 als unzurechnungsfähig galt. In Leipzig wurde diese Maßregel zwischen 1935 und 1945 in zehn Fällen angewandt, mindestens sechs der Betroffenen wurden im Zuge der Euthanasiemorde getötet. Betroffen waren mit sechs Fällen überwiegend Männer

424 Der Mann hatte neben drei Vorstrafen nach § 175 auch drei wegen Diebstahls und zwei weitere wegen anderer Delikte. Die Anwendung der §§ 20a und 42e wurde vom Gericht aber nur mit den homosexuellen Handlungen begründet. Urteil vom 19.11.1943 (SächsStA Leipzig, Bestand 20036, Nr. 14869, Bl. 3–11, hier 9).

425 Müller, Ausgrenzung, S. 152.

426 Micheler, »Wir dachten, damit ein gutes Werk zu tun …«, S. 80.

427 Wie leicht man diesen Aspekt übersieht, zeigt ein Urteil aus Hamburg, das sich im Bestand des Zuchthauses Waldheim befindet. Hier bezog sich die letzte Verurteilung, bei der das Gericht den Mann als gefährlichen Gewohnheitsverbrecher nach § 20a verurteilte, zwar tatsächlich nur auf die »einfache« Homosexualität. Der Mann hatte aber bereits zehn Vorstrafen, darunter auch vier wegen Hehlerei, weshalb das Gericht meinte, dass er dem »Hange zum Verbrechen rettungslos verfallen« sei. Urteil vom 19.12.1942 (SächsStA Leipzig, Bestand 20036, Nr. 15041, Bl. 2–12, hier 5 und 11).

428 Urteil vom 27.11.1940 (SächsStA Leipzig, Bestand 20036, Nr. 15118, Bl. 6–11, hier 10).

429 Kriminalstatistik für die Jahre 1934–1936.

mit Vorstrafen wegen Kindesmissbrauchs nach § 176. Die insgesamt eher geringe Zahl an Einweisungen in Heil- und Pflegeanstalten hing auch mit den Beurteilungen der medizinischen Gutachter zusammen, die mitunter für Zurückhaltung plädierten. In mindestens fünf Fällen rieten sie von einer Einweisung ab. So entschied sich das Landgericht 1938 zum Beispiel auf Anraten des Gutachters Gerhard Werner gegen die Einweisung eines nach § 51 schuldunfähigen Rentners, obwohl dieser »bei Gelegenheit wieder ähnliche Taten begehen« werde. Da er »aber in Taucha eine bekannte Persönlichkeit ist, – er führt dort wegen seiner perversen Neigungen den Spitznamen ›Hanne‹ – und da auch wegen seines fortgeschrittenen Alters nicht zu befürchten ist, dass junge Leute sich mit ihm einlassen, wie schon der Fall Petzold gelehrt hat, ist kein Grund vorhanden, ihn unschädlich zu machen«.[430] Nicht immer allerdings folgte das Landgericht den Empfehlungen der Gutachter. Im Fall eines 30-jährigen Geschirrführers ordnete es die Unterbringung in einer Heil- und Pflegeanstalt an, obwohl der Gutachter zu dem Ergebnis gekommen war, der Angeklagte sei dafür »ungeeignet«.[431]

Quantitativ nahezu bedeutungslos war hingegen die »Entmannung«, was auch daran lag, dass sie nur in Fällen von Kindesmissbrauch angeordnet werden konnte. Bei insgesamt 49 derartigen Verurteilungen auf homosexueller Grundlage wurde sie nur in drei Fällen angeordnet, in zwei weiteren Fällen hingegen abgelehnt.[432] Dies hing wohl auch damit zusammen, dass die Gutachter die Kastration eher skeptisch sahen. So hatte der Leipziger Gerichtsobermedizinalrat Hans Rodewald, damals noch Reg. Med.-Rat in Zwickau, 1931 vor »übertriebener Anwendung« gewarnt und sie eher als »ultimum refugium« betrachtet. Die »Kastration zur Heilung der Homosexualität« hielt er damals – unter Berufung auf andere Sexualwissenschaftler – für wenig aussichtsreich. Allenfalls könnten körperliche Resultate wie »ein Erlöschen oder eine starke Reduktion des Sexualtriebs erreicht werden«, kaum jedoch die »sexuelle Spannung«, die »im Psychischen verankert ist«, eliminiert werden.[433] Hintergrund war eine Kontroverse mit einem Zwickauer Kollegen, dem Medizinalrat Gustav Boeters, der die Kastration von Sittlichkeitsverbrechern schon damals propagierte, damit aber eher allein stand. Boeters hatte einen wegen Homosexualität und Kindesmissbrauch vorbestraften Mann dazu bewogen, sich kastrieren zu lassen und gegenüber den Behörden

430 Gutachten vom 6.10.1937 und Urteil vom 24.3.1938 (SächsStA Leipzig, Bestand 20114, Nr. 218, Bl. 6 f., 28).

431 Gutachten und Urteil vom 13.8.1942 (ebd., Nr. 7146, Bl. 7–9).

432 Zu noch niedrigeren Ergebnissen sind Pretzel/Roßbach für Berlin gekommen, wo bei 672 Verurteilungen nach § 176 in nur 17 Fällen die Entmannung angeordnet wurde. Vgl. Pretzel/Roßbach, Strafe, S. 179 und 182.

433 Hans Rodewald, Die Unfruchtbarmachung geistig Minderwertiger im Lichte der Medizin und des Rechts. In: Monatsschrift für Kriminalpsychologie und Strafrechtsreform, 22 (1931), S. 705–720, hier 713.

»jede Gewähr dafür« übernommen, dass der Mann »niemals wieder sexualverbrecherische Handlungen begehen wird«.[434] Rodewald hatte Boeters scharf kritisiert und jegliches »Experimentieren an Straf- und Untersuchungsgefangenen auf diesem Gebiet«, noch dazu, wenn sie »unter dem Druck« eines »schwebenden Verfahrens stehen«, abgelehnt. Entmannungen seien allenfalls in solchen Fällen zu verantworten, in denen sich die Betroffenen »gegen ihre antisozialen Tendenzen selbst wehren wollen«.[435] 1936 war Rodewald dann zwar »maßgeblich an der Gestaltung« der Ausführungsverordnung (AV) des Reichsjustizministers zu »Entmannungen und Entmannungsuntersuchungen« beteiligt, erinnerte aber gleichzeitig an die hohen Hürden, die das Reichsgericht errichtet habe: So sei »besonders peinlich zu prüfen, ob die Allgemeinheit im Einzelfall durch keine andere, weniger einschneidende Maßnahme« geschützt werden könne.[436] Eine gewisse Skepsis hatte sich Rodewald offenbar bewahrt. Eine ähnliche Haltung zeigte bis Ende 1942 auch der »1. Gerichtsarzt der Reichsmessestadt Leipzig«, Obermedizinalrat Werner Göhler. Im Hinblick auf eine »Heilung« der Homosexualität lehnte er die Kastration grundsätzlich ab, so etwa in einem Fall von Kindesmissbrauch, in dem der Angeklagte seine Entmannung beantragt hatte, um »von seinem anormalen Trieb befreit« zu werden. Diese sei »nicht angezeigt, weil wir aus Erfahrungen wissen, dass sie nicht geeignet ist, homosexuelle Triebhaftigkeit in dem gewünschten Maße zu beseitigen«.[437] Kurz darauf revidierte Göhler sein Urteil dann allerdings, nachdem er die »neuerliche einschlägige Literatur durchgelesen« hatte und plädierte nun doch für die Kastration.[438] Ein Kurswechsel, der den neuesten politischen Bemühungen um eine Ausweitung der Entmannung auch auf Fälle von »Jugendverführung« nach § 175a entsprach.[439] Die Staatsanwaltschaft beantragte in dem Fall schließlich sogar die Todesstrafe, was dazu führte, dass sich der Angeklagte vor Urteilsverkündung erhängte.[440]

Auch auf Fälle »freiwilliger« Entmannung finden sich in den Leipziger Akten kaum Hinweise. Seit 1935 bestand die Möglichkeit, einem nach § 175 verurteilten Mann »nach amts- oder gerichtsärztlichen Gutachten« und »mit seiner Einwilligung« die »Keimdrüsen« zu entfernen.[441] 1936 hatte das Reichsjustizministerium

434 Gustav Boeters, Ein homosexueller Kraftwagenführer. In: ebd., S. 734–739, hier 739. Vgl. zu dem Fall auch Kapitel II.1.

435 Rodewald, Die Unfruchtbarmachung geistig Minderwertiger. In: ebd., S. 713.

436 Hans Rodewald, Entmannung und Entmannungsuntersuchungen. Text und Erläuterung der AV des Reichsjustizministers vom 10. Okt. 1936 In: Monatsschrift für Kriminalbiologie und Strafrechtsreform. Organ der Kriminalbiologischen Gesellschaft, 28 (1937), S. 3–11, hier 3.

437 Gutachten vom 3.12.1942 (SächsStA Leipzig, Bestand 20114, Nr. 3631, Bl. 20 f., hier 21).

438 Ergänzungsgutachten 14.1.1943 (ebd., Bl. 22).

439 Vgl. Kapitel I.6.

440 Sitzungsprotokoll vom 3.3.1943 (ebd., Handakte, Bl. 11).

441 Gesetz zur Verhütung erbkranken Nachwuchses i. d. F. v. 26.6.1935. In: Reichsgesetzblatt 1935, Teil I, S. 773.

aber ausdrücklich die Ausübung jeglichen auch nur »mittelbaren« Zwangs, so auch die »Gewährung bedingter Strafaussetzung«, verboten.[442] Dennoch scheinen einige Gerichte sogar in Fällen »einfacher« Homosexualität entsprechenden Druck ausgeübt zu haben. Das berichten Müller für Köln und Micheler für Hamburg. Während Müller darauf verweist, dass die Kölner Fallzahlen »zu gering« seien, »um von einer systematischen Nutzung« als Druckmittel zu sprechen, geht Micheler davon aus, es habe sich in Hamburg um eine gängige Praxis gehandelt.[443] Tatsächlich finden sich im Bestand des Zuchthauses Waldheim zwei Hamburger Urteile, die auf eine solche Praxis hindeuten. In beiden wurde die Möglichkeit der freiwilligen Entmannung ausdrücklich erörtert. So heißt es im Urteil gegen einen wegen »einfacher« Homosexualität verurteilten Mann, wenn die »Entmannung das gewünschte Ergebnis« habe, so werde »die Sicherungsverwahrung nicht vollzogen werden zu brauchen«.[444] Aus Sachsen sind derartige Urteile nicht bekannt.

Verbreiteter war es, dass Strafrichter bei Fällen »qualifizierter« Homosexualität nach § 175a »massiven Druck« ausübten, um die Angeklagten zur Zustimmung zu einer Kastration zu bewegen.[445] Dass dies auch in Leipzig geschah, ist nicht auszuschließen, lässt sich anhand der überlieferten Akten aber nicht belegen. Nur in drei Fällen finden sich überhaupt Hinweise darauf, dass Verurteilte um eine Kastration baten, in allen Fällen gab es Vorstrafen wegen »Jugendverführung« oder Kindesmissbrauch. Ein Motiv könnte mitunter durchaus auch die Hoffnung gewesen sein, einer drohenden Zuchthausstrafe zu entgehen. So jedenfalls im Fall eines Markthelfers, der nach seiner Verhaftung 1937 zunächst seine »freiwillige Entmannung« und bald darauf eine fünfjährige »Verbannung ins Ausland« beantragte. Nur wenn er dort ebenfalls straffällig würde, solle er seine Strafe antreten müssen.[446] Im zweiten Fall hatte der Betroffene die gängigen Vorstellungen von »erblicher Belastung« adaptiert: Er wünschte »angeblich, um von seiner Veranlagung geheilt zu werden, entmannt zu werden«. So sei wohl bereits sein Vater »erblich belastet« gewesen, »da er gehört hat, dass der Vater angeblich gern mit Männern zusammen war«. Tatsächlich wertete es das Landgericht als strafmildernd, dass »der nach einer überwiegend konstitutionell abartigen Veranlagung gleichsam mit einem Fluch belastete Angeklagte wiederholt versucht hat, seinen krankhaften Hang zu sexuellen Handlungen mit Gleichgeschlechtlichen durch

---

442 Runderlass vom 23.1.1936. Zit. nach dem Erlass vom 20.5.1939. In: Vorbeugende Verbrechensbekämpfung. Erlaßsammlung (BArch, RD 19/28-15, Bl. 130). Vgl. dazu auch Kapitel I.6.

443 Müller, Ausgrenzung, S. 152; Micheler, »Wir dachten, damit ein gutes Werk zu tun …«, S. 81.

444 Urteil vom 27.11.1940 (SächsStA Leipzig, Bestand 20036, Nr. 15118, Bl. 6–11, hier 10). Vgl. auch Urteil vom 19.12.1942 (ebd., Nr. 15041, Bl. 2–12, hier 12).

445 Für Köln konnte Sparing die »freiwillige Entmannung« von 43 Homosexuellen nachweisen, wobei unklar bleibt, wie viele von ihnen wegen qualifizierter Homosexualität verurteilt worden waren. Müller, Ausgrenzung, S. 183; Sparing, Zwangskastration, S. 169–212, hier 176 und 196.

446 Anträge vom 16.1.1937 und 23.2.1937 (SächsStA Leipzig, Bestand 20114, Nr. 2566, Bl. 7 und 21).

ärztliche Inanspruchnahme in normale Bahnen zu lenken«.[447] Im dritten Fall, in dem der Betroffene 1944 um Entmannung bat, »um von seinem Laster befreit zu werden«, könnte dagegen auch eine drohende KZ-Einweisung das Motiv gewesen sein. In diesem Fall ordnete die Kripo jedenfalls seine »Rückführung« nach Strafverbüßung an, »weil gegen ihn als mehrfachem Jugendverführer geeignete Maßnahmen ergriffen werden sollten«.[448] In keinem dieser drei Fälle scheint es allerdings zur »freiwilligen« Entmannung gekommen zu sein.

Welchen Stellenwert die »freiwillige Entmannung« im Rahmen der Homosexuellenverfolgung hatte, insbesondere nach dem Erlass vom 23. September 1940, demzufolge man mit einer Entmannung die drohende KZ-Einweisung abwenden konnte, wird nur durch eine breite Untersuchung von Straf- und Gefangenenakten zu klären sein.[449] Der sächsische Befund spricht allerdings nicht dafür, dass es sich, wie Jellonnek nahelegte, um ein Massenphänomen gehandelt hat, bei dem die Justiz »keine Skrupel« zeigte, »an dem erpresserischen Handel mitzuwirken«.[450] Stichhaltige Hinweise darauf, dass die Gerichte entsprechenden Druck in größerem Maßstab ausübten, gibt es bislang nur für Hamburg. Doch auch hier war es keineswegs so, dass sie damit immer Erfolg hatten. Vielmehr nahm »eine Anzahl der Homosexuellen« von der während der Hauptverhandlung bekundeten Bereitschaft zur »freiwilligen Entmannung« später wieder Abstand, wie der Präsident des Hanseatischen Oberlandesgerichts am 3. Januar 1942 beklagte.[451] So auch ein Mann, der wegen »einfacher« Homosexualität zu Sicherungsverwahrung verurteilt worden war: Nachdem ihm der »Anstaltsleiter eröffnet« hatte, dass »die Sicherungsverwahrung nicht in Fortfall komme, wenn er die freiw. Entmannung durchführen lasse«, nahm er seine Einwilligung zurück. Auch als man ihm den Fortfall der Sicherungsverwahrung schließlich zusichern wollte, ließ sich der Mann nicht mehr umstimmen.[452] In einem anderen Fall aus Hamburg zog sich die nötige amtsärztliche Untersuchung ewig hin und führte schließlich zu dem negativen Ergebnis, es sei »nicht zu erwarten«, dass »durch eine Entmannung eine Beseitigung seiner gleichgeschlechtlichen Einstellung und Neigung erreicht wird«.[453]

---

447 Urteil vom 28.10.1937 (SächsStA Chemnitz, Bestand 30068, Nr. 3810, Bl. 27 und 54). Vgl. auch SächsStA Leipzig, Bestand 20114, Nr. 2539.

448 Bericht vom 20.1.1944 (SächsStA Leipzig, Bestand 20114, Nr. 3020, Ermittlungsakte, Bl. 2 f., hier 3).

449 Erlass vom 23.9.1940. In: Vorbeugende Verbrechensbekämpfung. Erlaßsammlung (BArch, RD 19/28-15, Bl. 203).

450 Jellonnek, Homosexuelle, S. 153.

451 Zit. nach Jellonnek, Homosexuelle, S. 154 f.

452 Vermerk vom 4.12.1942 (SächsStA Leipzig, Bestand 20036, Nr. 15118, Bl. 25).

453 Amtsärztliches Zeugnis vom Dezember 1943 (SächsStA Leipzig, Bestand 20036, Nr. 15041, Bl. 28).

7.8 Die Rolle der medizinischen Gutachter

Den Gerichtsgutachtern kam in den Prozessen gegen Homosexuelle eine nicht unbedeutende Rolle zu. In immerhin 58 von 311 ausgewerteten Verfahrensakten des Leipziger Landgerichts (18,6 %) finden sich Hinweise darauf, dass medizinische Gutachten erstellt wurden – weil viele der überlieferten Akten sehr ausgedünnt sind, dürfte der tatsächliche Anteil noch höher gelegen haben. Die Sachverständigen erfüllten im Wesentlichen zwei Aufgaben: Zum einen ging es darum, Zweifel an der Schuldfähigkeit nach § 51 StGB auszuräumen; es ging also um »Gutachten über die Zurechnungsfähigkeit«,[454] die klären sollten, ob die Angeklagten bei ihrer Tat »willensunfrei gewesen« waren.[455] Zum anderen beurteilten die Gutachter die Glaubwürdigkeit von Zeugen, in der Regel von Kindern und Jugendlichen, die über sexuelle Übergriffe berichtet hatten. In beiden Fällen wurden umfassende Untersuchungen über die körperliche und psychologische Entwicklung seit Kindheitstagen angestellt, wozu mitunter auch Angehörige, Arbeitgeber oder Lehrer befragt wurden. Bestellt wurden die Gutachter auf Anordnung von Staatsanwaltschaft oder Gericht, mitunter auch auf Bitten der Angeklagten oder ihrer Anwälte.

Letzteren wurde allerdings nicht immer stattgegeben. So lehnte das Landgericht in einem Fall zum Beispiel die Begutachtung eines 13-jährigen Zeugen ab, worin der Rechtsanwalt des Angeklagten einen Verfahrensfehler sah und in Revision ging. Das Reichsgericht verwarf diese dann aber als unbegründet.[456] Aus Perspektive der Angeklagten war die Rolle der Gutachter zwiespältig: Ihre Einschätzung konnte bestenfalls zum Freispruch oder zur Einstellung des Verfahrens führen, wenn sie Zeugen für unglaubwürdig oder den Angeklagten für (zum Tatzeitpunkt) unzurechnungsfähig hielten. So etwa in einem Fall, in dem der Gutachter die Zurechnungsfähigkeit wegen Alkoholgenusses und Übermüdung infrage gestellt hatte.[457] Sie konnte aber auch massive Konsequenzen haben, wenn die Gutachter Sicherungsverwahrung, die Einweisung in Heil- und Pflegeanstalten, die Sterilisation oder Kastration empfahlen. In den meisten Fällen liefen die Gutachten allerdings darauf hinaus, dass es sich beim Angeklagten zwar um einen »Psychopathen« handele, »die Voraussetzungen des § 51« aber nicht vorlägen, er also voll schuldfähig sei.[458]

454 Gutachten vom 5.1.1940 (SächsStA Leipzig, Bestand 20114, Nr. 1255, Bl. 67–75, hier 67).

455 Gutachten vom 21.1.1943 (ebd., Nr. 3631, Bl. 20–21, hier 21).

456 Revisionsbegründung vom 13.3.1939 (ebd., Nr. 2876, Handakte, Bl. 17–19).

457 Urteile des Luftwaffengerichts Halle vom 15.3.1938 und des Landgerichts Leipzig vom 9.5.1938 (ebd., Nr. 216, Bl. 50–53 und 63–69).

458 Gutachten vom 5.1.1940 (ebd., Nr. 1255, Bl. 67–75, hier 72 und 75). Vgl. auch ebd., Nr. 2566 und 2872.

Als Gutachter beauftragt wurde eine ganze Reihe von Ärzten, in den meisten Fällen waren es aber die drei Gerichtsärzte Hans Rodewald,[459] Werner Göhler[460] und Haino Dietz,[461] die die Untersuchungen durchführten. Die Obermedizinalräte Göhler und Dietz waren beim Stadtgesundheitsamt der »Reichsmessestadt« Leipzig beschäftigt, Gerichtsobermedizinalrat Rodewald fungierte als Leiter der »Kriminalbiologischen Sammelstelle Leipzig«, einer von reichsweit neun derartigen Stellen, die für die OLG-Bezirke Dresden und Breslau zuständig war.[462] Der bereits in den 1920er-Jahren entstandenen Kriminalbiologie wurde im NS-Staat große Bedeutung beigemessen, erhoffte man sich doch, Verbrechen wie Verbrecher über erbbiologische Untersuchungen und eugenische Maßnahmen »ausmerzen« zu können.[463] Die »Sammelstellen«, die seit 1937 eingerichtet worden waren, archivierten erbbiologische Fragebögen aus Gefängnissen und Zuchthäusern, darüber hinaus erstellten die Mitarbeiter »kriminalbiologisch-pönologische« Befundberichte und erbbiologische Gutachten, mit denen die Notwendigkeit eugenischer Zwangsmaßnahmen, so insbesondere von Sterilisationen und Kastrationen, beurteilt werden sollte.[464] Wie »effizient« die exzessive Sammeltätigkeit

459 Hans Rodewald, geboren am 11.2.1890 in Kiel, hatte sich schon vor der NS-Machtübernahme mit Homosexualität, Sexualverbrechen und der »Unfruchtbarmachung geistig Minderwertiger« beschäftigt. 1936 war er »maßgeblich an der Gestaltung« der Ausführungsverordnung des Reichsjustizministers zu »Entmannungen und Entmannungsuntersuchungen« beteiligt, 1938 avancierte er dann zum Leiter der »Kriminalbiologischen Sammelstelle Leipzig«. Vgl. Anm. 433 und 436 (Kapitel II.7.7).

460 Carl Theodor Werner Göhler, geboren am 9.6.1899 in Leipzig, war zum 1.5.1933 der NSDAP beigetreten. Seit 1.2.1938 war er als Obermedizinalrat beim Leipziger Gesundheitsamt tätig. Seine stark ausgedünnte Personalakte gibt über seine dortige Tätigkeit keine weitere Auskunft. Am 8.5.1945 beging er gemeinsam mit seiner Ehefrau Selbstmord. Mitteilungen vom 4.6.1945 und 3.7.1945 (Stadtarchiv Leipzig, Bestand Oberbürgermeister, Personalamt, Nr. 928, Bl. 3 und 5).

461 Haino Adolf Otto Dietz, geboren am 6.5.1904 in Braunschweig, war nach seinem Studium zunächst als Gerichtsassistenzarzt tätig. Zum 1.5.1936 wurde er vom Leipziger Gesundheitsamt als Stadtarzt mit Privatdienstvertrag eingestellt, was bei der NSDAP-Gauleitung für Irritationen sorgte, wunderte man sich doch, dass »für die Stelle kein Parteigenosse gefunden werden konnte«. In dieser Funktion vertrat er mitunter auch Hans Rodewald, wenn dieser beurlaubt war. Von 1937 bis 1939 fungierte er überdies als Vertreter des Anstaltsarztes des Untersuchungsgefängnisses. Wegen des Vorwurfes, mit der Ehefrau seines Vorgängers ein Verhältnis unterhalten zu haben, schied er zum 30.9.1941 aus dem städtischen Dienst aus. Vgl. Schreiben vom 3.6.1936 und Entlassungsverfügung vom 1.7.1941 (Stadtarchiv Leipzig, Bestand Oberbürgermeister, Personalamt, Nr. 452, Bl. 45 und 129).

462 Zur Leipziger Sammelstelle sind keine Dokumente überliefert. Aus der Kölner Sammelstelle sind dagegen 353 Akten überliefert, die Sparing ausgewertet hat. Vgl. Sparing, Zwangskastration, S. 169–212; Günter Grau, Lexikon zur Homosexuellenverfolgung 1933–1945: Institutionen – Kompetenzen – Betätigungsfelder, Münster 2010, S. 186.

463 Vgl. Jürgen Simon, Kriminalbiologie und Zwangssterilisation. Eugenischer Rassismus 1920–1945, Münster 2001, S. 183; Thomas Kailer, Vermessung des Verbrechers. Die Kriminalbiologische Untersuchung in Bayern 1923–1945, Bielefeld 2011, S. 227–238 und 363–375.

464 Vgl. zum Beispiel Gutachten vom 5.1.1940 und »kriminalbiologisch-pönologischen Befundbericht« vom 8.1.1940 (SächsStA Leipzig, Bestand 20114, Nr. 1255, Bl. 67–75 und 76–81).

derartiger Institutionen war, bleibt offen – es spricht allerdings einiges dafür, dass sie nur selten »über das Stadium des Sichtens und Ordnens« hinauskamen.[465] Die Gutachtertätigkeit solcher Einrichtungen konnte für die Betroffenen dennoch weitreichende Konsequenzen haben.[466]

Dass das Leipziger Landgericht bevorzugt den Kriminalbiologen Rodewald als »Sachverständigen« konsultierte, kann vor dem Hintergrund, dass die Kriminalbiologie in der NS-Zeit einen solchen Auftrieb erlebte, nicht weiter verwundern – es entsprach dem »Zeitgeist«. Besonders interessant sind in diesem Kontext die Perspektiven auf das Thema Homosexualität, die in den Gutachten zum Ausdruck kamen. In Anbetracht der rassen- und erbbiologischen Orientierung der NS-Ideologie hätte es nahegelegen, dass die Nationalsozialisten auch die Homosexualität als ein erbliches Phänomen betrachtet hätten. Doch das Gegenteil war der Fall: Himmler und die Reichszentrale zur Bekämpfung der Homosexualität machten den Topos der »Verführung« zur Grundlage ihrer Politik, sie hielten die Homosexualität also nicht für angeboren, sondern für erlernt. Ganz konsistent war diese Linie zwar nicht, denn einer kleinen Minderheit von zwei Prozent der »Homosexuellen« wurde durchaus attestiert, »wirklich anormal veranlagt« zu sein. Ansonsten lehnte man die These der Angeborenheit aber vehement ab – wohl ein Reflex darauf, dass die Homosexuellenbewegung diese einst zur Grundlage ihres Befreiungskampfes gemacht hatte. So erklärte Himmler 1937 vor den Leitern der Kriminal- und Staatspolizeistellen, »die Erkenntnis eines Kraft-Ebing [sic!] oder des Juden Magnus Hirschfeld, die auf der Annahme beruhte, dass die Homosexualität eine ererbte oder angeborene Anomalie sei«, habe sich »als falsch erwiesen«.[467] Himmler gab Krafft-Ebing hier allerdings falsch wieder, denn dieser hatte immer betont, neben der angeborenen gebe es auch eine »gezüchtete, nicht krankhafte Päderastie«, deren Ursache entweder in »erzwungener Abstinenz vom normalen Geschlechtsgenuss« zu suchen sei, oder aber in Übersättigung: »Alte Wollüstlinge«, die »in normalem Geschlechtsgenuss übersättigt sind«, fänden »darin ein Mittel, ihre Wollust aufzukitzeln«. Und diese »Sorte von Päderasten« sei »die gemeingefährlichste«, da sie »zunächst und zumeist Knaben nachstellt und sie an Leib und Seele verdirbt«: »Individuen aus der Hefe des Volkes, die das Unglück hatten, von Wollüstlingen im Knabenalter ver-

465 Ähnlich war es bei dem in Weimar angesiedelten »Thüringischen Landesamt für Rassewesen«, das ebenfalls kriminalbiologische »Studien« betrieb und sich dabei auch die »Erforschung der Homosexualität« und deren erblicher »Bedingtheit oder Mitbedingtheit« zur Aufgabe gemacht hatte. Vgl. Jellonnek, Homosexuelle, S. 149; Zinn, Volkskörper, S. 396–400, hier 398.

466 So verweigerte das »Thüringische Landesamt für Rassewesen« einem nach § 175 vorbestraften Mann 1940 zum Beispiel die Ausstellung eines »Ehetauglichkeitszeugnisses«. Vgl. Zinn, Volkskörper, S. 400.

467 Zusammenfassung der Himmler-Rede durch die Kripo Kassel vom 11.5.1937 (HStA Marburg, Bestand 180 Eschwege, Nr. 1718, Bl. 112).

führt zu werden«, sah er »in der Rolle männlicher Hetären« enden. Krafft-Ebings zwischen »Veranlagung« und »Verführung« schwankende Theorie, die er in seinem Erfolgswerk »Psychopathia sexualis« dargelegt hatte, bestimmte die medizinischen, juristischen und politischen Diskurse über Jahrzehnte und hat letztlich auch Himmlers Perspektive mitgeprägt.[468] Und so ist es wenig verwunderlich, dass auch die Gerichtsgutachten zwischen beiden Konzeptionen schwankten.

Die Leipziger Gutachter attestierten einer Reihe von Angeklagten eine homosexuelle Veranlagung. Dabei stützten sie sich nicht selten auf tradierte Stereotype. So hieß es in einem Urteil: »Sein süßliches, geziertes Benehmen, seine Redensarten wie, er liebe die Natur und die Musik, kennzeichnen nach Ansicht des Sachverständigen den Angeklagten als einen Mann, der gleichgeschlechtlich veranlagt ist.«[469] Eine derartige Charakterisierung als »Homosexueller« wirkte sich freilich nicht zugunsten der Angeklagten aus. Denn Hirschfelds zu Beginn des 20. Jahrhunderts mitunter noch erfolgreicher Ansatz, aufgrund der Unabänderlichkeit der homosexuellen Veranlagung die freie Willensbestimmung des Angeklagten in Zweifel zu ziehen und auf Schuldunfähigkeit nach § 51 zu plädieren, wurde von Gutachtern und Gerichten abgelehnt.[470] So wurde etwa in einem unter der Aufsicht von Prof. August Bostroem[471] an der Nervenklinik der Leipziger Universität angefertigten Gutachten betont, es handele sich zwar um »eine in der Anlage begründete Homosexualität«, doch für § 51 »fehlen die Voraussetzungen«.[472] In den meisten Gutachten wurde das Konzept der homosexuellen Veranlagung aber ohnehin infrage gestellt, um demgegenüber den Verführungsaspekt zu betonen. So attestierte Rodewald 1940 einem Angeklagten nicht nur, es gebe in seinem Fall keinen Anhaltspunkt für eine homosexuelle Veranlagung, er zweifelte das Konzept der Veranlagung auch grundsätzlich an: »Dazu ist zu bemerken, dass neuerdings bestritten wird, dass es eine solche Veranlagung gibt.«[473] Beachtlich ist, dass auch immer wieder die These vertreten wurde, der Angeklagte sei nur einer von vielen »Bisexuellen«, wie es etwa Obermedizinalrat Dietz 1938 erklärte: »Wahrscheinlich ist aber, dass B. zu dem großen Heer der willensschwachen und

---

468 Krafft-Ebing, Psychopathia sexualis, S. 347, 356f., 367f.

469 Urteil vom 21.10.1939 (SächsStA Leipzig, Bestand 20114, Nr. 6910, Bl. 26).

470 Vgl. Zinn, Volkskörper, S. 60.

471 August Bostroem, geboren am 17.7.1886 in Gießen, hatte sich 1922 an der psychiatrischen Universitätsklinik in Leipzig habilitiert und dort 1939 nach diversen Zwischenstationen eine ordentliche Professur angetreten. 1942 wechselte er nach Straßburg, wo er am 3.2.1944 starb. Vgl. Alma Kreuter, Deutschsprachige Neurologen und Psychiater. Ein biographisch-bibliographisches Lexikon von den Vorläufern bis zur Mitte des 20. Jahrhunderts. Band 1, München 1996, S. 169.

472 Unterzeichnet wurde das Gutachten von Bostroems Mitarbeitern Wagner und Jensch. Gutachten vom 27.9.1940 (SächsStA Leipzig, Bestand 20114, Nr. 4842, Bl. 26–33, hier 33).

473 Gutachten vom 22.4.1940 (ebd., Nr. 432, Bl. 25–28, hier 28).

haltlosen Bisexuellen gehört, deren Geschlechtstrieb sich mehr nach der homosexuellen Seite hin entwickelt hat«.[474] Demgegenüber gestand Obermedizinalrat Göhler 1942 zu, dass es auch eine homosexuelle Veranlagung gebe, wenn auch nur selten: »Es ist ja eine alte Erfahrungstatsache, dass es rein homosexuelle Menschen nur selten gibt. Menschen, die sich wegen gleichgeschlechtlicher Betätigung strafbar machen, sind zumeist bisexuell veranlagt.«[475] Eine Einschätzung, die er 1943 in einem weiteren Gutachten bekräftigte: »Wir wissen, dass es nur selten rein homosexuelle Typen gibt. Die Mehrzahl der uns bekannten homosexuellen Persönlichkeiten sind bisexuell veranlagt [...].«[476]

Beachtlich sind diese Verweise auf »Bisexualität« deswegen, weil sie den sexualwissenschaftlichen Thesen Hirschfelds, Freuds und später dann auch Kinseys von einer tendenziell bisexuellen Orientierung des Menschen sehr nahe kamen. Aber auch, weil sie den im Nationalsozialismus propagierten Geschlechter- und Rollenmustern wie auch dem Idealbild der Familie als heterosexueller »Keimzelle« des Volkes auf den ersten Blick zu widersprechen schienen. Diese Leitbilder sollten freilich nicht darüber hinwegtäuschen, dass die Nationalsozialisten die Realitäten ganz anders einschätzten. Allen voran Himmler, der glaubte, die breite Masse der Männer, insbesondere jener in den NS-Männerbünden organisierten, sei durchaus »verführbar«, also empfänglich für homoerotische wie auch -sexuelle Verlockungen. Gerade dieses Bedrohungsszenario einer massenhaften »Verführung« doch zumindest latent bisexueller Männer zur Homosexualität war ja das leitende Motiv der von ihm initiierten Verfolgungspolitik.

7.9 Die generalpräventive Wirkung von Prozessen und Urteilen

Ein wesentliches Ziel der Strafverfolgung war neben der erhofften »Umerziehung« der Verurteilten die generalpräventive Wirkung, die Prozesse und Urteile haben sollten. Zu diesem Zweck verhängte das Leipziger Landgericht zum Teil Strafen, die über das übliche Maß hinausgingen. So etwa im Fall eines 31-jährigen Kaufmanns, der mit einem 17-Jährigen ein einvernehmliches Verhältnis unterhalten hatte. Der Argumentation der Staatsanwaltschaft, es habe sich um »Verführung« gehandelt, wollte sich die 37. Strafkammer zwar nicht anschließen. Dennoch verurteilte sie den Mann zu neun Monaten Gefängnis. Als »Straferhöhungsgrund« führte sie dabei an, »es müssten andere Männer durch die Strafhöhe vor gleichgeschlechtlicher Unzucht gewarnt werden«. Der Verurteilte legte daraufhin Revision ein und argumentierte, »der Zweck der Abschreckung könne gar nicht erreicht werden, da derartige Verurteilungen nicht veröffentlicht wür-

474 Gutachten vom 13.1.1938 (ebd., Nr. 687, Bl. 13–15R, hier 15R).
475 Gutachten vom 3.3.1942 (ebd., Nr. 7139, Bl. 25–27, hier 27).
476 Gutachten vom 21.1.1943 (ebd., Nr. 3631, Bl. 20–21, hier 21).

den«. Eine durchaus plausible Begründung, denn die Presse berichtete über die Prozesse gegen Homosexuelle tatsächlich nur sehr zurückhaltend.[477] Das Reichsgericht, das dem Kaufmann in anderen Punkten seiner Revisionsbegründung folgte, verwarf dieses Argument allerdings in Bausch und Bogen: Das Verfahren, die abschreckende Wirkung bei der Strafzumessung zu berücksichtigen, sei »einwandfrei«, denn der Angeklagte übersehe, »dass solche Bestrafungen unter den zur gleichgeschlechtlichen Unzucht neigenden Männern durch mündliche Mitteilungen doch bekannt werden«.[478]

Daran kann sicher kein Zweifel bestehen: Die Verfolgungspolitik war in der Homosexuellenszene durchaus ein Thema und veranlasste viele auch dazu, ihr Verhalten zu ändern. In der Regel wurde aber nur das Stigma-Management angepasst: Einige zogen sich in private Zirkel zurück, andere nutzten Decknamen und frequentierten vermeintlich anonyme Treffpunkte wie Parkanlagen oder öffentliche Toiletten. Zu sexueller Abstinenz führten die Verfolgungsmaßnahmen wohl nur in den wenigsten Fällen. Und auch die Schutzmaßnahmen wurden sehr unterschiedlich gehandhabt. Wie die Leipziger Verfolgungsakten dokumentieren, agierten viele Männer auch in der Öffentlichkeit erstaunlich unbefangen. Die Sorge, verhaftet zu werden, war zumindest bei einem Teil der Homosexuellen nicht besonders ausgeprägt. Waren diese Männer einfach nur naiv und einfältig? War es die Kraft des sexuellen Begehrens, die sie zu ihrem »unvorsichtigen« Verhalten trieb. Oder waren es vielleicht doch auch Erfahrungswerte, die ihr Verhalten bestimmten? Die Erfahrung nämlich, sexuelle Kontakte auf diese Weise relativ erfolgreich und weitgehend unbehelligt anbahnen und realisieren zu können? Wie auch immer: Die abschreckende Wirkung der Verfolgungspolitik war offenbar begrenzt.

Das zeigt sich auch daran, dass sich bei mehr als einem Drittel der Angeklagten (117 von 311) Belege für einschlägige Vorstrafen finden – der tatsächliche Anteil dürfte in Anbetracht der schlechten Überlieferung noch höher gelegen haben. Auch wenn man in Rechnung stellt, dass es sich bei diesen »Rückfälligen« zum Teil auch um eine bestimmte »Klientel« gehandelt haben könnte, also um Männer, die aus den verschiedensten Gründen dazu neigten, unvorsichtig zu agieren, so bleibt doch festzuhalten, dass der abschreckende Effekt der Strafverfolgung eher gering war. Dies dürfte erst Recht für die Frage der generalpräventiven Wirkung gegolten haben. Denn auch wenn die Dunkelziffer nur schwer einzuschätzen ist, ist doch klar, dass sie sehr hoch gelegen haben muss. Obwohl sich ein Teil der Homosexuellen zu einem abstinenten Leben entschlossen haben wird, macht die im Verhältnis zur wahrscheinlichen Homosexuellenpopulation sehr geringe Verfolgungsquote von 16 bis 27 Prozent verdächtigten und

477 Vgl. Kapitel II.9.
478 Urteil vom 5.7.1938 (ebd., Nr. 4271, Bl. 37 f., hier 37R).

vielleicht neun Prozent verurteilten Homosexuellen deutlich, dass ein großer Teil der gleichgeschlechtlichen Sexualkontakte unentdeckt blieb.[479]

Der Alltag Homosexueller im »Dritten Reich« wäre denn auch unzureichend beschrieben, wenn man ihn auf ein homophobes Klima, auf permanente Angst vor spitzelnden Nachbarn und ständige »Furcht vor der drohenden Verhaftung« reduzierte.[480] Die Untersuchungen des Verfassers zum Alltagsleben in Thüringen haben vielmehr gezeigt, dass es trotz aller Repression auch weiterhin schützende Netzwerke und gesellschaftliche Nischen gab, in denen sich zumindest ein Teil der Homosexuellen – wenn auch sehr begrenzte – Freiräume bewahren konnte. Die Verlagerung schwuler Treffpunkte an öffentliche Orte erhöhte zwar das Risiko, entdeckt zu werden. Doch erstaunlich viele nahmen dieses in Kauf, was sich nicht nur mit der Macht des sexuellen Begehrens erklären lässt, sondern auch Rückschlüsse auf das individuelle Bedrohungsgefühl zulässt. Dass die große Mehrheit der Homosexuellen die NS-Zeit überstand, ohne mit den Verfolgungsbehörden in Konflikt zu geraten, lässt sich jedenfalls nicht ausschließlich mit einer repressiven Atmosphäre erklären, die nichts anderes als Selbsthass und Selbstkasteiung zugelassen hätte.

Die abschreckende Wirkung der Verfolgungsmaßnahmen trat offenbar nicht in dem von Himmler und der Gestapo erhofften Maß ein. Zumindest, soweit diese auf die »veranlagten Homosexuellen« zielten. Erreichen konnte Himmler hingegen sein zweites Ziel: Zu der befürchteten Unterwanderung der NS-Männerbünde durch Homosexuelle kam es ebenso wenig wie zu einer massenhaften »Verführung« ihrer Mitglieder. Ob man diesen »Erfolg« als ein Resultat der Verfolgungspolitik werten möchte, hängt freilich davon ab, für wie realistisch man Himmlers Bedrohungsszenario hält.

8. Strafvollzug

Neben Sühne und Abschreckung (Generalprävention) zielte das Strafrecht auch auf die »Resozialisierung« der verurteilten Homosexuellen (Spezialprävention), ein Aspekt, der für Himmler und die von ihm initiierten Verfolgungsmaßnahmen von zentraler Bedeutung war. Himmler war geradezu besessen von der Frage, wie man Homosexuelle umerziehen und zur Heterosexualität bekehren könnte. In der Frühphase der Verfolgungspolitik glaubte er, zumindest bei den »Verführten«, die angeblich 98 Prozent der Homosexuellen ausmachten, könne man entsprechende Erfolge erzielen: »Streng überwacht und abgesondert von ihren früheren

479 Vgl. Zinn, Volkskörper, S. 304, Anm. 270.
480 Jellonnek, Fahndungs- und Ermittlungsmethoden, S. 356.

Gesinnungsgenossen« und »bei systematischer Arbeitsleistung« hätten sie sich »auffallend schnell gewandelt und seien heute als durchaus normale Männer anzusprechen«.[481] Himmler sprach hier wohl von den vermeintlichen Erfolgen, die die Inhaftierung hunderter Homosexueller in den frühen Konzentrationslagern Columbiahaus und Lichtenburg gehabt haben sollte.[482] Ein Konzept, dass er offenbar auch auf den regulären Strafvollzug zu übertragen hoffte. So scheint es 1939 zu einer entsprechenden Intervention des Chefs der Sicherheitspolizei beim Reichsjustizministerium gekommen zu sein. Dieses teilte daraufhin mit, dass die Vorschriften »neuerdings im Interesse der heilsamen Heranziehung der Homosexuellen zu schwerer Arbeit im Freien« angepasst worden seien. Zu diesem Zweck sei insbesondere auch die »Außenarbeit im Sinne der Beschäftigung von Gefangenen außerhalb des Anstaltsbereichs« erleichtert worden.

Als konterkarierend für solche Bemühungen wurde hingegen die Männergesellschaft der Strafvollzugsanstalten und Gefangenenlager betrachtet, die die Homosexualität ohne Zweifel begünstigte. Ein Umstand, der Himmler ebenfalls umtrieb, den das Reichsjustizministerium allerdings unter Verweis darauf zu entkräften suchte, dass es »alter Strafvollzugspraxis« entspreche, »Verurteilte, die wegen homosexueller Betätigung einsitzen und Gefangene, die sonst noch als Homosexuelle erkannt sind, von anderen Gefangenen« und »auch von ihresgleichen getrennt« zu halten. Dies gelte »mindestens bei denjenigen Gelegenheiten«, bei denen »die Gefahr einer Annäherung besteht«, damit so »die Gelegenheit zur Fortsetzung homosexueller Betätigung unterbunden wird«. Eingehend referiert das Reichsjustizministerium, wie Homosexuelle in einigen der neu eingerichteten Strafgefangenenlager isoliert worden seien: So sei etwa »mit Hilfe einer im Strafgefängnis Tegel hergestellten Einzelschlafzellenbaracke die nächtliche Trennung der homosexuellen Gefangenen durchgeführt worden«. In anderen Lagern habe man »dem sogenannten Verdünnungsprinzip den Vorzug« gegeben, indem man Homosexuelle über alle Baracken verteilt habe, wo sie sich »überall einer großen Mehrheit nicht Pervertierter gegenübersehen«, die sie aus »ihrem gesunden Abscheu gegen die Homosexualität heraus unter Kontrolle halten«. Homosexuelle »unter Absonderung von anderen unter sich zusammenzubringen«, berge hingegen die Gefahr, dass sich eine »homosexuelle Atmosphäre« bilde, die »den einzelnen noch tiefer in die Homosexualität hineinzieht«.

Zum regulären Strafvollzug schwieg das Reichsjustizministerium hingegen beredt. Inwieweit in den Gefängnissen und Zuchthäusern von der Möglichkeit Gebrauch gemacht wurde, Homosexuelle »in Einzelhaft oder in Zellenhaft zu

481 Richtlinien vom 11.5.1937 (HStA Marburg, Bestand 180 Eschwege, Nr. 1718, Bl. 105–113, hier 112).

482 Vgl. Kapitel I.2.

halten«, wurde in dem an Himmler adressierten Schreiben nicht erläutert.[483] Mit gutem Grund, denn in der Praxis ließen sich diese Vorgaben »häufig nicht« realisieren, wie eine Untersuchung Carola von Bülows gezeigt hat. Es war vor allem die Überbelegung vieler Gefängnisse, die die praktische Umsetzung der »hehren« Grundsätze verhinderte. Auch auf die »Zuweisung von Außenarbeiten« fand von Bülow in den von ihr untersuchten Gefängnisakten »nur sehr vereinzelt Hinweise«.[484] Ergebnisse, die auch durch die Untersuchungen des Verfassers zum Strafvollzug in Thüringen bestätigt wurden: Im Strafgefängnis Ichtershausen fand sich unter zwanzig Fällen nur einer mit der Anordnung, der Häftling müsse »stets von Mitgefangenen getrennt gehalten werden«. Im Zuchthaus Untermaßfeld, in dessen Akten sich derartige Anweisungen häufiger fanden, wurden diese dagegen nur sehr lax umgesetzt. Für einen vermehrten Einsatz Homosexueller bei Außenarbeiten ließen sich in beiden Vollzugsanstalten keine Belege finden.[485]

In den sächsischen Vollzugsanstalten dürfte die Situation ähnlich gewesen sein. Zwar sind die Akten des Bautzener Strafgefängnisses, in das die meisten der Leipziger Verurteilten überstellt wurden (89 von 311 Fällen), verloren. Überliefert sind hingegen 148 einschlägige Akten des Zuchthauses Waldheim und 165 aus der Landesgefangenenanstalt Hoheneck, von denen sich 161 auf die NS-Zeit beziehen. Letztere wurden komplett ausgewertet. Die 1868 auf Schloss Hoheneck bei Stollberg eingerichtete Anstalt war 1936 in »Strafgefängnis Hoheneck in Stollberg« umbenannt worden und fungierte zunächst als allgemeine Vollzugsanstalt für Gefängnisstrafen. 1939 wurde sie dann in ein Jugendgefängnis umgewandelt. Die überlieferten Akten betreffen 63 Erwachsene und 98 Jugendliche, sind also hinsichtlich beider Gruppen aussagekräftig. Anhand der Akten lässt sich jedoch für keine der beiden Häftlingsgruppen nachweisen, dass die Vorgaben des Reichsjustizministeriums zur Behandlung homosexueller Häftlinge in einem signifikanten Maß umgesetzt worden wären. Auf einen vermehrten Einsatz zu Außenarbeiten finden sich keine Hinweise, offenbar war diese Frage kein Kriterium der Beurteilung. Vermerkt wurde in den Akten in der Regel nur, ob die Häftlinge für »jede Arbeit« oder nur für »leichte Arbeiten« geeignet erschienen.

Auch Anweisungen für eine »Getrennthaltung« Homosexueller finden sich in den Akten kaum. Eine isolierte Unterbringung war offenbar nicht der Regel-, sondern der Ausnahmefall. Nur vereinzelt finden sich in den Akten Hinweise darauf, dass »Gemeinschaftshaft« aufgrund von »Bedenken wegen Verurteilung aus §175« abgelehnt wurde.[486] In aller Regel gab es dagegen aber »keine Beden-

483 Schreiben des Reichsministers der Justiz vom 15.12.1939. In: Grau, Dokumente, S. 199 f.

484 Carola von Bülow, Der Umgang der nationalsozialistischen Justiz mit Homosexuellen, Diss. phil., Universität Oldenburg 2000, S. 250 und 270.

485 Vgl. Zinn, Volkskörper, S. 468 f.

486 Vermerk vom 23.3.1936 (SächsStA Chemnitz, Bestand 30068, Nr. 717, Bl. 16).

ken«, soweit der Gefangene in einer Einzelschlafkoje untergebracht werde, einem möglicherweise dem Tegeler Vorbild nachempfundenen Verschlag.[487] Eine Unterbringung, deren Anordnung sich allerdings nur in zwei Fällen nachweisen lässt. Selbst wenn die Häftlinge um Einzelhaft baten, so in einem Fall, in dem der Antragsteller geltend machte, »vor einem Nervenzusammenbruch« zu stehen, konnte die Prüfung zu dem Ergebnis führen, der Gefangene sei »zu jeder Haftart geeignet«.[488] Angeordnet wurde die Unterbringung in einer Einzelzelle nur selten: bei den erwachsenen Häftlingen (also bis 1939) nur in zwei, unter den später in Hoheneck inhaftierten Jugendlichen in vier Fällen – in zwei weiteren Fällen findet sich die Eintragung »nicht! Gem.-Zelle«[489] bzw. »nicht geeignet für Gemeinschaftshaft«.[490] So etwa im Fall eines 27-jährigen Musiklehrers, dem das Leipziger Amtsgericht schon in seinem Urteil vorgehalten hatte, er lasse »sich gehen« und sei »in keinster Weise bemüht, obwohl er dazu nach Auffassung des Gerichts imstande wäre, seinen widernatürlichen Trieb zu bekämpfen«, weshalb er »eine schwere Gefahr für deutsche Jugend« sei.[491] Wohl deswegen notierte die Anstaltsleitung bei seiner Aufnahme: »Homosexuell! Scheint ein ganz frecher dreister u. aufdringlicher Bursche zu sein. Ist besonders straff zu halten.«[492] Da der junge Mann überdies an Tbc erkrankt war, empfahl der Anstaltsarzt schließlich »vorsorgehalber« die »Verlegung ins Zellenhaus – Einzelhaft in Tbc.Zelle, schon mit Rücksicht auf Homosexualität«.[493] Mitunter wurde aber auch erst im späteren Verlauf eine »Verlegung in eine Einzelzelle« angeordnet, so etwa bei einem 16-jährigen Schiffsjungen nach elf Monaten Haft.[494]

Auch auf eine Umsetzung erleichterter Haftbedingungen im Zuge des »Gestraucheltenvollzugs« finden sich kaum Hinweise. Der »Erstvollzug« war mit der Strafvollzugsordnung vom 22. Juli 1940 eingeführt und Ende 1942 in »Sondervollzug an Gestrauchelten« umbenannt worden. In den Genuss der Erleichterungen sollten noch nicht vorbestrafte Verurteilte kommen, deren Tat »nicht als Ausdruck einer zum Verbrechen neigenden Dauerhaltung« interpretiert wurde. In den Akten der Leipziger Verurteilten finden sich allerdings nur in sieben Fällen Hinweise auf eine entsprechende Einordnung. So heißt es etwa bei einem der Männer, er gelte »im Sinne der Strafvollzugsordnung als ›Gestrauchelter‹, da er nicht vorbestraft ist.«[495] Beachtlich ist, dass die Einschätzung, der Verurteilte

487 Vermerk vom 27.9.1934 (ebd., Nr. 1674, Bl. 14).
488 Antrag vom 12.2.1937 (ebd., Nr. 729, Bl. 29).
489 Undatierte Karteikarte (ebd., Nr. 8766, unpag.).
490 Undatierter Vermerk (ebd., Nr. 359, Bl. 23).
491 Urteil vom 4.9.1935 (ebd., Nr. 3673, Bl. 46).
492 Undatierter Vermerk (ebd., Bl. 64).
493 Vermerk vom 24.10.1934 (ebd., Bl. 80).
494 Vermerk vom 6.7.1943 (SächsStA Chemnitz, Bestand 30068, Nr. 3173, Bl. 22).
495 Schreiben des Oberstaatsanwaltes vom 2.3.1944 (SächsStA Leipzig, Bestand 20114, Nr. 538, Vollstreckungsheft, Bl. 2).

sei »gleichgeschlechtlich veranlagt«, offenbar kein Hindernis war für eine Klassifizierung als »Gestrauchelter«.[496] Der »Gestraucheltenvollzug« wurde häufig im Leipziger Untersuchungsgefängnis vollstreckt, wo ohnehin viele der Männer verblieben, die nur zu kurzen Gefängnisstrafen verurteilt worden waren. Dass die »Gestrauchelten« dort oder in anderen Gefängnissen aber, wie gesetzlich eigentlich vorgesehen, in besonderen Abteilungen untergebracht wurden und eine »Vorzugsbehandlung« genossen, die »darauf angelegt war, ihre Resozialisierung zu begünstigen«, lässt sich anhand der überlieferten Dokumente aus Sachsen nicht belegen. Eher dürfte es so gewesen sein, dass dieses Ziel »zumeist nur auf dem Papier« bestand, wie Michael Löffelsender konstatierte.[497]

Die zurückhaltende Umsetzung der Vorgaben des Reichsjustizministeriums war in erster Linie der chronischen Überbelegung der Strafanstalten geschuldet. Sie bedeutete freilich nicht, dass homosexuelle Häftlinge nicht unter besonderer Beobachtung gestanden hätten. Schon vor 1933 hatte man immer wieder überprüft, ob bei einschlägig Vorbestraften »irgendwelche homosexuellen Neigungen beobachtet worden« seien und zum Beispiel angeordnet: »Ihn mal unauffällig beobachten.«[498] Eine Praxis, an der sich auch nach der Umwandlung zum Jugendgefängnis nichts änderte. So ordnete die Gefängnisleitung bei einem 15-Jährigen aus Eisenberg, bei dem das Elternhaus »vollkommen versagt« habe und der »mit seiner starken Sexualität für jeden eine Gefahr« darstelle, an: »Scharf überwachen, Unzucht!«[499] Die Ergebnisse wurden in den Akten notiert – mitunter auch dann, wenn sie negativ ausfielen, wie im Fall eines 19-jährigen Schriftsetzers: »Beobachtungen in sexueller Hinsicht wurden bisher nicht gemacht.«[500] Der Sonderstatus homosexueller Häftlinge kam schließlich auch darin zum Ausdruck, dass ihnen die Übernahme bestimmter Funktionen, die einem Aufstieg in der Gefängnishierarchie gleichkamen und gewisse Privilegien mit sich brachten, in aller Regel verwehrt blieb. So wurde dem später in Buchenwald ermordeten Berliner Schriftsteller Eitel-Fritz Daehnke die Verwendung als Aufseher mit der Begründung verweigert: »Kommt nicht in Frage wegen Straftat.«[501]

Dass das vordringliche Ziel all dieser Maßnahmen, homosexuelle Kontakte innerhalb der Vollzugsanstalten zu unterbinden, tatsächlich erreicht wurde, ist eher unwahrscheinlich. Denn Homosexualität war »in der Ausnahmesituation

496 Vgl. Aufnahmeersuchen vom 1.2.1944 (SächsStA Leipzig, Bestand 20114, Nr. 3649, Vollstreckungsheft, Bl. 4R) und Aufnahmeersuchen vom 8.10.1943 (ebd., Nr. 3029, Vollstreckungsheft, Bl. 4f., hier 4R).

497 Michael Löffelsender, Strafjustiz an der Heimatfront. Die strafrechtliche Verfolgung von Frauen und Jugendlichen im Oberlandesgerichtsbezirk Köln 1939–1945, Tübingen 2012, S. 412.

498 Vermerk vom 22.11.1930 (SächsStA Chemnitz, Bestand 30068, Nr. 7976, Bl. 20).

499 Vermerk vom 20.3.1944 (ebd., Bestand 30068, Nr. 1098, Bl. 15–19).

500 Führungsbericht vom 19.9.1939 (ebd., Bestand 30068, Nr. 6817, Bl. 43).

501 Vermerk vom 22.2.1937 (ebd., Bestand 30068, Nr. 1269, Bl. 17).

des Gefängnisses als quasi normale Sexualbetätigung« weit verbreitet, wie Sexualforscher schon Anfang des 20. Jahrhunderts notiert hatten. Es waren »gerade vitale und bislang nicht hs [homosexuelle] Gefangene«, die sich so betätigten.[502] Unter der NS-Herrschaft dürfte sich daran trotz der verschärften Verfolgungspolitik nicht viel geändert haben. Gleichwohl war auch die Hoffnung des Reichsjustizministeriums, dass die Mitgefangenen Homosexuelle »unter Kontrolle halten«, nicht gänzlich absurd. Denn ähnlich wie Eugen Kogon es für die Konzentrationslager beschrieben hat, dürften auch in den Gefängnissen »nur jene in Acht und Bann« gestanden haben, die wegen Homosexualität inhaftiert worden waren.[503] Die sogenannten »175er« wurden also nicht nur durch das Gefängnispersonal überwacht, sondern auch durch ihre Mithäftlinge. Vereinzelt kam es dabei sogar zu Strafanzeigen. So etwa im Fall eines 43-jährigen, vom Gerichtsgutachter als »schwachsinnig« beschriebenen Landarbeiters, der »mit 5 weiteren Gefangenen in einer Doppelzelle der Untersuchungshaftanstalt I in Leipzig untergebracht« war. Nachdem er »zuvor das Guckloch in der Zellentür verklebt hatte, um eine Beobachtung von außen zu verhindern«, hatte er sich zu einem polnischen Mitgefangenen ins Bett gelegt und an diesem befriedigt. Ein anderer Mitgefangener, der das Geschehen beobachtet hatte, zeigte ihn an.[504] Die Wirkung der kollektiven Selbstkontrolle war allerdings begrenzt. Denn einige privilegierte Gefangene nutzten ihre Situation auch aus, um homosexuelle Mithäftlinge zu sexuellen Gefälligkeiten zu drängen. So bestach ein im Zuchthaus Waldheim als Zellenwärter eingesetzter Gefangener einen nach § 175 verurteilten Mithäftling mit »Zulagen an Nahrungsmitteln«, um sein »Anerbieten in homosexuellen Verkehr« zu untermauern. Das Verhältnis, zu dem es daraufhin kam, wurde von anderen Gefangenen ebenso beobachtet wie die Übergabe von »Kartoffeln u. Sauerkraut«. Diese erstatteten allerdings keine Anzeige. Es war vielmehr der homosexuelle Häftling, der nach dem »Ausbleiben der Zulagen« die Gefängnisleitung informierte – obwohl er sich damit auch selbst belastete. Er erhielt schließlich eine Hausstrafe von 12 Tagen Arrest.[505]

Noch am ehesten wurden die Prinzipien von Isolierung und »harter Arbeit an frischer Luft« in den dem Reichsjustizministerium unterstehenden Straflagern umgesetzt. Von 288 Leipziger Verurteilten wurden mindestens 27 in solche Straflager überstellt – der tatsächliche Anteil wird auch hier höher gelegen

502 Günther Gollner, Homosexualität. Ideologiekritik und Entmythologisierung einer Gesetzgebung, Berlin 1974, S. 47.

503 Kogon, Der SS-Staat, S. 263.

504 Urteil vom 9.8.1943 (SächsStA Leipzig, Bestand 20114, Nr. 3238, Bl. 9–11, hier 10). Vgl. auch einen weiteren Fall der Anzeige durch einen Mitgefangenen in der Akte Nr. 262 aus demselben Archivbestand.

505 Hausstrafverfahren und Bericht vom 31.3.1945 (SächsStA Leipzig, Bestand 20036, Nr. 15041, Bl. 46 f., hier 47).

haben, weil die Vollzugshefte, die über diese Frage verlässlich Auskunft geben könnten, nur in einem Teil der Akten überliefert sind. Eingewiesen wurden die Betroffenen vor allem in die Moorlager des Emslandes und ins Gefangenenlager Rodgau, vereinzelt aber auch in die Lager Elbregulierung bei Coswig (Anhalt) und Hohnstein-Hesselicht (Sächsische Schweiz). Voraussetzung für eine Einweisung war, dass der Häftling »moorfähig«, das heißt körperlich zu harter Arbeit einsetzbar war, was durch ein ärztliches Gutachten bestätigt werden musste. Derartige Gutachten wurden in der Regel in den Strafvollzugsanstalten erstellt, in die die Gefangenen zuerst eingewiesen wurden. In Hoheneck wurden mindestens 17 von 63 erwachsenen Gefangenen als »moorfähig« begutachtet, aber nur zwei von 98 Jugendlichen – eine Begutachtung, die bei den Jugendlichen eigentlich obsolet war, sollten sie in den Augen des Reichsjustizministeriums doch ohnehin »nicht in den Lagervollzug gelangen«.[506]

Aus Leipzig wurden ähnlich wie auch aus Altenburg fast nur solche Häftlinge in Gefangenenlager überstellt, die wegen »qualifizierter« Homosexualität nach § 175a verurteilt oder vorbestraft waren.[507] In den meisten Fällen ging es um Jugendverführung, in vier Fällen wurden sogenannte »Strichjungen« in Straflager eingewiesen. Nur in zwei von 27 Fällen ging es um »einfache« Homosexualität, allerdings nicht allein, denn die Betroffenen waren gleichzeitig wegen Diebstahls, Betrugs und Urkundenfälschung verurteilt worden. Drei Viertel der Verurteilten wurden erst seit 1939 in Straflager eingeliefert, nachdem die Vollzugsgrundsätze im »Interesse einer heilsamen Heranziehung der Homosexuellen zu schwerer Arbeit im Freien« geändert worden waren. Zuvor war die Devise offenbar gewesen, auf die »Heranziehung homosexueller Gefangener« zwar nicht »ganz zu verzichten«, sie aber eher zurückhaltend zu handhaben. Das lag auch daran, dass es in den Straflagern ebenfalls Probleme gab, die homosexuellen Häftlinge zu isolieren – selbst eine »nächtliche Trennung« war oft nur schwer umsetzbar. In Rodgau wurde zumindest »ein Teil der homosexuellen Gefangenen in einer großen Einzelzellenbaracke« untergebracht. In den Emslandlagern, wo man auf das »Verdünnungsprinzip« setzte, wurden sie dem Reichsjustizministerium zufolge grundsätzlich in einem »besonders überschaubaren Teil der Baracke« und »stets im oberen Bett« untergebracht. Auch durften sie nie »ohne ständige unmittelbare Aufsicht mit einzelnen anderen Gefangenen« zusammen sein. Inwieweit diese Beschreibung den Lageralltag zutreffend wiedergab, bleibt freilich offen. Dass das Reichsjustizministerium gegenüber Himmler unter einem gewissen Rechtfertigungsdruck stand und die Behandlung homosexueller Häftlinge als besonders streng darstellte, liegt jedenfalls nahe.[508]

506 Schreiben des Reichsministers der Justiz vom 15.12.1939. In: Grau, Dokumente, S. 199 f., hier 200.

507 Vgl. Zinn, Volkskörper, S. 469.

508 Schreiben des Reichsministers der Justiz vom 15.12.1939. In: Grau, Dokumente, S. 199 f.

Viele Häftlinge hofften, den für Homosexuelle prekären Umständen in den Gefängnissen und Straflagern entkommen zu können, indem sie Gnadengesuche einreichten. Und die Hoffnung auf eine vorzeitige Entlassung aufgrund einer Begnadigung war nicht vollkommen unbegründet, war es bis 1933 doch üblich gewesen, bei Urteilen nach § 175 schon frühzeitig eine bedingte Strafaussetzung zu gewähren. Ab Mitte der dreißiger Jahre änderte sich diese Praxis aber grundlegend. Für Thüringen gab es seit 1938 zum Beispiel die Empfehlung, Gnadengesuche Homosexueller sollten »grundsätzlich nicht befürwortet werden, es sei denn, dass der Verurteilte sich freiwillig der Entmannung unterziehe«.[509] In den Kriegsjahren könnten überdies die Pläne der Polizei, Verurteilte nach § 175/175a »nach der Strafverbüßung regelmäßig noch längere Zeit in Erziehungslager [sic!] unterzubringen«, eine Rolle gespielt haben. Der Dresdner Generalstaatsanwalt verwies im November 1943 jedenfalls darauf, dass vorzeitige Entlassungen Homosexueller auf Bewährung »daher nicht angebracht« seien, sie könnten nur dann »bewilligt werden, wenn die Polizei damit einverstanden ist«.[510] Ein Beleg für die von Fraenkel diagnostizierte zunehmende »ideologische Durchdringung« des »Normenstaates«, wurde damit doch eine Aufgabe der Staatsanwaltschaft an die Genehmigung durch eine ihr eigentlich nachgeordnete Instanz des »Maßnahmenstaates« gebunden.[511]

Trotz der geringen Erfolgsaussichten wurden Gnadengesuche recht häufig eingereicht: In den 311 Prozessakten des Leipziger Landgerichts finden sich in 86 Fällen Hinweise darauf, die tatsächliche Zahl wird wegen der lückenhaften Überlieferung aber auch hierbei höher gelegen haben. Antragsteller waren in aller Regel die Verurteilten selbst, mitunter aber auch Angehörige, insbesondere Eltern (zwölf Fälle) oder, sofern vorhanden, Ehefrauen (acht Fälle). In der Hoffnung, ihre Chancen zu erhöhen, argumentierten die Verurteilten häufig affirmativ. Sie bekundeten Reue und bestätigten die vorherrschende Sichtweise einer »Verführung« zur Homosexualität, indem sie sich als deren Opfer darstellten. So etwa ein 38-jähriger Maurer, der im August 1943 wegen § 175 zu acht Monaten Gefängnis verurteilt worden war und drei Monate später das folgende Gnadengesuch verfasste: »Meine Tat ist mir herzlich leid und bereue sie auch außerordentlich, es ist mir nicht nur leid sondern peinlich dass ich durch derartige Extremitäten, welche ich in der Hauptsache durch den Umgang anders gearteter Menschen in diesen Lebenswandel hineingerissen, zu verdanken habe, auf längere Zeit aus dem Arbeitsprozess getreten bin. Ich beklage nicht die Höhe der Strafe an sich, denn

509 Niederschrift über die Besprechung mit den Oberstaatsanwälten am 31.1. und 1.2.1938 in Jena (ThHStA Weimar, Generalstaatsanwalt, Sign. 430, Bl. 22 f.).

510 Protokoll der Dienstbesprechung vom 5.11.1943 (SächsHStA Dresden, Bestand 11117, Nr. 100, Bl. 1).

511 Vgl. Fraenkel, Doppelstaat, S. 124.

ich fühle mich überhaupt schon genügend moralisch gedemütigt, wenn ich der Gründe bedenke, die mir diese Strafe einbrachten.«[512]

Obwohl der Mann von der Staatsanwaltschaft als »Gestrauchelter« klassifiziert worden war, wurde das Gnadengesuch abgelehnt. Ein weiteres Gesuch, das er sechs Wochen vor dem offiziellen Haftende stellte, wurde zwar von der Gefängnisleitung und schließlich auch vom Landgericht befürwortet, dann aber wegen zwischenzeitlichen Strafablaufs für »erledigt« erklärt.[513]

Andere Gefangene setzten darauf, eine heterosexuelle Läuterung zu inszenieren, indem sie eine Eheschließung avisierten. So etwa ein im Herbst 1943 wegen »einfacher« Homosexualität zu einem Jahr Gefängnis verurteilter Lagerverwalter, dem es mit Hilfe seines Rechtsanwaltes bereits gelungen war, einen Strafaufschub bewilligt zu bekommen, weil er in seinem Betrieb »unabkömmlich« sei. Ein halbes Jahr später ließ er durch seinen Anwalt mitteilen, dass er zu Pfingsten die Ehe eingehen wolle. Die Staatsanwaltschaft verlangte daraufhin die Aufgebotsbescheinigung, deren Beibringung sich bis August hinzog, setzte die Strafe dann aber für zwei Jahre zur Bewährung aus.[514] Solche Fälle waren allerdings seltene Ausnahmen – in aller Regel wurden die Gnadengesuche abgelehnt. Dazu trugen auch die Stellungnahmen der Strafanstalten bei, die fast immer negativ ausfielen, wenn man den Gefangenen für homosexuell veranlagt hielt. So etwa im Fall eines 41-jährigen Angestellten, dessen Gnadengesuch von der Gefangenenanstalt Hoheneck abgelehnt wurde, weil er »bei seiner anscheinend tiefwurzelnden homosexuellen Veranlagung auch weiter stark gefährdet« sei.[515] Doch auch wenn man die Strafgefangenen als »Verführungsopfer« betrachtete, fielen die Stellungnahmen der Gefängnisse nicht besser aus. So teilte die Bautzener Gefängnisleitung zu einem 19-jährigen Postfacharbeiter mit, er sei »ein oberflächlicher, moralisch stark minderwertiger, durch die vielerlei Gefahren des Großstadtlebens verdorbener Mensch«, woraufhin die Staatsanwaltschaft dessen Gnadengesuch ablehnte.[516] Mitunter bedienten die Gefängnisse in ihren Stellungnahmen auch tradierte Klischees vom weibischen, weichlichen und willenlosen Homosexuellen. So etwa im Fall von Herbert Armin Louis Bemmann, einem 32-jährigen Solotänzer am Neuen Theater in Leipzig, der im Juni 1939 wegen Vergehens nach § 175 zu drei Monaten Gefängnis verurteilt worden war. Als er nach zwei Monaten ein Gna-

512 Gnadengesuch vom 4.10.1943 (SächsStA Leipzig, Bestand 20114, Nr. 3272, Gnadenheft, Bl. 1 f., hier 1).

513 Beschluss des Gefängnisses vom 13.12.1943 und Vermerke vom 18.12.1943 und 31.12.1943 (ebd., Bl. 6R f.).

514 Schreiben vom 25.3.1944 und Beschluss vom 18.8.1944 (ebd., Nr. 3026, Gnadenheft, Bl. 3 und 9 f.).

515 Stellungnahme vom 4.4.1937 (SächsStA Chemnitz, Bestand 30068, Nr. 1266, Bl. 19).

516 Stellungnahme zum Gnadengesuch vom 19.6.1944 und Beschluss vom 26.7.1944 (SächsStA Leipzig, Bestand 20114, Nr. 4542, Gnadenheft, Bl. 1 f.).

dengesuch einreichte, schrieb das Untersuchungsgefängnis: »Bemmann hat sich bisher hausordnungsgemäß geführt. Die rechte Schuldeinsicht fehlt ihm. Er ist weichlich und unmännlich. Ein Gnadenerweis wird nicht befürwortet.«[517] Die Staatsanwaltschaft lehnte das Gesuch am 14. Oktober 1939 ab – Wochen nach Bemmans regulärer Entlassung.

Auch in den Gnadengesuchen von Familienangehörigen wurde in der Regel affirmativ argumentiert. So versicherten die Eltern, sich um die Besserung ihrer Söhne bemühen zu wollen. Zum Beispiel der Vater eines 26-jährigen Bäckers, der auch wegen Kindesmissbrauchs verurteilt und in die Heil- und Pflegeanstalt Waldheim eingewiesen worden war: »Ich verpflichte mich, die Beaufsichtigung meines Sohnes zu übernehmen, damit er doch noch ein brauchbarer Mensch für die Zukunft wird.«[518] Das Gesuch wurde abgelehnt, der Sohn kam zwei Jahre später in der »Landespflegeanstalt« Brandenburg ums Leben, vermutlich im Rahmen des Euthanasieprogramms.[519] Andere setzten sich dafür ein, dass sich ihre Söhne an der Front »bewähren« könnten. So der Vater eines 28-jährigen Markthelfers, der am 15. November 1939 schrieb, sein Sohn »könnte doch im Kriege seinem Vaterland besser dienen, wenn er frei wäre«. Auch dieses Gesuch wurde abgelehnt, der Sohn starb zehn Monate später in Bautzen.[520]

Aussicht auf Erfolg hatten vor allem in den letzten beiden Kriegsjahren Anträge auf Strafaussetzung zur »Bewährung an der Front«. Bei der Wehrmacht waren die Fragen der Bestrafung homosexueller Handlungen wie auch des Einsatzes nach § 175 vorbestrafter Männer eingehend erörtert worden. Der Wehrpsychiater Otto Wuth hatte gegenüber dem Wehrmachtsführungsstab die Devise ausgegeben, dass Homosexualität »den Tauglichkeitsgrad nicht beeinflusst«, allerdings hatte er dazu geraten, »die Täter wegen § 175, 175a tunlichst bei der kämpfenden Truppe einzusetzen«, weil die Rückfallgefahr aufgrund der Strapazen des Kampfes dort geringer sei.[521] In einer Richtlinie vom Mai 1943 unterschied auch die Wehrmacht zwischen »Verführern«, die man als »Hangtäter« bezeichnete, und »Verführten«, die man lediglich für »abgeirrt« hielt. Während die Ersteren aus der Wehrmacht zu entlassen waren, sollte bei den Letzteren »auch Feindbewährung nach Teilverbüßung oder Verbüßung zulässig« sein.[522] Unter den Leipziger Verurteilten wurde eine solche »Strafaussetzung zur Frontbewährung«

517 Stellungnahme vom 2.9.1939 zum Gnadengesuch vom 27.8.1939 (ebd., Nr. 1293, Gnadenheft, Bl. 1f.).

518 Gnadengesuch vom 26.10.1939 (ebd., Nr. 2669, Gnadenheft, Bl. 2f., hier 3).

519 Vgl. Beschluss vom 10.11.1939 (ebd., Bl. 5) sowie Mitteilung der Landes-Pflegeanstalt vom 26.5.1942 (ebd., Ermittlungsakte, Bl. 85).

520 Gnadengesuch vom 15.11.1939 (ebd., Nr. 1233, Bl. 2) und Beschluss vom 6.12.1939 (ebd., Bl. 4).

521 Otto Wuth, Aide-Mémoire vom 24.2.1943. In: Grau, Dokumente, S. 219–224, hier 222f.

522 General Keitel, Richtlinien vom 19.5.1943. In: ebd., S.224–227, hier 224 und 226.

dementsprechend vor allem bei denjenigen genehmigt, die man als »Gestrauchelte« klassifiziert hatte. In der Regel wurden die Betroffenen aber erst wenige Wochen vor Strafablauf zur Wehrmacht entlassen. So etwa ein 33-jähriger Werkmeister, der im August 1943 wegen »einfacher« Homosexualität zu sechs Monaten Gefängnis verurteilt worden war. Kurz danach stellte er einen Antrag auf Aussetzung der Vollstreckung zur »Fronbewährung«, der von seiner Stammkompanie Mitte Oktober befürwortet wurde, weil er »durch mannhaften Einsatz vor dem Feinde Gelegenheit finden« könne, »seinen Körper zu stählen und dadurch seinen etwa vorhandenen weichlichen, perversen Anlagen entgegen zu arbeiten, bevor diese zu einer ausgesprochenen Veranlagung im Sinne des § 175 StGB. ausarten«.[523] Die Bewilligung des Antrages zog sich dennoch bis Mitte Dezember hin. Trotz »erfolgreicher« Frontbewährung wurde ihm die Reststrafe von 40 Tagen aber nicht erlassen – wie in vielen ähnlichen Fällen auch kam es dazu erst nach Kriegsende. In einem anderen Fall, in dem ein Obergefreiter, der sich einem Kameraden sexuell genähert hatte, 1941 zu anderthalb Jahren Gefängnis verurteilt worden war, wurde die Strafe bereits nach sechs Monaten »zur Bewährung bei einer besonderen Truppe« ausgesetzt.[524] Nach Erlass der Richtlinie vom Mai 1943 wurde dann aber rückwirkend festgestellt, dass der Mann »hinsichtlich seiner Verfehlung wegen widernatürlicher Unzucht als Hangtäter anzusehen ist«. Die Strafaussetzung wurde widerrufen.[525]

Eine weitere Möglichkeit, sich zu »bewähren« und so die Strafhaft zu verkürzen, war der Einsatz bei Bombenräumkommandos. »Freiwillige Blingängerkommandogefangene« konnten darauf hoffen, »im Wege des abgekürzten Verfahrens der kriegsbedingten vorzeitigen Entlassung teilhaftig« zu werden. Inwieweit dies auch für Homosexuelle galt, denen aufgrund ihrer Veranlagung per se ein hohes »Rückfallrisiko« unterstellt wurde, ließ sich anhand der überlieferten Akten nicht klären. Bei »Sicherungsverwahrten« war diese Option jedenfalls wenig erfolgversprechend, oblag die Entscheidung hier doch dem Generalstaatsanwalt, der nicht nur eine »eingehende Begutachtung des Gefangenen« verlangte, sondern auch, dass der Strafzweck »als erreicht zu betrachten ist«.[526] In einem Fall, in dem das Dresdner Feldgericht einen Mann wegen »einfacher« Homosexualität als »gefährlichen Gewohnheitsverbrecher« zu 25 Monaten Zuchthaus und anschließender Sicherungsverwahrung verurteilt hatte, war dies kaum zu erwarten. Denn das Gericht hatte die Sicherungsverwahrung mit »seiner homosexuellen Veranla-

523 Stellungnahme der Stammkompanie vom 17.10.1943 (SächsStA Leipzig, Bestand 20114, Nr. 3180, Vollstreckungsheft, Bl. 7).

524 Verfügung vom 28.6.1941 (ebd., Bestand 20036, Nr. 15738, Bl. 11).

525 Schreiben vom 16.12.1943 und Beschluss vom 4.1.1944 (ebd., Bl. 12).

526 Vermerk vom 30.4.1945 (ebd., Nr. 14869, unpag.).

gung« begründet, aufgrund derer der Verurteilte »einen unwiderstehlichen Hang zu gleichgeschlechtlicher Betätigung« habe und »auch in Zukunft nicht die erforderlichen Hemmungen aufbringen« werde. Vor diesem Hintergrund ist nicht davon auszugehen, dass der Generalstaatsanwalt der Entlassung zugestimmt hätte – aufgrund des Kriegsendes wurde das Prüfverfahren in diesem Fall nicht mehr durchgeführt.[527]

Interessant an den geschilderten Fällen ist überdies, dass unterschiedliche Institutionen darum konkurrierten, die »adäquate« Behandlung der Gefangenen nach ihrer Entlassung festzulegen. Neben der Staatsanwaltschaft und der Wehrmacht waren es auch die verschiedenen Kriminalpolizeistellen, die die Akten zwecks Vorbereitung »polizeilicher Vorbeugungsmaßnahmen« anforderten.[528] Dies war gängige Praxis, häufig ordneten Kripo oder Gestapo auch schon während des Ermittlungsverfahrens die »Rückführung« der Gefangenen nach Strafverbüßung an, um sie dann entweder zu verwarnen oder aber »Vorbeugungsmaßnahmen« wie die »planmäßige Überwachung« oder die »Vorbeugungshaft« im KZ anzuordnen.[529] Seit 1941 hatten an diesem Prüfungsverfahren auch die Strafanstalten mitzuwirken. So mussten sie die Kriminalpolizeistellen sechs Wochen vor Entlassung der Häftlinge informieren. Dabei hatte die »Vollzugsanstalt auch Angaben über die Wesensart des Gefangenen oder Verwahrten und sein Verhalten während des Vollzuges« zu machen.[530] Die Beurteilungen der Strafanstalten hatten also durchaus Einfluss darauf, ob die Gefangenen mit »Vorbeugungsmaßnahmen« zu rechnen hatten. Eindeutige Empfehlungen in dieser Richtung finden sich in den Führungsberichten zwar nur selten. Wenn eine KZ-Einweisung aber bereits geplant war, verwies man mitunter auch auf kleinste Verfehlungen, um die entsprechende Entscheidung der Kripo zu unterstützen. So in einem Fall, in dem die Waldheimer Anstaltsleitung ihre Unterstützung für den Plan der Karlsbader Kripo signalisierte, einen nicht vorbestraften Maurer, der wegen § 175a zu vier Jahren Zuchthaus verurteilt worden war, nach Strafende in Schutzhaft zu nehmen: Der Gefangene, der »tatsächlich vielerlei positive Merkmale« aufweise, sei »allerdings einmal mit Arrest bestraft worden wegen Zettelschreibens an einen Mitgefangenen«. Diese »Freundschaft« habe »vermutbar homosexuelle Grundlage« gehabt, »irgendwelche tatsächlichen Vorgänge wurden aber nicht nachgewiesen«. Diese »Einzelbeobachtung« zwinge »hinsichtlich der

527 Urteil vom 19.11.1943 (ebd., Bl. 3–11, hier 9).

528 Vgl. Schreiben vom 27.9.1943 (ebd., Bestand 20114, Nr. 3137, Bl. 157); Schreiben vom 23.3.1945 (ebd., Bestand 20036, Nr. 15738, Bl. 27).

529 Vgl. Kapitel II.11.

530 Aktenvermerk des Reichsjustizministeriums vom 23.3.1941. In: Vorbeugende Verbrechensbekämpfung. Erlaßsammlung (BArch, RD 19/28-15, Bl. 225).

Prognose doch zur Zurückstellung. Ich vermag daher von geplanten Maßnahmen gegen K. nicht abzuraten«.[531]

Direkt beteiligt waren die Strafanstalten auch an der Einweisung von Sicherungsverwahrten in die Konzentrationslager. Nach einer Absprache, die der neue Justizminister Otto Thierack im September 1942 mit Heinrich Himmler getroffen hatte, betraf dies sogenannte »asoziale Elemente im Strafvollzug«: nicht nur »zu besonders langen Strafen verurteilte und sicherungsverwahrte Häftlinge«, sondern unter anderen auch »Juden, Zigeuner, Russen und Ukrainer«.[532] Die ganze Aktion zielte darauf, die Gefangenen »in den Konzentrationslagern physisch zu vernichten«. Wer in die KZs deportiert wurde, entschied eine eigens vom Reichsjustizministerium eingerichtete Überprüfungskommission, die die wohl von den Vollzugsanstalten gemeldeten »Kandidaten« nach einem Kriterienkatalog beurteilte.[533] Aus dem Zuchthaus Waldheim wurden im Zuge dieser Aktion allein im Dezember 1942 zehn Männer, die dort wegen homosexueller Handlungen einsaßen, ins Konzentrationslager Buchenwald überstellt. Insgesamt waren es mindestens 23 wegen Homosexualität verurteilte Gefangene, die entweder vorzeitig oder nach offiziellem Strafablauf aus Waldheim in Konzentrationslager deportiert wurden. Alle waren wegen qualifizierter Homosexualität nach § 175a verurteilt worden, 13 überdies wegen Kindesmissbrauchs nach § 176. Dass es sich gerade hierbei um eine Gruppe handelte, für die die »Vernichtung« vorgesehen war, zeigt sich daran, dass mindestens 20 von ihnen zu Tode kamen.[534]

Eingebunden waren die Strafanstalten auch in die Planungen, die die Behandlung jugendlicher Häftlinge nach Strafverbüßung betrafen. Denn diese konnten in ein Erziehungsheim oder sogar in eines der neu eingerichteten »Jugendschutzlager« eingewiesen werden, die Konzentrationslagern ähnelten. Himmler trieb kaum etwas so um wie die in seinen Augen reale Gefahr, »dass die ganze Jugend zur Homosexualität abwandert«. Deswegen hatte er schon in seiner Geheimrede von 1937 angekündigt, man werde alle der Homosexualität verfallenen »Jungen mit 17–18 Jahren, soweit sie nicht schon restlos verdorben sind, einziehen und in Lager bringen«. Dort, so meinte er, könne man zumindest einen Teil von ihnen noch »durch Zucht, Ordnung, Sport und Arbeit, so wie es in einer ganzen Anzahl von Fällen geglückt ist, auf einen normalen Weg zurückbringen«.[535] Nach einem Erlass des Reichssicherheitshauptamtes vom 1. Dezember 1939, der Maßnahmen

531 Schreiben vom 31.3.1943 (SächsStA Leipzig, Bestand 20036, Nr. 12429, Bl. 57).

532 Jonas Menne, »Lombroso redivivus?« Biowissenschaften, Kriminologie und Kriminalpolitik von 1876 bis in die Gegenwart, Tübingen 2017, S. 115.

533 Löffelsender, Strafjustiz an der Heimatfront, S. 417.

534 Vgl. SächsStA Leipzig, Bestand 20036, Nr. 13981, 13475, 11215, 11216, 10325, 12412, 12679, 13442, 12173, 13355, 11824, 12183, 13283, 13940, 11657, 11658, 11457, 12629, 12630, 11627, 11074, 13536, 8287, 11947, 13579 und 10933.

535 Himmler, Geheimreden, S. 98 f.

zur »Bekämpfung der Jugendkriminalität« regelte, war besonderes »Augenmerk auf solche Jugendlichen zu richten, die als homosexuell bekannt sind oder verdächtigt werden«. Vor allem bei »Strichjungen« sei »unter allen Umständen im Einvernehmen mit der Fürsorgebehörde Anstaltsunterbringung anzustreben, selbst nach erfolgter Strafverbüßung«. Mit Erlass vom 1. April 1940 wurden die Kriminalpolizeistellen dann ersucht, männliche »Minderjährige für die Unterbringung« in den neu einzurichtenden Jugendschutzlagern vorzuschlagen, bei denen »Fürsorgeerziehung wegen Aussichtslosigkeit« ausscheide. Dabei seien »vorwiegend 16- bis 19-jährige Burschen zu berücksichtigen«.[536]

Um derartige Maßnahmen vorzubereiten, wurden das Vorleben und die familiären Verhältnisse der Jugendlichen genau durchleuchtet. Dazu trugen auch externe Gutachten bei, die von Bürgermeistern, Schulen, Jugendämtern oder Parteidienststellen eingeholt wurden. So etwa im Fall des bereits oben erwähnten 19-jährigen Sohnes eines NSDAP-Blockleiters, in dem die NSDAP eine ausführliche Stellungnahme zum Elternhaus abgab und daraus auch Empfehlungen zur Behandlung des Sohnes ableitete. Demnach sei der Vater »einwandfrei«, die Schuld an der Homosexualität des Sohnes treffe vielmehr die Mutter, die »charakterlich als nicht einwandfrei zu bezeichnen« und in ihrer Jugend als »lose Fliege« bekannt gewesen sei. Letztlich empfahl man, den Jungen zu sterilisieren und nach seiner Strafentlassung nicht wieder in das Elternhaus zu geben, weil er zuhause unter dem Einfluss der Mutter stünde.[537] Unter den 98 in Hoheneck inhaftierten Jugendlichen lässt sich allerdings nur in drei Fällen nachweisen, dass es zu einer Anstaltsunterbringung kam. In zwei Fällen ging es um tatsächliche oder vermeintliche »Strichjungen«: Einen 15-Jährigen, der wegen männlicher Prostitution verurteilt worden waren, brachte das Jugend- und Wohlfahrtsamt in der Landesfürsorge-Erziehungsanstalt in Chemnitz-Altendorf unter.[538] Bei einem 18-Jährigen, der zudem auch wegen versuchter Erpressung verurteilt worden war, hatte das Jugendgericht die Fürsorgeerziehung angeordnet.[539] Im dritten Fall ging es um einen offenbar homosexuell veranlagten 19-Jährigen, der wegen Diebstahls verurteilt und »nach Verbüßung der Haftstrafe« in die Chemnitzer Erziehungsanstalt eingewiesen worden war. Aus dieser wurde er zwar nach kurzer Zeit »auf Antrag seines Vormundes versuchsweise« entlassen. Nachdem er dann aber mit einem »38 Jahre alten als homosexuell bekannten« Mann verkehrte und »die Verwahr-

536 Erlasse vom 1.12.1939 und 1.4.1940 In: Vorbeugende Verbrechensbekämpfung. Erlaßsammlung (BArch, RD 19/28–15, Bl. 164 und 191). Vgl. auch die Erlasse vom 18.8.1940, 8.11.1940 und 3.10.1941 (ebd., Bl. 199, 209 und 255).

537 Stellungnahme der NSDAP vom 20.6.1941 (SächsStA Chemnitz, Bestand 30068, Nr. 6529, Bl. 18).

538 Schreiben vom 25.9.1941 (ebd., Nr. 6476, Bl. 26).

539 Urteil vom 1.9.1941 und Schreiben vom 14.9.1942 (ebd., Nr. 5257, Bl. 10 und 42).

losung bereits in sehr starkem Maße fortgeschritten war«, da er angeblich »völlig unter dem Einfluss« des Mannes stand, wurde erneut »die sofortige Überführung in die Landesfürsorge-Erziehungsanstalt« angeordnet«.[540] Auch nachdem er wegen »fortgesetzter Unzucht mit einem Manne« weitere drei Monate in Hoheneck verbüßt hatte, überstellte man ihn wieder in die Erziehungsanstalt.[541] In der Regel riet die Gefängnisleitung von einer Anstaltsunterbringung aber eher ab; und das mit Argumenten, die Himmlers Linie eher konterkarierten: So hieß es über einen 15-Jährigen, man »halte es nicht für ratsam, ihn in einer Erziehungsanstalt unterzubringen«, denn der Junge würde dort nur »Anschluss an ältere, wahrscheinlich aber dabei ungünstig veranlagte Zöglinge suchen«.[542] Ähnlich hatte in einem anderen Fall bereits das Leipziger Jugendgericht argumentiert: Bei einem 17-Jährigen sah es von weiteren Erziehungsmaßnahmen ab, da »eine Anstaltserziehung wegen der großen Gefahr, die alle Homosexuellen für die Mitinsassen einer Erziehungsanstalt bilden, nicht in Frage kommt.«[543]

Die rabiaten Maßnahmen, die Himmler einforderte, ließen sich bei Jugendgerichten und Gefängnisleitungen offenbar nur schwer durchsetzen. Zu Einweisungen in die neuen Jugendschutzlager scheint es nur selten gekommen zu sein. Im einzigen Fall, in dem sich ein entsprechender Hinweis finden ließ, ging die Initiative zudem von einer NS-Institution aus: Im November 1940 schlug der Reichsstatthalter des Sudetengaus einen 17-Jährigen, der als Gegenleistung für Sex »Geldgeschenke« entgegengenommen hatte, zur Unterbringung im Jugendschutzlager Moringen vor.[544] Die Jugendgerichte und -gefängnisse präferierten demgegenüber »mildere« Erziehungsmaßnahmen, in sieben Fällen aus Hoheneck zum Beispiel die »Schutzaufsicht«, eine Aufsichtsmaßnahme, die vor allem als Bewährungsauflage zum Einsatz kam und bei der »den Familien die Verantwortung für die Erziehung« überlassen blieb.[545] In vielen Fällen wurde die Strafverbüßung von vorneherein ausgesetzt und stattdessen Schutzaufsicht angeordnet. So zum Beispiel bei zwei 17-jährigen Leipzigern, die von einem Polizisten beim Sex auf einer Wiese überrascht worden waren. Beide wurden zu einer Gefängnisstrafe von drei Monaten verurteilt, die sofort ausgesetzt und durch eine »Probezeit« von drei Wochen ersetzt wurde, für die das Jugendgericht »Schutzaufsicht« anordnete.[546] Die meisten aus Hoheneck entlassenen Jugendlichen traf hingegen eine ganz andere Disziplinierungsmaßnahme: Sie wurden direkt zur Wehrmacht eingezogen.

540 Schreiben der NSDAP-Kreisleitung vom 5.9.1941 (ebd., Nr. 5606, Bl. 41).

541 Vorbereitung der Entlassung vom 9.12.1941 (ebd., Nr. 5606, Bl. 45).

542 Beurteilungsschreiben vom 21.3.1944 (ebd., Nr. 1098, Bl. 19).

543 Urteil vom 12.11.1940 (ebd., Nr. 7580, Bl. 6 f.).

544 Schreiben vom 21.11.1940 (ebd., Nr. 6002, Bl. 47–50, hier 47).

545 Alice Salomon unter Mitwirkung von Siddy Wronsky, Leitfaden der Wohlfahrtspflege, Wiesbaden 1921, S. 121.

546 Bericht vom 1.6.1937 und Urteil vom 1.10.1937 (SächsStA Leipzig, Bestand 20031, PP–S 1534, Bl. 1 und 5).

9. Presse und Öffentlichkeit

Die Begleitung der Verfolgungsmaßnahmen durch Presse und Öffentlichkeit ist bislang kaum untersucht worden. In den einschlägigen Studien wird zwar oft auf eine »homophobe Propaganda« verwiesen, die die NS-Zeit dominiert und »vermutlich fast alle Deutschen« erreicht habe.[547] Zum Beleg angeführt werden in der Regel aber nur die beiden politischen Ereignisse, bei deren propagandistischer Ausschlachtung die Homosexualität eine Rolle spielte, also der sogenannte »Röhm-Putsch« vom Sommer 1934 und die Sittlichkeitsprozesse gegen katholische Ordensangehörige in den Jahren 1936/37. Ohne Frage hatten diese Ereignisse ein großes publizistisches Echo, es ging dabei aber weniger um die Frage der Homosexuellenverfolgung, sondern vielmehr um die Diskreditierung eines politischen Gegners unter Rückgriff auf das bewährte Mittel der sexuellen Denunziation, das sowohl von den Nationalsozialisten als auch von ihren politischen Gegnern genutzt wurde. Virulent war in diesem Kontext vor allem das in der antifaschistischen Propaganda seit der »Röhm-Affäre« von 1931 entstandene Stereotyp vom »schwulen Nazi«, das die Nationalsozialisten durchaus in Bedrängnis brachte und ihre Kommunikationsstrategie in Bezug auf das Thema Homosexualität auch in den Folgejahren prägen sollte.[548] In der deutschen Exilpresse wurde bis Mitte der 1930er-Jahre regelmäßig über tatsächliche oder vermeintliche »schwule Nazis« berichtet, wobei sich die Angriffe bis zu einer Gleichsetzung von Homosexualität und Faschismus steigerten, sei doch, wie die »Saarbrücker Volksstimme« 1934 schrieb, die »NSDAP geradezu zur Bewegung der Homosexuellen geworden«.[549] Selbst bei den Kirchenprozessen spielte das Thema eine Rolle, unternahm Kardinal Faulhaber doch den Versuch, die Einstellung der Prozesse mit dem drohenden Hinweis zu erzwingen, man habe bislang davon abgesehen, in Hirtenbriefen die Gläubigen auf jene Vorkommnisse öffentlich hinzuweisen, bei denen »gesunde und unverdorbene junge Menschen von Jugendführern der HJ sittlich verdorben« worden seien.[550]

Vor diesem Hintergrund kann es nicht verwundern, dass die Nationalsozialisten, gerade weil sie das propagandistische Potenzial der Homosexualität selbst nutzten, auch die eigene Verwundbarkeit erkannten und der gleichgeschalteten Presse genaue Anweisungen erteilten, über welche Fälle zu berichten sei und über welche nicht. Im Zuge der ersten großen Verfolgungswelle verwies das Propagan-

547 Micheler, Selbstbilder, S. 317.

548 Vgl. Zinn, Die soziale Konstruktion des homosexuellen Nationalsozialisten.

549 O. V., »Die Säuberungsaktion«. In: Volksstimme (Saarbrücken) vom 29.12.1934, S. 3.

550 Faulhaber an Kerrl vom 29.12.1936. In: Ludwig Volk (Hg.), Akten Kardinal Michael von Faulhabers 1917–1945, Band 2: 1935–1945, Paderborn 1978, S. 256–260, hier 257. Zit. nach André Postert, Die Hitlerjugend – eine »Schule der Homosexualität«? Diskurse um die sittliche Gefährdung der Jugend. In: Zinn (Hg.), Homosexuelle in Deutschland 1933–1969, S. 85–102, hier 99.

daministerium im Februar 1935 auf die Brisanz solcher Meldungen, insbesondere wenn es um homosexuelle Funktionsträger in Staat und Partei gehe. So sei »bei Nachrichten über derartige Verhaftungen größte Zurückhaltung« zu üben, auch sei »nie ohne Rückfrage beim Propaganda-Ministerium« zu berichten.[551] Im Juli folgte eine Anweisung zur Berichterstattung über entsprechende Fälle in der Hitlerjugend. Von HJ-Formationen »in kleineren und mittleren Städten« veröffentlichte »*Dementis* über angebliche Homosexuellen-Verhaftungen« sollten »unter keinen Umständen von der großen Presse im Reich übernommen werden«.[552] Im März 1937 stellte das Propagandaministerium klar, dass über Strafverfahren gegen Parteiangehörige, die ihre Taten »in Verbindung mit ihrer politischen Stellung begangen haben«, eine Berichterstattung »ohne vorherige Anfrage bei den zuständigen Stellen unerwünscht« sei. Über Straftaten, die mit der »Parteizugehörigkeit in keinem Zusammenhang stehen«, dürfe hingegen berichtet werden.[553] Doch auch das hieß nicht, dass die Parteizugehörigkeit erwähnt werden durfte, wie die Justizpressestelle Dresden im August 1937 deutlich machte. Anlass war der Fall »eines Sexualverbrechens an einem Jugendlichen, der als Mitglied der HJ und als homosexuell veranlagt bezeichnet« worden war, worüber »Gliederungen der Bewegung« offenbar »Klage geführt« hatten. Wie die Justizpressestelle betonte, liege jedoch »nicht die geringste Veranlassung vor, die Formationszugehörigkeit zu nennen«, solange »die Zugehörigkeit zu einer Formation nicht in einem ursächlichen Zusammenhang mit einem Kriminalfall steht«.[554] Ähnliche Anweisungen wurden während der Kriegsjahre dann auch im Hinblick auf Straftaten von Wehrmachtsangehörigen und Polizeibeamten erteilt.[555] Zwar hatten die Justizpressestellen »gegenüber den Schriftleitern der Zeitungen« keine Befugnis, »ihnen irgend eine Anordnung« zur Veröffentlichung bestimmter Inhalte zu erteilen. Weigerten sich diese aber »ausdrücklich zur Aufnahme« einer »wichtigen Sache«, so sollte der Dresdner Justizpressestelle berichtet werden, die »erforderlichenfalls« das Propagandaministerium informierte.[556]

Die komplexen Regelungen zur Berichterstattung dürften der wesentliche Grund dafür gewesen sein, dass die meisten Zeitungen schwiegen, sowohl über Verhaftungen homosexueller NS-Führer wie auch über die Homosexuellenverfolgung an sich. So erfuhr die deutsche Öffentlichkeit von der ersten Verfol-

551 O. V., Göbbels Befehle an die deutsche Presse. In: Pariser Tageblatt vom 17.2.1935, S. 2.

552 Presseanweisung Zsg. 101/6/7 Nr. 1440 vom 8.7.1935. In: Hans Bohrmann/Gabriele Toepser-Ziegert (Hg.), NS-Presseanweisungen der Vorkriegszeit. Edition und Dokumentation, Band 3/II: 1935, München 1987, S. 412. Hervorhebung im Original.

553 Mitteilung des Pressereferenten des Reichsjustizministeriums vom 2.3.1937 (StFilA Bautzen, Bestand 50050, Nr. 39, unpag.).

554 Geheimes Rundschreiben der Justizpressestelle Dresden vom 6.8.1937 (ebd., Bl. 26).

555 Rundschreiben der Justizpressestelle Dresden vom 12.6.1941 und 19.8.1942 (ebd., Bl. 68 und 75).

556 Rundschreiben der Justizpressestelle Dresden vom 24.3.1937 (ebd., Bl. 13).

gungswelle 1934/35, die nicht zuletzt auf Homosexuelle in Staat und Partei zielte, nur gerüchteweise.[557] In den gleichgeschalteten deutschen Zeitungen wurde über die Verhaftungen allenfalls verklausuliert berichtet. Ein gutes Beispiel ist die Absetzung des schlesischen Gauleiters Helmut Brückner, die zunächst mit »parteischädigendem Verhalten« begründet wurde, wie es das Berliner Tageblatt am 5. Dezember 1934 meldete.[558] Zwei Wochen später brachte das Deutsche Nachrichtenbüro (DNB) dann Görings nebulöse Erklärung, der Gauleiter »sei aus ›moralischen‹ und nicht aus politischen Gründen seines Postens enthoben worden«.[559] Lediglich in Schweizer Zeitungen erschienen Berichte, in denen der Grund der Verhaftungswelle klar benannt wurde. Die deutsche Exilpresse, die die Ereignisse ebenfalls aufgriff, glaubte dagegen nicht an eine Verfolgung Homosexueller: Sie spekulierte über innerparteiliche »Säuberungen« aus »politischen« Gründen, über einen »trockenen 30. Juni«.[560] Die internationale Berichterstattung setzte die NS-Führung dann allerdings so weit unter Druck, dass Himmler nach einer Meldung von »United Press« am 20. Dezember 1934 persönlich Stellung nahm und die »Aktion gegen die homosexuellen Elemente« für beendet erklärte.[561] Doch auch diese Meldung erschien nur im Ausland.[562]

Im Sommer 1936 unternahm die Gestapo schließlich einen ersten Versuch, ihre Kommunikationsstrategie zu ändern und die Homosexuellenverfolgung offensiv zu thematisieren. Hintergrund war die Entsendung eines Gestapo-Sonderkommandos nach Hamburg, das die örtliche Kripo ablöste und radikale Verfolgungsmaßnahmen einleitete.[563] Nach Abschluss seiner Tätigkeit, Ende August 1936, informierte das Gestapa die Presse über die Aktivitäten des Sonderkommandos. Nicht nur Hamburger Zeitungen berichteten daraufhin ausführlich über die »Säuberungsaktion gegen die homosexuellen Vergehen«. Auch die Essener National-Zeitung verbreitete die »Erfolgsmeldung«, die »Verschärfung der Strafbestimmungen« und die »Säuberungsaktionen« des Gestapo-Sonderkommandos »in Berlin und vielen anderen Städten« hätten zu einem »erheblichen Rückgang dieser Auswüchse« geführt.[564] Doch an der grundsätzlichen Problematik des Themas änderte sich nichts,

557 Vgl. den Tagebucheintrag von Bella Fromm vom 15.12.1934 über eine der Razzien. In: Bella Fromm, Als Hitler mir die Hand küsste, Reinbek 1994, S. 211.

558 O. V., Helmut Brückner abgesetzt. In: Berliner Tageblatt vom 5.12.1934, S. 1.

559 Meldung des Deutsches Nachrichten Büros vom 21.12.1934 (BArch, ZSg. 116/108, Bl. 18).

560 Vgl. Zinn, Die soziale Konstruktion des homosexuellen Nationalsozialisten, S. 124–150.

561 Tatsächlich wurde die Verfolgung »seither mit großem Nachdruck weitergeführt«, wie die Neue Zürcher Zeitung zutreffend berichtete: o. V., Deutschland. Säuberungsaktion. In: Neue Zürcher Zeitung vom 20.2.1935, S. 2.

562 O. V., Säuberung abgeschlossen. In: Basler Nachrichten vom 21.12.1934, S. 2; o. V., Aktion gegen die Homosexuellen. In: National-Zeitung (Basel) vom 21.12.1934, S. 2.

563 Vgl. Kapitel I.4.

564 O. V., »Säuberungsaktion« gegen Homosexuelle in Hamburg. Bericht der National-Zeitung Essen vom 28.8.1936. In: Grau, Dokumente, S. 173.

Preis 15 Pf.

Berlin, 4. März 1937
9. Folge 3. Jahrgang

Das Schwarze Korps

ZEITUNG DER SCHUTZSTAFFELN DER NSDAP

Organ der Reichsführung SS

Das sind Staatsfeinde!

Seit der Neuformung des berühmten und früher so heftig umstrittenen § 175, im Juni 1935, die vor der Einführung eines neuen Strafgesetzbuches notwendig war, weil die alte Fassung des Paragraphen keine Handhabe bot, die Rechtsauffassung des nationalsozialistischen Staates durchzusetzen, sind mehr als anderthalb Jahre vergangen. Es mag deshalb an der Zeit sein, sich die Praxis anzusehen, die der Theorie des Gesetzgebers auf dem Fuße folgte.

Der Wert dieser Erkenntnis ist kaum abzuschätzen.

Er gab den beauftragten Männern die notwendige Kraft innerer Überzeugung, die notwendig war, wenn man nunmehr dem angeblich medizinischen Problem mit den Waffen der Politik zu Leibe gehen wollte.

Politik ist in diesem wie in jedem nationalsozialistischen Sinne nicht das Handwerk von Politikern, sondern jede Handlung, die zum

Abb. 15: Titelblatt der SS-Zeitschrift »Das Schwarze Korps«; Quelle: »Das Schwarze Korps« vom 4.3.1937, S. 1.

wie zwei Presseanweisungen vom Herbst 1936 zeigten, die Berichte über den wegen Homosexualität im Gefängnis sitzenden NS-Komponisten Georg Vollerthun[565] und über den Prozess gegen einen Jungbannführer[566] verboten.

Im März 1937 startete Himmler dann eine weitere Kommunikationsoffensive. In der SS-Zeitschrift »Das Schwarze Korps« erschien eine ganze Artikelserie, die auf eine gesellschaftliche Generalmobilmachung gegen Homosexuelle zielte.[567] Die Auflage der 1935 gegründeten Zeitschrift hatte zu diesem Zeitpunkt fast eine halbe Million erreicht, was sie zur zweitgrößten Wochenzeitung Deutschlands machte. Neben dem Ruhrgebiet und Berlin hatte sie vor allem in Sachsen eine »große Leserschaft«, die auch über Schaukästen an Orten »mit großem Publi-

565 Presseanweisungen Zsg. 101/8/189 Nr. 1014 vom 26.9.1936 und Zsg. 110/3/30 vom 8.10.1936. In: Bohrmann/Toepser-Ziegert (Hg.), NS-Presseanweisungen, Band 1936/II, München 1993, S. 1114.

566 Presseanweisung Zsg. 101/8/281 Nr. 1156 vom 31.10.1936. In: Bohrmann/Toepser-Ziegert (Hg.), NS-Presseanweisungen, Band 1936/III, München 1993, S. 1301.

567 O. V., Das sind Staatsfeinde! In: Das Schwarze Korps vom 4.3.1937, S. 1 f.; o. V., Homosexualität und Kunst. In: ebd. vom 11.3.1937, S. 6; o. V., Ächtung der Entarteten. In: ebd. vom 1.4.1937, S. 11 f.; o. V., Was sag ich meinem Kinde? In: ebd. vom 15.4.1937, S. 6.

kumsverkehr« erreicht wurde.[568] Hinzu kam, dass Himmler es den Angehörigen der Polizei im Januar 1937 »faktisch zur Pflicht« gemacht hatte, die Zeitung zu beziehen.[569] Insofern dürfte die Kampagne vom Frühjahr 1937 die für die Verfolgungspolitik maßgeblichen Kripo- und Gestapo-Mitarbeiter erreicht haben.

Ihre Kernbotschaft war das von Himmler immer wieder ventilierte Bedrohungsszenario einer Unterwanderung des Staates durch Homosexuelle. Insbesondere in dem Artikel »Das sind Staatsfeinde!«, der am 4. März zum Auftakt der Serie erschien, wurde dieses ausgebreitet. Demnach bildeten Homosexuelle »einen Staat im Staate, eine geheime, den Interessen des Volkes zuwiderlaufende, also staatsfeindliche Organisation«. Mit ihrer »Ideologie« suchten sie vor allem »die Jugend zu gewinnen« und so sei es kein Zufall gewesen, dass gerade die Jugendbewegung »mehr und mehr in die Hände der Invertierten geriet«. Dass Himmler auch die NS-Männerbünde für gefährdet hielt, kam dagegen nur in nebulösen Anspielungen auf den »Röhm-Putsch« zum Ausdruck: Durch ein »grausames Schicksal« habe der »junge Staat« die »Seuche in ihrer gefährlichsten Erscheinungsform«, nämlich als »politisches Problem« bereits kennengelernt, was »den Zusammenbruch eines schwachen Staatswesens« hätte herbeiführen können. Dies habe dazu gezwungen, »klare Frontstellung zu beziehen«.[570]

Es ist unverkennbar, dass mit der Artikelserie der Versuch unternommen wurde, die »Volksgemeinschaft« auf das Projekt einer »Ächtung der Entarteten« einzustimmen, so die Überschrift eines weiteren Artikels. Gefordert wurde ihre »Ausstoßung aus der Gemeinschaft«, denn Homosexuelle seien »unwürdig, unter uns zu leben, unseren Händedruck zu empfangen, mit uns zu marschieren und unser Ehrenkleid zu tragen«. Ziel müsse die »Ausmerzung des Volksschädlings« sein, die »Entfernung der Veranlagten, das heißt der Seuchenherde, aus dem Volkskörper, bzw. ihre Unschädlichmachung«.[571] Unverhohlen wurde die »Brutalität« gefeiert, mit der »die Germanen die Entarteten aus ihren Reihen« töteten – und eine noch härtere Verfolgungspolitik in Aussicht gestellt: »Sollte die Erkenntnis, dass ein politisches Problem nicht durch Paragraphenreiterei eingeengt und verfälscht werden darf, sich nicht überall durchsetzen, sollten Reste humanitärer Gefühlsduselei durch den gesunden Menschenverstand allein nicht zu beseitigen sein, so wird man die Bestimmungen klarer fassen und das Ziel der Ausmerzung sichtbarer in den Vordergrund stellen müssen.«[572] Das war eine

568 Mario Zeck, Das Schwarze Korps. Geschichte und Gestalt des Organs der Reichsführung SS, Tübingen 2002, S. 97.

569 Hockerts, Sittlichkeitsprozesse, S. 96, Anm. 253.

570 O. V., Das sind Staatsfeinde! In: Das Schwarze Korps vom 4.3.1937, S. 1 f.

571 O. V., Was sag ich meinem Kinde? In: ebd. vom 15.4.1937, S. 6.

572 O. V., Ächtung der Entarteten. In: ebd. vom 1.4.1937, S. 11 f., hier 12.

klare Kampfansage an die »Mitleidstheorie von den armen, kranken Leuten, ›die doch nichts dafür können‹«.[573] Eine Kampfansage aber auch an Polizisten, Staatsanwälte und Richter, die sich der »Paragraphenreiterei« schuldig machten, statt die Verfolgungspolitik rücksichtslos durchzusetzen. Als mögliche Strafverschärfung angekündigt wurde die »Sicherungsverwahrung« der homosexuell »veranlagten Verbrecher«, die man gegebenenfalls »zur Regel machen sollte«, aber »auch die Entmannung«. Schließlich habe man »keinen Grund, anders zu verfahren, als unsere Ahnen«.[574]

Die radikale Rhetorik dürfte dem Erfolg der Artikelserie allerdings eher ab- als zuträglich gewesen sein. In der regulären Presse scheinen die Thesen des »Schwarzen Korps« jedenfalls nur wenig Resonanz gehabt zu haben. Bislang ist nur ein Bericht der »Hamburger Nachrichten« vom 5.3.1937 bekannt, der unter dem Titel »Staatsfeinde« an die Artikelserie anknüpfte.[575] In den drei sächsischen Tageszeitungen »Dresdner Nachrichten«, »Leipziger Neueste Nachrichten« und »Freiberger Anzeiger«, die im Rahmen dieses Forschungsprojektes ausgewertet wurden, finden sich hingegen keine entsprechenden Artikel – ebenso wenig im »Freiheitskampf«, dem offiziellen Organ der sächsischen NSDAP. Damit bestätigen sich Ergebnisse aus Thüringen, wo die Artikelserie des »Schwarzen Korps« auch keine mediale Resonanz hatte.[576] Selbst der »Völkische Beobachter« nahm die Thesen nicht auf, seine Berichterstattung beschränkte sich im Frühjahr 1937 auf die Sittlichkeitskampagne gegen »Jugendverderber im Priesterrock« und auf Klöster, die zu einer »Brutstätte der Homosexualität« geworden seien.[577] Diese vom Propagandaministerium initiierte Kampagne, die auf eine Diskreditierung der katholischen Kirche zielte, beatmete Vorstellungen, mit denen auch die reguläre Homosexuellenverfolgung begründet wurde – soweit die Presse darüber überhaupt berichtete: Die bislang bekannten Zeitungsberichte fokussierten fast alle auf den »Schutz unserer Jugend« und der »Volksgesundheit« vor einer »körper- und seelenmordenden Pest«, einer »ansteckenden Seuche«.[578] Vereinzelt

573 O. V., Das sind Staatsfeinde! In: ebd. vom 4.3.193, S. 1.

574 O. V., Ächtung der Entarteten. In: ebd. vom 1.4.1937, 11 f., hier 12.

575 Vgl. Micheler, Selbstbilder, S. 309, Anm. 92, sowie S. 315.

576 Der »Freiheitskampf« konnte in Kooperation mit dem Datenbankprojekt des Hannah-Arendt-Institutes bis einschließlich 1938 ausgewertet werden. Darüber hinaus wurden die Ausgaben der Monate November 1939 bis Januar 1940 gesichtet. Zu Thüringen vgl. Zinn, Volkskörper, S. 383–387.

577 O. V., Kirchen und Klöster zu Lasterstätten erniedrigt. In: Völkischer Beobachter vom 30.4.1937, Norddeutsche Ausgabe, S. 2; o. V., »Sittenreinheit« auf der Kanzel – aber Schandtaten als Erzieher. Schwere Zuchthausstrafe für einen Jugendverderber im Priesterrock. In: ebd. vom 7.5.1937, S. 2. Vgl. auch Völkischer Beobachter, Norddeutsche Ausgabe, vom 4.4.1937, S. 1; 16.4. 1937, S. 2; 29.4.1937, S. 4; 1./2.5. 1937, S. 4; 3.5.1937, S. 7; 4.5.1937, S. 2; 6.5.1937, S. 2; 7.5.1937, S. 2; 8.5.1937, S. 4 und 10.5.1937, S. 4.

578 O. V., Zu den Altenburger Sittlichkeitsverbrechen. Mahnung an alle Eltern. In: Altenburger Landeszeitung vom 17./18.7.1937, S. 11.

wurde Homosexualität auch unter Rückgriff auf tradierte Dekadenztheorien als »Entartungserscheinung« bei »überzüchteten Völkern« beschrieben.[579] Doch das vom »Schwarzen Korps« verbreitete Bedrohungsszenario homosexueller »Staatsfeinde« spielte dabei kaum eine Rolle.

Dass die Artikelserie des »Schwarzen Korps« keine grundlegende Änderung der NS-Pressepolitik in Sachen Homosexualität ankündigte, zeigten die Presseanweisungen des Propagandaministeriums der Jahre 1937/38. Darin kam eine nun immer klarere Linie zum Ausdruck. So durfte über Verhaftungen von NS-Führern und Prominenten gar nicht oder nur sehr knapp berichtet werden – durch Übernahme der entsprechenden Meldungen des »Deutschen Nachrichtenbüros«: Über die Verhaftung von Friedrich Leopold Prinz von Preußen wurde »jede Berichterstattung« untersagt,[580] über den Prozess gegen den Tennisstar Gottfried von Cramm durfte nur die DNB-Meldung »ohne Kommentar wiedergegeben werden«.[581] Über einen Prozess gegen Lehrer und Zöglinge eines Konviktes in Heiligenstadt, unter denen sich »Angehörige der HJ« befanden, sollte gar »nicht berichtet werden« – angeführt wurden »sowohl kirchenpolitische Gründe« als auch »die Überlegung, dass die HJ nicht beeinträchtigt werden soll«.[582]

Doch nicht nur politisch heikle Verfahren sollten unerwähnt bleiben, auch Berichte über die Verfolgung »gewöhnlicher« Homosexueller waren grundsätzlich unerwünscht und nur mit gesonderter Erlaubnis möglich. Dies wurde in einer Presseanweisung vom Februar 1938 kommuniziert, die an Deutlichkeit nichts zu wünschen übrig ließ. Gerügt wurde darin, dass »eine westdeutsche Partei-Zeitung« einen »eingehenden Bericht über einen Prozess wegen § 175« gebracht hatte. Die Botschaft war unmissverständlich: »Derartige Berichte sind grundsätzlich untersagt, soweit nicht eine besondere Erlaubnis vorliegt«.[583] Gestattet wurden sie in der Regel nur den lokalen Zeitungen. So durfte über einen Prozess in Stade gegen 31 Homosexuelle aus Cuxhaven »nur örtlich berichtet werden. Die Reichspresse« sollte »diese Meldungen nicht übernehmen (auch die Hamburger Presse nicht)«.[584] Auch über den Prozess gegen einen Landrat aus Allenstein sollte »nur örtliche Presse« berichten.[585] Hintergrund war offenbar auch die Sorge, dass »falsche Eindrücke entstehen« im Hinblick auf die Verbreitung der Homosexualität in Deutschland. Deutlich wurde dies in einer Presseanweisung

579 O. V., Es wird durchgegriffen … Im Kampf gegen die Homosexualität. In: Hamburger Anzeiger vom 26.8.1936. Abgedruckt bei Micheler, Selbstbilder, S. 315.

580 Presseanweisung Zsg. 102/12/213/41 (1) vom 22.9.1938. In: Bohrmann/Toepser-Ziegert (Hg.), NS-Presseanweisungen, Band 1938/III, München 1999, S. 878.

581 Presseanweisung Zsg. 101/11/367 Nr. 609 vom 14.5.1938. In: ebd., Band 1938/II, S. 468. Vgl. auch Presseanweisung Zsg. 101/11/317 Nr. 548 vom 27.4.1938. In: ebd., Band 1938/I, S. 417.

582 Presseanweisung Zsg. 102/5/377/54 (1) vom 11.6.1938. In: ebd., Band 1938/II, S. 552.

583 Presseanweisung Zsg. 101/11/169 Nr. 270 vom 23.2.1938. In: ebd., Band 1938/I, S. 193.

584 Presseanweisung Zsg. 101/10/429 Nr. 1526 vom 16.12.1937. In: ebd., Band 1937/III, S. 1014.

585 Presseanweisung Zsg. 102/11/96/41 (7) vom 11.8.1938. In: ebd., Band 1938/II, S. 738.

weisung zur Berichterstattung über die Kriminalstatistik. Zwar wollte man nicht »grundsätzlich die Wiedergabe von Statistiken untersagen«, dass »die Abtreibung zugenommen habe, ebenso die Verbrechen gegen Par. 175« müsse aber richtig eingeordnet werden: »Wenn richtig herausgestellt werde, dass die Steigerung der Zahlen dadurch entstehe, dass man gegen gewisse Delikte strenger vorgehe, sei gegen eine Meldung gar nichts zu sagen«.[586] Letztlich blieben Berichte über die Homosexuellenverfolgung ein Wagnis. Der Subtext aller zitierten Anweisungen, dass entsprechende Artikel eigentlich unerwünscht seien, war unverkennbar.

Vor diesem Hintergrund ist es nicht verwunderlich, dass sich bei systematischen Auswertungen von Tageszeitungen aus der NS-Zeit nur sehr wenige Veröffentlichungen zur regulären Homosexuellenverfolgung finden lassen. Wenn überhaupt, dann erschienen allenfalls kurze Meldungen, wobei ein deutlicher Fokus auf dem Topos der »Jugendverführung« lag. Ein Trend, der auch in den sächsischen Zeitungen klar zutage trat.[587] Die meisten Artikel, die hier publiziert wurden, betrafen die Klosterprozesse. Im Rahmen dieser vom Propagandaministerium gesteuerten Kampagne erschienen von April bis August 1937 allein 34 Artikel in den »Dresdner Nachrichten«, in den »Leipziger Neuesten Nachrichten« waren es 23 und im »Freiberger Anzeiger« 37 Berichte.[588] Teilweise erschienen in unterschiedlichen Zeitungen fast wortgleiche Artikel.[589] Die Zielrichtung war klar, es ging um die Diskreditierung der Kirche, wobei das Stigma der Homosexualität eine wichtige Rolle spielte. Im Zentrum der meisten Artikel standen allerdings sexuelle oder gewalttätige Übergriffe auf Kinder, Jugendliche oder Schutzbefohlene, zum Teil ging es auch um heterosexuelle Handlungen. Die moralische Stoßrichtung zielte im Wesentlichen auf den Aspekt der »Jugendverführung«, was in Überschriften wie »Deutsche Jugend wird in einer Klosterschule missbraucht« oder »Das Vertrauen der Eltern schimpflich hintergangen« deutlich zum Ausdruck kam.[590] Damit knüpften die Berichte an allgemeine Aufrufe zur Wachsamkeit an: So hatte Carl von Criegern, der Leiter der Kriminalpolizeistelle Leipzig, bereits im Januar unter der Überschrift »Schutz dem Kinde« vor

586 Presseanweisung Zsg. 102/7/417/38 (3) vom 17.12.1937. In: ebd., Band 1937/III, S. 1021.

587 Systematisch ausgewertet wurden die Jahrgänge 1937 bis 1940 der Dresdner Nachrichten und des Freiberger Anzeigers, der Jahrgang 1937 der Leipziger Neuesten Nachrichten und, stichprobenartig anhand bekannter Prozesstermine, die Jahrgänge 1938 bis 1941 des Bautzener Tageblattes.

588 Zur Steuerung der Kampagne vgl. Hockerts, Sittlichkeitsprozesse, S. 78–120.

589 Vgl. o. V., Schwere Zuchthausstrafe für einen Jugendverderber im Priesterrock. »Sittenreinheit auf der Kanzel, aber Schandtaten als Erzieher«. In: Leipziger Neueste Nachrichten vom 7.5.1937, S. 3; o. V., »Sittenreinheit« auf der Kanzel – aber Schandtaten als Erzieher. Schwere Zuchthausstrafe für einen Jugendverderber im Priesterrock. In: Völkischer Beobachter vom 7.5.1937, Norddeutsche Ausgabe, S. 2.

590 O. V., Deutsche Jugend wird in einer Klosterschule missbraucht. In: Freiberger Anzeiger vom 7.5.1937, S. 5; Das Vertrauen der Eltern schimpflich hintergangen. In: ebd. vom 24.5.1937, S. 2.

»schweren Sittlichkeitsverbrechen« gewarnt und auch die »Dresdner Nachrichten« appellierten anlässlich eines aktuellen Falles: »Jugendliche, hütet euch vor Sittlichkeitsverbrechern!«[591]

Um einvernehmliche Homosexualität unter Erwachsenen ging es in den Berichten fast nie. Dies gilt auch für die wenigen Meldungen über Prozesse im Rahmen der regulären Homosexuellenverfolgung. In den »Dresdner Nachrichten« ließ sich überhaupt nur ein solcher Artikel finden, nämlich der bereits oben zitierte Bericht über »Verführung Jugendlicher« durch Angehörige des sudetendeutschen Kameradschaftsbundes.[592] Abgesehen von diesem Fall, über den offenkundig wegen seiner politischen Bedeutung berichtet wurde, ignorierte die Zeitung die Prozesse gegen rund 1 300 Homosexuelle, zu denen es in Dresden während der NS-Zeit kam, jedenfalls im Auswertungszeitraum 1937–1940 komplett. Dagegen brachte der »Freiberger Anzeiger« in seiner Rubrik »Urteile der Großen Strafkammer« auch immer wieder Kurzmeldungen über Prozesse gegen »Sittlichkeitsverbrecher«, die meist Kindesmissbrauch oder »Jugendverführung« betrafen, wobei nicht immer klar wurde, ob es sich um homo- oder heterosexuelle Übergriffe handelte. In den Meldungen, in denen eindeutig über homosexuelle Handlungen berichtet wurde, ging es fast immer um »Jugendverführung«.[593] Ähnlich verhielt es sich auch beim »Bautzener Tageblatt«[594] – die einzige Ausnahme war die DNB-Meldung über die Verurteilung Gottfried von Cramms »wegen fortgesetzten Vergehens gegen § 175«.[595]

Beachtlich ist, dass ausgerechnet das NSDAP-Organ »Der Freiheitskampf« ein paar andere Akzente setzte. Auf den Lokalseiten erschienen hier ab und an Meldungen über Verurteilungen »gewöhnlicher« Homosexueller.[596] Auch über den Prozess gegen den Freitaler Oberbürgermeister Erhard Schroeter wurde kurz berichtet – sein Amt erwähnte man allerdings ebenso wenig wie seine Parteizu-

591 Carl von Criegern, Schutz dem Kinde. In: Leipziger Neueste Nachrichten vom 14.1.1937, S. 9; o. V., Jugendliche, hütet euch vor Sittlichkeitsverbrechern! In: Dresdner Nachrichten vom 19.5.1937, S. 3.

592 O. V., Zuchthaus und Gefängnisstrafen wegen Verführung Jugendlicher. In: Dresdner Nachrichten vom 11.1.1940, S. 4. Vgl. auch o. V., Zuchthaus und Gefängnis für Jugendverderber. In: Leipziger Neueste Nachrichten vom 11.1.1940, S. 7.

593 O. V., Urteile der Großen Strafkammer. In: Freiberger Anzeiger vom 6./7.11.1937, S. 3, und vom 4./5.12.1937, S. 3; o. V., Zehn Jahre Zuchthaus für einen schlimmen Sittlichkeitsverbrecher. In: ebd. vom 7./8.5.1938, S. 4; o. V., Zuchthaus für einen Sittlichkeitsverbrecher. In: ebd. vom 17.2.1939, S. 4; o. V., Sondergericht Freiberg. In: ebd. vom 7.7.1939, S. 3; o. V., Todesstrafe für einen Knabenmörder. In: ebd. vom 14.11.1939, S. 6; o. V., Todesstrafe für rückfälligen und erpresserischen Sittlichkeitsverbrecher. In: ebd. vom 9./10.12.1939, S. 13.

594 O. V., 2 Sittlichkeitsverbrecher festgenommen. In: Bautzener Tageblatt vom 18.5.1938, S. 7; o. V., Sicherungsverwahrung für einen Sittlichkeitsverbrecher. In: ebd. vom 20.5.1938, S. 5; o. V., Vor der Jugendschutzkammer. In: ebd. vom 22.6.1938, S. 6.

595 O. V., Cramm zu einem Jahr Gefängnis verurteilt. In: Bautzener Tageblatt vom 16.5.1938, S. 3.

596 O. V., Wegen widernatürlicher Unzucht verurteilt. In: Der Freiheitskampf vom 26.5.1939, S. 13.

gehörigkeit.[597] Beachtlich sind aber vor allem die Artikel über Erpresser, die der »Freiheitskampf« veröffentlichte, so etwa über den Fall einer »niederträchtigen Erpressung«, in dem die Angeklagten ihr Opfer »zu Handlungen verleitet« hatten, die »den Tatbestand des § 175 des Strafgesetzbuches erfüllen, und zwar nur zu dem Zweck, um dann den Mann erpressen zu können«.[598] In einem anderen Fall wurde der Erpresser gar als »Teufel in Menschengestalt« beschrieben, dem es mit »Raffinesse« gelungen sei, bei »seinen Mitmenschen, sogar bei Freunden, gewisse Entgleisungen« festzustellen, »die er dann rücksichtslos zu seinem wirtschaftlichen Vorteil ausnützte«, wobei er mehrere seiner Opfer, darunter auch einen verheirateten Arzt, der sich an seinem Komplizen »vergangen« hatte, in den Selbstmord trieb.[599] Einen ähnlichen Artikel veröffentlichten auch die »Leipziger Neuesten Nachrichten« – was die örtliche Gestapo auf den Plan rief.[600] Dort störte man sich allerdings nicht daran, dass durch den Artikel auch etwas von dem »Mitleid« mit den »armen, kranken« Homosexuellen aufkam, das das »Schwarze Korps« so gegeißelt hatte.[601] Vielmehr war es der Hinweis darauf, dass der Täter durch Telefonüberwachung gefasst worden sei, der für Missfallen sorgte: »Es erscheint unangebracht, dass die Allgemeinheit auf diese Art und Weise überhaupt auf die Möglichkeit einer Überwachung von Telefonleitungen hingewiesen wird.«[602]

Zu allgemeineren Fragen der Homosexualität und der Verfolgungspolitik, wie sie das »Schwarze Korps« ausführlich thematisiert hatte, ließen sich die sächsischen Zeitungen fast nie aus. Der einzige Bericht, der ein wenig in die Tiefe ging, erschien im Juni 1937 unter der Überschrift »Homosexualität muss ausgerottet werden« in den »Leipziger Neuesten Nachrichten«. Beachtlich ist, dass der Anlass aber kein Leipziger Strafprozess war, was nach den Presseanweisungen nahegelegen hätte. Die Zeitung berichtete vielmehr über eine Prozesswelle, zu der es 1937 in Weimar kam und bei der sich »ungefähr hundert Angeklagte« zu verantworten hatten. Ausführlich zitiert wurde aus dem Plädoyer des Ersten Staatsanwaltes beim Weimarer Landgericht, Hanns-Georg Desczyk, der in den folgenden Jahren zu einem Spezialisten auf dem Gebiet der Homosexuellenverfolgung avancierte.[603] Desczyk hatte sich zum angeblichen Prozessauftakt am

597 O. V., Stadt Freital. In: Der Freiheitskampf vom 5.5.1938, S. 8. Vgl. auch die Akte zu Schroeter im Hauptstaatsarchiv Dresden (SächsHStA Dresden, Bestand 10789, Nr. 739).

598 O. V., Blick in die Gerichtsäle. In: ebd. vom 11.2.1937, S. 6. Vgl. auch o. V., Erpresser wurden bestraft. In: ebd. vom 20.2.1937, S. 4.

599 O. V., Erpresser trieb vier Menschen in den Tod. In: ebd. vom 8.10.1937, S. 11.

600 O. V., »Er war ein Teufel in Menschengestalt«. In: Leipziger Neueste Nachrichten vom 7.10.1937 (SächsStA Leipzig, Bestand 20031, PP-P – Nr. 699, Bl. 61).

601 O. V., Das sind Staatsfeinde! In: Das Schwarze Korps vom 4.3.1937, S. 1.

602 Schreiben vom 7.10.1937 (SächsStA Leipzig, Bestand 20031, PP-P – Nr. 699, Bl. 63).

603 Hanns-Georg, alias Johannes Georg Konrad Desczyk, geboren am 10.5.1896 in Kreuzburg/Oberschlesien, war Ende 1936 zum Ersten Staatsanwalt ernannt worden. Seit April 1934 war er förderndes Mitglied der SS, zum 1.5.1937 trat er auch der NSDAP bei. 1938 hielt er auf einer Tagung

17. Juni ausführlich über die Homosexualität geäußert und sie als »eine rassische Entartung« und »eine schwere Gefahr für Staat und Volk« bezeichnet, die »mit allen Mitteln bekämpft« und »erbarmungslos ausgerottet« werden müsse. Desczyks Argumentation lehnte sich deutlich an die des »Schwarzen Korps« an: So sei »nach alter deutscher Rechtsauffassung« die widernatürliche Unzucht »mit dem Tode bestraft worden« und auch in England werde sie mit »strengen Strafen« geahndet. Bei der Verfolgung gehe es nicht um »die einzelnen Personen«, sondern um die »grundsätzliche Bedeutung der Homosexualität als einer Volks- und Staatsgefahr«. Beachtlich ist, dass es Desczyk für nötig hielt, »die dringende Notwendigkeit eines scharfen Vorgehens gegen die Homosexualität« zu betonen, denn »leider sei das Verständnis dafür in der Bevölkerung bis jetzt noch recht mangelhaft« – immerhin aber hätten die Klosterprozesse »in dieser Beziehung Aufklärung geschaffen«.[604]

Der Artikel über die Weimarer Prozesse blieb in den ausgewerteten sächsischen Zeitungen eine Ausnahme. Wie er zustande kam, ist ebenso unklar wie die Frage, ob er ein Nachspiel hatte und die Redaktion womöglich zur Ordnung gerufen wurde. Zu vermuten ist, dass es der Weimarer Staatsanwalt Desczyk selbst war, der die Presse informiert und dabei vielleicht auch persönliche Kontakte in die Leipziger Redaktion genutzt hatte. Denn bei Desczyk handelte es sich um einen karriere- und sendungsbewussten Staatsanwalt, der hoffte, sich auf dem Gebiet der Homosexuellenverfolgung profilieren zu können. Bereits drei Monate zuvor hatte er sich anlässlich eines Prozesses gegen drei Homosexuelle zu Wort gemeldet, der der Presse ebenfalls als »Auftakt zu einem großen Schlage gegen die Homosexuellen« verkauft worden war.[605] Der Ehrgeiz lokaler Akteure bei Polizei und Justiz befeuerte mitunter nicht nur die Homosexuellenverfolgung selbst, sondern auch die lokale Berichterstattung. So verhielt es sich auch in Altenburg, wo es 1937 ebenfalls zu einer größeren Prozesswelle kam, die auf die akribische Ermittlungsarbeit eines jungen Assessors der Staatsanwaltschaft zurückging.[606] Über diese Prozesse, bei denen allein vom Landgericht 44 Männer verurteilt wurden, berichteten die lokalen Medien ausführlich. Neben Prozessberichten erschienen zum Auftakt auch allgemeine Artikel zur Homosexualität, wobei auffällt, dass auch hier versucht wurde, die Themen »Jugendverführung« und Kindesmissbrauch in den Mittelpunkt zu stellen. Die Berichte waren mit Titeln wie »Mahnung an alle Eltern« oder »Ein ernstes Wort an alle Eltern« überschrieben.

---

der thüringischen Staatsanwälte einen Vortrag, in dem er detaillierte Empfehlungen für ein scharfes Vorgehen gegen Homosexuelle gab. Vgl. Zinn, Volkskörper, S. 357, Anm. 48, sowie S. 364–366.

604 O. V., Homosexualität muss ausgerottet werden. In: Leipziger Neueste Nachrichten vom 18.6.1937, S. 3.

605 O. V., Zwei Jahre Zuchthaus wegen widernatürlicher Unzucht. In: Allgemeine Thüringische Landeszeitung vom 27.3.1937, S. 7.

606 Vgl. Zinn, Volkskörper, S. 370 und 443 f.

Homosexualität muß ausgerottet werden

Vor der Großen Strafkammer des Weimarer Landgerichts wurde nach Meldung unserer Weimarer Schriftleitung am 17. Juni gegen eine Anzahl junger Männer verhandelt, die auf Grund des § 175 sowohl in seiner alten wie auch in der neuen Fassung angeklagt waren. Es handelte sich dabei um den ersten einer ganzen Reihe von Prozessen, in denen sich demnächst ungefähr hundert Angeklagte vor dem Weimarer Gericht zu verantworten haben werden.

In seiner Anklagerede machte der Erste Staatsanwalt Desczyk grundsätzliche Ausführungen über die dringende Notwendigkeit eines scharfen Vorgehens gegen die Homosexualität. Er bezeichnete die Homosexualität in jeder Form als eine rassische Entartung, die als eine schwere Gefahr für Staat und Volk mit allen Mitteln bekämpft werden müsse. Leider sei das Verständnis dafür in der Bevölkerung bis jetzt noch recht mangelhaft; erst die Klosterprozesse hätten in dieser Beziehung Aufklärung geschaffen. Die Homosexualität müsse erbarmungslos ausgerottet werden. Es wurde darauf hingewiesen, daß nach alter deutscher Rechtsauffassung, die erst mit dem allgemeinen preußischen Landrecht ihr Ende fand, jede Art von widernatürlicher Unzucht in Deutschland mit dem Tode bestraft worden sei. Weiter wurde auf die strengen Strafen gedeutet, die in England in solchen Fällen verhängt werden. Schließlich wurde betont, daß es sich hier nicht um die einzelnen Personen handle, sondern daß es um die grundsätzliche Bedeutung der Homosexualität als einer Volks- und Staatsgefahr gehe. Es seien nicht nur harte Gesetze vonnöten. Nötig sei auch eine erbarmungslose Rechtsprechung, die mit dieser Seuche gründlich aufräume.

Abb. 16: Bericht über Weimarer Prozesse; Quelle: Leipziger Neueste Nachrichten vom 18.6.1937, S. 3.

Dass der Vorwurf des Kindesmissbrauchs in nur vier Fällen eine Rolle spielte, blieb unerwähnt.[607] Offenbar glaubte man, mit einer Verengung der Verfolgungspolitik auf den Aspekt der »Jugendverführung« die Bevölkerung eher gewinnen zu können als mit dem vom »Schwarzen Korps« propagierten Bedrohungsszenario von der Homosexualität als einer »Staatsgefahr«.

Eine ähnlich ausführliche Berichterstattung ließ sich in den ausgewerteten sächsischen Zeitungen nicht nachweisen – nur die Klosterprozesse wurden hier öfter thematisiert. Die Presse folgte offenbar der Linie des Propagandaministeriums – die massive Homosexuellenverfolgung, zu der es in Sachsen kam, wurde kaum beachtet. Und dieser Befund dürfte für die allgemeine Situation repräsenta-

607 O. V., Zu den Altenburger Sittlichkeitsverbrechen. Mahnung an alle Eltern. In: Altenburger Landeszeitung vom 17./18.7.1937, S. 11; o. V., Der Prozessverlauf. In: ebd.; o. V., Ein ernstes Wort an alle Eltern. In: Altenburger Zeitung für Stadt und Land vom 17./18.7.1937, S. 7. Vgl. auch Zinn, Volkskörper, S. 461–467.

tiver gewesen sein als die intensive Berichterstattung der Altenburger Zeitungen. Denn insgesamt agierten auch die Thüringer Zeitungen »mit einer unverkennbaren Zurückhaltung«, wie der Weimarer Oberstaatsanwalt im März 1938 beklagte. Gerade auch das NSDAP-Organ »Thüringer Gauzeitung« berichtete, ähnlich wie der sächsische »Freiheitskampf«, »nur sehr knapp und dürftig über die Verfolgung Homosexueller«.[608] Eine Tendenz, die bereits das »Schwarze Korps« beklagt hatte, indem es die Ablehnung eines entsprechenden Artikels durch eine Redaktion zitierte. Diese hatte demnach geschrieben: »Eine so heikle Frage in der Tageszeitung anzuschneiden, könnten wir uns nur entschließen, wenn sich ihr schon gar nicht mehr ausweichen lässt«. Das »Schwarze Korps« erblickte darin »haargenau das, was wir als ›bürgerliche Moral‹ kennen und bekämpfen«.[609]

Es waren aber wohl weniger »moralische« Bedenken, die zur Zurückhaltung der Zeitungen führten. Ausschlaggebend dürften vielmehr die NS-Presseanweisungen gewesen sein – aber auch die Problematik, dass sich unter den Verhafteten immer wieder NS-Führer befunden hatten. In den meisten Redaktionen wird man deswegen schon frühzeitig zu der Einschätzung gelangt sein, dass es sich bei dem Thema um ein Minenfeld handelte, das man besser mied. Und ein weiterer Aspekt könnte eine Rolle gespielt haben: Der Umstand, dass die reguläre Homosexuellenverfolgung der Bevölkerung wesentlich schwieriger vermittelbar erschien als jene skandalträchtigen Fälle von Kindesmissbrauch oder Sexualmorden, über die durchaus berichtet wurde. Desczyks Einschätzung, dass das »Verständnis« für die Verfolgungspolitik »in der Bevölkerung bis jetzt noch recht mangelhaft« sei,[610] dürfte so falsch nicht gewesen sein und auch für seinen Appell, »es müsse hier jedes menschliche Mitempfinden im Interesse des Volksganzen ausgeschaltet und mit rücksichtsloser Strenge vorgegangen werden«, wird er seine Gründe gehabt haben.[611] Schon das »Schwarze Korps« hatte beklagt, dass Homosexualität oft nur mit einem »spöttischen Lächeln, das eine zwar ungehörige, aber doch keineswegs menschenunwürdige Erscheinung begleitet«, betrachtet werde, ja mehr noch: »In der bürgerlichen Gesellschaft von heute war es gang und gäbe, vom Homosexuellen wie von einem interessanten Außenseiter zu sprechen.«[612]

Dass die NS-Führung ganz bewusst darauf verzichtete, die reguläre Homosexuellenverfolgung mit einer zentral gesteuerten Kampagne analog zu den Klosterprozessen auszuschlachten, könnte also auch damit zusammengehangen

608 Lagebericht vom 19.3.1938 (ThürHStA Weimar, Generalstaatsanwalt, Sign. 438, Bl. 35–40, hier 37).

609 O. V., Was sag ich meinem Kinde? In: Das Schwarze Korps vom 15.4.1937, S. 6.

610 O. V., Homosexualität muss ausgerottet werden. In: Leipziger Neuesten Nachrichten vom 18.6.1937, S. 3.

611 O. V., Zwei Jahre Zuchthaus wegen widernatürlicher Unzucht. In: Allgemeine Thüringische Landeszeitung vom 27.3.1937, S. 7.

612 O. V., Was sag ich meinem Kinde? In: Das Schwarze Korps vom 15.4.1937, S. 6.

haben, dass man daran zweifelte, die Bevölkerung in dieser Frage mitnehmen zu können. Andere Instrumente der »Öffentlichkeitsarbeit« schieden von vorneherein aus. So etwa die Idee, sogenannte »Schaugerichtsverfahren in Strafsachen« durchzuführen, was das Reichsjustizministerium im Februar 1937 »als ein wirkungsvolles Mittel zur Aufklärung des Volkes« empfohlen hatte. Solche »Schaugerichtsverfahren« sollten sich »an alle Volkskreise wenden, auch an die Jugend«,[613] in »Zeitungsvorberichten« angekündigt und durch eine »allgemein verständliche Einführung in die Sache« vor »Beginn der Verhandlungen« vorbereitet werden, um »das Verständnis der Zuhörer für den Fall zu sichern«.[614] Doch bei Prozessen gegen Homosexuelle, bei denen notgedrungen auch die strafbaren sexuellen Handlungen zu erörtern waren, wurde die Öffentlichkeit regelmäßig ausgeschlossen. Für »Schaugerichtsverfahren«, womöglich sogar vor Schulklassen, eigneten sie sich somit nicht. Dennoch dürften sich einzelne Verfahren, insbesondere solche, die sich gegen lokale »Prominenz« wie Rechtsanwälte oder Ärzte richteten, auch ohne eine entsprechende Steuerung durch die Justizpressestellen zu Schauprozessen entwickelt haben. Belegt ist das zwar nicht für Sachsen, wohl aber für Altenburg, wo der Prozess gegen Heinrich Mock, den Direktor des renommierten Lindenau-Museums, unter »großem Andrang der Öffentlichkeit« stattfand: »Saal und Tribüne waren bis auf den letzten Platz besetzt [...].«[615] Vor den Augen und Ohren einer sensationslüsternen Menge wurde über Mocks Privatleben verhandelt und, wie seine Schwester es sah, »unser guter Name [...] im Dreck herumgezerrt«.[616]

Solche Ereignisse waren natürlich nicht wirkungslos – ebenso wenig wie die vereinzelten Presseberichte, die trotz allem über die Verfolgungspolitik erschienen. So ließ sich für Altenburg nachweisen, dass die Anzeigebereitschaft der Bevölkerung im Zuge der dortigen Verfolgungswelle zunahm, was sicherlich auch der medialen Begleitung geschuldet war.[617] Auch für Sachsen lässt sich zumindest in einem Fall belegen, dass sich Anzeigeerstatter durch Presseberichte motiviert fühlten: Der oben bereits erwähnte 17-jährige Kontorist begründete den Umstand, dass er im April 1937, also kurz nach Veröffentlichung der Artikelserie im »Schwarzen Korps«, ein Paar anzeigte, von dessen Homosexualität er bereits seit einem Jahr wusste, damit, dass er »in der Presse« jetzt »oft von solchen Vorgängen gelesen« habe.[618] Dennoch sollte man die Wirkung der insgesamt doch äußerst

613 Rundschreiben der Justizpressestelle Dresden vom 15.2.1937 (StFilA Bautzen, Bestand 50050, Nr. 39, Bl. 10).

614 Rundschreiben der Justizpressestelle Dresden vom 18.5.1937 (ebd., Bl. 27).

615 O. V., Im Kampf gegen die Unzucht. In: Altenburger Zeitung für Stadt und Land vom 28./29.8.1937.

616 Gnadengesuch vom 6.5.1938 (ThürStA Altenburg, StA LG , Sign. 239, Gnadenheft, Bl. 2).

617 Zinn, Volkskörper, S. 488 f.

618 Anzeige vom 22.4.1937 (SächsStA Leipzig, Bestand 20114, Nr. 6920, Bl. 4).

zurückhaltenden Berichterstattung nicht überschätzen. In diesem Kontext von »homophober Propaganda« zu sprechen, die »vermutlich fast alle Deutschen« erreicht habe,[619] erscheint jedenfalls übertrieben – ganz zu schweigen von Jellonneks Mutmaßung, die Verfolgung sei inszeniert worden, »um das Volk ›bei Laune‹ zu halten, Minderheitenverfolgung als nationalsozialistische Version antiker ›panem et circenses‹«.[620] Das Gegenteil war der Fall: Die reguläre Homosexuellenverfolgung war ein Thema, mit dem die Machthaber gar nicht punkten wollten.

10. Reaktionen und soziale Folgen

Ohne Frage kann man davon ausgehen, dass die nationalsozialistische Verfolgungspolitik die Stigmatisierung und gesellschaftliche Ausgrenzung Homosexueller vertiefte. Die Verfolgungsmaßnahmen wie auch die propagandistische Abwertung Homosexueller blieben nicht ohne Folgen für das gesellschaftliche Klima. Besonders hart traf es dabei die eher kleine Gruppe derjenigen, die in die Verfolgungsmaschinerie gerieten und zu Gefängnis- oder Zuchthausstrafen verurteilt wurden. Denn die öffentliche Brandmarkung als Homosexueller im Rahmen von Gerichtsverfahren ging mit einer sozialen Diskreditierung einher, die weitreichende Konsequenzen für den weiteren Lebensweg haben konnte. Neben der Schädigung des sozialen Prestiges drohten materielle Konsequenzen wie der Verlust von Wohnung und Arbeitsplatz, der Verstoß aus Familie, Freundeskreis, Vereinen und – im »Dritten Reich« ein wichtiger Aspekt – aus NS-Organisationen. Inwieweit solche Konsequenzen durch individuelle Resilienz und unterstützende Netzwerke abgefedert werden konnten, hing sowohl von der Persönlichkeit wie auch von dem sozialen Milieu ab, in dem der Verurteilte verwurzelt war.

Die Reaktionen auf Verhaftung und Verurteilung fielen weit auseinander. Während einige so verzweifelt waren, dass sie Selbstmordversuche unternahmen, zeigten sich andere eher gleichgültig und Dritte wiederum selbstbewusst und latent widerständig. Als besonders fragil erwiesen sich Angehörige des Kleinbürgertums, in dem die Haltungen zur Homosexualität äußerst ambivalent waren.[621] Von welchen Widersprüchen und Spannungen gerade dieses Milieu geprägt war, zeigt der Fall des 1899 geborenen Kohlenhändlers Kurt Künzel aus Crimmitschau. Obgleich sich Künzel über Jahre hinweg für die Rechte Homosexueller engagiert hatte, empfand er seine Verhaftung im Jahr 1937 schließlich als eine solche »Schande«, dass er seinem Leben ein Ende setzen wollte. Am 13. April 1937 versuchte er, sich im Amtsgerichtsgefängnis von Crimmitschau die

619 Micheler, Selbstbilder, S. 317.
620 Jellonnek, Homosexuelle, S. 99.
621 Vgl. Zinn, Volkskörper, S. 161–192.

Pulsadern aufzuschneiden und erklärte, dass er »die Schande, die ihm und seinen Angehörigen durch die erfolgte Verhaftung bereitet sei«, nicht ertragen könne.[622] Auch wenn es die Verhaftung und nicht die Homosexualität war, die Künzel als »Schande« benannte, lässt sich beides im Hinblick auf die beklagten Auswirkungen auf die Angehörigen doch kaum trennen. Dass die Verfolgungsmaßnahmen selbst bei einem gestandenen Vertreter der Homosexuellenbewegung zu einer so tiefgreifenden Verunsicherung führten, zeigt, wie fragil die homosexuelle Identität mitunter war.

Andere bestritten die Anschuldigungen nicht nur gegenüber dem Gericht, sondern auch gegenüber ihren Familienangehörigen. So ein 36-jähriger Kellner, der schon einschlägig vorbestraft war. An seinen Vater schrieb er, es sei »ganz gleich, wie du denken magst, ich kann nichts dafür, dass ich wieder dieses ertragen muss – ich habe keine Gegenbeweise und kann mich nicht wehren«.[623] Auch gegenüber seinem Bruder gerierte er sich als das Opfer der Intrige »eines Menschen, der mich 1936 kennen gelernt haben will«: »Ich selbst weiß auch nicht, wie nun alles werden soll. Endlich hatte ich mich ein bisschen aus dem Unglück des vorigen Jahres herausgerappelt, nun geht das wieder los, wozu leb ich überhaupt noch, warum werde ich denn immer und immer wieder so vom Schicksal verfolgt, ohne eigentlich zu wissen, warum.«[624] Verhaftung und Verurteilung erlebten wohl die meisten als eine einschneidende Zäsur. Wie weit Selbstzweifel und Suizidgedanken aber tatsächlich verbreitet waren, lässt sich anhand der wenigen autobiografischen Zeugnisse, die in den Akten überliefert sind, nicht rekonstruieren. Hinweise auf vollendete Selbstmorde, die es ohne Frage gegeben hat, sind in den ausgewerteten Akten des Leipziger Landgerichts eher rar und betreffen in der Regel besondere Konstellationen: In einem Fall ein Erpressungsopfer,[625] in einem anderen einen Mann, gegen den die Staatsanwaltschaft die Todesstrafe beantragt hatte.[626] Zu bedenken ist allerdings, dass es zu den meisten Selbstmorden bereits im Zuge der ersten polizeilichen Ermittlungen kam und die Polizeiakten dann geschlossen wurden – staatsanwaltschaftliche Akten wurden in solchen Fällen gar nicht erst angelegt. Hinweise auf solche Fälle lassen sich allenfalls in den Ermittlungsakten anderer Beschuldigter finden. Für das Altenburger Land konnten so allein für die Verfolgungswelle von 1937, in deren Zuge 44 Männer verurteilt wurden, vier Selbstmorde ermittelt werden.[627]

Betrachtet man die Reaktionen des sozialen Umfeldes der Verhafteten und Verurteilten, dann zeigt sich ebenfalls ein breites Spektrum. Besonders der

622 Schreiben vom 13.4.1937 (SächStA Chemnitz, Bestand 30071, Nr. 8102, Bl. 8).
623 Brief vom 4.1.1939 (SächStA Leipzig, Bestand 20114, Nr. 2934, Bl. 39).
624 Brief vom 4.1.1939 (ebd., Nr. 2934, Bl. 40).
625 Anklageschrift vom 12.5.1938 (ebd., Nr. 945, Handakte, Bl. 1–5, hier 5).
626 Vermerk vom 3.3.1943 (ebd., Nr. 3631, Handakte, Bl. 11).
627 Vgl. Zinn, Volkskörper, S. 693 f.

NS-Bewegung nahestehende Familienangehörige und Freunde wandten sich oft von den Betroffenen ab. So etwa ein Vater, Blockleiter der NSDAP, der sich weigerte, seinen 19-jährigen Sohn nach seiner Entlassung aus dem Gefängnis wieder bei sich aufzunehmen und erst nach Intervention der Ortsgruppe bereit war, ihn vor seiner Einberufung zur Wehrmacht noch drei Tage zu beherbergen.[628] Andere sorgten sich vor allem um den Ruf der Familie. So etwa die Mutter eines 21-Jährigen, der allerdings nicht nur wegen einvernehmlicher Homosexualität, sondern auch wegen Kindesmissbrauchs verurteilt worden war. Nach seiner Entlassung aus dem Jugendgefängnis lebte die Mutter nach Auskunft des »Amtes für Volkswohlfahrt« der NSDAP »ständig in Angst, dass wieder etwas vorfallen könnte«. Sie sorgte sich »deshalb besonders um ihren Jungen, weil ihre Tochter mit einem Angehörigen der Polizei verlobt ist und das Verhalten ihres Jungen die Zukunft ihrer Tochter ungünstig beeinflussen könnte«.[629] Auch dem Bruder eines verhafteten Chorsängers, einem »Polizeilehrer«, ging es vor allem um das Ansehen seiner Familie. Den Untersuchungsrichter bat er nicht nur inständig, nichts »in der Presse verlauten zu lassen«, er kündigte auch gleich noch für den kommenden Sonntag, zwölf Uhr seinen Besuch an, um eine »Unterredung« zu führen. Für die Familie wäre es »untragbar, wenn unser Name durch unseren Bruder in Verruf käme«. Schließlich seien sie »alle in führenden Parteidienststellen ehrenamtlich tätig; Sie wissen selbst, was da ein öffentliches Bekanntmachen unehrenhafter Dinge bedeutet«.[630]

Einen gewissen Einfluss auf die Reaktionen von Freunden und Angehörigen könnte aber auch das Geschlecht gehabt haben. Dies dürfte auch Ausdruck des Umstandes sein, dass viele Familien bereits vor der Verhaftung des Sohnes von dessen Homosexualität wussten und dass es oft die Mütter oder Schwestern waren, denen sich diese (zunächst) anvertrauten.[631] Auffällig ist jedenfalls, dass es überwiegend Frauen waren, die sich mehr oder weniger solidarisch zeigten. So unterstützte eine Mutter ihren 20-jährigen Sohn in einem Brief mit den tröstenden Worten: »Du hast nichts verbrochen, bloß den einen Fehler hast Du.«[632] Ein Brief, der wegen dieser Worte von der Gefängnisleitung konfisziert wurde. Dem Sohn durfte er nur vorgelesen werden, »jedoch ohne« diesen »rot eingeklammerten Teil«.[633] Eine andere Mutter versuchte, ihrem 25-jährigen Sohn eine zwischen Wäschestücken versteckte Nachricht ins Gefängnis zu schmuggeln, in der sie über dessen Liebhaber berichtete: »Paul ist in Dessau, geht ihm auch wie

628 Stellungnahme der NSDAP vom 20.6.1941 (SächsStA Chemnitz, Bestand 30068, Nr. 6529, Bl. 18).
629 Schreiben vom 2.12.1941 (ebd., Nr. 1376, Bl. 29).
630 Schreiben vom 25.2.1936 (SächsStA Leipzig, Bestand 20114, Nr. 2644, Bl. 11).
631 Vgl. Kapitel II.1 und Zinn, Volkskörper, S. 111–230.
632 Brief vom 20.6.1941 (SächsStA Chemnitz, Bestand 30068, Nr. 4058, Bl. 82).
633 Vermerk vom 22.6.1941 (ebd., Bl. 81).

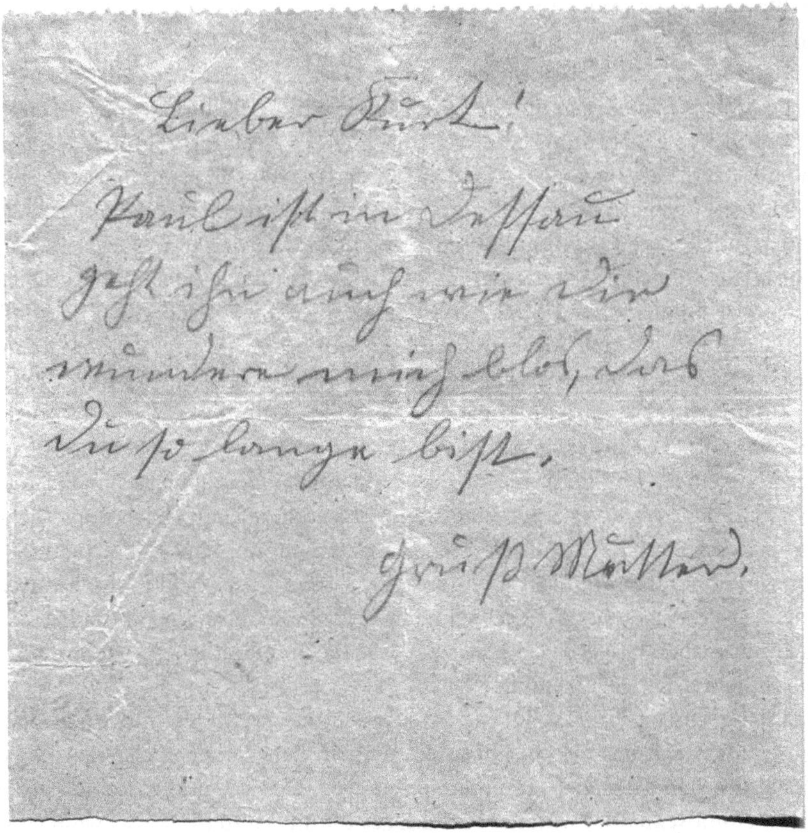
Lieber Kurt!
Paul ist in Dessau
geht ihr auch wie Dir
wundere mich bloß, daß
du so lange bist.
Gruß Mutter.

Abb. 17: Kassiber vom 29.5.1937; Quelle: SächsStA Leipzig, Bestand 20114, Nr. 6920, Bl. 14.

Dir […].«[634] Aus dem Freundeskreis gab es ebenfalls unterstützende Reaktionen, diese konnten mitunter aber auch ambivalent ausfallen. So schrieb die Freundin eines 20-jährigen Verurteilten: »Ich denke auch nicht schlecht von Dir, ich weiß wie du bisher warst und es auch noch bist, bloß durch schlechte, gehässige Menschen die den Menschen zunichtemachen wollen in die Schande getrieben wurdest.«[635] Eine Schuldzuweisung, die sich aber wohl eher darauf bezog, dass der Betroffene nicht nur wegen Homosexualität verurteilt worden war, sondern auch einen Kumpel bei einem Diebstahl unterstützt hatte, wobei dieser offenbar »die treibende Kraft« gewesen war.[636]

634 Kassiber vom 29.5.1937 (SächsStA Leipzig, Bestand 20114, Nr. 6920, Bl. 14).
635 Brief vom 20.7.1942 (SächsStA Chemnitz, Bestand 30068, Nr. 9053, Bl. 37).
636 Urteil vom 23.9.1938 (ebd., Bl. 18 f., hier 19).

Solche tendenziell solidarischen Reaktionen hatten eine wichtige psychologische Funktion, nicht nur, um die Haftzeit zu überstehen, sondern auch, um nach der Entlassung zurechtzukommen. Für das Leben nach der Strafverbüßung war aber auch die soziale Herkunft von großer Bedeutung. Traditionelle Standes- und Ehrbegriffe, die im Klein-, besonders aber im Bildungs- und Großbürgertum von erheblicher Relevanz waren, konnten die »Resozialisierung« der sozial Diskreditierten erheblich erschweren. Der Verlust akademischer Titel und berufliche Sanktionen waren für Angehörige der oberen Schichten besonders schmerzhaft. Auch die Aberkennung von Orden und anderen Ehrenzeichen, die mit einer Verurteilung zu »Ehrverlust« verknüpft war, hatte in diesen Milieus eine größere Bedeutung als in der Arbeiterschaft. Kurz: Der soziale Absturz, der mit einer Verurteilung einherging, war um so größer, je größer das soziale Prestige zuvor gewesen war. Doch auch Arbeiter und kleinere Angestellte konnten ihre Stelle verlieren, wenn sie im öffentlichen Dienst tätig gewesen waren. So erging es zum Beispiel einem Hilfsschlosser beim Reichsbahn-Ausbesserungswerk in Leipzig, der nach einer Verurteilung nach § 175a »aus dem Reichsbahndienst ausscheiden« musste und das »Entlassungsschreiben« ins Gefängnis zugestellt bekam.[637] Vor allem aber Beamte waren von beruflichen Sanktionen betroffen, mussten sie neben der regulären Strafverfolgung doch auch noch Dienststrafverfahren über sich ergehen lassen, die in der Regel zu einer »Entfernung aus dem Dienst« führten. Betroffen waren kleinere Beamte wie ein Reichsbahn-Betriebsassistent, der 1937 vor dem Leipziger Reichsdisziplinarhof um seine Stellung kämpfte, weil er sich seit 1923 homosexuell betätigt hatte, ebenso wie höhere Beamte.[638] So etwa der oben bereits erwähnte Veterinärmediziner, den das Leipziger Landgericht im Mai 1939 zu vier Monaten Gefängnis verurteilt hatte, weil er im Kino Lichtburg seinen Sitznachbarn berührt hatte. Im Oktober 1939 informierte die Staatsanwaltschaft die Universität Rostock, die ihm den Doktortitel entzog. Im Dezember leitete man ein Dienststrafverfahren ein, dessen Ausgang wegen mangelhafter Überlieferung allerdings nicht nachzuvollziehen ist.[639] 1941 wurde ihm überdies das Recht aberkannt, die Dienstbezeichnung der Wehrmacht »Veterinär d. R. a. D.« zu führen. Der Ausschluss aus NSDAP und Reichsbund der Deutschen Beamten fiel da kaum noch ins Gewicht.[640] Solche Ausschlüsse waren bei Verurteilungen nach § 175 ohnehin die Regel und ließen sich auch nicht abwenden.[641]

---

637 Schreiben vom 21.9.1944 (SächsStA Leipzig, Bestand 20114, Nr. 3649, Vollstreckungsheft, Bl. 5).

638 Anklageschrift vom 4.3.1937 (ebd., Nr. 4224, Bl. 27 f.).

639 In den sächsischen Staatsarchiven sind keine Akten der Dienststrafkammern überliefert. Zur Bedeutung von Dienststrafverfahren im Rahmen der Homosexuellenverfolgung vgl. Zinn, Volkskörper, S. 391–396.

640 Vgl. Schreiben vom 21.10.1939, Vermerk vom Dezember 1939, Beschluss vom 18.8.1941 und Vermerk vom 5.7.1940 (SächsStA Leipzig, Bestand 20114, Nr. 6898, Strafvollstreckungsheft Bl. 3, 7, 18 und 23 sowie Handakte, Bl. 20).

641 Vgl. Zinn, Volkskörper, S. 479 f.

Auch Angehörigen freier Berufe wie Rechtsanwälten oder Ärzten wurde die weitere Berufsausübung verwehrt: ihnen entzog man die Zulassung. So erging es zum Beispiel dem aus Dresden stammenden späteren Homosexuellenaktivisten Rudolf Klimmer, der in Leipzig Medizin studiert und sich im April 1937 als Facharzt für Nervenkrankheiten in Frankfurt am Main niedergelassen hatte. Nachdem er im November gemeinsam mit einem Strichjungen verhaftet und zu fünf Monaten Gefängnis verurteilt worden war, schloss ihn der Deutsche Ärztegerichtshof für fünf Jahre »von weiterer behandelnder Tätigkeit in der öffentlichen Fürsorge« aus, weil er »unwürdig« sei, »den Arztberuf auszuüben«.[642] Nach einer zweiten Verurteilung im Jahr 1940 entzog ihm die Universität Leipzig dann im Mai 1941 auch den Doktortitel.[643] Die Aberkennung von Doktortiteln erfolgte in der Regel zwar schon nach der ersten Verurteilung, offenbar hatte es die Staatsanwaltschaft in diesem Fall aber versäumt, die Universität zu informieren. Wie an anderen Universitäten wurden Sexualdelikte auch an der Leipziger Uni »als moralisch besonders verwerflich betrachtet und in jedem Falle« mit der Aberkennung des Titels geahndet.[644] Die Uni dürfte deswegen einer ganzen Reihe von Homosexuellen den Doktorgrad entzogen haben, dokumentiert werden konnten auch aufgrund starker Kriegsverluste bislang aber nur wenige Fälle.[645] Andererseits waren die Einstellungen an den Universitäten aber weniger konsistent, als es der NS-Führung lieb war. Dies zeigen die Bemühungen Klimmers um seine Rehabilitierung. Sein Antrag auf gnadenweise Wiederzuerkennung des Titels fand bei der Universität Leipzig wohlwollende Unterstützung, obwohl in einem Gutachten der dortigen Nervenklinik auf die »tief in der Persönlichkeit« Klimmers verwurzelte »homoerotische Veranlagung« verwiesen wurde. Letztlich wurde der Wiederzuerkennung aber »mit einer gewissen Reserve« zugestimmt, nicht zuletzt, weil auch »das menschliche Moment«, dass »Fehltritte eines Tages verziehen werden müssen, ins Gewicht« falle.[646] Der Reichsminister für Wissenschaft, Erziehung und Volksbildung sah die Sache freilich ganz anders: Er lehnte Klimmers Gesuch am 28. November 1944 ab, weil er »nach der Art

642 Beschluss des Deutschen Ärztegerichtshofs vom 23.3.1939 laut Karteikarte des Reichsarztregisters (BArch, R 9347, Karteikarte Klimmer). Zu Klimmer vgl. auch Anm. 18 (Kapitel IV.1).

643 Schreiben vom 22.4.1944 (UA Leipzig, Rep. I VIII 258, Bl. 73).

644 Jens Blecher, Vom Promotionsprivileg zum Promotionsrecht. Das Leipziger Promotionsrecht zwischen 1409 und 1945 als konstitutives und prägendes Element der akademischen Selbstverwaltung, Dissertation an der Martin-Luther-Universität Halle-Wittenberg 2006, S. 295. Zur Hamburger Universität vgl. Rainer Nicolaysen, Entwürdigt – Die Aberkennung von Doktortiteln im Dritten Reich. Homosexuelle Opfer der Hamburger Universität. In: Norman Domeier/Rainer Nicolaysen/Maria Borowski/Martin Lücke/Michael Schwartz, Gewinner und Verlierer. Beiträge zur Geschichte der Homosexualität in Deutschland im 20. Jahrhundert. Hirschfeld Lectures Band 7, Göttingen 2015, S. 45–61.

645 Vgl. die Fälle von Erich Bonde und Kuno Fiedler: Zinn, Volkskörper, S. 477.

646 Stellungnahme vom 27.9.1944 (UA Leipzig, Rep. I VIII 258, Bl. 83).

seiner Verfehlungen und seiner Veranlagung keine Gewähr dafür bietet, dass er nicht mehr rückfällig wird«.[647]

Für Angehörige der höheren Schichten hatten solche Sanktionen weitreichende Konsequenzen. Gleichwohl gelang es vielen, wieder Fuß zu fassen. Einige wechselten in die freie Wirtschaft, andere versuchten ihr Glück im Ausland.[648] Viele wechselten nicht nur den Arbeits-, sondern auch den Wohnort. So zum Beispiel Klimmer, der nach seiner ersten Haftentlassung 1938 zunächst eine Anstellung am Sanatorium Tannenfeld bei Altenburg fand. Nach der zweiten Gefängnisstrafe im November 1941 ging er als wissenschaftlicher Angestellter zur Berliner Schering AG – offenbar gab es dort eine ganze Abteilung von Nazi-Gegnern. Die kriegswichtige Produktion von Schering führte dazu, dass Klimmer UK gestellt wurde.[649] Dagegen kehrten Arbeiter und kleinere Angestellte häufiger an ihre alten Arbeitsstellen zurück. Eine Tendenz, die sich nach Kriegsbeginn noch verstärkte. Arbeitskräfte waren nun so rar, dass sich einige Arbeitgeber sogar um die vorzeitige Entlassung ihrer Beschäftigten bemühten. So etwa im Fall eines 39-jährigen Friseurs, den das Leipziger Landgericht im Dezember 1940 zu drei Monaten Gefängnis verurteilt hatte. Drei Tage nach Urteilsverkündung reichte der Friseurmeister Karl Dankert für seinen Angestellten ein Gnadengesuch ein, weil er auf diesen in seinem Geschäft nicht verzichten könne. Die Staatsanwaltschaft lehnte das Gesuch zwar ab, bewilligte aber einen Strafaufschub von drei Monaten.[650] In einem anderen Fall bat der Arbeitgeber um Beurlaubung oder Entlassung, weil der Verurteilte sein tüchtigster Baggerfahrer sei. Auch wenn solche Anträge in aller Regel abgelehnt wurden, in diesem Fall zum Beispiel, weil das Strafgefängnis Bautzen den Verurteilten als »in moralischer Hinsicht jedoch triebhaft« charakterisierte, dokumentieren sie, dass die moralischen Bedenken vieler Arbeitgeber zumindest weniger ins Gewicht fielen als ihre ökonomischen Interessen.[651]

Einen gewissen Schutzraum boten die künstlerischen Berufe, so insbesondere die Theater und Opernhäuser, an denen viele schwule Männer beschäftigt waren. Besonders beliebte Schauspieler, so insbesondere Gustaf Gründgens, der Intendant des Berliner Schauspielhauses, wurden geduldet, obwohl ihre Homosexualität bekannt und Gegenstand von Gerüchten und Spott war. Doch selbst Gründ-

647 Schreiben vom 28. November 1944 (ebd., Bl. 88).

648 Vgl. den Fall des Arztes Erich Bonde: Zinn, Volkskörper, S. 487.

649 Vgl. Günter Grau, Ein Leben im Kampf gegen den Paragraphen 175. Zum Wirken des Dresdener Arztes Rudolf Klimmer 1905–1977. In: Manfred Herzer (Hg.), 100 Jahre Schwulenbewegung. Dokumentation einer Vortragsreihe in der Akademie der Künste, Berlin 1998, S. 47–64, hier 56 f.

650 Gnadengesuch vom 5.12.1940 und Beschluss vom 17.12.1940 (SächsStA Leipzig, Bestand 20114, Nr. 406, Gnadenheft, Bl. 1 f.).

651 Stellungnahme zu Gnadengesuchen vom 11.10.1942 und 30.10.1942 (ebd., Nr. 7106, Gnadenheft, Bl. 3R) und Beschluss vom 20.11.1942 (ebd., Bl. 4). Vgl. auch ähnliche Fälle: SächsStA Leipzig, Bestand 20114, Nr. 331, Ermittlungsakte, Bl. 21–23; ebd., Nr. 4226, Bl. 3.

Abb. 18: Autogrammkarte von Oskomon; Quelle: Karl May Stiftung Radebeul.

gens war von Verhaftung bedroht. Während Göring seine schützende Hand über ihn hielt, erregte seine Homosexualität bei Rosenberg, Goebbels und Hitler immer wieder Missfallen.[652] Die Unterhaltungsbranche war den NS-Machthabern allerdings wichtig, und so achtete auch Himmler darauf, dass die Homosexuellenverfolgung den Theaterbetrieb nicht störte. 1937 erließ er eine Sonderregelung, derzufolge »jede Inhaftierung eines Schauspielers oder Künstlers wegen widernatürlicher Unzucht seiner vorherigen Genehmigung bedarf, es sei denn, dass einer der Genannten auf frischer Tat ertappt wird«.[653]

In aller Regel kam es in solchen Fällen aber nur zu einem zeitlichen Aufschub, sodass der Spielbetrieb nicht gestört wurde und die Verhaftung nicht weiter auffiel. So bat die Kripo Dresden Himmler im September 1938 um die Genehmigung der Verhaftung einiger Schauspieler der Karl-May-Festspiele in Rathen, die aber erst »nach deren Beendigung« erfolgen sollte, da die Festspiele sonst »in Frage gestellt« und »auch unnötige Gerüchte entstehen« würden.[654] In Verdacht geraten war der amerikanische Schauspieler Charles Smith, angeblich ein »echter Indianer«, der in der Rolle des »Oskomon« brillierte, über den aber auch die wildesten Gerüchte kursierten, unter anderem, dass »das ganze Aussehen und Gebaren des Oskomon« auf homosexuelle »Veranlagung schließen« lasse.[655] Angeklagt wurden schließlich drei Schauspielerkollegen von Smith, unter ihnen Hermann Schindler, der bei den Festspielen den Cowboy Will Parker spielte. Er wurde zu fünf Monaten Gefängnis verurteilt, darüber hinaus wurden »das Geheime Staatspolizeiamt in Berlin, der Leiter des Reußischen Theater [sic!] in Gera und Ministerialrat Kunz als Vorstand der Landesbühne Sachsen« in Kenntnis gesetzt.[656] Eine Maßnahme, die zweifellos darauf zielte, die weitere schauspielerische Karriere Schindlers zu behindern.

Tatsächlich gerieten die Theater in solchen Fällen in eine prekäre Situation. Einerseits standen sie unter dem »moralischen« Druck, sich von den verurteilten Kollegen zu trennen, andererseits waren sie auf deren künstlerische Qualitäten aber oft auch angewiesen. Dies macht ein Schreiben des Städtischen Theaters Leipzig deutlich, das sich nach der Verhaftung ihres Chorsängers Rudolf Honnette an das Polizeipräsidium wandte und um Überlassung der Akten bat, »um sobald als möglich zu wissen, ob wir auf eine fristlose Entlassung des Honnette zukommen müssen«. Gegebenenfalls müsse man sich »wegen des geringen

652 Vgl. Zinn, Volkskörper, S. 277f.; Thomas Blubacher, Gustaf Gründgens. Biographie, Leipzig 2013, S. 172–181, 193–197.

653 Erlass vom 29.10.1937 zur Festnahme von Schauspielern und Künstlern wegen widernatürlicher Unzucht. In: Grau, Dokumente, S. 179.

654 Bericht vom 8.9.1938 und Schreiben vom 9.9.1938 (SächsHStA Dresden, Bestand 10789, Nr. 705, Bl. 2–4, hier 2R und 4).

655 Bericht vom 8.9.1938 (ebd., Bl. 2).

656 Vermerk vom 17.11.1938 und Strafmitteilung vom 17.7.1939 (ebd., Nr. 705, Bl. 26 und 31).

Angebots von guten Chorsängern und wegen der vorgerückten Zeit für Neuverpflichtungen für die nächste Spielzeit sofort um eine Ersatzkraft bemühen«.[657] Insgesamt war das Klima an den Theatern aber liberaler als anderswo, das Verständnis für »moralische Verfehlungen« wie die Homosexualität verbreiteter. Im Gegensatz zu den Angehörigen anderer öffentlich exponierter Berufsgruppen, für die die Verhaftung oft das Ende der Karriere bedeutete, waren die Chancen von Schauspielern, Tänzern oder Sängern größer, ihre Tätigkeit nach Strafverbüßung wieder aufzunehmen. So wurde der Solotänzer Herbert Bemmann, der bis zu seiner Verhaftung im Juni 1939 am Neuen Theater in Leipzig beschäftigt war, im Deutschen Bühnen-Jahrbuch von 1941 als Angehöriger des Hessischen Landestheaters in Darmstadt aufgeführt.[658] Ob Rudolf Honnette wieder Fuß fassen konnte, ließ sich nicht eruieren, er wurde zuletzt im Bühnen-Jahrbuch von 1936, dem Jahr seiner Verhaftung, gelistet.[659] Auch Hermann Schindlers weitere Schicksal ließ sich nicht aufklären – der Hermann Schindler, den das Bühnen-Jahrbuch von 1955 nennt, ist nicht mit ihm identisch.[660]

Wie sich das Stigma-Management nach der Haftentlassung entwickelte, hing mit der Frage der beruflichen Wiedereingliederung eng zusammen. Zu vermuten ist, dass der Anpassungsdruck erheblich stieg, und zwar gerade dort, wo eine »Reintegration« in das alte soziale Umfeld gelang. Die Erwartung, dass die Entlassenen ihren »Fehltritt« nunmehr überwunden hätten und zur Heterosexualität bekehrt worden seien, dürfte nicht gering gewesen sein. Tatsächlich blieb der Druck, zumindest nach außen hin eine »Läuterung« zu inszenieren und eine Fassade heterosexueller Wohlanständigkeit zu errichten, nicht ohne Folgen. So ließ sich für das Altenburger Land belegen, dass etwa ein Drittel der ledigen Verurteilten nach ihrer Entlassung aus dem Gefängnis eine Ehe einging. Es waren vor allem die höher Gebildeten, die sich einer Anpassung an tradierte Lebensentwürfe bislang verweigert hatten, die nun entsprechende Konsequenzen zogen: 42,8 Prozent der ledigen Haftentlassenen aus dem Kleinbürgertum und 60 Prozent derer aus dem Bildungs- und Großbürgertum.[661] Während in Altenburg 58 Verurteilte untersucht wurden, konnte dieser Frage bei den 311 Leipziger Fällen

657 Schreiben vom 15.2.1936 (SächsStA Leipzig, Bestand 20114, Nr. 2644, Bl. 8).

658 Deutsches Bühnen-Jahrbuch, Theatergeschichtliches Jahr- und Adressenbuch, Band 52, Berlin 1941, S. 331.

659 Deutsches Bühnen-Jahrbuch, Band 47, Berlin 1936, S. 456.

660 Der Schauspieler Hermann Schindler, der nach Argentinien emigrierte, war 1896 geboren worden, der in Rathen Verhaftete hingegen im Jahr 1907. Vgl. Genossenschaft deutscher Bühnenangehöriger (Hg.), Deutsches Bühnen-Jahrbuch, Band 63, Hamburg 1955, S. 371; Eintrag im P. Walter Jacob Archiv (https://www.exil-archiv.uni-hamburg.de/receive/def_personen_00001691; 17.6.2020).

661 Vgl. Zinn, Volkskörper, S. 672, Grafik 8c.

aufgrund hoher datenschutzrechtlicher Hürden nicht nachgegangen werden.[662] Bei immerhin 278 Männern konnte aber der Familienstand bei Anklageerhebung eruiert werden: 73,7 Prozent waren zu diesem Zeitpunkt ledig, 26,3 Prozent waren verheiratet, geschieden oder verwitwet. Das sind ähnliche Ergebnisse wie in Altenburg (79,3 % Ledige) und in den von Jellonnek untersuchten Regionen, wo rund achtzig Prozent der Beschuldigten ledig waren.[663] Bei den Leipziger Ergebnissen zeigt sich auch die klare Tendenz, dass der Anpassungsdruck mit der sozialen Schicht stieg: Während der Anteil der verheirateten (bzw. geschiedenen oder verwitweten) Angeklagten in der Arbeiterschaft bei 23,7 Prozent lag, betrug er im Kleinbürgertum 28,7 und im Bildungs- und Großbürgertum 40 Prozent. Der Altenburger Befund, dass sich Angehörige höherer Bildungsschichten vor Beginn der Verfolgungsmaßnahmen der Anpassung an tradierte Lebensentwürfe eher verweigerten, ließ sich damit für Leipzig nicht bestätigen, wobei allerdings zu bedenken ist, dass mehr als ein Drittel der Leipziger Angeklagten bereits einschlägig vorbestraft war, die Eheschließung also bereits eine auf derartige Vorstrafen zurückgehende Anpassungsleistung gewesen sein könnte.[664]

Ohnehin ist die Ehequote nur ein sehr grober Indikator für den gesellschaftlichen Anpassungsdruck. Denn sie bezieht nicht nur die bisexuellen Männer mit ein, für die Frau und Kinder zu einem gelungenen Lebensmodell zählen konnten, sondern auch jene Männer, deren homosexuelles Selbstverständnis sich an antiken Idealen orientierte und die Gründung einer Familie einschloss. Inwieweit es sich bei den nach Haftentlassung eingegangenen Ehen um derartige Lebenskonzepte handelte, um Scheinehen, die lediglich der Tarnung eines weiterhin homosexuellen Lebensstils dienen sollten, oder aber um den ernsthaften Versuch, ein heterosexuelles Leben zu beginnen, lässt sich kaum rekonstruieren. Ebenso schwer ist zu ermessen, welches Leid die unter äußerem Druck zustandegekommenen Ehen im Einzelfall verursacht haben – sowohl für die Homosexuellen, wie für die teilweise wohl auch bewusst getäuschten Gattinen und Nachkommen. Dass in Altenburg fast alle diese Ehen kinderlos blieben, zeigt zumindest, dass das Ziel einer heterosexuellen Musterfamilie, soweit überhaupt angestrebt, fast nie erreicht wurde.[665] Auch in den Leipziger Akten finden sich Hinweise darauf, dass es mitunter überwiegend taktische Motive waren, die zu einer Eheschlie-

662 Die Frage, ob die Angeklagten zu einem späteren Zeitpunkt heirateten, lässt sich nur durch eine entsprechende Anfrage beim Geburtsstandesamt klären, wobei die Auskunftspraxis sehr unterschiedlich ist. Das Leipziger Standesamt erteilte im Rahmen dieser Untersuchung keine Auskünfte und verwies zur Begründung auf Paragraf 66 Abs. 1 des Personenstandsgesetzes.

663 Dass die Leipziger Ergebnisse insgesamt etwas niedriger lagen, ist zum Teil auch damit zu erklären, dass in diese Untersuchung sämtliche Fälle homosexuellen Kindesmissbrauchs einbezogen wurden, der Anteil der Ledigen bei diesen Fällen mit 65,7 Prozent aber deutlich niedriger lag. Vgl. Zinn, Volkskörper, S. 672, Tabelle 8a, sowie Jellonnek, Homosexuelle, S. 306, Tabelle 9.

664 Vgl. Kapitel II.7.

665 Vgl. Zinn, Volkskörper, S. 482–484.

ßung führten. So etwa in dem oben bereits erwähnten Fall eines 43-jährigen Kaufmanns, der schon während des Gerichtsverfahrens darauf insistierte, einer Freundin »die Ehe versprochen und mit ihr wiederholt natürlichen Geschlechtsverkehr gehabt« zu haben.[666] Nach seiner Verurteilung zu einem Monat Gefängnis verwies er dann auf die geplante Hochzeit, um einen Antrag auf Strafaufschub zu begründen. Die Staatsanwaltschaft verlangte daraufhin die Aufgebotsbescheinigung, deren Beibringung sich über Monate hinzog, setzte die Strafe dann aber tatsächlich für zwei Jahre zur Bewährung aus.[667] Wenige Wochen später wurde die Ehe dann tatsächlich geschlossen, ein Hinweis auf eine Scheidung findet sich auf der Geburtsurkunde ebenso wenig wie ein solcher darauf, dass aus der Ehe Kinder hervorgegangen wären.[668]

In den meisten Fällen dürften sich die unterschiedlichsten Motive und Erwartungshaltungen der Beteiligten überlagert haben. So zum Beispiel im Fall eines Oberzahlmeisters bei der Wehrmacht, der 1940 verhaftet, degradiert und zu einem Jahr und zwei Monaten Gefängnis verurteilt worden war. Der Mann war bereits verheiratet gewesen, doch seine Frau ließ sich nun scheiden. Nach Entlassung aus dem Gefängnis wandte er sich dann an eine alte Freundin, mit der er auch weitläufig verwandt war und die ihn schon »immer geliebt« hatte. Sie heiratete ihn sofort – angeblich, wie sie später behauptete, »um ihm zu helfen, mit seinen Verirrungen fertig zu werden«. Die Ehe hielt und es wurden zwei Kinder geboren. Doch in den 1950er- und 1960er-Jahren fiel der Mann noch mehrfach durch homosexuelle »Verfehlungen« auf, bei denen die Ehefrau offenbar die Rolle einer Kupplerin übernommen hatte.[669]

Nur in einem Fall gibt es Hinweise darauf, dass es sich um eine von beiden Seiten in vollem Bewusstsein eingegangene Scheinehe gehandelt haben könnte: Der Arzt Rudolf Klimmer heiratete anderthalb Jahre nach seiner Entlassung aus dem Gefängnis am 28. März 1943 die Apothekertochter Martha Brumecki, die laut Günter Grau »lesbisch gewesen sein soll«.[670] Ein Schritt, der auch im Kontext seiner Bemühungen um berufliche Rehabilitierung zu interpretieren ist, mit denen er zur selben Zeit begann. Für die positive Beurteilung seines Antrages, ihm seinen Doktortitel wiederzuzuerkennen, war dieser Schritt tatsächlich von Bedeutung. So verwies die Nervenklinik der Universität Leipzig in ihrer Stellungnahme

666 Sitzungsprotokoll vom 9.8.1943 (SächsStA Leipzig, Bestand 20114, Nr. 3030, Bl. 86–89, hier 88 f.).

667 Schreiben vom 25.3.1944 und Beschluss vom 18.8.1944 (SächsStA Leipzig, Bestand 20114, Nr. 3026, Gnadenheft, Bl. 3 und 9 f.).

668 Auskunft des Stadtarchivs Rotenburg (Wümme) vom 9.7.2020.

669 Niederschrift über eine Aussprache mit Parteifreundin K. W. am 5.4.1961 (SächsStA Leipzig, Bestand 21123, Nr. IV/2/15/670, unpag., S. 1–6, hier 3).

670 Grau nennt dafür allerdings keine Quelle. Siehe Grau, Ein Leben, S. 57.

auch darauf, Klimmer müsse »zugute gehalten werden«, dass er »im Sommer 43 geheiratet hat«.[671] Dass es sich um eine Scheinehe gehandelt haben dürfte, ergibt sich auch daraus, dass sie am 3. März 1948 wieder geschieden wurde – zu einem Zeitpunkt, zu dem Klimmer bereits einen intensiven Kampf für die Abschaffung des § 175 führte.[672] In einem Lebenslauf betonte Klimmer später zwar, die Ehe sei »hauptsächlich aus politischen Gründen« geschieden worden: weil Brumecki seine »kommunistische Einstellung« abgelehnt habe. Diese Darstellung hatte aber wohl ihrerseits politische Gründe, konnte Klimmer seine homosexuelle Veranlagung doch nicht offen thematisieren, ohne seinen politischen Zielen zu schaden. Dass das Brumecki und Klimmer »während der Hitlerzeit einende Band« 1945 zerbrach, dürfte jedenfalls auch damit zu tun gehabt haben, dass der Verfolgungsdruck gegenüber Homosexuellen nach der Befreiung erheblich nachließ.[673]

Um sich einer Stigmatsierung als »Verbrecher« und »175er« und dem sozialen Druck zu Anpassungsleistungen zu entziehen, versuchten einige der Entlassenen, an einem anderen Wohnort ein neues Leben zu beginnen. Auch hierbei zeigten sich Mileuunterschiede: Während Angehörige des proletarisch-urbanen und des bäuerlich-ländlichen Milieus eher an ihre alten Wohn- und Arbeitsstätten zurückkehrten, bemühten sich Verurteilte aus Klein-, Bildungs- und Großbürgertum öfter um einen Ortswechsel. So etwa ein 1908 geborener Musiker und Kleinhändler, der bis zu seiner ersten Verhaftung im April 1937 bei seiner Mutter in Gera gewohnt hatte. Nach Entlassung aus dem Gefängnis im Juni 1939 ließ er sich in Leipzig nieder, wo er ein halbes Jahr später erneut verhaftet und verurteilt wurde.[674] Vor allem aber die Angehörigen des Bildungs- und Großbürgertums, die die soziale Diskreditierung am härtesten traf, die andererseits aber auch über die nötigen materiellen Ressourcen und überregionale Verbindungen verfügten, wagten einen Neuanfang in der Fremde. Angehörigen der unteren Schichten fehlte es dagegen oft an den nötigen beruflichen Verbindungen und finanzielllen Möglichkeiten für derartige Ortswechsel. Offenbar war in diesen Schichten aber auch die Bereitschaft größer, einen »Gestrauchelten« wieder aufzunehmen und einzugliedern.[675]

Von einer Flucht ins Ausland träumten viele. Der Vertreter Helmuth von Wangenheim gab zu Protokoll, dass er sich »in ein Land begeben will«, in dem Homosexualität »nicht unter Strafe steht« – was ihm das Dresdner Landgericht zusätzlich zur Last legte, spreche daraus doch sein Unwille, »seine homosexuelle Betätigung aufzugeben«.[676] Ein 39-jähriger Markthelfer aus Leipzig hoffte, dem

671 Stellungnahme vom 27.9.1944 (UA Leipzig, Rep. I VIII 258, Bl. 83).

672 Vgl. Kapitel IV.1.

673 Zit. nach Grau, Ein Leben, S. 58.

674 Vgl. SächsStA Leipzig, Bestand 20114, Nr. 4830; ThürStA Rudolstadt, Sign. 5-33-4410-1538; ThürStA Altenburg, StA LG , Sign. 448.

675 Vgl. Zinn, Volkskörper, S. 484 f.

676 Urteil vom 12.1.1938 (SächsStA Chemnitz, Bestand 30068, Nr. 8642, Bl. 5–17, hier 15).

Gefängnis durch eine »Verbannung ins Ausland« entkommen zu können.[677] Ein 20-jähriger Strichjunge aus Dresden schrieb seiner Mutter, er habe in einem Berliner Luxushotel einen »schwerreichen« Ausländer kennengelernt, mit dem er nach Frankreich gehen wolle, worauf er zur Fahndung ausgeschrieben und eine Woche später verhaftet wurde: wegen Verdachts auf Spionage und Vergehen gegen § 175.[678] Doch nur wenigen gelang eine so abenteuerliche Flucht wie einem 23-jährigen Mechaniker aus Dresden, der sich das Auto seines Arbeitgebers »auslieh«, um sich im April 1933 gemeinsam mit seinem Freund nach Schweden abzusetzen. Ein Jahr später verdingte er sich dann offenbar als Spion beim »Sicherheitsdienst des Reichsführers S.S.« und trieb sich unter dem Tarnnamen Gunnar Lindquist in der Schweiz herum – bevor er nach Dresden zurückkehrte, wo man ihn dann 1935 und 1939 wegen homosexueller Handlungen verurteilte.[679] Tatsächlich war »ein angenehmes Leben« im Ausland »mit viel Sonne und Freiheit«, wie es auch der 18-jährige Dentist Heinz Svensson für sich und seinen jüdischen Freund Hans Triebwasser erhoffte, wenig realistisch und für die meisten schon aus finanziellen Gründen unerreichbar.[680]

Italien, das alte Sehnsuchtsziel vieler Homosexueller, war ebenfalls unter faschistischer Herrschaft. Dennoch verschlug es einige dorthin, so wohl auch Triebwasser, der im Sommer 1937 eine Adresse in Rom mitteilte, über dessen weiteres Schicksal aber nichts bekannt ist.[681] Svenssons Versuch, ihm nachzureisen, scheiterte dagegen, wie oben geschildert, bereits an der deutsch-französischen Grenze.[682] Die Realitäten des Exils hatten mit den Träumen ohnehin nicht viel gemein. Das galt erst recht für diejenigen, die nach Strafverbüßung des Reiches verwiesen wurden, weil sie ausländische Staatsbürger waren. Das traf auch junge Männer, die in Deutschland geboren und aufgewachsen waren. So zum Beispiel den 1937 in Leipzig verhafteten Dachdecker Rudolf Brazda, dessen Eltern aus Böhmen eingewandert waren: Nach Strafverbüßung wurde er ausgewiesen und ging nach Karlsbad, wo er sich zunächst mit Seifenverkauf und Tanzeinlagen durchschlug.[683] Svensson, dessen Eltern aus Schweden stammten, erhielt nach Strafverbüßung im März 1939 ebenfalls die »Reichsverweisung«.[684] Ob er seinen Freund Hans nach

677 Anträge vom 16.1.1937 und 23.2.1937 (SächsStA Leipzig, Bestand 20114, Nr. 2566, Bl. 7 und 21).

678 Brief vom 22.8.1939 und Urteil vom 30.1.1940 (SächsHStA Dresden, Bestand 10789, Nr. 729, Bl. 100–104).

679 Ermittlungsbogen vom November 1934, Schreiben vom 20.9.1935 und Urteile vom 22.10.1935 und 7.9.1939 (SächsHStA Dresden, Bestand 10789, Nr. 58, Bl. 66–81, 84bR, 89 f. und 143).

680 Briefentwürfe vom 4.5.1937 und 27.7.1937 (SächsStA Leipzig, Bestand 20031, PP-S 3546, Umschlag Bl. 3).

681 So schickte Triebwasser an Svensson Postkarten aus der Schweiz und Italien. Vgl. Karte vom 20.8.1937 aus Lausanne und undatierte Postkarte aus Rom (ebd.).

682 Vgl. Kapitel II.1.

683 Zinn, Glück, S. 153–161. Zu Brazda vgl. auch Kapitel II.1 bis II.4.

684 Schreiben vom 8.11.1938 (SächsStA Leipzig, Bestand 20031, PP-S 3546, Bl. 21 und 34).

Abb. 19: Travestie bei der Wehrmacht; Quelle: Martin Dammann, Soldier Studies. Cross-Dressing in der Wehrmacht, Berlin 2019, S. 14.

der erzwungenen Ausreise noch einmal wiedertraf, ist unbekannt. Sein neues Leben begann er jedenfalls nicht in Italien, sondern in Schweden.[685] Im Juli 1939 ließ er sich in Malmö nieder, wo er schließlich ein erfolgreiches Dentistenlabor aufbaute. 1944 heiratete er und änderte seinen Namen. Aus der Ehe gingen zwei Söhne hervor. Von Hans Triebwasser erzählte er diesen nichts, wohl aber von einer jüdischen Freundin, mit der er habe flüchten wollen.[686]

Einen ganz anderen Weg ins Ausland nahmen schließlich sehr viele der Entlassenen: Sie wurden zur Wehrmacht eingezogen und an die Front verlegt. Inwieweit sie dort den berüchtigten Strafbataillonen zugeteilt oder zur »Bewährung vor dem Feind« bewusst in aussichtslose Gefechte geschickt wurden, ist bislang ebenso wenig erforscht, wie die Verfolgungspraxis und die Anwendung der §§ 175 und 175a durch Wehrmachtsgerichte. Ohne Frage wird die Situation vorbestrafter Homosexueller bei der Wehrmacht ähnlich prekär gewesen sein wie in den Gefängnissen, wo die soziale Ausgrenzung durch heterosexuelle Mithäftlinge ein wichtiges Kontrollinstrument war.[687] Andererseits dürften einige Homosexuelle auch erleichtert gewesen sein, durch den Kriegsdienst eine Rückkehr in das alte soziale Umfeld vermeiden zu können.

685 Schreiben vom 16.3.1939 und 17.3.1939 (ebd., Bl. 37 f.).

686 Peter Sirhagen an den Verfasser vom 15.10.2019.

687 Vgl. Kapitel II.8.

Ohne Frage war es auch so, dass die Ausnahmesituation des Krieges und die Männergesellschaft der Armee homosexuelle Ausdrucksformen und Kontakte ermöglichten, die ansonsten kaum denkbar waren. So war etwa Travestie unter den Soldaten weit verbreitet.[688] Insoweit verwundert es nicht, dass einige homosexuelle Männer ihre Jahre bei der Wehrmacht später als »die schönste Zeit meines Lebens« beschrieben.[689] Andere dürften unter der vordergründig heterosexuellen Männergesellschaft ebenso gelitten haben wie unter dem brutalen Kriegsgeschehen. So wohl auch der 1919 geborene Motorenbauer Joachim Knabe, der 1937 mit einem Freund beim Sex überrascht und zu drei Monaten Gefängnis verurteilt worden war.[690] Bei der Wehrmacht fiel er ebenfalls durch unangepasstes Verhalten auf. Er versuchte, sich selbst zu verstümmeln »oder auf andere Weise der Erfüllung des Wehrdienstes« zu entziehen, wofür ihn das Gericht der Division 174, Zweigstelle Prag, im Herbst 1941 wegen »Zersetzung der Wehrkraft« zum Tode verurteilte. Eine Strafe, die dann aber in eine Zuchthausstrafe von zehn Jahren umgewandelt wurde.[691] Knabe überlebte den Krieg in einem Strafgefangenenlager und wurde nach seiner Befreiung in den Leipziger Polizeidienst aufgenommen, 1946 dann allerdings fristlos gekündigt, woraufhin er sich das Leben nahm.[692] Ob die Kündigung auf seine Vorstrafen zurückging, ließ sich nicht eruieren.

11. Die Anordnung von »Vorbeugungshaft« in Konzentrationslagern

Die Einweisung Homosexueller in die NS-Konzentrationslager entwickelte sich, sieht man von der ersten Verfolgungswelle 1934/35 ab, erst Anfang der 1940er-Jahre zu einem häufiger angewendeten Verfolgungsinstrument.[693] In der zweiten Hälfte der dreißiger Jahre wurden meist nur solche Männer als »Schutzhäftlinge« inhaftiert, bei denen der Homosexualität politische Bedeutung beigemessen wurde – so insbesondere Angehörige der Jugendbewegung.[694] Ansonsten war, wie auch die Daten aus Sachsen gezeigt haben, die Zahl der in Konzentrationslagern inhaftierten Homosexuellen gering.[695] KZ-Einweisungen betrafen in dieser Zeit überwiegend Personen, die im Zuge größerer Aktionen ausgewählt wurden, so zum Beispiel für die von Himmler angeordnete Verhaftungsaktion

688 Vgl. Martin Dammann, Soldier Studies. Cross-Dressing in der Wehrmacht, Berlin 2019.

689 Lautmann, »Hauptdevise: bloß nicht anecken«, S. 371.

690 Urteil vom 1.10.1937 (SächsStA Leipzig, Bestand 20031, PP–S 1534, Bl. 5).

691 Undatierter Strafregisterauszug (ebd., Bl. 12).

692 Bericht vom 12.3.1946 (ebd., Bl. 16).

693 Zur Verfolgungswelle von 1934/35 vgl. Kapitel I.2.

694 Vgl. Andreas Sternweiler, »... wegen dringenden Verdachts homosexueller und bündischer Betätigung festgenommen«. Homosexuelle aus der Jugendbewegung. In: Müller/Sternweiler (Hg.), Homosexuelle Männer im KZ Sachsenhausen, S. 109–149.

695 Vgl. Kapitel II.2.

vom 9. März 1937 gegen zweitausend »nicht in Arbeit befindliche Berufs- und Gewohnheitsverbrecher«.[696] Homosexualität spielte bei der Auswahl nicht die entscheidende Rolle, eher waren es Fälle von Kindesmissbrauch oder »Jugendverführung«, die im Fokus standen. Dies änderte sich auch durch den Erlass vom 14. Dezember 1937 nicht, der die Anordnung der Vorbeugungshaft nun detailliert regelte, die in der Regel aber nur gegen »Gewohnheitsverbrecher« verhängt werden sollte, die dreimal zu mindestens sechs Monaten Zuchthaus oder Gefängnis verurteilt worden waren.[697] Zum selben Ergebnis war Jürgen Müller bereits für Köln gekommen: Auch dort waren es zwischen 1937 und 1940 nur die »pädophilen Homosexuellen«, die in Konzentrationslagern inhaftiert wurden.[698] Hintergrund dieser zunächst zurückhaltenden Einweisungspolitik war, dass Himmler und die Gestapo ihre Hoffnungen anfangs auf die Strafverfolgung Homosexueller setzten, der sie eine »therapeutische« Wirkung zuschrieben. Erst die hohen Rückfallquoten, die gegen Ende der 1930er-Jahre immer deutlicher zutage traten, scheinen zu einem Umdenken geführt zu haben. Aber auch der Kriegsbeginn, der zu einem immer rigideren Vorgehen gegen »Volksschädlinge« und »Gemeinschaftsfremde« führte, dürfte zu der Wende beigetragen haben. Die entscheidende Zäsur war schließlich der Erlass des Reichssicherheitshauptamtes vom 12. Juli 1940, demzufolge »in Zukunft alle Homosexuellen, die mehr als einen Partner verführt haben, nach ihrer Entlassung aus dem Gefängnis in polizeiliche Vorbeugungshaft zu nehmen« waren.[699]

Dieser Erlass führte dazu, dass die Zahl der KZ-Einweisungen wegen Homosexualität deutlich zunahm. Von den 81 KZ-Häftlingen aus Leipzig, die sich identifizieren ließen, wurden 71 erst nach dem 12. Juli 1940 in Konzentrationslager überstellt. Auch die bislang bekannten Zahlen aus Konzentrationslagern machen deutlich, dass der Erlass vom Juli 1940 ein Wendepunkt war. Nach Buchenwald wurden 1937 nur acht Homosexuelle eingewiesen, in den Jahren 1938 bis 1940 schwankte die Zahl zwischen 25 und 41. 1941 stieg sie dann bereits auf 93, in den Jahren 1942–44 lagen die jährlichen Einweisungen um die 200.[700] In Sachsenhausen waren laut Veränderungsmeldungen Ende 1937 24 Schutzhäftlinge »SchH175« inhaftiert, Ende 1939 waren es 58 – über die Zahl homosexueller »Vorbeugungshäftlinge« ist aus diesen Jahren nichts bekannt. Für den Zeitraum von November

696 Vgl. Terhorst, Polizeiliche planmäßige Überwachung und polizeiliche Vorbeugungshaft, S. 109–114.

697 Vgl. Erlass vom 14.12.1937. In: Vorbeugende Verbrechensbekämpfung. Erlaßsammlung (BArch, RD 19/28–15, Bl. 41–44a). Vgl. auch Kapitel I.5 und II.2.

698 Jürgen Müller, Praxis polizeilicher Vorbeugungshaft. In: Mußmann (Bearb.), Wissenschaftliche Tagung, S. 39–43, hier 41. Vgl. auch den entsprechenden Abschnitt in Müllers Dissertation, Ausgrenzung, S. 205–209.

699 Runderlass vom 12.7.1940. In: Vorbeugende Verbrechensbekämpfung. Erlaßsammlung (BArch, RD 19/28–15, Bl. 196).

700 Zinn, Volkskörper, S. 686, Tabelle 28.

1939 bis Juni 1943 wird die Gesamtzahl homosexueller Häftlinge in Sachsenhausen hingegen auf 700 geschätzt.[701] Im bereits 1933 gegründeten Lager Dachau schwankten die Zahlen bis Mitte 1942 stark, lagen im Mittel aber nicht über 50 Häftlingen, Ende 1942 waren es dann 86, in den folgenden Jahren um die 140.[702]

Inhaltlich knüpfte der Erlass vom Juli 1940 an die Differenzierung Homosexueller in »Verführer« und »Verführte« an, die sich bei der Gestapo und der Reichszentrale zur Bekämpfung der Homosexualität seit 1937 durchgesetzt hatte.[703] Dass man die »Verführer«, deren Zahl die SS-Zeitschrift »Das Schwarze Korps« auf 40 000 schätzte, »aus der Volksgemeinschaft ausscheiden könnte«, war schon damals als eine Option proklamiert worden, seien sie doch »imstande, zwei Millionen zu vergiften«.[704] Nun wurde das Konzept des »Verführers« übernommen, um das Ziel einer dauerhaften Prävention homosexueller Handlungen praktisch handhabbar zu regeln. Die Definition des Begriffes war dabei einerseits exzessiv, sollte doch schon in Vorbeugungshaft genommen werden, wer »mehr als einen Partner verführt« hatte. Andererseits blieb sie aber auch vage, denn der Begriff der »Verführung« wurde nicht näher erläutert. Seine Auslegung überließ man somit den örtlichen Gestapo- und Kriminalpolizeistellen, die die »Kandidaten« für KZ-Einweisungen auszuwählen und dem Reichskriminalpolizeiamt vorzuschlagen hatten.

Obgleich zur KZ-Haft Homosexueller schon einiges publiziert wurde, wurde der Frage, nach welchen Kriterien die Kriminalpolizeistellen die »Vorbeugehäftlinge« auswählten, bislang nur wenig Aufmerksamkeit geschenkt. Eine rühmliche Ausnahme ist ein fünfseitiger Aufsatz von Jürgen Müller, der sich im Jahr 2000 der »Praxis polizeilicher Vorbeugungshaft« widmetete. Müller konnte dafür einen Aktenbestand der Kölner Kriminalpolizeistelle auswerten, der die Anordnung von Vorbeugungshaft gegen 45 Homosexuelle dokumentiert. Er kam dabei zu dem Ergebnis, dass »der ›gewöhnliche Homosexuelle‹ in der Regel nicht mit der Einweisung in ein Konzentrationslager bedroht war«. Vielmehr seien es nur »bestimmte Homosexuellentypen« gewesen, die mit KZ-Haft rechnen mussten, nämlich »Jugendverführer«, Prostituierte und wegen Kindesmissbrauch verurteilte Männer.[705] Zu einer ähnlichen Schlussfolgerung kam auch Carola von Bülow, die in ihrer Stichprobe allerdings einen Überhang an Zuchthausgefangenen hatte, was ihr Ergebnis wenig repräsentativ erscheinen ließ: 95 Prozent der späteren KZ-Häftlinge waren wegen »qualifizierter« Homosexualität nach den

701 Andreas Sternweiler, Chronologischer Versuch zur Situation der homosexuellen im KZ Sachsenhausen. In: Müller/Sternweiler (Hg.), Homosexuelle Männer im KZ Sachsenhausen, S. 29–55, hier 32 und 44 f.

702 Knoll, Homosexuelle Häftlinge im KZ Dachau, S. 68.

703 Vgl. Kapitel I.5.

704 O. V., Das sind Staatsfeinde. In: Das Schwarze Korps vom 4.3.1937, S. 1 f.

705 Müller, Praxis polizeilicher Vorbeugungshaft, S. 43.

§§ 174, 175a oder 176 verurteilt worden.[706] Und auch der Verfasser stellte 2018 für das Altenburger Land fest, dass »Jugendverführung« und Kindesmissbrauch für KZ-Einweisungen von hoher Relevanz waren.[707] Dass dieser Punkt von anderen Autoren meist übergangen wurde, ist umso beachtlicher, als die geschilderten Ergebnisse die landläufigen Annahmen über die Zusammensetzung der Gruppe der »Rosa-Winkel-Häftlinge« grundlegend infrage stellen. Die Auswertung der Leipziger Fälle, die im Folgenden präsentiert wird, geht deswegen insbesondere der Frage nach, welche Voraussetzungen erfüllt sein mussten, damit die dortige Kriminalpolizeistelle Vorbeugungshaft anordnete. Es bleibt zu hoffen, dass dazu alsbald weitere Studien durchgeführt werden.

Offiziell angeordnet wurde die polizeiliche Vorbeugungshaft von der Kriminalpolizeistelle am »letzten Wohn- oder Aufenthaltsort des Betroffenen«. Es war also die Kripo, die zu prüfen hatte, ob die Voraussetzungen für eine KZ-Einweisung vorlagen. Kam sie zu einem positiven Ergebnis, so bedurfte die Anordnung der Vorbeugungshaft allerdings noch der »Bestätigung durch das Reichskriminalpolizeiamt« – die letzte Entscheidung lag also in Berlin. Diesem waren »die Vorgänge von den Kriminalpolizeistellen unmittelbar binnen einer Woche« vorzulegen und es war letztlich auch das Reichskriminalpolizeiamt, das »den Häftling einem Lager« überwies.[708] Bis zu dessen Entscheidung hatte der »Häftling im örtlichen Polizei- oder Gerichtsgefängnis« zu verbleiben. Geprüft wurde die Vorbeugungshaft insbesondere bei den »aus der Strafhaft oder der Sicherungsverwahrung zur Entlassung kommenden Personen«, sie war aber auch nach einer Einstellung des Ermittlungsverfahrens oder nach einem gerichtlichen Freispruch möglich. Eine Möglichkeit, die einige Polizeibehörden durchaus in Erwägung zogen. So bat der Oberbürgermeister von Wurzen als Leiter der örtlichen Polizei Anfang 1938 in einem Verfahren nach § 175 um Mitteilung des Ermittlungsergebnisses, »damit ich gegebenenfalls gegen W. und E. die Schutzhaft beantragen kann, falls die Tatbestände zur strafrechtlichen Verfolgung nicht ausreichen sollten«.[709]

Die »Vorbeugungshaft« sollte allerdings das »schärfste Mittel der Polizei« sein und in der Regel erst zum Einsatz kommen, wenn die »planmäßige Überwachung« versagt hatte. Eine Sonderregelung gab es aber »bei allen Sittlichkeitsverbrechern und Zuhältern«, bei denen zu prüfen war, »ob nicht sofort polizeiliche Vorbeugungshaft« erforderlich sei.[710] Für homosexuelle »Verführer« wurde mit

706 Von Bülow, Der Umgang der nationalsozialistischen Justiz mit Homosexuellen, S. 20, 318 und 320.

707 Zinn, Volkskörper, S. 406f., 474f. und 685.

708 Erlass vom 14.12.1937. In: Vorbeugende Verbrechensbekämpfung. Erlaßsammlung (BArch, RD 19/28–15, Bl. 41–44a, hier 44).

709 Bericht vom 18.2.1938 (SächsStA Leipzig, Bestand 20138, Nr. 1444, Bl. 1).

710 Richtlinien vom 4.4.1938. In: Vorbeugende Verbrechensbekämpfung. Erlaßsammlung (BArch, RD 19/28–15, Bl. 65–78, hier 70 und 71a).

dem Erlass vom Juli 1940 dann klargestellt, dass die Vorbeugungshaft Vorrang hatte vor der Überwachung. Das Prüfverfahren wurde mitunter schon unmittelbar nach der Verurteilung vorbereitet, indem Kripo oder Gestapo die »Rückführung« des Gefangenen nach Strafverbüßung anordneten. Seit 1941 mussten die Strafanstalten die Kriminalpolizeistellen sechs Wochen vor Entlassung der Häftlinge informieren und dabei auch »Angaben über die Wesensart des Gefangenen oder Verwahrten und sein Verhalten während des Vollzuges« machen, die im weiteren Prüfverfahren berücksichtigt wurden.[711] 1943 war es dann offenbar gängige Praxis, dass von der »Polizei Rückführungsantrag nach der Strafverbüßung gestellt« wurde, um Verurteilte nach § 175 ff. »nach der Strafverbüßung regelmäßig noch längere Zeit in Erziehungslager [sic!] unterzubringen« oder aber »den Verurteilten nur noch einmal zu verwarnen«.[712] Entschloss sich die Kripo zur Anordnung der Vorbeugungshaft, so erstellte sie einen »kriminellen Lebenslauf«, eine Mischung aus biografischen Daten und Strafregisterauszug. Darüber hinaus bedurfte die Anordnung einer kurzen Begründung, die ebenfalls beim Reichskriminalpolizeiamt einzureichen war. Dem Betroffenen wurde der Anordnungsbeschluss »unter Angabe der kurzen Begründung« in einer Eröffnungsverhandlung mitgeteilt.[713]

Doch in welchen Fällen wurde die polizeiliche Vorbeugungshaft gegen Homosexuelle nun angeordnet und in welchen nicht? Inwieweit änderte sich die Einweisungspraxis durch den Erlass vom 12. Juli 1940? Zu dieser Frage ist ein interessanter Vorgang überliefert, der die entsprechende Praxis der Leipziger Kriminalpolizeistelle beleuchtet. Dieser findet sich in der Polizeiakte eines 38-jährigen Kellners, der im Herbst 1938 eine mehrwöchige Affäre mit einem 16-jährigen Kochlehrling gehabt hatte. Nachdem ihn dessen Vater schließlich angezeigt hatte, war er vom Leipziger Landgericht wegen versuchter Verführung nach § 175a, Ziff. 3 zu einem Jahr und neun Monaten Gefängnis sowie drei Jahren Ehrverlust verurteilt worden, die er zunächst in Bautzen und dann im Strafgefangenenlager Rodgau verbüßte. Am 21. August 1940 wurde er entlassen und ging zurück nach Leipzig, die Leipziger Polizei wurde darüber aber erst durch eine Mitteilung der Staatsanwaltschaft vom 28. August informiert. Die Prüfung der Frage, ob polizeiliche Vorbeugungsmaßnahmen einzuleiten sind, kam also verspätet in Gang. Kriminaloberassistent Feldmann, der Fachbeamte für die Homosexuellenverfolgung, sichtete die Polizeiakte und schlug am 6. September vor, dem Betroffenen »auf 3 wo planmäßige Überwachung aufzuerlegen«, um »sein Tun und Treiben

711 Aktenvermerk des Reichsjustizministeriums vom 23.3.1941. In: Vorbeugende Verbrechensbekämpfung. Erlaßsammlung (ebd., Bl. 225).

712 Protokoll der Dienstbesprechung vom 5.11.1943 (SächsHStA Dresden, Bestand 11117, Nr. 100, Bl. 1).

713 Richtlinien vom 4.4.1938. In: Vorbeugende Verbrechensbekämpfung. Erlaßsammlung (BArch, RD 19/28–15, Bl. 71a).

in der Folgezeit überprüfen zu können«. Ein Vorschlag, der insoweit beachtlich war, als der Kellner, wie Feldmann selbst vermerkte, »erstmalig wegen sexueller Handlungen bestraft worden« war, die planmäßige Überwachung aber nur gegen dreimal vorbestrafte »Gewohnheitsverbrecher« verhängt werden konnte.[714] Zur Entscheidung wurde der Vorgang Kriminaloberassistent Willy Frenzel vorgelegt. Dieser prüfte nicht nur die Verhängung der planmäßigen Überwachung, sondern auch die Frage der Vorbeugungshaft. Beide Maßnahmen lehnte er schließlich ab. Beachtlich sind die Gründe, die er anführte. So käme die Vorbeugungshaft nicht infrage, weil der Mann bislang »nur einmal nach § 175 StGB. bestraft« worden sei. Auch könne man »in diesem Fall von Verführung kaum sprechen«, da der 16-jährige Partner »auf homosexuellem Gebiet kein Neuling mehr war. Maßnahmen nach dem Sondererlass des Chefs der Sicherheitspolizei v. 20.7.40 [sic!] gegen homosexuelle Jugendverführer sind daher nicht möglich.« Eine planmäßige Überwachung scheide aus, weil die »Tat noch keine Maßnahmen gem. Erl. v. 14.12.1937« erfordere.[715]

Der Vorgang ist ein wichtiges Indiz dafür, wie die Kriminalpolizeistelle Leipzig den Erlass vom 12. Juli 1940, der hier fälschlicherweise auf den 20.7. datiert wurde, auslegte. Im Zentrum stand dabei der Begriff der »Verführung«, was nicht überrascht, weil er in dem Erlass nicht näher definiert worden war. Vielmehr war darin recht vage von verführten »Partnern« die Rede. Offen blieb, ob damit nur die »Jugendverführung« gemeint war, oder ob der Begriff auch »verführte« Erwachsene einschließen sollte. Denn die bei der Gestapo vorherrschende Perspektive, Homosexuelle unabhängig vom Alter der Beteiligten in »Verführer« und »Verführte« einzuteilen, war rechtlich nirgendwo fixiert worden. Im Strafgesetzbuch, mit dem die Kripo gut vertraut war, wurde der Begriff nur in Bezug auf Jugendliche und Kinder verwendet, nämlich in § 175a, Ziff. 3, der es einem Mann verbot, dass er »eine männliche Person unter einundzwanzig Jahren verführt«.[716] Bei der Leipziger Kripo legte man den Begriff offensichtlich in Anlehnung an das Strafgesetzbuch aus. Kriminaloberassistent Frenzel war jedenfalls der Auffassung, dass sich der Erlass gegen »homosexuelle Jugendverführer« richte und Vorbeugungshaft somit auch nur gegen solche verhängt werden könne.

Dass es sich hierbei nicht um die Einzelmeinung Frenzels handelte, sondern um die Linie der Kriminalpolizeistelle Leipzig, zeigt die Auswertung der bislang bekannten KZ-Einweisungen. So wiesen die Leipziger Behörden überwiegend

---

714 Vermerk vom 6.9.1940 (SächsStA Leipzig, Bestand 20031, Polizeipräsidium, PP-S 2001, Bl. 14R).

715 Vermerk vom 14.9.1940 (ebd., Bl. 15).

716 Paragraf 175a, Ziffer 3 des Reichsstrafgesetzbuches in der Fassung vom 1.9.1935. In: Fuchs, Strafgesetzbuch für das Deutsche Reich, S. 821.

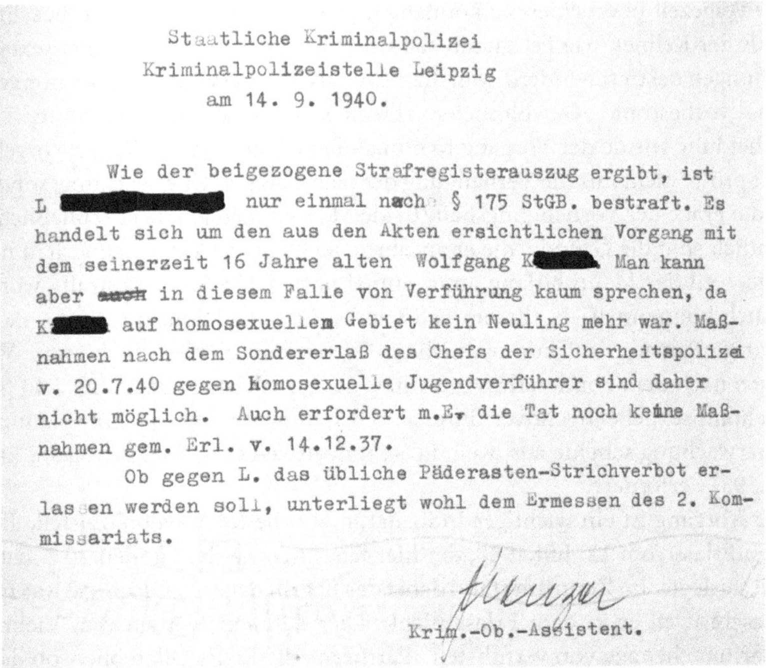

Staatliche Kriminalpolizei
Kriminalpolizeistelle Leipzig
am 14. 9. 1940.

Wie der beigezogene Strafregisterauszug ergibt, ist L[redacted] nur einmal nach § 175 StGB. bestraft. Es handelt sich um den aus den Akten ersichtlichen Vorgang mit dem seinerzeit 16 Jahre alten Wolfgang K[redacted]. Man kann aber ~~auch~~ in diesem Falle von Verführung kaum sprechen, da K[redacted] auf homosexuellem Gebiet kein Neuling mehr war. Maßnahmen nach dem Sondererlaß des Chefs der Sicherheitspolizei v. 20.7.40 gegen homosexuelle Jugendverführer sind daher nicht möglich. Auch erfordert m.E. die Tat noch keine Maßnahmen gem. Erl. v. 14.12.37.

Ob gegen L. das übliche Päderasten-Strichverbot erlassen werden soll, unterliegt wohl dem Ermessen des 2. Kommissariats.

Krim.-Ob.-Assistent.

Abb. 20: Aktenvermerk der Leipziger Kripo zum Erlass vom 12.7.1940; Quelle: SächsStA Leipzig, Bestand 20031, Polizeipräsidium, PP-S 2001, Bl. 15.

solche Männer in Konzentrationslager ein, die sie als »homosexuelle Jugendverführer« klassifiziert hatten (vgl. Grafik 19). Bei 81 von 420 namentlich bekannten Männern, die homosexueller Handlungen beschuldigt wurden, lässt sich eine KZ-Einweisung belegen. In 29 Fällen gab es Vorstrafen wegen »Jugendverführung«, in weiteren 17 Fällen wegen unzüchtiger Handlungen mit Kindern. In acht Fällen wurden »Strichjungen« in Konzentrationslager deportiert, die Heinrich Himmler als oftmals selbst noch jugendliche »Verführer« besonders gefährlich erschienen. Bei sechs Männern ging es um »einfache« Homosexualität in Kombination mit politischer Verfolgung, bei weiteren zehn spielten diverse andere Vorstrafen eine entscheidende Rolle. Bei lediglich drei Männern beschränkten sich die Vorstrafen auf die »einfache« Homosexualität nach § 175, in einem weiteren scheint sogar der »Verdacht« für eine KZ-Einweisung gereicht zu haben. Doch auch in mindestens zweien dieser Fälle hatte es jugendliche Partner gegeben, was die Gerichte allerdings nicht als »Verführung« gewertet hatten. Kurzum: Nur in zwei Fällen könnte allein die »einfache« Homosexualität unter Erwachsenen zur KZ-Einweisung geführt haben. In sieben weiteren Fällen ließ sich die Vorgeschichte der KZ-Einweisung nicht klären.

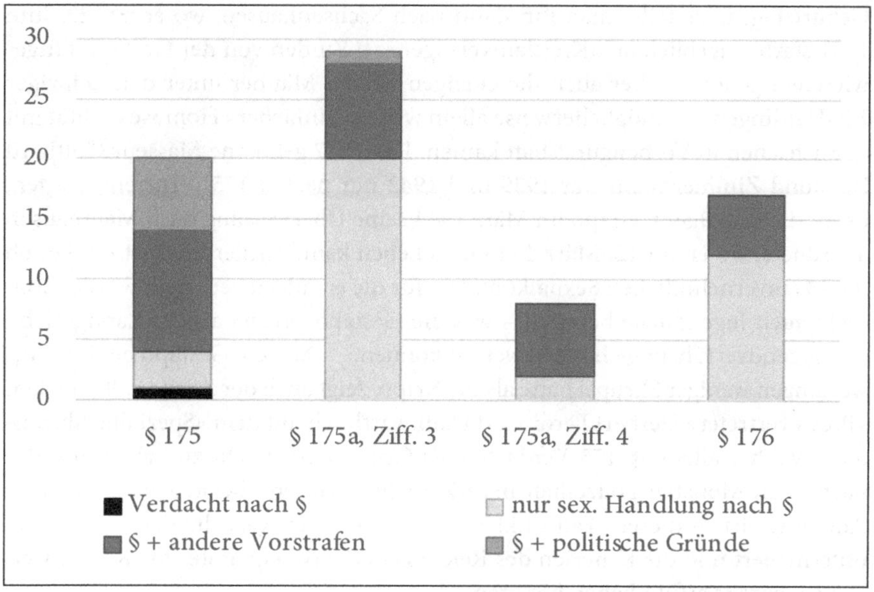

Grafik 19: Vorstrafen/Einweisungsgründe der Leipziger KZ-Häftlinge

Nicht alle diese Einweisungen wurden von der Leipziger Kripo angeordnet. Ein kleinerer Teil ging auf andere Kriminalpolizeistellen zurück, ein weiterer Teil auf die Gestapo, die dabei andere Schwerpunkte setzte als die Kripo. In mindestens elf Fällen wurde die Einweisung durch die Staatspolizei angeordnet. Darunter waren die Fälle mit politischem Bezug, so etwa der bereits oben geschilderte des 25-jährigen Friseurs Walter Schwarze, der im Sommer 1940 bei den Gestapo-Razzien im »Burgkeller« verhaftet worden war, dem man aber kein Vergehen nach § 175, sondern nur systemkritische Äußerungen nachweisen konnte. Nach einem halben Jahr im Leipziger Polizeigefängnis überstellte ihn die Gestapo nach Sachsenhausen. Im April 1941 meldete er sich als »Freiwilliger« für den Aufbau des Konzentrationslagers Groß-Rosen, wo er als »Sch. § 175« registriert wurde, drei Jahre später wurde er dann zur Wehrmacht entlassen.[717] Oder der Fall des auch wegen »bündischer Umtriebe« verurteilten Paul Meinhardt, dessen »Rückführung« nach Strafverbüßung die Leipziger Gestapo im Juli 1940 anordnete.[718] Am 15. November, vier Wochen nach seinem zwanzigsten

717 Häftlings-Fragebogen der Effektenkammer (ITS-Archiv Bad Arolsen, Individuelle Häftlingsunterlagen, 135565). Vgl. auch Kapitel II.5.sowie Müller, »Narben bleiben immer«; Kurzbiografie Walter Schwarze (http://www.schwarze.rosa-winkel.de; 5.6.2020).

718 Schreiben vom 18.7.1940 (SächsStA Chemnitz, Bestand 30068, Nr. 5180, Bl. 32).

Geburtstag, überstellte man ihn dann nach Sachsenhausen, wo er am 23. Juni 1941 starb, angeblich an »Kreislaufversagen«.[719] Zu den von der Gestapo Eingewiesenen gehörten aber auch die einzigen beiden Männer unter den Leipziger KZ-Häftlingen, die möglicherweise allein wegen »einfacher« Homosexualität mit Erwachsenen in Vorbeugungshaft kamen: Der 1877 geborene Masseur Gotthard Raimund Zimmermann war 1939 und 1942 nur nach § 175 verurteilt worden, bevor die Leipziger Gestapo im März 1944 seine Überweisung nach Mauthausen anordnete, wo er am 12. März 1945 ums Leben kam.[720] Allerdings ist unklar, ob die 43 einvernehmlichen Sexualkontakte, für die er zuletzt verurteilt worden war, nicht auch Jugendliche betrafen – was die Gestapo, anders als das Landgericht, als »Jugendverführung« hätte bewerten können.[721] Dass die Gestapo bei KZ-Einweisungen weniger Skrupel hatte als die Kripo, zeigt auch der zweite Fall: Bei dem »Pressevertreter« Herbert Ferdinand Dankwarth scheint dem »Spezialfachbeamten« Walther allein »§ 175 Verdacht« als Grund ausgereicht zu haben, um ihn nach neun Monaten Polizeihaft ins KZ Sachsenhausen überstellen zu lassen.[722] Allerdings ist in diesem Fall unklar, ob es Vorstrafen gab, die den »Verdacht« untermauert und die Kriterien des Reichssicherheitshauptamtes für KZ-Einweisungen bereits erfüllt haben könnten.

Die Leipziger Kriminalpolizeistelle nahm demgegenüber nur solche Männer in Vorbeugungshaft, die sie der »qualifizierten« Homosexualität nach § 175a, des Kindesmissbrauchs nach § 176 und ggf. noch anderer Straftaten für schuldig hielt, wobei die Homosexualität bei letzteren, als »Berufs«- oder »Gewohnheitsverbrecher« eingeordneten Männern nur einer von mehreren Einweisungsgründen war. Die Ansicht, dass sich der Erlass vom Juli 1940 allein gegen »homosexuelle Jugendverführer« richte, war also bestimmend für die Einweisungspolitik der Kriminalpolizeistelle. Allerdings folgten auch die Kriminalbeamten, die die Fälle prüften, nicht immer den Urteilen der Gerichte. So beurteilte Kriminaloberassistent Frenzel den eingangs geschilderten Fall milder als das Gericht, das den Beschuldigten als »Jugendverführer« verurteilt hatte. Tatsächlich handelte es sich

719 Sterbeurkunde vom 25.6.1941 (ITS-Archiv Bad Arolsen, Individuelle Häftlingsunterlagen, 4123716). Vgl. auch Kapitel II.1 und II.7 sowie SächsStA Leipzig, Bestand 20031, Polizeipräsidium, PP-S 2317/30.

720 An Gotthard Raimund Zimmermann erinnert in Leipzig ein Stolperstein. Vgl. Stolpersteine Leipzig (http://www.stolpersteine-leipzig.de/index.php?id=276; 4.6.2020).

721 Ein entfernter Bezug zum Vorwurf der »Jugendverführung« lässt sich auch in diesem Fall belegen: Zimmermann war in den 1920er-Jahren zweimal beschuldigt worden, sich Jugendlichen unsittlich genähert zu haben, wobei es sich im zweiten Fall, bei einem 17-Jährigen, wohl um einen Erpresser gehandelt hatte. Die Verfahren waren damals aber beide eingestellt worden. Vgl. Berichte vom 22.4.1924 und 26.4.1924, Anzeige vom 27.5.1927 und Bericht vom 28.5.1927, Mitteilungen vom 12.7.1939, 7.4.1942 und 9.3.1942, vom 9.3.1944 (SächsStA Leipzig, Bestand 20031, Polizeipräsidium, PP-S 7010, Bl. 10–18, 48, 65 und 69).

722 Vgl. Gefangenentagebuch 1/1941 (SächsStA Leipzig, Bestand 20031, PP-S 8517, Lfd. Nr. 8926).

dabei offenkundig um ein Fehlurteil, hatte der 16-jährige Sexualpartner doch eingestanden, zuvor bereits diverse andere Sexualkontakte mit Männern gehabt zu haben, was eine »Verführung« ausschloss.[723] In anderen Fällen urteilte die Kripo hingegen härter als die Gerichte. So bei einem 56-jährigen Wagenwäscher, der vom Leipziger Amtsgericht zweimal wegen »einfacher« Homosexualität verurteilt worden war. Die Kripo notierte, er sei »im Anschluss an eine Strafverbüßung als homosexueller Jugendverführer in polizeiliche Vorbeugungshaft genommen u. am 19.12.1941 in das Konzentrationslager Buchenwald überführt« worden, überdies versah sie die Karteikarte des Mannes mit dem Stempel »Berufsverbrecher«.[724] Tatsächlich war der Mann aber nicht wegen »Jugendverführung«, sondern wegen eines sexuellen Annäherungsversuchs an einen 24-jährigen Arbeitskollegen verurteilt worden.[725] Allerdings hatte er seit 1921 diverse Male versucht, mit Jugendlichen Kontakt aufzunehmen, was Kriminalsekretär Otto Krautheim in seinem Bericht minutiös auflistete. Krautheim kam zu dem Schluss, er sei ein »seinen homosexuellen Trieben verfallener Mann, der schon mindestens zwei Partner zur widernatürlichen Unzucht verführte«, weswegen der Erlass vom 12. Juli 1940 anzuwenden sei.[726] In der Anordnung der Vorbeugungshaft, die Carl von Criegern als Leiter der Kriminalpolizeistelle Leipzig unterzeichnete, wurde der Aspekt der Jugendverführung dann stärker betont: So habe sich der Mann »mit Vorliebe« als »Partner jugendliche Personen« gesucht, weshalb er »auf freiem Fuß« insbesondere »für jugendliche Personen eine große Gefahr« darstelle. Einen Seitenhieb auf die Justiz konnte sich von Criegern auch nicht verkneifen, wenn er darauf hinwies, der Betroffene habe »bei seinem Treiben« bislang noch »durchweg milde Richter gefunden«.[727] Der Mann überlebte die KZ-Haft nicht lange, er starb am 2. März 1942 in Buchenwald.

Der Fall macht deutlich, dass mitunter auch dann, wenn es nur Vorstrafen wegen »einfacher« Homosexualität gab, die Frage der »Jugendverführung« geprüft wurde und ggf. zur KZ-Einweisung führte. Eine Praxis, die offenbar auch bei anderen Kriminalpolizeistellen üblich war. Zwei entsprechende Fälle, bei denen die Verurteilung nach § 175 »nicht primärer Grund für die angeordnete Maßnahme war«, die betroffenen Männer von der Kripo vielmehr als »Jugendverderber« klassifiziert wurden, hat Müller auch in Köln identifiziert.[728] Im Regelfall waren jedoch jene Männer betroffen, die vom Gericht nach § 175a, Ziff. 3 wegen »Verführung« von Personen unter 21 Jahren verurteilt worden waren. So auch ein

723 Vgl. Vernehmungsprotokoll vom 5.12.1938 (SächsStA Leipzig, Bestand 20031, Polizeipräsidium, PP-S 2001, Bl. 8–9R, hier 9R).
724 Vermerk vom 19.12.1941 (SächsStA Leipzig, Bestand 20031, Polizeipräsidium, PP-S 3779, Bl. 37).
725 Vernehmungsprotokoll vom 6.3.1941 (ebd., Bl. 25).
726 Bericht vom 26.9.1941 und Verfügung vom 27.9.1941 (ebd., Bl. 40–42).
727 Anordnung vom 8.11.1941 (ebd., Bl. 46).
728 Müller, Ausgrenzung, S. 207 f.

29-jähriger Maurer, der zu anderthalb Jahren Zuchthaus verurteilt worden war, weil er auf dem Hauptbahnhof einen 18-jährigen Arbeiter sexuell belästigt hatte. Es ist der einzige Leipziger Fall, in dem eine der Akten überliefert ist, die die Kriminalpolizeistelle anlegte, um die Anordnung der Vorbeugungshaft vorzubereiten und der somit zeigt, mit welcher bürokratischen Akribie die KZ-Einweisungen geplant und begleitet wurden. Als das Leipziger Landgericht den Mann 1940 verurteilte, war er bereits dreimal einschlägig vorbestraft, zuletzt 1936 vom Landgericht Hof, weil er einen 14-Jährigen »verführt« hatte. Die Zuchthausstrafe verbüßte er unter anderem im Strafgefängnis Vechta/Oldenburg, wobei die Verordnung vom 11. Juni 1940 zur Anwendung kam, derzufolge der offizielle Strafbeginn auf das Kriegsende terminiert wurde.[729] Als die Anwendung dieser Verordnung am 13. März 1943 widerrufen wurde, hatte der Mann schon drei Jahre im Zuchthaus gesessen, also bereits doppelt so lange wie die Strafe, zu der er ursprünglich verurteilt worden war. Die Leipziger Staatsanwaltschaft legte nunmehr den 5. Mai 1943 als den offiziellen Entlassungstermin fest, worüber sie die Leipziger Kripo am 16. März informierte.[730]

Hier nun begann das Prüfverfahren der Kriminalpolizeistelle, die zunächst eine neue Akte anlegte, den aktuellen Haftort erfragte und einen »Kriminellen Lebenslauf« erstellte. Zusammenfassend hielt der zuständige Kriminalsekretär Max Thieme am 7. April fest, dass der betroffene Mann ein »ausgesprochener Jugendverführer« und »deswegen nach dem Erlass vom 12.7.1940 – V B 1 Nr. 1143/40 – als Gewohnheitsverbrecher nach Strafverbüßung in polizeiliche Vorbeugungshaft zu nehmen« sei.[731] Einen Tag später informierte Thieme das Strafgefängnis Vechta über die geplante KZ-Einweisung und bat darum, den Mann »nicht zu entlassen«, sondern »dem Polizeigefängnis Leipzig zu überführen«.[732] Der Vorstand des Strafgefängnisses übersandte daraufhin einen kurzen Führungsbericht, in dem er die Entscheidung der Kripo unterstützte: Der Gefangene sei »ein halt- und hemmungsloser Mensch, der nicht die nötige Energie aufzubringen vermag, seinem Triebleben Widerstand entgegenzusetzen«. Er bilde »im Hinblick auf seine 3 einschlägigen Vorstrafen eine Gefahr für die Allgemeinheit«.[733] Noch am Tag seiner Ankunft in Leipzig wurde die Vorbeugungshaft angeordnet und dem Betroffenen in der »Eröffnungsverhandlung« mitgeteilt, darüber hinaus wurde die Bestätigung des Reichskriminalpolizeiamtes beantragt, die eine Woche später

729 Krimineller Lebenslauf vom 7.4.1943 (SächsStA Leipzig, Bestand 20031, Polizeipräsidium, PP–S 27, unpag.).
730 Mitteilung vom 16.3.1943 (ebd., Bl. 10).
731 Vermerk vom 7.4.1943 (ebd., Bl. 18).
732 Mitteilung vom 8.4.1943 (ebd., Bl. 19).
733 Bericht vom 24.4.1943 (ebd., Bl. 21).

eintraf.[734] Mit dem nächsten Sammeltransport wurde der Gefangene am 4. Juni nach Buchenwald gebracht, wo er am 10. Juni eintraf.[735]

In Buchenwald wurde der Mann als »Homos.« bzw. als »§ 175 K.« registriert. Als »Art der Vorstrafen« wurde in den Häftlingsunterlagen »175« bzw. »§ 175« angegeben. Diese Bezeichnungen wurden bei homosexuellen Häftlingen offensichtlich als Standard verwendet, eine weitere Differenzierung nach Straftatbeständen fand in der Regel nicht statt. Dass der Betroffene auch zweimal nach § 175a verurteilt worden war, wurde nicht vermerkt – ähnlich war es in anderen Fällen auch bei Vorstrafen wegen Kindesmissbrauchs nach § 176.[736] Die Kennzeichnung »K.« signalisierte, dass er der Strafkompanie des Steinbruchs zugewiesen wurde, eine übliche Maßnahme bei neuen Häftlingen. Als »Homos.« kategorisierte Häftlinge hatten in der Regel aber kaum eine Chance, aus den Strafkompanien entlassen zu werden. Viele gingen an den besonders harten Arbeitsbedingungen zugrunde, wurden von Kapos in die Postenkette der SS gejagt oder stürzten sich aus Verzweiflung selbst hinein, um dann »auf der Flucht erschossen« zu werden.[737] Über das weitere Schicksal des betroffenen Maurers ist nur bekannt, dass er am 24. November 1943 ums Leben kam, angeblich starb er an einer eitrigen Rippenfellentzündung.[738]

Einen schaurigen Nebenschauplatz des Vorganges stellen die Bemühungen um den Unterhalt der Angehörigen dar, die die Kriminalpolizeistelle in die Wege leitete, noch ehe der Betroffene in Buchenwald eingetroffen war. Der Mann hatte im Dezember 1939, nur zwei Monate vor seiner letzten Verhaftung, geheiratet, im September 1940 wurde ein Sohn geboren, den er vermutlich nie zu Gesicht bekam.[739] Für solche Fälle hatte »Reichsführer SS« Heinrich Himmler Vorsorge getroffen: Nach einem Erlass vom 15. März 1938 sollten hilfsbedürftige Angehörige offenbar durch die Nationalsozialistische Volkswohlfahrt (NSV) betreut werden, mit Erlass vom 7. August 1939 hatte er ihre Unterstützung darüber hinaus zur »Pflichtaufgabe der öffentlichen Fürsorge« erklärt.[740] Um die »Angehörigen fürsorgerisch zu betreuen«, informierte die Kriminalpolizeistelle deswegen sowohl den Bürgermeister am Wohnort der Ehefrau wie auch das Amt für Volkswohl-

734 Anordnung, Protokoll und Antrag vom 17.5.1943, Bestätigung vom 28.5.1943 (ebd., Bl. 29, 30, 32 und34).

735 Mitteilung vom 10.6.1943 (ebd., Bl. 35).

736 Karteikarte, Einlieferungskarte und Häftlingspersonalkarte vom 10.6.1943 (ITS-Archiv Bad Arolsen, Individuelle Häftlingsunterlagen, 5434589, 5434598 und 5434601).

737 Vgl. Zinn, Volkskörper, S. 315 f.

738 Häftlingspersonalkarte vom 10.6.1943 (ITS-Archiv Bad Arolsen, Individuelle Häftlingsunterlagen, 5434601).

739 Krimineller Lebenslauf vom 7.4.1943 (SächsStA Leipzig, Bestand 20031, Polizeipräsidium, PP–S 27, unpag.).

740 Erlass vom 7.8.1939. In: Vorbeugende Verbrechensbekämpfung. Erlaßsammlung (BArch, RD 19/28-15, Bl. 138).

fahrt der NSDAP über die bevorstehende KZ-Einweisung und bat um Mitteilung über »das von Ihnen Veranlasste«.[741] Am 3. Juni teilte der Bürgermeister mit, er habe einen Antrag der Ehefrau aufgenommen, am 10. Juni informierte er dann darüber, dass der Antrag vom Landrat abgelehnt worden sei, da die »Genannte im Haushalt ihres verwitweten Stiefvaters« lebe, der ihr zu Kost und Logis verpflichtet sei.[742] Nach dem Tod ihres Mannes veranlasste die Kripo überdies, dass die Witwe »in mitfühlender Weise benachrichtigt« wurde und informierte die KZ-Verwaltung schließlich darüber, dass sie »keinen Antrag auf Überführung der Urne« stelle und »um Übersendung des Nachlasses zum Nutzen ihres Kindes« bitte.[743]

Neben Fällen von »Jugendverführung« und Kindesmissbrauch waren von KZ-Einweisungen vor allem jene Männer betroffen, die nicht nur wegen Homosexualität, sondern auch noch wegen anderer Straftaten verurteilt worden waren und deswegen ins Bild des »Gewohnheitsverbrechers« passten. Dies war immerhin bei zehn von 19 Männern der Fall, die wegen »einfacher« Homosexualität vorbestraft waren. Die Homosexualität war in diesen Fällen nur einer von vielen Einweisungsgründen und sicherlich nicht der ausschlaggebende Faktor – in den Konzentrationslagern wurden nur drei als Homosexuelle, die meisten anderen hingegen als Kriminelle gekennzeichnet. Auch die meisten »Strichjungen«, die in KZ-Haft kamen, waren schon wegen anderer Straftaten verurteilt worden. Die männliche Prostitution galt allerdings schon eher als ein hinreichender Einweisungsgrund. Wie bereits die harte Urteilspraxis gegenüber »Strichjungen« gezeigt hat, vertraten die Leipziger Behörden die Ansicht, bei ihnen handele es sich um »eine große Gefahr für die Allgemeinheit«.[744] Eine Ansicht, die man im Berliner Gestapa teilte. Schon 1937 hatte Himmler das Für und Wider ihrer Einweisung in Konzentrationslager erwogen: So sei es »ohne weiteres« möglich, »alle Strichjungen in Deutschland einsperren und in Lager bringen« zu lassen. Das sei freilich ein »zweischneidiges Schwert«, weil dann die Gefahr bestehe, »dass die Millionen Homosexuellen sich neue Opfer suchen«.[745] In den Kriegsjahren traten solche Bedenken zurück. Nun wurde ein großer Teil der wegen Prostitution verurteilten Männer nach Strafverbüßung in Konzentrationslager verbracht. Unter 14 vom Leipziger Landgericht nach § 175a, Ziff. 4 verurteilten Männern lässt sich in sieben Fällen eine spätere KZ-Haft belegen. Ein weiterer Mann wurde ins KZ eingewiesen, nachdem die Gestapo zu der Einschätzung gekommen war, bei ihm

741 Schreiben vom 18.5.1943 (SächsStA Leipzig, Bestand 20031, Polizeipräsidium, PP–S 27, Bl. 26 f.).

742 Schreiben vom 3.6.1943 und 10.6.1943 (ebd., Bl. 31 und 33).

743 Schreiben vom 26.11.1943 (ITS-Archiv Bad Arolsen, Individuelle Häftlingsunterlagen, 5434590).

744 Urteil vom 13.5.1936 (SächsStA Leipzig, Bestand 20114, Nr. 2720, Bl. 46–50, hier 50). Vgl. auch Kapitel II.7.

745 Himmler, Geheimreden, S. 99.

handele es sich um einen Strichjungen. Doch auch in diesen Fällen ging es meistens nicht nur um homosexuelle Prostitution. Denn mindestens sechs der acht Männer waren auch wegen anderer Delikte verurteilt worden, so zum Beispiel wegen Erpressung oder Diebstahls – Vorstrafen, die für die KZ-Einweisung ebenfalls relevant gewesen sein dürften. In den Konzentrationslagern wurde nur einer dieser Männer als »§ 175« registriert, die meisten anderen hingegen als »BV« (Berufsverbrecher).

Zu den wegen verschiedener Delikte vorbestraften »Strichjungen« zählte zum Beispiel ein Mann, der bereits 1936, im Alter von 22 Jahren, vom Leipziger Landgericht als »ein arbeitsscheuer Mensch« charakterisiert worden war, »der seit 1932 von der Unzucht mit Männern« lebe und »noch nie richtig gearbeitet« habe.[746] Nach Verbüßung einer zweijährigen Zuchthausstrafe kam er zunächst frei, wurde bei Kriegsbeginn dann aber dienstverpflichtet. Doch bereits am 4. September 1939 nahm man ihn wegen einer »Dienstpflichtverletzung« in Schutzhaft und verurteilte ihn zu einer zehnmonatigen Gefängnisstrafe. Nach Strafverbüßung wurde er im September 1940 nach Buchenwald überstellt, wo man ihn als »Wehrunwürdigen« registrierte. Am 25. Mai 1942 kam er in Stutthof ums Leben, offiziell starb er an allgemeiner »Körper- und Herzmuskelschwäche«.[747] In einem anderen Fall war es nicht die Leipziger Kripo, die die KZ-Haft anordnete, der Betroffene wurde vielmehr ein Opfer der Aktion des Reichsjustizministeriums zur KZ-Einweisung von Strafgefangenen.[748] Der damals 26-Jährige war 1941 wegen Prostitution zu einem Jahr und neun Monaten Zuchthaus verurteilt worden, die er in Waldheim verbüßte. Neben zwei weiteren einschlägigen Vorstrafen hatte er aber auch solche wegen Fahnenflucht, Diebstahls, Betrugs und Zuhälterei. Im April 1943 ordnete das Reichsjustizministerium dann unter dem Betreff »Asozialenauslese« an, der Mann sei »nicht zu entlassen, da er zur Abgabe vorgesehen ist«. Am 23. September notierte das Zuchthaus im Krankenbogen des Mannes dann lapidar: »nach Buchenwald«.[749] Am 18. März 1945 kam er im Konzentrationslager Mittelbau ums Leben.[750]

Nur in einem der Leipziger Fälle ist zweifelsfrei nachweisbar, dass es allein die (vermeintliche) Prostitution war, die zur KZ-Einweisung führte. Und es ist wohl kein Zufall, dass es hier erneut die Gestapo war, von der die Initiative ausging. Der 29-jährige Kristallschleifer Werner Kähler war erstmals 1935 vom Hamburger Amtsgericht wegen § 175 zu fünf Monaten Gefängnis verurteilt worden. Da

746 Urteil vom 13.5.1936 (ebd., Bl. 49 f.).

747 Karteikarte Buchenwald und Sterbeurkunde vom 26.5.1942 (ITS-Archiv Bad Arolsen, Dokumente 7271704 und 4663678).

748 Vgl. Kapitel II.8.

749 Urteil vom 29.8.1941, Schreiben vom 19.4.1943 und Krankenbogen (SächsStA Leipzig, Bestand 20036, Nr. 13940, Bl. 18–20, hier 19; Bl. 82 und unpag.).

750 Karteikarte Mittelbau (ITS-Archiv Bad Arolsen, Dokument 2650917).

Abb. 21: Gestapo-Foto von Werner Kähler aus dem Jahr 1940; Quelle: SächsStA Leipzig, Bestand 20031, Polizeipräsidium, PP-S 1425, Bl. 14.

er vom Hamburger Gestapo-Sonderkommando »als Strichjunge angesehen wurde«, hatte man ihn 1936 nochmals für sieben Wochen im Konzentrationslager Fuhlsbüttel inhaftiert.[751] Am 22. Juni 1940 verhaftete ihn dann die Leipziger Gestapo bei ihrer Razzia im »Burgkeller«.[752]

751 Vernehmungsprotokoll vom 29.11.1937 (SächsStA Leipzig, Bestand 20031, Polizeipräsidium, PP-S 1425, Bl. 3).

752 Vgl. Kapitel II.5.

Kähler wurde allerdings nicht wegen Prostitution, sondern wegen seiner Beziehung mit einem drei Jahre älteren Mann verurteilt, dieses Mal zu einem Jahr Gefängnis. Nach seiner Entlassung im Juli 1941 wurde er dann »als Asozialer und Päderast von der Geheimen Staatspolizei Leipzig in Schutzhaft genommen« und der Kripo überstellt. Obgleich es keine Vorstrafe wegen Prostitution gab, reichte der Kripo schließlich die entsprechende Einordnung der Gestapo als »Asozialer«, um gegen Kähler Vorbeugungshaft anzuordnen und ihn am 10. September nach Buchenwald zu überstellen.[753] Dort wurde er als »B.V. § 175« registriert.[754] Kähler, der 1942 dann nach Ravensbrück verlegt wurde, gehörte zu den wenigen Leipziger Homosexuellen, die die KZ-Haft überlebten und 1945 befreit wurden.

Von den Männern, die die geschilderten Auswahlkriterien erfüllten, entgingen der Vorbeugungshaft in der Regel nur diejenigen, die das Glück hatten, bereits vor Kriegsbeginn aus der Strafhaft entlassen worden zu sein, oder Jugendliche, denen man noch eher eine »zweite Chance« zu geben geneigt war. Eine Möglichkeit, die Vorbeugungshaft abzuwenden, bestand darin, sich einer »freiwilligen« Entmannung zu unterziehen. Bereits im Mai 1939 hatte Himmler angeordnet, dass »der in *Vorbeugungshaft* befindliche Sittlichkeitsverbrecher darüber belehrt wird, dass nach Vornahme der Entmannung *wahrscheinlich* seine Entlassung aus der Vorbeugungshaft wird erfolgen können«.[755] Mit Erlass vom 23. September 1940 wurde diese Regelung im Hinblick auf Homosexuelle spezifiziert. Demnach war von der Anordnung der Vorbeugungshaft bei »solchen Homosexuellen« abzusehen, die »gemäß Erlass vom 12.7.1940« zwar »mehr als einen Partner verführt haben, jedoch entmannt sind«. Voraussetzung war allerdings, dass »nach ärztlicher Begutachtung der Geschlechtstrieb bereits vollkommen abgeklungen und ein Rückfall in homosexuelle Verfehlungen nicht zu befürchten ist.[756] Obgleich es Belege dafür gibt, dass Kripo und Gestapo mit der Drohung der Vorbeugungshaft einige Betroffene nicht nur unter Druck setzten, Geständnisse abzulegen, sondern auch, einer Kastration zuzustimmen, so ist bislang doch unklar, wie häufig dies geschah.[757] In den überlieferten Akten des Leipziger Polizeipräsidiums finden sich keine Hinweise darauf, was eine entsprechende Praxis aber nicht ausschließt.

In den Konzentrationslagern wurden die homosexuellen Häftlinge in der Regel mit dem Rosa Winkel gekennzeichnet. Allerdings verlief das Registrierungsverfahren ziemlich chaotisch, klare Kriterien sind dabei nicht auszumachen. In der

753 Vermerk vom 10.9.1941 (ebd., Bl. 22).

754 Karteikarte Buchenwald (ITS-Archiv Bad Arolsen, Dokument 6216702).

755 Erlass vom 20.5.1939. In: Vorbeugende Verbrechensbekämpfung. Erlaßsammlung (BArch, RD 19/28-15, Bl. 130). Hervorhebung im Original.

756 Erlass vom 23.9.1940 (ebd., Bl. 203).

757 Vgl. Micheler, Selbstbilder, S. 337–339; Sparing, Zwangskastrationen, S. 169–212; Zu Kastrationen im Konzentrationslager Sachsenhausen vgl. Müller, »Um von meinem Trieb befreit zu werden«.

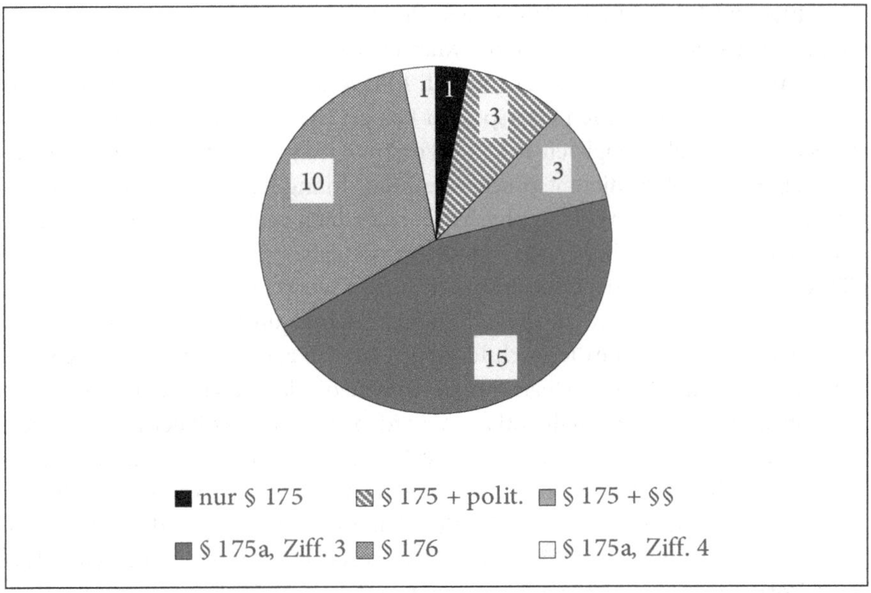

Grafik 20: Vorstrafen/Einweisungsgründe der mit dem Rosa Winkel gekennzeichneten Häftlinge

Tendenz wurden zwar auch Männer, die wegen verschiedener anderer Delikte verurteilt worden waren, als Homosexuelle registriert. Umgekehrt gab es aber auch Fälle, in denen Vorstrafen, die sich auf homosexuelle Handlungen beschränkten, zu einer Kennzeichnung als »BV« führten. Unter den 81 Leipziger KZ-Häftlingen ließ sich in 33 Fällen eine Kennzeichnung als Homosexueller nachweisen, in 17 Fällen als Krimineller, in drei Fällen als »SV« (Sicherungsverwahrter) und in weiteren drei Fällen als politischer Häftling. Betrachtet man allein die Gruppe der »Rosa-Winkel-Häftlinge«, so waren rund drei Viertel der Betroffenen entweder wegen »Jugendverführung« (15 von 33) oder wegen Kindesmissbrauchs (10 von 33) vorbestraft. Drei Männer waren wegen »einfacher« Homosexualität in Kombination mit politischen Gründen inhaftiert worden, drei in Zusammenhang mit anderen Straftaten. Nur ein Mann war allein wegen Vorstrafen nach § 175 ins KZ gekommen, wobei es auch hier um jugendliche Sexualpartner gegangen war. Überdies befand sich unter den »Rosa-Winkel-Häftlingen« ein »Strichjunge«, der nur wegen Prostitution vorbestraft und offenbar selbst homosexuell war (vgl. Grafik 20).

Wie die geschilderten Einzelfälle erahnen lassen, war die Todesrate unter den Häftlingen, die im Zusammenhang mit homosexuellen Handlungen in KZ-Haft kamen, vergleichsweise hoch. Als Ursache ist die insgesamt prekäre Situation homosexueller Häftlinge anzuführen. So waren sie nicht nur besonderen Schikanen der SS-Wachmannschaften ausgesetzt, sondern häufig auch der Verachtung ihrer Mithäftlinge. Obwohl, oder vielleicht auch gerade weil »die homosexuelle Praxis in den Lagern sehr verbreitet war«, taten die Häftlinge »nur jene in Acht und Bann, die von der SS mit dem rosa Winkel markiert waren«, wie Eugen Kogon in seiner Studie über Buchenwald berichtete.[758] Demnach konnte man »ihr Schicksal in den KL« nur »als entsetzlich bezeichnen; wenn sie etwas möglicherweise zu retten vermochte, so die Aufnahme gleich zweifelhafter Beziehungen im Lager selbst, was ihr Leben ebenso erleichtern wie gefährden konnte. Wem aber war das gegeben? Sie sind fast alle zugrundegegangen.«[759] Zur hohen Todesrate trug allerdings auch die gezielte Abschiebung Homosexueller in Todeslager wie Mittelbau-Dora bei, an der die Häftlingsselbstverwaltung maßgeblich beteiligt war; ein weiterer Faktor waren die Mordaktionen, zu denen es 1942 kam.[760] Von den 81 Leipziger Häftlingen kamen mindestens 51 ums Leben, was einer Todesrate von 63 Prozent entspricht. Rüdiger Lautmann, der die Daten von 2.542 homosexuellen KZ-Häftlingen auswerten konnte, war 1977 zu ähnlichen Ergebnissen gekommen. Er hatte eine Todesrate von 60 Prozent errechnet, bei der Vergleichsgruppe der politischen Häftlinge lag sie bei 42, bei den »Bibelforschern« bei 35 Prozent.[761]

Über die besondere Situation homosexueller Häftlinge in den NS-Konzentrationslagern ist an anderer Stelle bereits berichtet worden. Aus den in den sächsischen Staatsarchiven überlieferten Dokumenten ergeben sich dazu keine grundlegend neuen Erkenntnisse, weshalb hier auf eine weiterführende Darstellung verzichtet und auf die vorliegenden Publikationen verwiesen wird.[762] Zu erörtern ist allerdings die Frage, wie die geschilderte Einweisungspraxis der Leipziger Kriminalpolizeistelle im Kontext der bisherigen Forschung zu bewerten ist und was sie für die öffentliche Wahrnehmung homosexueller KZ-Opfer bedeutet. Diese Wahrnehmung war bislang von der Vorstellung geprägt, bei den »Rosa-Winkel-Häftlingen« habe es sich überwiegend um »gewöhnliche« Homosexuelle gehandelt. Ein Bild, das durch die wenigen (auto-)biografischen Zeugnisse entstand, die seit den 1970er-Jahren veröffentlicht wurden. Zu nennen sind hier insbesondere Heinz Hegers 1972 erschienenes Buch »Die Männer mit dem Rosa Winkel« über den Sachsenhausen-Häftling Josef Kohout[763], die Biografien Walter Schwarzes[764] und Pierre Seels[765] und auch das Buch des Verfassers über

758 Kogon, Der SS-Staat, S. 263.

759 Ebd., S. 50.

760 Vgl. Zinn, Volkskörper, S. 309–319.

761 Lautmann/Grikschat/Schmidt, Der rosa Winkel, S. 350.

762 Vgl. Lautmann/Grikschat/Schmidt, Der rosa Winkel; Mußmann (Bearb.), Wissenschaftliche Tagung; Müller/Sternweiler (Hg.), Homosexuelle Männer im KZ Sachsenhausen; Zinn, Volkskörper, S. 309–319; Zinn, Glück, S. 223–297. Vgl. auch Kapitel I.5.

763 Heinz Heger, Die Männer mit dem Rosa Winkel. Der Bericht eines Homosexuellen über seine KZ-Haft von 1939–1945, Hamburg 1972.

764 Maxi Wartelsteiner, Rückkehr unerwünscht. Schwul-Sein und das ewig gesunde Volksempfinden, Schkeuditz 1995.

765 Pierre Seel, Ich, Pierre Seel, deportiert und vergessen, Köln 1996.

den Buchenwald-Häftling Rudolf Brazda.[766] Alle diese Männer waren »gewöhnliche« Homosexuelle in dem Sinne, dass sie einvernehmliche Sexualkontakte mit erwachsenen Partnern pflegten. Im Lichte der Erkenntnisse dieser Studie ebenso wie der Untersuchung von Jürgen Müller scheinen sie aber eher »ungewöhnliche« KZ-Häftlinge gewesen zu sein, also Ausnahmefälle, die wenig Aussagekraft haben hinsichtlich der Einweisungspraxis der Kriminalpolizeistellen. Offenkundig war die Annahme des Verfassers dieser Studie, »Brazdas Schicksal« stehe »exemplarisch für das tausender Homosexueller, die nach dem 1935 von den Nationalsozialisten verschärften Paragraphen 175 abgeurteilt und später in Konzentrationslager deportiert wurden«, falsch.[767] Und offenkundig waren auch die Forschungsprämissen vieler anderer Wissenschaftler, die zu dem Thema publiziert haben, von einer Fehleinschätzung geprägt.

Sicher sind zu dieser Frage noch weitere Untersuchungen notwendig. So wären mögliche regionale Unterschiede der Einweisungspraxis zu überprüfen, etwa die Frage, ob die Polizeibehörden in Hamburg, einer Hochburg der Homosexuellenverfolgung, schärfer vorgingen als anderswo. Zu klären wäre insbesondere, ob hier tatsächlich der Hälfte der späteren KZ-Häftlinge »nur ein Vergehen nach § 175 zur Last gelegt« wurde, wie Stefan Micheler schreibt, oder ob diese Einschätzung nur für die letzte Verurteilung, nicht aber für das gesamte Vorstrafenregister der Betroffenen zutrifft.[768] Ebenso wäre von Interesse, wie sich die geschilderten Unterschiede der Einweisungspraxis von Kripo und Gestapo in einer Stadt wie Berlin auswirkten, wo die Gestapo sehr stark an der Verfolgungspolitik beteiligt war. Andererseits sprechen die Ergebnisse aus Köln und Leipzig eine so klare Sprache, dass es verfehlt wäre, sie zu ignorieren, um an dem bislang vorherrschenden Bild festzuhalten. Dies umso mehr, als es sich hierbei um die bislang einzigen Untersuchungen handelt, die die Einweisungspraxis der Kriminalpolizeistellen detailliert nachvollziehen und dabei auch sämtliche Vorstrafen der Betroffenen berücksichtigen. Weitere Studien könnten eine noch differenzierte Perspektive auf die Praxis der »vorbeugenden Verbrechensbekämpfung« eröffnen – nicht auszuschließen ist auch, dass sie zu anderen Ergebnissen kämen und die Erkenntnisse aus Köln und Leipzig relativierten. Einstweilen muss auf der Basis dieser Erkenntnisse aber davon ausgegangen werden, dass die KZ-Einweisung aufgrund von Homosexualität im Regelfall Handlungen voraussetzte, die die Kripo als »Jugendverführung« oder Kindesmissbrauch bewertete.

Zu beantworten sein wird deswegen wohl auch die Frage, wie es zu der bisher prägenden Fehlwahrnehmung kommen konnte. Ein wesentlicher Grund ist sicherlich, dass die Aufarbeitung dieses Kapitels auch stark mit dem politi-

766 Zinn, Glück.

767 Ebd., S. 15.

768 Micheler, »Wir dachten, damit ein gutes Werk zu tun …«, S. 82.

schen Kampf der in den 1970er-Jahren entstandenen neuen Schwulenbewegung verknüpft war. Das Interesse an der »eigenen« Geschichte, als die man die nationalsozialistische Homosexuellenverfolgung nun verstand, sollte auch ganz gegenwärtigen Zwecken dienen, so insbesondere der Konstruktion kollektiver Identität, eines Selbstverständnisses innerhalb der neuen sozialen Bewegungen wie auch in Bezug auf den (west-)deutschen Staat als Rechtsnachfolger des Dritten Reiches. Ambivalente Erkenntnisse störten da eher und wurden tendenziell ausgeblendet.[769] Dies galt erst recht, als sich der politische Kampf seit den späten 1980er-Jahren auf den Bereich der Gedenkkultur ausweitete und es um die Anerkennung des Unrechts ging, das den »Rosa-Winkel-Häftlingen« geschehen war.

Doch es gibt auch in der problematischen Quellenlage wurzelnde Gründe, die die geschilderte Fehlwahrnehmung begünstigten. Da ist zum einen der vielbeklagte Mangel an Erfahrungsberichten Überlebender, der bislang meist auf die fortgesetzte Kriminalisierung der Homosexualität nach 1945 zurückgeführt wurde. Möglicherweise trugen aber auch die Vorstrafen vieler Rosa-Winkel-Häftlinge dazu bei, dass sie sich nach 1945 und auch nach den Strafrechtsreformen von 1968/69 nicht ins Rampenlicht der Öffentlichkeit begeben wollten. Einige der autobiografischen Berichte, die von schwulen Historikern in den vergangenen Jahrzehnten mühsam zusammengetragen wurden, sprechen für diese Annahme – und machen gleichzeitig deutlich, wie problematisch die Selbstauskünfte Überlebender mitunter waren. So etwa die Selbstdarstellung des ehemaligen Rosa-Winkel-Häftlings Albert Christel, der darauf insistierte, er sei aus politischen Gründen verfolgt worden – und nicht »wegen Lappalien« nach § 175, für die er 1934 zu der »recht milden« Strafe von drei Jahren Gefängnis verurteilt worden sei, wie er später gegenüber Manfred Ruppel erklärte.[770] In einem im Rahmen dieser Studie gefundenen Eintrag im Gefangenentagebuch des Leipziger Polizeipräsidiums ist allerdings vermerkt, dass der zuvor als Referendar an Gymnasien in Leipzig und Borna tätige Christel wegen »Sexualverbrechen« verhaftet worden war.[771] Nicht nur diese Eintragung spricht dafür, dass Christel eher wegen eines »Verbrechens« nach § 174 oder § 176 verurteilt wurde als nur für ein »Vergehen« nach dem alten § 175; auch die keineswegs »milde« Strafe von drei Jahren legt diese Interpretation nahe. Tatsächlich notierte Ruppel später in einer unveröffentlichten Lebensbeschreibung, Christel sei in »offiziell unpolitischen« Gerichtsverhandlungen »wegen Verführung Minderjähriger« verurteilt worden, 1987 präzisierte er im Vorwort zu Christels posthum veröffentlichtem KZ-Bericht dann, es sei dabei

769 Vgl. Zinn, Abschied von der Opferperspektive, S. 935.

770 Manfred Ruppel, »Als die Fesseln fielen«. Albert Christel. In: Müller/Sternweiler (Hg.), Homosexuelle Männer im KZ Sachsenhausen, S. 373–376, hier 374 und 376, Anm. 4. Vgl. dazu auch Albert Christel, Apokalypse unserer Tage. Erinnerungen an das KZ Sachsenhausen, Frankfurt a. M. 1987.

771 Gefangenentagebuch 1/1934 (SächsStA Leipzig, Bestand 20031, PP-S 8505, Lfd. Nr. 3869).

um »Unzucht mit Kindern« gegangen.[772] Auch bei Christels KZ-Einweisung Ende 1939 scheint es um diesen Vorwurf gegangen zu sein. Warum ihn die Dresdner Gestapo kurz nach Kriegsausbruch verhaftete, bleibt in den überlieferten Quellen eher unklar.[773] Später jedoch ging es offenbar um den Vorwurf der »homosexuellen Jugendverführung«. Darauf deuten verschiedene Dokumente aus Christels Nachlass hin, so insbesondere eine umfangreiche Korrespondenz seiner Geschwister, die sich mit großem Engagement für seine Freilassung einsetzten. 1942 schrieb sein Bruder Emil an den Kommandanten des KZ Neuengamme, in seinen »Verhandlungen« mit den »einschlägigen Dienststellen« habe er die »Überzeugung gewonnen, dass nicht die Gesichtspunkte, derentwegen mein Bruder seinerzeit in Schutzhaft kam, sondern lediglich noch die Frage seiner Vorstrafe der Grund ist, weswegen meinen Gesuchen bis jetzt noch nicht stattgegeben werden konnte«. Er habe seinem Bruder deswegen »empfohlen, einer Entmannungsoperation beizustimmen für den Fall, dass hierdurch seine baldige Freilassung erwirkt« werden könne.[774] In einem Schreiben an das Reichssicherheitshauptamt präzisierte Emil Christel dann, dass die »frühere Verfehlung gegen § 175 die Ursache« sei.[775] Dass Albert Christel seine Verurteilungen »wegen Verführung Minderjähriger« später bagatellisierte und stattdessen darauf verwies, er sei »wegen antinazistischer Haltung« verfolgt worden, war naheliegend.[776] Denn eine Anerkennung als Verfolgter erschien mit einer solchen Vergangenheit noch unrealistischer als bei einem

772 Manfred Ruppel, Notizen über Albert Christel. Auch ein Frankfurter, S. 4 (Inst. f. Stadtgesch. Frankfurt a. M., S2/10.327); Christel, Apokalypse unserer Tage, S. 7. Insgesamt kam es in den 1930er-Jahren laut einem Anwaltsschreiben zu »Verurteilungen in zwei Strafverfahren«. Schreiben des RA Gentsch vom 2.7.1940 an die Gestapo (ebd., S1-91/125, unpag.).

773 Christel schreibt in seinem posthum veröffentlichten KZ-Bericht, anfangs sei es um seinen Kontakt zu einem namentlich nicht benannten Berliner Professor gegangen, dem man Spionage vorgehalten habe – diesen Vorwurf habe die Gestapo aber schnell fallenlassen. Vielleicht rechnete man ihn wegen seiner bündischen Kontakte und seiner einstigen Tätigkeit als Lehrer der reformpädagogischen Schulgemeinde Marienau aber auch genau jenen »homosexuellen Netzwerken« zu, die Himmler für staatsgefährdend hielt – auffällig ist zum Beispiel der zeitliche Zusammenhang von Christels Verhaftung mit den Dresdner Prozessen vom Herbst 1939 (vgl. Kapitel II.7). Zeitlich passend wäre auch eine Verhaftung im Rahmen der Aktion zur KZ-Einweisung der aufgrund ihrer Vorstrafen »Wehrunwürdigen«. Vgl. Albert Christel, Was wir vergeben, aber nicht vergessen sollen. Erinnerungen an das KZ. Manuskript (Inst. f. Stadtgesch. Frankfurt a. M., S5-297); ders., Apokalypse unserer Tage; Wagner, Hitlers Kriminalisten, S. 107.

774 Schreiben Emil Christels vom 30.8.1942 (Inst. f. Stadtgesch. Frankfurt a. M., S1-91/125, unpag.). Albert Christel lehnte eine Entmannung in einem Brief vom 24.9.1942 ab (ebd.). Er blieb in KZ-Haft, zuletzt in Sachsenhausen, wo er 1945 befreit wurde.

775 Schreiben Emil Christels vom 1.9.1942 (ebd., unpag.).

776 So die Darstellung bei Manfred Ruppel, Notizen über Albert Christel (ebd.), S. 4. Wie glaubwürdig diese ist, bleibt in Anbetracht des Umstandes, dass Christel laut einem Anwaltsschreiben bis zu seiner ersten Verurteilung »Jugendführer der HJ gewesen« und »auch dem NSKK« angehört haben soll, offen. Gegenüber Ruppel erklärte Christel später, er habe sich 1933 geweigert, der HJ beizutreten und sei stattdessen im kommunistischen Widerstand aktiv gewesen. Vgl. Schreiben des RA Gentsch vom 2.7.1940 an die Gestapo (ebd., S1-91/125, unpag.); Ruppel, »Als die Fesseln fielen«, S. 374.

»gewöhnlichen« Homosexuellen – ganz zu schweigen von einer Entschädigung, die ihm der Hessische Verwaltungsgerichtshof »nach seinem Vorleben« ohnehin verweigert hatte.[777] Kurz: Der Fall von Albert Christel führt exemplarisch vor Augen, dass auch die autobiografischen Schilderungen ehemaliger KZ-Häftlinge von spezifischen Interessenlagen und Erwartungen an das jeweilige »Publikum« bestimmt sein konnten und deswegen eher schwierige Quellen sind.

Problematisch sind aber auch die Daten des ITS-Archivs, die die erhaltenen Dokumente der Konzentrationslager und somit die meisten Informationen über KZ-Häftlinge versammeln. Denn auch sie dokumentieren die jeweiligen Einweisungsgründe nur unvollständig. Gerade im Hinblick auf die homosexuellen Häftlinge führen sie häufig in die Irre. Denn die Daten der meisten Gefangenen wurden allenfalls kryptisch erfasst und auf den Karteikarten der Konzentrationslager dokumentiert. Die verschiedenen Vorstrafen, die zur KZ-Einweisung geführt hatten, wurden nur selten komplett aufgeführt. In der Regel wurde bei Häftlingen, die man als Homosexuelle eingruppierte, pauschal das Kürzel »§ 175« eingetragen – so wie auch im Fall von Albert Christel.[778] Eine Kennzeichnung, die aber ebenso bei »Strichjungen« und »Jugendverführern« verwendet wurde, die nach § 175a verurteilt worden waren, und die man auch für nach § 176 vorbestrafte Männer nutzte, wenn es um gleichgeschlechtliche Sexualkontakte zu Kindern gegangen war. Dies führt eine Auswertung der KZ-Unterlagen von 17 Männern aus Leipzig vor Augen, die wegen Kindesmissbrauchs vorbestraft waren. Nur in vier dieser Fälle wurde die Bestrafung nach § 176 vermerkt, dagegen wurden zehn Männer in den KZ-Unterlagen als »175«, »BV 175« oder »Homos.« kategorisiert. Die in der einschlägigen Forschung verbreitete Neigung, aus den KZ-Unterlagen auf die Vorstrafen der Betroffenen zu schließen, trug also ebenfalls dazu bei, dass der falsche Eindruck entstehen konnte, bei den »Rosa-Winkel-Häftlingen« habe es sich überwiegend um »gewöhnliche« Homosexuelle gehandelt. Eine verlässliche Klärung der Vorstrafen, das zeigen diese Fälle deutlich, ist aber nur anhand überlieferter Strafprozessakten möglich.

Nun kann man sich natürlich fragen, ob es denn überhaupt so wichtig ist, die genauen Einweisungsgründe zu recherchieren. Waren denn nicht alle KZ-Häftlinge Opfer des NS-Regimes? Wird heute nicht zu Recht auch für die Anerkennung der Menschen gestritten, die als »Asoziale« oder »Kriminelle« in Konzentrationslager deportiert wurden? War es nicht immer Unrecht, was diesen Menschen angetan wurde? Selbstverständlich war es das und das soll, um Missverständnissen vorzubeugen, an dieser Stelle auch ausdrücklich betont werden. Dennoch ist es

777 Beschluss des Hessischen Verwaltungsgerichtshofs vom 8.1.1949. Zit. nach Ruppel, »Als die Fesseln fielen«, S. 376, Anm. 2.

778 KL Flossenbürg, Karteikarte Albert Christel, geboren 26.6.1907 (ITS-Archiv Bad Arolsen, Individuelle Häftlingsunterlagen, 10842250).

wichtig, sich der Einweisungspraxis zu widmen und die Motive der Beteiligten zu ergründen. Und dies aus mindestens zwei Gründen. Aus wissenschaftlicher Perspektive ist es von großer Bedeutung für das Verständnis der NS-Homosexuellenverfolgung. Denn eine Konzentration der Einweisungspraxis auf »Jugendverführer« und die damit einhergehende Gleichsetzung von Homosexualität, »Jugendverführung« und Kindesmissbrauch könnte sich als ein Schlüssel zum Verständnis der gesamten Verfolgungspolitik und der Radikalität der dabei ergriffenen Maßnahmen erweisen. Himmlers Befürchtung, »dass die ganze Jugend zur Homosexualität abwandert«, bekäme einen anderen Stellenwert bei der Suche nach den Motiven der Verfolgungspolitik, wenn sich herausstellen sollte, dass diese im Kern auf das Thema »Jugendverführung« zielte.[779] Und tatsächlich spricht einiges dafür, dass der homosexuelle »Jugendverderber« zumindest mehr war als ein bloßes Propagandastereotyp, mit dem man die Verfolgungspolitik gegenüber der Bevölkerung zu verkaufen trachtete.[780]

Aber auch für die Frage des Gedenkens an die im Nationalsozialismus verfolgten Homosexuellen ist es nicht unerheblich, wie sich die Gruppe der »Rosa-Winkel-Häftlinge« zusammensetzte. Denn das Gedenken funktioniert häufig über Empathie mit NS-Opfern, deren Lebensgeschichte zur Identifikation einladen soll. Die Tendenz, NS-Opfer zu Helden oder Märtyrern zu stilisieren, ist dabei unverkennbar und dient oft auch dem Zweck, die kollektive Identität sozialer Gruppen zu stärken, die sich als die Nachfolger und Sachwalter historischer Verfolgtengruppen verstehen. Eine Tendenz, die legitim ist, insoweit die Auseinandersetzung mit der NS-Geschichte Grundlage unseres demokratischen Selbstverständnisses ist, die aber problematisch wird, wenn unerwünschte Aspekte ausgeblendet werden, um ein fiktives Opfernarrativ zu konstruieren. Die bisherige Praxis, sich im Gedenken an die »Rosa-Winkel-Häftlinge« auf »gewöhnliche« Homosexuelle zu kaprizieren, dokumentiert eine solche Schieflage. Insoweit wird die Erkenntnis, dass »Jugendverführung« und Kindesmissbrauch wesentliche Einweisungsgründe waren, eine Neuorientierung des Gedenkens notwendig machen. Eine Neuorientierung, die sich dem Umstand stellt, dass wir es bei den »Rosa-Winkel-Häftlingen« mit einer äußerst heterogenen, oder, wie Eugen Kogon es 1946 ausdrückte, mit einer »sehr verschiedenrangigen Zusammensetzung dieser Gruppe« zu tun hatten, in der sich »neben wertvollen Menschen eine Menge ausgesprochen krimineller und erpresserischer Existenzen« befanden.[781] Auch wenn man Kogons Ausdrucksweise heute für unadäquat halten mag, kommt man doch nicht daran vorbei, dass sich die Gruppe der »Rosa-Winkel-Häftlinge« nicht per se für Opfererzählungen eignet, weil zu ihr zum Teil eben auch »Täter« gehörten. Dies gilt

779 Himmler, Geheimreden, S. 98 f.

780 Vgl. Zinn, Abschied von der Opferperspektive, S. 936–944.

781 Kogon, Der SS-Staat, S. 50.

nicht nur für die Männer, die wegen Kindesmissbrauchs verurteilt worden waren, sondern auch für jene »Strichjungen«, die sich gleichzeitig als Erpresser betätigten und ebenso für einen Teil der sogenannten »Jugendverführer«.

Ohne Frage waren viele der Fälle, die die Nazis unter »Jugendverführung« subsumierten, aus heutiger Perspektive vollkommen unproblematisch. Hätten für homosexuelle Kontakte schon damals dieselben rechtlichen Rahmenbedingungen gegolten wie für heterosexuelle, dann wären Sexualkontakte mit männlichen Jugendlichen ab 14 Jahren straffrei gewesen.[782] Unsere heutigen Maßstäbe sind zwar etwas strenger, das Schutzalter liegt nun generell bei 16 Jahren, doch ein Großteil der nach § 175a, Ziff. 3 verfolgten Handlungen wäre auch heute straffrei. Nicht nachvollziehbar ist vor diesem Hintergrund, dass der Bundestag die NS-Urteile nach § 175a, Ziff. 3 – anders als die entsprechenden Urteile aus der Nachkriegszeit – bis heute nicht aufgehoben hat.[783] Nicht zu leugnen ist aber auch, dass ein Teil der als »Jugendverführung« klassifizierten Fälle moralisch »heikel« erscheint, insbesondere dann, wenn die sexuelle Integrität von Jugendlichen durch inadäquate Versuche der Kontaktanbahnung verletzt wurde. Zu Empathie und Identifikation laden solche Fälle jedenfalls nicht ein. Das Gedenken an die »Rosa-Winkel-Häftlinge« wird sich also neu orientieren müssen. Man wird lernen müssen, die Ambivalenzen vieler Opfer-Biografien auszuhalten und auf Helden- und Märtyrererzählungen zu verzichten. Eine etwas nüchternere Perspektive könnte der Gedenkkultur aber auch gut tun – über die Verfolgtengruppe der Homosexuellen hinaus. Und sie könnte dazu beitragen, auch andere, bislang vernachlässigte Gruppen wie die sogenannten »Asozialen« und »Kriminellen« ins Gedenken einzubeziehen.

12. Alltag und Stigmatisierung lesbischer Frauen

Wie oben bereits erläutert, war die Situation lesbischer Frauen während der NS-Zeit von großer Ambivalenz geprägt – eine Ambivalenz, die bis heute für einige Missverständnisse sorgt.[784] Schwierig ist eine Annäherung an das Thema aber auch deswegen, weil die Quellenlage sehr schlecht ist. Da weibliche Homosexu-

782 Der Jugendschutz für heterosexuelle Handlungen mit männlichen Personen beschränkte sich auf § 176 StGB, der unzüchtige Handlungen mit Kindern unter 14 Jahren unter Strafe stellte. Vgl. Fuchs, Strafgesetzbuch für das Deutsche Reich, S. 827.

783 Bei der Aufhebung der Urteile aus der Nachkriegszeit wurde ein neues Schutzalter von 16 Jahren geschaffen, das nun retrospektiv auf die alten Fälle anzuwenden ist – eine praktisch kaum umsetzbare Lösung. Vgl. Gesetz zur Änderung des Gesetzes zur Aufhebung nationalsozialistischer Unrechtsurteile in der Strafrechtspflege vom 23.7.2002. In: Bundesgesetzblatt 2002, Teil I, Nr. 51, S. 2714; Gesetz zur strafrechtlichen Rehabilitierung der nach dem 8. Mai 1945 wegen einvernehmlicher homosexueller Handlungen verurteilten Personen und zur Änderung des Einkommensteuergesetzes vom 17.7.2017. In: Bundesgesetzblatt 2017, Teil I, Nr. 42017, S. 2443–2445.

784 Vgl. Kapitel I.7.

alität keiner strafrechtlichen Verfolgung unterlag, sind auch kaum Justizakten überliefert, die einen Einblick in den Alltag lesbischer Frauen geben könnten. Umso wertvoller sind die wenigen Dokumente, die uns zur Verfügung stehen. Und umso bedeutsamer sind Funde wie der einer Polizeiakte im Dresdner Hauptstaatsarchiv, die einen beachtlichen Einblick in das Leben zweier lesbischer Frauen ermöglicht.[785] Wie nur wenige andere Quellen dokumentiert diese Akte in komprimierter Form, welche Auswirkungen die NS-Politik auf das alltägliche Leben lesbischer Frauen in Sachsen hatte: Der Fall von Gertrud R. und Wally F. macht deutlich, wie ambivalent die Situation lesbischer Frauen im NS-Staat einerseits war und wie wenig man andererseits doch von staatlicher »Verfolgung« sprechen kann.

Gertrud R. wurde 1901 in Berlin geboren, 1930 zog sie nach Dresden, wo sie sich zunächst als Masseuse betätigte. R. verkehrte schon bald in homosexuellen Kreisen, wobei sie eine Kellnerin kennenlernte, mit der sich ein Verhältnis entwickelte. Im August 1931 lernte sie dann in der Homosexuellenbar »Diana-Klause« die fünf Jahre jüngere Wally F. kennen und zog mit ihr zusammen in eine Zweizimmerwohnung. Wenig später kam es zu einer anonymen Anzeige, derzufolge R. in ihrem Massagesalon mit männlichen Kunden »gewerbliche Unzucht« betreibe. Ende November ging bei der Dresdner Kriminalabteilung II auch eine entsprechende Anzeige ihrer ehemaligen Freundin ein. Diese war ihrerseits anonym angezeigt worden, sich mit einem von R. gefälschten Zeugnis zu Unrecht als Masseuse zu betätigen. Die von Eifersucht und Rachegelüsten motivierten Anzeigen lösten einen akribischen Ermittlungsvorgang aus, der aber ohne Ergebnis blieb. Das »Unzuchtsgewerbe« konnte man Gertrud R. nicht nachweisen, die »Beobachtungen, Ermittelungen und Revisionen« sollten aber fortgesetzt werden, wie es im abschließenden Bericht vom 16. April 1932 hieß.[786] Im Dresdner Polizeipräsidium wurde eine Akte zu ihrer Person angelegt und auch die »Kartei der Masseusen«, in der sie »bereits verzeichnet« war, wurde »entsprechend ergänzt«.[787] Aktenkundig war nun auch, woraus R. »keinen Hehl« machte: »dass ich ebenfalls gleichgeschlechtlich veranlagt bin«.[788] Nach einem anderen Ermittlungsverfahren wegen Unterschlagung kam es im August 1933 dann zu einem weiteren wegen »unzüchtiger Bilder«.[789] Dieser Vorgang führte dazu, dass R. »als

785 Vgl. Polizeiakte Gertrud R. (SächsHStA Dresden, Bestand 10789, Nr. 619).

786 Bericht vom 16.4.1932 (ebd., Bl. 21).

787 Vernehmungsprotokolle und Bericht vom 16.9.1931 (ebd., Bl. 5–7, hier 7).

788 Ebd., Bl. 6.

789 Während das Verfahren wegen Unterschlagung wegen geringer Schuld eingestellt wurde, bleibt offen, worum genau es in dem Verfahren wegen »unzüchtiger Bilder« ging und was daraus wurde. Vgl. ebd., Bl. 22–29.

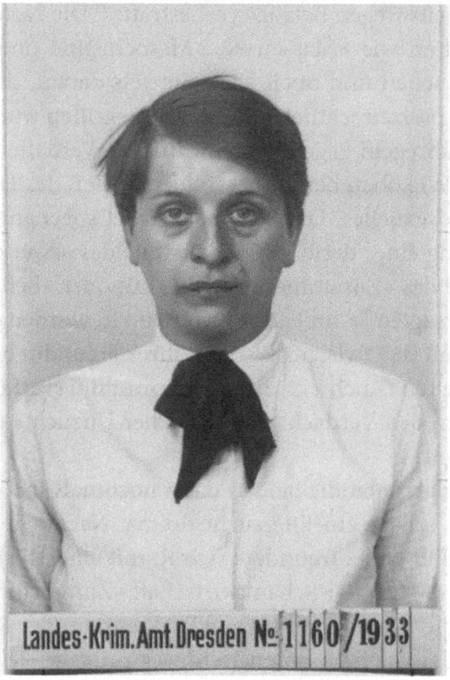

Abb. 22: Registrierung in der Landeslichtbildersammlung. Polizeifoto von Gertrud R. aus dem Jahre 1933; Quelle: SächsHStA Dresden, Bestand Polizeipräsidium 10789, Nr. 619.

Masochistin u. Lesbierin« fotografiert und in die Landeslichtbildersammlung der Kriminalpolizei – umgangssprachlich auch als »Verbrecheralbum« tituliert – aufgenommen wurde.[790] In den Unterlagen eines späteren Ermittlungsverfahrens fand sich 1938 dann auch der Hinweis, R. sei beim Kommissariat III der Kriminalpolizeistelle Dresden bereits »als Lesbirin [sic!] gekennzeichnet«.[791]

Dass die Polizeibehörden damals auch die lesbische Veranlagung registrierten, ist bislang nur aus Berlin bekannt.[792] Polizeiliche Personenakten und Karteikarten wurden angelegt, wenn die Betroffenen, so insbesondere Prostituierte, der polizeilichen Überwachung unterlagen oder strafrechtlich auffällig wurden. Eine strafbare Handlung musste dafür nicht notwendig vorliegen. Auch im Fall von Gertrud R. war es das Ermittlungsverfahren wegen des Verdachts der »gewerblichen Unzucht« und Kuppelei, das zur Anlage ihrer Personenakte führte –

790 Antrag zur Lichtbildaufnahme (ebd., Bl. 1).
791 Vermerk vom 14.3.1938 (ebd., Bl. 39 f.).
792 Vgl. Huneke, Duplicity of Tolerance.

überdies war sie bereits wegen Betrugs vorbestraft.[793] Die karteimäßige Erfassung weiterer Eigenschaften wie »Masseuse«, »Masochistin« und »Lesbierin« ist in diesem Kontext zu sehen und noch kein Hinweis darauf, dass aufgrund dieser Eigenschaften auch polizeirechtliche Maßregeln ergriffen wurden. Grundsätzlich waren derartige Maßregeln gegen »sittenwidriges« Verhalten möglich und teilweise auch üblich. Wie oben bereits geschildert, erließ das Dresdner Polizeipräsidium gegen homosexuelle Männer zum Beispiel sogenannte »Bedeutungen«, die unter Androhung einer dreitägigen Haftstrafe das »zwecklose Verweilen« an diversen Orten und das »Zusammenwohnen« mit oder »Beherbergen von Mannespersonen« untersagten.[794] Im Fall von Gertrud R. wurden dagegen keine Weisungen erteilt, die auf das zwischen ihr und ihrer Freundin bestehende lesbische Liebesverhältnis zielten. Auch ein weiteres Ermittlungsverfahren im Jahr 1937, in dem es erneut um den Verdacht »gewerblicher Unzucht« ging, blieb in dieser Hinsicht ohne Folgen.

Vier Jahre später gerieten die beiden dann nochmals ins Visier der Dresdner Polizei. Anlass war erneut ein Eifersuchtsdrama: Nachdem sich ihr Verhältnis mit Wally F. abgekühlt hatte, freundete sich R. mit einer 17-Jährigen an. Als die drei am 19. Januar 1941 in der Schankwirtschaft »Zum Schwarzwald« aufeinandertrafen, begann die stark angetrunkene Ex-Freundin der R., die 17-Jährige zu beschimpfen. Auf dem gemeinsamen Heimweg prügelte sie dann auf diese ein. Durch Hilferufe aufmerksam geworden, nahm ein herbeigeeilter Oberwachtmeister die drei Frauen fest und brachte sie auf das Polizeirevier. Nach ihrer Befragung, in der sie offenherzig über ihre lesbischen Beziehungen berichteten, wurden sie wegen »groben Unfuges« nach § 360, Ziff. 11 angezeigt und »wegen Verdachtes der homosexuellen Betätigung« dem Polizeigefängnis zugeführt.[795] Diese Eintragung wie auch das folgende Ermittlungsverfahren verraten einiges über den juristischen Kenntnisstand und die Einstellungen der ermittelnden Polizeibeamten – und damit auch über die damalige Situation lesbischer Frauen. Denn die weibliche Homosexualität stand, obgleich sie strafrechtlich nicht sanktionierbar war, bei den folgenden Befragungen im Mittelpunkt des Interesses. Vor allem die weibliche Kriminalpolizei, die die 17-Jährige befragte, konzentrierte sich auf dieses Thema. Dabei erfuhr die ermittelnde Kriminalsekretärin, dass jene schon im Alter von 14 Jahren von einer lesbischen Frau verführt worden

793 1923 war Gertrud R. in Leipzig wegen Scheckbetrugs verhaftet, 1926 war sie wegen fortgesetzten Betrugs zu einem Jahr Gefängnis und einem Monat Zuchthaus verurteilt worden. Vgl. Strafliste und Einlieferungsschein ins Gefangenenhaus vom 19.1.1941 (SächsHStA Dresden, Bestand 10789, Nr. 619, unpag. und Bl. 40R).

794 Vgl. Bedeutungen für Homosexuelle vom 28.10.1927 (SächsHStA Dresden, Bestand 10789, Nr. 484, Bl. 3 f.) und vom 8.6.1925 (ebd., Nr. 600, Bl. 2).

795 Ermittlungsbericht vom 19.1.1941 (SächsHStA Dresden, Bestand 10789, Nr. 619, Bl. 42R).

sei und seither Liebesverhältnisse mit verschiedenen älteren Frauen unterhalten habe, dass Gertrud R. für sie aber nicht mehr als eine mütterliche Freundin sei. In ihrem Bericht fokussierte die Kriminalsekretärin dann auch auf den Altersunterschied zwischen der 17-Jährigen und ihren Partnerinnen, die die »Jugend und Unerfahrenheit der Jugendlichen« nicht respektiert hätten, sondern nur darauf aus gewesen seien, »ihre Gemeinheit und ihren Egoismus zu befriedigen«. Der Versuch, »nur die widernatürliche sexuelle Befriedigung zu erreichen, bedeutet ein Verbrechen am deutschen Volke und müsste im Ermittlungsfall die verdiente Sühne fordern. Die Jugend hat ein Recht, vor der Verführung solcher Frauenspersonen geschützt zu werden.« Bemerkenswert an diesen Ausführungen ist deren appellativer Charakter. Offenbar war auch der Kriminalsekretärin bewusst, dass weder die weibliche Homosexualität an sich noch die Verführung Jugendlicher zu lesbischen Handlungen justiziabel waren.[796]

Dem moralischen Urteil der weiblichen Kriminalpolizei schloss sich der zuständige Kriminalobersekretär des Sittendezernats an. Auch er bezeichnete Gertrud R. als eine »Gefahr für die deutsche Jugend«, habe sie sich doch »nicht gescheut, die Jugendliche in ihre Fänge zu bringen und sie ihren lesbischen Neigungen nach und nach gefügig zu machen«, wodurch diese »dem Umgang mit Männern entfremdet« worden sei und »als deutsche Mutter verloren« zu gehen drohe. Und auch in diesem Bericht schimmerte die Hoffnung durch, R. vielleicht doch zur Rechenschaft ziehen zu können. Kaum anders kann man jedenfalls das Resümee verstehen, dass R. »als Volksschädling übelster Sorte bezeichnet werden« müsse und ihr Verhalten »gegen jedes gesunde Volksempfinden« spreche.[797] Die Anspielung auf den Analogieparagrafen 2 und die Volksschädlingsverordnung ist offenkundig. In Kenntnis der Rechtslage beantragte der bearbeitende Kriminalobersekretär aber nur eine »Bestrafung wegen groben Unfuges«. Überdies regte er an, gegen Gertrud R. und ihre Ex-Freundin eine »Trennungsverfügung« zu erwirken, womit wohl gemeint war, dass die beiden die gemeinsame Wohnung aufgeben sollten. Die zuständige Abteilung V1S erließ gegen die beiden schließlich Haftstrafen nach § 360, Ziff. 11, weil sie durch ihr Verhalten »die öffentliche Ordnung verletzt, mithin groben Unfug verübt« hätten. Gertrud R. erhielt fünf Tage Polizeihaft, ihre Ex-Freundin 14 Tage. Eine Trennungsverfügung wurde nicht erlassen. Die jugendliche Freundin von R. erhielt lediglich eine Verwarnung. Als Fürsorgezögling überstellte man sie allerdings dem Jugendamt und riet zu einer neuerlichen »Anstaltsunterbringung«.[798]

Das Sittendezernat ermittelte in der Sache noch bis zum 7. Februar. So befragte man eine Sexualpartnerin der Jugendlichen und durchsuchte deren Woh-

796 Ergänzungsbericht vom 20.1.1941 (ebd., Bl. 48).
797 Vermerk vom 20.1.1941 (ebd., Bl. 46R).
798 Verfügungen vom 20.1.1941 (ebd., Bl. 46, 49, und 53 f.).

nung erfolglos »nach Gegenständen, die zu Unzuchtszwecken geeignet oder in dieser Hinsicht bedenklich erscheinen könnten«. Auch im »Café Löffler«, einem lesbischen Treffpunkt, an dem die Frauen verkehrt hatten, wurden noch mehrfach Beobachtungen durchgeführt. Doch »in sittenpolizeilicher Hinsicht« wurde »von den Gästen kein Anlass zum Einschreiten gegeben«. In seinem Abschlussbericht kam der ermittelnde Kriminalobersekretär zu dem Ergebnis, dass »in der Lesbierinsache« nichts weiter festzustellen sei, »was ein sittenpolizeiliches Einschreiten noch zweckmäßig erscheinen ließe«. Die wesentliche Konsequenz des ganzen Vorganges war schließlich die »Verankerung« der Namen von insgesamt 24 Frauen, die im Zuge der Ermittlungen als lesbisch bezeichnet worden waren, in der Kartei des Sittendezernats. Zwei der Frauen, die Mitglieder im Polizeisportverein gewesen waren, wurden überdies zum Ausscheiden aus dem Verein bewegt.[799] Gertrud R. wurde am 24. Januar 1941 aus der Polizeihaft entlassen, ihre Ex-Freundin am 2. Februar. Auffällig ist, dass R. nach der Entlassung noch einmal zum Sittendezernat »zurückgeführt« werden sollte.[800] Ein Hinweis, welche Bewandtnis es damit hatte, findet sich in der Akte nicht. In Strafakten von homosexuellen Männern ist die Anordnung einer »Rückführung« ein Indikator für eine spätere KZ-Einweisung. Auch die scharfe Stellungnahme des zuständigen Kommissars, insbesondere seine Charakterisierung der R. als »Volksschädling«, könnte man durchaus in dieser Richtung deuten. Auch vor dem Hintergrund der verbreiteten Spekulationen über die Frage, ob weibliche Homosexualität ein Grund für Einweisungen in Konzentrationslager war, war zu prüfen, ob sich in diesem Fall entsprechende Belege finden lassen. In R.'s Personenakte gibt es allerdings keinen Hinweis auf eine geplante KZ-Einweisung. Auch eine Anfrage beim ITS-Archiv in Bad Arolsen lieferte keine Anhaltspunkte. Dort sind zu den drei beteiligten Frauen keine Daten überliefert.[801] Vielmehr war es so, dass auch dieser letzte in der Personenakte dokumentierte Vorgang für R. und ihre Ex-Freundin Wally keine über die Polizeihaft hinausgehenden straf- oder polizeirechtlichen Konsequenzen hatte. In den folgenden Jahren lebten die beiden weiterhin gemeinsam in ihrer Dresdner Zweizimmerwohnung.[802] Auch beruflich scheint sie der Vorgang nicht in Schwierigkeiten gebracht zu haben. In einem später nach einer neuerlichen Verurteilung wegen Betrugs angefertigten Lebenslauf schrieb Gertrud R. jedenfalls, sie sei »von 1940 bis Oktober 1947« als »Buchhalterin, später als Bilanz-Buchhalterin im Spezialbauunternehmen Erhart + Ehrmann

799 Abschlussbericht des Sittendezernats vom 1.2. und 7.2.1941 (ebd., Bl. 50–52).

800 Vermerk vom 20.1.1941 (ebd., Bl. 53).

801 Auskunft des ITS-Archivs Bad Arolsen vom 17.9.2018.

802 Adressbuch der Landeshauptstadt Dresden, Ausgabe 1942 und 1943/44, Teil V: Häuserbuch, S. 46.

in Dresden tätig« gewesen.[803] Mit Wally F. verband sie offenbar auch 1948 noch eine enge Freundschaft. Zumindest bezeichnete sie die – unverheiratet gebliebene – F. im Gefängnis als ihre »Schwägerin«, die zu benachrichtigen sei, wenn sie erkrankt.[804]

Wie nun ist der polizeiliche Umgang mit Gertrud R. und ihren Freundinnen zu deuten und was sagt er über die Situation lesbischer Frauen im Nationalsozialismus? Beachtlich ist zunächst, dass weder R. noch die meisten anderen der befragten Frauen den Versuch unternahmen, ihre sexuelle Veranlagung oder lesbische Sexualkontakte zu leugnen. Im Gegenteil: Viele der Befragten berichteten recht offenherzig über sich und ihre sexuellen Erfahrungen; ein Umstand, der zumindest darauf hindeutet, dass die meisten der Betroffenen glaubten, ihnen drohe keine Verfolgung. Bemerkenswert ist überdies, dass, obwohl Gertrud R. und Wally F. bereits seit 1931 bei der Polizei als Lesbierinnen bekannt waren und ihre Veranlagung im Zuge von mindestens vier Ermittlungsverfahren thematisiert wurde, dies weder zu polizeirechtlichen Maßregelungen führte, noch dazu, dass die beiden den Versuch unternommen hätten, zumindest nach außen hin eine Fassade heterosexueller Wohlanständigkeit zu errichten.

Andererseits zeigt der Vorgang aber auch, dass zumindest bei den unteren Beamten der Dresdner Polizei eine gewisse Verunsicherung darüber herrschte, wie mit weiblicher Homosexualität adäquat umzugehen sei. Gerade das letzte Ermittlungsverfahren aus dem Jahr 1941 macht deutlich, dass die weibliche Homosexualität von einzelnen Beamten für strafbar oder zumindest für strafwürdig gehalten wurde. Hier spiegelt sich der insgesamt prekäre gesellschaftliche Status Homosexueller wider, der von Stigmatisierung und, daraus resultierend, von einer erhöhten Vulnerabilität geprägt war. In Anbetracht der massiven Verfolgung homosexueller Männer konnten viele Bürger und offenbar auch Polizeibeamte nur schwer nachvollziehen, dass Frauen davon ausgespart blieben. Vor diesem Hintergrund sind auch die Denunziationen aus der Bevölkerung zu deuten, die lesbische Frauen trafen, wenn auch nicht immer aus homosexuellenfeindlichen Motiven. Vier derartige Fälle aus Berlin, die Samuel Huneke untersucht hat, zeigen erstaunliche Parallelen zum Fall R.[805] So leitete auch die Berliner Polizei zunächst Ermittlungsverfahren ein und befragte die Beschuldigten eingehend nach homosexuellen Handlungen, wobei die meisten der betroffenen Frauen wenig

803 Handschriftlicher Lebenslauf aus dem Jahr 1949 (SächsStA Leipzig, Bestand 20034, Nr. 1235, Bl. 36–37).

804 Wally F. ist am 5.10.1982 in Dresden ledig und kinderlos verstorben. Auskunft des Standesamtes Dresden vom 22.10.2018.

805 Huneke verweist auf die vielfältigen Motive derartiger Denunziationen, bei denen häufig auch Rache und Neid eine Rolle spielten. Zu ähnlichen Ergebnissen kommt der Verfasser in Bezug auf Denunziationen homosexueller Männer. Vgl. Huneke, Duplicity of Tolerance, S. 21–23; Zinn, Volkskörper, S. 305–309, 378–383 und 440–442.

»Schuldbewusstsein« zeigten. Die Staatsanwaltschaft stellte diese Verfahren dann aber regelmäßig ein, weil, wie man einer der Anzeigeerstatterinnen mitteilte, die weibliche Homosexualität strafrechtlich nicht verfolgt werden könne. Einzige Konsequenz blieb – abgesehen von der einschüchternden Wirkung der Ermittlungsverfahren – auch in den Berliner Fällen, dass jene Frauen, die die Polizeibeamten für lesbisch hielten, in einer entsprechenden Kartei registriert wurden.[806]

Bei homosexuellen Männern war die Registrierung in Karteien, die einen schnellen Zugriff auf die Personenakten sichern sollten, schon seit Jahrzehnten gängige polizeiliche Praxis.[807] Das lag nicht nur an der Strafbarkeit der männlichen Homosexualität. Ohne Frage erhöhten Stigmatisierung und Kriminalisierung auch das Risiko, zum Opfer von Kriminellen, etwa von Erpressern, zu werden – und auch die Gefahr, selbst ins kriminelle Milieu abzugleiten. In erster Linie diente die Registrierung homosexueller Männer aber der Prävention gleichgeschlechtlicher Handlungen. Ebenso ist die Registrierung lesbischer Frauen als generalpräventive Maßnahme gegen sittenwidriges Verhalten zu betrachten. Aus sittenpolizeilicher Sicht galt auch die weibliche Homosexualität als »unsittlich«, was ein polizeirechtliches Einschreiten, ähnlich etwa wie gegen »Wildehen« oder »Prostitution«, prinzipiell gerechtfertigt hätte. Dass die Registrierung lesbischer Frauen in aller Regel keine weiteren Konsequenzen hatte, zeigt aber auch, dass weibliche Homosexualität keiner strafrechtlichen Verfolgung und, mehr noch, meist auch keiner polizeirechtlichen Reglementierung unterworfen war. Samuel Huneke hat darauf hingewiesen, dass die Registrierung in Kartotheken, die er zunächst durchaus als einen Hinweis auf Verfolgung betrachtete, deswegen ebenso als ein Indikator der Toleranz gegenüber weiblicher Homosexualität gelesen werden kann: »Oddly, this evidence of persecution serves too as evidence of tolerance, of ›scrutinized hospitality‹. The police kept tabs on Germany's lesbian population, but as general rule did not intervene in it.«[808]

Der Fall von Gertrud R. und Wally F. führt en détail vor Augen, wie ambivalent die Situation lesbischer Frauen im Nationalsozialismus war. Einerseits wurden sie von der Polizei und von Teilen der Bevölkerung mit Argwohn beobachtet und mitunter auch schikaniert – wie auch in dem oben bereits geschilderten Fall zweier junger Frauen, die die Leipziger Gestapo im März 1941 für zwei Tage in Polizeihaft nahm.[809] Andererseits wurde weibliche Homosexualität aber strafrechtlich nicht verfolgt. Vielmehr war es so, dass lesbische Frauen und auch Paare in aller Regel unbehelligt blieben. Ein bekanntes Beispiel ist das der berühmten Dresdner Tänzerin Gret Palucca, die sich 1941 mit einem »Kreis

806 Vgl. Huneke, Duplicity of Tolerance, S. 24.
807 Vgl. Kapitel II.3.
808 Huneke, Duplicity of Tolerance, S. 25.
809 Vgl. Kapitel II.5.

Abb. 23: Die Dresdner Tänzerin Gret Palucca; Quelle: SLUB/Deutsche Fotothek, df_hp_0050404_028, Foto von Genja Jonas.

lesbischer Frauen« anfreundete. Dort lernte sie auch die Kinderärztin Marianne Zwingenberger kennen, mit der sich eine Beziehung entwickelte, die über 25 Jahre, bis zu Zwingenbergers Tod im Jahr 1967, hielt. Die beiden zeigten sich schon bald in einer Art Partnerlook, »trugen flache Schuhe mit Socken darin, dazu Kleider und gerade geschnittene Blazer, darüber Trenchcoats«. Es war »eine Partnerschaft, die offiziell nicht als Liebe definiert wurde, eine Verbindung als offenes Geheimnis«.[810]

Damit ähnelte Paluccas Stigma-Management dem vieler schwuler Männer, die als »stadtbekannte Homosexuelle« galten: Über ihre Veranlagung sprachen sie zwar nicht, ihr soziales Umfeld wusste aber dennoch »Bescheid«.[811] Die Reaktionen auf die gesellschaftliche Stigmatisierung fielen bei lesbischen Frauen letztlich ebenso unterschiedlich aus wie bei homosexuellen Männern. Sie hingen mit Bildung und sozialer Stellung zusammen, aber auch mit der Persönlichkeit und den individuellen Erfahrungen der Betroffenen. Das repressive Klima unter der NS-Herrschaft war sicherlich ein wichtiger Einflussfaktor, man sollte aber nicht vergessen, dass Homosexualität auch schon vor 1933 als ein Makel galt. Ohne Frage war (nicht nur) die NS-Zeit für einige lesbische Frauen eine »Zeit der Maskierung«, wie es Claudia Schoppmann ausdrückte.[812] Die Polizeiakte von Gertrud R. zeigt allerdings auch, dass andere nur wenig Scheu hatten, ihre Veranlagung einzugestehen. Insofern ist die damalige Lage mit Begriffen wie Stigmatisierung, Diskriminierung und Repression ebenso treffend zu beschreiben wie mit dem der Toleranz. Solange sie keinen öffentlichen Anstoß erregte, etwa weil man eine »sittliche Gefährdung« von Kindern oder Jugendlichen befürchtete, wurde die weibliche Homosexualität geduldet, obwohl man sie gleichzeitig als »sittenwidrig« ablehnte. Das freilich ist kein Widerspruch, denn Toleranz setzt stets die innere Ablehnung des zu Tolerierenden voraus: »Ohne diese Komponente würde man nicht von Toleranz sprechen, sondern entweder von Indifferenz« oder »von Bejahung«.[813]

---

810 Susanne Beyer, Palucca. Die Biografie, Berlin 2009, S. 205 und 207.

811 Vgl. Kapitel II.1 sowie Zinn, Volkskörper, S. 106–242.

812 Vgl. Claudia Schoppmann, Zeit der Maskierung: Lebensgeschichten lesbischer Frauen im »Dritten Reich«, Berlin 1993.

813 Rainer Forst, Toleranz im Konflikt. Geschichte, Gehalt und Gegenwart eines umstrittenen Begriffs, Frankfurt a. M. 2003, S. 32.

III. Verfolgung und Alltag Homosexueller in SBZ und DDR 1945–1968

1. Enttäuschte Hoffnungen: die Jahre 1945 bis 1949

Nach dem Ende der NS-Diktatur machten sich viele Homosexuelle Hoffnungen, dass nun auch die Verfolgung ein Ende finden würde. Die Erwartungen, die der Hamburger Homosexuellenaktivist Willy H. Nillius 1949 formulierte, dürften die meisten geteilt haben: »Streichung des § 175 als gerechte Folge der Wiedergutmachung. Freilassung sämtlicher wegen § 175 bestrafter und eingesperrter Häftlinge, Einstellung bezw. Niederschlagung sämtlicher schwebender diesbezüglicher Verfahren, Herausnahme und Tilgung sämtlicher photographischer Aufnahmen aus dem sogenannten Verbrecher-Album, sowie Tilgung sämtlicher sogenannter Vorstrafen bezüglich des § 175 aus dem Strafregister.«[1] Derartige Hoffnungen waren nicht vollkommen unbegründet. So plante ein von den Alliierten ins Leben gerufenes »Criminal Code Committee« (CRICO), »§ 175 in seiner vornationalsozialistischen Fassung wiederherzustellen und von § 175a« nur die Ziffer 1 (Nötigung) zu übernehmen. Die NS-Fassung des § 175 wurde von dem Komitee »als typisch nationalsozialistisch angesehen«, was auch von den beteiligten deutschen Strafrechtlern akzeptiert wurde – so räumte selbst der Kommentator des NS-Strafgesetzbuches Schönke ein, dass es hier »zu ›Entgleisungen‹ in der Rechtsprechung gekommen sei«.[2] Der Juristische Prüfungsausschuss der Stadt Berlin empfahl im Dezember 1946 sogar, »den § 175 des bisherigen Strafgesetzbuchs zu streichen«.[3] Letztlich scheiterten all diese Pläne aber an der zunehmenden Entfremdung der Alliierten, die eine einheitliche Neuregelung verhinderte – und nicht zuletzt wohl auch an der Rücksichtnahme auf entsprechende Straf-

1 O. V., Gemacht wird's ja doch. In lila Nächten. In: Der Spiegel vom 15.9.1949, S. 8.

2 Matthias Etzel, Die Aufhebung von nationalsozialistischen Gesetzen durch den Alliierten Kontrollrat (1945–1948), Tübingen 1992, S. 183.

3 DJV, Vermerk vom 18.5.1949 (BArch, DP/1/7193, Bl. 62–64, hier 62R).

bestimmungen »in den Heimatländern der Besatzungsmächte«.[4] Für die weitere Rechtsentwicklung war dieses Scheitern vor allem deswegen brisant, weil es, wie Matthias Etzel anmerkte, die irrtümliche »Interpretationsmöglichkeit eröffnete, die Alliierten betrachteten das StGB als gereinigt«.[5]

Dieses »Missverständnis« zeigte sich vor allem in den westlichen Besatzungszonen, wo sich seit 1946 eine Anwendung der NS-Fassung der §§ 175 und 175a durchsetzte und die Strafverfolgung schon bald wieder anzog.[6] Etwas anders stellte sich die Situation in der Sowjetischen Besatzungszone (SBZ) dar. Hier richteten sich die Hoffnungen insbesondere darauf, dass die beiden Arbeiterparteien SPD und KPD sich immer wieder für eine Streichung des § 175 eingesetzt hatten. So argumentierte der Dresdner Nervenarzt Rudolf Klimmer, der wohl engagierteste Homosexuellenaktivist jener Jahre, der selbst Mitglied der neu gegründeten Sozialistischen Einheitspartei Deutschlands (SED) war, im Mai 1947 in einem Schreiben an den sächsischen SED-Vorstand, die »Stellung der SED zum § 175« sei »durch die übereinstimmende Verurteilung des Paragraphens [sic!] durch die SPD und KPD eindeutig fixiert«. Beim »Kampf um Beseitigung des § 175« handele es sich also »um eine alte anerkannte sozialistische Forderung«.[7] Tatsächlich war das Verhältnis der Arbeiterparteien zur Homosexualität aber wesentlich komplexer und ambivalenter, als es Klimmer hier schilderte. Im Meinungskampf war die Homosexualität mitunter skrupellos instrumentalisiert worden, um den politischen Gegner zu diskreditieren, sei es in der Krupp- und der Eulenburg-Affäre, sei es im Propagandafeldzug gegen den SA-Stabschef Ernst Röhm 1931/32.[8] Die »Rote Fahne« hatte 1927 eine weit verbreitete Haltung zum Ausdruck gebracht, als sie die Homosexualität als »unproletarisch« und »Entartungserscheinung« des Klassenfeinds beschrieb.[9] Damit verknüpft war der Glaube, sie sei

4 Andreas Pretzel (Hg.), NS-Opfer unter Vorbehalt. Homosexuelle Männer in Berlin nach 1945, Münster 2002, S. 76.

5 Etzel, Aufhebung, S. 198.

6 Vgl. Zinn, Volkskörper, S. 501 f.

7 Das Schreiben Klimmers an den SED-Vorstand Sachsens vom 25.5.1947 ist zusammen mit anderen Dokumenten in einem Teilnachlass unter dem Titel »Dr. Rudolf Klimmer und Arnim Schreiner Stiftung im Archiv der Schwulenbewegung« überliefert, der von Eckhard Prinz in Heidelberg verwahrt wird. Das Material, zu dem ursprünglich auch eine Klimmer-Büste von Arno Breker gehört haben soll, war von Klimmer in den 1970er-Jahren an den Frankfurter Homosexuellenaktivisten Carl Linde übergeben worden, der es dann später an das von Prinz gegründete Archiv der Schwulenbewegung übergab. Ich danke Prinz für die Möglichkeit, die Dokumente zu nutzen. Der restliche Nachlass Klimmers wird im Schwulen Museum in Berlin verwahrt. Zur Biografie Klimmers vgl. Anm. 18 (Kapitel IV.1).

8 Vgl. Zinn, Die soziale Konstruktion des homosexuellen Nationalsozialisten, S. 38 und 43–49.

9 Rote Fahne vom 28.10.1927. Zit. nach W. U. Eissler, Arbeiterparteien und Homosexuellenfrage. Zur Sexualpolitik von SPD und KPD in der Weimarer Republik, Berlin 1980, S. 62.

eine Erscheinung des kapitalistischen Systems, »die die Zeit des Verfalls mit sich bringt und die sich die Bourgeoisie als Monopol sichert«, während sie in einer kommunistischen Gesellschaft von alleine verschwinden werde.[10] Noch heikler war die Gleichsetzung von Homosexualität und Faschismus, zu der es in den 1930er-Jahren in der deutschen Exilpresse kam[11] und mit der Maxim Gorki 1934 auch die neuerliche Kriminalisierung der Homosexualität in der Sowjetunion zu rechtfertigen versuchte: Während sie »im ›Kultur‹-Land der großen Philosophen, Gelehrter [sic!] und Komponisten [Deutschland] frei und ungestraft« sei, werde sie in der Sowjetunion nun »als sozial verbrecherisch und strafbar angesehen«. Es sei »sogar das sarkastische Sprichwort entstanden: ›Rottet die Homosexuellen aus – und der Faschismus verschwindet‹«.[12] Von dieser Sichtweise war nicht zuletzt auch die SED-Führungsriege in ihren Jahren im Moskauer Exil geprägt worden. Insoweit verwundert es nicht, dass die Meinungen zur Homosexualität in der neuen »Einheitspartei« weit auseinandergingen und dass die Abschaffung des § 175 hier keineswegs oberste Priorität genoss.

Im Ergebnis blieb die Rechtslage in der SBZ lange ungeklärt und widersprüchlich. In einigen Ländern, so insbesondere in Thüringen, setzte sich eine Linie durch, die den Plänen des CRICO weitgehend entsprach. Hier wurde bereits im November 1945 ein »Gesetz zur Anwendung des Strafgesetzbuches« erlassen, mit dem man zur Fassung vom 31. Dezember 1932 zurückkehrte. Die NS-Fassung des § 175 wurde damit durch die liberalere aus dem Kaiserreich ersetzt. Im Hinblick auf § 175a konnte man sich allerdings nicht dazu durchringen, diesen ganz wegfallen zu lassen. Stattdessen wurde eine neue Version geschaffen, die der NS-Fassung weitgehend entsprach. Nur Ziffer 1 (Nötigung), die das CRICO ursprünglich als einzige Bestimmung bestehen lassen wollte, fiel in Thüringen nun weg. Federführend bei dieser Reform war der Jenaer Juraprofessor Richard Lange, der sich später auch in Westdeutschland für eine Entschärfung des § 175 einsetzte.[13] In anderen Ländern wurde sogar die komplette Streichung des § 175 diskutiert. So vor allem in Sachsen, wo sich Generalstaatsanwalt, Justizministerium und Landtag seit Sommer 1947 mit diversen Gesetzentwürfen beschäftigten, die auf eine Abschaffung der Strafbarkeit einvernehmlicher Homosexualität hinausliefen.[14]

10 Zit. nach ebd., S. 84.

11 Vgl. Zinn, Die soziale Konstruktion des homosexuellen Nationalsozialisten.

12 Maxim Gorki, Proletarischer Humanismus. In: Rundschau über Politik, Wirtschaft und Arbeiterbewegung, 3 (1934) 5, S. 1297–1299.

13 Vgl. Jürgen Baumann, Paragraph 175. Über die Möglichkeit, die einfache, nichtjugendgefährdende und nichtöffentliche Homosexualität unter Erwachsenen straffrei zu lassen (zugleich ein Beitrag zur Säkularisierung des Strafrechts), Berlin 1968, S. 52; Lange, Anmerkung zum BGH-Urteil vom 13.3.1951.

14 Vgl. Akten des Ministeriums der Justiz (SächsHStA Dresden, Bestand 11380, Nr. 513, Bl. 6, 15–29, und 43–50).

Eine ähnliche Position vertrat der Justizminister von Sachsen-Anhalt, wo nach einer Verordnung vom Februar 1946 nur noch solche Gesetze zur Anwendung kommen durften, die »das Ergebnis einer von nationalsozialistischen Gedanken unabhängigen Rechtsentwicklung« seien. Auch die in Berlin residierende und für die SBZ zuständige Deutsche Justizverwaltung (DJV) lehnte den § 175 ab. Im Dezember 1948 bekundete sie gegenüber dem Justizminister von Sachsen-Anhalt, »dass die grundsätzliche Bestrafung der Homosexualität für ein fortschrittliches Strafrecht nicht zu rechtfertigen« sei. Allerdings war es in den Augen der DJV »nicht möglich, in der gegenwärtigen Zeit gesetzgeberische Maßnahmen auf diesem Gebiet vorzunehmen«.[15] Dies wohl vor allem aus Rücksicht auf die Sowjetunion, wo Homosexualität seit 1934 wieder »als sozial verbrecherisch und strafbar angesehen« wurde.[16] Die sächsische Initiative scheiterte jedenfalls auch daran, dass sie zunächst »bei der Rechtsabteilung der SMAD in Berlin geklärt werden« sollte, während diese darauf verwies, dass sie eine »Stellungnahme von Karlshorst einholen müsse«, wo sich das Hauptquartier der SMAD und die Zentrale des KGB befanden.[17]

Bei Polizei und Staatsanwaltschaften führte die unklare Zukunft des § 175 in der SBZ zu einiger Verwirrung. Zwar hatte die DJV schon im September 1946 ihre Ansicht bekundet, dass »§ 175 StGB. in der vor 1933 geltenden Fassung anzuwenden ist« – allerdings nicht in einem offiziellen Rundschreiben, sondern nur in Beantwortung der Petition eines Homosexuellen.[18] Der sächsische Generalstaatsanwalt hatte im November 1947 sogar gefordert, »bis zur Neufassung des § 175 zwecks Vermeidung von Härten und Ungerechtigkeiten alle schwebenden Verfahren wegen § 175 ff. nicht weiter zu führen und neue Verfahren nicht anhängig zu machen«.[19] Die Staatsanwaltschaft Dresden teilte im August 1949 dann allerdings mit, dass man den § 175 weiterhin »in der neuen Fassung des Gesetzes vom 28.6.1935 angewendet« habe.[20] Anfang 1949 hatte auch die ostdeutsche Verwaltung des Innern die Polizeistellen darauf hingewiesen, dass die NS-Fassung des § 175 »noch in Kraft« sei.[21] Nach § 175 sei somit »jede Unzucht zwischen

15 OLG Halle, Beschluss vom 20. 9.1948. In: Neue Justiz, 3 (1949), S. 143–147, hier 144; Schreiben der DJV an das Justizministerium von Sachsen-Anhalt, 30.12.1948 (BArch, DP/1/7193, Bl. 40).

16 Maxim Gorki, Proletarischer Humanismus, S. 1297–1299.

17 Vermerk über Gesetz zur Änderung des § 175 des StGB., vermutlich vom Februar 1949 (BArch, DP/1/7193, Bl. 50R).

18 Schreiben der DJV an Willi Pamperin vom 23.9.1946 (BArch, DP/1/7193, Bl. 19).

19 Schreiben des Kommissarischen Generalstaatsanwaltes des Landes Sachsen an den Rechtsausschuss des Landtages vom 14.11.1947 (SächsHStA Dresden, Bestand 11380, Nr. 513, Bl. 6).

20 Schreiben der StA Dresden an das sächsische Ministerium der Justiz vom 19.8.1949 (SächsHStA Dresden, Bestand 11380, Nr. 513, Bl. 53).

21 Schreiben des thüringischen Ministeriums des Innern vom 10.1.1949 (ThHStAW, Ministerium der Justiz, Sign. 159, Bl. 153).

Männern strafbar, nicht nur die beischlafähnlichen Handlungen«.[22] Während die Weimarer Landespolizeibehörde vom thüringischen Justizministerium daraufhin beschieden wurde, in Thüringen sei nicht die NS-Fassung des § 175 maßgebend, vielmehr gelte hier das thüringische Anwendungsgesetz vom November 1945, war die Situation in den anderen ostdeutschen Ländern nun vollkommen unklar.[23] Um eine »zoneneinheitliche Behandlung dieser Fragen durch die Justiz- und Polizeibehörden« zu erreichen, wandte sich das thüringische Justizministerium schließlich an die DJV.[24] Diese zog daraufhin zwar in Erwägung, die Staatsanwaltschaften anzuweisen, »in der Verfolgung gewöhnlicher Fälle äußerst zurückhaltend« zu sein – offizielle Direktiven ließen aber weiter auf sich warten.[25]

Infolgedessen herrschte auch bei den Gerichten große Unsicherheit. Zwar gab es insgesamt nur sehr wenige Verfahren: Zwischen 1946 und 1949 schwankte die Zahl der Verurteilungen in der SBZ zwischen 22 und 46 pro Jahr (vgl. Grafik 21).[26] Doch die Urteile, zu denen es kam, gingen wild durcheinander. Das Oberlandesgericht Halle traf zunächst zwei sich widersprechende Entscheidungen, bevor es die §§ 175 und 175a im September 1948 als »ein typisch nationalsozialistisches Gesetz« verwarf.[27] Demgegenüber erklärte das Kammergericht Berlin »die neue Fassung für anwendbar«.[28] Und selbst von den thüringischen Gerichten wurde in dieser Frage nur »zum Teil ein anderer Standpunkt vertreten«.[29]

In der Konsequenz verfuhren Polizei und Staatsanwaltschaften nach eigenem Gutdünken. Auch wenn viele Polizeistellen andere Prioritäten setzten, kam es schon bald nach der Befreiung wieder zu ersten Verfolgungsmaßnahmen. So kritisierte der Schriftsteller Willy Pamperin bereits 1946, dass sich »unsere Volkspolizei« mit »einem Elan auf diese Materie« stürze, der »noch die helle Freude des Herrn Himmler in der Hölle« erwecken müsse. Diese habe nämlich damit begonnen, Homosexuelle zu »inquisitorischen Vernehmungen« einzubestellen, wobei der Sachbearbeiter mit seiner 20-jährigen Erfahrung »in diesem Spezial-Dezernat« prahle. Laut Pamperin scheue sich »die Volkspolizei nicht, die intimsten Bettgeheimnisse zu ergründen«: Sie »schließt in ihre Untersuchung sogar den Zustand der Bettwäsche ein und übertrifft damit in ihrer Untersuchungsmethode bei

22 Arbeitsrichtlinien vom Januar/Februar 1949. Zit. nach Grau, Sozialistische Moral, S. 96.
23 Schreiben des thüringischen Ministeriums der Justiz vom 31.1.1949 (ThHStAW, Ministerium der Justiz, Sign. 159, Bl. 154f.).
24 Schreiben des thüringischen Ministeriums der Justiz vom 14.2.1949 (ebd., Bl. 157).
25 DJV, Vermerk vom 18.5.1949 (BArch, DP/1/7193, Bl. 62–64, hier 63R).
26 Grau, Sozialistische Moral, S. 89.
27 OLG Halle, Beschluss vom 20. 9.1948. In: Neue Justiz, 3 (1949), S. 143–145.
28 DJV, Vermerk vom 18.5.1949 (BArch, DP/1/7193, Bl. 62–64, hier 62).
29 Schreiben des thüringischen Ministeriums des Innern vom 10.1.1949 (ThHStAW, Ministerium der Justiz, Sign. 159, Bl. 153).

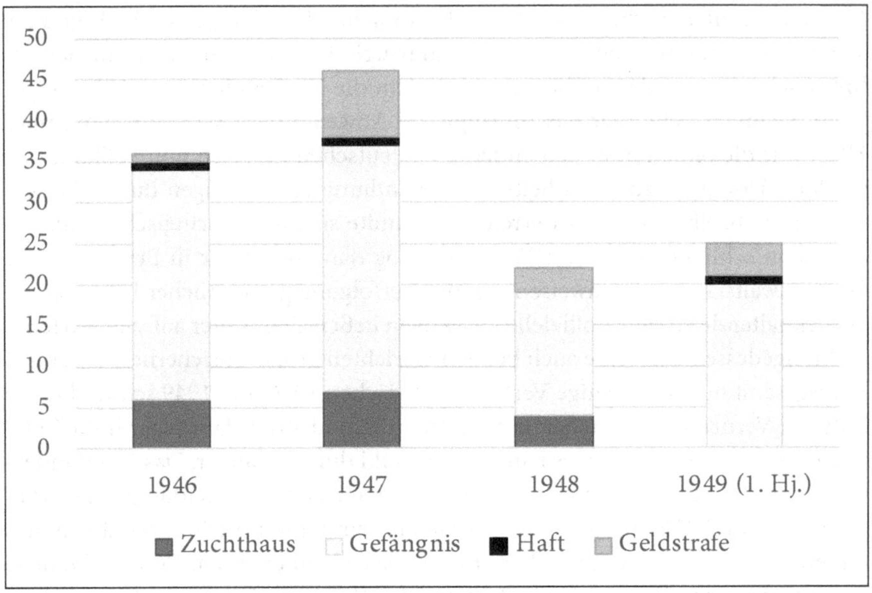

Grafik 21: Verurteilte/Strafmaß wegen homosexueller Betätigung in der SBZ (ohne Berlin)[30]

weitem noch die der ehemaligen Gestapo«.[31] Auch gleiche das Verhalten einiger Volkspolizisten »dem eines agent provocateur«. So habe er den Kriminalangestellten Dalügge auf dem Bahnhof Alexanderplatz beim »Provozieren strafbarer Handlungen« beobachtet.[32]

Tatsächlich zeigten einige Volkspolizeistellen großen Eifer. So kam es zwei Jahre später zur »Aufdeckung eines sehr großen homosexuellen Kreises in Halle«. Anfang August 1948 hatte die örtliche Kripo »beobachtet, dass in der Nähe der Bedürfnisanstalt am Leipziger Turm und am Franckeplatz sowie im Promenaden-Cafe in den späten Abendstunden homosexuell verdächtige Männer verkehren«. Überdies wurde »festgestellt, dass sich dort eine Anzahl Jugendlicher« aufhalte. Als Ende August auch noch die Anzeige einer Mutter einging, dass »ihr 18-jähriger Sohn seit etwa zwei Jahren regen Umgang mit Männern habe«, sodass sie »die Macht über ihren Sohn verloren« habe, schlug die Kripo zu. Es kam

30 Klaus Berndl/Vera Kruber, Zur Statistik der Strafverfolgung homosexueller Männer in SBZ und DDR bis 1959. In: Invertito. Jahrbuch für die Geschichte der Homosexualitäten, 12 (2010), S. 58–124, hier 61.

31 Schreiben vom 17.9.1946 (BArch, DP/1/7193, Bl. 16–18, hier 16). In dem Brief schreibt Pamperin seinen Vornamen »Willy«, in seinen restlichen Briefen unterzeichnet er teilweise auch als »Willi« (vgl. ebd., Bl. 15 und 20–29).

32 Ergänzung zu den Ausführungen vom 1.10.1946 (BArch, DP/1/7193, Bl. 23–25, hier 24).

zur »Festnahme mehrerer Täter in der öffentlichen Bedürfnisanstalt am Francke-platz«. Ermittelt wurde auch »eine erhebliche Anzahl Jugendlicher unter 21 Jahren«, die »durch diesen Kreis verdorben« worden seien.[33] Die Staatsanwaltschaft erhob im Februar 1949 schließlich gegen 18 Männer Anklage nach § 175, unter ihnen ein Stadtrat und Leiter des Amtes für Handel und Versorgung und sein 23-jähriger Liebhaber, die zwar erklärten, »homosexuell veranlagt zu sein«, aber jeden Sexualkontakt bestritten.[34] Belastet worden waren die beiden unter anderem durch die Aussage einer Tante des 23-Jährigen, die diese in der Hauptverhandlung dann aber widerrief.[35]

Die Staatsanwaltschaft ging zwar davon aus, dass die NS-Fassung des Paragrafen »abzulehnen« sei, berief sich aber auf die extensive Auslegung des alten Paragrafen, die das Reichsgericht im August 1935 im Vorgriff auf die Gesetzesnovelle vorgenommen hatte.[36] Demnach sei auch die »wechselseitige Onanie« als »eine beischlafähnliche Handlung anzunehmen«. Letztlich käme es nur darauf an, »ob bezweckt war, durch die unzüchtige Betätigung bei einem der Partner eine geschlechtliche Erregung und Befriedigung herbeizuführen«.[37] Mit diesem Winkelzug gelang es, auch Fälle der bis 1935 noch straffreien wechselseitigen Onanie anzuklagen, obgleich man behauptete, den alten Paragrafen und nicht die NS-Fassung anzuwenden. Dem Landgericht Halle waren diese Überlegungen offenbar zu kompliziert. Es stellte sich kurzerhand auf den Standpunkt, die NS-Fassung der Paragrafen sei »anwendbar«. Dabei führte es Argumente an, die auch zehn Jahre zuvor so hätten verwendet werden können:

»Es ist zwar richtig, dass die schärfere Neufassung auch den Ansichten der Nationalsozialisten entsprach, sie ist aber die Folge der weiteren Entwicklung und der allgemeinen Anschauungen im Volke. Homosexualität ist eine Entartung einer Seuche, die die ungünstigsten Einflüsse auf Geist, Charakter und Körper der von ihr Befallenen hervorruft. Es ist bekannt, dass die Homosexuellen oft zu Lügnern, Betrügern und rücksichtslosen Erpressern sich entwickeln. Der Staat – also auch der nicht nationalsozialistische – muss daher im Interesse des Schutzes der Volksgesundheit und zur Erhaltung eines gesunden und unverdorbenen Nachwuchses die Homosexualität mit allen Mitteln bekämpfen.«[38]

Das Landgericht verurteilte schließlich 17 Männer zu Freiheitsstrafen zwischen einem und 16 Monaten Gefängnis.[39] Unter ihnen waren auch zwei Männer, die bereits zu NS-Zeiten wegen Homosexualität verurteilt worden waren. So der Tänzer Hans Winkler, der im Sommer 1948 an den städtischen Bühnen in Halle

33 Anklageschrift vom 25.2.1949 (BArch, DP/1/20495, Band 3, II 3621/49, Bl. 2–6, hier 3).
34 Ebd., Bl. 5.
35 Urteil vom 14.7.1949 (ebd., Bl. 22f., hier 22Rf.).
36 Urteil vom 1.8.1935. In: RGSt, Band 69, S. 273–276.
37 Anklageschrift vom 25.2.1949 (BArch, DP/1/20495, Band 3, II 3621/49, Bl. 3f.).
38 Urteil vom 18.5.1949 (ebd., Bl. 19–21, hier 20R).
39 Urteile vom 18.5.1949 und vom 14.7.1949 (ebd., Bl. 19–22).

engagiert war, als man ihn im Zuge der »Großaktion der Kripo gegen homosexuelle Personen« festnahm. Winkler konnte man nur einen Fall wechselseitiger Onanie nachweisen, er kam deswegen mit einem Monat Gefängnis, umgewandelt zu einer Geldstrafe von 600,- Mark, vergleichsweise glimpflich davon.[40]

Die neu einsetzende Verfolgung sorgte in der Homosexuellenszene für große Verunsicherung. Bei der DJV und den Justizministerien der Länder gingen Protestschreiben ein, die auf eine Abschaffung des § 175 zielten. Bei den Verfassern handelte es sich meist um schwule Männer, häufig hatten sie im »Dritten Reich« selbst Verfolgungserfahrungen gemacht. So etwa ein Mann aus Nordhausen, der sich im Februar 1946 an die Landesjustizverwaltung Thüringens wandte und »im Namen dieser Unglücklichen, zu denen ich leider auch zähle, um die vorgeschlagene Abänderung des St.G.B.« bat. Zur Begründung verwies er auf die »rassischen« und »politischen« Motive der Strafverschärfung durch die Nationalsozialisten wie auch der »planmäßigen Vernichtung der Homosexuellen« in den »Strafkompanien der Konzentrationslager«.[41] Ähnlich argumentierte auch Willy Pamperin in dem Schreiben an die DJV, in dem er die Verfolgungsmaßnahmen der Berliner Volkspolizei beklagte. So fragte er, ob der »Zusammenbruch der Naziherrschaft nur ein Traum gewesen« sei: »Sollen die Tränen der Mütter, deren Söhne auf Grund dieser Nazigesetzgebung in die KZ eingeliefert und dort zu tausenden ermordet wurden, umsonst verflossen sein? Die Erniedrigt und Beleidigt, Gemartert und Gefoltert, Verfemt und Entrechtet wurden durch die nazistische Gesetzgebung, soll denen nicht die Genugtuung widerfahren, dass die junge Demokratie diese barbarische Gesetzgebung, mindestens aber die Nazibestimmung beseitigt, die ihnen unendliches Leid zufügte. Wir bluten aus tausend Wunden, wollen wir wieder neue Wunden schaffen oder die alten erst heilen und ihre Schmerzen stillen?«[42] Pamperin wandte sich in den folgenden Monaten mit weiteren Schreiben an die DJV und den Juristischen Prüfungsausschuss Berlins.[43] Im Sommer 1947 versuchte er überdies, ein »humanitäres Komitee« nach dem Vorbild des WhK zu gründen, wozu er den im Londoner Exil lebenden ehemaligen WhK-Funktionär Kurt Hiller kontaktierte.[44]

Die individuelle Verfolgungserfahrung dürfte auch für Rudolf Klimmer das wesentliche Motiv seines Kampfes für eine Reform des § 175 gewesen sein.[45] Al-

---

40 Urteil vom 14.7.1949 (ebd., Bl. 22).

41 Schreiben vom 20.2.1946 (ThürHStA Weimar, Min. der Justiz, Sign. 159, Bl. 30–31R, hier 30 und 31 R).

42 Schreiben vom 17. September 1946 (BArch, DP/1/7193, Bl. 16–18, hier 16). Schreibweise wie im Original.

43 Vgl. Schreiben vom 1.10.1946, 25.1.1947 und 3.6.1947 (ebd., Bl. 19–29).

44 Raimund Wolfert, Homosexuellenpolitik in der jungen Bundesrepublik. Kurt Hiller, Hans Giese und das Frankfurter Wissenschaftlich-humanitäre Komitee, Göttingen 2015, S. 14f.

45 Vgl. Kapitel II.10 und IV.1, insbes. Anm. 18.

lerdings gerierte sich Klimmer, ähnlich wie bereits Magnus Hirschfeld, dessen Rolle er nun zumindest für die ostdeutschen Länder übernahm, als medizinischer Experte – seine eigene Betroffenheit verschwieg er geflissentlich. Vor allem in Sachsen entfaltete er zahlreiche Aktivitäten, wobei ihm auch seine Mitgliedschaft in der SED von Nutzen war. Gemeinsam mit dem Leipziger Fotografen Curt Röbel warb Klimmer unermüdlich für eine Liberalisierung des Strafrechts. So etwa mit einer »Resolution an alle deutschen Landesregierungen, Zentralverwaltungen, Landtage und Parteien«, die 1948 anlässlich der Leipziger Herbstmesse von »600 Artgenossen« verabschiedet wurde.[46] Aber auch mit »Gesetzentwürfen zu § 175«, mit denen er die DJV und andere staatliche Stellen geradezu bombardierte.[47] Bei der DJV reagierte man anfangs wohlwollend.[48] Und auch in Sachsen konnte Klimmer mit seinen Bemühungen zunächst einige Erfolge erzielen.[49]

Bei der Vereinigung der Verfolgten des Naziregimes (VVN) stießen Klimmers Forderungen hingegen auf Abwehr. Dort sah man sich »nicht in der Lage, als Organisation sich für die Aufhebung des § 175 einzusetzen«. Zur Begründung griff man in die Mottenkiste der antifaschistischen Propaganda und reanimierte das Stereotyp vom »schwulen Nazi«: So seien »viele Homosexuelle auch nach dem 20. Juli 1934 [sic!] in leitenden Stellen der NSDAP und ihren Gliederungen tätig« gewesen. »Die Frage der Homosexualität und ihre Bestrafung war für die Nazis, wie auch in vielen anderen Fällen, nur ein Vorwand zu ihrem Ziel.« Klimmers Vergleich der Homosexuellenverfolgung mit dem Vorgehen gegen Juden wies die VVN zurück: Während die »Verfolgung der Juden aus weltanschaulichen, also aus politischen Gründen« erfolgt sei, seien »die Homosexuellen keine prinzipiellen Gegner des Naziregimes« gewesen – die ideologischen und bevölkerungspolitischen Motive der Homosexuellenverfolgung wollte man offenbar nicht zur Kenntnis nehmen. Letztlich war die Argumentation der VVN äußerst widersprüchlich: Zum einen verkannte sie, dass es natürlich nicht nur schwule, sondern durchaus auch jüdische Nazis gegeben hatte. Zum anderen hätte es sich, wenn die Homosexuellenverfolgung tatsächlich oft »nur ein Vorwand« zur Verfolgung politischer Gegner gewesen wäre, in der Logik der VVN zumindest in diesen Fällen auch um eine politische Verfolgung handeln müssen.[50] Doch solche Widersprüche konnten das gefestigte Weltbild der VVN nicht ins Wanken bringen. Und so teilte man

46 Schreiben vom 8.9.1948 (BArch, DP/1/7193, Bl. 36–37R, hier 37); Vgl. dazu auch SächsHStA Dresden, Bestand 11380, Nr. 513, Bl. 28, 34, 42. Zur Biografie Röbels vgl. Anm. 19 (Kap. IV.1).

47 Schreiben und Gesetzentwürfe vom 2.9.1948 (BArch, DP/1/7193, Bl. 30–33).

48 Schreiben vom 9.9.1948 (ebd., Bl. 35).

49 Vgl. Kapitel IV.1.

50 Zum Topos der Homosexuellenverfolgung als »Vorwand« vgl. Zinn, Volkskörper, S. 328–342.

Klimmer mit, »eine Aufnahme in unserer Organisation« könne, wenn »lediglich eine Verfolgung wegen Homosexualität vorliegt, nicht erfolgen«.[51]

Vor diesem Hintergrund kann es nicht überraschen, dass den verfolgten Homosexuellen auch eine Entschädigung für Gefängnis- und KZ-Haft verweigert wurde. Der 1945 für die SBZ und ganz Berlin geschaffene Status eines »Opfers des Faschismus« (OdF), mit dem zahlreiche materielle Vergünstigungen verbunden waren, wurde nur politisch oder nach den Nürnberger Rassegesetzen Verfolgten zuerkannt. Eine Verfolgung nach § 175 reichte für eine Anerkennung nicht aus, selbst wenn sie mit langjähriger KZ-Haft einhergegangen war. Einige Homosexuelle versuchten deswegen, sich als politisch Verfolgte auszugeben. Doch selbst denjenigen, deren politische Verfolgung sich nicht anzweifeln ließ, wurde der Status als OdF wieder aberkannt, wenn eine »Vorstrafe« nach § 175 bekannt wurde. In vielen dieser Fälle, so etwa bei einem Gastwirt, der als Homosexueller und politisch Verfolgter acht Jahre im KZ gewesen war, stellte das Hauptamt OdF sogar Strafantrag wegen Betrugs, weil die Verurteilung nach § 175 verschwiegen worden war. Insgesamt sind 22 Fälle bekannt, in denen homosexuellen Männern ihr Status als OdF nachträglich aberkannt wurde.[52] In einem weiteren Fall ging es um zwei jüdische Auschwitz-Überlebende, denen vorgehalten wurde, sie seien »der lesbischen Liebe zugeneigt«.[53] In diesem Fall waren die Mitglieder des Hauptausschusses allerdings uneins, ob dies für eine Aberkennung ausreiche. Auf Veranlassung des Vorsitzenden wurde diese zwar zunächst verfügt, doch die beiden Frauen legten Widerspruch ein und auch einige Ausschussmitglieder äußerten Bedenken. So erklärte Greta Kuckhoff, dass »unser Ausschuss kein Sittengericht und für freie Beziehungen auch sonst kein Entzug des Ausweises als Strafe vorgesehen« sei.[54] Zu einer Entscheidung kam es nicht mehr, da die beiden Frauen nach Amerika auswanderten.

Auch eine Aufhebung einschlägiger Urteile aus der NS-Zeit und eine gesellschaftliche Rehabilitierung waren so gut wie unmöglich. So wurde der Antrag

---

51 Brief der VVN vom 23.9.1948 (SMB, Nachlass Rudolf Klimmer, Nr. 6, unpag.). Vgl. auch die Briefe der VVN vom 23.6.1949 und 25.9.1951, in denen sie an ihrer Linie festhielt (ebd.).

52 Carola Gerlach, Anträge auf Anerkennung als »Opfer des Faschismus« (OdF) und »Politisch, rassisch oder religiös Verfolgter« (PrV). In: Pretzel, NS-Opfer unter Vorbehalt, S. 193–221, hier 200; vgl. auch Susanne zur Nieden, Die Aberkannten. Der Berliner Hauptausschuss »Opfer des Faschismus« und die verfolgten Homosexuellen. In: Norbert Frei/José Brunner/Constantin Goschler (Hg.), Die Praxis der Wiedergutmachung. Geschichte, Erfahrung und Wirkung in Deutschland und Israel, Bonn 2010, S. 264–289.

53 Nicht abgeschickter Brief des Berliner Hauptausschusses an den Berliner Generalstaatsanwalt vom 14.11.1946 (LAB, C Rep. 118-01, VdN-Akte Edith Fiedler, Nr. 2392, unpag.). Vgl. dazu auch Susanne zur Nieden, Eine delikate Frauenangelegenheit. In: dies., Unwürdige Opfer. Die Aberkennung von NS-Verfolgten in Berlin 1945 bis 1949, Berlin 2003, S. 126–130.

54 Notiz Kuckhoff zu Einschätzung Ruth Lessers vom 1.4.1947 (LAB, C Rep. 118-01, VdN-Akte Hertha S., Nr. 7734, unpag.).

eines Mannes aus Bad Wildungen, die Entziehung seines Doktortitels rückgängig zu machen, nicht nur von der Universität Greifswald, sondern auch von den Justizministerien in Schwerin und Berlin abgelehnt. Der Mann war 1936 nach § 175 verurteilt worden, angeblich zu Unrecht. Der hessische Justizminister Georg-August Zinn hatte im Februar 1949 »aus Erwägungen der Billigkeit« immerhin die vorzeitige Tilgung der Verurteilung aus dem Strafregister angeordnet.[55] Die Universität Greifswald stellte sich hingegen auf den Standpunkt, »der Entzug der Doktor-Würde« könne nicht rückgängig gemacht werden, solange »eine Aufhebung des damaligen Urteils nicht vorliegt«.[56] Eine Haltung, der sich im Frühjahr 1950 auch das neu gegründete Justizministerium der DDR anschloss, indem es vermerkte, der Mann müsse erst »nachweisen, dass er im Wiederaufnahmeverfahren freigesprochen ist«.[57] Andere Verfolgte, denen der Doktortitel entzogen worden war, agierten pragmatischer: Rudolf Klimmer und Heinrich Mock bemühten sich offenbar gar nicht erst um eine Wiederzuerkennung, stattdessen führten sie ihre Titel nach 1945 einfach wieder.[58]

Hinsichtlich der weiteren Handhabung des § 175 waren es schließlich die Homosexuellenprozesse von Halle, die die Justizverwaltungen auf den Plan riefen. Das Justizministerium des Landes Sachsen-Anhalt nahm die Prozesse zum Anlass, sich an die DJV zu wenden und um Klärung der Rechtslage zu bitten.[59] Auch bei der DJV, die nach Gründung der DDR zum Justizministerium umgewandelt wurde, zeigte man sich nun alarmiert. So notierte der Leiter der Strafrechtsabteilung Wolfgang Weiß im Oktober 1949 zu den Urteilen aus Halle: »Es ist lächerlich, im Jahre 1949 zu schreiben, die Homosexualität sei ›eine Entartung einer Seuche, die die ungünstigsten Einflüsse auf Geist, Charakter und Körper der von ihr Befallenen hervorruft‹. Abgesehen davon, dass ich mir unter der Entartung einer Seuche beim besten Willen nichts vorstellen kann, ist es völlig ungerechtfertigt, jemanden, der von einer Seuche ›befallen‹ ist, zu bestrafen.« Die Urteile bewiesen »die Unhaltbarkeit des gegenwärtigen Rechtszustandes«, vollkommen inakzeptabel sei es überdies, dass einige der Männer allein aufgrund von »Hörensagen« verurteilt worden seien. Zum einen sei es jetzt erforderlich, »das Revisionsverfahren genau zu überwachen und gegebenenfalls die Kassation des nächsten Urteils zu verlangen«. Zum anderen müsse »dieser unglaubliche Fall der Anlass sein, um die gesetzliche Neuregelung dieser Materie energisch zu betreiben«.[60] Zeitgleich stellte Weiß, der seit 1947 auch als Herausgeber der Zeit-

55 Antrag vom 19.12.1949 (BArch, DP/1/23551, Band 3, unpag.).
56 Schreiben vom 29.12.1949 (ebd., unpag.).
57 Vermerk vom 14.3.1950 (ebd., unpag.).
58 Vgl. Zinn, Volkskörper, S. 521.
59 Vermerk vom 18.5.1949 (BArch, DP/1/20495, Bl. 8–10, hier 8).
60 Vermerk vom 26.10.1949 (BArch, DP/1/20495, Band 3, II 3621/49, Bl. 25 f.).

schrift »Neue Justiz« fungierte, in einer dort veröffentlichten Anmerkung klar, dass § 175 »in der alten Fassung und nach Maßgabe der alten Rechtsprechung anzuwenden« sei, derzufolge »nur beischlafähnliche Handlungen bestraft werden« – § 175a gelte hingegen »in der neuen Fassung«.[61]

2. Phase der Restauration: die 1950er-Jahre

Zu einer gesetzlichen Neuregelung der §§ 175/175a konnte man sich auch nach Gründung der DDR nicht durchringen. Wolfgang Weiß' Appell vom Herbst 1949, »die gesetzliche Neuregelung dieser Materie energisch zu betreiben«, verpuffte.[62] Stattdessen hielt man an der alten Linie der DJV fest, »dass es nicht angebracht« sei, »dieses Spezialproblem, das trotz seiner großen Bedeutung nur einen beschränkten Personenkreis angeht, gesetzgeberisch zu lösen«. Ein Standpunkt, den man im Mai 1949 »angesichts der gesamten politischen Situation« formuliert hatte und an dem sich auch in den folgenden Jahren nichts änderte.[63] Was mit der »politischen Situation« gemeint war, blieb zwar unklar – es spricht aber viel dafür, dass es bei der SMAD Widerstände gegen eine Gesetzesreform gab. Entsprechend äußerte sich später jedenfalls der einstige stellvertretende DDR-Kulturminister Klaus Höpcke. Seiner Ansicht nach war die Haltung der Sowjetunion nach 1945 »hier von Gewicht in dieser Frage: leider«.[64]

Um die rechtliche Situation zu klären, wählte man schließlich einen anderen Weg. Vermutlich auf einen Wink des Justizministeriums hin nahm sich das neu gegründete Oberste Gericht der DDR der Sache an. Nachdem am 21. Februar 1950 bereits das soeben abgespaltene Ostberliner Kammergericht die NS-Fassung des § 175 als »nazistische Strafbestimmung« verworfen hatte,[65] entschied am 28. März auch das Oberste Gericht, die Neufassung des § 175 sei »nazistisch«, weshalb sie »nicht mehr angewendet werden« dürfe. Bei der Anwendung der alten Fassung seien im Übrigen auch nur beischlafähnliche Handlungen zu bestrafen, was »die Einführung des Geschlechtsteils in eine Körperhöhle« voraussetze. Die »weitergehende Rechtsprechung des vormaligen Reichsgerichts im Jahr 1935« sei »eine unzulässige Vorwegnahme der Novelle von 1935; sie ist daher abzulehnen.«[66] Unangetastet blieb nach diesen Urteilen hingegen der ebenfalls

61 Wolfgang Weiß, Anmerkung. In: Neue Justiz, 3 (1949), S. 145–147, hier 147.
62 Vermerk vom 26.10.1949 (BArch, DP/1/20495, Band 3, II 3621/49, Bl. 25f.).
63 DJV, Vermerk vom 18.5.1949 (BArch, DP/1/7193, Bl. 62–64, hier 63).
64 Zit. nach Grau, Sozialistische Moral, S. 90, Anm. 3.
65 Urteil vom 21.2.1950. In: Neue Justiz, 4 (1950), S. 129f., hier 129.
66 § 175 ist in der alten Fassung anzuwenden. OG, Urteil vom 28. März 1950. In: Neue Justiz, 4 (1950), S. 215. Vgl. auch Entscheidungen des Obersten Gerichts der DDR, Entscheidungen in Strafsachen, 1. Band, Berlin 1951, S. 190f.

von den Nationalsozialisten eingeführte § 175a – auch hier folgten die Gerichte also der von Weiß vorgegebenen Linie.

Doch auch nach dem eindeutigen Urteil des Obersten Gerichts, das von den Generalstaatsanwälten und OLG-Präsidenten bekannt gemacht wurde, hielten einzelne Gerichte an der nationalsozialistischen Auslegung des § 175 fest.[67] So etwa das OLG Halle, das das Urteil des Landgerichts im oben erwähnten Verfahren zwar am 5. Mai 1950 aufhob, weil die Neufassung des § 175 »als nazistisch abgelehnt« werde, gleichzeitig aber daran festhielt, dass »auch das Reiben des Geschlechtsgliedes einer männlichen Person seitens einer anderen männlichen Person« unter »den Begriff einer beischlafähnlichen Handlung« falle. Das Landgericht habe »die Gefahren homosexueller Betätigung durchaus richtig ausgeführt«. Eine »Sentimentalität bei der Strafzumessung für homosexuelle Betätigung« sei »nicht am Platze«. Damit setzte sich das OLG Halle deutlich vom Urteil des Obersten Gerichts der DDR ab. Zur Begründung nutzte es ein bemerkenswertes Argument: »In diesem Zusammenhang sei auch darauf hingewiesen, dass auch die Sowjetunion homosexuelle Betätigung mit langen Freiheitsstrafen bedroht.«[68] Das Landgericht Halle verurteilte die Angeklagten am 5. Januar 1951 denn auch aufs Neue. Unter Berufung auf das Reichsgericht führte es aus, dass »beischlafähnliche Handlungen alle Berührungen des männlichen Gliedes mit einer Höhlung des Körpers eines anderen Mannes« seien – »eine solche Höhlung« stelle auch die »berührende und reibende Hand des anderen Mannes dar«.[69]

Beim Obersten Gericht wurde diese Entwicklung durchaus zur Kenntnis genommen. Auf einer Arbeitstagung bewertete man ein weiteres, ähnliches Urteil des OLG Halle auch äußerst kritisch, weil es »im einzelnen zu verschiedener Gesetzeanwendung führen« könne. Letztlich spielte man den Ball aber an das Justizministerium, das man um Mitteilung bat, »welche Maßnahmen von Seiten des Ministeriums veranlasst worden sind«.[70] Für Verärgerung sorgte auch ein drittes Urteil des OLG Halle, mit dem es den Freispruch eines Homosexuellen aufgehoben hatte, weil es seinen Standpunkt zur Strafbarkeit der wechselseitigen Onanie inzwischen geändert hatte. Dieses Urteil war vom OLG überdies so »ungewöhnlich lange nach seiner Verkündung abgesetzt« worden, dass durch die »schleppende Bearbeitung der Sache jegliche Möglichkeit zur Kassation« abgeschnitten worden sei, wie der Generalstaatsanwalt der DDR in einem Schreiben an das Oberste Gericht erklärte.[71] Das Justizministerium reagierte auf all das aber eher

67 Vgl. Rundschreiben des Generalstaatsanwaltes des Landes Brandenburg vom 27.4.1950 (BArch, DP/1/7193, Bl. 99); Schreiben vom 2.6.1950 (ebd., Bl. 105).

68 Urteil des OLG Halle vom 5.5.1950 (BArch, DP/1/20495, Band 3, II 3621/49, Bl. 41–44, hier 42 und 43R).

69 Urteil des LG Halle vom 5.1.1951, S. 4 (ebd., unpag.).

70 Schreiben vom 23.1.1951 (BArch, DP/1/7193, Bl. 149, hier 149R).

71 Schreiben vom 16.10.1950 (ebd., Bl. 125–128, hier 125 und 127).

zurückhaltend. Im März 1951 schrieb Wolfgang Weiß an den Generalstaatsanwalt, ihm sei »in der letzten Zeit wiederholt Material vorgelegt worden«, aus dem sich ergäbe, dass bei »Verstößen gegen § 175 noch keine einheitliche Praxis erzielt worden ist«. Weiß schlug eine Besprechung vor, »damit die Staatsanwaltschaften und Gerichte einheitliche Richtlinien zur Anwendung der Gesetze erhalten«.[72] Dass es dazu kam, ist eher unwahrscheinlich. In den überlieferten Akten findet sich jedenfalls kein Hinweis darauf und auch in der nun vom Obersten Gericht herausgegebenen Zeitschrift »Neue Justiz« erschienen in den folgenden Jahren keine Beiträge, die »einheitliche Richtlinien« zur Anwendung des § 175 formuliert hätten.[73]

Insgesamt verlor das Thema nun offenbar an Bedeutung. Damit einher ging ein Stimmungsumschwung, den auch Rudolf Klimmer, der seinen Kampf für eine Liberalisierung des Strafrechtes fortsetzte, zu spüren bekam.[74] Im DDR-Justizministerium, in dem man auf Klimmers Initiativen anfangs noch mit Wohlwollen reagiert hatte, zeigte man sich nun zunehmend genervt. Im Juli 1952 antwortete man ihm bereits sehr kühl, »dass Ihre Arbeiten zur Frage der Strafbarkeit der Homosexualität« hier »bekannt sind«.[75] Im November notierte man dann in einem Vermerk, dass Klimmer »erfahrungsgemäß alle zentralen Stellen laufend mit seinen Materialien und Schriftsätzen überschüttet«, sodass man »keine Veranlassung« mehr sehe, ihm noch zu antworten.[76] Auch andere Initiativen für eine Liberalisierung des Strafrechts wurden ausgebremst. So etwa die von Heinrich Mock, dem ehemaligen Direktor des Altenburger Lindenau-Museums, der 1937 bei den dortigen Homosexuellenprozessen zu einer Gefängnisstrafe verurteilt worden war.[77] Mock hatte sich im Frühjahr 1951 mit einem »Entwurf für eine humane Auslegung und Behandlung des § 175« an das Gesundheitsministerium der DDR gewandt[78] – in der Hoffnung, dass sein Vorschlag »mit einer befürwortenden Stellungnahme maßgebender Mediziner« an das Justizministerium weiter-

72 Schreiben vom 22.3.1951 (ebd., Bl. 150).

73 In einem 1955 veröffentlichten Urteil des Obersten Gerichts wurde lediglich klargestellt, dass nach § 175a »jede unzüchtige Handlung unter Strafe gestellt« sei, mithin also die Beschränkung des Tatbestandes in § 175 auf »beischlafähnliche« Handlungen für den § 175a nicht gelte. Als »unzüchtige Handlung« benannte das Oberste Gericht »nicht nur gegenseitige Onanie, sondern bereits« den »Austausch von Zärtlichkeiten zwischen Männern«. Zur eigentlichen Streitfrage, was genau unter »beischlafähnlichen« Handlungen zu verstehen sei und ob die wechselseitige Onanie dazu gehöre oder nicht, positionierte sich das Oberste Gericht aber auch in diesem Urteil nicht. Zur Frage der Unzucht im Sinne des § 175a, Ziffer 3 StGB. OG, Urteil vom 5. Mai 1955. In: Neue Justiz, 9 (1955), S. 451. Vgl. auch Entscheidungen des Obersten Gerichts der DDR, Entscheidungen in Strafsachen, 3. Band, Berlin 1954, S. 283–285.

74 Zu Klimmers Engagement in den 1950er- und 1960er-Jahren vgl. Kapitel IV.4.

75 Schreiben vom 18.7.1952 (BArch, DP/1/7193, Bl. 166).

76 Vermerk vom 14.11.1952 (BArch, DP/1/7193, Bl. 174).

77 Vgl. Zinn, Volkskörper, S. 464 f.

78 Schreiben vom 1.6.1951 (BArch, DP/1/7193, Bl. 153).

geleitet werde. Doch im Gesundheitsministerium sah man keine Veranlassung, sich für Mocks Initiative zu engagieren. Dieser zog seinen Vorschlag schließlich zurück, um bei seinem nächsten Berliner Besuch »erst einige Erklärungen zu meinem Vorhaben« zu geben und »die Aussichten der heutigen medizinischen Stellungnahme« zu besprechen. Da sich in den Akten des Justizministeriums keine weiteren Schreiben Mocks finden, muss man davon ausgehen, dass auch dieses Treffen nicht zu der von Mock erhofften Unterstützung des Gesundheitsministeriums führte, sodass es in seinen Augen wohl auch weiterhin keinen »Zweck« hatte, »die Eingabe an das Ministerium für Justiz weiterzureichen«.[79] Das Justizministerium, das zwischenzeitlich durch das Gesundheitsministerium in Kenntnis gesetzt worden war, teilte daraufhin mit, das auch seinerseits »nichts veranlasst worden« sei.[80]

Zivilgesellschaftliche Initiativen, noch dazu von »Betroffenen«, waren der DDR-Verwaltung nicht willkommen. Und auch einer öffentlichen Erörterung des Themas, und sei es auf wissenschaftlicher Basis, stand man eher ablehnend gegenüber. Jedenfalls dann, wenn sich die Autoren eindeutig positionierten. So lehnte man Klimmers Manuskript »Die Homosexualität und ihre Bestrafung« als »für eine Veröffentlichung ungeeignet« ab.[81] Auch als der Greifenverlag fünf Jahre später ein Buch Klimmers mit dem Titel »Die Homosexualität« plante, wurden, nunmehr seitens des Gesundheitsministeriums, »starke Bedenken« geltend gemacht.[82] Klimmer publizierte sein Werk schließlich 1958 in Westdeutschland, wo es in mehreren Auflagen erschien.[83]

Rudolf Klimmers klare Parteinahme, mit der er in den 1940er-Jahren noch Gehör gefunden hatte, war inzwischen offenbar nicht mehr zeitgemäß. Das SED-Mitglied Klimmer in die Arbeit der Strafrechtskommission einzubinden, die seit dem Frühjahr 1952 ein neues Strafgesetzbuch vorbereitete, scheint man gar nicht erst in Erwägung gezogen zu haben. Im Gegenteil: Man mochte ihm im Herbst 1952 noch nicht einmal die Nachricht zukommen lassen, dass der »jetzige Entwurf keine Strafbestimmungen für die einfache Homosexualität enthält«, dass er »also den Wünschen des Dr. Klimmer entspricht« – denn es müsse »immerhin damit gerechnet werden, dass der jetzige Entwurf eine Änderung erfährt«, sodass es inadäquat wäre, wenn Klimmer diese Information zwischenzeitlich »an alle möglichen Staatsorgane und Parteien schickt«.[84] Tat-

79 Schreiben vom 8.6.1951 (BArch, DP/1/7193, Bl. 152).

80 Schreiben vom 9.8.1951 (ebd., Bl. 154).

81 Gutachten vom 5.10.1951 (BArch, DP/1/7219, Bl. 203 f.). Vgl. auch Kapitel IV.4.

82 Gutachten vom 29.12.1956 (BArch, DQ/1/2129, Band 2, Bl. 294–297, hier 297).

83 Rudolf Klimmer, Die Homosexualität als biologisch-soziologische Zeitfrage. Dritte erweiterte und verbesserte Auflage, Hamburg 1965.

84 Vermerk vom 2.10.1952 (BArch, DP/1/7193, Bl. 173).

sächlich hatte sich die unter der Leitung von Hilde Benjamin, der damaligen Vizepräsidentin des Obersten Gerichts stehende Kommission darauf geeinigt, die einfache Homosexualität straffrei zu stellen. Im Wesentlichen bestehen bleiben sollten hingegen die Regelungen des bisherigen § 175a: Die zunächst als § 164 und später als § 134 geplante Bestimmung sollte Nötigung, Prostitution und den Verkehr mit Minderjährigen kriminalisieren. An der moralischen »Verurteilung der Homosexualität« wollte man festhalten, möglichst sogar »in einer schärferen Form«, wie es John Lekschas, Professor für Strafrecht an der Universität Halle, forderte. Ziel müsse es sein, dass sich »diese Leute weiterhin isolieren müssen und auch isolieren werden«.[85] Neu geschaffen werden sollte dafür mit § 135 eine Strafbestimmung, die die »widernatürliche Befriedigung« kriminalisierte, wenn sie »die sittlichen Anschauungen der Werktätigen verletzt«. Eine Bestimmung, die zwar in erster Linie auf die »öffentliche Verletzung der Sittlichkeit« zielte, aber so schwammig formuliert war, dass mit ihr letztlich jede gleichgeschlechtliche Regung hätte verfolgt werden können.[86] Nicht einigen konnte man sich über die Frage, ob auch die weibliche Homosexualität einbezogen werden solle in die neuen Strafbestimmungen. Hierüber wollte man das ZK der SED und die Volkskammer entscheiden lassen.

Wie »die sittlichen Anschauungen der Werktätigen« auszusehen hatten, dazu hatte die Strafrechtskommission klare ideologische Vorstellungen. Demnach war »die Verbreitung der Homosexualität eine typische Entartungserscheinung der herrschenden Klasse« und Ausdruck »der sittlichen Zersetzung der herrschenden Klasse«. Gemeint war damit natürlich nicht die Arbeiterklasse oder die SED-Führung, sondern die »Periode des Imperialismus«, in der die »Homosexualität als Abhängigkeitserscheinung doch an erster Stelle unter den Degenerierten der herrschenden Klasse aufgetreten« sei. Diese hätten »arbeitslose Menschen« in die Prostitution getrieben. Darum sei es »nicht zufällig, dass in der Arbeiterklasse die Homosexualität keine Gesamterscheinung ist. Eine Frage ist jetzt, ob nun nicht die Wurzeln weggefallen sind [...].«[87] Eine Frage immerhin, bei deren Beantwortung man sich nicht ganz auf der sicheren Seite wähnte.

Der Entwurf von 1952 fiel schließlich der Neuausrichtung der Politik nach dem Aufstand vom 17. Juni 1953 zum Opfer – die SED setzte nun zunächst auf die Konsolidierung ihrer Herrschaft, für politische Neuerungen blieb da kein Raum. Dass man bei den Säuberungen, die nun einsetzten, auch auf den altbewährten Vorwurf der Homosexualität zurückgriff, um angebliche Renegaten zu diskreditieren, dokumentiert die Geisteshaltung der SED-Führung, entbehrt angesichts der moralischen Empörung über die »herrschenden Klassen« vergangener Zeiten

85 BArch, MdJ, P1/VA/1325, Bl. 296. Zit. nach Grau, Sozialistische Moral, S. 106.
86 Ebd., S. 105.
87 BArch, MdJ, P1/VA/1325, Bl. 300f. Zit. nach Grau, Sozialistische Moral, S. 107.

aber auch nicht einer gewissen Ironie. Ausgeschaltet wurde auf diesem Wege Max Fechner, seit 1948 Chef der DJV und nach Gründung der DDR deren erster Justizminister: Ein ehemaliger Sozialdemokrat, der nach dem 17. Juni in Ungnade fiel. Im Prozess, der ihm zwei Jahre später gemacht wurde, hielt man ihm nicht nur vor, die »Organisatoren und Rädelsführer der faschistischen Provokation vom 17.6.1953 aktiv unterstützt« zu haben, sondern auch, dass er als Justizminister eine »verbrecherische Personalpolitik« betrieben und »feindliche Elemente in den Justizdienst eingestellt« habe.[88] Zum Beleg wurde unter anderem angeführt, Fechner habe es persönlich veranlasst, dass ein nach § 175 vorbestrafter Mann zu einem Lehrgang zugelassen wurde und dies damit begründet, »dass Verbrechen nach § 175 eigentlich keine richtigen Verbrechen seien und in manchen Ländern auch nicht bestraft würden«.[89] Vorgeworfen wurde ihm aber auch, »wiederholt mit Männern, die in einem dienstlichen Abhängigkeitsverhältnis standen, widernatürliche Unzucht (homosexuell) betrieben« zu haben – konkret ging es um seinen Fahrer, mit dem er offenbar ein sexuelles Verhältnis unterhalten hatte.[90] Das Oberste Gericht der DDR verurteilte Fechner schließlich wegen »Boykotthetze«, »faschistischer Propaganda« und homosexueller Handlungen nach den §§ 175 und 175a zu acht Jahren Zuchthaus. Zur Begründung hieß es, der Angeklagte sei »nicht nur politisch, sondern auch moralisch verkommen«.[91] Bemerkenswert war dieses Vorgehen auch deswegen, weil das Oberste Gericht die NS-Fassung des § 175 in seinem Urteil von 1950 auch mit dem Argument abgelehnt hatte, sie sei »als ein brauchbares Mittel« verwendet worden, um Gegner des NS-Systems »gesellschaftlich und politisch unmöglich zu machen«.[92]

Als man im Herbst 1957 erneut mit der Planung eines Strafgesetzbuches begann, einigte sich auch die für den Bereich der Sexualdelikte eingesetzte Leipziger Unterkommission darauf, »die homosexuellen Handlungen zwischen Männern wie auch zwischen Frauen nicht unter Strafe zu stellen«. Künftig sollten nur »Gewalt, Zwang, Ausnutzung eines Abhängigkeitsverhältnisses oder Missbrauch von Jugendlichen« sowie »homosexuelle Prostitution« strafbar sein.[93] Als Ausdruck von Akzeptanz der Homosexualität konnte man aber auch diesen Vorschlag nicht lesen. In der Begründung ihrer Empfehlung brachte die Unterkommission vielmehr die alte Hoffnung zum Ausdruck, im Kommunismus werde die Homosexualität letztlich verschwinden: »Schließlich wird unter den gesunden sozialen Verhältnissen im sozialistischen Staate die Homosexualität abnehmen, während

88 Stasi-Bericht vom 29.10.1954 (BStU, MfS AU 307/55, Band 2, Bl. 95–99, hier 96 f.).

89 Undatierter Stasi-Bericht (ebd., Band 9, Bl. 63–66, hier 65).

90 Stasi-Bericht vom 29.10.1954 (ebd., Band 2, Bl. 98).

91 Urteil vom 24.6.1955. Zit. nach Grau, Sozialistische Moral, S. 110.

92 § 175 ist in der alten Fassung anzuwenden. In: Neue Justiz, 4 (1950), S. 215.

93 Thesen und Vorschläge der Unterkommission »Jugend und Familie« aus dem Jahr 1959. Abschnitt D Sexualverbrechen (BArch, DP/1/2376, Bl. 542–554, hier 548).

die schlechten wirtschaftlichen Verhältnisse im Kapitalismus (Angst vor der Gründung einer Familie, vor dem unehelichen Kind; beengte Wohnverhältnisse) wesentliche Ursachen mit dafür waren, dass sich die Homosexualität ausbreitete.«[94] Obwohl der Vorschlag der Unterkommission ideologisch also »auf Linie« war, wurde er von der Strafrechtskommission des Justizministeriums, das inzwischen von Hilde Benjamin geführt wurde, abgelehnt. Mit 11 gegen 6 Stimmen beschloss man, die Homosexualität auch weiterhin »für strafbar zu erklären«. Ausschlaggebend war neben dem Votum des Präsidenten des Obersten Gerichts, Kurt Schumann, der vor unübersehbaren Folgen einer »Freigabe« warnte, das des stellvertretenden Militärstaatsanwaltes Alfred Schille, der meinte, es würde »von unseren Kommandeuren nicht verstanden werden, wenn eine solche Betätigung plötzlich straffrei bleiben sollte«.[95] Anders als der Entwurf von 1952 hielt der von 1958 also an der Kriminalisierung der »einfachen« Homosexualität fest. Letztlich scheiterte aber auch dieses Projekt daran, dass die SED andere politische Prioritäten setzte.

Auf die Auslegung der §§ 175 und 175a hatten die gescheiterten Reforminitiativen keine Auswirkungen. Maßgebend hierfür war weiterhin die Linie, die das Oberste Gericht 1950 vorgegeben hatte. So wurde im 1954 publizierten Strafgesetzbuch § 175 in der alten Fassung aus dem Kaiserreich wiedergegeben.[96] In den 1955 vom Zentralverlag publizierten »Materialien zum Strafrecht« schlug die restaurative Haltung, die sich inzwischen durchgesetzt hatte, dann voll durch. Die »in der Vergangenheit über die Strafbarkeit des homosexuellen Verkehrs geführte Diskussion« wurde darin auf die »bitteren Erfahrungen der Hitler-Justiz« zurückgeführt, sei es doch »eine bekannte Methode des Faschismus« gewesen, »seine politischen Gegner« durch »eine Verurteilung wegen angeblicher Homosexualität gesellschaftlich und politisch unmöglich zu machen«.[97] Für die »Straflosigkeit« der Homosexualität »die Stimme zu erheben«, sei »aber nicht gerechtfertigt«. Diese stelle vielmehr »eine so erhebliche Gefahr für die Gesellschaft dar, dass der Staat der Arbeiter und Bauern im Interesse der Gewährleistung gesunder, sauberer geschlechtlicher Beziehungen zwischen den Bürgern auf die Bekämpfung derartiger unzüchtiger Handlungen auch mit den Mitteln des Strafrechts nicht verzichten« könne. Immerhin schlossen sich die Autoren hinsichtlich der anfangs noch strittigen Frage, ob die Masturbation strafbar sei, der vom Obersten Gericht intendierten Interpretation an: »Wechselseitige Onanie

94 Ebd., Bl. 549.

95 Protokoll der Sitzung vom 20.2.1959 (BArch, DP/1/2376, Bl. 461–467, hier 464R).

96 Justizministerium der Deutschen Demokratischen Republik (Hg.), Strafgesetzbuch und andere Strafgesetze. Erweiterte Textausgabe mit Anmerkungen und Sachregister, Berlin 1954, S. 68 f.

97 Zu der nach 1945 auch in Westdeutschland gängigen Interpretation, bei der Verfolgung der Homosexualität habe es sich in der Regel nur um einen »Vorwand« zur Ausschaltung politischer Gegner gehandelt, vgl. Zinn, Volkskörper, S. 328–342.

scheidet für § 175 aus.«[98] Das zumindest war eine wichtige Klarstellung, die für die Rechtsprechung der folgenden Jahre von Relevanz gewesen sein sollte.

Wie sich die Rechtsprechung in der DDR in den 1950er-Jahren entwickelte, ist bislang allerdings nur rudimentär erforscht. Klar ist aber, dass die Zahl der Verurteilungen deutlich unter der in Westdeutschland lag, was man als Hinweis darauf werten könnte, dass § 175 nun meist wieder in der alten Fassung angewendet wurde. Da »beischlafähnliche Handlungen« wie der Analverkehr weniger verbreitet und meist auch nur schwer nachzuweisen waren, könnte ein beträchtlicher Teil der in der NS-Zeit verfolgten Handlungen in der DDR also straffrei geblieben sein. Aber auch die Flucht vieler Homosexueller in die Bundesrepublik dürfte dazu beigetragen haben, dass die Zahl der Strafverfahren wegen »einfacher« Homosexualität nicht das Niveau erreichte wie in Westdeutschland. So verwies Rudolf Klimmer bereits im November 1950 in einem Schreiben an den Ostberliner Generalstaatsanwalt Rolf Helm darauf, unter den »Umsiedlern« befänden sich »sehr viele Homosexuelle, die auswandern, weil sie glauben, dass die Homosexuellen in der Bundesrepublik mehr persönliche Freiheit haben«. So seien insbesondere »homosexuelle Lokale«, die man in der DDR nicht dulde, in »der Bundesrepublik wieder erlaubt«. Für viele sei »dies ein Grund, nach dem Westen auszuwandern, weil derartige Lokale in der DDR verboten sind«.[99]

Im Vergleich zur Situation in der SBZ stieg der Verfolgungsdruck nach Gründung der DDR allerdings deutlich an. Rudolf Klimmer kritisierte das Vorgehen der ostdeutschen Kriminalpolizei in seinem Schreiben an Generalstaatsanwalt Helm mit klaren Worten. So seien »Razzien durchgeführt« worden, wobei »die Homosexuellen wie Verbrecher behandelt und photographiert« worden seien. Viele fragten sich deswegen, warum sie »für den heutigen Staat oder eine Partei eintreten« sollten, wenn man sie »als Verbrecher verurteilt« und ihre »Liebe als strafbar verfolgt«.[100] Wie sich die Situation verschärfte, zeigt die Kriminalstatistik der Jahre 1950 bis 1953. Hatte sich die Zahl der Verurteilungen schon von 1948 zu 1949 verdoppelt, so verdoppelte sie sich 1950 noch einmal auf fast 200, um sich dann zunächst in diesem Rahmen einzupendeln (vgl. Grafik 21 und 22). Wenn auch auf insgesamt etwas niedrigerem Niveau als in der Bundesrepublik, zeigte sich also auch in der DDR ein klarer Trend zu einer neuerlichen Verschärfung der Verfolgungsmaßnahmen. Die verbreitete Annahme, der Verfolgungsdruck sei hier nur »gering« gewesen, bedarf also der Relativierung.[101]

---

98 U. Dressler/M. Naundorf, Materialien zum Strafrecht. Besonderer Teil. Heft 2. Verbrechen gegen die Person, Berlin 1955, S. 161 f.

99 Schreiben vom 19.11.1950 (BArch, DP/1/7193, Bl. 145).

100 Ebd., Bl. 145.

101 Grau, Sozialistische Moral, S. 100.

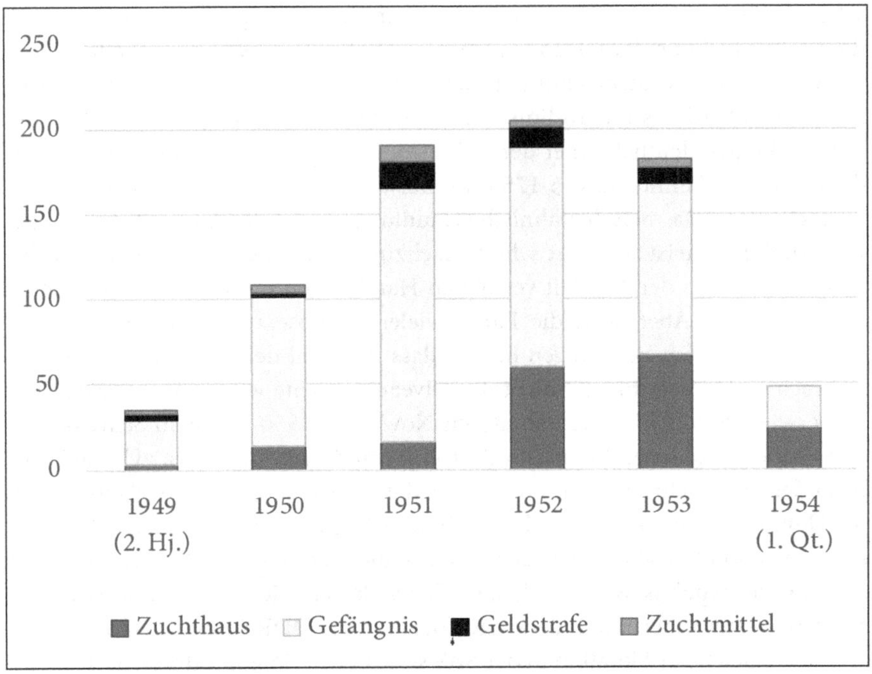

Grafik 22: Verurteilte/Strafmaß wegen homosexueller Betätigung in der SBZ/DDR (ohne Berlin)[102]

Eine systematische Auswertung von Strafverfolgungsakten der DDR aus den 1950er-Jahren steht bislang aus. Erschwert wird diese durch schlechte Überlieferung bzw. fehlende Verschlagwortung einschlägiger Aktenbestände – in den sächsischen Staatsarchiven finden sich beispielsweise nur sehr wenige Akten aus den 1950er- und 1960er-Jahren zu Strafverfahren nach § 175. Die Auswertung der eher übersichtlichen Bestände des Bundesbeauftragten für die Stasi-Unterlagen (BStU), die im Rahmen dieser Untersuchung durchgeführt wurde (eingesehen wurden 44 Akten), deutet allerdings darauf hin, dass die Verfolgungstätigkeit auch in den 1950er-Jahren uneinheitlich und von Widersprüchen geprägt gewesen sein könnte. Deutlich wird in diesem Aktenbestand vor allem, dass die Verfolgung mitunter auch vom Ost-West-Konflikt überlagert wurde, sodass Urteile je nach politischer Interessenlage milder oder auch härter ausfallen konnten. Während der »Schutz« der DDR-Bürger vor der als westliche Dekadenzerscheinung verstandenen Homosexualität Priorität hatte, fanden Sexualkontakte, die lediglich in Westberlin stattgefunden hatten, mitunter milde Richter.

102 Berndl/Kruber, Zur Statistik der Strafverfolgung, S. 67.

Besonders dringlich erschien der Stasi eine Verfolgung, wenn Angehörige von Volkspolizei, NVA oder MfS involviert waren. Klar war in solchen Fälle nicht nur, dass die Beschuldigten »nicht tragbar in der Volkspolizei«[103] bzw. »nicht mehr würdig« seien, »Mitarbeiter des MfS zu sein«.[104] Betont wurde auch, dass die »Vergehen« der Mitarbeiter nicht nur mit Disziplinarmaßnahmen, sondern auch »gerichtlich geahndet werden müssen«. Hintergrund war vor allem, dass man sich keinesfalls dem Verdacht aussetzen wollte, etwas vertuscht zu haben: Schließlich könnten »die Mitarbeiter zu einem beliebigen Zeitpunkt wieder anfällig werden«, wobei sich »sehr leicht herausstellen könnte, dass das MfS die ihm bekannten Vergehen der ehemaligen Mitarbeiter ungeahndet ließ und dabei selbst die bestehenden Gesetze missachtete«.[105] Fälle von Homosexualität wurden deswegen grundsätzlich an Kripo und Staatsanwaltschaft überstellt. So etwa der eines 30-jährigen Volkspolizisten, der ein Verhältnis mit einem neun Jahre älteren Westberliner hatte. Angezeigt worden war der Westberliner wegen Spionageverdachts, weil er »vorwiegend VP-Angehörige aufsucht und mit ihnen große Zeche macht«, woraufhin man ihn am 2. Dezember 1950 in einem Lokal in der Zionskirchstraße durch ein Überfallkommando verhaften ließ. Der Verdacht der Agententätigkeit bestätigte sich nicht, sehr wohl aber eine »irgendwie intime Bindung« zu einem der Volkspolizisten. Der Fall wurde an die Kripo abgegeben. Die Kollegen der VP-Inspektion Mitte S 3 erklärten in einer Stellungnahme, der homosexuelle Volkspolizist sei »ein von sich sehr eingenommener« Mensch, »dazu sehr überheblich«, der »sich von niemand politisch und gesellschaftlich belehren lassen will«. Er sei deswegen »nicht tragbar in der Volkspolizei, noch dazu, wenn er sich aus dem Westsektor Leute heranholt, um seine homosexuellen Gelüste zu befriedigen«. Auch gebe »seine politische Haltung genügend Anlass, ihn aus der VP zu entfernen«.[106]

Auch beim Strafmaß scheinen politische Aspekte eine Rolle gespielt zu haben. Darauf deutet zumindest der Vergleich zweier Fälle hin, in denen es um den Vorwurf der Jugendverführung ging. In dem einen Fall war ein 23-jähriger Feldwebel des MfS angeklagt, der sich »schwere Verfehlungen« hatte »zuschulden kommen lassen, indem er widernatürliche Unzucht mit Mitarbeitern trieb«, unter ihnen ein zum Tatzeitpunkt noch nicht 21-Jähriger. Ihm billigte das Gericht mildernde Umstände zu und verurteilte ihn zu neun Monaten Gefängnis. Das milde Urteil wurde unter anderem damit begründet, dass die »geschädigten Personen fast im gleichen Alter waren« und dass »ein ideeller Schaden in der Weise,

103 Bericht der VP-Insp. Mitte vom Dezember 1950 (BStU, MfS AU Nr. 1208/58, Bl. 31).
104 Bericht MfS vom 1.2.1956 (BStU, MfS, GH 59/56, Bl. 29–31, hier 31).
105 Vermerk vom Februar 1956 über Rücksprache mit StA (ebd., Bl. 34).
106 Bericht der VP-Insp. Mitte vom Dezember 1950 (BStU, MfS AU 1208/58, Bl. 31).

wie er sonst auftritt, nicht aufgetreten« sei.[107] Gleichaltrig waren die Beteiligten in dem anderen Fall zwar nicht, vielmehr hatte hier ein 47-Jähriger versucht, einen 14-Jährigen zu verführen. Allerdings war er damit nicht erfolgreich gewesen, weil der Jugendliche auf den Annäherungsversuch nicht eingegangen war. Dennoch verurteilte ihn das Stadtgericht Groß-Berlin im Oktober 1954 zu drei Jahren Zuchthaus.[108] Die Berufung des Rechtsanwaltes, der argumentierte, die Strafe sei »weitaus überhöht«, weil der Annäherungsversuch »im Anfangsstadium stehen geblieben ist«,[109] verwarf das Kammergericht als »offensichtlich unbegründet«: Mit Recht habe das Stadtgericht »zum Schutze unserer Jugend vor derartigen Verbrechen eine empfindliche Strafe ausgesprochen«.[110] Die Härte des Urteils dürfte dabei nicht allein auf die drei einschlägigen Vorstrafen des Angeklagten zurückgegangen sein, der bereits 1936, 1944 und 1949 nach § 175 verurteilt worden war. Eine Rolle spielte wohl auch der Umstand, dass der Mann dem Jugendlichen die in Westberlin hergestellte Satirezeitschrift »Tarantel« gegeben hatte, die zur Verbreitung in der DDR bestimmt war. Allein dafür verurteilte man ihn wegen angeblichen Verstoßes gegen die Kontollrats-Direktive Nr. 38 zu weiteren vier Jahren Gefängnis. Insgesamt musste der Mann schließlich für viereinhalb Jahre ins Zuchthaus.

Wenn sich ein politischer Verdacht als unbegründet erwies, konnten Strafverfahren dagegen auch eingestellt werden. So geschah es 1954 jedenfalls in einem Fall, in dem es allerdings auch nur um »einfache« Homosexualität nach § 175 ging und die Sexualpartner zudem keine DDR-Bürger, sondern Westberliner gewesen waren. Angeklagt war ein kaufmännischer Angestellter aus Schöneberg, der zwei Volkspolizisten zu Bier und Schnaps eingeladen und versucht hatte, sie zum Mitkommen in seine Schöneberger Wohnung zu überreden. Obwohl schnell klar war, dass der Mann »aus Gründen der geschlechtlichen Befriedigung« gehandelt hatte, hielten Stasi und Staatsanwaltschaft am Spionagevorwurf fest. In der Anklageschrift des Generalstaatsanwaltes hieß es, er habe versucht, »die beiden VP-Angehörigen zu einem Besuch in West-Berlin zu verleiten, trotzdem ihm bekannt war, dass diese jungen Menschen dann für faschistische Zwecke missbraucht werden«.[111] Nach der Beweisaufnahme beantragte der Staatsanwalt dann aber Freispruch, da kein Beweis für eine Spionagetätigkeit erbracht werden könne. Das Verfahren nach § 175 stellte das Stadtgericht schließlich ein. Zur Begründung hieß es: »Der Angeklagte hat sich zwar in den letzten Jahren mehrfach

107 Sitzungsprotokoll und Urteil des Kreisgerichts Cottbus vom 12.4.1956 (BStU, MfS, GH 59/56, Bl. 92–100).
108 Urteil des Stadtgerichts Gross-Berlin vom 15.10.1954 (BStU, AU 383/54, Bl. 221–228).
109 Berufungsbegründung vom 22.10.1954 (ebd., Bl. 229f.).
110 Beschluss des Kammergerichts vom 20.11.1954 (ebd., 246f., hier 247).
111 Anklageschrift vom 23.4.1954 (BStU, MfS AU 390/58, Bl. 45–50, hier 47).

nach § 175 strafbar gemacht, indem er in Westberlin mit Männern homosexuell verkehrte, indessen ist die Schuld des Täters gering und die Folgen der Tat relativ unbedeutend. Der Angeklagte hat auf Grund einer bisexuellen Veranlagung gehandelt und seine Partner in den Kreisen gesucht, die ohnehin derart veranlagt sind. Eine Verführung Jugendlicher konnte ihm nicht nachgewiesen werden.«[112]

Während Fälle »einfacher« Homosexualität im Einzelfall also milde Richter finden konnten, wurden »qualifizierte« Fälle wie die sogenannte »Jugendverführung« weiterhin scharf verfolgt. Hart fielen auch die Urteile gegen Strichjungen aus, sah man in der Prostitution doch einen Auswuchs kapitalistischer Dekadenz. So etwa im Fall eines Strichjungen aus Westberlin, den das Berliner Stadtgericht 1954 zu einem Jahr Freiheitsentzug verurteilte. Zur Begründung hieß es, dem Jungen habe »ein starker Halt durch sein Elternhaus gefehlt« und er sei »durch die Westberliner Verhältnisse völlig entwurzelt und hin und hergetrieben. Er ist für sein zukünftiges Leben erheblich gefährdet und ihm muss daher durch die straffe Erziehung in einem Jugendhaus der ihm fehlende Halt gegeben werden.«[113] Nicht selten handelte es sich auch hier um tragische Ost-West-Geschichten, denn viele Homosexuelle flüchteten in das jeweils andere Staatsgebiet, wenn ihnen strafrechtliche Verfolgung drohte. So etwa ein 1926 geborener kaufmännischer Angestellter, der nach dem Krieg in Westberliner Homosexuellenlokalen verkehrt hatte und dort wohl auch der Prostitution nachgegangen war. 1949 glaubte er, die Polizei habe ihn »entdeckt und verließ Westberlin« gen Osten, wo er beim Erzbergbau in Aue anheuerte.[114] Dort verdächtigte man ihn schon bald der Spionage und verurteilte ihn zu 25 Jahren Straflager. Nach seiner Entlassung aus Bautzen ging er wieder nach Westberlin, wo man ihn eingehend befragte und angeblich ebenfalls für einen Spion hielt. Diesen Verdacht ließ man zwar fallen, kurz darauf wurde er aber nach § 175a verurteilt, weil er sich, wie er später schilderte, als Strichjunge betätigt hatte: »Ich ging mit ihm [einem befreundeten Mann] in Bars, wo Homosexuelle verkehrten, schminkte mich, zog mir die Augenbrauen nach und ondulierte die Haare. Ich erhielt 20–25,– DM. Im Juli 1954 erhielt ich ein Jahr Gefängnis wegen dieser Sache [...].«[115] Nach Strafentlassung betätigte er sich erneut als Strichjunge, bevor er dann, angeblich weil ihm »alles über war«, im Juli 1955 wieder nach Ostberlin ging.[116] Dort kam er nunmehr ins Stasi-Gefängnis in Niederschönhausen, wo man ihn der Spionage beschuldigte, weil er bei den Befragungen in Westberlin über den Bergbau in Aue und über seine Haft in Bautzen berichtet hatte. Die Dresdner Staatsanwaltschaft charakterisierte ihn daraufhin als »außerordentlich gesellschaftsgefährlich« und klagte

112 Urteil vom 11.6.1954 (ebd., Bl. 79–84, hier 84).
113 Urteil vom 30.9.1954 (BStU, MfS AU 527/58, Bl. 68–71, hier 71).
114 Sitzungsprotokoll vom 16.12.1957 (BStU, MfS AU 309/55, Band 2, Bl. 89–107, hier 94).
115 Ebd., Bl. 98.
116 Ebd., Bl. 100.

ihn nach Artikel 6 der Verfassung der DDR und wegen Vergehen nach § 175a an.[117] Das Bezirksgericht verurteilte ihn schließlich zu 28 Monaten Zuchthaus. Hinsichtlich der Prostitution erkannte es auf mildernde Umstände, weil er sich durch die »menschenunwürdigen Verhältnisse« in den Westberliner Auffanglagern habe »wiederum dazu verleiten« lassen.[118]

Wie repräsentativ diese Einzelfälle sind, ist schwer einzuschätzen. Detaillierte Erkenntnisse zur Strafverfolgungspraxis liegen aus der DDR-Zeit nur für die Jahre 1957 bis 1959 vor, aus denen eine sehr umfassende Statistik überliefert ist. Sie zeigt, dass der Verfolgungsdruck bis Ende der 1950er-Jahre nochmals deutlich anstieg. So wurden in der DDR allein in diesen drei Jahren mehr als 1 400 Männer nach den §§ 175 und 175a verurteilt, davon 350 wegen »einfacher Homosexualität« nach § 175. In den 1950er-Jahren bewegte sich die Strafverfolgung homosexueller Männer also auch in der DDR noch auf einem relativ hohen Niveau – obwohl die Verfolgung der einfachen Homosexualität wesentlich geringer war als in der Bundesrepublik. Bei den qualifizierten Fällen nach § 175a nahmen sich die beiden deutschen Staaten hingegen nichts (vgl. Grafik 23). Die verbreitete Annahme, die »einfache« Homosexualität habe nach dem Strafrechtsergänzungsgesetz (StEG) von 1957 »nicht mehr als Straftat« gegolten, gehört somit ins Reich der Legenden. Bert Thinius hatte diese These 1990 unter anderem mit einer Rede von Hilde Benjamin aus dem Jahr 1958 begründet, in der sich diese aber gar nicht zum § 175 geäußert hatte. Dass seine Behauptung kein Ergebnis »umfassender empirischer Analysen« war, hatte Thinius zwar eingeräumt, es tat der Legendenbildung aber keinen Abbruch.[119] Untermauert wurde die Behauptung meist mit § 9 des Strafrechtsergänzungsgesetzes, demzufolge von Strafe abzusehen war, wenn die »Tat nicht mehr als gesellschaftsgefährlich anzusehen« sei. Diese Regelung wurde 1958/59 aber nur in zwei Fällen angewandt. 1959 kam es überdies zu drei Freisprüchen nach § 8 StEG, demzufolge eine Straftat nicht vorlag, wenn sie »wegen ihrer Geringfügigkeit und mangels schädlicher Folgen für die Deutsche Demokratische Republik, den sozialistischen Aufbau, die Interessen des werk-

117 Ebd., Bl. 102.

118 Urteil vom 16.12.1957 (ebd., Bl. 108–114, hier 112).

119 Bert Thinius, Verwandlung und Fall des Paragraphen 175 in der Deutschen Demokratischen Republik. In: Freunde eines Schwulen Museums in Berlin e. V. (Hg.), Die Geschichte des § 175, Berlin 1990, S. 145–162, hier 149 und 161, Anm. 8. Christian Schulz hat Thinius Darstellung 1994 ungeprüft übernommen: Christian Schulz, Paragraph 175. (abgewickelt). Homosexualität und Strafrecht im Nachkriegsdeutschland. Rechtsprechung, juristische Diskussionen und Reformen seit 1945, Hamburg 1994, S. 52. Zur weiteren Legendenbildung vgl. auch Christoph Heins Roman »Verwirrnis«, Berlin 2018, S. 199.

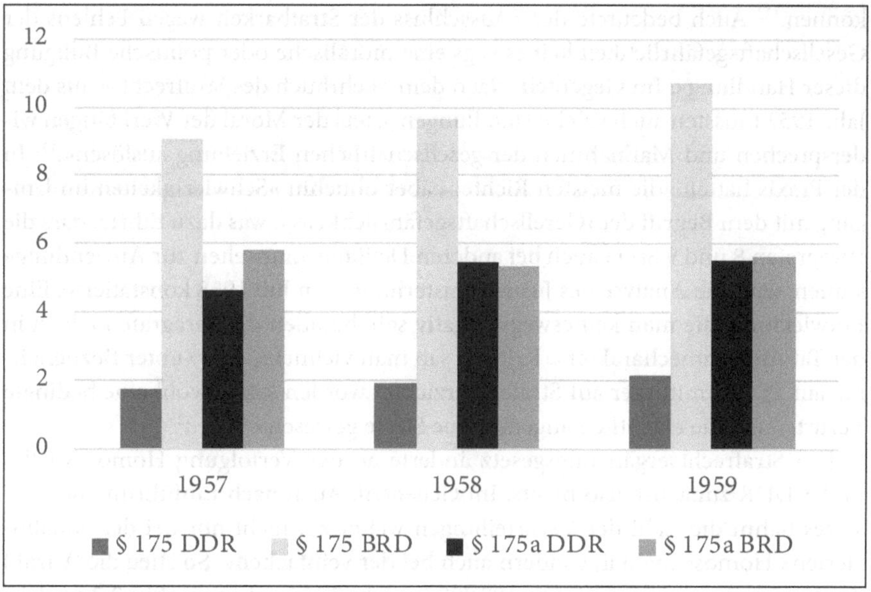

Grafik 23: Verurteilungen pro 100 000 männliche Einwohner in Ost- und Westdeutschland[120]

tätigen Volkes sowie des einzelnen Bürgers nicht gefährlich« war.[121] Quantitativ fielen diese Fälle also nicht ins Gewicht.[122]

Doch auch eine inhaltliche Analyse des Strafrechtsergänzungsgesetzes hätte stutzig machen sollen, zielte dieses Gesetz doch in erster Linie darauf, die Verfolgung politischer Gegner zu legalisieren, so etwa mit den Paragrafen 19 und 20, die »staatsgefährdende Propaganda und Hetze« sowie »Staatsverleumdung« unter Strafe stellten. Auch der neu eingeführte Begriff der »Gesellschaftsgefährlichkeit«, der in dem Gesetz nicht näher definiert wurde, war ein Instrument des politischen Strafrechts, das der Willkür Tür und Tor öffnete. Selbst wenn die Anwendung des § 175 nun also von der Frage abgehangen haben sollte, ob die Homosexualität im Einzelfall als »gesellschaftsgefährlich anzusehen« war oder »schädliche Folgen für die Deutsche Demokratische Republik« hatte, hätte man weder von einer Entkriminalisierung noch von Rechtssicherheit sprechen

120 Berndl/Kruber, Zur Statistik der Strafverfolgung, S. 88. Grundlage der Berechnung ist die männliche strafmündige Bevölkerung.

121 Strafrechtsergänzungsgesetz vom 11.12.1957 (https://bildungsserver.berlin-brandenburg.de/fileadmin/havemann/docs/material/40_M.pdf; 8.5.2020).

122 Kriminalitätsstatistik der DDR 1957–1959 (BArch, DP/1 1231, 8616 und 8623).

können.[123] Auch bedeutete der »Ausschluss der Strafbarkeit wegen Fehlens der Gesellschaftsgefährlichkeit keineswegs eine moralische oder politische Billigung dieser Handlung«. Im Gegenteil: Nach dem »Lehrbuch des Strafrechts« aus dem Jahr 1957 mussten auch solche Handlungen »stets der Moral der Werktätigen widersprechen und Maßnahmen der gesellschaftlichen Erziehung auslösen«.[124] In der Praxis hatten »die meisten Richter« aber ohnehin »Schwierigkeiten im Umgang mit dem Begriff der ›Gesellschaftsgefährlichkeit‹«, was dazu führte, dass die Paragrafen 8 und 9 StEG auch bei anderen Delikten »nur selten zur Anwendung« kamen, wie eine Analyse des Justizministeriums vom Juli 1958 konstatierte. Eine Entwicklung, die man keineswegs negativ sah, besäßen die Paragrafen »doch in der Tat Ausnahmecharakter«. Kritisch sah man vielmehr, dass »unter Bezugnahme auf §§ 8, 9 mitunter auf Strafen verzichtet worden sei, obwohl eine bedingte Verurteilung die eigentlich angemessene Strafe gewesen« wäre.[125]

Das Strafrechtsergänzungsgesetz änderte an der Verfolgung Homosexueller in der DDR zunächst also nichts. Im Gegenteil: Auch nach Einführung des Gesetzes nahm die Zahl der Verurteilungen weiter zu, nicht nur bei der »qualifizierten« Homosexualität, sondern auch bei der »einfachen«. So stieg die Anzahl der Verurteilungen von 1,7 pro 100 000 im Jahr 1957 auf immerhin 2,2 im Jahr 1959. Lediglich die Lockerungen beim Strafmaß, die das Gesetz vorsah, kamen seit 1958 vermehrt zum Einsatz. So kam es nun häufiger zu einer »bedingten Verurteilung«, die eine Bewährungsfrist vorsah: in Fällen nach § 175 immerhin bei rund 30 Prozent, bei § 175a dagegen nur bei sechs Prozent der Verurteilungen. Die große Mehrheit der Angeklagten wurde aber weiterhin zu Gefängnis- oder Zuchthausstrafen ohne Bewährung verurteilt. Besonders auffällig ist der hohe Anteil von Zuchthausstrafen bei den Fällen »qualifizierter« Homosexualität nach § 175a – bei tatsächlicher oder vermeintlicher »Jugendverführung« und bei Prostitution urteilten die DDR-Gerichte besonders hart. Der »öffentliche Tadel«, durch den dem Täter die »Verwerflichkeit und Gesetzwidrigkeit seines Handelns« vor Augen geführt werden sollten, spielte dagegen kaum eine Rolle.[126] Noch seltener waren Geldstrafen (vgl. Grafik 24).

Betrachtet man die Verfolgungstätigkeit unter regionalen Aspekten, so fällt auf, dass sie in Ostberlin am größten war. Hier kam es zu 9,7 Verurteilungen pro 100 000 männliche Einwohner, während der Durchschnittswert für die gesamte

123 Strafrechtsergänzungsgesetz vom 11.12.1957.

124 Hans Gerats/JohnLekschas/Joachim Renneberg, Lehrbuch des Strafrechts der Deutschen Demokratischen Republik. Allgemeiner Teil, 1. Auflage Berlin 1957 und 2. Auflage Berlin 1959, S. 497.

125 Moritz Vormbaum, Das Strafrecht der Deutschen Demokratischen Republik, Tübingen 2015, S. 208.

126 Strafrechtsergänzungsgesetz vom 11.12.1957.

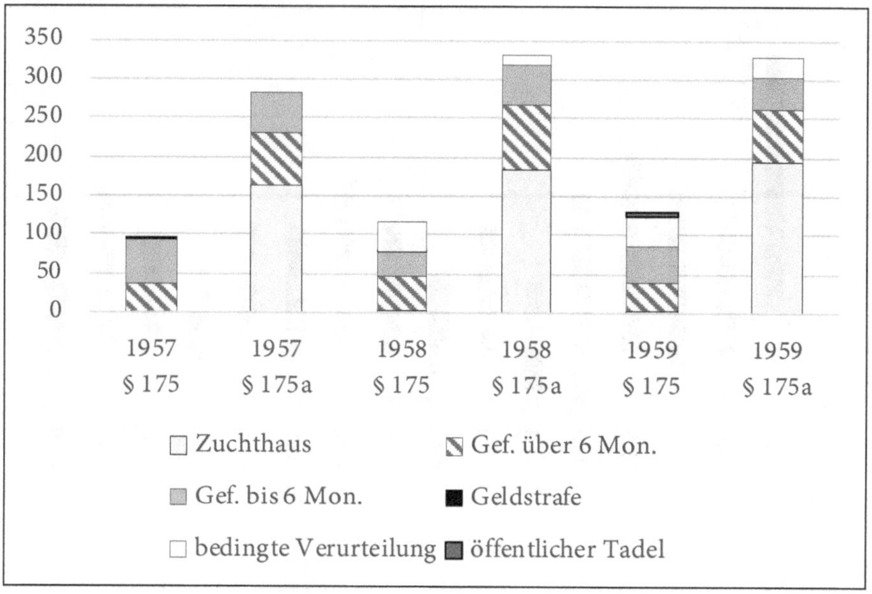

Grafik 24: Verurteilungen/Strafmaß von Erwachsenen in der DDR (inkl. Ostberlin)[127]

DDR nur bei 5,5 lag. Die hohe Verfolgungsintensität in der Hauptstadt dürfte einerseits darauf zurückzuführen sein, dass Berlin auch zu DDR-Zeiten ein Anziehungspunkt für Homosexuelle war, sie hier also wahrscheinlich auch einen überdurchschnittlichen Bevölkerungsanteil stellten. Andererseits dürfte aber auch eine Rolle gespielt haben, dass sich in Berlin polizeiliche Strukturen erhalten hatten, die eine Verfolgung erleichterten. So scheinen im Berliner Polizeipräsidium nach 1945 teilweise noch dieselben »Fachbeamten« tätig gewesen zu sein wie zu NS-Zeiten.[128] Grau verwies überdies darauf, dass in der Deutschen Verwaltung des Innern bereits 1947 eine Arbeitsgruppe »Homosexualität und Abtreibung« existierte, worin er »eine erschreckende Parallele« zu der von Himmler 1936 eingerichteten »Reichszentrale zur Bekämpfung der Homosexualität und der Abtreibung« zu erkennen meinte.[129] Nach Berlin zeigten sich vor allem in den Bezirken Karl-Marx-Stadt, Cottbus und Rostock überdurchschnittliche Verfolgungsraten (vgl. Grafik 25). Inwieweit dies mit regionalen Mentalitäten oder

127 Kriminalitätsstatistik der DDR 1957–1959 (BArch, DP/1 1231, 8616 und 8623).

128 Das jedenfalls schilderte Willy Pamperin in seinem 1946 verfassten Beschwerdeschreiben. Vgl. Schreiben vom 17.9.1946 (BArch, DP/1/7193, Bl. 16–18, hier 16).

129 Grau, Sozialistische Moral, S. 96, Anm. 11.

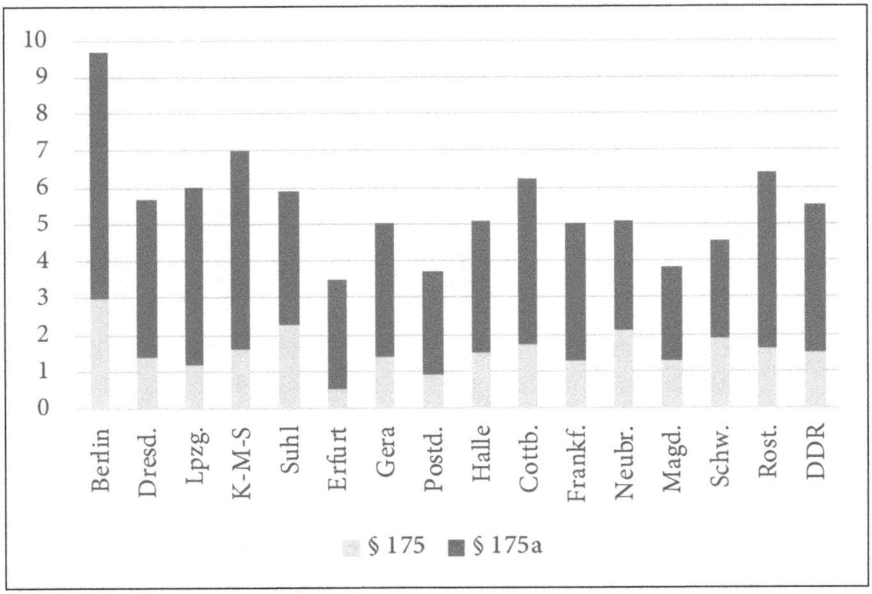

Grafik 25: Jährliche Verurteilungen pro 100 000 männliche Einwohner 1957 bis 1959[130]

strukturellen Besonderheiten zusammenhing, bedürfte weiterer Studien. In Karl-Marx-Stadt scheint beispielsweise der hier stark vertretene Bergbau eine Rolle gespielt zu haben – offenbar begünstigten diese beruflichen Männergemeinschaften homosexuelle Aktivitäten. Gleichzeitig gab es hier eine Bergbaustaatsanwaltschaft, die entsprechenden Verstößen gezielt nachging. Jedenfalls ist aus diesem Bestand eine beachtliche Zahl einschlägiger Ermittlungsakten überliefert, die im Rahmen dieser Untersuchung noch näher beleuchtet werden.[131]

Die vergleichsweise hohe Verfolgungstätigkeit in Berlin ging allerdings mit eher milden Strafen einher – zumindest dann, wenn es um die »einfache« Homosexualität ging. Dies zeigt ein regionaler Vergleich entsprechender Urteile aus dem Jahr 1959 (vgl. Grafik 26).

Während die Gerichte in den meisten Bezirken noch häufig Gefängnisstrafen über sechs Monaten und vereinzelt sogar Zuchthausstrafen verhängten, waren die Berliner Gerichte deutlich zurückhaltender: sie verhängten keine Strafen von mehr als sechs Monaten, in der Hälfte der Fälle beließen sie es sogar bei einer »bedingten« Verurteilung oder einem öffentlichen Tadel. Beim Strafmaß

130 Kriminalitätsstatistik der DDR 1957–1959 (BArch, DP/1 1231, 8616 und 8623).
131 Vgl. Kapitel IV.2.

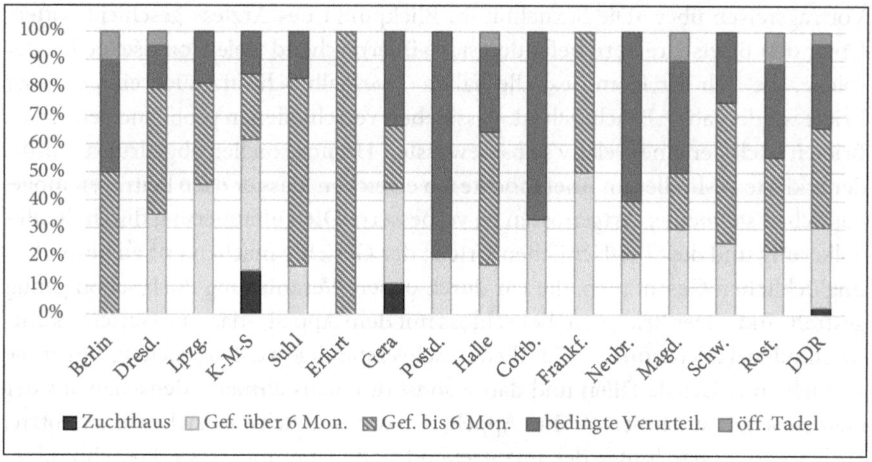

Grafik 26: Strafmaß in Prozent bei »einfacher« Homosexualität in den DDR-Bezirken 1959[132]

zeigten die Berliner Richter also eine wesentlich liberalere Haltung als ihre Kollegen im Rest der DDR. Vielleicht machte sich hier auch die räumliche Nähe zum Ostberliner Justizministerium bemerkbar, wo man ja – trotz aller Widerstände – ernsthaft erwog, die »einfache« Homosexualität straffrei zu stellen. Von den neuen Möglichkeiten des Strafrechtsergänzungsgesetzes machte man jedenfalls reichlich Gebrauch. Beachtlich ist allerdings, dass die Berliner Gerichte in keinem einzigen Fall die Paragrafen 8 oder 9 des StEG anwandten, um ganz von Strafe abzusehen.

Auch eine Lockerung der Zensurpraxis deutet darauf hin, dass die Strafbarkeit der »einfachen« Homosexualität seit Ende der 1950er-Jahre zunehmend infrage gestellt wurde. So konnten nun erste Publikationen erscheinen, in denen auch die Homosexualität problematisiert wurde. Auffällig ist, dass es vor allem der Rudolstädter Greifenverlag war, der schon Klimmers Schrift über die Homosexualität hatte veröffentlichen wollen, der solche Bücher herausbrachte.[133] So erschien hier 1959 der dünne Band »Schriftliche Sexualberatung«, den Hanns Schwarz, ein Greifswalder Professor für Psychiatrie und Neurologie, auf der Basis zahlreicher Briefe verfasst hatte, die ihm DDR-Bürger nach seinen populärwissenschaftlichen

132 Kriminalitätsstatistik der DDR 1959 (BArch, DP/1 8623).

133 Neben der Schrift von Hanns Schwarz (vgl. Anm. 134) publizierte er 1964 auch ein Wörterbuch zur Sexuologie, in dem für eine eher milde Bestrafung der »einfachen« Homosexualität plädiert wurde. Vgl. Karl Dietz/Peter G. Hesse, Wörterbuch der Sexuologie und ihrer Grenzgebiete, 1. Auflage Rudolstadt 1964, S. 136–139.

Vortragsreisen über »Die Sexualität im Blickpunkt des Arztes« geschickt hatten. Unter den Briefschreibern befanden sich »überraschend viele Homosexuelle oder solche, die sich für Homosexuelle halten«, weshalb Schwarz auch einige dieser Briefe wiedergab.[134] Beachtlich ist, dass neben verschiedenen problemorientierten Briefen auch der eines relativ selbstbewussten Homosexuellen abgedruckt wurde, der erklärte: »Mit diesem Brief möchte ich erreichen, dass er dazu beitragen möge, das Schicksal meiner Artgenossen zu verbessern. Die Diffamierung durch die Bevölkerung und die oberflächlichen Urteile der Gerichte machen uns zu besonders unglücklichen Geschöpfen, die wir durch unsere Veranlagung doch schon genug gestraft sind.« Der Briefschreiber schloss mit dem Appell, »dass die Gerichte künftig in allen Fällen zunächst ärztliche Sachverständige zu Rate ziehen, bevor sie vernichtende Urteile fällen und damit sonst durchaus ehrbare Menschen aus der Gemeinschaft ausstoßen«.[135] Ein Appell, den der Arzt Schwarz sicher unterstützte, auch wenn er das hinter der unzutreffenden Behauptung versteckte, »im allgemeinen« werde »zu allen Prozessen auf diesem Gebiet ein kompetenter ärztlicher Sachverständiger hinzugezogen«. Zwischen den Zeilen konnte man Schwarz Beitrag durchaus als Plädoyer für eine Entkriminalisierung der »einfachen« Homosexualität lesen, gipfelte seine Betrachtung doch in dem Schlusswort: »Wir wollen echte Homosexuelle nicht verachten, sondern bedauern [...].«[136] Gegenüber der Leipziger Unterkommission hatte sich Schwarz hinsichtlich einer Entkriminalisierung allerdings kurz zuvor noch äußerst skeptisch geäußert.[137] Und auch in seinem Buch grenzte er sich deutlich ab gegenüber Betroffenen, die »lange Abhandlungen schreiben und Verteidigungsschriften gegen die Ungerechtigkeit der Welt verfassen in der Absicht, ›das Schicksal der Artgenossen zu verbessern‹.«[138] Eine Kritik, die womöglich auch auf seinen Kollegen Rudolf Klimmer gemünzt war, dessen Buch ein Jahr zuvor in Westdeutschland erschienen war.

Abschließend soll noch ein Blick auf die soziale Stellung der Verurteilten geworfen werden, ranken sich um diese Frage doch zahlreiche Mythen, insbesondere der einer »Mittelschichtorientierung« Homosexueller.[139] Die DDR-Kriminalitätsstatistik der Jahre 1957 bis 1959 liefert dazu detaillierte Angaben, die bezüglich der wegen »einfacher« Homosexualität verurteilten Männer in Grafik 27 wiedergegeben werden. Auffällig ist hier der mit zwei Dritteln sehr hohe Arbeiteranteil, der zum Teil auch auf eine gegenüber der alten Reichsstatistik veränderte Zählweise zurückgehen könnte.

134 Hanns Schwarz, Schriftliche Sexualberatung, Rudolstadt 1959, S. 65.
135 Ebd., S. 63.
136 Ebd., S. 68.
137 Vgl. Kapitel IV.4.
138 Ebd., S. 66.
139 Vgl. Kapitel II.7 sowie Zinn, Volkskörper, S. 126–128, 163–165, 666–669.

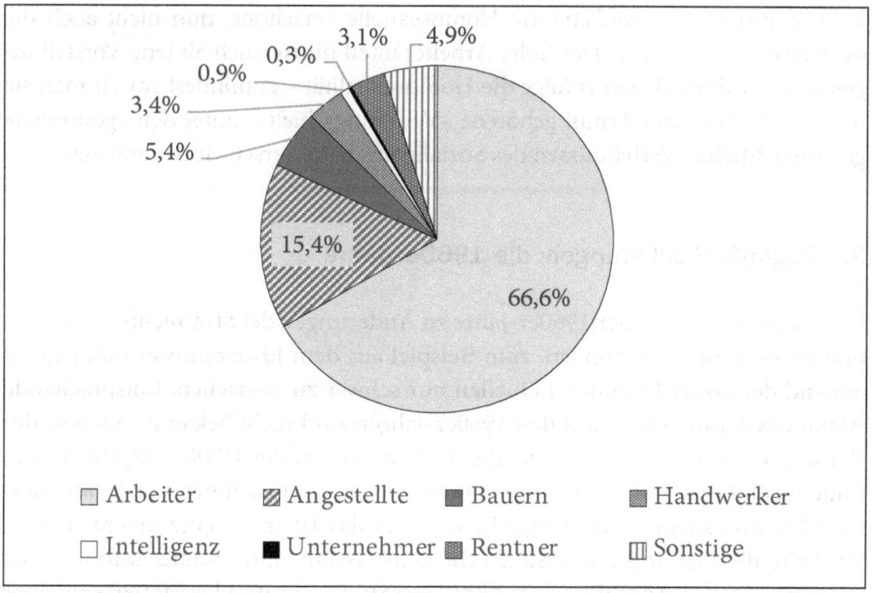

Grafik 27: Soziale Stellung der wegen »einfacher« Homosexualität Verurteilten 1957 bis 1959[140]

Vergleichszahlen zur Gesamtbevölkerung sind leider nicht überliefert – das statistische Jahrbuch der DDR wies Arbeiter und Angestellte mit einem Anteil von 79,3 Prozent an allen Beschäftigten nur gemeinsam aus.[141] Michael Hofmann hat auf dieser Basis ein Modell entwickelt, demzufolge die Arbeiterschaft im Jahr 1960 etwa 67 Prozent umfasste, was dem Anteil der Arbeiter unter den Verurteilten ziemlich genau entspräche.[142] Auch wenn man bei den Verurteilten Arbeiter und Angestellte zusammenrechnet, kommt man mit einem Anteil von 82 Prozent zu einem Ergebnis, das keine signifikanten Unterschiede zur Gesamtbevölkerung erkennen lässt. Beachtlich ist das nicht nur im Hinblick auf die These einer Mittelschichtorientierung, die sich also auch hier nicht bestätigt. Interessant ist das Ergebnis auch vor dem Hintergrund all jener Theorien, die Homosexualität zu einer »Entartungserscheinung« des Kapitalismus stilisierten. Dass vor den DDR-Gerichten keineswegs weniger Arbeiter landeten als vor den Gerichten des Deutschen Reiches, hätte nicht nur die Frage aufwerfen können, ob der alte Vorwurf einer

140 Kriminalitätsstatistik der DDR 1957–1959 (BArch, DP/1 1231, 8616 und 8623).

141 Statistisches Jahrbuch der Deutschen Demokratischen Republik 1959. Hg. von der Staatlichen Zentralverwaltung für Statistik. 5. Jahrgang, Berlin 1960, S. 187.

142 Michael Hofmann, Soziale Strukturen in Ostdeutschland (https://www.bpb.de/geschichte/deutsche-einheit/lange-wege-der-deutschen-einheit/303482/soziale-strukturen; 19.8.2020).

»Klassenjustiz«, die wohlsituierte Homosexuelle verschone, nun nicht auch die ostdeutsche Justiz treffe. Der hohe Arbeiteranteil führte auch all jene Vorstellungen ad absurdum, denen zufolge die Homosexualität – zumindest soweit man sie für eine aus Not und Armut geborene »Verirrung« hielt – unter den »gesunden« gesellschaftlichen Verhältnissen des Sozialismus hätte verschwinden müssen.

3. Zaghafte Lockerungen: die 1960er-Jahre

Inwieweit es im Laufe der 1960er-Jahre zu Änderungen der Strafrechtspraxis kam und ob es dazu Anweisungen, zum Beispiel aus dem Justizministerium, gab, ist anhand der bisher bekannten Quellen nur schwer zu beurteilen. Entsprechende Akten des Ministeriums aus den 1960er-Jahren sind nicht bekannt. Auch in der Zeitschrift »Neue Justiz«, die für die Rechtspraxis in der DDR maßgeblich war, finden sich keine Hinweise auf einen Kurswechsel hinsichtlich der Strafverfolgung Homosexueller. Der einzige Beitrag, der das Thema streifte, erschien 1961. Er stellte die Planungen der Strafrechtskommission zum »Schutz Minderjähriger vor sexuellen Anschlägen im künftigen StGB« vor und konstatierte in einer Randbemerkung, dass auch weiterhin ein »Tatbestand über den gleichgeschlechtlichen Verkehr zwischen Männern vorgesehen« sei.[143] Gleichwohl gibt es ein paar Indizien dafür, dass es bis Mitte der 1960er-Jahre zu zaghaften Lockerungen kam. Ein deutlicher Anhaltspunkt sind verschiedene Publikationen, die nun erschienen und deren Autoren für die Straffreiheit der einfachen Homosexualität plädierten. Derartige Veröffentlichungen, noch dazu zu einem so »heiklen« Thema, waren in der staatlich gelenkten Verlagslandschaft nicht ohne Genehmigung der zuständigen Ministerien möglich, weshalb man sie durchaus als eine Kursänderung interpretieren kann. So etwa ein Buch des Prager Psychiaters Kurt Freund, das im Herbst 1963 erschien und in dem sich dieser für eine Entkriminalisierung der einfachen Homosexualität aussprach: Im seinem Vorwort schrieb Freund, es sei notwendig, »weitere Fachkreise davon zu überzeugen, dass die strafrechtliche Verfolgung Homosexueller, die auf erwachsene Partner eingestellt sind, bei Fehlen erschwerender Umstände unnötig ist«. Obwohl Hanns Schwarz in seinem Geleitwort darauf hinwies, »dass das Buch nur in die Hand des Wissenschaftlers gehört«, war Freunds Plädoyer ein deutliches Signal.[144] Auch die »Begründung der Herausgabe« durch den Hirzel-Verlag, derzufolge es sich hier um ein »Problem« handele, »dessen Lösung eine wesentliche Bedeutung nicht nur vom medizinischen, sondern auch vom gesellschaftlichen Standpunkt aus hat«, deutet

143 Gerhard Feix, Der Schutz Minderjähriger vor sexuellen Anschlägen im künftigen StGB. In: Neue Justiz, 15 (1961), S. 750–753, hier 753.

144 Kurt Freund, Die Homosexualität bei Mann, Leipzig 1963, S. V und VII.

auf einen Klimawandel hin. Anders als Schwarz hoffte der Verlag auch auf eine weite Verbreitung des Buches – jedenfalls wollte man »nicht unerwähnt« lassen, »dass die 3000 Expl. umfassende tschechische Ausgabe bereits vor Erscheinen vergriffen war«.[145]

Als ein weiteres Zeichen dafür, dass die Strafbarkeit der »einfachen« Homosexualität zunehmend infrage gestellt wurde, kann man einen Artikel in dem 1964 publizierten »Wörterbuch der Sexuologie« deuten. Darin wurde sogar auf den westdeutschen Wissenschaftler Hans Giese verwiesen, der dafür eintrete, »dass homosexuelles Verhalten ›an sich‹ nicht strafbar sein solle«. Hinsichtlich der Strafverfolgung der »einfachen« Homosexualität in der DDR wurde behauptet, das Ostberliner Kammergericht habe bereits 1950 empfohlen, dass »bei allen unter § 175 alter Fassung fallenden Straftaten weitherzig von § 153 StPO (Einstellung wegen Geringfügigkeit) Gebrauch gemacht werden sollte«.[146] Dem einschlägigen Urteil des Kammergerichts vom 21. Februar 1950 lässt sich zwar keine derartige Empfehlung entnehmen.[147] Das spricht aber erst recht dafür, den Hinweis des Wörterbuches als Zeichen eines vorsichtigen Einstellungswandels zu interpretieren. Ebenso kann man die folgende Bemerkung verstehen, inzwischen könne auch nach § 8 des Strafrechtsergänzungsgesetzes von 1957 »die strafrechtliche Verantwortlichkeit ausgeschlossen werden«.[148] Dass die Sache so einfach nicht war, stellten die Autoren des Wörterbuches dann allerdings einige Absätze später selbst klar, als sie darauf hinwiesen, dass in der DDR auch die »einfache« Homosexualität, nämlich »geschlechtsverkehrsähnliche Handlungen zwischen Männern«, nach § 175 »unter Strafe gestellt« sei. Die ganze Widersprüchlichkeit der damaligen Situation kam in folgendem Satz zum Ausdruck: »Homosexuelle Betätigung wird in der DDR dann bestraft, wenn eine erhebliche Gesellschaftsgefährlichkeit vorliegt.« Diese liege »immer vor in den Fällen des § 175a«, also bei qualifizierter Homosexualität. Wann sie bei der »einfachen« Homosexualität vorliegen sollte, ließen die Autoren hingegen offen.[149] Tatsächlich scheint dies im Verlauf der 1960er-Jahre zunehmend zu einer Auslegungsfrage geworden zu sein, die im Ermessen der örtlichen Akteure von Polizei- und Justizbehörden lag – wobei die Unbestimmtheit des Begriffes der »Gesellschaftsgefährlichkeit« der Willkür Tür und Tor öffnete.

145 Begründung der Herausgabe des Titels, undatiert (SächsStA Leipzig, Salomon Hirzel Verlag, Nr. 64, unpag.).

146 Dietz/Hesse, Wörterbuch der Sexuologie, S. 136–139, hier 137 und 139.

147 Vgl. Urteil vom 21.2.1950. In: Neue Justiz, 4 (1950), S. 129 f.

148 Thinius führt diese Formulierung als einen Beleg für seine These an, nach dem Strafrechtsergänzungsgesetz von 1957 habe die »einfache« Homosexualität »nicht mehr als Straftat« gegolten. Er übersieht dabei aber die folgenden Absätze, die das Gegenteil postulieren. Vgl. Thinius, Verwandlung und Fall des Paragraphen 175, S. 149 und 161, Anm. 8.

149 Dietz/Hesse, Wörterbuch der Sexuologie, S. 138.

Neben diesen eher sexualwissenschaftlichen Publikationen erschien Anfang 1964 auch eine juristische Lehrpublikation zum »Strafrecht der DDR«, die sich mit der Verfolgung der Homosexualität auseinandersetzte. Die Veröffentlichung der Humboldt-Universität bekräftigte ebenfalls, dass die »Vornahme geschlechtsverkehrsähnlicher Handlungen zwischen Männern strafbar« sei. Begründet wurde das wiederum damit, dass die »männliche Homosexualität«, übrigens »kaum anders als die sog. lesbische Liebe, die moralischen Anschauungen der Werktätigen über das normale Geschlechtsleben« verletze. Allerdings bemerkte der Verfasser Kurt Manecke, ein wissenschaftlicher Mitarbeiter der Leipziger Karl-Marx-Universität, unter Verweis auf »umfangreiche Literatur« besonders »medizinischer Art«, dass die Strafbarkeit »äußerst problematisch« sei.[150] So sei die Strafe »kaum ein geeignetes Mittel«, um die Homosexualität »wirksam zu bekämpfen«. Beachtlich war der Vergleich mit dem »normalen Sexualtrieb«, den Manecke anstellte: »Die echte Homosexualität mit Strafe zu bekämpfen und ihre Ausübung verhindern zu wollen, ist etwa das gleiche, als wolle man einen [sic!] normalen gesunden Menschen die Befriedigung seines Sexualtriebes zeitlebens verbieten.« Maneckes Ausführungen gipfelten schließlich in einem vorsichtigen Plädoyer für eine Gesetzesreform: »Es sollte aus den angeführten Gründen erwogen werden, die Homosexualität im neuen Strafgesetzbuch – mit Ausnahme besonders schwerer Fälle, die unbedingt bekämpft werden müssen – straflos zu belassen.« Darüber hinaus wies auch Manecke darauf hin, dass die »Rechtspflegeorgane« bei der »Verfolgung und Bestrafung der Homosexualität sehr zurückhaltend« seien.[151]

Die hier zitierte sexual- und rechtswissenschaftliche Literatur spiegelte die Widersprüchlichkeit von Rechtslage und Liberalisierungstendenzen in den 1960er-Jahren vermutlich ziemlich gut wider. Inwieweit sich damals aber tatsächlich auch die Verfolgungspraxis von Polizei und Justiz wandelte, ist wesentlich schwieriger zu beurteilen. Strafregister, die im Rahmen dieser Untersuchung ausgewertet werden konnten, zeigen nicht nur, dass die qualifizierte Homosexualität nach § 175a scharf verfolgt wurde – insbesondere Fälle von »Jugendverführung« und Prostitution wurden dabei mit harten Strafen sanktioniert. Auch »gewöhnliche« Homosexuelle stellte man weiterhin vor Gericht.[152] Wie die Gerichte die »einfache« Homosexualität in den frühen 1960er-Jahren bewerteten, dokumentieren mehrere Urteile, die in der Stasi-Unterlagenbehörde überliefert sind. So verurteilte das Kreisgericht von Meiningen einen 30-jährigen Mann 1961 für ver-

150 Kurt Manecke/Joachim Meinel, Strafrecht der DDR. Besonderer Teil. Heft 4. Straftaten gegen die Person und ihre Bekämpfung. Herausgegeben von der Juristischen Fakultät der Humboldt-Universität zu Berlin, Februar 1964, S. 151.

151 Ebd., S. 152 f.

152 Vgl. Kapitel IV.2, insbes. Grafik 30.

schiedene Vergehen nach § 175 und einen Verführungsversuch nach § 175a zu 13 Monaten Gefängnis. Dabei stellte das Gericht fest, schon in der »einfachen« Homosexualität komme »besonders eine hohe Gesellschaftsgefährlichkeit zum Ausdruck, die darin besteht, dass sie das normale, gesunde Geschlechtsleben verletzt«. Eine vorzeitige Entlassung schloss das Gericht »aus erzieherischen Gründen« aus, um den Verurteilten »zukünftig zu einer anderen Lebenseinstellung und [sic!] Lebenswandel anzuhalten und sie [sic!] sozialistische Gesetzlichkeit gewissenhaft zu befolgen«.[153]

Dass die Gerichte der »einfachen« Homosexualität weiterhin eine »hohe Gesellschaftsgefährlichkeit« attestierten und somit nicht von den §§ 8 und 9 des Strafrechtsergänzungsgesetzes Gebrauch machten, zeigt auch ein Urteil des Berliner Stadtbezirksgerichts Mitte vom November 1962. Das Gericht verurteilte drei junge Männer nach § 175 zu Gefängnisstrafen zwischen vier und neun Monaten, einen 18-Jährigen wegen Prostitution nach § 175a, Ziff. 4 sogar zu einem Jahr. Beachtlich ist dieses Urteil auch deswegen, weil die Richter die Gefahren, die in ihren Augen von der Homosexualität ausgingen, sehr ausführlich schilderten und damit dokumentierten, welche Perspektiven 1962 noch virulent waren:

»Die Angeklagten […] sind der Auffassung, sie hätten ein Recht auf diese Art der sexuellen Betätigung. Dabei verkennen sie, dass sie sich in einer sexuellen Verwirrung befinden, für die es kein Recht gibt. Die geschlechtlichen Beziehungen zwischen den Menschen basieren auf den Natur- und gesellschaftlichen Gesetzen. Diese beinhalten sexuelle Beziehungen nur zwischen Mann und Frau, wobei die Grundlage dieser Verbindung in der DDR gegenseitige Liebe und Achtung ist. Sie führt zur Gründung einer gesunden Familie und befähigt die Partner, sich in der Gesellschaft voll zu entfalten. Die Homosexuellen sind zur Gründung einer Familie solange unfähig, solange sie nicht von ihrem Treiben Abstand genommen haben. Sie schirmen sich von ihrer Umwelt ab und müssen ängstlich bemüht sein, ihre Neigung nicht zu zeigen, um nicht die Achtung der Mitmenschen zu verlieren. So treffen sie sich an besonderen Stellen und Gaststätten. In diesen Kreisen gedeiht die Kriminalität. Die Homosexualität stört also das geordnete gesellschaftliche Zusammenleben. Sie hemmt den Menschen in seiner Entfaltung und zerstört seine Persönlichkeit. Dies drückt sich auch in dem unbeständigen Lebenswandel dieser drei Angeklagten aus. Erziehung und Selbsterziehung sind die Mittel zur Überwindung dieser Neigungen. Eine echte Homosexualität gibt es nach Feststellungen der Mediziner selten, wobei es noch strittig ist, ob überhaupt von echter Homosexualität gesprochen werden kann. Sie ist ein Überbleibsel aus der kapitalistischen Gesellschaftsordnung, wo sie Ausfluss moralischer Degeneration übersättigter Kapitalisten war. Es ist unbedingt erforderlich, die Jugendlichen vor dem Einfluss Homosexueller zu schützen, damit dieses Treiben sich nicht fortsetzt.«[154]

Erst im Berufungsverfahren wurden die drei Strafen nach § 175 vom Stadtgericht zur Bewährung ausgesetzt. Doch das bedeutete keineswegs, dass die »einfache« Homosexualität nur noch als minderschwere Straftat betrachtet worden sei. Das

153 Urteil vom 20.8.1961 (BStU, MfS BV Karl-Marx-Stadt XIV 148/63, Teil 1, Band 1, Bl. 68–77, hier 73 f.).

154 Urteil vom 1.10.1962 (BStU, MfS GH 90/78, Teil P, Bl. 58–63, hier 62 f.).

Stadtgericht mahnte lediglich an, dass die Persönlichkeit der Angeklagten stärker hätte gewürdigt werden müssen, so insbesondere der Umstand, dass sie noch nicht vorbestraft waren. Im konkreten Fall seien »keinerlei Umstände ersichtlich, die es erforderlich machen, sie zu einer unbedingten Freiheitsstrafe zu verurteilen. Nach Auffassung des Senats werden sie aus dem Verfahren die erforderlichen Lehren gezogen haben und alles daran setzen, sich in Zukunft einwandfrei und straffrei zu führen.«[155] Im Umkehrschluss hieß dies: Bewährungsstrafen waren 1962 auch bei »einfacher« Homosexualität nur dann möglich, wenn es sich um »Ersttäter« mit guten Chancen auf »Resozialisierung« handelte.

Dass es sich bei diesen Urteilen um keine Einzelfälle handelte, zeigen zwei weitere Urteile des Stadtbezirksgerichts Lichtenberg. 1961 verurteilte es einen Mitarbeiter des MfS wegen Vergehens gegen § 175 zu acht Monaten Gefängnis,[156] 1964 einen Mann aus Westberlin wegen Zoll- und Devisenvergehens, Bestechung und »einfacher« Homosexualität zu zwei Jahren Zuchthaus, wobei die Teilstrafe nach § 175 zwei Monate betrug.[157] Unklar bleibt allerdings, wie häufig es noch zu derartigen Strafverfahren kam. Diese Frage könnte nur durch eine umfassende Auswertung von Strafverfolgungsakten und -registern geklärt werden. Erste Anhaltspunkte liefert allerdings eine Analyse der Strafregister der Kreisgerichte von Dresden, Freiberg und Bautzen, die im Rahmen dieser Studie durchgeführt wurde. Sie zeigt, dass der Verfolgungsdruck im Hinblick auf die »einfache« Homosexualität nach § 175 im Laufe der 1960er-Jahre deutlich nachließ.[158] Viele Verfahren wurden eingestellt und wenn es zu Verurteilungen kam, war das Strafmaß geringer als in den 1950er-Jahren. Dass die »einfache« Homosexualität gar nicht mehr verfolgt worden sei, ist aber ein Mythos. Zumindest in Einzelfällen wurde der Paragraf noch bis kurz vor seiner Abschaffung zur Disziplinierung homosexueller Männer genutzt. So lässt sich belegen, dass in Sachsen 1965/66 noch mindestens sechs Männer zu bedingten Freiheitsstrafen verurteilt wurden – in einem Fall wurde die Gefängnisstrafe sogar erst in der Berufungsinstanz zur Bewährung ausgesetzt.[159]

Seit Mitte der 1960er-Jahre scheint es dann zu einem Wandel der Urteilspraxis gekommen sein. Darauf deutet ein Vermerk vom März 1966 in einer Akte des MfS hin, in der es um einen Stasi-Mitarbeiter ging, dessen langjährige homosexuelle Beziehung mit einem Kameraden entdeckt worden war. Dass der Mann »aus dem MfS entlassen« werden sollte, stand sofort fest. Zu einer Strafverfol-

155 Urteil vom 5.11.1962 (ebd., Teil P, Bl. 65–72, hier 71).

156 Urteil vom 3.10.1961 (BStU, MfS GH 70/61, Band 2, Bl. 92–100).

157 Urteil vom 13./14.7.1964 (BStU, MfS GH 32/64 Band 3, Bl. 6–17).

158 Strafregister der Staatsanwaltschaften Dresden und Bautzen (SächsHStA Dresden, Bestände 13026, 13366 und 13040) sowie Freiberg (SächsStA Chemnitz, Bestand 30509).

159 Vgl. Kapitel IV.2, insbesondere die Grafik 33 und 34.

gung notierte der Berichterstatter hingegen: »Eine gerichtliche Bestrafung des FW. Zinke könnte entsprechend des § 175 erfolgen, wird aber entsprechend der Gerichtspraxis nicht mehr strafverfolgt.«[160] Im Herbst 1966 schrieb dann auch das Justizministerium im Entwurf eines Briefes an Rudolf Klimmer, die Tätigkeit der »Rechtspflegeorgane« richte sich »nicht gegen Homosexuelle schlechthin, sondern insbesondere gegen Personen, die homosexuelle Handlungen unter erschwerten Umständen im Sinne des § 175a) StGB begehen«, diene also »vor allem zum Schutz unserer Jugend«.[161] Damit dürfte die damalige Linie richtig beschrieben worden sein – auch wenn diese Stelle aus dem Brief später wieder gestrichen wurde. Die schwammige Formulierung zeigt aber auch, dass man sich weiterhin eine Hintertür zur Verfolgung »gewöhnlicher« Homosexueller offenhalten wollte. Tatsächlich scheint die »Gerichtspraxis« zu diesem Zeitpunkt noch nicht so einheitlich gewesen zu sein, wie die beiden Vermerke suggerierten. Das Dresdner Stadtgericht verhängte im Oktober 1966 jedenfalls noch Urteile wegen »einfacher« Homosexualität nach § 175. In der Regel scheinen in den letzten beiden Jahren vor Abschaffung des § 175 aber tatsächlich nur noch qualifizierte Fälle nach § 175a angeklagt worden zu sein, insbesondere wenn Jugendliche involviert oder Untergebene zu sexuellen Handlungen gedrängt worden waren.[162] Für das Jahr 1967 lassen sich in den Kreisgerichtsbezirken Dresden, Bautzen und Freiberg jedenfalls keine Verfahren wegen »einfacher« Homosexualität mehr nachweisen.

Der Wandel der Urteilspraxis dürfte durch die Planungen für das neue Strafgesetzbuch der DDR ausgelöst worden sein, das am 12. Januar 1968 beschlossen wurde und am 1. Juli in Kraft trat. Nachdem die entsprechenden Initiativen von 1952 und 1958 gescheitert waren, war die Arbeit 1963 einer neu geschaffenen »Staatsratskommission« übertragen worden. Diese legte innerhalb eines Jahres einen Entwurf vor, der nach weiteren Beratungen im Januar 1965 fertiggestellt und dem Staatsrat zugeleitet wurde. Danach ruhten die Arbeiten zunächst, bevor sie im März 1966 erneut aufgenommen wurden.[163] In dieser Phase scheint bereits festgestanden zu haben, dass die einfache Homosexualität straffrei gestellt werden sollte. Laut Grau war diese Frage im Gegensatz zu den vorherigen Beratungen »nicht umfangreich diskutiert worden«.[164] Wie auch immer dieser neue Konsens zustande kam: Er dürfte die wesentliche Ursache dafür gewesen sein, dass sich die Gerichtspraxis seit Mitte der 1960er-Jahre allmählich änderte. Klar ist jedenfalls das Ergebnis der Strafrechtsreform: Homosexualität wurde weitge-

160 Bericht vom 16.3.1966 (BStU, MfS GH 194/85, Bl. 9–12, hier 12).

161 Briefentwurf vom 25.10.1966 (BArch, DP/1/2488, Bl. 47).

162 Vgl. Fernschreiben vom 30.5.1968 und Abschlussbericht vom 28.3.1968 (BStU, MfS HA I 14841, Bl. 251 f. und 259 f.

163 Vgl. Vormbaum, Das Strafrecht der Deutschen Demokratischen Republik, S. 244–254.

164 Grau, Sozialistische Moral, S. 118.

hend entkriminalisiert. Bestehen blieb nur eine Jugendschutzbestimmung. Im neuen § 151 hieß es nun: »Ein Erwachsener, der mit einem Jugendlichen gleichen Geschlechts sexuelle Handlungen vornimmt, wird mit Freiheitsstrafe bis zu drei Jahren oder mit Verurteilung auf Bewährung bestraft.« Beachtlich ist, dass nun erstmals auch die lesbische Liebe in eine Strafbestimmung einbezogen wurde, die für homosexuelle Kontakte mit 18 Jahren ein höheres Schutzalter vorsah als für heterosexuelle. Letztere waren nach dem neuen Strafgesetzbuch bereits mit Jugendlichen ab 14 Jahren erlaubt, soweit sie nicht unter Missbrauch eines Abhängigkeitsverhältnisses zustande kamen.[165]

Doch das Verhältnis der DDR-Führung zur Homosexualität blieb auch nach der Strafrechtsreform janusköpfig. Das zeigt nicht zuletzt die Abberufung der Justizministerin Hilde Benjamin, die für die Reform maßgebliche Verantwortung trug. Benjamin, die in den politischen Schauprozessen der 1950er-Jahre den zweifelhaften Spitznamen der »blutigen Hilde« erworben hatte, war nie offen für die Entkriminalisierung der männlichen Homosexualität eingetreten. Ob sie sich hinter den Kulissen dafür einsetzte, den § 175 zu entschärfen oder ob sie in dieser Frage eher bremste, ist bislang ungeklärt – das Protokoll der entscheidenden Sitzung der Strafrechtskommission aus dem Jahr 1959 gibt keine Auskunft über ihr Abstimmungsverhalten.[166] In Einzelfällen, in denen sie durchaus einen gewissen Ermessenspielraum hatte, zeichnete sich Benjamin jedenfalls nicht durch liberale Entscheidungen aus. So lehnte sie die Beschwerde eines Justizangestellten, der 1963 wegen eines (nach § 175 nicht strafbaren) homosexuellen Vorkommnisses aus dem Dienst entlassen worden war, mit der Begründung ab, sein Verhalten verstoße »so gröblichst gegen das ethische Empfinden unserer Bevölkerung« und untergrabe »das Ansehen der Justiz in solchem Maße, dass seine fristlose Entlassung gerechtfertigt ist.«[167] Vor diesem Hintergrund entbehrt es nicht einer gewissen Ironie, dass bei Benjamins Abberufung im Jahr 1967 dann ausgerechnet der Vorwurf lesbischer Beziehungen eine Rolle spielte. Die entsprechende Information stammte von einer Agentin beim Zentralkomitee der SED, die dem CIA bereits 1956/57 berichtet hatte, »dass die Dr. Hilde Benjamin lesbisch sei« – angeblich war sie Mitglied eines »umfassenden lesbischen Kreises«. Nachdem die Agentin im September 1966 aufgeflogen war, untersuchte das MfS die Vorwürfe und kam zu dem Ergebnis, dass noch zwei weitere Frauen über entsprechendes »kompromittierendes Material« verfügten und damit »von Westdeutschland aus

165 Strafgesetzbuch der Deutschen Demokratischen Republik -StGB- vom 12. Januar 1968 (http://www.verfassungen.de/ddr/strafgesetzbuch68.htm; 27.8.2020).

166 Protokoll der Sitzung vom 20.2.1959 (BArch, DP/1/2376, Bl. 461–467, hier 464 f.).

167 Beschluss vom 20.6.1963 (SächsHStA Dresden, Bestand 11455, Nr. 3868, unpag.). Vgl. auch Kapitel IV.5.

in Briefen an DDR-Bürger Gebrauch gemacht hätten«.[168] Dass die Justizministerin ein halbes Jahr später »sang- und klanglos aus der DDR-Regierung« entlassen wurde, führen Reinhard Borgmann und Jochen Staadt wohl nicht ganz zu Unrecht auf diese Vorwürfe zurück – auch wenn damals noch »manch anderes« auf »die Ablösung Hilde Benjamins zugelaufen sein« sollte.[169]

Wie problematisch Homosexualität auch weiterhin erschien, zeigt der entsprechende Artikel im »Wörterbuch der Sexuologie« aus dem Jahr 1971. Darin wurde die Entkriminalisierung zwar als »folgerichtig« begrüßt, da die Homosexualität »in der Regel nicht mit gesellschaftlichen Schäden verbunden« und »die Strafe als Mittel zur Erziehung dieser Menschen zu einem einwandfreien Verhalten in der Sexualsphäre in der Regel nicht geeignet« sei. Die Aufhebung der Strafbarkeit bedeute jedoch »keine allgemeine gesellschaftliche Billigung der Homosexualität«, vielmehr seien in Zukunft »andere gesellschaftliche Mittel und Möglichkeiten zu nutzen, um ein gesellschaftsgemäßes Verhalten zu sichern und Störungen im gesellschaftlichen Zusammenleben zu verhindern«. Immerhin gestand man nun aber zu, dass »auch sex. anders Empfindende und Handelnde Mitglieder der sozialistischen Menschengemeinschaft sind und am sozialistischen Aufbau mitwirken. Soweit ihr Verhalten nicht gegen die geltende Rechtsordnung verstößt, ist es deshalb zu tolerieren.«[170] Letzteres sah man bei der Staatssicherheit allerdings anders. Homosexuelle wurden auch in den folgenden beiden Jahrzehnten als potenzielle Staatsfeinde betrachtet und beobachtet; die Versuche der Selbstorganisation, insbesondere die im kirchlich-oppositionellen Milieu, zu denen es seit Anfang der 1980er-Jahre kam, versuchte man mit »Zersetzungsmaßnahmen« zu sabotieren.[171] Doch das ist eine andere Geschichte, die noch der historischen Aufarbeitung harrt.

4. »Von schlechtem Ruf«: Alltag und Stigma-Management in der DDR

Die strafrechtliche Verfolgung der 1950er- und 1960er-Jahre hatte für das Leben Homosexueller einschneidende Konsequenzen: »Ohne es zu wollen, lebte man in Illegalität, in Gesetzlosigkeit, im Status des dauernden Unrechts, des ständigen Angeklagt-werden-Könnens und, was das Gemeinste war, der gnadenlosen Erpressbarkeit. Dieser Zustand hat viele Verbrechen geboren, eine Verkettung von

168 Reinhard Borgmann/Jochen Staadt, Spionage im ZK. Zwei Top-Agentinnen im Herzen der Macht, Berlin 1998, S. 115.

169 Ebd., S. 117.

170 Karl Dietz/Peter G. Hesse, Wörterbuch der Sexuologie und ihrer Grenzgebiete, 4. Auflage Rudolstadt 1971, S. 163.

171 Vgl. Eduard Stapel, Warme Brüder gegen kalte Krieger. Schwulenbewegung in der DDR im Visier der Staatssicherheit, Magdeburg 1999.

Abb. 24: Grenzgängerinnen: Lesben-Lokale gab es nur in Westberlin; Quelle: FFBIZ/Fotosammlung Rita Thomas (C Rep. 40 Acc. 4 Nr. 46.a).

grässlichen Lügen und ihren Folgen.«[172] Zu den sozialen Folgen der Kriminalisierung gehörte auch die massive gesellschaftliche Stigmatisierung, die im alltäglichen Leben häufig zu Ausgrenzung und Benachteiligung führte. Dabei zeigte sich zunehmend, dass die »moralische Verurteilung der Homosexualität«, die der Strafrechtsprofessor Lekschas eingefordert hatte, der in Westdeutschland nicht nachstand.[173] Volkspolizei und Staatssicherheit fühlten sich berufen, nicht nur gegen strafbare Handlungen, sondern gegen jegliche gleichgeschlechtliche Regung vorzugehen. Eine Publikation einschlägiger Zeitschriften war unter den Bedingungen der DDR-Diktatur ebenso undenkbar wie die Einrichtung offizieller Homosexuellenlokale, die, wie Klimmer beklagte, »sofort von der Krim. Polizei unterdrückt« wurde.[174] Zwar fungierten einzelne Tanzsäle und Gaststätten als informelle Treffpunkte – in den 1940er-Jahren galt zum Beispiel das »Concordia« in Leipzig als ein »Club der Homosexuellen«,[175] in Dresden war bis zum Mauerbau der »Hattenheimer« ein »Lokal, in dem vornehmlich Homosexuelle« verkehrten.[176] Besonders in Ostberlin gab es noch verschiedene Kneipen, »in denen sich homosexuelle Personen ihr Stelldichein geben«, wie es in einem Gerichtsurteil aus dem Jahr 1954 hieß.[177] Abgesehen von der »Mokka-Bar« mussten aber auch hier »alle rein schwulen Lokale bis Ende der sechziger Jahre schließen«.[178] Rein lesbische Lokale scheint es gar keine gegeben zu haben. In den 1950er-Jahren ging man einem Bericht der Zeitzeugin Tommy (Jahrgang 1931) zufolge nach Westberlin, zum Beispiel nach Kreuzberg, in die »Shantybar« oder zu »Roy« und »Rudi« in der Adalbertstraße: »Einmal sind wir über den Hof gegangen. Hinten war eine Gaststätte, links war der Tresen und rechts kam man in den langen Schlauch hinein. Da war ein bisschen Tanz nur für Frauen. Es tanzten ganz viele …«[179] Mit dem Mauerbau sei dann erst einmal »etwas zusammengebrochen. Das war so schlimm […]. Wir haben uns dann irgendwo in Wohnungen getroffen.«[180]

---

172 Bericht des 1917 geborenen Malers J. A. W. Zit. nach Lemke, Ganz normal anders, S. 129.

173 BArch, MdJ, P1/VA/1325, Bl. 296. Zit. nach Grau, Sozialistische Moral, S. 106.

174 Schreiben vom 19.11.1950 (BArch, DP/1/7193, Bl. 145).

175 Anklageschrift vom 25.2.1949 (BArch, DP/1/20495, Band 3, II 3621/49, Bl. 2–6, hier 5R). Vgl. auch Schreiben vom 19.3.1947 (SächsHStA Dresden, Bestand 11380, Nr. 513, Bl. 39) sowie Kapitel IV.1.

176 Urteil vom 20.8.1961 (BStU, MfS BV Karl-Marx-Stadt XIV 148/63, Teil 1, Band 1, Bl. 68–77, hier 70). Vgl. auch Kapitel IV.6.

177 Urteil vom 13.5.1954 (SächsStA Chemnitz, Bestand 32888, Nr. 894, Bl. 45–47, hier 46).

178 Jens Dobler, »Den Heten eine Kneipe wegnehmen«. In: Sonntagsclub (Hg.), Verzaubert in Nord-Ost. Die Geschichte der Berliner Lesben und Schwulen in Prenzlauer Berg, Pankow und Weißensee, Berlin 2009, S. 167–173, hier 167.

179 Tommy. In: Christina Karstädt/Anette von Zitzewitz (Hg.), … viel zu viel verschwiegen. Eine historische Dokumentation von Lebensgeschichten lesbischer Frauen in der Deutschen Demokratischen Republik, Berlin 1996, S. 53–61, hier 56.

180 Ebd., S. 58.

In den »normalen« Lokalen, die sich zu heimlichen Treffpunkten entwickelten, drohte hingegen Gefahr, weil »auffälliges, anstößiges Verhalten Homosexueller in öffentlichen Lokalen« nach § 183 als »Erregung öffentlichen Ärgernisses« verfolgt werden konnte, wie rechtswissenschaftliche Publikationen aus den Jahren 1955 und 1964 wortgleich vermerkten.[181] Für schwule Männer waren deswegen – wie schon zu NS-Zeiten – öffentliche Parkanlagen und Bedürfnisanstalten die wesentlichen Orte, an denen man sich treffen und kennenlernen konnte: »Orte, die ihren Besuchern die Trennung zwischen Sex und Liebe einbrennen«, wie ein Zeitzeuge urteilte.[182] Doch auch gegen solche subkulturellen Strukturen ging die Volkspolizei rigide vor und bediente sich dabei »altbewährter« Methoden: Es wurden »Razzien durchgeführt«, wobei man die Verhafteten erkennungsdienstlich behandelte und fotografierte, offenbar, um sie in entsprechende Karteien aufzunehmen.[183]

Das engmaschige Netz an Kontrollmaßnahmen, das die SED-Führung etablierte, wurde schließlich auch dazu genutzt, Homosexuelle am Arbeitsplatz und im Wohnumfeld zu überwachen und auf einen Weg zu führen, der dem, was man als die »sittlichen Anschauungen der Werktätigen« propagierte, entsprach.[184] Dass solche Maßnahmen im Einzelfall auch gegenteilige Effekte haben konnten, steht auf einem anderen Blatt. So berichtete der 1900 geborene KZ-Überlebende Erich, vor dem Einzug in seine neue Wohnung Anfang der 1950er-Jahre sei »der Abschnittsbevollmächtigte von Haushalt zu Haushalt« gegangen, dahin »wo junge Männer lebten«, und habe die Nachbarn informiert: »Erster Hinterhof, Mitte, zwei Treppen rechts, da zieht ab nächsten Ersten so einer ein. Vorsicht.« Tatsächlich, so Erwin, habe der Polizist damit aber nur »Werbung« für ihn gemacht: »Es dauerte knapp zwei Wochen, da hörte ich das erste schüchterne Klopfen an meiner Tür.«[185] Die Praxis, Homosexuelle in der Nachbarschaft bekannt zu machen, etwa durch eine »Eintragung ins Hausbuch«, war auch später noch gängig.[186]

Meist hatte die enge soziale Kontrolle aber eher negative Folgen. Dies galt nicht zuletzt für das berufliche Umfeld, denn besonders bei staatlich kontrollierten Betrieben drohte der Verlust des Ausbildungs- oder Arbeitsplatzes. So im Falle eines Mannes, der »seine Stellung bei der DEFA« offenbar »deshalb aufgeben musste, weil dort seine homosexuellen Neigungen bekannt wurden« – seine Arbeitskollegen hatten ihm zum 17. Mai (dem vom § 175 abgeleiteten angeblichen »Geburtstag« Homosexueller) »einen großen Blumenstrauß auf seinen Arbeitsplatz gestellt«. Beachtlich ist dieser Fall nicht zuletzt deswegen, weil künstlerische

181 Dressler/Naundorf, Materialien zum Strafrecht, S. 187; Manecke/Meinel, Strafrecht der DDR, S. 159.
182 Bericht des 1944 geborenen Ökonomen Joseph. Zit. nach Lemke, Ganz normal anders, S. 143.
183 Schreiben vom 19.11.1950 (BArch, DP/1/7193, Bl. 145).
184 BArch, MdJ, P1/VA/1325, Bl. 300 f. Zit. nach Grau, Sozialistische Moral, S. 107.
185 Bericht des 1900 geborenen Arbeiters Erich. Zit. nach Lemke, Ganz normal anders, S. 29.
186 Bericht des 1963 geborenen Kellners T. Zit. nach ebd., S. 75.

Berufe auch zu DDR-Zeiten als der Bereich galten, in dem Homosexuelle noch am ehesten geduldet wurden. So berichtete eine Tänzerin in den 1950er-Jahren, »dass unter Tänzern die Homosexualität stärkstens verbreitet ist und man kaum einen Tänzer findet, der nicht gleichgeschlechtliche Beziehungen pflegt«.[187] Mitunter kam es aber auch an den Bühnen zu regelrechten »Säuberungsaktionen«. So offenbar an der Berliner Volksbühne, wo Jean Weidt, der renommierte Leiter des Dramatischen Balletts, im Sommer 1950 »wegen homosexuellen Vergehen« verhaftet wurde. Seine Nachfolgerin beklagte daraufhin in einem Brief an die Dresdner Tanzlehrerin Gret Palucca, dass die bisherigen Tänzer »künstlerisch – u. leider auch einige menschlich – verdorben« seien und dass das ganze Ballett deswegen »auf einem sehr schiefen Geleise« stehe.[188] Das war wohl als Anspielung zu verstehen, dass es unter den Tänzern noch andere Homosexuelle gebe – tatsächlich war unter den Kollegen bekannt, dass Weidt »seine Liebhaber auch aus ihren Reihen auswählte«. Es ist wohl kein Zufall, dass Weidt noch im selben Jahr heiratete. Doch auch dieser Schritt konnte ihn nicht vor Straf- und Parteiverfahren schützen. Er wurde schließlich wegen »Verführung Minderjähriger« zu einer Gefängnisstrafe verurteilt, nach einer Intervention von Arthur Pieck, dem Sohn des DDR-Staatspräsidenten, aber vorzeitig entlassen. Weidt gehörte auch später zu den führenden Choreographen der DDR, blieb aber sein Leben lang »zerrissen zwischen den moralischen Anforderungen der KPD/SED und seinen eigenen sexuellen Bedürfnissen«.[189] Seine Nachfolgerin an der Berliner Volksbühne war der Ansicht, dass nach Weidts Rausschmiss nun »alles in Ordnung gebracht werden« müsse. Wenn die Verträge der Tänzer Ende Dezember ausliefen, sei »ein tüchtiger Wechsel sehr notwendig«, wobei sie die »beratende Hilfe« Paluccas gerne in Anspruch nähme – hätte diese in ihrer Schule »doch bloß auch ein paar männliche Tänzer«![190] Dass sie sich ausgerechnet an Palucca wandte, die in einer lesbischen Beziehung lebte, entbehrt nicht einer gewissen Ironie. Doch auch Paluccas Reaktion war bemerkenswert: »Die Angelegenheit Jean Weidt habe ich erst durch Ihren Brief erfahren, und ich war über diese Mitteilung ziemlich erschrocken, weil das so unerwartet kam und es einen doch bedrückt, wenn die Tänzer dadurch wieder in ein so ungünstiges Licht kommen. Wir kämpfen doch alle dafür, dass unser Beruf ernst genommen wird und die alten Vorurteile gegen den Tänzer verschwinden.«[191]

---

187 Schwarz, Schriftliche Sexualberatung, S. 64.
188 Brief vom 1.9.1950 (AdK, Palucca-Archiv, Nr. 1924_001_01_02).
189 Bernd-Ulrich Hergemöller (Hg.), Mann für Mann. Biografisches Lexikon zur Geschichte von Freundesliebe und mannmännlicher Sexualität im deutschen Sprachraum, 2. Auflage Berlin 2010, S. 1238.
190 Brief vom 1.9.1950 (AdK, Palucca-Archiv, Nr. 1924_001_01_02).
191 Brief vom 27.10.1950. (ebd., Nr. 1924_002_01_01 f.). Vgl. auch Beyer, Palucca, S. 248.

Auch die Bühnen konnten durch Homosexualität also in »Verruf« geraten, weshalb das Stigma zumindest soweit getarnt werden musste, dass es nicht zum allgemeinen Gesprächsthema wurde und »Anstoß« erregte. So wie im Meininger Landestheater, das Ende der 1950er-Jahre ins Visier der Volkspolizei geriet, weil ihm »manchmal der Vorwurf gemacht« werde, »es sei ein Asyl für Homosexuelle«.[192] Die Polizei warb verschiedene Spitzel an, die aus dem Innenleben des Theaters berichteten und damit dokumentierten, welches Stigma-Management dort vorherrschte und was bei einigen Kollegen und Zuschauern für Unmut sorgte. Ein Regisseur berichtete unter dem Decknamen »Zapp« mehrfach über »ausgesprochene Homosexuelle«[193] und ihre »absolut feminine Ausstrahlung«. So etwa über ein Paar, das »seine Sachen zusammen in einer Tasche« verwahre, »ebenso ihr Geld und Ausweise«. Bei »Unterschriften« unterschreibe »der eine immer für den anderen mit«. Und in den »Pausen während der Probenarbeit hocken die Beiden zusammen und fassen sich auch auffällig mit den Händen an und ›tölen‹ miteinander«. Eine Beschreibung, die den bearbeitenden Unterleutnant der Volkspolizei zu der Erklärung veranlasste, »tölen« sei »ein Fachausdruck in Theaterkreisen und unter den Homosexuellen und bedeutet, sich gegenseitig abtasten und Abgabe von gegenseitigen Liebesbezeugungen«.[194]

Das Stigma machte Homosexuelle also auch in Künstlerkreisen zu einer vulnerablen Gruppe, die deswegen unter besonderem Anpassungsdruck stand. Denn wer aus anderen Gründen »auffällig« wurde, machte sich auch in Sachen Homosexualität angreifbar. So wie im Fall eines 25-jährigen Schauspielers, bei dem es kein »Geheimnis« war, dass er »einer der größten Homosexuellen ist«, was nach einem der Spitzelberichte »bei den meisten Kollegen großen Anstoß erregte«.[195] Zumindest einer der Kollegen beschwerte sich auch beim Intendanten. Im Kern ging es dabei zwar um nächtliche Ruhestörung, weil der junge Schauspieler »fast jede Nacht« mit »Bekannten ziemlich laut« feiere. Auch kümmere er sich nur »ganz ganz selten um die Sauberkeit des Flurs«, obwohl »eine genaue Einteilung« für die Reinigungsdienste vorliege. Im weiteren Verlauf bemängelte der Kollege aber auch »Besuche junger Männer«, die sich »in geradezu auffälliger Weise« häuften. Darüber hinaus monierte er Berlinbesuche, von denen der Schauspieler »Westschallplatten« mitbringe, »die er illegal eingeführt hat und unter denen sich Platten obszönster Art finden, die er seinen Besuchern, darunter auch jungen Kollegen unseres Ensembles, vorspielt«. Auch wenn die Homosexualität nicht der unmittelbare Auslöser der Beschwerde war, wurde sie nun genutzt,

192 Bericht vom 2.2.1960 (BStU, MfS Karl-Marx-Stadt, Reg. Nr. XI/180/63, Band 1, Bl. 68).
193 Mitteilung Nr. 4, undatiert (ebd., Bl. 44).
194 Mitteilung Nr. 5 vom 7.8.1958 (ebd., Bl. 45).
195 Charakteristik, undatiert (ebd., Bl. 77).

um den »Störenfried« zu attackieren. Die Botschaft war klar: Weil er »Ruhe und Sauberkeit auch in moralischer Hinsicht« wünsche, forderte der Briefschreiber von Intendanz und »Parteileitung der SED«, sich »um alle diese Dinge zu kümmern«. Doch die Reaktion fiel eher verhalten aus: Die »Wohnungssache« wurde schließlich mit einer »Aussprache« erledigt.[196] In Sachen Homosexualität unternahm der Intendant offenbar nichts, vielleicht auch, weil dieser selbst, zumindest gerüchtehalber, ein »175iger« gewesen sein soll – was der junge Schauspieler später allerdings entschieden bestritt. Wie repräsentativ die Situation am Meininger Landestheater war, bleibt offen, auch wenn der Schauspieler behauptete, »in den Theatern der Großstädte würde sich niemand an moralischen Vergehen so anstoßen, wie das in Meiningen der Fall sei«.[197] Die Volkspolizei, die den jungen Mann schon länger im Visier und ebenfalls als »inoffiziellen Mitarbeiter« angeworben hatte, beobachtete ihn in den folgenden Jahren aber argwöhnisch.[198]

Wesentlich rigider war das Vorgehen gegen Angehörige der »bewaffneten Organe«. Angehörige des MfS, die man homosexueller Kontakte verdächtigte, wurden grundsätzlich aus dem Dienst entlassen. Ebenso erging es einem Polit-Offizier bei der Kasernierten Volkspolizei in Hohenstücken bei Brandenburg, der seine Stellung »wegen seiner homosexuellen Neigungen« verlor.[199] Auch ein Studium war für Homosexuelle in den 1950er- und 1960er-Jahren so gut wie unmöglich, wenn ihre Veranlagung bekannt wurde. So wurde ein Student der Humboldt-Universität, der mit einem Kommilitonen onaniert hatte, 1960 exmatrikuliert, nachdem er einem Dritten »über angebliche widernatürliche Beziehungen zu Studenten des Studentenheimes in Berlin-Biesdorf und Berlin-Köpenick« berichtet hatte.[200] Immerhin entging er einem Strafverfahren und wurde aus der Untersuchungshaft entlassen, weil ihm »keine beischlafähnlichen Handlungen nachgewiesen werden konnten«.[201] Ähnliche Erfahrungen machten auch lesbische Frauen. So berichtete die Zeitzeugin Anna (Jahrgang 1943), dass sie zu Beginn ihres Psychologiestudiums massiv unter Druck gesetzt worden sei. Sie hatte eine Studienfreundin kennengelernt, mit der sie vieles zusammen machte. Als sich beide für ein Referat anmelden wollen, bat der Dozent die Freundin alleine herein und unterzog sie einer Art Verhör: »Er holte mich dann rein, ich durfte vorher nicht mit ihr sprechen. Es war wirklich wie ein Verhör. Er stellte mir merkwürdige Fragen, z. B. ob ich homosexuell sei, ob ich lesbisch sei. Jedenfalls irgend etwas, was ich noch nie gehört hatte. Meine Antwort war: ›Naja vielleicht,

196 Abschrift vom März 1959 (ebd., Bl. 56 f.).
197 Bericht über Aussprache vom 25.5.1963 (ebd., Bl. 139–144, hier 141).
198 Vgl. Kapitel IV.2.
199 Stasi-Bericht vom 2.3.1961 (BStU, MfS HA II 17987, Bl. 100–108).
200 Schlussvermerk vom 23.1.1961 (BStU, MfS AU 390/61, Bl. 168–170, hier 168).
201 Ebd., Bl. 170.

ich weiß nicht, was das ist.‹« Er habe dann mit dem § 175 gedroht, obwohl der ja nur für Männer galt: Wenn da was dran sei, »dann müsste ich natürlich exmatrikuliert werden, denn besonders für Psychologen ist das unwürdig«. Sie habe »natürlich aus innerer Überzeugung abgestritten, homosexuell zu sein, aber ich war sehr beschämt und hatte große Angst. Es war schrecklich.«[202]

Wie dicht das Netz aus Kontrollen und Repressionsmaßnahmen gestrickt war, verdeutlicht der Fall eines anderen Mannes, der schon einmal im »Dritten Reich« nach § 175 verurteilt worden war – ein Umstand, der den Behörden der DDR aber nicht bekannt war.[203] Nach 1945 hatte er in seiner Heimatstadt Sangerhausen eine Anstellung beim Rat des Landkreises gefunden, 1947 war er in die SED eingetreten, wo er zum Betriebsgruppenvorstand avanciert war. Nach einem gescheiterten Versuch mit Frau und Kind scheint er Mitte der 1950er-Jahre erneut Anschluss an homosexuelle Kreise gefunden zu haben; jedenfalls lernte er einen Mann kennen, mit dem er mehrfach onanierte und der ihm von einem »Wichsklub« berichtete, der sich in der Nähe einer Kirche treffe. Nachdem ihm der Mann jedoch zunehmend nachstellte und sich bei seiner Mutter nach seinem Aufenthalt erkundigte, glaubte er sich von der Kripo verfolgt: »Als er dieses hörte, durchfuhr es ihn und ihm kamen nur die Gedanken, Vernehmung bei der VP- Haftbefehl, Urteil und dann ins Gefängnis.« Kurz darauf unternahm er einen Selbstmordversuch, der nun tatsächlich die Volkspolizei auf den Plan rief. Diese ermittelte akribisch, konnte aber nicht klären, »wer sich alles in dem sogenannten Wichsklub befindet«.[204]

Beachtlich ist dieser Ermittlungsvorgang insofern, als die wechselseitige Onanie nach der Rechtsprechung des Obersten Gerichts nicht mehr strafbar war. Dennoch behandelte man den Kreisangestellten wie einen Beschuldigten und dieser erklärte auch, er sehe »sein schuldhaftes Verhalten ein« und wolle auch »der Partei die Wahrheit erklären«.[205] Der Mann wurde schließlich »nach Bekanntwerden seiner moralischen Verfehlung« mit »einer Parteirüge belegt und von seiner Funktion im Staatsapparat Rat des Kreises abgelöst«. Gleichzeitig nahm ihn die Stasi ins Visier, um ihn als »Informator« der entsprechenden Abteilung K der Volkspolizei anzuwerben. Zu diesem Zweck wurde er ein halbes Jahr nach den Ereignissen zu einer »Aussprache« geladen, bei der er erklärte, »ein derartiges moralisches Vergehen«, käme für ihn »nicht mehr in Frage, davon ist er geheilt«. Zu seiner »Bewährung« wolle er »in jeder Beziehung für die Partei und unserem [sic!] Staat arbeiten« und bitte, »ihm seine Verfehlung nicht nach-

202 Anna. In: Karstädt/Zitzewitz, … viel zu viel verschwiegen, S. 85–101, hier 90.

203 Vgl. Zinn, Volkskörper, S. 460; Strafregisterauszug vom 13.11.1958 (BStU, MfS BV Halle AIM 1296/64 P-Akte, Bl. 24).

204 Bericht vom 21.4.1958 (BStU, MfS BV Halle AIM 1296/64 P-Akte, Bl. 16 f., hier 17).

205 Ebd., Bl. 17.

zutragen«.[206] Dass die Stasi den Vorwurf der Homosexualität gezielt nutzte, um ihn anzuwerben, vermerkte sie in einem internen Papier ganz unverblümt: »Der IM – Bernhard – wurde aufgrund einer Verfehlung, die er mit einem anderen Manne begangen hat, angeworben.«[207] In den folgenden drei Jahren berichtete »Bernhard« dann regelmäßig über die junge Gemeinde der katholischen Kirche und über sittliche Verfehlungen anderer Bürger, die ihm zu Ohren kamen – in einem Fall auch über einen Mann, der »im Verdacht« stand, »dass er mit anderen Männern gleichgeschlechtliche Unzucht betreibt«.[208]

Mit der »Parteirüge« war der Betroffene noch vergleichsweise glimpflich davongekommen, was auch daran gelegen haben mag, dass man ihm strafrechtlich nichts vorwerfen konnte. Wenn es zu einer Verurteilung nach den §§ 175/175a kam, ging die SED hingegen wesentlich rigider vor. Ein Parteiausschluss scheint in solchen Fällen üblich gewesen zu sein. Darauf deuten jedenfalls verschiedene Stasi-Akten hin, die im Rahmen dieser Studie ausgewertet werden konnten. So wurden allein zwischen 1962 und 1966 vier Mitglieder des Berliner Wachregiments des MfS wegen Homosexualität aus der SED ausgeschlossen.[209] Darunter drei Männer, die mit ihren Kameraden Sex gehabt hatten, was man für besonders gefährlich hielt. So wurden einem von ihnen »alle Gefahren, die die homosexuelle Betätigung mitbringen [sic!]«, aufgezeigt und »er sah selbst ein, dass er aufgrund seiner Handlungen eine große Gefahr für das Regiment darstellte«.[210] Aber auch ein Mann, der nur »außerhalb des Objektes Männerbekanntschaften suchte«, wurde »wegen anormaler geschlechtlicher Veranlagung als Kandidat der Partei« gestrichen.[211] Neben dem Parteiausschluss gehörte die Entlassung aus dem Dienst zu den üblichen Konsequenzen für Angehörige von MfS und NVA. Auch zu diesem Zweck wurden »pädagogische« Gespräche geführt, in denen den Betroffenen abverlangt wurde, ihre »Verfehlungen« moralisch zu verurteilen. So etwa mit einem 22-jährigen Mitarbeiter des MfS, dessen langjährige Beziehung mit einem Kameraden 1966 entdeckt wurde. Ihm wurde die Einschätzung abgerungen, »dass mir die Aussprache für meinen weiteren Weg auf moralischem Gebiet viel gegeben hat, da mir die Tragweite meiner Handlungen und ihre Folgen klar aufgezeigt wurden. Ich bereue die von mir begangenen Vergehen und möchte hiermit offen und ehrlich versprechen, dass ein solches Vergehen nie wieder vorkommt.«[212]

---

206 Protokoll vom 4.11.1958 (ebd., Bl. 22).

207 Einschätzung des IM vom 12.12.1960 (ebd., Bl. 31).

208 Ifo-Bericht vom 4.5.1959 (BStU, MfS BV Halle AIM 1296/64 A-Akte, Bl. 10).

209 Beschlüsse vom 11.10.1962, 9.7.1964, 18.12.1963 und 27.1.1964 (BStU, MfS WR 685, Bl. 124, 213 und 230 f.); Beschluss vom 6.4.1966 (BStU, MfS WR 683, Bl. 48).

210 Beschluss vom 11.10.1962 (BStU, MfS WR 685, Bl. 124).

211 Beschluss vom 9.7.1964 (ebd., Bl. 213).

212 Stellungnahme zur Aussprache vom 15.3.1966 (BStU, MfS GH 194/85, Bl. 21 f.).

Obgleich Homosexuelle als SED-Mitglieder also ebenso untragbar erschienen wie als Angehörige der »bewaffneten Organe«, waren sie der Stasi als Inoffizielle Mitarbeiter (IM) durchaus willkommen. Wie im geschilderten Fall aus Sangerhausen wurde die Vulnerabilität Homosexueller mitunter gezielt ausgenutzt, um sie als IM zu werben. In anderen Fällen erschien die gleichgeschlechtliche Veranlagung als ein Trumpf, um ansonsten schwer zugängliche Kreise zu infiltrieren. Dazu zählten in den Augen des MfS nicht nur schwul-lesbische Zirkel, sondern auch Künstler, Freiberufler, Theaterkreise etc. So wurde 1960 zum Beispiel ein 24-jähriger Fotograf und Kleindarsteller am Deutschen Theater Berlin angeworben, von dem man sich wertvolle Informationen erhoffte: »Auf Grund seines großen Bekanntenkreises, besonders unter homosexuellen und anderen negativen Personen, ist er in der Lage, uns hier weitere Hinweise zu geben, die zu weiteren Anwerbungen führen können. Hierbei muss bemerkt werden, dass sich dieser Kreis vorwiegend aus Künstlern und Personen mit freiberuflicher Tätigkeit zusammensetzt.«[213] Aber auch »zu Aufklärungsaufträgen, z. B. homosexuellen Lokalen in Westberlin, die, soweit ich das beurteilen kann, nachrichtendienstlich von großem Interesse sind, insbesondere die Westberliner Lokale ›Inkognito‹, ›Robby‹, ›Dandy‹« hoffte man ihn einsetzen zu können,[214] darüber hinaus für ein »Eindringen in den Kreis« um die Westberliner Homosexuellenorganisation »Verein für humanitäre Lebensgestaltung e. V.«.[215] Doch so attraktiv Homosexuelle als Informationsquellen auch erschienen, ihre Loyalität gegenüber dem MfS blieb oftmals gering, nicht zuletzt wegen der fortgesetzten Kriminalisierung und Stigmatisierung der Homosexualität. Im geschilderten Fall verweigerte sich der IM zunehmend der Zusammenarbeit, nachdem er verhaftet und nach § 175 verurteilt worden war – und die von ihm erhoffte Unterstützung des MfS ausblieb. So hieß es in einem internen Bericht: »Als L. aber später wegen § 175 einen Monat in Untersuchungshaft war, hätten ihm die Mitarbeiter des MfS, zu denen er Kontakt hatte, nicht geholfen. Dies sei auch der hauptsächliche Grund, warum er dann später fast nichts mehr für die Staatssicherheit gemacht hätte.«[216]

An der Grundhaltung der DDR-Führung, Homosexuelle als sozial »gefährliche« und »negative Personen« zu betrachten, änderten auch solche Formen der »Zusammenarbeit« mit dem MfS nichts. In der Konsequenz zogen sich die meisten Homosexuellen zurück und versuchten, ihre Veranlagung so gut wie möglich zu verbergen. Einige schlossen sich zu mehr oder weniger geheimen Zirkeln zusammen, die sich nach außen tarnten – ganz im Sinne von Lekschas Forderung,

213 Einschätzung vom 23.10.1960 (BStU, MfS GH 90/78, Teil P, Bl. 41).
214 Bericht vom 18.11.1960 (ebd., Bl. 46–49, hier 48).
215 Bericht vom 24.2.1961 (ebd., Bl. 53–56).
216 Bericht, undatiert (ebd., Bl. 87).

dass sich »diese Leute weiterhin isolieren müssen und auch isolieren werden«.[217] Eine Entwicklung, die Polizei und Staatssicherheit allerdings auch nicht recht war, wie ein Stasi-Bericht über einen Berliner Kreis Homosexueller erahnen lässt: »Dieser Kreis hielt wie Pech und Schwefel zusammen und ließ über sein Treiben nichts an andere verlauten!«[218] Die Existenz solcher Zirkel zeigt indes auch, dass es trotz strafrechtlicher Verfolgung und sozialer Ächtung durchaus Spielräume für homosexuelles Leben gab, wenn auch nur in privaten, von der Öffentlichkeit abgeschirmten Räumen. Dazu ein Zeitzeuge: »Typisch für die Homosexuellen in den sechziger Jahren war: nach außen kaschieren und in den eigenen vier Wänden leben.«[219] Den meisten, die die NS-Zeit erlebt hatten, erschien die Verfolgung der 1950er- und 1960er-Jahre eher harmlos. So berichtete ein 1907 geborener Drogist, der bereits im »Dritten Reich« verurteilt worden war, über sein Leben in Berlin: »Die Jahre nach 1955 wurden meine wilden Jahre. Vorsichtig musste man noch sein. Der Paragraf existierte ja noch bis Ende der sechziger Jahre, und Erpressungen waren nicht selten. Aber was war das schon gegenüber der Zeit von 1933 bis 1945. Nichts.«[220]

Doch der soziale Anpassungsdruck blieb groß und den meisten wurde schnell klar, dass man »gezwungen war, einen wichtigen Teil« von sich »vor den anderen zu verstecken«.[221] Natürlich wird das individuelle Stigma-Management auch nach 1945 facettenreicher gewesen sein, als es die beiden Pole von Tarnung und Offenbarung suggerieren: In der Kunst der Andeutung übten sich die meisten Homosexuellen ebenso beständig, wie man in ihrem sozialen Umfeld beredsam schwieg, obwohl man »Bescheid wusste«.[222] Es gab aber auch jene, denen ein derartig zweideutiges Leben unmöglich war. Bei ihnen war das Bedürfnis groß, eine heterosexuelle Fassade zu errichten, zum Beispiel, indem man eine Ehe einging. Doch solche Experimente scheiterten häufig: »Wie viele törichte, nicht zu verantwortende Ehen wurden deshalb geschlossen. Ehen, in denen die Frauen ihren Partnern ratlos gegenüberstanden, an sich selbst verzweifelten und in denen meist kurz vor der endgültigen Krise noch ein ungewolltes Kind zur Welt kam.«[223] Ein Umstand, der Ende der 1950er-Jahre auch in einer der ersten Schriften zur »Sexualberatung« problematisiert wurde: »Es kommt vor, dass echte Homosexuelle eine Ehe schließen, auch Kinder zeugen, um ihre eigene Veranlagung zu tarnen, vielleicht auch in der vagen Hoffnung, sich durch eine legale Bindung von

217 BArch, MdJ, P1/VA/1325, Bl. 296. Zit. nach Grau, Sozialistische Moral, S. 106.
218 Stasi-Bericht vom 2.3.1961 (BStU, MfS HA II 17987, Bl. 100–108).
219 Bericht des 1944 geborenen Ökonomen Joseph. Zit. nach Lemke, Ganz normal anders, S. 147.
220 Bericht des 1907 geborenen Drogisten K. Zit. nach ebd., S. 200.
221 Bericht des 1944 geborenen Ökonomen Joseph. Zit. nach ebd., S. 147.
222 Zu den verschiedenen Strategien des Stigma-Managements vgl. Kapitel II.1 sowie Zinn, Volkskörper, S. 37–57.
223 Bericht des 1917 geborenen Malers J. A. W. Zit. nach ebd., S. 129.

ihrer Widernatur zu befreien. Diese Ehen enden meist unglücklich.«[224] Überdies wurde der Brief eines verzweifelten Mannes wiedergegeben: »Gern möchte ich heiraten, eine Familie gründen, ein eigenes Heim haben.« Um dies zu erreichen, nehme er nun »ärztliche Hilfe in Anspruch«, damit »ich die Gefühle erhalte, die eines Mannes würdig sind. Sollte das nicht möglich sein und mein gegenwärtiger Zustand sich nicht verändern lassen, will ich freiwillig aus dem Leben scheiden, denn ein Leben in dieser Situation ertrage ich nicht länger.« Den »widernatürlichen Gefühlen freien Lauf zu lassen«, verbot ihm sein »Gewissen«, weshalb er bislang versucht habe, »diese widernatürlichen Gedanken mit Gewalt zu unterdrücken« und »Beziehungen zu Mädels« anzuknüpfen.[225]

Anders als einige Ärzte und Sexualberater hatten Polizei, Justiz und Staatssicherheitsdienst keine Bedenken, eine Anpassung an tradierte Lebensformen einzufordern. So zeigte sich das Kreisgericht Meiningen 1961 noch überzeugt, »dass der Angeklagte in der Lage ist, seine anormale Veranlagung zu einer normalen zu gestalten«. Dadurch, »dass er gute Kontakte teilweise zu Personen des weiblichen Geschlechts« habe, werde es ihm »bei der notwendigen Einsicht und im Interesse seiner Gesunderhaltung auch gelingen, den weiteren Lebensweg, wie von unserer Gesellschaft erwartet, zu gestalten«.[226] Homosexuelle, die im Visier der Polizei standen, versuchten sich derartigem Druck häufig durch den Verweis auf angebliche Verlobte zu entziehen, mitunter heirateten sie aber auch tatsächlich, um die an sie herangetragenen Erwartungen zu erfüllen. So schließlich auch der oben bereits erwähnte Schauspieler vom Meininger Theater, der bei Polizeibefragungen zwar homosexuelle Kontakte einräumte, aber auch immer wieder zu Protokoll gab, dass er »inzwischen derartige Neigungen überwunden« und »jetzt seit ca. einem ¾ Jahr eine feste Bekannte« habe.[227] Zu seiner Legende gegenüber dem Staatssicherheitsdienst, der ihn später als Geheimen Informator (GI) anwarb, gehörte es hingegen, tradierte Vorstellungen über eine Verführung zur Homosexualität zu bedienen, indem er sich als deren Opfer darstellte: »Bereits als Schauspieler am Cottbusser Theater ist er homosexuell missbraucht worden und wurde danach selbst so veranlagt.«[228] Um seine Läuterung zu dokumentieren, heiratete er schließlich, was man bei der Stasi aber eher skeptisch sah: »Obwohl der GI verheiratet ist und drei Kinder hat, gibt es Hinweise, dass er nach wie vor noch homosexuell veranlagt ist.«[229] Tatsächlich betrachtete er die Ehe wohl eher

224 Schwarz, Schriftliche Sexualberatung, S. 66.
225 Ebd., S. 61.
226 Urteil vom 20.8.1961 (BStU, MfS BV Karl-Marx-Stadt XIV 148/63, Teil 1, Band 1, Bl. 68–77, hier 73 f.).
227 Vernehmungsprotokoll vom 8.12.1959 (BStU, MfS Karl-Marx-Stadt, Reg. Nr. XI/180/63, Band 1, Bl. 64 f., hier 65).
228 Auskunftsbericht vom 18.4.1964 (ebd., Bl. 155–159, hier 157).
229 Einschätzung vom 19.7.1965 (ebd., Bl. 165).

als Freifahrtschein, seine homosexuellen Abenteuer fortzusetzen. So unterhielt er bei einem folgenden Engagement am Theater in Bernburg schon wieder eine Affäre mit einem Kollegen, was der Stasi ebenso wenig entging wie der Umstand, dass er bei diesem auch größtenteils »wohnt und schläft«. Im »GI-Bericht« hieß es dazu: »Seine Frau weiß von dem Verhältnis [...].«[230] Die Ehe hielt nicht mehr lange, wie ein späterer Stasi-Bericht vermerkte: »2 Jahre blieb er nur bei seiner Frau, dann lernte er wieder einen Mann kennen und die Ehe ging entzwei.«[231]

Lesbische Frauen scheinen den gesellschaftlich vorgezeichneten Weg von Ehe und Familie noch häufiger gegangen zu sein als schwule Männer. Darauf deuten jedenfalls die (bislang raren) autobiografischen Zeugnisse hin, die zum lesbischen Leben in der DDR der 1950er- und 1960er-Jahre existieren. Von fünf Frauen, die Maria Borowski für ihr Forschungsprojekt zur Situation in der frühen DDR interviewte, gingen immerhin drei eine Ehe ein, wobei es sich nur in einem Fall um eine bewusste Scheinehe mit einem schwulen Mann handelte.[232] Der Anpassungsdruck, tradierte Rollenbilder zu erfüllen, war gerade in der Frühphase der DDR sehr hoch und beengte Frauen in ihrer Entwicklung offenbar stärker als Männer. Beachtlich ist allerdings, dass die beiden »heterosexuellen« Ehen, aus denen auch Kinder hervorgingen, bereits Mitte/Ende der 1960er-Jahre wieder geschieden wurden.[233] Letztlich war es aber wohl mehr das vom Staat propagierte Ideal einer sozialistischen Familie als die konkrete Repression weiblicher Homosexualität, die das Leben lesbischer Frauen bestimmte, denn strafrechtlich wurde die lesbische Sexualität auch weiterhin nicht belangt.

Neben dem Strafrecht gab es in der »Erziehungsdiktatur« der DDR allerdings auch noch andere Formen der Repression, mit denen ein konformes Verhalten erzwungen wurde, so insbesondere Sanktionen durch Parteien, Massenorganisationen, Hausgemeinschaften und Betriebe.[234] Auch wenn zur Behandlung der weiblichen Homosexualität bislang nur wenig Quellenmaterial bekannt ist, spricht doch einiges dafür, dass lesbische Frauen durch diese Instanzen in ähnlichem Maße drangsaliert worden sein könnten wie schwule Männer. Darauf deutet auch eine Begebenheit hin, über die eine Interviewpartnerin von Borowski berichtete, die Anfang der 1960er-Jahre in einem Internat in Eisenhüttenstadt eine Beziehung mit einer Mitschülerin angeknüpft hatte. Als die Affäre bekannt wurde, überzog sie der Schuldirektor mit einer »Beschimpfungsorgie« und drohte ihr an, dass sie »die Schule zu verlassen hätte, wenn das weiter fortgesetzt wird«.

230 GI-Bericht vom 3.9.1965 (ebd., Bl. 164 und 166, hier 166).

231 IM-Bericht vom 25.5.1967 (ebd., Bl. 171).

232 Vgl. Maria Borowski, Parallelwelten: Lesbisch-schwules Leben in der frühen DDR, Berlin 2017, S. 191.

233 Ebd., S. 137 und 183.

234 Vgl. Kapitel IV.5.

Überdies wurden die beiden vor ein Gremium von FDJ-Sekretären geladen, die ihnen erklärten, ihre Beziehung sei »unnormal. Wir gehörten ins Krankenhaus, zum Arzt – wir müssten umoperiert werden.« Auf die Forderung, über sexuelle Details zu berichten, reagierte die junge Frau selbstbewusst: »Ich sagte, na was erlauben Sie sich denn.« Dieser Auftritt entwaffnete die Kommission, sodass die beiden ihre Ausbildung fortsetzen konnten. Doch ihre Beziehung ging infolge des Vorfalls in die Brüche.[235]

Die gesellschaftliche Stigmatisierung der weiblichen Homosexualität stand der der männlichen kaum nach. Viele Eltern machten sich Sorgen und Vorwürfe, wenn ihre Tochter in »schlechte« Gesellschaft geriet. So etwa die Mutter einer 20-Jährigen, die sich in den 1950er-Jahren an den bereits mehrfach erwähnten Psychiater Hanns Schwarz wandte. Ihre Tochter stehe »jetzt völlig unter dem Einfluss« einer 40-jährigen Frau »von schlechtem Ruf«, die sie »in der Gewalt« habe. Die Tochter sei neuerdings »blass, nervös, aufgereizt«, ja sie habe »völlige Nervenzusammenbrüche, wenn sie mal keine Gelegenheit hat, mit der Frau zusammenzukommen«. Dass es sich um Liebe handeln könnte, kam der Mutter ebenso wenig in den Sinn wie die Möglichkeit, dass die Nervenzusammenbrüche auch eine Folge gesellschaftlicher Ächtung sein könnten. Stattdessen erbat sie »als verzweifelte Mutter« Rat und Hilfe, ob »es überhaupt ein Mittel« gebe, »mein Kind von dieser sexuellen Not zu befreien«.[236] Doch es gab auch die anderen Fälle, in denen Mütter ihren Töchtern beistanden. So berichtete die Zeitzeugin Inge Scheuer (Jahrgang 1924): »Meine Mutter hat mich in den Arm genommen. Ich habe so getan, als ob ich ihr ein riesiges Geheimnis erzählen muss. Da hat sie gesagt, na liebes Kind, dass du auch so bist, ist ja sehr traurig, aber wir müssen uns damit abfinden.«[237] Ähnlich wie bei homosexuellen Männern hatte das Stigma-Management lesbischer Frauen im privaten Umfeld von Familie und Freunden eine große Bandbreite, wobei Formen des »wissenden Beschweigens« wohl weit verbreitet waren. So berichtete die Zeitzeugin Anna, ihre Eltern hätten ihre Freundin schnell kennengelernt und sie – wie auch die übrige Verwandtschaft – hätten diese auch akzeptiert: »Ich habe nicht angesprochen, dass ich lesbisch bin, aber es war auch ganz klar, dass sie die erste Bezugsperson in meinem Leben ist.«[238] In anderen gesellschaftlichen Bereichen, so insbesondere im beruflichen Umfeld, dominierten dagegen Strategien der Täuschung und Tarnung, drohten bei Enthüllung des Lesbischseins doch einschneidende Konsequenzen. So berichtete Anna, sie habe am Arbeitsplatz einen Freund erfunden, um eine

235 Zit. nach Borowski, Parallelwelten, S. 222f.
236 Schwarz, Schriftliche Sexualberatung, S. 64f.
237 Inge Scheuer. In: Karstädt/Zitzewitz, … viel zu viel verschwiegen, S. 31–39, hier 31.
238 Anna. In: ebd., S. 85–101, hier 94.

heterosexuelle Fassade zu errichten: »Da haben wir viel verstecken gelernt. Das war das Bedrückende.«[239]

Der Staatssicherheit galten lesbische Frauen – wie auch schwule Männer – tendenziell als »unsichere Kantonisten«, die besser zu überwachen waren. So etwa eine Frau aus Zwickau, über die ein Informant 1963 einen Bericht verfasste. Der IM hatte sich zu diesem Zweck mit ihr angefreundet und zwei Flaschen Wein geleert. In dem alkoholseligen Gespräch der beiden ging es zwar meist um homosexuelle Männer und deren Freundeskreise. Das »ganze Gespräch« sollte aber eigentlich »den Zweck« haben, die Frau »in ihrer geistigen und sexuellen Veranlagung zu testen«.[240] Ein Umstand, der auf den voyeuristischen Charakter verweist, der mit der Beobachtung lesbischer Frauen oftmals verknüpft war. Dass sich der »Test« schließlich auch noch darauf erstrecken sollte, die »im Gespräch mehr oder weniger theoretisch gemachten Feststellungen durch die Praxis zu untermauern«, macht ebenfalls deutlich, welche Rolle die Sexualphantasien der zumeist männlichen Stasi-Mitarbeiter spielen konnten. Im konkreten Fall sollte der – übrigens nach § 175 vorbestrafte – IM erkunden, »wie sie sexuell direkt tendiert, was sie gerne hat und was sie möchte«, wobei es auch darum ging, ihm selbst eine heterosexuelle »Legende« zu verschaffen. Die Offenheit, mit der all das berichtet wurde, ist frappierend und markiert deutlich, welche Rolle das Geschlecht der Stasi-Mitarbeiter im Umgang mit dem Thema Homosexualität spielte und welche Unterschiede es infolgedessen in der Behandlung schwuler Männer und lesbischer Frauen gab. Der kumpelhafte Ton, mit dem der IM seinem Führungsoffizier signalisierte, der angestrebte Sexualkontakt sei »absolut drin«, wäre in einer anderen Konstellation kaum vorstellbar gewesen.[241]

Wirkmächtiger als Repressionen und Überwachungsmaßnahmen dürfte für lesbische Frauen aber die »kommunistische Moral« gewesen sein, die ab Mitte der 1950er-Jahre verstärkt propagiert wurde. Im Gegensatz zur NS-Zeit wurde nun zwar die Gleichberechtigung der Geschlechter herausgestellt, ansonsten ähnelte die neue Moral aber in vielen Punkten der alten. Das Prinzip »Gemeinnutz vor Eigennutz« hatte auch im Sozialismus Priorität, nach Alexander Fjodorowitsch Schischkin galt in der »kommunistischen Ethik«, dass »die gesellschaftlichen Interessen Vorrang haben vor den persönlichen«, ja mehr noch, dass »die gesellschaftlichen Interessen als die vordringlichsten persönlichen Interessen anzuerkennen« seien.[242] Dazu gehörten Ehe und Familie, die auch im Sozialismus als

239 Ebd., S. 92.

240 Bericht vom 17.12.1963 (BStU, MfS BV Karl-Marx-Stadt XIV 148/63, Teil A, Band V, Bl. 41–45, hier 43).

241 Ebd., Bl. 45.

242 Alexander Fjodorowitsch Schischkin, Die Grundlagen der kommunistischen Moral, 3. Auflage Berlin 1959, S. 263 f. Zit. nach Borowski, Parallelwelten, S. 52.

»Keimzelle der Gesellschaft« galten und für die Reproduktion der Bevölkerung und die Erziehung der Kinder zu guten Staatsbürgern, deren Verhalten keinen »gesellschaftswidrigen Charakter annimmt«, verantwortlich waren.[243] Die Ehe wurde dabei traditionell als monogame Gemeinschaft von Mann und Frau definiert. Neuen Lebensformen, die einst von linken Gesellschaftstheoretikern propagiert worden waren, erteilte man eine klare Absage: »Alle Diskussionen der Zwanzigerjahre über die Polygamie des Mannes, über Ehe zu dritt, selbst über Probeehen, waren ein Versuch mit untauglichen Mitteln. Sie gehören zu der großen Gruppe der Utopien, mit denen man, ohne die Gesellschaftsordnung ändern zu müssen durch Reformen schlechte Zustände bessern will. All dieses ›Zurück-zur-Natur‹ (in unserem Fall: zurück zur Gruppenehe) ist nicht möglich.«[244] Homosexuelle galten in diesem Kontext bestenfalls als »ebenso bedauernswert wie jeder mit einer Missbildung geborene«, denen nur »die Heilerziehung, die Psychotherapie« helfe.[245] In der seit Mitte der 1950er-Jahre publizierten Ratgeberliteratur wurde aber auch auf »eine besondere Gefahr der Verführung« durch »sogenannte Homosexuelle« hingewiesen. Der Frauenarzt Wolfgang Bretschneider sah davon nicht nur männliche Jugendliche bedroht. In Bezug auf die »sogenannte lesbische Liebe« kam er zu dem eher ungewöhnlichen Befund, sie sei »zwar nicht strafbar«, scheine aber »noch schwerwiegender zu sein«. So sei es »eine Erfahrung der Psychologen, dass es für die Frau wesentlich schwieriger ist, sich von dieser abartigen Sexualität zu lösen, als für den Mann«.[246]

Anders als Bretschneider glaubte, war es für viele lesbische Frauen vor allem »schwierig«, ihre Sexualität zu finden. So wie für die Zeitzeugin Henrike (Jahrgang 1942): »Mein Coming out fing mit etwa 14 Jahren an, das war 1956. Bei mir war es so, dass ich zunächst sehr verzweifelt war über meine Veranlagung. Es war sogar soweit, dass ich ernstlich Pläne durchgespielt habe, mir das Leben zu nehmen.«[247] Sie habe ihre Veranlagung »zuerst erlebt durch meine erste heftige Verliebtheit in meine damalige Deutschlehrerin«. Doch sie kannte »nicht einmal den Ausdruck« Homosexualität: »Ich habe viel in Buchhandlungen herumgestöbert. Da fand ich dann einmal ein landläufiges Aufklärungsbuch. Da war immerhin ein Abschnitt, drei Sätze oder so, der erklärte, was Homosexualität wäre. Mir ist es damals in der Buchhandlung wie Schuppen von den Augen gefallen, dass das wohl für mich zutreffen müsste. Aber dann begann dieser belastende Prozess,

243 Schischkin, Grundlagen der kommunistischen Moral, S. 287. Zit. nach Borowski, Parallelwelten, S. 55.

244 Rudolf Neubert, Die Geschlechterfrage. Ein Buch für junge Leute, Rudolstadt 1956, S. 153. Zit. nach Borowski, Parallelwelten, S. 73.

245 Ebd., S. 80 f. Zit. nach Borowski, Parallelwelten, S. 87.

246 Wolfgang Bretschneider, Sexuell aufklären, rechtzeitig und richtig. Ein Ratgeber für sexuelle Erziehung, Leipzig 1956, S. 63 f.

247 Henrike. In: Karstädt/Zitzewitz, … viel zu viel verschwiegen, S. 121–133, hier 124.

Abb. 25: Private Freiräume: Lesbische Freundinnen im Garten; Quelle: FFBIZ/Fotosammlung Rita Thomas (C Rep. 40 Acc. 4).

dass ich eigentlich glaubte, ich müsste das dann nun ganz für mich behalten. Ich war wirklich sehr allein mit diesem Problem.«[248] Henrike beschrieb ihr Coming out retrospektiv als »eine sehr schwierige Zeit harter Entwicklungsarbeit«, bei der es darum gegangen sei, »das ganze Verdrängen und Verheimlichen« über Bord zu werfen: »Das war mit 26 Jahren geschafft, endlich.«[249]

Auch die Kontaktaufnahme gestaltete sich für lesbische Frauen äußerst kompliziert, gab es doch keine den anonymen Treffpunkten schwuler Männer vergleichbaren Orte. Dazu die Zeitzeugin Henrike: »Es gab auch keine Annoncen in den Zeitungen, jedenfalls bin ich nie auf so etwas gestoßen.« Sie habe sich nur in ihrem »täglichen Umfeld umgeguckt«: »Es ist wirklich ein trauriges Suchen gewesen im täglichen Umkreis und selten auch in Gaststätten.« Doch es habe »nichts gebracht.« Eigentlich sei »nichts zu erzählen außer diesem ewigen Suchen«.[250]

248 Ebd., S. 123.
249 Ebd., S. 125.
250 Henrike. In: Karstädt/Zitzewitz (Hg.), … viel zu viel verschweigen, S. 121–133, hier 126f.

Eine der wenigen Möglichkeiten der Kontaktaufnahme waren »Briefwechselanzeigen« in der »Wochenpost«, der einzigen ostdeutschen Zeitschrift, die derartige Annoncen akzeptierte. Das zumindest berichtet Ursula Sillge (Jahrgang 1946), die ihre Freundin Mitte/Ende der 1970er-Jahre auf diesem Weg kennenlernte: »In der Wochenpost konnte man damals Briefwechselanzeigen veröffentlichen, es blieb offen, ob ein Mann oder eine Frau gesucht wurde.«[251] Bislang ist allerdings weder erforscht, seit wann genau solche Anzeigen möglich waren, noch, wie oft sie zur gleichgeschlechtlichen Kontaktanbahnung genutzt wurden. Neben Zufallsbekanntschaften waren sie offenbar aber eine der wenigen Möglichkeit, andere lesbische Frauen kennenzulernen. Trotz solcher Schwierigkeiten ist andererseits doch festzuhalten, dass sich vor allem in den größeren Städten immer wieder private Zirkel lesbischer Frauen bildeten, subkulturelle Netzwerke, die einen Austausch ermöglichten und zur Festigung lesbischer Identität beitrugen.

Insgesamt war die Situation lesbischer Frauen in der DDR wohl ähnlich, wie sie Claudia Schoppmann schon für das »Dritte Reich« beschrieben hatte: Zumindest die 1950er- und 1960er-Jahre waren von einer »geschlechtsspezifischen Homosexuellenpolitik« bestimmt, bei der »die ›soziale Gefährlichkeit‹ weiblicher Homosexualität – im Vergleich zur männlichen – als gering erachtet wurde«. Beachtlich ist das deswegen, weil sich die DDR-Frauenpolitik von der des NS-Regimes fundamental unterschied – was freilich die Frage aufwirft, ob sich die geschlechtsspezifische Behandlung des Themas tatsächlich aus der »NS-Frauenpolitik« herleiten lässt, wie es Schoppmann für das »Dritte Reich« tut.[252] Möglicherweise waren in dieser Frage langfristige patriarchalische Prägungen doch wirkmächtiger als kurzfristige Politikschwenks. Eine Wende leitete in der DDR erst die neue Gesetzgebung von 1968 ein, die die »einfache« Homosexualität unter Männern straffrei stellte, mit § 151 aber eine neue Jugendschutzbestimmung schuf, in die nun auch die weibliche Homosexualität einbezogen wurde. Ein Novum in der deutschen Rechtsgeschichte, mit dem die Stigmatisierung der lesbischen Liebe nun erstmals gesetzlich fixiert wurde.

251 Ursula Sillge. In: ebd., S. 135–159, hier 136.
252 Schoppmann, Sexualpolitik, S. 259 f.

IV. Verfolgung und Alltag Homosexueller in Sachsen 1945–1949

1. Vorreiter Sachsen? Der Kampf um den § 175 in den Jahren 1945–1949

Die Kapitulation Deutschlands im Mai 1945 empfanden wohl die meisten Homosexuellen als Befreiung. Für jene, die in Gefängnissen, Zuchthäusern oder Konzentrationslagern inhaftiert waren, war es auch eine ganz reale Befreiung. Denn die meisten von ihnen kamen frei – jedenfalls in den Regionen, die nun von der Roten Armee besetzt wurden. Aus den sächsischen Gefängnissen und Zuchthäusern scheinen im April und Mai alle Männer entlassen worden zu sein, die dort noch wegen Verurteilungen nach den §§ 175 und 175a einsaßen. Soweit ihre Strafen noch nicht verbüßt waren, wurde ihnen die Reststrafe in den folgenden Jahren von den örtlichen Staatsanwaltschaften erlassen.[1] Rechtsgrundlage war § 12 des SMAD-Befehls Nr. 228 vom 30. Juli 1946 über die »Nichtigkeit von Urteilen in politischen Sachen und die Einstellung von Strafverfahren in Fällen bestimmter strafbarer Handlungen, die vor dem 8. Mai 1945 begangen sind«.[2] Diese Amnestie galt allerdings nur, wenn die Reststrafe zwei Jahre nicht überschritt. Doch auch in den anderen Fällen ließ man eher Milde walten. So bei einem Mann, der 1943 wegen »Jugendverführung« nach § 175a zu fünf Jahren Zuchthaus verurteilt worden und seit 1945 wieder auf freiem Fuß war. Im Juli 1948 ermittelte die Leipziger Staatsanwaltschaft seinen Aufenthalt, um ihm zu eröffnen, dass er nicht unter die »Amnestie« der SMAD falle, da die noch zu verbüßende Reststrafe mehr als zwei Jahre betrage. In einem Vermerk notierte man: »Ihm ist anheimzugeben, umgehend ein Gnadengesuch einzureichen.«[3]

---

1 Vgl. SächsStA Leipzig, Bestand 20114, Nr. 379, 608, 619, 1000, 1138, 1143, 3180, 3185, 3238, 3649, 4506, 4522, 4539, 4597, 4611, 7144.

2 SMAD-Befehl Nr. 228/46 vom 30.7.1946 (BArch, DX/1/335).

3 Vermerk vom Juli 1948 (SächsStA Leipzig, Bestand 20114, Nr. 3178, Bl. 10R).

In diesem Punkt unterschied sich die Praxis der SBZ von der der britischen Zone, wo Homosexuelle ihre Reststrafen nach 1945 mitunter noch verbüßen mussten.[4] Die Hamburger Staatsanwaltschaft, die die Verfolgung homosexueller Männer schon während der NS-Zeit mit besonderem Engagement betrieben hatte, zeigte nach 1945 besonderen Eifer, jene Männer, deren Strafen noch nicht vollständig verbüßt waren, aufzuspüren.[5] So etwa im Fall eines Mannes, der 1940 vom Hamburger Landgericht wegen »einfacher« Homosexualität als »gefährlicher Gewohnheitsverbrecher« zu 18 Monaten Zuchthaus und anschließender Sicherungsverwahrung verurteilt worden war – ein Urteil, das die besondere Maßlosigkeit der Hamburger Urteilspraxis dokumentiert.[6] 1944 war der Mann ins Zuchthaus Waldheim überstellt und am 8. Mai 1945 aus diesem entlassen worden. Im Januar 1946 bat die Hamburger Staatsanwaltschaft dann um Mitteilung, wo der Mann verblieben sei. Zwar sei die Aussetzung der Strafverbüßung während der Kriegszeit inzwischen aufgehoben worden, sodass der Mann seine Strafe bereits »am 19.12.1941 verbüßt hätte«. In Hamburg war man aber der Auffassung, dass er »anschließend in Sicherungsverwahrung zu nehmen wäre«.[7]

Die Amnestierung ehemaliger Häftlinge durch die Sowjetische Militäradministration war freilich nur ein Gnadenakt und kein Signal dafür, dass die Homosexualität nunmehr straffrei gestellt würde. Im Gegenteil: Bereits im Sommer 1945 kam es wieder zu ersten Strafverfahren wegen homosexueller Handlungen. Das ist besonders beachtlich, wenn man bedenkt, dass viele Polizeibehörden personell neu aufgestellt und alte »Fachbeamte«, soweit sie nicht ohnehin schon geflohen waren, entlassen worden waren. So war der Leipziger Kriminalsekretär Erich Feldmann, der für die Homosexuellenverfolgung während der NS-Zeit maßgeblich verantwortlich gewesen war, am 21. Juli 1945 aus dem Polizeidienst entlassen worden und fortan als Bauarbeiter tätig.[8] Doch auch die neu entstehende Volkspolizei widmete sich schon bald wieder der Homosexuellenverfolgung. Die wenigen Fälle, zu denen Akten überliefert sind, drehten sich allerdings alle

---

4 Vgl. Stefan Micheler, » ... und verbleibt weiter in Sicherungsverwahrung«. Kontinuitäten der Verfolgung Männer begehrender Männer in Hamburg 1945–1949. In: Andreas Pretzel/Volker Weiß (Hg.), Ohnmacht und Aufbegehren. Homosexuelle Männer in der frühen Bundesrepublik, Hamburg 2010, S. 62–90, hier 64 f.

5 Vgl. dazu auch den Fall von Paul Hahn, der zunähst entlassen und im Juli 1945 dann erneut verhaftet wurde, um seine Reststrafe im Gefängnis Hamburg-Fuhlsbüttel zu verbüßen. Rainer Hoffschildt, »Nach der Befreiung wieder in Haft«. Der bündische Widerstandskämpfer Paul Hahn. In: Müller/Sternweiler (Hg.), Homosexuelle Männer im KZ Sachsenhausen, S. 354–358, hier 356.

6 Vgl. Kapitel II.7.

7 Schreiben vom 31.1.1946 (SächsStA Leipzig, Bestand 20036, Nr. 15118, unpag.).

8 Personalkarteikarte und Meldebogen vom 12.2.1946 (SächsHStA Dresden, 13471 NS-Archiv des MfS, Nr. ZB 7712 A.2).

um das Thema »Jugendverführung«. So etwa im Verfahren gegen einen bereits während der NS-Zeit verurteilten Kellner, der im August 1944 einen 16-jährigen Rundfunkmechaniker kennengelernt und mit diesem ein sexuelles Verhältnis angeknüpft hatte. Im August 1945 erstattete der Jugendliche schließlich Anzeige, vermutlich auf Rat seiner Eltern. Das Leipziger Landgericht verurteilte den Mann wegen »Verführung eines Minderjährigen zur Unzucht« zu zwei Jahren Zuchthaus – im November 1946 wurde die Reststrafe von der sächsischen Justizverwaltung dann zur Bewährung ausgesetzt.[9]

Inwiefern es bei der neu einsetzenden Verfolgung auch um die »einfache« Homosexualität ging, ist nicht mehr mit Sicherheit zu klären. Es gibt aber Hinweise darauf, dass »gewöhnliche« Homosexuelle anfangs eher geduldet wurden und sich die Verfolgungsmaßnahmen zunächst auf »qualifizierte« Fälle von »Jugendverführung« und Prostitution konzentrierten. So soll Artur Hofmann, der im Oktober 1945 zum Leiter der sächsischen Landespolizei ernannt worden war, kurz darauf erklärt haben, »dass bis auf weiteres die Auslegung des § 175 wieder die gleiche ist wie vor 1933, d. h., dass Fälle von gegenseitiger Onanie nicht strafbar sind«.[10] Das zumindest erklärte Rudolf Kunze, der 1947 beschuldigt wurde, mit zwei 16-Jährigen masturbiert zu haben, zu seiner Verteidigung. Auch die Entscheidung der Leipziger Polizei, »den homosexuellen Frauen und Männern« zu gestatten, in der Gaststätte »Concordia« Tanzveranstaltungen durchzuführen, ist ein Indiz dafür, dass zunächst eine Duldungspolitik vorherrschte. So wurde es »den homosexuellen Frauen und Männern« nach »Fürsprache des damaligen Herrn Polizeirat Humperdink« im November 1945 gestattet, in der Gaststätte »Concordia« in der Hähnelstraße 8 Tanzabende abzuhalten. Dies war ein deutliches Zeichen der Liberalisierung und dürfte von vielen auch als Signal für eine kommende Entkriminalisierung verstanden worden sein. Umso irritierter reagierten Organisatoren und Teilnehmer, als der Nachfolger Humperdinks im Dezember 1946 neue Regeln erließ, nach denen die Teilnehmer mindestens 25 Jahre alt sein mussten und »auswärtigen Gästen der Zutritt vollkommen versagt« werden sollte.[11]

Dass Repression und Verfolgung bereits 1946 wieder anzogen, ergibt sich auch aus den Statistiken der sächsischen Staatsanwaltschaft, die für die Jahre 1946 bis 1949 überliefert sind. So wurden 1946 insgesamt 86 Strafverfahren eingeleitet und 22 Männer verhaftet (vgl. Grafik 28). 24 Angeklagte wurden verurteilt, bis auf einen, der mit einer Geldstrafe davonkam, erhielten alle Freiheitsstrafen (vgl. Grafik 29).[12] Auch wenn die Strafverfolgung deutlich hinter der der NS-Zeit

9 Urteil vom 18.9.1945 und Mitteilung vom 23.11.1949 (SächsStA Leipzig, Bestand 20031, PP-S 2001, Bl. 21 f.).

10 Schreiben vom 26.5.1947 (BStU, MfS AU 307/55, Band 5, Bl. 141-144, hier 141).

11 Schreiben vom 19.3.1947 (SächsHStA Dresden, Bestand 11380, Nr. 513, Bl. 39).

12 Eine unerklärliche Differenz gibt es zwischen den Angaben zur Anzahl der Urteile und denen zum Strafmaß. Auf einem Meldebogen ist von 11, auf dem anderen von 24 Verurteilun-

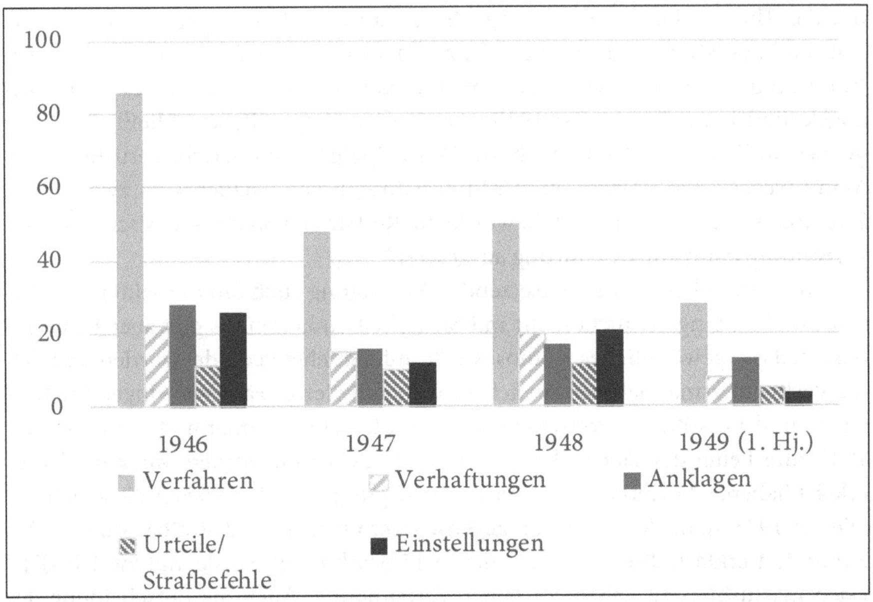

Grafik 28: Verfahren wegen homosexueller Betätigung in Sachsen 1946 bis 1949[13]

zurückblieb, sind das beachtliche Zahlen. Unklar bleibt allerdings auch hier, welche Homosexualitätsdelikte im Fokus der Polizeiarbeit standen, denn die Verfahren wurden pauschal unter der Rubrik »homosexuelle Betätigung« subsumiert.

Ein Schreiben des sächsischen Justizministeriums vom August 1947 macht aber deutlich, dass es bis zu diesem Zeitpunkt bereits wieder zu einer Abkehr von der Linie Artur Hofmanns gekommen sein muss, den § 175 nur in der alten Fassung anzuwenden und die gegenseitige Onanie nicht mehr zu verfolgen. Unter Verweis auf den Kontrollrat und ein Urteil des OLG Kiel (sic!) teilte das Ministerium mit, dass »die nach 1933 eingetretenen Strafverschärfungen der §§ 175 fg. StGB nicht wieder hinfällig geworden sind«.[14] Auch ein Schreiben der Dresdner Staatsanwaltschaft aus dem Jahr 1949 zeigt, dass die NS-Fassung der Paragrafen – zumindest in deren Verantwortungsbereich – weiter angewendet wurde. Der Dresdner Oberstaatsanwalt teilte jedenfalls mit, man habe »bisher die genannten Strafbestimmungen in der neuen Fassung des Gesetzes vom 28.6.1935 angewendet«.[15]

gen die Rede. Vgl. Geschäftsberichte der sächsischen Staatsanwaltschaften 1946–1949 (BArch, DP/1/6484).

13 Geschäftsberichte der sächsischen Staatsanwaltschaften 1946–1949 (ebd.).

14 Schreiben vom 4.8.1947 (SächsHStA Dresden, Bestand 11380, Nr. 513, Bl. 2).

15 Schreiben vom 19.8.1949 (ebd., Bl. 53).

Die neu einsetzende Verfolgung sorgte für erhebliche Unruhe und rief schließlich verschiedene Männer auf den Plan, die sich mit Protestschreiben an Polizeistellen, Ministerien und Parteien wendeten. Zu ihnen zählte der oben erwähnte Rudolf Kunze: Als SED-Mitglied und Mitarbeiter der Deutschen Verwaltung für Land- und Forstwirtschaft vertraute er darauf, Gehör zu finden. Nachdem ihn die Mutter eines der 16-Jährigen angezeigt hatte, wandte er sich mit einem Schreiben an die Polizeigebietsleitung Dresden, in dem er darauf verwies, dass »beim Neuaufbau der Demokratie« die »Aufhebung aller Nazigesetze proklamiert worden« sei.[16] Das Gespräch mit Landespolizeichef Hofmann habe er 1945 geführt, um einer etwaigen strafrechtlichen Verfolgung vorzubeugen. Hintergrund sei seine Beschäftigung bei der Landesverwaltung Sachsen gewesen, wo er »eine verantwortliche Stelle bekleiden sollte« – zu diesem Zweck habe er damals auch Staatssekretär Fritz Wessel auf seinen »Zustand als evtl. Hinderungsgrund hingewiesen«. Kunzes Protestbrief wurde schließlich sogar Max Fechner, dem Chef der Deutschen Justizverwaltung in Berlin, vorgelegt, der ihn zu seinen Akten nahm, aber keine Klärung der Rechtsfrage veranlasste.[17]

Folgenreicher waren die Aktivitäten, die der Dresdner Arzt Rudolf Klimmer und der Leipziger Fotograf Curt Röbel seit Februar 1947 entfalteten. Beide waren während der NS-Zeit selbst Opfer der Verfolgung geworden, eine Erfahrung, die zu ihrem Engagement beigetragen haben dürfte. Klimmer war zweimal zu Gefängnisstrafen verurteilt worden, darüber hinaus hatte man ihm den Doktortitel aberkannt und die ärztliche Approbation entzogen.[18] Röbel war im Rahmen der Gestapo-Razzien im Leipziger »Burgkeller« verhaftet und mindestens ein Mal nach § 175 verurteilt worden.[19] 1945 kehrte Klimmer aus Berlin

16 Schreiben vom 26.5.1947 (ebd., Bl. 141).

17 Vgl. BArch, DP/1/30338.

18 Andreas Georg Rudolf Klimmer, geboren am 17.5.1905 in Dresden, studierte Medizin in Leipzig, wo er 1930 auch promovierte. Als KPD-Mitglied wurde ihm dort 1933 seine Stelle als Assistenzarzt fristlos gekündigt. Er arbeitete als Schiffsarzt, später als Assistenzarzt in Halle und Dresden. Am 24.11.1937 wurde er in Frankfurt am Main gemeinsam mit dem Strichjungen Ludwig Munninger verhaftet und am 5.5.1938 nach § 175 zu fünf Monaten Gefängnis verurteilt. Der Deutsche Ärztegerichtshof schloss ihn am 23.3.1939 für fünf Jahre »von weiterer behandelnder Tätigkeit in der öffentlichen Fürsorge« aus. Bevor er am 24.1.1941 vom Landgericht Altenburg nach § 175 zu einem weiteren Jahr Gefängnis verurteilt wurde, war er am Sanatorium Tannenfeld tätig. Am 14.5.1941 wurde Klimmer von der Universität Leipzig sein Doktortitel aberkannt. Am 28.8.1943 heiratete er die Apothekertochter Martha Brumecki, am 3.3.1948 wurde die Ehe wieder geschieden. Klimmer starb am 26.7.1977 in Wuppertal. Vgl. HHStA Wiesbaden, Abt. 409/3 und Abt. 461, Nr. 29145; BArch, ZD 7650 A. 17; Universitätsarchiv Leipzig, Rep. I VIII 258; Grau, Ein Leben, S. 54 f. Vgl. auch Kapitel II.10.

19 Arthur Curt Röbel, geboren am 10.2.1896 in Zwenkau, war Inhaber des Fotogeschäfts Curt Röbel Photo in der Leipziger Weissestraße 30. Im Februar 1936 wurde er erstmals verhaftet, am 13.12.1940 dann erneut im Rahmen der Gestapo-Aktion im Leipziger Burgkeller (vgl. Kapitel II.5). Zwei Tage später unternahm er einen Selbstmordversuch, entlassen aus der Polizeihaft

in seine Heimatstadt Dresden zurück und ließ sich dort, den Entzug von Titel und Zulassung ignorierend, als Nervenarzt nieder.[20] Röbel betrieb sein Fotogeschäft in der Leipziger Weissestraße nach seiner Entlassung aus dem Gefängnis 1944 weiter. Während Klimmer der SED beitrat, schloss sich Röbel der Liberaldemokratischen Partei Deutschlands (LDPD) an, Mitgliedschaften, die beide nun nutzten, um die Abschaffung des § 175 voranzutreiben.

Zu den ersten Aktivitäten Klimmers gehörten zwei Vortragsabende zu »Homosexualität und Justiz«, die er in Dresden und Leipzig gemeinsam mit den Juristen Dr. Glaser[21] und Dr. Willy Kulaszewski[22] veranstaltete. Beide Vortragsabende wurden offiziell vom Kulturbund veranstaltet. Bei der Leipziger Veranstaltung war es Kulaszewski, der die Aufgabe übernahm, die »Notwendigkeit einer Bestrafung« zu verneinen – und damit seine politische Wendigkeit unter Beweis zu stellen, war er während der NS-Zeit doch selbst in Strafverfahren gegen Leipziger Homosexuelle als Staatsanwalt aufgetreten.[23] Nun erklärte er, der »Faschismus« habe die Verfolgung »als Geräuschkulisse zur Röhm-Affäre und zum Kampf gegen katholische Kongregationen benötigt«. Doch eine Bestrafung verbiete sich, »weil die Öffentlichkeit von homosexuellen Vorgängen direkt überhaupt nicht berührt würde«. Viele Länder Europas »bestraften die Homosexualität nicht«. Schon Voltaire habe »im Namen der Menschlichkeit gegen eine Bestrafung« protestiert. Klimmer hingegen übernahm den medizinischen Part und erklärte, die Homosexualität sei eine »konstitutionsbiologische, anthropologische Variante, aber keine Krankheit«. Ärztlicherseits könne »nichts zur Verteidigung des § 175

wurde er erst ein halbes Jahr später. Im August 1942 war er dann erneut für zwei Wochen in Gestapo-Schutzhaft in Freiburg, am 19.11.1943 wurde er schließlich vom Leipziger Landgericht wegen eines Vergehens nach § 175 zu sechs Monaten Gefängnis verurteilt. Röbel starb am 22.4.1956 in Leipzig Dösen. Vgl. Gefangenenbücher 1936 und 1940 (SächsStA Leipzig, Bestand 20031, PP–S 8509 und 8516); Akte des Gerichtsgefängnisses Freiburg (LABW, Abt. StA Freiburg, G 701/2 Nr. 1168); Strafakte Röbel (SächsStA Leipzig, Bestand 20114, Nr. 5274).

20 Fragebogen vom 27.7.1945 (SächsHStA Dresden, Bestand 13471 NS-Archiv des MfS, ZW 276 A 16, Bl. 8425).

21 Wahrscheinlich handelte es sich um den jüdischen Rechtsanwalt Fritz Salo Glaser, der die NS-Verfolgung in Dresden überlebte und im Frühjahr 1947 als Pflichtverteidiger für NS-Juristen tätig war, was dazu führte, dass ihm sein Status als Opfer des Faschismus wieder aberkannt wurde. Vgl. Gerald Hacke, Der Dresdner Juristenprozess 1947 im Spannungsfeld der politischen und medialen Auseinandersetzung. In: Jörg Osterloh/Clemens Vollnhals, NS-Prozesse und deutsche Öffentlichkeit. Besatzungszeit, frühe Bundesrepublik und DDR, Göttingen 2011, S. 167–188, hier 182 f.

22 Der ehemalige Leipziger Staatsanwalt Kulaszewski, bis 1945 NSDAP- und danach SED-Mitglied, spielte zu dieser Zeit in den Dresdner Juristenprozessen eine zweifelhafte Rolle als Kronzeuge der Anklage. Vgl. Hacke, Der Dresdner Juristenprozess 1947, S. 175 f.

23 Vgl. Urteil vom 30.1.1942 (SächsStA Leipzig, Bestand 20114, Nr. 7076); Urteil vom 26.6.1942 (SächsStA Leipzig, Bestand 20114, Nr. 7116).

angeführt werden«, dieser sei vielmehr mit »schweren seelischen und sozialen Wirkungen« verknüpft.[24]

Die beiden Vortragsabende, über die die örtliche Presse berichtete, waren der Auftakt zu einer Reihe von Initiativen zur Reform des § 175, die die sächsische Landespolitik in den folgenden beiden Jahren beschäftigten.[25] Ende Mai 1947 wandte Klimmer sich an den Landesvorstand der SED und schlug vor, die Partei solle im Landtag »den Antrag auf Streichung des § 175 stellen«. Laufende Strafverfahren sollten ausgesetzt und der § 175a reformiert werden. Falls »der Antrag widererwarten nicht durchgeht«, solle »zumindest sofortige Streichung der auf nazistischer Ideologie beruhenden Verschärfung gefordert werden«.[26] Klimmer sandte seinen Antrag auch an verschiedene Persönlichkeiten aus Sachsen, die er um ihre Unterstützung bat. Viele von ihnen reagierten positiv und machten sich in den folgenden Jahren für Klimmers Anliegen stark, so etwa der Leipziger Oberbürgermeister Erich Zeigner, der sächsische OLG-Präsident Wilhelm Weiland, Generalstaatsanwalt Rolf Helm und Karl Kohn, Erster Staatsanwalt in Dresden. Das SED-Mitglied Kohn antwortete Klimmer, seine Ausführungen seien »logisch und schlüssig« und er sei »natürlich für die Aufhebung des § 175«.[27] Auch der CDU-Mann Weiland schrieb, »eine Änderung des Gesetzes« sei für ihn »eine Selbstverständlichkeit«, wobei »der ganze § 175 zu streichen« sei. Ähnlich wie bereits Kohn verwies er darauf, dass »die Gesellschaft an sich nicht betroffen« sei, solange die Homosexualität »nicht an die Öffentlichkeit tritt«. Es gehe nicht an, so Weiland, dass »Menschen zur Verantwortung für Taten gezogen werden, die lediglich ihr Eigenleben berühren und der Umwelt gleichgültig sein können«.[28]

Währenddessen bearbeitete Curt Röbel die sächsische LDPD mit diversen Schreiben, in denen er sich »als einer dieser Verfemten« outete und gegen »Beschnüffelungen von Erwachsenen« wandte.[29] Dass sich Röbel und Klimmer bei ihren Aktivitäten abstimmten, ist sehr wahrscheinlich. So schrieb Röbel die LDPD-Landtagsfraktion nur einen Tag nach Klimmers Vorstoß bei der SED an, darüber hinaus verwies er auf Klimmers Vortragsabende und versorgte die LDPD mit

24 O. V., Homosexualität und Justiz. In: Leipziger Zeitung vom 13.3.1947 (SächsHStA Dresden, Bestand 11380, Nr. 513, Bl. 42).

25 Über die Dresdner Veranstaltung berichtete die sächsische LDPD-Zeitung: o. V., Juristen und Ärzte zum § 175. In: Sächsisches Tageblatt vom 5.4.1947, S. 2. Vgl. auch Grau, Sozialistische Moral, S. 91, Anm. 4.

26 Schreiben vom 25.5.1947 aus Teilnachlass Klimmer (vgl. Anm. 7, Kapitel III.1). Vgl. auch Günter Grau, Sozialistische Moral und Homosexualität. Die Politik der SED und das Homosexuellenstrafrecht 1945 bis 1989 – ein Rückblick. In: Detlef Grumbach (Hg.), Die Linke und das Laster. Schwule Emanzipation und linke Vorurteile, Hamburg 1995, S. 85–141, hier 91 f.

27 Schreiben vom 1.8.1947 (SächsHStA Dresden, Bestand 11380, Nr. 513, Bl. 14).

28 Schreiben vom 2.12.1947 (SMB, Nachlass Klimmer). Zit. nach Grau, Sozialistische Moral S. 93.

29 Schreiben vom 16.2.1947 (SächsHStA Dresden, Bestand 11380, Nr. 513, Bl. 40).

Abschriften von Unterstützungsschreiben an Klimmer.[30] Neben der Entkriminalisierung forderte Röbel auch immer wieder die Rücknahme der Restriktionen, die das Leipziger Polizeipräsidium für die Tanzabende im »Concordia« erlassen hatte. Die Leipziger LDPD-Vertreter lud er zu diesem Zweck sogar ein, »unsere Tanzveranstaltungen an einem Sonnabend einmal mit aufzusuchen«.[31] Diese beteuerten zwar, dass sie »in jeder Weise Verständnis für die Wünsche der in Betracht kommenden Kreise« hätten, äußersten aber Zweifel, ob sich die Frage »schon heute oder morgen lösen lassen wird«.[32] Auch das Leipziger Polizeipräsidium schrieb Röbel an und bat darum, die Frage der Tanzabende »etwas demokratischer zu lösen«; nicht ohne darauf hinzuweisen, dass die »Weimarer Demokratie« in dieser Frage »doch demokratischer« gewesen sei, »da sie in keiner Weise solch hochgestellte Forderungen verlangte«.[33] Die Leipziger Polizei hielt es aber nicht für nötig, Röbel zu antworten, wie er nach neun Wochen monierte.[34]

Im Herbst 1947 konnte Klimmer einen ersten großen Erfolg verbuchen. Die SED brachte seinen Antrag in den Rechtsausschuss des Landtages ein, der am 2. Oktober einen Unterausschuss bildete, in den neben Zeigner und Weiland auch Klimmer berufen wurde. Um die Strafverfolgung schnell zu stoppen, bat Klimmer den Dresdner Staatsanwalt Kohn, dem Rechtsausschuss einen entsprechenden Antrag zukommen zu lassen. Kohn kündigte an, dieser Anregung »Folge leisten« zu wollen.[35] Am 14. November beantragte der kommissarische Generalstaatsanwalt dann tatsächlich, »zwecks Vermeidung von Härten und Ungerechtigkeiten alle schwebenden Verfahren wegen § 175 und ff. nicht weiter zu führen«.[36] Doch der Rechtsausschuss reagierte zunächst nicht. Auch ein Erinnerungsschreiben des frisch berufenen Generalstaatsanwaltes Rolf Helm vom 17. Dezember blieb über Monate hinweg unbeantwortet.[37] Einen möglichen Grund dieser Inaktivität hatte Helm in seinem Schreiben bereits selbst angesprochen. Demnach hatte die Sow-

30 Schreiben vom 26.5.1947 und 8.9.1948 sowie Abschrift des Schreibens vom 1.8.1947 (ebd., Bl. 33–35).

31 Schreiben vom 16.2.1947 (ebd., Bl. 40).

32 Schreiben vom 11.4.1947 (ebd., Bl. 36).

33 Schreiben vom 19.3.1947 (ebd., Bl. 39).

34 Schreiben vom 26.5.1947 (ebd., Bl. 35).

35 Schreiben vom 14.11.1947 (SMB, Nachlass Klimmer). Zit. nach Grau, Sozialistische Moral, S. 92f.

36 Schreiben vom 14.11.1947 (SächsHSta Dresden, Bestand 11380, Nr. 513, Bl. 6). Unklar bleibt, ob Kohn, der laut Grau stellvertretender Generalstaatsanwalt war, auch der Verfasser des Schreibens war. Der spätere Generalstaatsanwalt Rolf Helm benennt im September 1948 einen Oberstaatsanwalt Richter als den Verfasser. Vgl. Schreiben vom 8.9.1948 (ebd., Bl. 14); Grau, Sozialistische Moral, S. 91.

37 Rolf Helm, geboren 1896 in Dresden, 1924 Stadtverordneter der KPD, seit 1946 SED, war von November 1947 bis Februar 1949 als Generalstaatsanwalt von Sachsen, bis März 1951 dann als Generalstaatsanwalt von Berlin und danach unter anderem in der DDR-Präsidialkanzlei und im Justizministerium tätig (https://www.bundesstiftung-aufarbeitung.de/de/recherche/kataloge-datenbanken/biographische-datenbanken/rolf-helm; 15.9.2020).

jetische Militäradministration in Sachsen (SMAS) dem Justizministerium mitgeteilt, »dass ein neues Strafgesetzbuch im Kontrollrat ausgearbeitet worden sei«. In diesem sei »eine Änderung des § 175 StGB. vorgesehen«.[38]

Tatsächlich war es wohl die Unsicherheit, wie die Sowjetische Militäradministration reagieren würde, die den Rechtsausschuss davor zurückschrecken ließ, eine Entscheidung zu treffen. Eine halbes Jahr später, Anfang Juni 1948, teilte man Helm schließlich mit, dass man seine »Eingabe zuständigkeitshalber an den Herrn Minister der Justiz überwiesen« habe. Helm wandte sich daraufhin an das Justizministerium mit der Bitte, »entsprechende Entschließung zu fassen«, damit den »Betroffenen eine unmittelbare Erleichterung verschafft werden kann«.[39] Doch auch eine Rücksprache mit Justizminister Johannes Dieckmann (LDPD) und ein weiteres Erinnerungsschreiben, in dem Helm erneut auf die »Notwendigkeit« einer einstweiligen Regelung »für die laufenden und noch zu erwartenden Verfahren« verwies, hatten keinen Erfolg.[40] Der Grund ergibt sich aus einer Aktennotiz vom 3. Juni, derzufolge diese Frage »bei der Rechtsabteilung der SMAD in Berlin geklärt werden« müsse. Dies habe Oberstleutnant Lyssiak von der SMAS »nach nochmaligem Vortrag zu dieser Angelegenheit« mitgeteilt. Lyssiak wolle »die Stellungnahme der SMAD beiziehen« und hoffe, »dass dadurch eine zoneneinheitliche Regelung gefunden wird«.[41] Dass es dazu kam, ist unwahrscheinlich. In den überlieferten Akten sind zu dieser Frage jedenfalls keine weiteren Dokumente überliefert.

Währenddessen arbeitete der Unterausschuss an einem Gesetzentwurf. Schon am 7. Januar 1948 hatte Zeigner gegenüber Klimmer angekündigt, »nunmehr einen Gesetzentwurf auszuarbeiten«, der »für die ganze Zone in den Landtag eingebracht werden soll und den wir zu diesem Zweck dem Zentralvorstand in Berlin zuleiten werden«. Zu diesem Zeitpunkt war offenbar auch schon klar, dass »die Schaffung eines sächsischen Spezialgesetzes« nicht möglich sein werde, wie Zeigner weiter schrieb.[42] Wer in den folgenden Monaten alles an der Ausarbeitung beteiligt war, ist nicht mehr zu eruieren, Zeigner hatte allerdings darauf verwiesen, die von Klimmer, Weiland und anderen gegebenen »Anregungen« zur Grundlage zu machen. Erwähnt wurde von Zeigner dabei auch der Dresdner Oberlandesgerichtsrat Gerhard Ledig, der im weiteren Verlauf noch eine interessante Rolle spielen sollte. Klimmer hatte ihn offenbar ebenfalls kontaktiert und seine grundsätzliche Unterstützung bekommen.

38 Schreiben vom 17.12.1947 (SächsHSta Dresden, Bestand 11380, Nr. 513, Bl. 4).
39 Schreiben vom 3.6.1947 (ebd., Bl. 11).
40 Schreiben vom 8.9.1948 (ebd., Bl. 14).
41 Vermerk vom 3.6.1948 (ebd., Bl. 18).
42 Schreiben vom 7.1.1948 (SMB, Nachlass Klimmer). Zit. nach Grau, Sozialistische Moral, S. 93 f.

Anfang September war ein Gesetzentwurf fertiggestellt. Bemerkenswert ist, dass es nunmehr Klimmer war, der den Entwurf an die Deutsche Justizverwaltung in Berlin sandte – und dies nicht etwa im Namen des Rechts- oder Unterausschusses, sondern auf seinem eigenen Briefpapier, quasi im Alleingang. Klimmer verwies in seinem Anschreiben an Ernst Melsheimer,[43] den Vizepräsidenten der DJV, nur nebulös darauf, der Gesetzentwurf sei »in Zusammenarbeit mit einigen bekannten Juristen« ausgearbeitet worden. Warum den Brief weder Zeigner noch die anderen Beteiligten unterzeichneten, bleibt unklar. Vielleicht scheuten sie sich, sich in dieser Sache zu exponieren. Möglicherweise hatte es im Unterausschuss aber auch Meinungsverschiedenheiten gegeben. Klimmer jedenfalls schien mit dem Ergebnis nicht vollauf zufrieden zu sein und fügte »nachträglich« noch zwei weitere Gesetzestexte bei, die er selbst entwickelt hatte.[44] Alle drei Entwürfe sahen die Entkriminalisierung der »einfachen« Homosexualität vor. Strafbar bleiben sollte nur die Nötigung und die Verführung männlicher Personen unter 18 Jahren. Ein möglicher Streitpunkt könnte der erste Satz des neuen Paragrafen gewesen sein, der die mann-männliche »Unzucht durch beischlafähnliche Handlungen« zunächst grundsätzlich mit Gefängnis bedrohte, um die eigentlich strafbaren Handlungen erst in den folgenden Unterpunkten einschränkend zu spezifizieren. Die stigmatisierende Wirkung einer solchen Formulierung war jedenfalls auch im weiteren Verfahren noch ein Streitpunkt. In seinen eigenen Entwürfen hatte Klimmer den einleitenden Satz durch eine neutrale Formulierung ersetzt: »Mit Gefängnis wird bestraft«.[45]

Die DJV reagierte bereits eine Woche später mit einem freundlichen, aber unverbindlichen Schreiben. Ministerialdirektor Werner Gentz, den Klimmer ebenfalls persönlich angeschrieben hatte, teilte mit, auch er sei »der Meinung, dass der vielumstrittene § 175 jetzt endlich reif wäre zu fallen«. Dafür sei der erste – möglicherweise im Unterausschuss entstandene – Gesetzentwurf »brauchbar«. Deswegen habe er Klimmers »Schreiben und den ihm beigefügten Durchschlag unserer Gesetzgebungsabteilung als Material weitergeleitet«.[46] Zum weiteren Verfahren äußerte sich Gentz dagegen nicht, ebenso wenig zur Zeitperspektive einer möglichen Reform. Am 12. Dezember hakte Klimmer noch einmal nach: Er hoffe, sein Schreiben werde bei der Gesetzgebungsabteilung »nicht vergraben« und bitte, dort einmal anzufragen, »was sie für eine kritische Stellungnahme zu meinem Gesetzentwurf eingenommen haben«. Eine Formulierung, die ebenfalls

43 Zu Melsheimers Karriere in NS-Zeit und DDR vgl. Britta Heymann, Ernst Melsheimer (1897–1960). Eine juristische Karriere in verschiedenen staatlichen Systemen, Frankfurt a. M. 2007.

44 Schreiben vom 2.9.1948 (BArch, DP/1/7193, Bl. 30).

45 Gesetzentwürfe vom 2.9.1948 (ebd., Bl. 31 f.).

46 Schreiben vom 9.9.1948 (ebd., Bl. 35 f.).

darauf hindeutet, dass es über die Gesetzentwürfe (möglicherweise auch über den ersten) im Unterausschuss kein Einvernehmen gegeben haben könnte.

Flankiert wurde Klimmers Offensive von Curt Röbel, der sich mit einer Resolution, die anlässlich der Leipziger Herbstmesse von »600 Artgenossen« verabschiedet worden sei, an alle deutschen Landesregierungen, Zentralverwaltungen, Landtage und Parteien« wandte: »Befreit von schlimmster nazistischer Unterdrückung und Verfolgung warten wir immer noch auf die Streichung des § 175«, hieß es darin. Die Öffentlichkeit und die Rechtsausschüsse der Parlamente wurden aufgefordert, »sich mit dieser Gesetzesreform sofort zu befassen« und sie »nicht weiter zurückzustellen. Es handelt sich um die Tilgung eines Unrechtes, das sonst weiterhin an uns begangen wird.« Der »Zeit- und Arbeitsaufwand« einer Gesetzesreform sei »gering angesichts der schweren sozialen Folgen, die der § 175 täglich über uns bringt, so erheblich, dass wir, nachdem wir über 3 ¼ Jahre in der Stille abgewartet haben, dies jetzt fordern.«[47] Gleichzeitig erschienen laut Röbel in den SED-Zeitungen »einige Artikel von Dr. Klimmer«.[48] Tatsächlich veröffentlichte dieser am 31. August in der »Sächsischen Zeitung« einen Beitrag »zur Frage der Homosexualität«, in dem er erneut darauf hinwies, »ärztlicherseits« bestehe »keinerlei Grund, homosexuelle Handlungen unter Strafe zu stellen«.[49] Mit diesen Versuchen, öffentliche Aufmerksamkeit zu erzeugen, hofften Klimmer und Röbel offenbar, den Druck auf die DJV wie auch auf den sächsischen Landtag erhöhen zu können. Dort wollte, wie Röbel an die LDPD-Fraktion schrieb, die SED Klimmers »Antrag zur Aufhebung des § 175 StGB im September auf die Tagesordnung des Landtages mit setzen«.[50] Doch dazu kam es nicht. Wie der LDPD-Fraktionsvorsitzende Röbel am 28. September mitteilte, sei der Antrag, der zunächst für den 30. September auf die Tagesordnung gesetzt worden war, »offenbar« zur »Behandlung im Landtag nicht genehmigt worden«.[51] Vermutlich war es auch in diesem Fall das Justizministerium, das mit Rücksicht auf die SMAS auf die Bremse trat.

Immerhin stand die SMAS einer Neuregelung nicht grundsätzlich ablehnend gegenüber. Auf eine Initiative des Justizministeriums hin, das sich dabei zu »dem Standpunkt der früheren Rechtsreformer« bekannt und für eine Gesetzesänderung plädiert hatte, bei der die Homosexualität dann »an sich straflos bleiben« sollte, hatte Oberstleutnant Lyssiak bereits Ende August »um einen

47 Resolution vom 8.9.1948 (SächsHStA Dresden, Bestand 11380, Nr. 513, Bl. 28). Vgl. auch das Schreiben der Landesregierung Sachsen-Anhalts an die DJV vom 27.10.1948 (BArch, DP/1/7193, Bl. 36 f.).

48 Schreiben vom 8.9.1948 (SächsHStA Dresden, Bestand 11380, Nr. 513, Bl. 33).

49 Rudolf Klimmer, Zur Frage der Homosexualität. In: Sächsische Zeitung vom 31.8.1948 (SMB, Nachlass Klimmer).

50 Schreiben vom 8.9.1948 (SächsHStA Dresden, Bestand 11380, Nr. 513, Bl. 33).

51 Schreiben vom 28.9.1948 (ebd., Bl. 32).

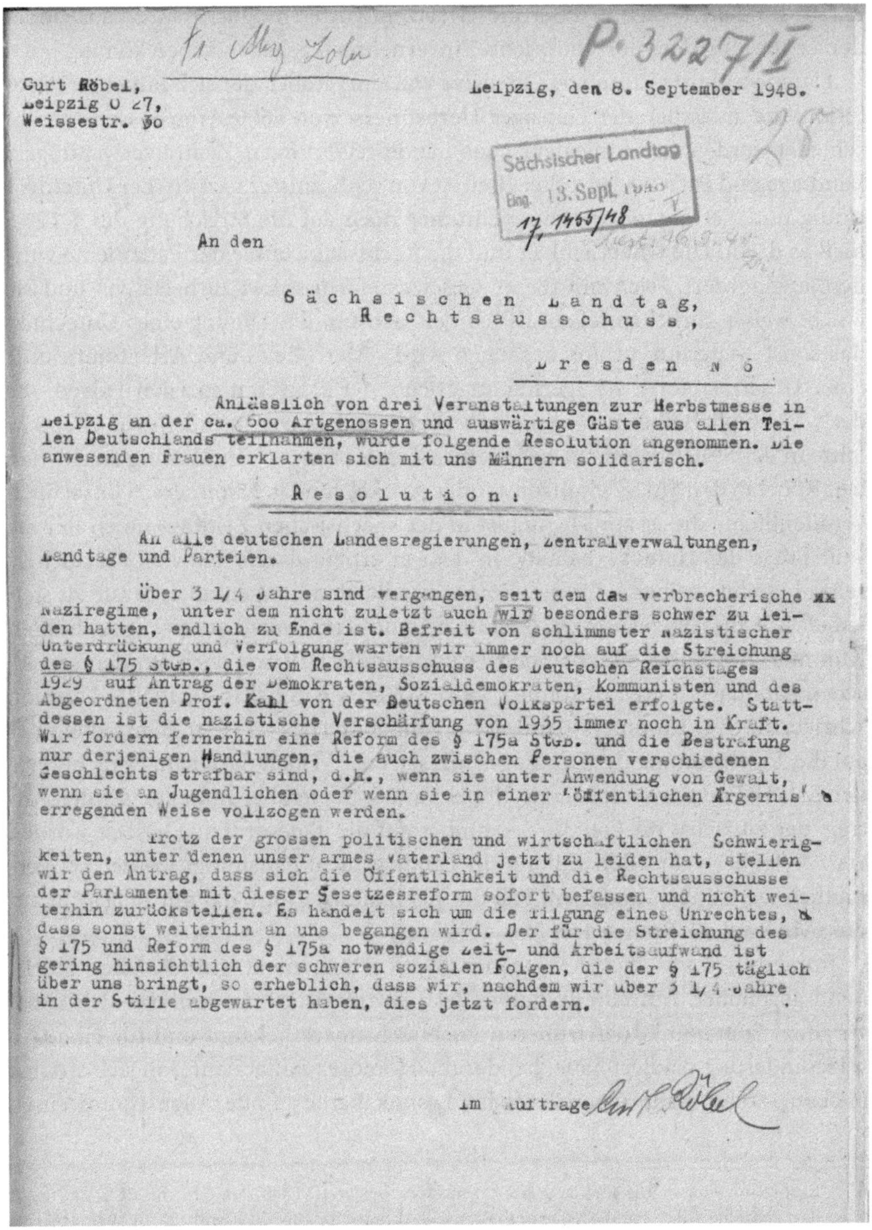

Curt Röbel,
Leipzig O 27,
Weissestr. 30

Leipzig, den 8. September 1948.

Sächsischer Landtag
Eing. 13. Sept. 1948
17. 1455/48

An den

Sächsischen Landtag,
Rechtsausschuss,

Dresden N 6

Anlässlich von drei Veranstaltungen zur Herbstmesse in Leipzig an der ca. 500 Artgenossen und auswärtige Gäste aus allen Teilen Deutschlands teilnahmen, wurde folgende Resolution angenommen. Die anwesenden Frauen erklarten sich mit uns Männern solidarisch.

Resolution:

An alle deutschen Landesregierungen, Zentralverwaltungen, Landtage und Parteien.

Über 3 1/4 Jahre sind vergangen, seit dem das verbrecherische Naziregime, unter dem nicht zuletzt auch wir besonders schwer zu leiden hatten, endlich zu Ende ist. Befreit von schlimmster nazistischer Unterdrückung und Verfolgung warten wir immer noch auf die Streichung des § 175 StGB., die vom Rechtsausschuss des Deutschen Reichstages 1929 auf Antrag der Demokraten, Sozialdemokraten, Kommunisten und des Abgeordneten Prof. Kahl von der Deutschen Volkspartei erfolgte. Stattdessen ist die nazistische Verschärfung von 1935 immer noch in Kraft. Wir fordern fernerhin eine Reform des § 175a StGB. und die Bestrafung nur derjenigen Handlungen, die auch zwischen Personen verschiedenen Geschlechts strafbar sind, d.h., wenn sie unter Anwendung von Gewalt, wenn sie an Jugendlichen oder wenn sie in einer 'öffentlichen Ärgernis' erregenden Weise vollzogen werden.

Trotz der grossen politischen und wirtschaftlichen Schwierigkeiten, unter denen unser armes Vaterland jetzt zu leiden hat, stellen wir den Antrag, dass sich die Öffentlichkeit und die Rechtsausschüsse der Parlamente mit dieser Gesetzesreform sofort befassen und nicht weiterhin zurückstellen. Es handelt sich um die Tilgung eines Unrechtes, dass sonst weiterhin an uns begangen wird. Der für die Streichung des § 175 und Reform des § 175a notwendige Zeit- und Arbeitsaufwand ist gering hinsichtlich der schweren sozialen Folgen, die der § 175 täglich über uns bringt, so erheblich, dass wir, nachdem wir über 3 1/4 Jahre in der Stille abgewartet haben, dies jetzt fordern.

Im Auftrage

Abb. 26: Resolution, die Röbel an den Sächsischen Landtag sandte; Quelle: SächsHStA Dresden, Bestand 11380, Nr. 513, Bl. 28.

entsprechenden Gesetzentwurf« gebeten.[52] Der Ball lag nun also beim Ministerium und die Absage der Landtagsdebatte dürfte wohl auch dem Umstand geschuldet gewesen sein, dass die Arbeit an einem Gesetzentwurf dort gerade erst begonnen hatte – aber wohl auch an inhaltlichen Meinungsverschiedenheiten, die nun zunehmend zutage traten. Der erste Entwurf des Ministeriums wurde Anfang September erstellt.[53] Er sah zwar die Entkriminalisierung der »einfachen« Homosexualität vor, unterschied sich von den von Klimmer versandten Entwürfen allerdings in mehreren wesentlichen Punkten. Zum Ersten sah er vor, bei den qualifizierten Delikten weiterhin alle unzüchtigen Handlungen unter Strafe zu stellen, also auch die wechselseitige Onanie, die in den Klimmer-Entwürfen durch Verwendung des Begriffes der »beischlafähnlichen« Handlung generell straffrei bleiben sollte. Zum Zweiten sollte auch die männliche Prostitution strafbar bleiben, die Klimmer ebenfalls hatte straffrei stellen wollen, weil es die heterosexuelle Prostitution ebenfalls sei, obwohl sie eine »unvergleichlich größere Rolle« spiele.[54] Zum Dritten sollten alle unzüchtigen Handlungen mit Jugendlichen bestraft werden – Klimmer hatte die Strafbarkeit (wie übrigens im bisherigen § 175a auch) auf die Verführung Jugendlicher beschränken wollen. Zum Vierten sah der Entwurf des Ministeriums, indem er auch Zuchthausstrafen ermöglichte, wesentlich härtere Sanktionen vor als die anderen drei Entwürfe.

Generalstaatsanwalt Helm, dem der Entwurf zur Stellungnahme zugeleitet worden war, reagierte am 27. September mit einem Gegenentwurf, wobei er darauf verwies, dieser sei »auch nach Fühlungnahme mit der Landtagsfraktion der SED« entstanden. Am Entwurf des Ministeriums kritisierte er, dass »veraltete Begriffe wiederkehren«, auch meinte er, das ganze »Problem« sollte »nicht länger aufgebauscht« werden. Im Ergebnis kam Helms Vorschlag den Klimmer-Entwürfen sehr nahe und unterschied sich von diesen nur sprachlich. Kurz: Er beschränkte die Strafbarkeit auf »beischlafähnliche« Handlungen, soweit eine Nötigung oder die Verführung eines Jugendlichen vorlagen, und die Strafen auf Gefängnis. Die Prostitution wollte auch Helm straffrei lassen.[55] Inwieweit dieser vergleichsweise liberale Vorschlag tatsächlich die Meinung der SED-Fraktion widerspiegelte oder ob er vor allem dem Einfluss Klimmers geschuldet war, ist nicht ganz klar. In den Akten des Ministeriums findet sich allerdings ein Gesetzentwurf vom 23. September 1948, bei dem es sich vermutlich um den für die Landtagssitzung am 30. September avisierten SED-Antrag handelt. Er entspricht Wort für Wort dem zweiten Klimmer-Vorschlag, die Begründung ist ebenfalls deckungs-

52 Schreiben vom August 1948 und Vermerk vom 28.8.1948 (ebd., Bl. 13 f.).
53 Gesetzentwurf des Justizministeriums (ebd., Bl. 15).
54 Gesetzentwurf vom 2.9.1948 (BArch, DP/1/7193, Bl. 31 f., hier 32).
55 Schreiben vom 27.9.1948 (SächsHStA Dresden, Bestand 11380, Nr. 513, Bl. 16).

gleich mit der aus dem Klimmer-Brief an die DJV.[56] Insoweit spricht viel dafür, dass die sächsische SED-Fraktion und Klimmer damals an einem Strang zogen. Und auch die Aktivitäten des SED-Manns Helm wird man zu einem großen Teil auf den Einfluss Klimmers zurückführen können.

Im Justizministerium, das unter der Leitung des LDPD-Mitglieds Dieckmann stand, war man von Helms Vorschlag nur wenig begeistert. In einem Vermerk wandte sich der zuständige Sachbearbeiter vor allem gegen den Begriff der »beischlafähnlichen« Handlung, der zu unerfreulichen Beweisaufnahmen »über geschlechtliche Einzelheiten bei Jugendlichen« führen könne. Überdies eröffne er die Möglichkeit, »infolge geschickten Leugnens von der Strafe verschont« zu bleiben. Auch hinsichtlich des Strafmaßes wollte der Mitarbeiter am Entwurf des Ministeriums festhalten und plädierte dafür, dass »die Möglichkeit der Zuchthausstrafe erhalten bleiben soll.[57] Gegenüber Generalstaatsanwalt Helm versuchte man zwar eine Brücke zu bauen, indem man behauptete, man habe seinen »Änderungswünschen in wesentlichen Punkten zugestimmt«. Tatsächlich hielt das Ministerium in seinem neuen Entwurf aber in fast allen strittigen Punkten an seiner Position fest: Strafbar sein sollten weiterhin alle unzüchtigen Handlungen und auch die Prostitution, eine Beschränkung auf »beischlafähnliche« Handlungen und Verführung lehnte man ab. Lediglich beim Strafmaß kam man Helm entgegen und schlug als Mindeststrafe »Gefängnis nicht unter 6 Monaten« vor.[58]

Helm reagierte prompt. In einem sehr ausführlichen Schreiben legte er seine Position dar und argumentierte dabei bemerkenswert. Zunächst wendete er sich gegen den ersten Satz des neuen Ministeriumsentwurfes, der erneut so formuliert war, als stünde die Homosexualität »im Prinzip« unter Strafe, um dann in den folgenden Absätzen »die Tatbestände einzuschränken«. Mit Rücksicht auf die »jahrzehntelang vertretene Forderung fortschrittlicher Menschen, die eine Strafbarkeit gleichgeschlechtlicher Beziehungen grundsätzlich verneint«, sollte man vielmehr, so Helm, beim Aufbau des Paragrafen umgekehrt »von der prinzipiellen Straflosigkeit ausgehen«. Dass Klimmer Helm bei derartigen Formulierungen als Stichwortgeber diente, ist sehr wahrscheinlich. Auch die Vergleiche, die Helm zwischen der geplanten Strafbestimmung und den Jugendschutzbestimmungen für heterosexuelle Kontakte zog, könnten auf Anregungen Klimmers zurückgegangen sein. So oder so: Helm verwies jedenfalls immer wieder darauf, wie stark die Ungleichbehandlung von Homo- und Heterosexuellen auch im neuen Entwurf perpetuiert werde. So würden etwa »unbescholtene und verführte Mäd-

56 Gesetzentwurf vom 23.9.1948 (ebd., Bl. 21). Vgl. dazu Klimmers Gesetzentwurf vom 2.9.1948 (BArch, DP/1/7193, Bl. 31 f.).

57 Vermerk vom 7.10.1948 (SächsHStA Dresden, Bestand 11380, Nr. 513, Bl. 17).

58 Schreiben und Gesetzentwurf vom 23.10.1948 (ebd., Bl. 22 f.).

chen« nur »bis zum 16. Lebensjahr und auch nur gegen erzwungenen Beischlaf geschützt«. Deshalb sei es »nicht ersichtlich, warum bei gleichgeschlechtlichen Handlungen so viel weiter gegangen werden soll«. Die geplante »Streichung des Begriffes der Verführung« bedeute eine »enorme Ausdehnung des Strafgesetzes«. Auch hinsichtlich des Strafmaßes stellte er Vergleiche an und verwies darauf, dass § 183, der »Mädchen vor Männern schützt, nur eine Strafandrohung mit Gefängnis bis zu 1 Jahr vorsieht, obwohl dabei viel schwerere Folgen möglich sind«. Eine Mindeststrafe von sechs Monaten für gleichgeschlechtliche Kontakte zu unter 18-Jährigen erscheine vor diesem Hintergrund »außerordentlich hoch«. Auch entsprechende Strafen für die Prostitution, die ja »in Übereinstimmung mit dem erwachsenen Partner ohne Interessenverletzung dritter Personen« erfolge, seien unverhältnismäßig, wenn man bedenke, dass der Strafrahmen bei der Erpressung und sogar bei der gefährlichen Körperverletzung geringer sei.[59]

Helms Schreiben endete in einem neuerlichen »Gegenentwurf«, mit dem er den Vorstellungen des Ministeriums aber trotz seiner Kritik weit entgegenkam. So gab er den Begriff der »beischlafähnlichen« Handlung auf. Zwar ersetzte er auch den vom Ministerium präferierten Begriff der »Unzucht« durch den in seinen Augen moderneren Begriff der »geschlechtlichen Handlung« – dass man dazu aber auch die wechselseitige Onanie, um deren Strafbarkeit es ja eigentlich ging, hätte zählen müssen, konnte kaum infrage stehen. Auch war Helm nun bereit, die Prostitution unter Strafe zu stellen. Lediglich beim Begriff der Verführung gab er nicht nach. Die Mindeststrafe senkte er gegenüber dem Entwurf des Ministeriums von sechs auf einen Monat. Abschließend machte Helm erneut Druck: Da die ganze »Angelegenheit von wichtiger wirtschaftlicher und rechtspolitischer Bedeutung« sei, bat er darum, die »weitere Bearbeitung tunlichst zu beschleunigen«.[60]

Doch von Beschleunigung konnte keine Rede sein. Anfang Januar 1949 brachte Helm sein »Bedauern« zum Ausdruck, dass »diese Angelegenheit bisher offensichtlich nicht weiter gefördert worden« sei, bat erneut um »beschleunigte Erledigung« und um Antwort, ob sein Gegenentwurf »die dortige Billigung finden kann«.[61] Ende Januar machte Ministerialrat Kurt Cohn schließlich einen neuen Vorschlag, der Helm insoweit entgegenkam, als die Mindeststrafen nun deutlich reduziert wurden. Am Begriff der »Unzucht« wollte er hingegen festhalten. Den Begriff der »geschlechtlichen Handlung« lehnte Cohn ab, weil damit angeblich »der Tatbestand zu weit ausgedehnt« werde. Der von Helm gewünschten Beschränkung der Bestrafung auf die Verführung Jugendlicher erteilte er eine Absa-

59 Schreiben vom 9.11.1948 (ebd., Bl. 24 f.).
60 Gesetzentwurf vom 9.11.1948 (ebd., Bl. 25R).
61 Schreiben vom 5.1.1949 (ebd., Bl. 26).

ge, weil »der Beweis unverhältnismäßig schwierig« wäre. Ende Februar entschied das Ministerium dann, den Dresdner Oberlandesgerichtsrat Gerhard Ledig um eine Stellungnahme zu bitten – vermutlich, um die eigene Position gegenüber Helm zu stärken.[62] Zu diesem Zweck legte man Ledig die gesamte Akte, die vom Ministerium zu diesem Thema geführt wurde, vor. Ledig hatte schon für die Arbeit des Unterausschusses »Anregungen« gegeben.[63] Vielleicht hatte er sich damit als ein in den Augen des Ministeriums passender Experte empfohlen, vielleicht waren es aber auch seine Schriften zur Kriminalistik und zum »Begriff als Instrument der Rechtspflege«, die ihn geeignet erscheinen ließen.[64]

Bereits Anfang März übersandte Ledig dem Justizminister eine sechsseitige Stellungnahme, in der er die Aufhebung des § 175, die wohl »entschieden sein dürfte«, zumindest vordergründig unterstützte, allerdings auch auf die »Strafbarkeit der Homosexualität in der Sowjetunion« hinwies. Im Folgenden lieferte Ledig eine hellsichtige Analyse rechtsphilosophischer und gesellschaftspolitischer Aspekte. So sei zunächst zu klären, auf welcher »Grundlage« man sich für die Entkriminalisierung der »einfachen« Homosexualität entscheiden wolle: Nämlich ob sie die »Bedeutung einer humanen Maßnahme« haben solle, da man einsehe, dass Homosexuelle »unter einem starken psychischen Zwang handeln« und eine Bestrafung deswegen »gewissermaßen als unmenschlich anzusehen wäre«. Oder aber, ob mit der Straffreiheit »der einwandfreie Charakter homosexueller Beziehungen anerkannt und diese den andersgeschlechtlichen Beziehungen ethisch gleichgestellt werden« sollten. Ledig räumte zwar ein, dass es »auch hochstehende Kulturen mit starkem homosexuellen Einschlag gegeben« habe. Letztlich machte er sich aber die bereits in der NS-Zeit maßgebliche Warnung vor einer »Verfälschung der sozialen Beziehungen auf staatlichem, kulturellem und wirtschaftlichem Gebiete« zu eigen, derzufolge bei Homosexuellen »das erotische Moment statt sachlicher Beweggründe ausschlaggebend wäre«.[65] Kurz: Ledig plädierte dafür, dass »nur das Prinzip der Toleranz«, nicht aber »das der Anerkennung« zur »Grundlage werden sollte«; man solle also die »Homosexualität der normalen geschlechtlichen Betätigung nicht gleichstellen«.[66]

62 Entwurf vom 26.1.1949 (ebd., Bl. 43).

63 Schreiben vom 7.1.1948. Zit. nach Grau, Sozialistische Moral, S. 93 f.

64 Gerhard Ledig, Oberlandesgerichtsrat am OLG Dresden und später Richter am Bezirksgericht Karl-Marx-Stadt, hatte 1927 eine Arbeit über den »Begriff als Instrument der Rechtspflege« veröffentlicht, bei der es sich vermutlich um seine Doktorarbeit handelte. 1947 war er dann mit einer Schrift über die »Kriminologie« hervorgetreten, die vermutlich die Aufmerksamkeit Klimmers erregt hatte. Vgl. Gerhard Ledig, Der Begriff als Instrument der Rechtspflege, Berlin 1927; ders., Kriminologie. Kleine kriminalistische Bücherei, Band 6, Berlin 1947. Vgl. auch SächsStA Chemnitz, Bestand 30465, Nr. 25.

65 Vgl. dazu Kapitel I.1, insbes. Himmlers Ausführungen zum »erotischen Prinzip«.

66 Stellungnahme vom 4.3.1949 (SächsHStA Dresden, Bestand 11380, Nr. 513, Bl. 44–46).

Damit hatte Ledig den Konflikt, der den Debatten um die Ausgestaltung des künftigen § 175 zugrunde lag, treffend analysiert. Und er hatte sich eine Position zu eigen gemacht, die der des Justizministeriums deutlich näherlag als der des Generalstaatsanwaltes Helm und des Homosexuellenaktivisten Klimmer. Insoweit verwundert es nicht, dass er auch in der folgenden Analyse der einzelnen Streitfragen der Position des Ministeriums zuneigte. So könnten »die Homosexuellen« beim Jugendschutz »eine Gleichstellung mit weiblichen Personen« nicht »verlangen«.[67] Vielmehr unterstützte er die Ansicht, dass man die »homosexuelle Betätigung mit Personen unter 18 Jahren unabhängig davon bestrafen will, ob der Jugendliche verführt worden ist«. Mehr noch, Ledig schlug vor, das Schutzalter zumindest in Fällen von Verführung auf 21 Jahre zu erhöhen. Auch die Beschränkung der Strafbarkeit auf »beischlafähnliche« Handlungen lehnte er ab.[68] Ebenso unterstützte er die Haltung des Ministeriums hinsichtlich der Bestrafung der homosexuellen Prostitution. Dem Argument, dass man »hier mit zweierlei Maß messe«, sei »entgegenzuhalten, dass die Homosexualität eben nicht als gleichwertig anerkannt werden« solle. In den wesentlichen Konfliktpunkten unterstützte Ledig also, wie seitens des Auftragsgebers wohl auch erhofft, die Position des Ministeriums.[69]

Doch Ledig ging noch darüber hinaus und unterbreitete einen eigenen Vorschlag, um der von ihm befürchteten »Gleichstellung« Homosexueller vorzubeugen. In seinen Augen drohte als Folge der Entkriminalisierung »das Hervortreten der Homosexuellen in der Öffentlichkeit«. Wie »aus den Akten« hervorgehe, besäßen diese »ein ausgesprochenes kollektives Selbstbewusstsein«, bezeichneten sich als »Artgenossen« und seien »geneigt, für die von ihnen vertretene Lebensrichtung zu werben und diese womöglich als etwas gegenüber dem normalen sexuellen Empfinden Wertvolleres erscheinen zu lassen«. Wenn nicht »strafrechtlich vorgebeugt« werde, sei mit dem »öffentlichen Hervortreten homosexueller Vereinigungen und homosexueller Propaganda« zu rechnen. Ledig schlug deswegen vor, dem »Strafgesetz eine Bestimmung« hinzuzufügen, um »homosexuelle Propaganda sowie überhaupt ein vom Standpunkt des normalen Empfindens aus anstoßerregendes öffentliches Hervortreten homosexueller Betätigung oder Gesinnung unter Strafe zu stellen« – eine Idee, die später in einigen anderen Staaten tatsächlich verwirklicht wurde.[70] Nur von der »Formulierung

67 Ebd., Bl. 45.

68 Ebd., Bl. 45R.

69 Ebd., Bl. 46.

70 So zum Beispiel in Großbritannien, wo es nach Clause 28 kommunalen Behörden von 1988 bis 2003 verboten war, Homosexualität zu »begünstigen«. Noch weiter geht das 2013 erweiterte russische Jugendschutzgesetz, das jegliche positive Äußerung über »nichttraditionelle sexuelle Beziehungen« in Anwesenheit von Minderjährigen oder über Medien wie das Internet als »Propaganda« bewertet und unter Strafe stellt. Vgl. Katja Wiebe, Verordnete Verunsicherung.

einer solchen Gesetzesbestimmung« sah er »vorläufig« noch ab, da zunächst »zu der grundsätzlichen Frage Stellung genommen werden müsste«.[71]

Zu weiteren Erörterungen der Gesetzentwürfe kam es nicht mehr. Generalstaatsanwalt Helm, der in dieser Frage den größten Druck entfaltet hatte, wechselte im Februar/März 1949 nach Berlin. Ende März stellte die Deutsche Justizverwaltung auf einer Konferenz in Berlin dann klar, dass die »Frage der Justizgesetzgebung« in ihre Zuständigkeit falle und eine »Änderung im Wege der Landesgesetzgebung unerwünscht ist«. Kurz darauf entschied das sächsische Justizministerium, »die hier ausgearbeiteten Entwürfe der DJV als Material für eine zoneneinheitliche Regelung zuzuleiten«.[72] Entsprechend wurde auch Curt Röbel beschieden, der Ende April nochmals nach dem Stand der Bearbeitung fragte. Um die »Rechtseinheit zumindest für die sowjetische Besatzungszone zu wahren«, habe das Ministerium sein Material »als Grundlage für eine künftige gesetzliche Neuordnung im zonenmaßstab [sic!] oder für ganz Deutschland« an die DJV übergeben.[73] Damit fanden die sächsischen Reforminitiativen ihr Ende. Für die erstmals wohl von der Homosexuellen Initiative Wien in die Welt gesetzte und später mehrfach kolportierte Behauptung, der sächsische Landtag habe im Jahr 1951 »die Abschaffung des § 175« beschlossen, finden sich in den überlieferten Akten keinerlei Anhaltspunkte.[74]

Da es zunächst auch im »Zonenmaßstab« zu keiner Regelung kam, blieb die Rechtslage weiter ungeklärt.[75] Daran änderte zunächst auch ein mahnendes Schreiben der Dresdner Staatsanwaltschaft an das Justizministerium nichts, die im August 1949 nochmals darauf hinwies, dass über »die Anwendung dieser Vorschriften« in »Rechtsprechung und Schrifttum Streit« herrsche.[76] Für weitere Verunsicherung und Streit sorge auch die Stellungnahme des DJV-Mitarbeiters Wolfgang Weiß in der Zeitschrift »Neue Justiz«, derzufolge der § 175 in der NS-Fassung »typisch nazistisch« sei und deswegen nur die alte Fassung angewendet werden solle.[77] Denn aufgrund dieser Veröffentlichung würden »die auf der Neufassung des § 175 StGB. beruhenden Entscheidungen laufend angefochten«. Die Staatsanwaltschaft hielt mit ihrer Ansicht nicht hinter dem Berg, dass man vorläufig bei der NS-Fassung bleiben solle: »Solange § 175 StGB überhaupt

---

Homosexualität, Jugendschutz, Jugendliteratur. In: Osteuropa. Spektralanalyse Homosexualität und ihre Feinde, 63 (2013) 10, S. 99–105, hier 99.

71 Stellungnahme vom 4.3.1949 (SächsHStA Dresden, Bestand 11380, Nr. 513, Bl. 44Rf.).

72 Vermerk vom 31.3.1949 und Entwurf vom 19.5.1949 (ebd., Bl. 48f.).

73 Entwurf vom 24.5.1949 (ebd., Bl. 52).

74 Homosexuelle Initiative Wien (Hg.), Rosa Liebe unter dem Roten Stern. Zur Lage der Lesben und Schwulen in Osteuropa, 2. Auflage Kiel 1986, S. 104. Vgl. dazu auch Grau, Sozialistische Moral, S. 94, Anm. 8.

75 Vgl. Kapitel III.1.

76 Schreiben vom 19.8.1949 (SächsHStA Dresden, Bestand 11380, Nr. 513, Bl. 53).

77 Weiß, Anmerkung, S. 147. Vgl. auch Kapitel III.1.

noch besteht«, erscheine »die Bestrafung aller auf geschlechtl. Erregung erzielende [sic!] Handlungen angebracht«.[78] Erst als die Staatsanwaltschaft im Oktober nochmals eine Stellungnahme anmahnte, da von »dieser Frage der Ausgang verschiedener Strafverfahren abhängig« sei,[79] traf man im Ministerium schließlich eine Entscheidung. Am 13. Dezember teilte dieses mit, dass man den »Ausführungen« von Wolfgang Weiß beitrete. Es sei daher die »dort gegebene Anregung« als »vorläufige Regelung anzustreben«. Im »Sinne der Rechtseinheit in der Deutschen Demokratischen Republik« sei »wie vorstehend zu verfahren«. Eine »neue Regelung des gesamten Gebietes« werde »erwartet«.[80]

Mit dieser Entscheidung fand das mehrjährige Tauziehen um den § 175 ein vorläufiges Ende. Klar war nun immerhin, dass in Sachsen fortan die alte Fassung des Paragrafen angewendet werden sollte, die nur »beischlafähnliche« Handlungen unter Strafe stellte. In Anbetracht der beachtlichen Bemühungen der sächsischen Behörden um eine grundlegende Reform des Paragrafen war das ein sehr bescheidenes Ergebnis. Doch die Hindernisse waren einfach zu groß. Trotz der grundsätzlichen Bereitschaft der SMAS, einen Gesetzentwurf zu prüfen und der SMAD in Berlin vorzulegen, schwebte schon die sowjetische Haltung zur Bestrafung der Homosexualität wie ein Damoklesschwert über allen Debatten. Doch auch unter den sächsischen Akteuren gingen die Meinungen weit auseinander. Besonders beachtlich ist die Rolle von Generalstaatsanwalt Helm, der wie ein Bündnispartner der Homosexuellenaktivisten Klimmer und Röbel agierte und so die gesamte Debatte vorantrieb. Deutlich erkennbar ist aber auch, dass Helms Vorstellungen dem LDPD-Justizminister Dieckmann und seinen Mitarbeitern zu weit gingen. Dass die DJV eine sächsische Regelung schließlich aus formalen Gründen vereitelte, dürfte man im Justizministerium eher mit Erleichterung aufgenommen haben. Für die sächsischen Homosexuellen war das Ergebnis hingegen eine herbe Enttäuschung. Dies umso mehr, als zumindest Klimmer und Röbel ein für die Zeit außergewöhnliches Engagement an den Tag gelegt und dabei eine beachtliche Schlagkraft entwickelt hatten. Nach bisherigem Kenntnisstand hat es in den ersten Nachkriegsjahren in keinem anderen Land derartig wirkungsvolle Aktivitäten zur Abschaffung des § 175 gegeben. Selbst wenn die Zahl von »600 Artgenossen«, die sich laut Röbel zur Leipziger Buchmesse im September 1948 trafen, um eine Resolution zu verabschieden, übertrieben gewesen sein sollte, erscheint dieser Vorgang einmalig. Noch beachtlicher freilich ist der große Einfluss Klimmers auf verschiedene sächsische Akteure, die seine Reforminitiative vorantrieben. Insoweit zumindest war Sachsen damals durchaus ein Vorreiter im Kampf um die Rechte Homosexueller.

---

78 Schreiben vom 19.8.1949 (SächsHStA Dresden, Bestand 11380, Nr. 513, Bl. 53).
79 Schreiben vom 1.10.1949 (ebd., unpag., tatsächlich Bl. 55).
80 Entwurf vom 9.12.1949 (ebd., unpag., tatsächlich Bl. 54).

2. Zwischen Restauration und Reform: Strafverfolgung in Sachsen

Hatte die Unklarheit, ob und wie die §§ 175/175a anzuwenden seien, dazu geführt, dass sich die Zahl der Verurteilungen in den Jahren 1946 bis 1949 auf einem recht geringen Niveau bewegte, so änderte sich die Situation seit 1950 grundlegend (vgl. Grafik 29). Die vorläufige Klärung der Rechtslage durch die Entscheidung des Justizministeriums vom Dezember 1949 und schließlich durch das Urteil des Obersten Gerichts vom 28. März 1950 brachte einen neuerlichen Aufschwung der Verfolgungstätigkeit mit sich.[81] So verdreifachte sich die Zahl der Verurteilungen 1950 bereits auf 65, im Jahr 1951 stieg sie dann sogar auf 115. Betrachtet man die Strafen, die von den sächsischen Gerichten in diesen beiden Jahren verhängt wurden, so zeigt sich auch dabei eine neuerliche Verschärfung der Situation. 1950 wurden in fast allen Fällen Gefängnis- oder Zuchthausstrafen verhängt, nur ein Mann kam mit einer Geldstrafe davon. 1951 lag die Anzahl der Geldstrafen mit 13 zwar höher, relativiert wird das aber durch die absolute Zahl der verhängten Freiheitsstrafen, die von 60 auf 104 stieg.

Der Anstieg der Verfolgung ist auch deswegen beachtlich, weil die Verfolgungsintensität der Jahre vor 1933 schon bald wieder übertroffen wurde. So hatte die Zahl der Verurteilungen 1931 noch bei 70 und 1933 bei 87 gelegen, erst infolge der nach dem »Röhm-Putsch« einsetzenden Verfolgungsmaßnahmen war sie 1934 dann auf 138 und bis 1936 auf 423 Fälle gestiegen.[82] Auch beim Strafmaß waren die DDR-Gerichte der Urteilspraxis der NS-Zeit näher als der der Jahre vor 1933, als in der großen Mehrheit der Fälle noch Geld- oder geringe Gefängnisstrafen unter drei Monaten verhängt worden waren (vgl. Grafik 13). Betrachtet man die sächsische Verfolgungspraxis im Vergleich zu den anderen ostdeutschen Ländern, so fällt ebenfalls auf, dass Polizei und Justiz hier besonders scharf vorgingen. So lag die Zahl der Verurteilungen pro 100 000 Einwohner hier im Jahr 1951 doppelt so hoch wie in Sachsen-Anhalt, das in diesem Ranking den zweiten Platz einnahm – in den anderen Ländern lag sie deutlich niedriger (vgl. Grafik 30). Höher könnte sie allenfalls in Berlin gelegen haben, für das keine Vergleichswerte vorliegen. Auch wenn man in Rechnung stellt, dass Sachsen mit den Metropolen Dresden, Leipzig und Chemnitz wesentlich urbaner strukturiert war als die anderen ostdeutschen Länder, die Homosexuellenszene also ausgeprägter gewesen sein dürfte als zum Beispiel in Thüringen oder Brandenburg, sind diese Zahlen beachtlich. Dies nicht zuletzt auch deswegen, weil die Verfolgung während der NS-Zeit anfangs zwar ebenfalls leicht erhöht gewesen, im Vergleich zum Reichsgebiet oder auch zu Thüringen insgesamt aber nicht aus dem Rahmen

81 Zur Entscheidung des Obersten Gerichts vgl. Kapitel III.2.

82 Vgl. Kapitel II.2.

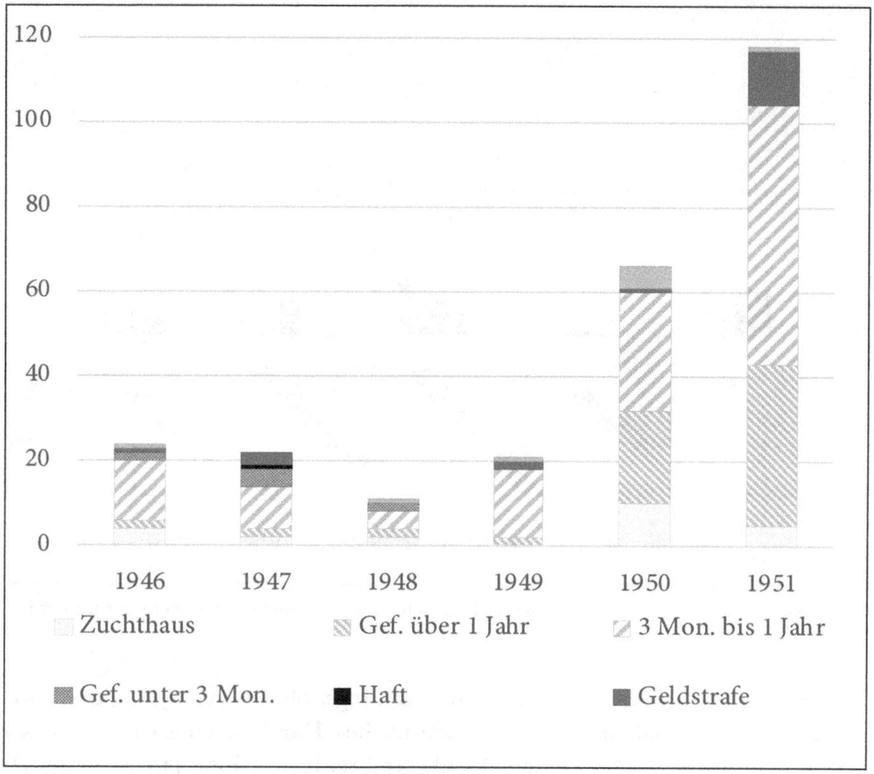

Grafik 29: Strafen wegen homosexueller Betätigung in Sachsen 1946 bis 1951[83]

gefallen war.[84] In den 1950er-Jahren gehörte Sachsen hingegen zu den »Hotspots« der Verfolgung in der DDR, wie auch die Zahlen aus den Jahren 1957 bis 1959 deutlich machen. Mehr Verurteilungen gab es nur in Berlin, wo die Strafen allerdings wesentlich milder ausfielen.[85]

Wie groß der Verfolgungseifer bei Polizei und Justiz teilweise war, zeigt ein Konflikt über die Auslegung des § 175, zu dem es 1950 kam. Nachdem die sächsische Generalstaatsanwaltschaft im April 1950 das Urteil des Obersten Gerichts bekannt gemacht hatte, äußerste der Chemnitzer Oberstaatsanwalt Gustav Feiler »schwer wiegende Bedenken«.[86] Ähnlich wie bei den Homosexuellenprozessen

83 Geschäftsberichte der sächsischen Staatsanwaltschaften 1946–1949 (BArch, DP/1/6484); Geschäftsberichte der sächsischen Staatsanwaltschaften 1949–1950 (BArch, DP/1/6458).

84 Vgl. Kapitel II.2, Grafik 2.

85 Vgl. Kapitel III.2, Grafik 24.

86 Gustav Adolf Feiler, geboren am 14.2.1908 in Netzschkau, studierte seit 1927 Jura und war danach als Rechtsanwalt tätig. Im Zweiten Weltkrieg geriet Feiler in sowjetische Kriegsgefan-

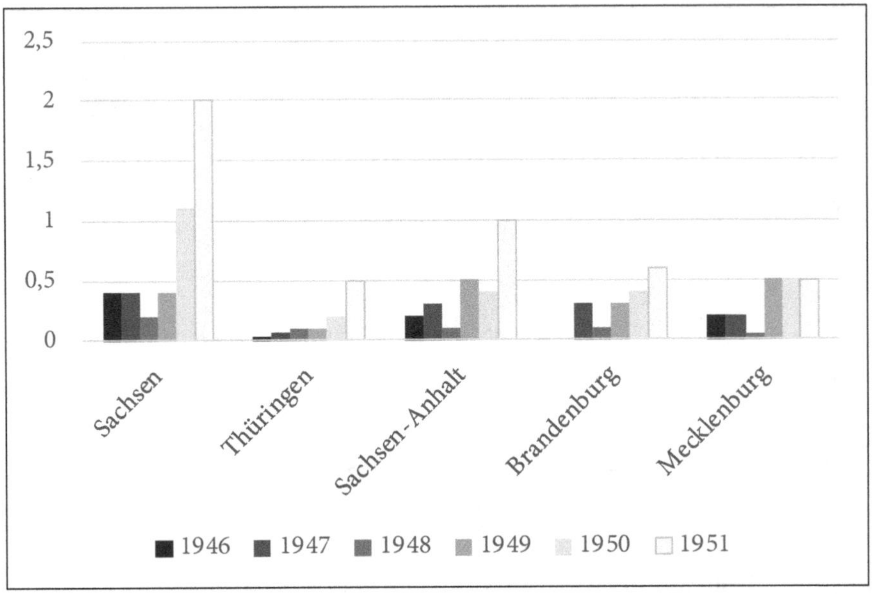

Grafik 30: Verurteilungen wegen homosexueller Betätigung pro 100 000 Einwohner nach Ländern[87]

von Halle ging es auch hier wieder um die Frage, ob die Verfolgung der »einfachen« Homosexualität auf »beischlafähnliche« Handlungen zu beschränken sei und damit die wechselseitige Onanie straffrei bleibe. Eine Frage, die durch die Entscheidung des Obersten Gerichtes zwar hätte geklärt sein sollen, eine Entscheidung, die bei Polizei und Staatsanwaltschaften teilweise aber großes Missfallen erregte. Der Chemnitzer Oberstaatsanwalt Feiler führte in seinem Protestschreiben eine ganze Reihe von Argumenten an, um die Entscheidung des Obersten Gerichtes infrage zu stellen. Zum einen, so Feiler, sei »diese Interpretation schwerlich mit der von den Besatzungsmächten herausgegebenen

genschaft und beteiligte sich an der Gründung des Nationalkomitees Freies Deutschland. 1946 wurde er Leiter der Staatsanwaltschaft in Plauen, kurz darauf dann Oberstaatsanwalt in Chemnitz. Nach Gründung der DDR-Bezirke avancierte er 1952 zum Bezirksstaatsanwalt des Bezirks Chemnitz, 1953 dann zum Staatsanwalt beim Generalstaatsanwalt der DDR. Später war Feiler Redakteur der Zeitschrift »Neue Justiz« und wissenschaftlicher Mitarbeiter an der Akademie für Staats- und Rechtswissenschaft der DDR in Potsdam. Feiler starb am 6.10.1980 in Ostberlin und wurde im Ehrenhain für Verfolgte des Naziregimes des Zentralfriedhofs Friedrichsfelde beigesetzt. Vgl. Dirk Breithaupt, Rechtswissenschaftliche Biographie DDR, Diss. Kiel 1993, S. 236.

87 Berndl/Kruber, Zur Statistik der Strafverfolgung, S. 62 und 69; Statistisches Bundesamt, Sonderreihe mit Beiträgen für das Gebiet der ehemaligen DDR. Heft 15. Ausgewählte Zahlen der Volks- und Berufszählungen und Gebäude- und Wohnungszählungen 1950 bis 1981, Wiesbaden 1994.

synoptischen Darstellung des StGB in Einklang zu bringen«. Ein Hinweis, der die Entscheidungskompetenz des Obersten Gerichtes ebenso anzweifelte wie die Verpflichtung der örtlichen Staatsanwaltschaften, sich an dessen Rechtsprechung zu halten. Feiler bemühte aber auch gleich noch das im Nationalsozialismus so hoch bewertete »Volksempfinden«, um die Rückkehr zum alten § 175 infrage zu stellen. So bestehe »gegen die vom Obersten Gerichtshof vertretene Meinung das außerordentlich schwer wiegende Bedenken«, dass »eine Vielzahl von nach der Volksanschauung beischlafähnlichen Handlungen« künftig »garnicht mehr erfasst« würden. Auch stehe die Rechtsprechung des Obersten Gerichts »mit der Anschauung der Volkspolizei nicht im Einklang«.[88]

Infolgedessen habe sich »die Staatsanwaltschaft Chemnitz nach ihren praktischen Erfahrungen genötigt« gesehen, »der vorliegenden Rechtsprechung des Obersten Gerichtshofes die Auslegung zu geben, dass die Vornahme beischlafähnlicher Handlungen die Einführung des Geschlechtsteils in natürliche oder künstlich erzeugte Öffnungen des Körpers voraussetzt«. Was Feiler hier noch recht verbrämt formulierte, war letztlich eine offene Rebellion, denn die nach dem Urteil des Obersten Gerichts straffreie Onanie wurde demzufolge in Chemnitz weiterhin verfolgt: Unter »diesen Begriff«, so Feiler weiter, falle nämlich »auch die mit der Hand betriebene wechselseitige Onanie«. Weiter verfolgt würde diese zumindest »in denjenigen Fällen«, in »welchen die Einwilligung des anderen Partners nicht ohne weiteres vorliegt«. Dies war zwar eine wesentliche, aber doch auch rätselhafte Einschränkung. Feiler erklärte jedenfalls nicht, in welchen Fällen die wechselseitige Onanie ohne eine »Einwilligung des anderen Partners« überhaupt vorstellbar sei. Stattdessen verwies er nochmals darauf, dass diese Interpretation der Staatsanwaltschaft »in Übereinstimmung mit der Ansicht des Kreiskriminalpolizeiamtes« stehe, »welches bei seinen Vorlagen schon seit geraumer Zeit von dieser Auffassung ausgeht«. Nach »hiesigem Dafürhalten« stehe sie überdies »auch im Einklang mit der durchaus überwiegenden Anschauung der Bevölkerung im hiesigen Gerichtsbezirk, wobei die Meinung der hiesigen Bevölkerung auch nicht ohne weiteres übergangen werden sollte«.[89]

Wie schon das Urteil des OLG Halle macht auch das Schreiben der Chemnitzer Staatsanwaltschaft deutlich, dass Polizei und Justiz die vom Obersten Gericht vorgegebene Linie teilweise nur widerwillig und teilweise auch gar nicht umsetzten. Die Interpretation der wechselseitigen Onanie als »beischlafähnliche« Handlung erwies sich dabei als strategischer Hebel.[90] Letztlich scheinen die ört-

88 Schreiben vom 2.6.1950 (BArch, DP/1/7193, Bl. 105–105R, hier 105).
89 Ebd., Bl. 105 f.
90 Vgl. dazu Kapitel III.1 und III.2 sowie das Urteil des Landesgerichts Halle vom 5.1.1951 (BArch, DP/1/20495, Band 3, II 3621/49).

lichen Behörden auch in den folgenden Jahren nach eigenem Gusto entschieden zu haben, welche Tatbestände sie nach § 175 verfolgten und welche nicht. Bei der von Oberstaatsanwalt Feiler adressierten sächsischen Generalstaatsanwaltschaft konnte man sich jedenfalls nicht zu einer eindeutigen Position durchringen. Vielmehr nahm man dessen Ausführungen »mit großem Interesse zur Kenntnis«, die »angeführten Argumente« seien »beachtlich«,[91] so auch die von Feiler angeführten Praxisbeispiele, insbesondere die Fälle wechselseitiger Onanie »während der Kinovorstellung in Lichtspielhäusern«.[92] Es sei »klar, dass gegen derartiges Überhandnehmen des gleichgeschlechtlichen Verkehrs und gegen die damit verbundenen Ausschreitungen, die sogar die Öffentlichkeit gefährden, schärfstens eingeschritten werden muss«. Zwar betonte die Generalstaatsanwaltschaft, dass man bei der Verfolgung nicht weiter gehen solle, »als dies das Oberlandesgericht [sic!] in seinen letzten Entscheidungen, veröffentlicht in der Neuen Justiz«, tue.[93] Dies war jedoch nur eine Empfehlung. Letztlich schreckte man davor zurück, klare Anweisungen zu erteilen, und verwies stattdessen darauf, dass die »Anwendung des § 175« auch »heute immerhin noch ein Gebiet« sei, »auf dem gerade die fortschrittlichen Kräfte noch nicht zu einer Einigung gelangt sind«.[94] Zwar sprach sich Staatsanwalt Kern, der den Brief der Generalstaatsanwaltschaft verfasste, tendenziell für eine Liberalisierung aus. Dass er das aber nur als eine Meinung von vielen verstanden wissen wollte, machte er auch in seinem Anschreiben an die DJV deutlich, der er den Schriftwechsel zur Kenntnisnahme übersandte. In seinen Augen handelte es sich hierbei um »2 Stellungnahmen« zur »Rechtsprechung des Obersten Gerichts« und »Anwendung des § 175«.[95]

Wie sich Verfolgungspraxis und Rechtsprechung in den folgenden Jahren entwickelten, ist anhand der wenigen überlieferten Prozessakten nicht leicht auszumachen. Es gibt allerdings Anhaltspunkte dafür, dass sich zumindest bei den Gerichten die Linie durchsetzte, dass der § 175 nur in der alten Fassung anzuwenden und sexuelle Handlungen wie die wechselseitige Onanie somit straffrei seien. Gleichwohl blieb der Verfolgungseifer bei Polizei und Staatsanwaltschaft groß. So klagte man im Herbst 1955 den 40-jährigen Kabinenwart eines Schachtes der Sowjetisch-Deutschen Aktiengesellschaft Wismut an, weil er erfolglos versucht hatte, sich einigen der Schachtarbeiter zu nähern. Zu explizit sexuellen Handlungen war es nicht gekommen, sodass eine Verfolgung nach § 175 ausschied. Deswegen kaprizierte sich die Staatsanwaltschaft auf den Umstand, dass einer der

91 Schreiben vom 13.6.1950 (BArch, DP/1/7193, Bl. 104).

92 Schreiben vom 2.6.1950 (BArch, DP/1/7193, Bl. 105).

93 Gemeint ist hier offenbar die Entscheidung des Obersten Gerichts, auf die sich auch Oberstaatsanwalt Feiler bezogen hatte. In der »Neuen Justiz« wurde 1950 kein Urteil des OLG Dresden oder eines anderen OLG veröffentlicht. Vgl. Schreiben vom 13.6.1950 (ebd., Bl. 104).

94 Schreiben vom 13.6.1950 (ebd., Bl. 104).

95 Schreiben vom 19.6.1950 (ebd., Bl. 109).

Umworbenen erst 20 Jahre alt gewesen war, worin man einen Verführungsversuch nach § 175a, Ziff. 3 sah: »Besonders verwerflich« sei »die Handlung des Beschuldigten, da er sich an jungen noch entwicklungsfähigen Menschen vergriff, die dazu berufen sind, die Errungenschaften unserer Republik zu sichern. Die Handlungsweise des Beschuldigten ist unvereinbar mit den sittlichen und moralischen Anschauungen unserer Gesellschaft und bedarf deshalb strafrechtlicher Ahndung.«[96] Das Kreisgericht Karl-Marx-Stadt wies die Anklage jedoch zurück zwecks weiterer Ermittlungen, da gar nicht klar sei, dass der Angeklagte gewusst habe, dass der Schachtarbeiter erst 20 Jahre alt war.[97] Obwohl die Staatsanwaltschaft diesen für eine Verurteilung wesentlichen Punkt nicht klären konnte, hielt sie an der Anklage fest. Zur Begründung verwies sie nun auf den Umstand, dass es sich bei den Umworbenen um »junge Volkspolizisten« gehandelt habe, »welche durch derartige Handlungen in moralischer Hinsicht der Gefahr ausgesetzt wurden verdorben zu werden«. Es sei »deshalb erforderlich, dass der Beschuldigte eine Strafe erhält, auch dann wenn ihm nicht voll nachgewiesen werden kann, ob er wusste dass es sich um Jugendliche unter 21 Jahren handelte«.[98] Auch wenn der Angeklagte im folgenden Prozess freigesprochen wurde, zeigt der Fall, mit welchem Nachdruck einige Akteure bei Polizei und Staatsanwaltschaft versuchten, an einer Verfolgungspraxis festzuhalten, die durch die neue Auslegung des § 175 nicht mehr gedeckt war.

Mitunter konnten sich die Verfolgungsbehörden dabei auch auf die moralische »Anschauung der Bevölkerung« stützen, auf die sich bereits Oberstaatsanwalt Feiler berufen hatte. So jedenfalls im Fall zweier 43-jähriger Arbeiter, die sich im April 1955 in einem Gasthof in Theißen auffällig lange auf einem Klosett aufhielten. Nachdem die Wirtin erklärt hatte, »dass es ihr auffällig wäre, dass der K. laufend für S. bezahlt«, ging ein Gast auf die Toilette, wo er feststellte, »dass die Beiden das Klosett von Innen [sic!] verriegelt haben«. Daraufhin begaben sich zwei der Gäste »zu unserem zuständigen Volkspolizisten«, um die beiden anzuzeigen.[99] Die Zeugenbefragungen erbrachten zwar einige »Verdachtsmomente«, aber keinen Beleg dafür, dass sich die beiden Männer »der widernatürlichen Unzucht hingegeben« hatten, wie es die Volkspolizei in ihrem Bericht dennoch behauptete.[100] Doch auch die Staatsanwaltschaft glaubte, nachweisen zu können, dass die beiden den »Mundverkehr« durchgeführt hätten und klagte die Männer an, »das Scham- und Sittlichkeitsgefühl der Werktätigen dadurch verletzt

96 Anklageschrift vom 18.10.1955 (SächsStA Chemnitz, Bestand 32888, Nr. 469, Bl. 44).
97 Beschluss vom 2.12.1955 (ebd., Bl. 45).
98 Stellungnahme vom 23.12.1955 (ebd., Bl. 48).
99 Vernehmungsprotokoll vom 19.5.1955 (SächsStA Chemnitz, Bestand 32888, Nr. 657, Bl. 4, hier 4R).
100 Bericht vom 11.4.1955 (ebd., Bl. 2).

zu haben, indem sie widernatürliche Unzucht trieben«.[101] Im Prozess stellte sich jedoch heraus, dass die Zeugenaussagen zu dürftig waren, um eine »beischlafähnliche« Handlung wie den »Mundverkehr« nachzuweisen. Das Kreisgericht Karl-Marx-Stadt sprach die beiden schließlich frei.[102]

Aus solchen Einzelfällen Rückschlüsse auf die Anzeigebereitschaft oder gar die Einstellungen der Bevölkerung zu ziehen, wäre allerdings, wie die Analyse des Anzeigeverhaltens während der NS-Zeit ergeben hat, verfehlt.[103] Gerade Fälle einvernehmlicher Homosexualität dürften auch in der Nachkriegszeit nur selten aus der Bevölkerung angezeigt worden sein. Die inzwischen liberalere Auslegung des § 175 wird die Bereitschaft der Bevölkerung, »gewöhnliche« Homosexuelle zu dulden, eher erhöht als gesenkt haben. Angesichts der insgesamt schlechten Überlieferung von Verfahrensakten, unter denen sich zudem nur sehr wenige Fälle »einfacher« Homosexualität finden, lässt sich über diese Frage zwar kein abschließendes Urteil fällen. Auffällig ist aber, dass auch die Anzeigen aus der Nachkriegszeit, die überliefert sind, fast alle das Thema »Jugendverführung« betrafen und entweder von jungen Männern erstattet wurden, denen unerwünschte Avancen gemacht worden waren, oder aber von Arbeitskollegen und Angehörigen Jugendlicher, die sich um deren Entwicklung sorgten. So wurde 1958 ein 24-jähriger Schauspieler des Dresdner Operettentheaters von einer Kollegin angezeigt, weil er mit einem 17-jährigen Mitarbeiter der Theatertechnik zwei Nächte verbracht und diesen »abgedrückt und geküsst« hatte.[104] Die Mutter des Jugendlichen hatte sich »hilfesuchens [sic!] an die Theaterleitung« gewandt, weil »sie feststellen musste, dass ihr Sohn« zunehmend »verschlossen war und auch seiner Mutter gegenüber keine Erklärungen abgab, wo er sich in den Nächten, die er nicht zuhause war, aufhielt«.[105] In den meisten Fällen waren es allerdings die Jugendlichen oder Heranwachsenden selbst, die der Polizei »Verführungsversuche« meldeten. So wie ein noch nicht 21 Jahre alter Behördenangestellter, der 1961 einen 30-jährigen Museumsangestellten anzeigte, der ihm in einer Kneipe ans Geschlechtsteil gefasst hatte. Weil er meinte, dass bei dem Mann etwas »nicht stimmt«, erklärte er sich »einverstanden«, diesen nach Hause zu begleiten und bei ihm »zu schlafen«. Nachdem es dort zu dem erwarteten »Übergriff« kam, versuchte er, den Mann zur Polizei zu schleppen und schlug ihm schließlich sogar ins Gesicht: »Er blutete sofort und kam dann auch widerstandslos mit mir mit zum VPKA.«[106]

---

101 Anklageschrift vom 11.5.1955 (ebd., Bl. 17 f., hier 17).
102 Urteil vom 14.9.1955 (ebd., Bl. 43–47).
103 Vgl. Kapitel II.6.
104 Protokoll vom 7.1.1959 (BStU, MfS Karl-Marx-Stadt, Reg. Nr. XI/180/63, Band 1, Bl. 52 f., hier 53).
105 Erklärung der Theaterleitung vom 10.4.1958 (ebd., Bl. 38).
106 Anzeige vom 20.4.1961 (MfS BV Karl-Marx-Stadt XIV 148/63, Teil 1, Band 1, Bl. 78 f.).

Während es bei Fällen tatsächlicher oder vermeintlicher »Verführung« auch in den 1950er-Jahren vor allem Anzeigen von »Betroffenen« oder ihren Angehörigen gewesen sein dürften, die die Ermittlungen in Gang brachten, scheint die Polizei bei der »einfachen« Homosexualität weiterhin auf Polizeiaktivitäten wie »Päderastenstreifen« und Vernehmungen anderer Beschuldigter angewiesen gewesen zu sein. Anhand der Dresdner Verfahrensregister lässt sich feststellen, dass Ermittlungen gegen »gewöhnliche« Homosexuelle meist gehäuft auftraten, dass es also regelrechte Verfolgungswellen gab, die man wohl auf entsprechende Polizeiaktivitäten oder die belastenden Aussagen von »Kronzeugen« zurückführen kann. Zur größten dieser Verfolgungswellen kam es 1954, als die Dresdner Polizei immerhin 19 Ermittlungsverfahren wegen »einfacher« Homosexualität einleitete. Sechs dieser Verfahren wurden eingestellt, sechs Männer erhielten Gefängnisstrafen, weitere sechs Männer wurden sogar zu Zuchthaus verurteilt. Unter den Beschuldigten befand sich übrigens auch Rudolf Klimmer, gegen den die Staatsanwaltschaft am 8. Dezember ein Verfahren einleitete. Einen Monat später wurde es wegen geringer Schuld nach § 153 StGB eingestellt.[107]

Dass die Volkspolizei teilweise ganz beachtliche Aktivitäten entwickelte, um »gewöhnliche« Homosexuelle zu überführen, zeigt die weitere Entwicklung im Fall des Dresdner Schauspielers. Obwohl man dem Mann keine Straftat nachweisen konnte und die Polizei die Ermittlungen einstellte, verlor er seine Stelle am Operettentheater und arbeitete zunächst als Kellner. Einige Monate später wurde er dann am Meininger Landestheater engagiert. »Auf Ersuchen des VPKA [VP-Kreisamtes] Dresden« begann die Suhler Bezirksbehörde der Deutschen Volkspolizei (BDVP) daraufhin, sich mit dem Schauspieler zu beschäftigen. Ziel war es, den Mann »wegen seiner Veranlagung zur Homosexualität« als Inoffiziellen Mitarbeiter anzuwerben.[108] Tatsächlich unterschrieb der Schauspieler nach einigen Monaten eine entsprechende »Verpflichtungserklärung«, in der er zusicherte, »von allen mir bekannten Personen, welche strafbare Handlungen verübten, von Personen, welche Verbindungen mit kriminellen Elementen haben und von solchen Personen, welche einen verdächtigen Lebenswandel führen, Mitteilung zu machen«.[109] Die Anwerbung war Bestandteil einer größeren Operation, die der Überführung homosexueller Männer am Meininger Theater diente. Zu diesem Zweck hatte die BDVP eine ganze Reihe von Spitzeln angeworben, die regelmäßig über Homosexuelle am Theater berichteten. Tatsächlich kam es im Zuge dessen auch zu verschiedenen Ermittlungsverfahren, bei denen der ange-

107 Verfahrensregister der Stadt Dresden 1954/55 (SächsHStA Dresden, Bestand 13026, Nr. 26, Lfd. Nr. 132).

108 Fragebogen vom 4.12.1958 (BStU, MfS Karl-Marx-Stadt, Reg. Nr. XI/180/63, Band 1, Bl. 98).

109 Verpflichtungserklärung vom 4.12.1958 (ebd., Bl. 50).

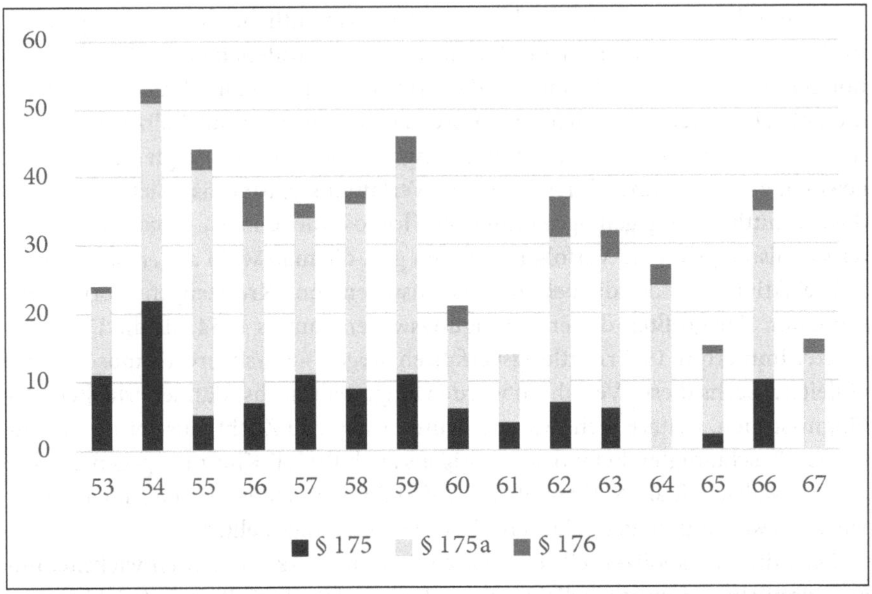

Grafik 31: Verfahren nach Straftatbeständen in Kreisgerichtsbezirken Dresden, Bautzen und Freiberg[110]

worbene Schauspieler als »Zeuge« geladen wurde. In den Vernehmungen räumte er ein, dass er »auch für Männerbekanntschaften zu haben war«, und gab sogar zu, mit einem Mann aus Leipzig die – inzwischen allerdings straffreie – wechselseitige Onanie betrieben zu haben.[111] Seinen »Verpflichtungen« kam der Schauspieler allerdings nicht nach. Zu den »angesetzten Treffs« mit dem Kontaktmann der Volkspolizei erschien er nicht, sodass der Eindruck entstand, »dass er nicht ehrlich ist und nur notgedrungen die bisherigen Mitteilungen gab«. Aus diesem Grund erteilte man ihm auch nur Aufträge, »die bereits im Ergebnis bekannt waren, um seine Ehrlichkeit zu überprüfen«.[112] Einem anderen Mitarbeiter des Meininger Theaters, der ebenfalls als Spitzel agierte, berichtete er schließlich, er sei bereits dreimal zum Volkspolizeikreisamt vorgeladen worden. Dort habe man ihm »den Vorschlag gemacht, als Polizeihelfer fürs Theater zu funguieren [sic]«. Er würde »aber so etwas nicht machen, denn er wäre kein Lump«.[113]

110 Staatsanwaltschaften der Stadt und des Kreises Dresden, Verfahrensregister 1953–1967 (SächsHStA Dresden, Bestände 13026 und 13366); Staatsanwaltschaft des Kreises Bautzen, Strafregister 1953–1967 (SächsHStA Dresden, Bestand 13040); Staatsanwaltschaft Freiberg, Registerbücher 1953–1967 (SächsStA Chemnitz, Bestand 30509).

111 Vernehmungsprotokoll vom 8.12.1959 (ebd., Bl. 64 f., hier 65).

112 Beurteilung vom 28.12.1960 (ebd., Bl. 99).

113 Bericht vom 11.1.1960 (ebd., Bl. 66 f., hier 66).

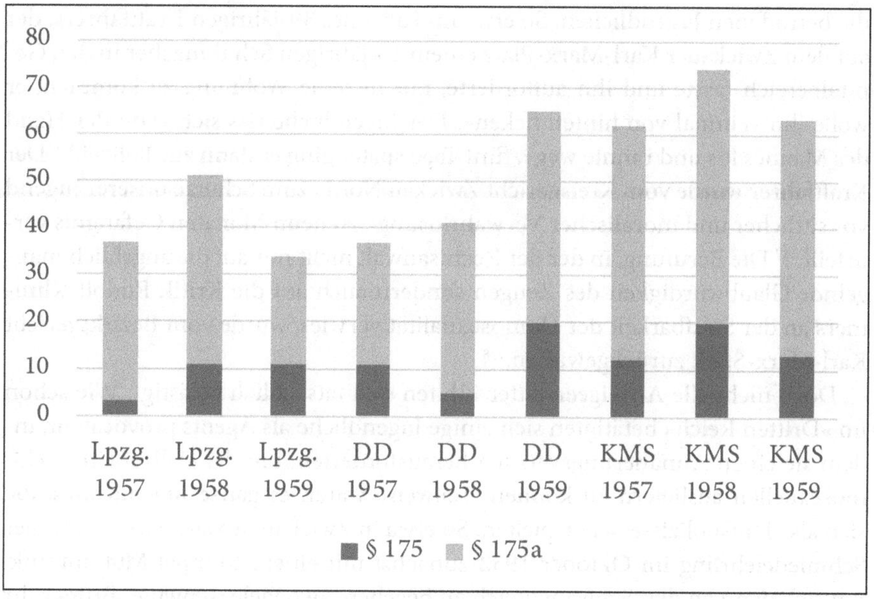

Grafik 32: Verurteilungen Erwachsener in den DDR-Bezirken Leipzig, Dresden und Karl-Marx-Stadt[114]

Trotz solcher Bemühungen der Volkspolizei spielte die Verfolgung »gewöhnlicher« Homosexueller eine immer geringere Rolle. Ab Mitte der 1950er-Jahre drehte sich die überwiegende Mehrheit der Strafverfahren um sexuelle Handlungen mit Jugendlichen. War es in den Kreisgerichtsbezirken Dresden, Freiberg und Bautzen 1953 und 1954 noch in etwa der Hälfte der Fälle um »einfache« Homosexualität gegangen, so machte diese hier in den folgenden Jahren nur noch ein Fünftel bis maximal ein Drittel aller Verfahren aus (vgl. Grafik 31).

Ein noch deutlicheres Gefälle zeigen die Daten der Kriminalstatistik für die sächsischen Bezirken Leipzig, Dresden und Karl-Marx-Stadt aus den Jahren 1957 bis 1959 (vgl. Grafik 32). In diesen drei Jahren betrafen hier 77 Prozent der Verurteilungen den § 175a, wobei es – ähnlich wie in der NS-Zeit – zum Großteil um Fälle von »Jugendverführung« nach Ziffer 3 gegangen sein dürfte. Wie bereits die Leipziger Verfolgungsakten aus der NS-Zeit deutlich gemacht haben, gab es bei solchen Fällen ein breites Spektrum.[115] Zum Teil handelte es sich um eher fragwürdige sexuelle Avancen – Anzeigeerstatter waren in solchen Fällen meist

114 Kriminalstatistik der DDR 1957–1959 (BArch, DP/1/1231, DP/1/8616, DP/1/8623).
115 Vgl. Kapitel II.6 und II.7.

die betroffenen Jugendlichen. So etwa im Fall eines 39-jährigen Kraftfahrers, der auf dem Zwickauer Karl-Marx-Platz einem 16-jährigen Schuhmacher in den Genitalbereich fasste und ihn aufforderte, mit in seine Wohnung zu kommen, er wolle ihn »einmal von hinten ficken«. Der Jugendliche riss sich »von der Hand des Mannes los und rannte weg«, fünf Tage später ging er dann zur Polizei.[116] Der Kraftfahrer wurde vom Kreisgericht Zwickau Nord »zum Schutze unserer Jugend vor sittlicher und moralischer Verwahrlosung« zu neun Monaten Gefängnis verurteilt.[117] Die Berufung, in der der Rechtsanwalt nicht nur auf die angeblich mangelnde Glaubwürdigkeit des Zeugen sondern auch auf die Kritik Rudolf Klimmers an der Strafbarkeit der Homosexualität verwies, wurde vom Bezirksgericht Karl-Marx-Stadt zurückgewiesen.[118]

Doch nicht alle Anzeigeerstatter fühlten sich tatsächlich belästigt: Wie schon im »Dritten Reich« betätigten sich einige Jugendliche als Agents provocateur, indem sie einen Annäherungsversuch herausforderten, um der Polizei einen Homosexuellen ausliefern zu können. Teilweise waren es ganze Jugendgangs, die sich als »Hilfspolizisten« aufspielten. So etwa in Zwickau, wo sich ein 17-jähriger Schmiedelehrling im Oktober 1952 zunächst mit einem Kumpel Mut antrank, um sich dann an den Schwanenteich zu begeben, »wo viele ›schwule‹ Brüder ihr Unwesen treiben«.[119] Nachdem er dort einen Mann kennengelernt und sich von diesem hatte onanieren lassen, fasste er »nach dem mir Unbekannten und fragte ihn, was er da macht. Er bat mich, ihn loszulassen, doch waren in der Zwischenzeit noch andere hinzugekommen und wir führten den Mann dem VP.-Präsidium zu. Auf dem Weg nach hier wollte er weglaufen.« Gegenüber der Polizei erklärte der 17-Jährige seine Motivation schließlich ganz offen: »Unsere eigentliche Absicht war, hier festzustellen, ob Schwule – Brüder da sind.«[120] Noch deutlicher wurde er gegenüber dem Gericht: Er habe sich »einigen Kameraden« angeschlossen, um »dort Ordnung zu schaffen«.[121] Das Chemnitzer Kreisgericht sah in dem Vorgang dennoch einen Verführungsversuch nach § 175a und verurteilte den Verhafteten, einen 51-jährigen Bergarbeiter, der noch weitere Sexualkontakte am Schwanenteich eingeräumt hatte, zu der äußerst harten Strafe von zwei Jahren Zuchthaus und fünf Jahren Ehrverlust.[122]

Dass bei derartigen Anzeigen nicht nur Abenteuerlust, sondern auch uneingestandene sexuelle Bedürfnisse eine Rolle spielten, ist sehr wahrscheinlich.

116 Anzeige vom 28.10.1954 (SächsStA Chemnitz, Bestand 30526, Nr. 44, Bl. 1 f., hier 1R).
117 Urteil vom 21./23.12.1954 (ebd., Bl. 35–37, hier 37R).
118 Berufung vom 28.12.1954 und Beschluss vom 4.1.1955 (ebd., Bl. 39 f., hier 40 und Bl. 41).
119 Sitzungsprotokoll vom 3.3.1953 (SächsStA Chemnitz, Bestand 32888, Nr. 616, Bl. 22–24, hier 23).
120 Vernehmungsprotokoll vom 6.10.1952 (ebd., Bl. 2).
121 Sitzungsprotokoll vom 3.3.1953 (ebd., Bl. 22–24, hier 23).
122 Ebd., Bl. 23R.

Auffällig ist jedenfalls, dass einige der Jugendlichen die sexuellen Handlungen zunächst über sich »ergehen« ließen, bevor sie die Polizei verständigten. So auch ein 17-jähriger Elektromonteur, der sich im Februar 1955 von einem 39-jährigen Branchenleiter der HO-Wismut zum Bier einladen ließ und »ihn nun auf die Probe stellen« wollte.[123] Nachdem die beiden Sex gehabt hatten, klaute er dem Älteren seine Aktentasche – angeblich, um dessen Personalien festzustellen. Doch der Branchenleiter verfolgte ihn, sodass sich der Jugendliche in ein Getriebewerk flüchten und dort den Betriebsschutz informieren musste, der schließlich die Polizei herbeirief. Auf dem Polizeipräsidium erklärte der 17-Jährige zu seiner Rechtfertigung, er habe sich »gleich gedacht, dass dies ein Schwuler ist. Von diesem Schwulen haben schon meine Freunde gesprochen, die Helfer bei der Volkspolizei sind bzw. ließen meine Freunde mich wissen, dass die Polizei auf solche Leute scharf ist. Indem ich mit diesem Mann ging, wollte ich ihn überführen […].«[124] Der Bergbaustaatsanwalt Karl-Marx-Stadt erhob Anklage wegen Verführung eines Jugendlichen nach § 175a. Die Handlungen des Beschuldigten seien »nicht nur verwerflich, sondern unter aller Menschenwürde«, hätten sie doch einen »Jugendlichen in einen seelischen Zwiespalt versetzt« und ihm »einen lasterhaften, unmoralischen Weg aufgezeigt«.[125] Das Gericht verwarf das Argument des Verteidigers, es komme allenfalls eine Verurteilung wegen einvernehmlicher Handlungen nach § 175 infrage und folgte dem Antrag des Staatsanwaltes, den Angeklagten zu einem Jahr und zwei Monaten Zuchthaus zu verurteilen.[126]

Neben derartigen Fällen wurden auch solche als »Jugendverführung« angeklagt, in denen es unzweifelhaft um einvernehmliche Beziehungen ging. Hatten die Gerichte solche Fälle zu NS-Zeiten mit Rücksicht auf das Verhalten des Jugendlichen oft nur als »einfache« Homosexualität nach § 175 verfolgt, so tendierten sie nun dazu, sämtliche Fälle, in die Jugendliche involviert waren, als »Verführung« nach § 175a abzuurteilen.[127] So etwa im Fall eines 45-jährigen Ingenieurs aus Karl-Marx-Stadt, der vom Kaderleiter des VEB Starkstrom Anlagenbau im November 1955 angezeigt worden war, weil er mit einem 16-jährigen Zeichner über ein Jahr hinweg ein sexuelles Verhältnis unterhalten hatte. Die Staatsanwaltschaft betonte in ihrer Anklageschrift die Vorzüge der sozialistischen Moral gegenüber kapitalistischer Dekadenz: »Im Gegensatz zu Westdeutschland, wo die Jugend durch importierte Schundliteratur und Schundfilme geistig und moralisch verseucht wird, um sie für einen neuen Angriffskrieg reif zu machen,

123 Anzeige vom 1.2.1955 (SächsStA Chemnitz, Bestand 30514, Nr. 535, unpag.).
124 Vernehmungsprotokoll vom 1.2.1955 (ebd., Bl. 8 f., hier 8R).
125 Anklageschrift vom 3.3.1955 (ebd., Bl. 17–19, hier 18).
126 Sitzungsprotokoll vom 18.3.1955 (ebd., Bl. 29–40, hier 26R).
127 Vgl. Kapitel II.7.

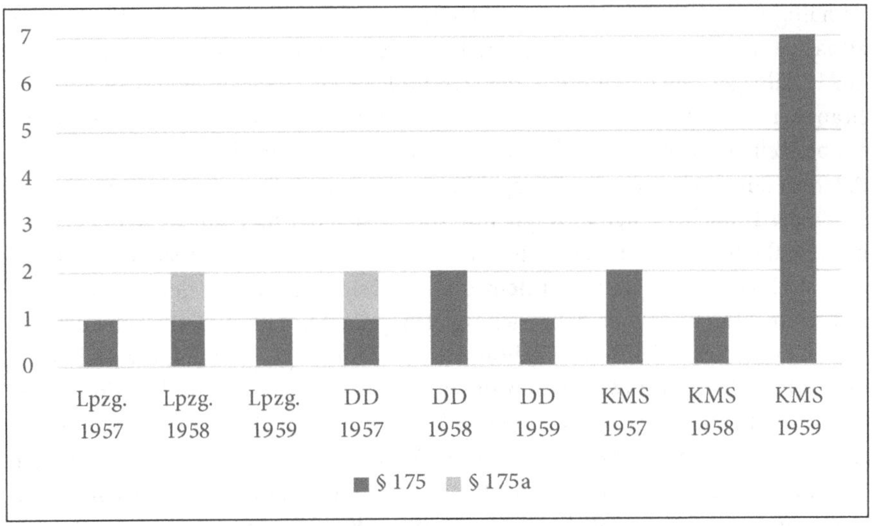

Grafik 33: Verurteilungen Jugendlicher in den DDR-Bezirken Leipzig, Dresden und Karl-Marx-Stadt[128]

erzieht unsere Regierung die Jugend zu Patrioten.«[129] Das Kreisgericht verurteilte den Mann schließlich wegen »Verführung« nach § 175a zu sechs Monaten Gefängnis und begründete die Strafe unter anderem mit den vom DDR-Justizministerium herausgegebenen »Materialien zum Strafrecht«. Diese betonten die Notwendigkeit, »unsere Kinder und Jugendlichen zu gesunden, moralisch sauberen und schaffensfrohen Erbauern des neuen Lebens zu erziehen«.[130]

Obwohl Jugendliche grundsätzlich als »Opfer« betrachtet wurden, klagte man sie in Einzelfällen auch an (vgl. Grafik 33). Dies war vor allem dann der Fall, wenn keine erwachsenen »Verführer« identifizierbar waren oder die Jugendlichen sogar selbst als »Verführer« erschienen. Homosexualität sah man in solchen Fällen als »eine besondere Gefahr«, die ein weiteres Abgleiten in die Kriminalität begünstigen könne, wie der Arzt Wolfgang Bretschneider meinte. »Unter was für verderbliche Einflüsse Jugendliche kommen können«, führte er in einem 1956 publizierten Ratgeber am Beispiel einer Clique aus dem Landkreis Leipzig vor Augen. Der »Freundeskreis von vier Jugendlichen im Alter von 18 Jahren« hätte dort nicht nur angefangen, »gegenseitig zu onanieren und in homosexuelle

128 Kriminalstatistik der DDR 1957–1959 (BArch, DP/1/1231, DP/1/8616, DP/1/8623).

129 Anklageschrift vom 29.11.1955 (SächsStA Chemnitz, Bestand 30514, Nr. 123, Bl. 24–27, hier 25).

130 Urteil vom 9.12.1955 (ebd., Bl. 36–38, hier 38).

Beziehungen zu treten«, wobei der »Älteste« (sic!) »leicht schwachsinnig« und »zweifellos der Verführer« gewesen sei. Die jungen Männer hätten schließlich auch »einen gemeinsamen Einbruch in eine Kirche verübt«, ohne dass sie »die Absicht eines Diebstahls gehabt hätten«. Bretschneider warnte deswegen: »Abnormes homosexuelles Verhalten und kriminelle Vergehen sind häufig miteinander verbunden.«[131]

Vor Gericht landeten vor allem jene tendenziell »widerständigen« jungen Männer, die sich nicht ohne Weiteres »zu moralisch sauberen und schaffensfrohen Erbauern des neuen Lebens« erziehen ließen.[132] 1954 wurde zum Beispiel ein 18-jähriger Schlosser angeklagt, der bereits 1950 wegen »Arbeitsbummelei« in den Jugendwerkhof Sachsenburg eingewiesen worden war, wo er »mit anderen Jugendlichen homosexuellen Verkehr« hatte. Am 16. Juni 1953 hatte er dann seine Arbeitsstelle bei der Wismut verlassen, um sich nach Leipzig, Ostberlin und später nach Westberlin abzusetzen, wo er »bei verschiedenen homosexuellen Elementen« wohnte, »von denen er sich unterhalten ließ und mit denen er regelmäßig wöchentlich ca. 3 Mal Unzucht trieb«. Darüber hinaus soll er laut Anklageschrift am Alexanderplatz »Bekanntschaften mit Jungen im Alter zwischen 15 und 17 Jahren« gesucht und diese für Sex bezahlt haben, womit er »in jungen Menschen den Keim der Unzucht gelegt und sie an einer normalen geschlechtlichen Entwicklung gehindert« habe.[133] Anfang 1954 hatte man ihn dann nach einer Schlägerei in Ostberlin festgenommen, auch weil er »provozierende Äußerungen gegenüber VP-Ang. zum Ausdruck gebracht« habe.[134] In ihrer Anklageschrift berief sich die Bergbaustaatsanwaltschaft Karl-Marx-Stadt erneut auf die »Werktätigen«, die angeblich »von ihrem Staat« forderten, dass »gegen solche Elemente, welche durch unnormales Geschlechtsleben gegen ihre Empfindungen verstoßen, streng vorgegangen wird«.[135] Das Kreisgericht Karl-Marx-Stadt verurteilte den inzwischen 19-Jährigen wegen »fortgesetzter widernatürlicher Unzucht«, was darauf hindeutet, dass es der Anklagebehörde nicht folgte, die den jungen Mann der Prostitution nach § 175a beschuldigt hatte – allerdings verzichtete das Gericht in seinem Urteil darauf, Tatbestand und Rechtsgrundlage näher zu erläutern. Beim Strafmaß von einem Jahr und zehn Monaten Gefängnis folgte es dem Antrag der Staatsanwaltschaft, um den Angeklagten »umzuerziehen, damit er in die Lage versetzt wird, sein gesellschaftsgefährdendes Handeln einzusehen«.[136]

---

131 Bretschneider, Sexuell aufklären, rechtzeitig und richtig, S. 63 f.

132 Urteil vom 9.12.1955 (SächsStA Chemnitz, Bestand 30514, Nr. 123, Bl. 38).

133 Anklageschrift vom 14.4.1954 (SächsStA Chemnitz, Bestand 32888, Nr. 894, Bl. 34–37, hier 35 f.)

134 Strafanzeige vom 5.2.1954 (ebd., Bl. 3).

135 Anklageschrift vom 14.4.1954 (ebd., Bl. 35).

136 Urteil vom 13.5.1954 (ebd., Bl. 45–47, hier 47).

Politisch aufgeladen waren nicht nur viele Anklageschriften und Urteile, einzelne der Prozesse dienten auch dem Zweck, politische Gegner über den Vorwurf der Homosexualität zusätzlich zu diskreditieren. So wurden in einem Prozess gegen neun Männer, die man beschuldigte, »in Dresden eine illegale Organisation, nämlich die ›Falken‹ gegründet« und auf Flugblättern »Hetze gegen die Deutsche Demokratische Republik« betrieben zu haben, dreien der Angeklagten auch homosexuelle Beziehungen angelastet.[137] Der politischen Bedeutung des Verfahrens entsprechend wurde die Anklage im August 1950 von der sächsischen Generalstaatsanwaltschaft erhoben. Tatsächlich spielte Homosexualität in dem Fall eine nicht unerhebliche Rolle, denn bei dem Hauptangeklagten handelte es sich um einen inzwischen 31-jährigen Mann, der nach 1945 zunächst als »Neulehrer« und auch bei der FDJ tätig gewesen war, 1947 dann aber alle Posten verlor, nachdem man ihn nach § 176 wegen Unzucht mit Kindern zu drei Jahren Gefängnis verurteilt hatte. Nach seiner vorzeitigen Haftentlassung 1949 sollte er sich als Bauarbeiter »bewähren«. Im März 1950 nahm er dann Kontakt auf zu den Westberliner Falken, um in Dresden eine entsprechende Gruppe zu gründen – angeblich aber auch mit dem Ziel, »eine Stelle als Lehrer in Westberlin zu bekommen«, wie die Dresdner Generalstaatsanwaltschaft später behauptete. Jedenfalls begann er, in Dresden eine Gruppe der Falken aufzubauen. Seine Mitstreiter gewann er unter Verweis darauf, »dass die FDJ in der DDR schon wieder eine militärische Organisation geworden ist« und »unter was für einer furchtbaren Diktatur die Jugend in der DDR steht«, wie es in der Anklageschrift polemisch hieß. Weiter »führte er an, dass hier sämtliche Kritik verboten ist und wer es wagen wollte, zu einem anderen Jugendverband sich zu bekennen, müsste mit 25 Jahren Arbeitslager rechnen«.[138] Tatsächlich gewann er schließlich acht Mitstreiter, mit denen er zunächst Ausgaben der sozialdemokratischen Zeitung »Telegraf« im Korridor der Pestalozzi-Oberschule »verstreute«. Später klebte die Gruppe dann in ganz Dresden Flugblätter, die sie ebenfalls aus Westberlin geholt hatte und sammelte angeblich auch Informationen, um sie an »feindliche« Stellen weiterzugeben.

Dass der Hauptangeklagte bereits seit längerem ein Verhältnis zu einem 17-jährigen Mitglied der Gruppe unterhielt, in das schließlich noch ein 16-Jähriger einbezogen wurde, war für die Generalstaatsanwaltschaft ein willkommener Anlass, die »Verkommenheit« des ganzen Zirkels zu betonen. Die Aussage auch des 17-Jährigen, es habe sich um eine einvernehmliche Beziehung gehandelt, sprach in den Augen der Staatsanwaltschaft »direkt Hohn«, sei der Hauptbeschuldigte doch nicht nur wegen Sittlichkeitsverbrechen vorbestraft, sondern »dürfte soch [sic!] wohl kauf [sic!] als 31-Jähriger von einem 17-Jährigen verfüh-

137 Anklageschrift vom 31.8.1950 (SächsHStA Dresden, Bestand 11120, Nr. 2552, Bl. 1–15, hier 4).
138 Ebd., Bl. 8.

ren lassen«. Beim Hauptangeklagten handele es sich vielmehr um »einen moralisch vollkommen verwahrlosten Menschen«, der »die Politik und die Jugend dazu benutzt, um sie gegen die DDR und die Besatzungsmacht unter den gemeinsamen Lügen und Verleumdungen aufzuwiegeln und sich damit ein leichtes Geld von Seiten der westlichen Besatzungsmacht zu verdienen«. Gründe, »die zu Gunsten irgendeines Beschuldigten sprechen«, lägen nicht vor, denn diese hätten sich »aufgrund ihrer freiwilligen Verpflichtung gegen die Ziele der DDR und überhaupt der gesamten fortschrittlichen Menschheit gestellt«. Sie hätten in »der FDJ große Verwirrung in den Reihen der Jugendlichen« gestiftet, eine »Störung unserer antifaschistisch-demokratischen Ordnung«, die »nur mit harter Strafe gesühnt werden« könne.[139] Im weiteren Verfahren wurde der Hauptangeklagte schließlich noch beschuldigt, bereits in Hitlerjugend und SS aktiv gewesen zu sein, ein Vorwurf, über den man Jahre zuvor, als der Mann noch bei der FDJ tätig gewesen war, hinweggesehen hatte.[140] Er wurde schließlich zwar nicht zu 25 Jahren Arbeitslager, aber immerhin doch zu 13 Jahren Zuchthaus verurteilt, die beiden jugendlichen Mitangeklagten zu »Jugendgefängnis auf unbestimmte Dauer«. Die restlichen Angeklagten erhielten Zuchthausstrafen zwischen zweieinhalb und zehn Jahren.[141]

Ein beachtlicher Nebenaspekt des Falles war, dass er für Propagandazwecke im Vorfeld der »Volkswahl« vom 15. Oktober 1950 instrumentalisiert wurde. Aus diesem Grund hatte man nicht nur die Hauptverhandlung auf einen Termin kurz vor der Wahl gelegt, man führte schließlich auch zwei öffentliche »Justizaussprachen« durch, bei denen der Fall vorgestellt wurde und die Anwesenden über die Strafen abstimmen sollten. Im »Gasthof Dobritz«, dem »Wirkungsbereich« des Hauptangeklagten, wurde ein »Justizausspracheabend« durchgeführt, an dem 650 Personen, darunter ein Drittel Jugendliche, teilnahmen. Angeblich billigten die Teilnehmer die Strafhöhe des Hauptangeklagten und hielten sie »zum Teil sogar für zu niedrig«. Dagegen seien »ca. 15 Leute« der Ansicht gewesen, dass die Strafe »bei den Jugendlichen zu hoch liege«. Welche Bedeutung dem Aspekt der Homosexualität zukam, um die Angeklagten zu diskreditieren und Zustimmung für ihre Verfolgung zu generieren, zeigte sich in der Aussprache, in der ein Arzt forderte, »dass man neben der Bestrafung wegen der Delikte nach § 175 StGB auch die Entmannung des Hauptbeschuldigten hätte aussprechen sollen«. Eine Forderung, die er mit der Bemerkung unterstrich, dass »er generell für alle diese Straffälle eine solche Anordnung für angebracht« halte. Dass die Diskussion eine solche Wendung nahm, ging dem Veranstalter, bei dem es sich offenbar um den örtlichen Kandidaten der »Volkswahl« handelte, dann doch zu weit. Jedenfalls

139 Ebd., Bl. 13 f.
140 Schreiben vom 11.9.1950 (ebd., Bl. 18).
141 Urteil vom 4.10.1950 (ebd., Bl. 28–41).

trat er »dem entgegen und betonte, dass diese Art der Eingriffe der Vergangenheit angehören«, wodurch er das »zunächst beifällig aufgenommene Vorbringen« des Arztes angeblich »zum Einsturz« brachte.[142] Auch an der Pestalozzischule fand eine »Justizaussprache« statt, an der 300 Oberschüler teilnahmen. Die Verurteilung eines ehemaligen Schülers zu vier Jahren Zuchthaus sorgte hier allerdings für Unmut. Die FDJ-Resolution, die die Strafen billigte, wurde von 27 Schülern abgelehnt, ebenso viele enthielten sich der Stimme.[143]

Die geschilderten Fälle geben einen gewissen Einblick in das Spektrum der Strafverfolgung in den 1950er-Jahren, wie repräsentativ sie im Einzelnen sind, lässt sich aufgrund der geringen Zahl von nur 23 überlieferten Akten allerdings schwer beurteilen.[144] Die statistischen Auswertungen, die anhand der Verfahrensregister und der Kriminalstatistik der DDR möglich waren, geben aber zumindest einige Anhaltspunkte, um die Fallbeispiele einzuordnen. Interessant ist hier zunächst die zeitliche Entwicklung, die deutlich macht, auf welchem quantitativen Niveau sich die Verfolgung in den drei untersuchten Kreisgerichtsbezirken Dresden, Freiberg und Bautzen bewegte. Nicht weiter verwunderlich ist, dass die Verfolgung in der Metropole Dresden und im Dresdner Umland wesentlich mehr Männer traf, als in den ländlicher strukturierten Gerichtsbezirken Bautzen und Freiberg. Beachtlich ist allerdings, dass sich die Zahl der Verfahren, trotz einiger Schwankungen und Ausschläge vor allem in Dresden, bis Ende 1967 doch auf einem einigermaßen gleichbleibenden Niveau bewegte (vgl. Grafik 34).

Einen größeren Einbruch gab es in Dresden zwar Anfang der 1960er-Jahre, doch auch danach stiegen die Verfolgtenzahlen immer wieder an. Ähnliches zeigt sich auch, wenn man nur die Verfahren wegen »einfacher« Homosexualität nach § 175 betrachtet. Hatte es in Dresden 1963 noch sechs solcher Verfahren gegeben, so gab es 1964 gar keines. Dies zeigt zwar, dass die Strafverfolgung Mitte der 1960er-Jahre allmählich zurückging.[145] Gleichwohl kam es auch in den folgenden Jahren noch zu entsprechenden Strafverfahren; in Dresden gab es 1966 sogar acht Verfahren nach § 175 (vgl. dazu auch Grafik 30). Dass die Verfolgung der »einfachen« Homosexualität in den 1960er-Jahren komplett eingestellt worden sei, lässt sich also auch anhand der sächsischen Daten widerlegen.

142 Undatierter Bericht zur Justizaussprache (ebd., Bl. 42 f.).

143 Bericht zur Justizaussprache vom 11.10.1950 (ebd., Bl. 43).

144 Im Staatsarchiv Chemnitz konnten aus dem Bereich der Bergbaustaatsanwaltschaft Karl-Marx-Stadt neun, aus dem Bereich der Staatsanwaltschaft Karl-Marx-Stadt fünf und aus dem Bereich der Staatsanwaltschaft Zwickau zwei Akten ausgewertet werden. Im Staatsarchiv Leipzig fanden sich nur drei und im Hauptstaatsarchiv Dresden vier Akten zu Verfahren wegen homosexueller Handlungen.

145 Vgl. Kapitel III.3.

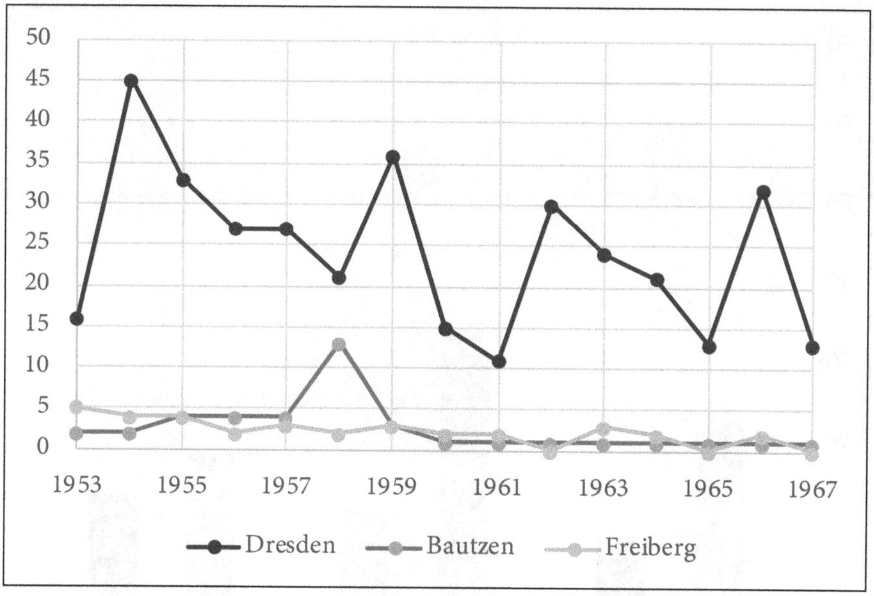

Grafik 34: Verfahren nach §§ 175/175a in sächsischen Kreisgerichtsbezirken 1953 bis 1967[146]

Betrachtet man die regionale Verteilung der Verfolgung nach einzelnen Straftatbeständen, so zeigen sich deutlich geringere Unterschiede als noch im »Dritten Reich«. War es damals in den ländlicheren Gerichtsbezirken in drei Viertel der Verfahren um qualifizierte Delikte gegangen, während solche Delikte in den Metropolen Leipzig und Dresden weniger als die Hälfte ausmachten (vgl. Grafik 5), so lag der Schwerpunkt in der Nachkriegszeit nun überall bei der qualifizierten Homosexualität (vgl. Grafik 35). Im Wesentlichen ging es dabei um Fälle von »Jugendverführung«. Die »einfache« Homosexualität spielte mit einem Anteil zwischen 17,9 (Freiberg) und 33,3 Prozent (Bautzen) der Fälle eine geringere Rolle. Dass bei diesen Fällen nun ausgerechnet ein eher ländlicher Bezirk wie Bautzen den Spitzenplatz einnahm, ist beachtlich, kann in Anbetracht der insgesamt geringen Zahl der Verfahren aber auch ein statistischer Ausreißer sein.

146 Staatsanwaltschaften der Stadt und des Kreises Dresden, Verfahrensregister 1953–1967 (SächsHStA Dresden, Bestände 13026 und 13366); Staatsanwaltschaft des Kreises Bautzen, Strafregister 1953–1967 (SächsHStA Dresden, Bestand 13040); Staatsanwaltschaft Freiberg, Registerbücher 1953–1967 (SächsStA Chemnitz, Bestand 30509).

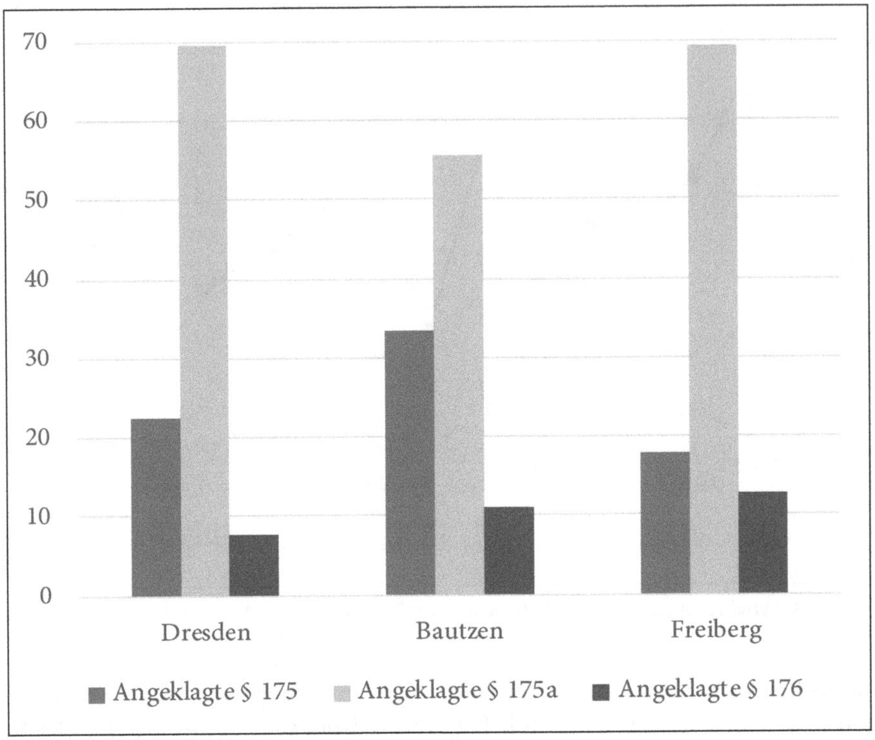

Grafik 35: Prozentualer Anteil der Verfahren nach unterschiedlichen Straftatbeständen

Beim Strafmaß wurde die »einfache« Homosexualität generell milder behandelt als die qualifizierten Delikte, was in Anbetracht der schon in den Paragrafen 175 und 175a festgeschriebenen unterschiedlichen Strafandrohung nicht verwundern kann. Interessant ist allerdings, dass die Fälle »einfacher« Homosexualität keineswegs so milde bestraft wurden, wie in den Jahren vor 1933, als noch überwiegend Geldstrafen oder Freiheitsstrafen unter drei Monaten verhängt worden waren (vgl. Grafik 13). Dieser Trend zu harten Strafen, der sich in den Jahren 1946 bis 1951 bereits angedeutet hatte (vgl. Grafik 29), setzte sich in den 1950er-Jahren fort. Von der mit dem Strafrechtsergänzungsgesetz von 1957 eingeführten Möglichkeit, mildere Sanktionen wie eine »bedingte« Verurteilung oder einen Tadel zu verhängen, wurde zunächst nur selten Gebrauch gemacht. Der Trend ging vielmehr in die gegenteilige Richtung: In den Jahren 1957 bis 1959, für die Daten der Kriminalstatistik vorliegen, wurden die Strafen in den sächsischen Bezirken Leipzig, Dresden und Karl-Marx-Stadt sogar härter (vgl. Grafik 36). Vergleicht man die Strafpraxis der einzelnen Bezirke untereinander, so zeigt sich in Leipzig, stärker aber noch in Karl-Marx-Stadt eine Tendenz zu härteren Freiheitsstrafen als

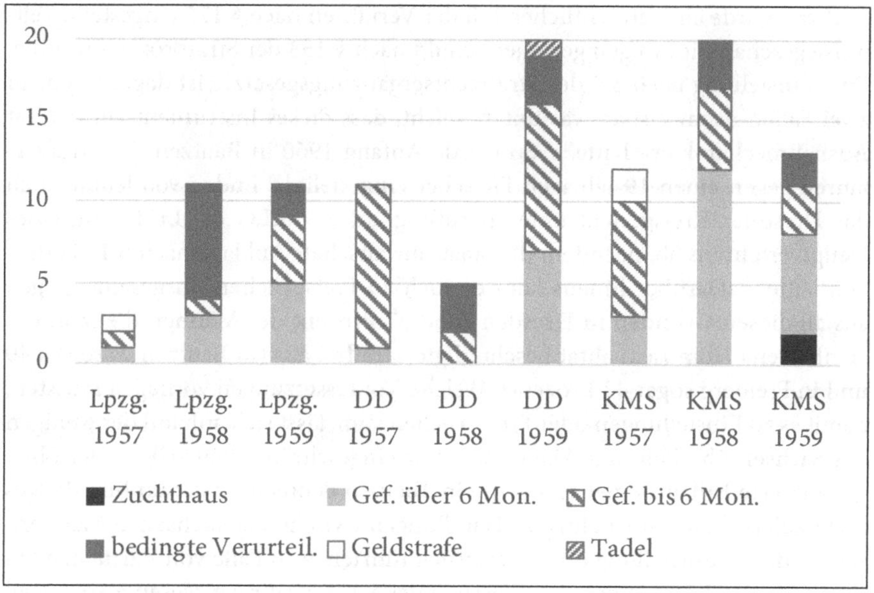

Grafik 36: Bestrafung Erwachsener wegen »einfacher« Homosexualität nach sächsischen Bezirken[147]

in Dresden: Verhängten die Gerichte im Bezirk Dresden 1959 nur in einem Drittel der Fälle Freiheitsstrafen über sechs Monaten, so geschah dies in Leipzig in rund 45 Prozent und in Karl-Marx-Stadt in mehr als sechzig Prozent der Fälle. Hier spiegelt sich der Umstand, dass die Verfolgungsintensität im Bezirk Karl-Marx-Stadt ohnehin höher war als im restlichen Sachsen – im Vergleich der DDR-Bezirke lag Karl-Marx-Stadt bei der Zahl der Verurteilungen sogar auf dem zweiten Platz direkt hinter Berlin (vgl. Grafik 25). Eine Rolle könnte dabei der Bergbau der Sowjetisch-Deutschen Aktiengesellschaft (SDAG) Wismut gespielt haben, in dem viele junge Männer arbeiteten, was homosexuelle Kontakte begünstigte; aber auch der Umstand, dass es in Karl-Marx-Stadt eine Bergbaustaatsanwaltschaft gab, die der Homosexuellenverfolgung offenbar besondere Aufmerksamkeit schenkte. Ein Grund dafür könnte die klassische Assoziation von Homosexualität und Spionage gewesen sein, was im sicherheitsrelevanten Uranbergbau als eine besondere Bedrohung bewertet worden sein könnte.[148]

147 Kriminalstatistik der DDR 1957–1959 (BArch, DP/1/1231, DP/1/8616, DP/1/8623).

148 Zum Bestand der Bergbaustaatsanwaltschaft im Staatsarchiv Chemnitz vgl. Anm. 144 in diesem Kapitel. Zum Topos des homosexuellen Spions vgl. Kapitel IV.3.

Zwar wurde ein beträchtlicher Teil der Verfahren nach § 175 eingestellt. Teilweise geschah dies wegen geringer Schuld nach § 153 der Strafprozessordnung. Eine Einstellung nach § 9 des Strafrechtsergänzungsgesetzes ist dagegen nur in zwei Fällen nachweisbar, was unterstreicht, dass dieses Instrument »in der Tat Ausnahmecharakter« hatte.[149] So wurde Anfang 1960 in Bautzen das Strafverfahren gegen einen 19-jährigen Fleischer eingestellt,[150] Ende 1960 lehnte auch das Dresdner Kreisgericht unter Berufung auf § 9 StEG die Eröffnung eines Hauptverfahrens ab, nachdem die Staatsanwaltschaft Anklage nach § 175 erhoben hatte.[151] Darüber hinaus kam es auch zu Freisprüchen. Insgesamt gingen aus all diesen Gründen in Dresden rund 37 Prozent der Männer, die man der »einfachen« Homosexualität beschuldigte, straffrei aus (in Bautzen waren es 40 und in Freiberg sogar 43 Prozent). Welche Voraussetzungen vorliegen mussten, damit es zu Einstellungen oder Freisprüchen kam, lässt sich anhand der wenigen aus Sachsen überlieferten Akten zwar nur eingeschränkt beurteilen. Der oben geschilderte Fall aus einer Gaststätte in Theißen deutet aber darauf hin, dass es nicht zuletzt Fälle »unzüchtiger« Handlungen zwischen erwachsenen Männern waren, die zu Einstellung oder Freispruch führten; also Fälle von Zärtlichkeiten oder Onanie, die nach der alten Fassung des § 175 straffrei gewesen waren, weil sie nicht das Kriterium der »beischlafähnlichen« Handlung erfüllten. Wenn es keinen Anhaltspunkt für eine »Verführung« gab, blieben mitunter sogar entsprechende Handlungen mit Jugendlichen straffrei. So war es jedenfalls im oben bereits erwähnten Fall des Schauspielers aus Dresden, der 1958 ins Visier der Volkspolizei geraten war, weil er mit einem 17-jährigen Kollegen zwei Nächte verbracht hatte. Der Schauspieler räumte zwar ein, dass er den Jugendlichen »abgedrückt und geküsst« habe, bestritt aber weitergehende Handlungen, weshalb das Verfahren »nach § 158 [sic!] StPO. eingestellt« wurde.[152] Spätestens ab Mitte der 1950er-Jahre scheinen die sächsischen Polizeibehörden und Gerichte § 175 also tatsächlich im Sinne des Obersten Gerichts ausgelegt zu haben, sodass Zärtlichkeiten und auch die wechselseitige Onanie nicht mehr verfolgt wurden.[153] Fälle, in denen »beischlafähnliche« Handlungen wie Oral- und Analverkehr nachgewiesen werden konnten, sanktionierte man aber weiterhin mit empfindlichen Strafen. So zeigt die Auswertung der Verfahrensregister aus

149 Vormbaum, Das Strafrecht der Deutschen Demokratischen Republik, S. 208.

150 Staatsanwaltschaft des Kreises Bautzen, Strafregister 1959, Lfd. Nr. 420 (SächsHStA Dresden, Bestand 13040, Nr. 3353).

151 Staatsanwalt der Stadt Dresden, Verfahrensregister 1960, Lfd. Nr. 312/233 (ebd., Bestand 13026, Nr. 35).

152 Protokoll vom 7.1.1959 (BStU, MfS Karl-Marx-Stadt, Reg. Nr. XI/180/63, Band 1, Bl. 52 f., hier 53).

153 Definitiv belegen lässt sich dies für einen Fall aus dem Jahr 1963. Vgl. Beschluss vom 20.6.1963 (SächsHStA Dresden, Bestand 11455, Nr. 3868, unpag.).

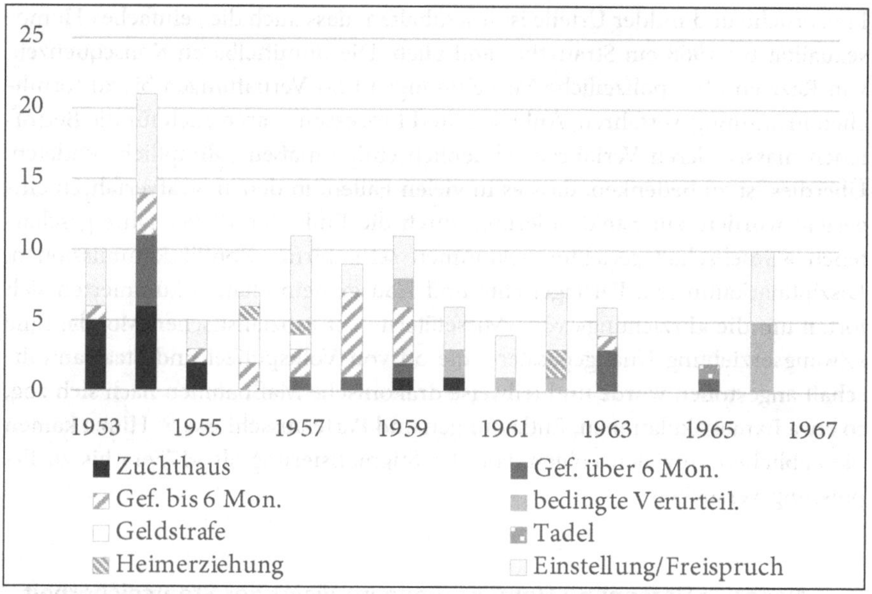

Grafik 37: Strafen bei »einfacher« Homosexualität in Kreisgerichtsbezirken Dresden, Bautzen und Freiberg[154]

Dresden, Bautzen und Freiberg, dass bis Ende der 1950er-Jahre noch regelmäßig Freiheitsstrafen ohne Bewährung verhängt wurden (vgl. Grafik 37).

In den 1960er-Jahren war die Strafpraxis dann zwar deutlich zurückhaltender. Doch der Paragraf wurde noch bis 1965/66 zur Disziplinierung homosexueller Männer genutzt und vereinzelt kam es auch zu relativ harten Urteilen. So wurden in Dresden 1966 noch fünf Männer zu bedingten Freiheitsstrafen verurteilt.[155] Andere wurden mit einem »öffentlichen Tadel« verwarnt, so etwa ein Bautzener Traktorist, der im Juni 1965 nach § 175 angeklagt worden war. Härter traf es einen 19-jährigen Fleischerlehrling aus Dresden, der im November 1965 zu sieben Monaten Gefängnis verurteilt wurde. In seinem Fall wurde die Strafe erst durch die Berufungsinstanz zur Bewährung ausgesetzt.[156] Trotz vieler Einstellungen,

154 Staatsanwaltschaften der Stadt und des Kreises Dresden, Verfahrensregister 1953–1967 (SächsHStA Dresden, Bestände 13026 und 13366); Staatsanwaltschaft des Kreises Bautzen, Strafregister 1953–1967 (SächsHStA Dresden, Bestand 13040); Staatsanwaltschaft Freiberg, Registerbücher 1953–1967 (SächsStA Chemnitz, Bestand 30509).

155 Staatsanwaltschaft der Stadt Dresden, Verfahrensregister C, 1966, (SächsHStA Dresden, Bestand 13026, Nr. 002.054).

156 Staatsanwaltschaft des Kreises Bautzen, Strafregister 1965–1966, Lfd. Nr. 101/65 (SächsHStA Dresden, Bestand 13040, Nr. 3358); Staatsanwalt der Stadt Dresden, Verfahrensregister C, 1965, Lfd. Nr. 428/65 (SächsHStA Dresden, Bestand 13026, Nr. 002.062).

Freisprüche und milder Urteile ist festzuhalten, dass auch die »einfache« Homosexualität bis 1968 ein Straftatbestand blieb. Die unmittelbaren Konsequenzen, von Razzien über polizeiliche Vernehmungen und Verhaftungen bis zu förmlichen Ermittlungsverfahren, Anklagen und Prozessen, waren auch für die Betroffenen massiv, deren Verfahren schließlich einigermaßen »glimpflich« endeten. Überdies ist zu bedenken, dass es in vielen Fällen, in denen Strafverfahren eingestellt wurden, zur Sanktionierung durch die Ende der 1950er-Jahre geschaffenen »Gesellschaftsgerichte« gekommen sein dürfte. Konfliktkommissionen, Disziplinarkammern, Parteigerichte und Hausgemeinschaften kümmerten sich fortan um die »Erziehung« von »Missetätern« zur »sozialistischen Moral«: Eine »Zwangserziehung Unangepasster«, die oft von Volkspolizei und Staatsanwaltschaft angestoßen wurde und teilweise drakonische Maßnahmen nach sich zog, so etwa Exmatrikulationen, Entlassungen und Parteiausschlüsse.[157] Hinzu kamen die »üblichen« sozialen Folgen, von der Stigmatisierung als »175er« bis zu Erpressungsversuchen.

3. »Negative Personen«: Homosexuelle im Visier der Staatssicherheit

Neben einer strafrechtlichen Verfolgung drohte Homosexuellen auch die Beobachtung durch den Staatssicherheitsdienst. Hintergrund war die generelle Einschätzung Homosexueller als »Sicherheitsrisiko«, die einerseits in tradierten Klischees von schwulen Spionen, Seilschaften und Verrat wurzelte,[158] andererseits aber auch eine reale Komponente hatte, erhöhten Stigmatisierung und Kriminalisierung doch tatsächlich das Risiko einer Erpressung und konnten somit auch Loyalitätskonflikte nach sich ziehen. Ein »Sicherheitsrisiko« waren aus dieser Perspektive vor allem Homosexuelle, die öffentliche Ämter und einflussreiche Positionen in Staat und Verwaltung bekleideten. Das Bedrohungsszenario einer »Verfälschung« des öffentlichen Lebens, mit dem schon die Nazis ihre Verfolgungsmaßnahmen gerechtfertigt hatten und das auch nach 1945 noch virulent war,[159] war auch für den Staatssicherheitsdienst der DDR ein wesentliches Motiv, Homosexuelle zu enttarnen und ggf. auch aus ihren Funktionen zu entfernen. Eine Sichtweise, die sich im Übrigen allenfalls graduell

157 Thomas Lindenberger, Volkspolizei. Herrschaftspraxis und öffentliche Ordnung im SED-Staat 1952–1968, Köln 2003, S. 381. Zur beruflichen Sanktionierung und »Gesellschaftsgerichten« vgl. auch Kapitel IV.5.

158 Vgl. Michael Schwartz, Homosexuelle, Seilschaften, Verrat: Ein transnationales Stereotyp im 20. Jahrhundert, Berlin 2019.

159 Vgl. die entsprechenden Einlassungen des Dresdner Oberlandesgerichtsrates Gerhard Ledig: Stellungnahme vom 4.3.1949 (SächsHStA Dresden, Bestand 11380, Nr. 513, Bl. 44–46, hier 44R).

von der westdeutscher Geheimdienste unterschied – zu erinnern sei hier nur an die »Kießling-Affäre«, die nach entsprechenden Ermittlungen des Militärischen Abschirmdienstes noch 1984 zur Absetzung des der Homosexualität verdächtigten Generals führte.[160]

Als ein »Sicherheitsrisiko« erschienen Homosexuelle in der DDR allerdings auch, wenn sie keine einflussreichen Ämter bekleideten. Denn die subkulturelle Lebensweise, in die sie abgedrängt wurden, war nur schwer kontrollierbar und wurde schon deswegen als subversiv und gefährlich wahrgenommen. Auf Versuche der Selbstorganisation, und sei es nur in privaten Zirkeln, reagierte der Staatssicherheitsdienst zunehmend sensibel. Sie wurden nicht nur misstrauisch beobachtet, häufig versuchte man auch, die Bildung homosexueller Gruppen mit »Zersetzungsmaßnahmen« zu sabotieren. Belegt ist dies zumindest für die 1980er-Jahre, als Schwule und Lesben bereits mit größerem Selbstbewusstsein agierten, sich in kirchlichen Arbeitskreisen zusammenschlossen und an die oppositionelle Umwelt- und Bürgerrechtsbewegung andockten.[161] Kaum erforscht sind bislang die Stasi-Aktivitäten in den 1950er- und 1960er-Jahren. Die Dokumente, die im Rahmen dieser Studie ausgewertet werden konnten, zeigen, dass Homosexuelle auch schon damals als »negative Personen« unter Beobachtung standen. In welchem Umfang sich die Stasi diesem Thema widmete, lässt sich anhand der im Folgenden vorzustellenden Einzelfälle allerdings nur schwer einschätzen. Beachtlich ist allerdings, dass sich das Ministerium für Staatssicherheit schon kurz nach seiner Gründung im Februar 1950 mit einem prominenten Fall von Homosexualität beschäftigte, wobei auch der Dresdner Arzt und Homosexuellenaktivist Rudolf Klimmer ins Visier des Geheimdienstes geriet.

Ins Rollen kam der Ermittlungsvorgang gegen Klimmer im Juni 1952, als sich das MfS an die sächsische Verwaltung für Staatssicherheit wandte. Sie übersandte Abschriften von Briefen des brandenburgischen CDU-Vorsitzenden Hermann Gerigk, darunter auch einen Brief, den Gerigk an Klimmer geschrieben hatte und aus dem hervorging, dass Klimmer Gerigk eine »Warnung« habe zukommen lassen.[162] Hintergrund waren Ermittlungen gegen Gerigk, den man der Homosexualität bezichtigte. Klimmer und Gerigk kannten sich offenbar und es ist nicht auszuschließen, dass Klimmers »Warnung« Informationen aus der Berliner Leitung der SED oder aus dem DDR-Innenministerium zugrunde lagen, die man ihm

160 Vgl. Heiner Möllers, Die Affäre Kießling. Der größte Skandal der Bundeswehr, Berlin 2019.

161 Vgl. insbes. den Bericht von Eduard Stapel, der 1981 in Leipzig einen kirchlichen Arbeitskreis Homosexualität gründete, was intensive Stasi-Überwachung und diverse »Zersetzungsmaßnahmen« nach sich zog. Stapel, Warme Brüder gegen kalte Krieger.

162 Abschrift eines Schreibens vom 6.6.1952 (BStU, MfS, BV Karl-Marx-Stadt, AOP 907/65, Band 4, Bl. 21).

zugespielt hatte. Insoweit schienen sich hier sowohl ein Loyalitätskonflikt wie auch eine homosexuelle »Seilschaft« anzudeuten, die man überdies mit der gemeinsamen HJ-Vergangenheit der Beteiligten in Zusammenhang bringen konnte. Ausgangspunkt der ganzen Affäre waren falsche Angaben, mit denen Gerigk hatte vertuschen wollen, dass er 1942, im Alter von 18 Jahren, Stammführer der Hitlerjugend gewesen war. Als dies im November 1950 durch einen Bericht der Volkspolizei offenbar wurde, stellte sich überdies heraus, dass ein Mitarbeiter des DDR-Innenministeriums, der sich für Gerigk mit einer eidesstattlichen Erklärung eingesetzt hatte, in derselben HJ-Ortsgruppe als »Oberjungenzugführer« (sic!) tätig gewesen war.[163] Zwar versandeten diese Vorwürfe zunächst – möglicherweise auch deswegen, weil Gerigk buchstäblich über Leichen ging, um seine Interessen durchzusetzen. Als Vertrauensmann des NKWD (Volkskommissariat für innere Angelegenheiten der UdSSR) hatte er schon einmal für die Verhaftung parteiinterner Gegner gesorgt, die daraufhin zu Tode kamen.[164]

Als Cottbusser Parteikollegen Gerigk im März 1952 dann aber der Homosexualität beschuldigten, geriet er ernsthaft in Bedrängnis. So sollte er 1946, als er noch als Lehrer tätig gewesen war, einen 16-Jährigen verführt haben. Überdies wurde ihm vorgehalten, seinen Fahrer – sogar in Anwesenheit Dritter – am Oberschenkel und am Geschlechtsteil berührt zu haben. Während Gerigk von einem Intrigenspiel sprach, erstellte die Brandenburger CDU ein Dossier, das die Vorwürfe in wesentlichen Punkten bestätigte. Gerigk ließ sich von seinem Amt beurlauben und zeigte sich selbst an, kämpfte aber weiter um seine Ehrenrettung. So bedrohte er Zeugen, um sie zur Rücknahme ihrer Aussagen zu bewegen. Einem Stasi-Informanten übergab er überdies einen Artikel Klimmers aus der »Neuen Justiz«, in dem dieser für »eine Streichung des § 175« plädiert hatte.[165] Im Mai 1952 begab er sich schließlich zur Kur, ursprünglich hatte er nach Dresden (zu Klimmer?) gehen wollen, stattdessen ging er dann aber in eine psychiatrische Klinik in Jena, wo ihn offenbar die »Warnung« Klimmers erreichte.[166]

Das MfS beobachtete die ganze Entwicklung sehr genau und legte umfangreiche Akten über den Fall an. Aus Perspektive der Stasi handelte es sich bei Gerigk sicherlich nicht um einen »Staatsfeind« oder »Verräter«, hatte er die

163 Bericht vom 2.11.1950 (BStU, MfS, Pdm AP 2505/54, Bl. 48 f.).

164 Zeitungsausschnitt und Schreiben des CDU-Kreisvorstands vom 29.7.1950 (ebd., Bl. 173–176); Flugblatt des Untersuchungsausschusses freiheitlicher Juristen vom Oktober 1950/September 1951 (ebd., Bl. 168a). Vgl. auch Jürgen Köhler, Mein Vater war schlohweiß – Rekonstruktion eines politischen Mordes. In: Sigrid Grabner/Hendrik Röder/Thomas Wernicke (Hg.), Potsdam 1945–1989. Zwischen Anpassung und Aufbegehren, Potsdam 1999, S. 21–27.

165 Aktenvermerk vom 18.4.1952 (BStU, MfS, Pdm AP 2505/54, Bl. 120 f.).

166 Bericht vom 14.5.1952 (ebd., Bl. 149).

Gleichschaltung der CDU doch ganz im Sinne von SED und NKWD betrieben. Dass ihn seine Homosexualität schließlich zu Fall brachte, war aber dennoch »klassisch«, bewies es doch erneut die Angreifbarkeit und die daraus resultierende »Unzuverlässigkeit« Homosexueller. Die Stasi hatte ihrerseits aber auch keine Hemmungen, sich deren Vulnerabilität zunutze zu machen. Nachdem sich Gerigk schließlich »in der DDR der Verantwortung entzogen und sich nach dem Westen abgesetzt hatte«, versuchte man ihn 1955 als Agenten anzuwerben. In Düsseldorf hatte er »die Stelle eines Internatsinspektors in einem katholischen Gymnasium angenommen«, weshalb man glaubte, man könne mit ihm bei »der katholischen Kirche eine Agentur« etablieren.[167] Um Gerigk gefügig zu machen, hoffte man darauf, dass »man ihn auch in Westdeutschland, mindestens in seiner Arbeit, unmöglich machen kann«. So gebe es bei der »Bezirksstaatsanwaltschaft Material gegen ihn, wegen seiner perversen und homosexuellen Umtriebe«.[168] Doch Gerigk verweigerte die vom MfS angestrebte Zusammenarbeit mit der Begründung, er sei vom Verhalten der DDR-Funktionäre zutiefst enttäuscht. Hinsichtlich der Skandalisierung seiner »Verirrungen auf sexuellem Gebiet« erklärte er, eine »Sonderbehandlung« habe er »nie verlangt«. Er habe »aber den doppelten Maßstab ablehnen« müssen, »der bei mir etwas verurteilte und bei anderen prominenten, heute noch amtierenden Spitzenfunktionären der DDR ein gleiches duldete, um daraus politisches Kapital zu schlagen«.[169] Auch als man seinen Vater nach Köln schickte, um den Sohn gewogen zu machen, zeigte er sich ablehnend und erklärte, falls man »ihm persönliche Schwierigkeiten machen« würde, »brauchte er gar keine Angst zu haben, da dieses seine Position drüben nur stärken könne«.[170] Ein Haltung, die zumindest hinsichtlich des Vorwurfs der Homosexualität von einer groben Fehleinschätzung zeugte.

Als Kontaktperson von Gerigk geriet auch Rudolf Klimmer ins Visier des Geheimdienstes. So entschied die sächsische Verwaltung für Staatssicherheit im Juni 1952, »über Obengenannten Ermittlungen anzustellen«. Besonderer Wert sei dabei »auf seine politische Tätigkeit und seine Verbindungen zu legen«.[171] Drei Wochen später lag ein umfassender Bericht vor, der Klimmer zu einem politischen Gegner stilisierte. So sei er zwar Mitglied der SED, habe den »Stalinzirkel besucht« und sei bis 1950 »im Kulturbund verankert« gewesen. Auch verfüge er über »ein gutes politisches Wissen«. Zur Last gelegt wurde ihm aber, dass er sich »verschließt« und

167 Plan für die Vorbereitung einer Anwerbung vom 21.9.1955 (ebd., Bl. 271 f.).
168 Bericht vom 22.4.1955 (ebd., Bl. 260).
169 Stellungnahme vom 12.8.1955 (ebd., Bl. 266 f.).
170 Bericht vom 6.10.1955 (ebd., Bl. 279–281, hier 281).
171 Schreiben vom 25.6.1952 (BStU, MfS, BV Karl-Marx-Stadt, AOP 907/65, Band 4, Bl. 16).

Abb. 27: Bekanntenkreis »aus gut gekleideten Männern« – Foto aus Klimmers Nachlass; Quelle: Teilnachlass Klimmer bei Eckhard Prinz.

»keinerlei Interesse an gesellschaftlicher Arbeit« zeige. Politische Literatur werde von ihm nur »in abweisender Haltung ab und zu einmal gekauft«. Im Allgemeinen könne man »seine politische Einstellung als ablehnend bezeichnen«.[172]

Beachtlich an dem Bericht ist, dass er zwar mit viel Detailwissen aufwarten konnte, dass der Stasi aber dennoch wesentliche Aspekte von Klimmers Persönlichkeit verborgen geblieben waren. So wurde Klimmers Biografie akribisch geschildert, neben seiner KPD-Mitgliedschaft in den Jahren 1926 bis 1933 fand auch eine Tätigkeit als ärztlicher Betreuer eines Unterbannes der Hitlerjugend Erwähnung, die er zwischen 1934 und 1937 ausgeübt habe. Das wesentliche Thema des Vorganges Gerigk, nämlich der Vorwurf der Homosexualität, spielte im Bericht über Klimmer aber kaum eine Rolle. Weder die Verurteilungen Klimmers nach § 175 während der NS-Zeit waren dem Berichterstatter bekannt geworden, noch Klimmers politisches Engagement für die Abschaffung des Paragrafen und seine entsprechenden Publikationen. Einzig ein »Gerücht im Wohngebiet« wurde erwähnt, »dass er homosexuell veranlagt sein soll«. Diese Angabe sei aber »von keiner anderen Seite bestätigt« worden. Dies nicht zuletzt wohl auch deswegen, weil »sein Bekanntenkreis, der aus gut gekleideten Männern« bestehe, »namentlich nicht zu ermitteln« gewesen war. Insgesamt, so das Fazit des Berichtes, sei »über seinen moralischen Lebenswandel« nichts »Nachteiliges bekannt«.[173]

172 Ermittlungsbericht vom 16.7.1952 (ebd., Bl. 17–19, hier 18).
173 Ebd., Bl. 18f.

Mit diesem Bericht endete die Ermittlung vorläufig. Diesen Umstand wie auch den lückenhaften Kenntnisstand des Berichterstatters muss man wohl als Ausdruck dessen betrachten, dass sich die sächsische Stasi zu Beginn der 1950er-Jahre noch im Aufbau befand. Offenbar hatte sie zu diesem Zeitpunkt noch große Schwierigkeiten, an relevante Informationen zu gelangen. Dass eine Fokussierung auf den Aspekt der Homosexualität unterblieb, obwohl dieses Thema für Klimmers Verbindung zu Gerigk von zentraler Bedeutung war, spricht überdies für eine noch geringe Professionalität der Entscheidungsträger. Im Jahr 1960, als die Ermittlungen noch einmal aufgenommen wurden, war die Lage dann schon eine andere. Erneut war Hermann Gerigk der Auslöser. Dieser war nach seiner Flucht in den Westen im Juli 1957 in die DDR zurückgeflüchtet. Denn in Düsseldorf war er erneut »auf dem Gebiet des § 175« aufgefallen, wie es in einem Stasi-Bericht hieß.[174] Dennoch gelang es Gerigk, in der DDR Aufnahme zu finden – inwieweit er dabei seine »alten Verbindungen zu Erich Honecker und Gerald Götting« spielen ließ, bleibt offen.[175] In Ostberlin war Gerigk fortan als Reiseführer tätig, stand aber unter Stasi-Beobachtung, wobei es vornehmlich um die Frage seiner Homosexualität ging.[176] Im Januar 1960 kam es dann erneut zu einem Strafverfahren, diesmal wegen unzüchtiger Handlungen mit Kindern, nachdem sich Gerigk gegenüber einem Jungen als Polizeibeamter ausgegeben und ihn veranlasst hatte, sich vor ihm zu entkleiden. Gerigk flüchtete, angeblich nach Italien, von wo er nach Westberlin ausgeliefert worden sei, »da er von Westdeutschland ebenfalls wegen Vergehen gemäß § 175 StGB. gesucht wurde«, wie es im Bericht des Ostberliner Bezirksstaatsanwaltes hieß. Nach seiner Verhaftung auf dem Flughafen Tempelhof beging er Selbstmord.[177]

Drei Wochen später leitete die sächsische Stasi einen »Operativ-Vorgang« ein, in dessen Rahmen man nun erneut Rudolf Klimmer beobachtete. Dass die Wiederaufnahme der Sache auf eine Anfrage des MfS in Berlin zurückging, lässt sich nicht belegen, ist angesichts der zeitlichen Koinzidenz aber sehr wahrscheinlich. Die Karteikarte, die man zu Klimmer anlegte, enthielt nun auch die Information, die im Bericht von 1952 noch gefehlt hatte: Klimmers Verurteilungen nach § 175, zu denen es in den Jahren 1938 und 1941 gekommen war.[178] Die Dresdner Stasi-Abteilung setzte in den folgenden Wochen einen verdeckten Mitarbeiter auf

174 Auskunftsbericht vom 9.2.1960 (BStU, MfS, Pdm AP 2505/54, Bl. 306–308, hier 307 f.).

175 Ebd., Bl. 308.

176 Aktenvermerk vom 28.2.1958 und Bericht vom 23.9.1959 (ebd., Bl. 19 f. und 72 f.).

177 Die Bild-Zeitung berichtete hingegen, Gerigk sei verhaftet worden, als er »eine Maschine in die Bundesrepublik besteigen wollte«. Vgl. Schlussbericht vom 12.2.1960 (BStU, MfS, A-SKS 30079, Bl. 5–7); o. V., Potsdamer Ex-Bürgermeister beging Selbstmord in Westberlin. In: Bild vom 6.2.1960, S. 1 (BStU, MfS, Pdm AP 2505/54, Bl. 176).

178 Karteikarte vom 23.2.1960 (BStU, MfS, BV Karl-Marx-Stadt, AOP 907/65, Band 4, Bl. 10).

Klimmer an, der in dessen Praxis vorstellig wurde und sich als Patient ausgab. Überliefert sind zwei Berichte, die sich allerdings in eingehenden Beschreibungen der Praxiseinrichtung erschöpften.[179] Dass der »Operativ-Vorgang« damit beendet war, ist nicht anzunehmen, denn ein Jahr später fragte die Dresdner Stasi in der Sache bei den Potsdamer Kollegen an: Im »Operativ-Vorgang« sei »ein gewisser Dr. Klimmer angefallen«, welcher »im Jahr 1952 gute Beziehungen zu dem damaligen Landesvorsitzenden der CDU und Vizepräsidenten des Landtages des Landes Brandenburg, Gerigk, Hermann, hatte«. In Potsdam erkundigte man sich deswegen nach Tätigkeit und Wohnort von Gerigk. Von Interesse sei auch, »welche Verbindungen er besitzt und wie sein Leumund ist«.[180] Die Potsdamer Stasi-Abteilung konnte dazu allerdings nur mitteilen, was auch in Berlin längst bekannt war: Gerigk habe »hervorgerufen durch seine krankhafte Veranlagung« Selbstmord begangen.[181]

Dass die Stasi die Homosexualität mitunter als Druckmittel nutzte, um Mitarbeiter anzuwerben, zeigen auch andere Fälle. Erinnert sei hier an den oben geschilderten Fall eines Mannes aus Sangerhausen, der »aufgrund einer Verfehlung, die er mit einem anderen Manne begangen hat, angeworben« wurde.[182] Ähnliche Fälle sind auch aus Sachsen bekannt. So wurde der bereits mehrfach erwähnte Schauspieler des Dresdner Operettentheaters »wegen seiner Veranlagung zur Homosexualität« 1958 zunächst als Inoffizieller Mitarbeiter der Bezirksbehörde der Deutschen Volkspolizei Suhl angeworben, um eine Überwachung homosexueller Schauspieler zu unterstützen.[183] Obwohl er sich dabei wenig kooperativ zeigte, sodass die Volkspolizei die Zusammenarbeit schließlich wieder beendete, warb ihn die Stasi 1963 dann als Geheimen Informator an. Ziel war zunächst die »Aufklärung der Situation des ›Meininger Theater‹ [sic!] und der Erscheinungsformen der politisch-ideologischen Diversion«, wobei man sich »seine guten Verbindungen zu negativen Kreisen« zunutze machen wollte. Doch auch diese »Zusammenarbeit« gestaltete sich schwierig, weil der Mann »zu den festgelegten Treffs nicht erschien« und »zeitweise die Ehrlichkeit des GI angezweifelt werden musste«. Er gab zwar »einige gute Hinweise«, insgesamt war man bei der Stasi aber der Meinung, dass er »mehr hätte leisten können«.[184] Später wurde der Schauspieler, der unter dem Decknamen »Schwarz« agierte, zur Überwachung von Kollegen und anderen Künstlern an den Theatern von Bernburg und Annaberg eingesetzt.

179 Berichte vom 8.4.1960 und 28.4.1960 (ebd., Bl. 14 und 15).
180 Schreiben vom 15.3.1961 (ebd., Bl. 12).
181 Schreiben vom 26.4.1961 (ebd., Bl. 13).
182 Einschätzung des IM vom 12.12.1960 (ebd., Bl. 31).
183 Fragebogen vom 4.12.1958 (BStU, MfS Karl-Marx-Stadt, Reg. Nr. XI/180/63, Band 1, Bl. 98). Vgl. dazu auch Kapitel IV.2.
184 Einschätzung des GI vom 19.7.1965 (ebd., Bl. 165).

Seine Homosexualität wurde genauestens beobachtet. So vermerkte ein anderer IM, »von der menschlichen Seite aus betrachtet« sei er ein »total verkommener und versumpfter Mann«. Als Beleg wurde sein Verhältnis zu einem Chorsänger angeführt, das »sehr fest« sei, weshalb ihm dieser auch nach Annaberg gefolgt wäre: »Beide fallen im Theater sehr auf, da sie nicht nur ihre Liebeshandlungen im Geheimen verrichten, sondern auch vor den Kollegen«.[185] Dass er »stark homosexuell veranlagt« sei und deswegen seine Frau verlassen habe, sah man auch als die »Hauptursachen seiner Unzuverlässigkeit«. Letztlich hielt man aber an der Zusammenarbeit fest, vermutlich wegen seiner immer wieder hervorgehobenen »guten Verbindungen zu negativen Kreisen«.[186] Zu diesen gehörten in den Augen der Stasi auch Eva-Maria Hagen und Wolf Biermann, über die der GI Berichte anfertigte, deren Positionen »in politischer Hinsicht« er gegenüber seinen Kollegen aber auch unterstützte, womit er sich seinerseits Ärger einhandelte.[187]

Obwohl die Stasi die Homosexualität prinzipiell ablehnte, war der Umgang mit ihr vor allem taktisch bestimmt. Einerseits nutzte man sie, um eine Mitarbeit zu erpressen und sich Zugang zu »negativen« Kreisen von Homosexuellen oder Künstlern zu verschaffen, andererseits bedrängte man die Inoffiziellen Mitarbeiter auch, ihren Lebensstil zu ändern und sich eine Freundin oder Frau zuzulegen, wenn es für den geplanten Einsatz nützlich erschien. Das dokumentiert ein weiterer Fall aus Karl-Marx-Stadt, in dem das MfS sogar geheimdienstliche Mittel einsetzte, um einem Geheimen Informator eine heterosexuelle Begegnung zu ermöglichen. Ausgangspunkt der Anwerbung des GI war wiederum die Homosexualität des 31-jährigen »Kandidaten«, besser gesagt seine Verurteilung »zu einem Jahr und einem Monat Gefängnis wegen Verstoßes gegen den § 175«, wie die von der MfS-Bezirksverwaltung Karl-Marx-Stadt erstellte »Charakteristik des Kandidaten« vermerkte. Die Verurteilung hatte nicht nur dazu geführt, dass der Mann seine Stelle als Leiter der Kunstsammlung des Meininger Museums verlor, aufgrund seiner »moralischen Verfehlung« war er auch »aus der Partei und den Massenorganisationen, wie FDGB, DSF und dem Kulturbund ausgeschlossen« worden. Nach seiner Haftentlassung ging er deswegen auch »keiner geregelten Arbeit« mehr nach und versuchte, sich über den »Handel mit seinen Kunstgegenständen« über Wasser zu halten.[188] In den Augen der Stasi war die völlige gesellschaftliche Diskreditierung offenbar die ideale Ausgangslage, um den Mann anzuwerben, musste die Stasi-Mitarbeit doch nun wie ein Rettungsanker erschei-

185 IM-Bericht vom 25.5.1967 (ebd., Bl. 171 f.).

186 Bericht vom 12.7.1967 (ebd., Bl. 173 f.).

187 Bericht vom 20.8.1971 (ebd., Bl. 187). Vgl. dazu auch die Berichte des GI Schwarz, die Eva-Maria Hagen veröffentlicht hat (http://www.eva-maria-hagen.de/Allerhand/aktenkundig1970.shtml; 23.10.2020).

188 Charakteristik vom 15.1.1963 (BStU, MfS BV Karl-Marx-Stadt XIV 148/63, Teil 1, Band 1, Bl. 52–58, hier 53).

nen, eine Verheißung, die verlorene soziale und materielle Existenz wieder aufbauen zu können. Ein halbes Jahr nach Haftentlassung suchte man den Mann in seiner Zwickauer Wohnung auf und bot ihm an, »dass er uns in unserer Arbeit gegen die Feinde der DDR unterstützen kann«. Der Mann zeigte sich offen und »betonte, dass er durch sein Vergehen aus der SED ausgeschlossen wurde, er aber innerlich trotzdem fest zum Marxismus steht und er das jederzeit durch die Unterstützung der Organe der Staatssicherheit unter Beweis stellen möchte«.[189]

Von Interesse war der »Kandidat« für das MfS vor allem, weil er, wie es in einer »Einschätzung« hieß, »ein außerordentlich gutes Allgemeinwissen« habe und deswegen in der Lage sei, »Kontakt zu allen bürgerlichen Kreisen herzustellen«.[190] Er habe »gute Verbindungen zu Teilen der Agenturbasis des Gegners«, im Raum Zwickau vor allem »in uns interessierende kirchliche Kreise«.[191] Seine Verurteilung sah man in diesem Kontext als einen Pluspunkt an: »Positiv wirkt dabei der Umstand noch mit, dass der Kandidat in der Haft war, allerdings über die wirklichen Gründe seiner Haft niemand informiert ist, dass er aus der Partei ausgeschlossen wurde und auch aus diesen dargelegten Gründen Vertrauen bei diesen Kreise erringen kann«.[192] Der Anlass der Gefängnisstrafe wurde hingegen als ein »Nachteil« gewertet, auch wenn die homosexuelle Veranlagung »in Zwickau jedoch nur einem kleineren Kreise bekannt« sei und man allgemein annehme, »dass er sich eines politischen Deliktes schuldig« gemacht habe. Gleichwohl befürchtete die Stasi, seine Homosexualität könne den Mann diskreditieren, weshalb man darauf drang, »dass der Kand. von dieser strafbaren Handlung lässt und normale geschlechtliche Beziehungen zu dem weiblichen Geschlecht herstellt«, was aber »trotz verschiedener Hinweise und Bemühungen« noch »nicht gelungen« sei.[193] Da die Gefahr bestehe, »dass er erneut in eine kriminelle Angelegenheit verwickelt wird«, erhielt der inzwischen als GI angeworbene Mann »den Auftrag, sich mit einer weiblichen Person anzufreunden, um bei evtl. Komplikationen eine entsprechende Abdeckung zu haben«. Der Mann »riss aber im entscheidenden Moment aus, da er Angst hat, näher mit einer weiblichen Person in Kontakt zu kommen«. Aus diesem Grund begann die Stasi, eine sogenannte »Kombination für die Festigung des IM ›Peter‹« zu planen. Um ihm »den Weg zu erleichtern«, eine Frau kennenzulernen, wollte man ihn mit einer anderen Stasi-Mitarbeiterin zusammenführen, die ihn »umgarnen« sollte »mit dem Ziel der geschlechtlichen Befriedigung in der Weise, wie sie der homosexuellen Veranlagung des Betreffenden entspricht«. Dafür sollte die Mitarbeiterin »Monika«

189 Ausspracheberich vom 9.10.1962 (ebd., Bl. 32f., hier 32).
190 Ebd., Bl. 33.
191 Beschluss vom 15.1.1963 (ebd., Bl. 44f., hier 45).
192 Charakteristik vom 15.1.1963 (ebd., Bl. 56).
193 Ebd., Bl. 57.

gegenüber »Peter« als »leichte Person« auftreten. Nach der Begegnung sollte »Peter« erneut beauftragt werden, »sich eine ständige weibliche Person zu suchen, damit er nach außen hin jederzeit abgedeckt ist«.[194]

Ob die minutiös geplante »Kombination« tatsächlich durchgeführt wurde und welchen »Erfolg« sie hatte, geht aus den überlieferten Akten nicht klar hervor. Allerdings kam es eine Woche später zu einem Zusammentreffen in ähnlicher Konstellation, bei dem der GI ebenfalls »intime Beziehungen« zu einer Frau herstellen und Aktbilder von ihr anfertigen sollte – was er aber nicht tat, weil er »nicht die nötige Lust verspürt habe«. Daraufhin wurde er von seinem Führungsoffizier darüber belehrt, dass »gegebene Aufträge unsererseits für ihn Gesetz sind« und dass »die Ursache der Nichtdurchführung dieses Auftrages in seinen sexuelle Trieben zu suchen ist«.[195] Erfolgreicher wurde von dem GI hingegen ein anderer Auftrag durchgeführt, bei dem die Stasi seine »sexuellen Triebe« ebenfalls zum Einsatz zu bringen plante: Um die angestrebte Observation der Jungen Gemeinde Zwickaus in die Wege zu leiten und vermutlich auch, um den zuständigen Pfarrer unter Druck setzen zu können, sollte der GI »nähere intime Beziehungen« zu diesem herstellen, wobei er sich aber nicht als »die aktive Kraft« betätigen sollte. Eine Aufgabe, die der GI mit Bravour erledigte. In einem ausführlichen Bericht hielt er nicht nur jedes sexuelle Detail fest, er lieferte zudem noch eine psychologische Analyse des Pfarrers und spekulierte sogar über dessen sexuelle Erregbarkeit, »wenn er mit Mitgliedern der Jungen Gemeinde zusammen ist«.[196] Die Stasi zeigte sich sehr angetan und drang darauf, dass »dieses Verhältnis« in »der Zukunft gefestigt« wird. »Ziel dieser Maßnahme« sei es, festzustellen, inwieweit der Pfarrer seine Position »für seine sexuellen Belange ausnutzt«.[197] Der GI berichtete schließlich noch bis in die 1980er-Jahre über »negative« Kräfte, vornehmlich über die katholische Kirche, immer wieder aber auch über »homosexuelle Kreise im Bezirk Karl-Marx-Stadt«.[198] Selbst über enge Freunde und die gemeinsamen Sexualpraktiken fertigte er peinlich genaue Berichte an.[199] Berichte, die nicht nur das MfS, sondern auch die »sowjetischen Freunde« mit großem Interesse zur Kenntnis nahmen. So bat man nach einem Bericht über einen homosexuellen Freundeskreis in Karl-Marx-Stadt um Aufklärung, ob in diesen auch »Angehörige der Sowjetarmee einbezogen« seien und wenn ja, ob es dabei um »Spionage«, die Erlangung »finanzieller Vorteile« oder die Befriedigung »abnormalen Geschlechtslebens« gehe.[200]

194 Plan vom 21.1.1963 (ebd., Bl. 59).
195 Bericht vom 12.2.1963 (BStU, MfS BV Karl-Marx-Stadt XIV 148/63, Teil A, Band II, Bl. 85 f., hier 85).
196 Bericht vom 14.3.1963 (ebd., Bl. 157 f., hier 158).
197 Bericht vom 22.3.1963 (ebd., Bl. 161 f., hier 161).
198 Bericht vom 9.11.1962 (ebd., Teil A, Band I, Bl. 74 f., hier 74).
199 Berichte vom 15.10.1962 und 18.12.1962 (ebd., Bl. 4 f. und 133 f.).
200 Bericht vom 19.9.1964 (BStU, MfS BV Karl-Marx-Stadt XIV 148/63, Bündel 1, Teil 1, Bl. 114).

Neben derartigen, zum Teil ganz zielgerichtet aufgebauten Operationen zur »Aufklärung« der homosexuellen Subkultur und sonstiger »negativer« Milieus, wurde die Stasi aber auch oft zufällig mit der Homosexualität von Männern konfrontiert, die aus anderen Gründen aufgefallen waren. Häufig waren Ost-West-Kontakte die Ursache, aufgrund derer die Betroffenen zumeist der Spionage verdächtigt wurden. Wenn sich solche Fälle dann als vergleichsweise »harmlose« Sexualkontakte erwiesen, wurden sie der Justiz übergeben. Zuvor mussten die verdächtigten Männer aber oft unerbittliche Verhöre über sich ergehen lassen, in denen sich die Angehörigen des »Untersuchungsorgans« sichtlich bemüht zeigten, über die sexuellen Handlungen hinausgehende strafrechtliche Verstöße zu konstruieren. So etwa im Fall des 1920 geborenen Max H. aus Leipzig, der im Herbst 1950 vor der Gohliser Kirche den damals 18-jährigen Erich Z. kennengelernt hatte, woraus sich ein mehrjähriges Verhältnis entwickelt hatte. Als Max H. 1954 wegen »Schiebungen mit Edelmetallen« verhaftet werden sollte, setzte er sich nach Westberlin ab, wo er einen Trödelladen eröffnete. Von dort hielt er Briefkontakt mit seinem Freund und traf ihn auch gelegentlich in Leipzig.[201]

Der »verworrene Inhalt des Briefwechsels«, in dem Max H. seinen inzwischen zum Volkspolizisten avancierten Freund bat, »gemeinsam mit ihm nach Westberlin zu flüchten, damit er dort mit ihm zusammenleben könnte«, erregte das Misstrauen des MfS.[202] Als Max H. im Dezember 1955 versuchte, in die DDR einzureisen, wurde er wegen »Spionageverdachts« verhaftet. Darüber hinaus hielt man ihm vor, »von Westberlin« aus »Angehörige der Volkspolizei, zu denen er in homosexuellen Beziehungen stand«, angeschrieben und »zur Desertion nach Westberlin« aufgefordert zu haben.[203] Auch Erich Z., der gerade bei der Grenzbereitschaft Karl-Marx-Stadt eingesetzt war, wurde nun über seine »Verbindung zu imperialistischen Geheimdienststellen« verhört.[204] Beide bestritten die Spionagevorwürfe, gestanden aber schnell ein, ein homosexuelles Verhältnis unterhalten zu haben, wobei Erich Z. zunächst erklärte, dieses habe »neben unserer widernatürlichen Unzucht einen freundschaftlichen Charakter gehabt«. Im weiteren Verlauf des Verhörs änderte er die Darstellung dann aber deutlich – möglicherweise, um sich selbst zu entlasten. Um einen Eindruck der Verhörsituation zu vermitteln, soll hier ein Abschnitt des Protokolls wiedergegeben werden:

»Frage: Ihre soeben getätigte Aussage nicht zu wissen warum H. nach Westberlin flüchtete ist erlogen. Sagen Sie aus was Ihnen über die Fluchtgründe des H. bekannt ist.

201 Sofortmeldung vom 14.12.1955 (BStU, MfS, 114/56, Bl. 83).
202 Sachstandsbericht vom 27.5.1956 (ebd., Bl. 173–176, hier 175).
203 Sofortmeldung vom 14.12.1955 (ebd., Bl. 83).
204 Vernehmungsprotokoll vom 3.12.1955 (ebd., Bl. 58–60, hier 58).

Antwort: Ich kann nicht aussagen, warum H. nach Westberlin geflüchtet ist, denn darüber hat er mir nichts erzählt. Er war mir gegenüber überhaupt sehr verschlossen, sondern nutzte mich lediglich zum widernatürlichen Geschlechtsverkehr aus.

Frage: Ist Ihnen bekannt dass widernatürliche Unzucht zwischen Männern strafbar ist?

Antwort: Ja, mir ist bekannt, dass widernatürliche Unzucht zwischen Männern strafrechtlich verfolgt wird, dennoch habe ich darüber keine Anzeige erstattet, obgleich mich H. zu dieser strafbaren Handlung zwang.

Frage: In welcher Form wurden Sie von H. zur widernatürlichen Unzucht gezwungen?

Antwort: Ich möchte mich berichtigen. H. hat mich weniger zum widernatürlichen Geschlechtsverkehr gezwungen, sondern er hat mir ständig mit Schlägen gedroht, wenn ich über diese Angelegenheit mit anderen Personen spreche. Aus diesem Grund habe ich eine Anzeige unterlassen und mich von ihm desöfteren zur widernatürlichen Unzucht missbrauchen lassen.«[205]

Das MfS stellte schließlich fest, dass »nicht der Beweis einer Verbindung« zu »westlichen Agentenzentralen erbracht« werden könne. Da dennoch »beide schwere Verbrechen begangen« hätten, wurde das Verfahren an Kripo und Staatsanwaltschaft abgegeben und vorgeschlagen, Max H. nach § 175a wegen Nötigung und Verführung eines unter 21 Jahre alten Mannes anzuklagen, ferner wegen eines Verstoßes gegen das Gesetz zum Schutze des innerdeutschen Handels. Auch Erich Z. sollte nach § 175a bestraft werden, wobei unklar blieb, warum. Möglicherweise beschuldigte man ihn der Prostitution, weil er von Max Z. Geldgeschenke entgegengenommen hatte. Darüber hinaus sollte er wegen Nichtanzeige eines Verbrechens und wegen Verletzung des Dienstgeheimnisses angeklagt werden.[206]

Die Leipziger Volkspolizei, die die Ermittlungen übernahm, wurde schließlich mit einer schwierigen Situation konfrontiert, weil Max H. erklärte, »in der Dienststelle des MfS« in Berlin »hätte man ihm [sic!] ein Geständnis erpresst und sogar tätlich angegriffen«. So habe man ihm die ärztliche Betreuung verweigert und ihn während der Vernehmungen beschimpft: »Sie Verbrecher, Spion, Lump, Schwein u.a., wir werden Ihnen den Arsch heiß machen, dass keiner mehr hineinpasst. Der Schwanz wird Ihnen hochgebunden. Sie werden solange hierbleiben, bis Sie vermodern. Wenn Sie nichts sagen, bekommen Sie lebenslänglich für die schw. Männerunzucht, (H. sagte dazu Arschfickerei) 10 Jahre, für die Sache mit dem Gelde 5 Jahre, also lebenslänglich.« Darüber hinaus sei er »2–3 mal tätlich angegriffen worden«, unter anderem habe ihm der vernehmende Beamte »eine Heftmaschine an den Kopf geworfen«, was eine Risswunde hervorgerufen habe. Abschließend »hätte man ihm eine Filzbrille aufgesetzt und ihm mitgeteilt, dass es jetzt zum Schlachthof ginge«. Die Leipziger Volkspolizei gab den Vorgang

205 Ebd., Bl. 59 f.
206 Sachstandsbericht vom 27.5.1956 (ebd., Bl. 173–176, hier 176).

zunächst an das MfS zurück – mit der vielsagenden Empfehlung, dass es sich »mit dem Beschuldigten selbst in dieser Sache nochmals in Verbindung setzt«. Darüber hinaus merkte der ermittelnde VP-Kommissar an, der Beschuldigte werde derzeit im VP-Haftkrankenhaus »wegen angeblicher Schizophronie [sic!]« behandelt.[207] Das weitere Schicksal von Max H. und Erich Z. ist den überlieferten Akten des MfS nicht zu entnehmen.

Wie die Stasi die homosexuelle Veranlagung missbrauchte, um ihre Opfer in Verhören unter Druck zu setzen, schilderte später auch die Zeitzeugin Gunna Bohne (Jahrgang 1941) aus Dresden. 1961 war sie wegen ihres unangepassten politischen Verhaltens verhaftet und zu einer dreieinhalbjährigen Gefängnisstrafe verurteilt worden. Als sie später, nach ihrer Rehabilitierung, ihre Vernehmungsprotokolle einsah, war sie erstaunt, wie gut die durchweg männlichen Vernehmer der Staatssicherheit über ihre engen Kontakte zu Frauen informiert waren: »Es war ein Mittelpunkt der Verhöre, mich auf den Tatbestand meines Lesbischseins zu fixieren und mich da irgendwo zu kriegen. Ich habe das damals in der eigentlich erpresserischen Art und Weise gar nicht so wahrgenommen. [...] diese Erpressbarkeit homosexueller Menschen in einem Diktatursystem [...] ist mir später klargeworden, auch in der Haft.«[208]

4. Reformbemühungen: Sächsische Initiativen zum § 175

Obwohl die 1950er-Jahre von gesellschaftlicher Restauration und verschärfter strafrechtlicher Verfolgung homosexueller Männer geprägt waren, gab es doch weiterhin Bestrebungen zu einer Reform des Strafrechtes. Wesentliche Impulse zur Liberalisierung gingen dabei von sächsischen Akteuren aus. Das ist nicht wirklich überraschend, war Sachsen doch das bevölkerungsreichste und mit den Großstädten Dresden, Leipzig und Chemnitz auch das am urbansten strukturierte Flächenland der DDR. Durch die Zentralisierung der Justizverwaltung und die Abschaffung der Länder im Jahr 1952 spielte Sachsen als Verwaltungseinheit in den Debatten über die künftige Ausgestaltung des Strafrechts – anders als in den 1940er-Jahren – keine Rolle mehr. Es waren vielmehr Einzelpersonen, die aus Eigeninitiative bzw. Gremien, die im Auftrag des DDR-Justizministeriums agierten. Die wichtigsten Akteure waren der Dresdner Nervenarzt und Homosexuellenaktivist Rudolf Klimmer und die 1957 einberufene Leipziger Unterkommission, die die Ausgestaltung der Sexualdelikte in einem neuen Strafgesetzbuch ausarbeiten sollte. Ihre Initiativen sollen im Folgenden skizziert werden.

207 Schreiben vom 11.5.1956 (ebd., Bl. 219 f.).
208 Gunna Bohne. In: Karstädt/Zitzewitz (Hg.), ... viel zu viel verschwiegen, S. 69–84, hier 72.

Rudolf Klimmer setzte seinen Kampf für die Abschaffung des § 175 auch nach dem Scheitern der entsprechenden sächsischen Initiative im Jahr 1949 fort. Die Gründung der DDR wird das SED-Mitglied Klimmer zunächst sicher nicht als ein Zeichen der Entmutigung, sondern im Gegenteil als eine Chance wahrgenommen haben, seine Vorstellungen nun doch noch durchsetzen zu können. Dies nicht zuletzt, weil das DDR-Justizministerium zunächst positive Signale aussandte. So hatte sich der Leiter der Abteilung Strafrecht Wolfgang Weiß im Dezember 1949 an Klimmer gewandt, ihn um seine Meinung zu den Urteilen von Halle gebeten und seine Auffassung bekräftigt, die »einfache« Homosexualität künftig »ganz straflos zu lassen«. Weiß hielt sich hinsichtlich des möglichen Zeitpunkts einer Reform zwar weiterhin bedeckt, doch Klimmer scheint sich ernsthafte Hoffnungen gemacht zu haben, dass man »den Zeitpunkt jetzt für gegeben erachten« könnte, »nachdem nun durch die Bildung der Deutschen Demokratischen Republik ein Gesetzgeber vorhanden ist«.[209] Auch die Entscheidung des Obersten Gerichts vom März 1950, die NS-Fassung des Paragrafen sei als »nazistisch« abzulehnen, konnte noch als ein Hoffnungszeichen interpretiert werden.[210]

Klimmer, der 1949 ein umfangreiches Manuskript über die »Homosexualität und ihre Bestrafung« fertiggestellt hatte, hoffte, dass die Debatte über den Paragrafen nun endlich in Gang käme. Tatsächlich kündigte die Zeitschrift »Neue Justiz« an, man wolle »die Frage diskutieren« und veröffentlichte zum Auftakt einen Beitrag Klimmers, »da es Sache der Mediziner ist, in dieser Frage das erste maßgebliche Wort zu sprechen«.[211] Klimmer lieferte in dem Artikel einen Überblick über die »wissenschaftlichen Anschauungen« und wiederholte seine schon mehrfach publizierte Einschätzung, dass »Homosexualität keine Krankheit, sondern eine biologische Erscheinung« sei. In jedem Fall sei sie »konstitutionell bedingt«, weshalb es auch keine »Verführung zur Homosexualität« gebe. Er kam zu dem Ergebnis: »Eine Bestrafung nützt nichts«, dies lehre schon »die Unausrottbarkeit der Homosexualität trotz Feuertod im Mittelalter und Vernichtung der Homosexuellen im KZ in der nazistischen Zeit«.[212] In der Konsequenz plädierte Klimmer nicht nur für die Abschaffung des § 175, sondern auch für die des § 175a, denn für einen Schutz Jugendlicher unter 16 Jahren, dem einzig legitimen Zweck dieser Bestimmung, sei »ein besonderer Paragraph unnötig«. Vielmehr seien »die bestehenden Vorschriften des Strafgesetzbuches so zu ändern, dass in

209 Schreiben vom 20.12.1949 (BArch, DP/1/7193, Bl. 85). Vgl. dazu auch Kapitel III.1.

210 § 175 ist in der alten Fassung anzuwenden. OG, Urteil vom 28. März 1950. In: Neue Justiz, 4 (1950), S. 215. Vgl. auch Entscheidungen des Obersten Gerichts der DDR, Entscheidungen in Strafsachen, 1. Band, Berlin 1951, S. 190f. Vgl. dazu auch Kapitel III.2.

211 Vorbemerkung der Redaktion zu Klimmers Aufsatz. In: Neue Justiz, 4 (1950), S. 109.

212 Rudolf Klimmer, Die Homosexualität und ihre Bestrafung. In: Neue Justiz, 4 (1950), S. 109–111, hier 109f.

ihnen die homosexuellen Tatbestände miterfasst werden«.[213] Doch zur angekündigten Diskussion kam es nicht: In der »Neuen Justiz« blieb Klimmers Aufsatz der einzige zum Thema. Andere Zeitschriften und Zeitungen mieden das Thema ganz. So hielt es das SED-Blatt »Sächsische Zeitung«, das 1948 noch einen Klimmer-Artikel veröffentlicht hatte, nunmehr »für unangebracht, etwa schon jetzt, ehe die zuständigen Stellen sich auf Deine Anregung hin mit der Frage befassen, eine Diskussion in der Zeitung zu beginnen«.[214] Auch der vom Kulturbund herausgegebene »Aufbau« hatte, wie Klimmer es formulierte, »nicht den nötigen Mut«, seine Artikel zu veröffentlichen – was diesen im Herbst 1950 dazu veranlasste, aus dem Kulturbund auszutreten.[215]

Klimmer irritierte diese Entwicklung sichtlich und veranlasste ihn schließlich zu einer Anfrage bei dem ihm aus Dresdner Tagen bekannten Ralf Liebler (LDPD), der inzwischen Justizminister von Thüringen war. Liebler verwies auf eine »Überlastung der Regierung der Republik mit Aufgaben, die die Beschäftigung mit der Frage der Änderung des Strafgesetzbuches zurückzustellen zwangen«, und riet dazu, »dass man in die Entwicklung der Rechtsprechung im Augenblick nicht eingreifen« solle, zumal die Verfolgung in Thüringen nach seinem Eindruck »wenn überhaupt – nur in ganz geringem Maße erfolgt«.[216] In Sachsen nahm die Strafverfolgung 1950 allerdings wieder Fahrt auf und auch die Repression auf anderen Ebenen war unübersehbar, was Klimmer bereits im Herbst 1950 in einem Schreiben an Rolf Helm, der inzwischen Generalstaatsanwalt in Berlin war, beklagt hatte. Die neue Repression sei »für viele Homosexuelle« ein »Grund, nach dem Westen auszuwandern«. Dass »nun schon 5 Jahre vergangen« seien, »ohne dass es zu einer Änderung des § 175 gekommen ist«, habe »sehr viele« Homosexuelle »äußerst enttäuscht« und trage nicht zu ihrer Loyalität bei: »Von vielen – nicht von allen – Homosexuellen wird deswegen der Einwand vorgebracht, warum sollen wir uns für den heutigen Staat oder eine Partei einsetzen, wenn man uns als Verbrecher verurteilt und unsere Liebe als strafbar verfolgt.« Erst in einer »Rechtsordnung, in der die Homosexuellen als völlig gleichberechtigte Staatsbürger erscheinen«, würden sie »der Gesellschaft gegenüber viel positiver eingestellt sein«. Klimmer, der in Helm einen vertrauten Mitstreiter sah, mit dem er bereits die sächsische Reforminitiative auf den Weg gebracht hatte, sprach hier sicher nicht nur über Dritte, sondern brachte mit diesen Zeilen auch seine eigene Enttäuschung zum Ausdruck, dass sich in Sachen Strafrechtsreform nichts be-

213 Ebd., S. 111.

214 Rudolf Klimmer, Zur Frage der Homosexualität. In: Sächsische Zeitung vom 31.8.1948 (SMB, Nachlass Klimmer); Schreiben vom 9.10.1950 aus Teilnachlass Klimmer (vgl. Anm. 7, Kapitel III.1). Vgl. auch ein ähnliches Schreiben vom 21.6.1947 (ebd.).

215 Schreiben vom 7.10.1950 aus Teilnachlass Klimmer. Vgl. auch das Austrittsschreiben Klimmers vom 12.11.1950 (ebd.).

216 Schreiben vom 21.3.1951 (SMB, Nachlass Klimmer). Zit. nach Grau, Sozialistische Moral, S. 99 f.

wegte. Doch er hatte noch lange nicht aufgegeben. Vielmehr hatte er sich »nun entschlossen, an das Justizministerium heranzutreten« und bat Helm um Rat. Mit »Genossen Weiß« stehe er schon in Verbindung: »Jedoch komme ich leider nicht recht vorwärts mit ihm. Soll ich mich nun an den Justizminister selbst wenden?«[217] Helm griff unterstützend ein: Er wandte sich selbst an das Justizministerium, um anzufragen, was er Klimmer »zu seinem Schlussabsatz sagen« könne, und bat um eine Unterredung.[218] Zu einer solchen kam es offenbar am 1. Dezember »gelegentlich eines Diskussionsabends der Vereinigung demokratischer Juristen« – das Ergebnis ist nicht überliefert.

Im Sommer 1951 kam es dann auch zu einem Gespräch mit Klimmer. Ob Wolfgang Weiß, der die Reforminitiativen Klimmers in der Vergangenheit immer wieder unterstützt hatte, dieses Gespräch noch führte, ist unklar, denn Weiß wurde am 17. August vom Dienst beurlaubt, nachdem ihn die SED als »parteifremdes Element« ausgeschlossen hatte.[219] Wahrscheinlicher ist es, dass der zuständige Hauptreferent Rudolf Reinartz, der die bislang von Weiß geleitete Abteilung Strafrecht Ende August kommissarisch übernommen hatte, mit Klimmer sprach.[220] In jedem Fall wurde Klimmer über die oben bereits erwähnte Linie in Kenntnis gesetzt, die sich seit 1949 immer deutlicher abgezeichnet hatte: »Angesichts der gesamten politischen Situation«, so hatte es Weiß schon damals notiert, hielt man es für »nicht angebracht«, das »Spezialproblem« der Homosexualität gesetzgeberisch zu lösen.[221] Klimmer teilte man nun unmissverständlich mit, »dass die Zeit zu einer Reform schlecht gewählt sei«.[222] Begründet wurde dies mit der »Gesetzgebung in den Volksdemokratien«, auf die im Hinblick auf »unser neues Strafrecht größter Wert gelegt« werde.[223] Verwiesen wurde darauf, dass »das erste Strafgesetzbuch einer Volksdemokratie (ČSR) eine Strafverschärfung gebracht habe«.[224] Im Hintergrund all dieser Bedenken stand aber auch die

217 Schreiben vom 19.11.1950 (BArch, DP/1/7193, Bl. 145). Zu Helm vgl. auch Anm. 37, Kapitel IV.1.

218 Schreiben vom 23.11.1950 (ebd., Bl. 144).

219 Hermann Wentker, Justiz in der SBZ/DDR 1945–1953. Transformation und Rolle ihrer zentralen Institutionen, München 2001, S. 281.

220 Rudolf Reinartz war Ende 1949 ins DDR-Justizministerium berufen worden, wobei er verschwieg, dass er 1937 der NSDAP beigetreten war. Er entwickelte sich im Laufe der Jahre zur »rechten Hand« von Justizminister Fechner, fiel nach dessen Verhaftung 1953 dann aber selbst in Ungnade und flüchtete nach Westberlin. 1955 kehrte er angeblich »freiwillig« in die DDR zurück, wo er zu lebenslangem Zuchthaus verurteilt wurde. 1965 kaufte ihn die Bundesrepublik frei. Vgl. Wentker, Justiz in der SBZ/DDR, S. 260, 281 und 289; Falco Werkentin, Politische Strafjustiz in der Ära Ulbricht: Vom bekennenden Terror zur verdeckten Repression, Berlin 1997, S. 302.

221 Vermerk vom 18.5.1949 (BArch, DP/1/7193, Bl. 62–64, hier 63).

222 Schreiben vom 18.9.1952 (ebd., Bl. 172).

223 Schreiben vom 27.10.1952 (ebd., Bl. 173a).

224 Schreiben vom 18.9.1952 (ebd., Bl. 172).

Situation in der Sowjetunion, wo Homosexualität seit 1934 wieder strafrechtlich verfolgt wurde. Reinartz fertigte im Oktober sogar einen Vermerk an, um »die weitverbreitete Fehlmeinung« zu widerlegen, dass das sowjetische Strafrecht »keine Strafbestimmungen gegen die einfache Homosexualität« enthalte.[225] Ob er befürchtete, die Besatzungsmacht werde eine Streichung des § 175 nicht dulden oder ob er das sowjetische Strafrecht nur nutzte, um seine eigene Skepsis gegenüber einer Reform zu untermauern, bleibt offen. Insgesamt dürfte im Justizministerium jedoch die Haltung vorgeherrscht haben, dass dieses »Spezialproblem« zu unbedeutend sei, um einen Konflikt mit der Sowjetischen Kontrollkommission zu riskieren.[226]

Wie sehr sich der Wind inzwischen gedreht hatte, zeigte sich auch daran, dass das Amt für Literatur und Verlagswesen es ablehnte, Klimmers Monographie über die Homosexualität zu veröffentlichen.[227] Hatte die »Neue Justiz« Klimmer ein Jahr zuvor noch als einen Mediziner vorgestellt, der »in dieser Frage das erste maßgebliche Wort zu sprechen« habe, so wollte man nun noch nicht einmal mehr eine wissenschaftliche Abhandlung von ihm drucken.[228] Im Hintergrund hatte auch in dieser Frage das Justizministerium maßgeblichen Einfluss genommen, denn Rudolf Reinartz hatte ein Gutachten angefertigt, in dem er dem Manuskript attestierte, es sei »für eine Veröffentlichung ungeeignet«. Einerseits zweifelte Reinartz den wissenschaftlichen Wert der Abhandlung an, kritisierte das »leidenschaftliche Eintreten« Klimmers für die Straflosigkeit, aber auch seinen Stil, der »vielfach salopp und unwissenschaftlich« sei – ein bemerkenswerter Vorgang, war Reinartz als Jurist doch keineswegs vom Fach. Vor allem aber bemängelte er Klimmers »entscheidenden Fehler«, dass er die »moderne sowjetische und volksdemokratische Wissenschaft und Gesetzgebung« ignoriere, insbesondere die Tatsache, dass die Sowjetunion die Bestrafung der Homosexualität »wieder eingeführt« und »auch die Strafandrohung gegenüber dem jetzigen geltenden deutschen Recht erheblich verschärft« habe. »Daher« sei auch in der DDR keine »gesetzliche Änderung zu erwarten«. Damit bekräftigte Reinartz die Argumente gegen eine Reform des § 175, die man Klimmer schon bei dem Gespräch im Sommer kommuniziert hatte. Doch auch im Hinblick auf die »Erreichung der Einheit Deutschlands«, so Reinartz weiter, wäre eine »Entfaltung dieser Diskussion völlig verfehlt«, da »gerade die christlichen Kreise in Ost und West in ihrer überwältigenden Mehrheit eine Beseitigung der Strafbestimmungen gegen die Homosexualität ablehnen würde [sic!] und dadurch das Deutsche Gespräch erschwert würde«.[229]

225 Vermerk vom 6.10.1951 (ebd., Bl. 158).

226 Vgl. Kapitel III.2.

227 Vgl. Schreiben vom 3.7.1952 und 18.7.1952 (BArch, DP/1/7193, Bl. 165 f.).

228 Vorbemerkung der Redaktion zu Klimmers Aufsatz. In: Neue Justiz, 4 (1950), S. 109.

229 Gutachten vom 5.10.1951 (BArch, DP/1/7219, Bl. 203 f.).

Klimmer dürfte dieser nun überdeutliche Kurswechsel ebenso frustriert haben wie die offene Missachtung seiner Arbeit, die damit verbunden war. Neue Hoffnung konnte er zwar aus der Tatsache schöpfen, dass im März 1952 überraschend eine Kommission einberufen wurde, die ein neues Strafgesetzbuch ausarbeiten sollte. Doch auch dieser Vorgang ging mit einer Herabsetzung seiner Person einher, wurde er doch weder in die Kommission berufen, noch als Gutachter beigezogen. Klimmer ließ sich dennoch nicht entmutigen und wandte sich im Juli 1952 abermals an das Justizministerium, um darauf zu verweisen, dass sich durch die Einberufung der Kommission »die Situation wesentlich geändert« habe: »Es ist nunmehr erforderlich, dass der § 175 diskutiert wird«, schrieb er an Reinartz und forderte diesen auch auf, »nunmehr dem Amt für Literatur und Verlagswesen die Druckgenehmigung« für seine Monografie »zu erteilen«.[230] Reinartz reagierte kühl und teilte mit, dass seine »Arbeiten zur Frage der Strafbarkeit der Homosexualität den Mitgliedern der Kommission zur Schaffung eines neuen Strafgesetzbuches bekannt sind und bei ihrer Arbeit berücksichtigt werden«. Hinsichtlich des Drucks seiner Monografie verwies er Klimmer an das Amt für Literatur und Verlagswesen, für das das Justizministerium »nur als Gutachter tätig« sei.[231]

Doch Klimmer blieb hartnäckig: Im September wandte er sich erneut an das Justizministerium, hatte er zwischenzeitlich doch bei der diplomatischen Mission der ČSR recherchiert, dass das neue tschechoslowakische Strafgesetzbuch die Homosexualität entgegen der Aussage von Reinartz »*nicht* strenger als früher bestraft«, sondern im Gegenteil sogar »mildere Strafen« verhängt werden könnten, »weil die untere Grenze der Strafe nicht bestimmt ist«. Wenn dieses Gesetz auch »nicht den modernen wissenschaftlichen Anschauungen« entspreche, so sei es eben doch ein »Fortschritt«. Darüber hinaus bat Klimmer, ihm »sobald als möglich mitzuteilen, wie die Kommission zur Ausarbeitung eines neuen Strafgesetzbuches die neue Strafbestimmung über den gleichgeschlechtlichen Verkehr gefasst hat«.[232] Kurz darauf schrieb Klimmer auch alle Fraktionen der Volkskammer und diverse andere staatliche Stellen an, um sie für eine Abschaffung des § 175 zu mobilisieren und übersandte ihnen umfangreiches Material. Darunter befanden sich eine neun Seiten umfassende gerichtsärztliche Betrachtung, Zitatsammlungen bekannter Persönlichkeiten und eine Liste von 28 Staaten, die die Homosexualität nicht verfolgten.[233] Das zentrale Papier war eine siebenseitige, juristisch orientierte Abhandlung zur »Verfassung der DDR«, in der Klimmer nachzuweisen versuchte, dass der § 175 gegen Artikel 6 (Gleichheit vor dem Gesetz), Artikel 7 (Gleichheit der Geschlechter) und Artikel 8 (Gewährleistung der persönlichen

230 Schreiben vom 3.7.1952 (ebd., Bl. 165).
231 Schreiben vom 18.7.1952 (ebd., Bl. 166).
232 Schreiben vom 18.7.1952 (ebd., Bl. 172).
233 Schreiben vom 18.10.1952 nebst sechs Anlagen (ebd., Bl. 176–205).

Freiheit) verstoße. Hinsichtlich des Gleichheitsgrundsatzes argumentierte er vor allem mit der Gleichheit der Geschlechter, ein Argument, das auch in westdeutschen Verfahren vor dem Bundesgerichtshof und dem Bundesverfassungsgericht angeführt wurde.[234] Da § 175 nur die männliche Homosexualität mit Strafe bedrohe, werde »die Gleichberechtigungsvorschrift nach den Artikeln 6 und 7 der Verfassung« verletzt. Die »Vereinheitlichung des jetzt noch verschiedenen Rechtes für beide Geschlechter« sei somit »eine Pflicht für den Gesetzgeber«.[235] In Bezug auf Artikel 8 argumentierte Klimmer hingegen, die »gleichgeschlechtliche Betätigung« müsse »als freie Entfaltung der Persönlichkeit bezeichnet werden« und stehe somit unter dem Schutz der Verfassung.[236]

Im Justizministerium sorgten Klimmers umfangreiche Aktivitäten für Unmut, bekam man sein Material doch nun von verschiedenen Seiten zugeleitet mit der Bitte um Kenntnis- oder Stellungnahme. So zum Beispiel vom Vorstand des FDGB, der darauf hinwies, dass »auch wir der Meinung sind«, dass »der § 175 revisionsbedürftig ist«.[237] Dieser Meinung war Rudolf Reinartz nicht. Schon Anfang Oktober hatte er seine Verärgerung über Klimmer, der »seine Denkschriften laufend unter Angabe der Namen von Justizfunktionären, die angeblich seiner Auffassung zustimmen, vervollständigt und an alle möglichen Staatsorgane und Parteien schickt«, in einem Vermerk festgehalten. Zwar sehe der »jetzige Entwurf« der Strafrechtskommission tatsächlich »keine Strafbestimmung für die einfache Homosexualität« mehr vor. Es sei aber nicht »ratsam, Klimmer in irgendeiner Weise eine Auskunft zu geben«. Denn es müsse »immerhin damit gerechnet werden, dass der jetzige Entwurf eine Änderung erfährt«.[238] Nachdem er nun auch noch das FDGB-Schreiben auf dem Tisch hatte, notierte Reinartz, er sehe »keine Veranlassung, Dr. Klimmer einen Bescheid zu geben, da er erfahrungsgemäß alle zentralen Stellen laufend mit seinen Materialien und Schriftsätzen überschüttet«.[239] Tatsächlich scheint Reinartz die Kommunikation mit Klimmer zu diesem Zeitpunkt vorläufig eingestellt zu haben. Hatte man ihm Anfang Oktober noch geschrieben, dass man es bedauere, keine Auskunft über den Stand der Beratungen geben zu können, so blieb ein weiteres Schreiben Klimmers, in dem er darauf hinwies, dass Homosexualität in der Volksrepublik Polen nicht mehr verfolgt werde, unbeantwortet.[240]

Dass Klimmer im Justizministerium derartig in »Ungnade« fiel, könnte auch mit seiner undurchsichtigen Rolle in der Affäre um den brandenburgischen

234 Vgl. Zinn, Volkskörper, S. 507.
235 Rudolf Klimmer, § 175 und die Verfassung der DDR (BArch, DP/1/7193, Bl. 178–184, hier 178 f.).
236 Ebd., Bl. 180.
237 Schreiben vom 6.11.1952 (BArch, DP/1/7193, Bl. 175).
238 Vermerk vom 2.10.1952 (BArch, DP/1/7193, Bl. 173).
239 Vermerk vom 14.11.1952 (ebd., Bl. 174).
240 Schreiben vom 27.10.1952 (ebd., Bl. 173a).

CDU-Vorsitzenden Hermann Gerigk zu tun gehabt haben, die im Juni 1952 zu der bereits erwähnten Stasi-Operation geführt hatte.[241] Dass das MfS das Justizministerium darüber in Kenntnis setzte, lässt sich allerdings nicht belegen. Das wesentliche Motiv für Klimmers »Kaltstellung« dürfte auch eher der Aufstieg von Rudolf Reinartz gewesen sein, der eine Reform des § 175 ablehnte und dem Klimmers Engagement ganz offenkundig zuwider war. Dass Reinartz im August 1952 schließlich auch offiziell zum Leiter der Abteilung Strafrecht avancierte, führte dazu, dass das Justizministerium nun noch stärker auf die Bremse trat als zuvor. An dem Umstand, dass die seit März 1952 tagende Strafrechtskommission schließlich eine Reform des § 175 empfahl, die »den Wünschen von Dr. Klimmer« weitgehend entsprach, konnte aber auch Reinartz nichts ändern.[242] Klimmer scheint Reinartz abweisende Haltung nicht entgangen zu sein, denn seine Briefe bekamen zunehmend einen sarkastischen Unterton. So verwies er in seinem Schreiben zur Strafrechtslage in Polen darauf, er teile dies mit, da im Justizministerium »auf die Gesetzgebung in den Volksdemokratien für unser Strafrecht größter Wert gelegt« werde.[243] Andererseits scheint Klimmer in den folgenden Monaten, in denen man ihn über die Planungen der Strafrechtskommission weiter im Unklaren ließ, zunehmend verzweifelt zu sein. Kaum anders ist es zu erklären, dass er seine Argumentationsstrategie komplett änderte und eine weitere Denkschrift anfertigte, in der er nun ausgerechnet Stalin als Kronzeugen für eine Liberalisierung des Strafrechts anführte.

Am 22. Februar 1953 wandte sich Klimmer damit an Reinartz, weil er »leider« über »lange Zeit nichts von der Reformarbeit« gehört habe. Da das Thema »von großer gesellschaftlicher Bedeutung« sei, übersende er einen »Schriftsatz« nebst »5 Beilagen«.[244] In seinem neuen Papier setzte Klimmer auseinander, dass Stalin die vom »Menschen erlassenen Gesetze und die Gesetze der Wissenschaft« unterscheide. Der § 175 gehöre »zu den Gesetzen, von denen Stalin festgestellt hat, dass sie nur juristische Kraft haben« aber nicht mit den »Gesetzen der Wissenschaft verwechselt werden« dürften, die »objektive, unabhängig vom Willen der Menschen vor sich gehende Prozesse in der Natur oder in der Gesellschaft widerspiegeln«. Die »Missachtung eines Naturgesetzes durch den Gesetzgeber« könne dieses »nicht etwa außer Kraft setzen oder unwirksam machen«. Das gelte auch für die Homosexualität, bei der es sich um »einen Prozess der Natur« handele, der »keinesfalls durch Strafbestimmung gesteuert« werden könne.[245] Es ist offen-

241 Vgl. Kapitel IV.3.
242 Vermerk vom 2.10.1952 (ebd., Bl. 173). Vgl. dazu auch Kapitel III.2.
243 Schreiben vom 27.10.1952 (ebd., Bl. 173a).
244 Schreiben vom 22.2.1953 (BArch, DP/1/112, Bl. 12).
245 Rudolf Klimmer, Die Homosexualität und ihre Bestrafung. B. Gesellschaftliche und juristische Beurteilung (ebd., Bl. 13–19, hier 13).

kundig, dass Klimmer versuchte, sich mit dieser Argumentation an den Zeitgeist anzubiedern, so insbesondere an den Stalinkult, der in diesen Jahren seinen Höhepunkt erreichte. Ähnlich muss man seinen Verweis auf den »Überbau« verstehen, zu dem der § 175 gehöre, oder sein Argument, der Paragraf müsse »dem Willen der herrschenden Klasse entsprechen, um weiterhin in Kraft bleiben zu können«. Da das »Problem der Homosexualität« aber »überhaupt keine Klassenfrage« sei und Homosexuelle »auch nicht gegen die Interessen der herrschenden Klasse« verstießen, könne ihre Strafverfolgung »dem Aufbau des Sozialismus in unserem Staat nur schaden aber nicht nützen«.[246]

Es entbehrt nicht einer gewissen Ironie, dass Klimmer seine neue Denkschrift zu einem Zeitpunkt einreichte, zu dem Stalin bereits im Sterben lag. Am 5. März war der »große Führer« dann tot, was den späteren DDR-Kulturminister Johannes R. Becher, der homosexuellen Eskapaden ebenfalls nicht abgeneigt war, zu Gedichtzeilen animierte wie: »Lasst uns den Ewig-Lebenden lobpreisen« oder »Den Namen Stalins trägt die neue Zeit«.[247] Bis es zum Bruch mit dem Stalinkult kam, sollten tatsächlich noch einige Jahre vergehen. Dass Klimmer mit den Stalinzitaten seiner neuen Denkschrift Eindruck schinden konnte, ist dennoch zu bezweifeln. Bei Rudolf Reinartz sicherlich nicht. Dieser leitete das Papier zwar an die Strafrechtskommission weiter und verwies auch darauf, dass es »eine Reihe von Änderungen enthält«. Was er davon hielt, stand in seinem Antwortschreiben an Klimmer aber zwischen den Zeilen. Nicht ohne Süffisanz teilte Reinartz darin mit, er habe »auch dieses Mal das gesamte Material« der Regierungskommission, namentlich »Frau Vizepräsident Dr. Hilde Benjamin« weitergeleitet: »Sie können überzeugt sein, dass Ihr gesamtes Material von der Kommission sorgfältig studiert worden ist.«[248]

Der Aufstand vom 17. Juni wurde schließlich zur großen politischen Zäsur, der die geplante Strafrechtsreform zum Opfer fiel und die auch Klimmers Engagement endgültig ausbremste. Justizminister Max Fechner wurde verhaftet und wegen »Boykotthetze« und »faschistischer Propaganda«, aber auch wegen homosexueller Handlungen zu acht Jahren Zuchthaus verurteilt.[249] Zu seiner Nachfolgerin avancierte die kommunistische Hardlinerin Hilde Benjamin, die dem neuen, auf Konsolidierung der SED-Herrschaft fokussierten Kurs folgte. Unter den Mitarbeitern des Justizministeriums kam es zu »Säuberungen«: Ganz oben auf Benjamins »Abschussliste« standen einflussreiche und enge Mitarbeiter Fech-

246 Ebd., Bl. 14.

247 Johannes R. Becher, Dem Ewig-Lebenden. In: Die Volkspolizei, Nr. 5/1953 (http://www.17juni53.de/chronik/5303/bild_6.html; 25.11.2020).

248 Schreiben vom 6.3.1953 (BArch, DP/1/112, Bl. 48).

249 Vgl. Kapitel III.2.

ners, vor allem ehemalige Sozialdemokraten, die der Minister auf wichtige Posten befördert hatte. Auch Rudolf Reinartz, der bei seiner Einstellung verschwiegen hatte, dass er seit 1937 NSDAP-Mitglied gewesen war, hatte zur Entourage Fechners gehört.[250] Über die Sommermonate, in denen er mit Klimmer noch einmal über die Verfassungsmäßigkeit des § 175 korrespondierte, konnte er sich noch halten.[251] Als man ihm aber vorwarf, er habe zu Unrecht Honorare der Zeitschrift »Neue Justiz« kassiert, entzog er sich einer für den 26. Oktober angesetzten Parteileitungssitzung durch Flucht nach Westberlin.[252] Damit verlor Klimmer seinen letzten, wenn auch unwilligen Ansprechpartner im Ministerium. Ein weiteres Schreiben Klimmers vom 31. Oktober wurde zunächst an den von Reinartz ins Ministerium geholten späteren DDR-Unterhändler »für humanitäre Fragen« Wolfgang Vogel weitergegeben,[253] der noch ein Antwortschreiben entwarf. Doch die Hausleitung entschied: »Keine Antwort.«[254]

Im Dezember wandte sich Klimmer dann noch an das Gesundheitsministerium und schlug eine Umfrage unter Strafrechtlern und Medizinern vor. Doch das Ministerium antwortete nicht.[255] Dass Klimmer sich im März 1954 schließlich an den Ersten Sekretär des ZK der SED Walter Ulbricht wandte und ihn bat, sich »mit der Frage der Homosexualität und ihrer Bestrafung zu beschäftigen und möglichst die fortschrittliche Lösung dieser Dinge zu beschleunigen«, muss man schon als Verzweiflungstat werten. Seine Enttäuschung, dass all seine Initiativen bislang keinen »wesentlichen Erfolg hinsichtlich einer Reform erzielen« konnten, brachte er in seinem Brief deutlich zum Ausdruck. Doch auch wenn er mit seiner Einschätzung, dass »eigentlich keine prinzipiellen Bedenken gegen meine Reformvorschläge bestehen«, dass aber »niemand sich dafür offiziell einsetzen will«, nicht ganz falsch lag, war die Erwartung, Ulbricht werde nun ein Machtwort sprechen, naiv.[256] Tatsächlich scheint Klimmer auch auf diesen Brief kein Antwortschreiben erhalten zu haben, jedenfalls findet sich nichts dergleichen in seinem Nachlass. Auch dieser Akt der Missachtung dürfte ihn weiter demotiviert haben – hinzu kam das Strafverfahren nach § 175, das die Dresdner Staatsanwaltschaft im Dezember 1954 gegen ihn einleitete.[257] Aus den folgenden Jahren sind

250 Wentker, Justiz in der SBZ/DDR, S. 260.

251 Vgl. Schreiben Klimmers vom 20.8.1953 und Schreiben Reinartz vom 29.8.1953 (BArch, DP/1/112, Bl. 51–53).

252 Wentker, Justiz in der SBZ/DDR, S. 289f. Zu Rudolf Reinartz vgl. auch Anm. 220 in diesem Kapitel.

253 Schreiben vom 31.10.1953 (BArch, DP/1/112, Bl. 54–56).

254 Entwurf vom 26.11.1953 (ebd., Bl. 64).

255 Schreiben vom 11.12.1953 (SMB, Nachlass Rudolf Klimmer). Vgl. Grau, Sozialistische Moral, S. 111f.

256 Schreiben vom 16.3.1954 aus Teilnachlass Klimmer (vgl. Anm. 7, Kapitel III.1).

257 Verfahrensregister der Stadt Dresden 1954/55 (SächsHStA Dresden, Bestand 13026, Nr. 26, Lfd. Nr. 132). Vgl. dazu auch Kapitel IV.2.

nur noch wenige politische Aktivitäten dokumentiert, seine Korrespondenz konzentrierte sich fortan auf Mediziner und Juristen.[258] Klimmer wurde schließlich zum Paria: Nachdem 1956 auch ein Versuch des Greifenverlags scheiterte, sein Buch zu veröffentlichen, weil nun das Gesundheitsministerium »starke Bedenken« geltend machte,[259] publizierte er es schließlich 1958 in Westdeutschland, wo es in mehreren Auflagen erschien.[260] Mit dieser Veröffentlichung beim »Klassenfeind« nahm sich Klimmer endgültig aus dem politischen Spiel.

Vor diesem Hintergrund verwundert es nicht, dass Klimmer auch im Herbst 1957, als die Planungen für ein Strafgesetzbuch von neuem begannen, nicht zu Rate gezogen wurde. Der Leipziger Unterkommission, die die Vorschläge für den Bereich von »Sexualverbrechen und Prostitution« ausarbeiten sollte, gehörten zwar vor allem Juristen und Polizeivertreter an, so der Leipziger Bezirksstaatsanwalt Müller, der VP-Oberleutnant Claus und mit Walter Orschekowski auch ein Dozent vom Institut für Strafrecht der Leipziger Karl-Marx-Universität.[261] Diskutiert wurden die von ihnen ausgearbeiteten Vorschläge aber auch mit Vertretern der »Medizin, der Psychologie und der Psychiatrie«. Klimmer jedoch gehörte nicht zu den Experten, die der Kommissionsvorsitzende Müller dazu einlud, »wertvolle Hinweise« zu geben, ob »die Homosexualität durch die kriminelle Strafe wirksam bekämpft werden« könne und welches Schutzalter erforderlich sei, »um die jungen Menschen vor einer falschen sexuellen Entwicklung zu bewahren«.[262] Die acht Fachleute, die schließlich geladen wurden und am 3. November 1958 zusammenkamen, um über den künftigen Umgang mit dem »Problem« der Homosexualität zu beraten, konnten auf diesem Gebiet nur wenig Expertise vorweisen. Der bereits mehrfach erwähnte Greifswalder Professor für Psychiatrie Hanns Schwarz war der einzige, der, wenn auch nur am Rande, zum Thema publiziert hatte.[263] Bei den anderen handelte es sich um lokal verankerte Mediziner: Überwiegend waren es Frauenärzte, die an der Städtischen Frauenklinik und der Universitätsfrauenklinik arbeiteten, aber auch der Chefarzt der Leipziger Poliklinik Stadthaus und der Leiter der Kinder- und Jugendpsychiatrie der Universitätsklinik waren geladen. Im Vergleich zu Klimmer verfügten diese Ärzte nur über geringe Kenntnisse auf dem Gebiet der Homosexualität. Das hinderte sie freilich nicht, Stellung zu beziehen – und allerlei Bedenken gegenüber einer Strafrechtsreform zu artikulieren.

---

258 Vgl. SMB, Nachlass Rudolf Klimmer, Nr. 2, Korrespondenz zum § 175.

259 Gutachten vom 29.12.1956 (BArch, DQ/1/2129, Band 2, Bl. 294–297, hier 297).

260 Klimmer, Die Homosexualität als biologisch-soziologische Zeitfrage.

261 Günter Grau, Liberalisierung und Repression. Zur Strafrechtsdiskussion zum § 175 in der DDR. In: Zeitschrift für Sexualwissenschaft, 15 (2002) 4, S. 323–340, hier 327.

262 Einladungsschreiben vom 18.10.1958 (Privatarchiv des Verfassers – ich danke Dr. Andreas Prokop für die Überlassung dieses Dokuments).

263 Vgl. Schwarz, Schriftliche Sexualberatung.

Welcher Geist in der Runde vorherrschte, verdeutlicht die Stellungnahme des Leiters der Kinder- und Jugendpsychiatrie Christian Wieck, der (womöglich in Anspielung auf Klimmer) darauf hinwies, dass es »in Dresden einen Klub Homosexueller gibt, in den sich sehr unsichere Typen einschleichen können, die auch die lebhaftesten Verfechter der Aufhebung des § 175 StGB sind«. Auch wenn eine Mehrheit der Experten einer »Beseitigung der Strafverfolgung« zuzuneigen schien, da, wie der Leiter der Städtischen Frauenklinik Professor Hans Hirschberg betonte, »echte Homosexualität nicht Verbrechen, sondern Anlage sei«, sahen die meisten doch gleichzeitig »eine Gefahr bei der Aufhebung des § 175«. Einigkeit herrschte darüber, dass man auch weiterhin »eine größere Strafe ansetzen« solle, »wenn Jugendliche verführt werden«. Doch das reichte den meisten Teilnehmern nicht.

Wieck erklärte, ein »richtiger Freibrief sollte den Homosexuellen nicht in die Hand gedrückt werden«. Dr. Leonhardt[264] forderte in klassischer Seuchen-Rhetorik, man sollte »Ausbrüche eindämmen und bestrafen«, ferner müssten »die Treffpunkte besser überwacht werden und bei irgendwelchen Auswüchsen sollte man auch wirklich einschreiten«. Dr. Schönherr[265] wollte zwischen »echten« und »Scheinhomosexuellen« differenzieren, wobei man nach neuestem Forschungsstand »auf Grund sehr einfacher Untersuchungsmethoden (Mundabstrich)« zwischen »Entartung und echter Homosexualität« unterscheiden könne. Lykke Aresin, die ab 1960 die Ehe- und Sexualberatungsstelle der Leipziger Universitätsfrauenklinik leitete, meinte, die Aufhebung des Paragrafen werde »die Zahl der Homosexuellen sehr erhöhen«, schließlich habe § 175 »doch auch einen erzieherischen Charakter«. Hanns Schwarz warnte ebenfalls, dass »mit der Abschaffung des § 175 auch gleichzeitig ein medizinisch-pädagogisches Problem eintritt (z. B. die Ballettschulen)«. Auch die »gefährdete Jugend« müsse »irgendwie erfasst werden«; dies seien Aufgaben, die man »aber z. Zt. noch nicht erfüllen« könne. Aresins Ehemann Norbert, Professor für Gynäkologie und Direktor der Universitätsfrauenklinik, der ebenfalls als Experte geladen war, warnte hingegen vor der Gefahr, »dass in der Bevölkerung die Ansicht vertreten werden könnte, die Homosexualität werde geduldet«.[266]

---

264 Es handelte sich vermutlich um den späteren Professor Peter Leonhardt, der an der Karl-Marx-Universität Medizin studiert hatte, dort 1958 seine Approbation erhielt und 1959 mit einer Arbeit auf dem Gebiet der Gynäkologie und Geburtshilfe promoviert wurde. Vgl. https://www.slaek.de/media/dokumente/04presse/aerzteblatt/archiv/2001-2010/2010/07/0710_434.pdf; 6.1.2021.

265 Es handelte sich wohl um den Arzt Werner Schönherr, den bereits das Leipziger Adressbuch von 1949 verzeichnete und der 1959 an der Städtischen Frauenklinik tätig war. Vgl. http://www.adressbuecher.genealogy.net/addressbooks/search; 6.1.2021; W. Schönherr, Über das Mamma-Sarkom. In: Zeitschrift für Geburtshilfe und Gynäkologie, 154 (1959), S. 270–292.

266 Protokoll der Beratung vom 3.11.1958 (BArch, DP/1/2376, Bl. 551 f.).

Abb. 28: Rudolf Klimmer, vermutlich in den 1960er-Jahren; Quelle: Grau, Ein Leben, S. 51.

Beachtlich ist, dass die »Forschungsgruppe Sexualverbrechen« in den folgenden Tagen dann auch die »Bevölkerung« selbst befragte, um den in Gerichtsurteilen und juristischen Abhandlungen so häufig strapazierten »moralischen Anschauungen der Werktätigen« auf den Grund zu gehen.[267] So traf man sich zunächst mit 22 (vermutlich überwiegend männlichen) Arbeitern des VEB Kraftwerks »Ernst Thälmann«, die laut Protokoll »darauf hinwiesen, dass die Homosexualität eine krankhafte Veranlagung ist«, und forderten, »dass auch bei Wegfall der Bestrafung der Homosexualität mindestens der Schutz der Öffentlichkeit gewährleistet ist«.[268] Eine Woche später wurden dann neun Arbeiterinnen des VEB Mitteldeutsche Kammgarnspinnerei Leipzig befragt. Diese brachten angeblich »zum Ausdruck, dass die Homosexualität vom Standpunkt der Werktätigen aus als moralisch verwerflich zu betrachten sei. Das wichtigste sei jedoch, ob dadurch der Gesellschaft ein Schaden entsteht. Da dies zu verneinen ist, bestehe auch kein Grund zur Schaffung eines Gesetzes, welches die Homosexualität unter Strafe stellt. Veranlagungen durch Strafen zu unterdrücken, verspricht keinen Erfolg. Die Jugend jedoch müsste vor solchen moralisch verwerflichen Beeinflussungen geschützt werden, da nach Meinung dieser Kolleginnen durch Verführung zur Homosexualität Neigungen dazu hervorgerufen werden könnten. Das Schutzalter bis zu 21 (nicht 18 Jahre) wird begrüßt, da junge Menschen in ihrer sexuellen Entwicklung Schwankungen aufweisen und auch über 18 Jahre hinaus derartig unmoralischen Handlungen leichter unterliegen, als ein erwachsener Mensch und sich dann schwer zur Frau zurückfinden.«[269]

Der Duktus dieser Protokolle verrät freilich, dass in sie nur aufgenommen wurde, was die Unterkommission zu hören wünschte. Auch die ziemlich widersprüchlichen Stellungnahmen der »von uns befragten Ärzte« fasste man schließlich dahingehend zusammen, dass diese »überwiegend die Ansicht« vertreten hätten, »die Homosexualität nicht zu bestrafen, wenn sie nicht in qualifizierten Formen auftritt«. Es ist durchaus beachtlich, dass die Unterkommission im Ergebnis für die Straffreiheit der »einfachen« Homosexualität plädierte. Nach ihrem Willen war künftig nur noch »Gewalt, Zwang, Ausnutzung eines Abhängigkeitsverhältnisses oder Missbrauch von Jugendlichen« sowie »homosexuelle Prostitution« zu bestrafen.[270] Begründet wurde diese Empfehlung allerdings nicht mit humanitären Erwägungen, vielmehr führte man die ideologisch imposantere These ins Feld, anders als im Kapitalismus werde die Homosexualität »unter den gesunden sozialen Verhältnissen im sozialistischen Staate« ohnehin abnehmen,

267 Manecke/Meinel, Strafrecht der DDR, S. 151.

268 Protokoll über Beratung am 4.11.1958 (BArch, DP/1/2376, Bl. 553).

269 Protokoll über Beratung am 10.11.1958 (ebd.).

270 Thesen und Vorschläge der Unterkommission »Jugend und Familie« aus dem Jahr 1959. Abschnitt D Sexualverbrechen (ebd., Bl. 542–554, hier 548 f.).

sodass es – zumindest in den »einfachen« Fällen – keiner Strafverfolgung mehr bedürfe.[271] Doch damit drang man in Berlin nicht durch. Wie oben bereits berichtet, lehnte die Strafrechtskommission des Justizministeriums den Vorschlag mit 11 gegen 6 Stimmen ab, sodass der Strafgesetzentwurf von 1958 auch an der Kriminalisierung »gewöhnlicher« Homosexueller festhielt.[272]

Rudolf Klimmer dürfte diese Entscheidung, soweit er überhaupt davon erfuhr, noch weiter demotiviert haben. Aus den folgenden Jahren sind von ihm nur noch wenige Interventionen bekannt. 1959 wandte er sich in zwei separaten Schreiben an das ZK der SED, Antwortschreiben scheint es auch auf diese Briefe nicht gegeben zu haben.[273] 1966 schrieb er dann nochmals an das Justizministerium, machte darauf aufmerksam, dass der »nazistische Massenmord an Homosexuellen« bislang »weder aufgeklärt noch gesühnt« sei, und fragte an, was das Ministerium »hierfür zu tun« gedenke.[274] Anlass war ein im Juni 1966 gesendetes Feature von Radio Bremen unter dem Titel »Der rosa Winkel«, dessen Skript Klimmer seinem Schreiben beilegte. Das Ministerium antwortete, dass es »keineswegs angeht, Widerstandskämpfer, rassisch Verfolgte und Homosexuelle einfach gleichzustellen«. Vielmehr sei »das Problem der Verfolgung Homosexueller differenzierter zu betrachten«. Zu unterscheiden sei zwischen Personen, die »aus politischen Gründen und nur unter dem Vorwand der Homosexualität verfolgt« worden seien, solchen, die »schwerwiegende strafbare Handlungen, beispielsweise im Sinne des § 175a« begangen hätten, und anderen, die »der überspitzten und insoweit verbrecherischen Verfolgung von Homosexuellen« zum Opfer gefallen seien, wobei diese aber »nur einen Teil« der »Ausweitung des Strafzwanges auf den verschiedensten Gebieten« darstelle. Im Übrigen würden »Nazi- und Kriegsverbrechen« in der DDR »bekanntlich konsequent verfolgt«. Deswegen bestehe »keine Notwendigkeit für besondere Maßnahmen, wie Sie in Ihrem Brief fordern«.[275]

Klimmers Engagement, das aus seiner persönlichen Verfolgungserfahrung resultierte, war nicht nur für die DDR einzigartig – auch in Westdeutschland konnte sich mit ihm allenfalls Hans Giese messen. Vergleichbare politische Erfolge, wie Klimmer sie mit seiner Lobbyarbeit 1947/48 in Sachsen erzielt hatte, hatte Giese nie, auch wenn er mit seinen Publikationen maßgeblich zur bundesdeutschen Strafrechtsreform von 1969 beitrug.[276] Freilich sucht auch der Absturz, den Klimmer in den 1950er-Jahren erlebte, seinesgleichen. Immerhin: Seiner beruflichen

271 Ebd., Bl. 549.

272 Protokoll der Sitzung vom 20.2.1959 (ebd., Bl. 461–467, hier 464R). Vgl. dazu auch Kapitel III.2.

273 Schreiben vom 8.2.1959 und 8.3.1959 (SMB, Nachlass Rudolf Klimmer). Vgl. Grau, Sozialistische Moral, S. 116.

274 Schreiben vom 15.10.1966 (BArch, DP/1/2488, Bl. 45).

275 Schreiben vom 25.10.1966 (ebd., Bl. 48).

276 Vgl. etwa Hans Giese, Der homosexuelle Mann in der Welt, Stuttgart 1958; ders., Homosexualität oder Politik mit dem § 175, Reinbek 1967.

Karriere scheint dieser Verlust an politischem Einfluss und Ansehen nicht geschadet zu haben. 1966 zeichnete er sein Schreiben als »Kreispsychiater« und leitender Arzt der Nervenabteilung des Kreiskrankenhauses Freital. Die Strafrechtsreform von 1968 wird er mit Genugtuung zur Kenntnis genommen haben. 1977 verstarb Klimmer im Alter von 72 Jahren auf einer »Westreise« in Wuppertal.[277]

5. Disziplinar- und Parteiverfahren wegen homosexueller »Verfehlungen«

Die Repression Homosexueller beschränkte sich auch in der Nachkriegszeit nicht auf die strafrechtliche Verfolgung. Die fortwährende gesellschaftliche Stigmatisierung sorgte auch jenseits des Strafrechts dafür, dass eine »Enttarnung« gesellschaftliche Diskreditierung, Ausgrenzung und Isolation nach sich zog. Hinzu kamen verschiedene Sanktionsmöglichkeiten unterhalb der Schwelle des Strafrechts. Die verbreitetsten und folgenreichsten Sanktionen waren beruflicher Natur. Ähnlich wie sie zuvor mit der »Ehre« des Beamtentums unvereinbar erschien, war die Homosexualität auch ein Hinderungsgrund für eine Beschäftigung in der DDR-Verwaltung und anderen gesellschaftlich relevanten Bereichen. Hier kam es regelmäßig zur Entlassung, wenn gleichgeschlechtliche Neigungen eines Mitarbeiters bekannt wurden. Zum Beispiel im Fall zweier Justizangestellter aus Dresden, eines 49- und eines 37-Jährigen, die ein Polizist im April 1963 auf einer Bank im Ehrenhain am damaligen Karl-Marx-Platz (heute wieder Palaisplatz) bei sexuellen Handlungen überraschte: »Beim Herantreten stellte ich fest, dass es sich um zwei männliche Personen handelte, wobei die eine Person das Geschlechtsteil der anderen Person im Mund hatte.« Eine Woche später verfasste die Volkspolizei einen detaillierten Bericht, den sie an die Vorgesetzten der beiden Männer beim Bezirks- und Kreisgericht Dresden schickte.[278] Kurz darauf wurden gegen die Männer Disziplinar- und Parteiverfahren eingeleitet. Typisch für derartige Verfahren waren in der kommunistischen Parteitradition wurzelnde Rituale von Kritik und Selbstkritik, die in »erzieherischen Aussprachen« mit den Betroffenen eingeübt wurden und bei denen »Verfehlungen« eingestanden, »Selbstkritik« geübt und Besserung gelobt werden mussten. Die Verfahren waren Bestandteil einer »gesellschaftlichen Erziehung«, deren repressiver Grundsatz lautete: »erst überzeugen, dann Zwang anwenden«.[279] Zu welchen Unterwer-

277 Vgl. Anm. 18, Kapitel IV.1.

278 Bericht vom 17.4.1963 (SächsHStA Dresden, Bestand 11455, Nr. 3868, Bl. 1).

279 Zu dieser Rhetorik vgl. z. B. Otto Adam, Zu einigen Problemen des Benutzungsrechts an den Universitäts- und Hochschulbibliotheken in der DDR. In: Zentralblatt für Bibliothekswesen, Band 94, Leipzig 1980, S. 122–133, hier 127.

fungsgesten sich die Betroffenen dabei gedrängt fühlten, zeigt die Stellungnahme des älteren Beschuldigten:

»Fest steht jedoch die Tatsache, dass ich durch mein Verhalten das Ansehen von Partei und Staat verletzt habe und dafür einstehen muss. Selbstkritisch muss ich sagen, dass eine sofortige Meldung, zumindest aber sofort nach den Osterfeiertagen, unbedingt hätte erfolgen müssen. Diese Unterlassung mit menschlicher Regung begründen zu wollen, hieße meines Erachtens, die ganze Angelegenheit beschönigen zu wollen. Dies wäre aber in dem Falle völlig abwegig, da eben das Ansehen von Partei und Staat gefährdet worden ist. Ich kann mich daher auch mit einer derartigen Auffassung nicht einverstanden erklären, dass bei sofortiger Meldung die Sache noch hätte abgebogen werden können. Ich bin mir dessen bewusst, dass ich durch mein Verhalten die Parteidisziplin verletzt habe, was mich vor allem schwer bedrückt. Aus dieser Erkenntnis heraus habe ich in der Leitungssitzung meiner Grundorganisation am 23.4.63 auch meinen Standpunkt vertreten, dass hier nur die höchste Strafe Platz greifen kann, selbst wenn mich dies äußerst hart treffen würde. Bestärkt darin werde ich noch durch die Mitteilung, dass die Zustimmung zu einer fristlosen Entlassung in Berlin bereits eingeholt ist.«[280]

Tatsächlich hatte diese demütige Stellungnahme keine Auswirkungen auf das Disziplinarverfahren, in dem die Justizverwaltungsstelle Dresden, nach Genehmigung des DDR-Justizministeriums, die »höchste Strafe« aussprach: Dass der Justizangestellte »das Verwerfliche seines Handelns« einsah, nutzte ihm nichts, vielmehr kam es zur fristlosen Kündigung. Zur Begründung hieß es, der Mann habe »gröblichst gegen das ethische Empfinden der Menschen« verstoßen: »Es ist nicht zu vertreten, dass ein Mensch, der sich abnorm sexuell betätigt, als Angestellter im Justizdienst beschäftigt wird, da dies das Ansehen der Justiz schwer schädigen würde.«[281] Eine Entscheidung, die der Betroffene – entgegen den Ausführungen in seiner »selbstkritischen« Stellungnahme – nun doch nicht hinnehmen wollte. In einer Beschwerde an das Justizministerium zog er einen Vergleich zu »Fällen unmoralischen Verhaltens, wie es ehewidrige Beziehungen z. B. zwischen einem verheirateten Manne und einer anderen Frau darstellt [sic!] und wo mir einige Fälle auch im Bereich der Justiz bekannt sind«. In keinem dieser Fälle sei »aber eine fristlose Entlassung ausgesprochen worden«. Hinsichtlich des § 175 verwies der Beschwerdeführer auf Rudolf Klimmers Artikel in der »Neuen Justiz« und auch auf die Entscheidung des Berliner Kammergerichts aus dem Jahr 1950, dass dessen NS-Fassung »als eine nicht fortschrittliche Ausdehnung der Strafbarkeit und als ihrem Zweck nach nazistische Strafbestimmung« zu betrachten sei. Gemessen an den »oben angeführten und straflos ausgegangenen Verstößen gegen die Gebote der Ethik und Moral« sei »die gegen mich angewandte Maßnahme überaus hart«.[282] Die Dresdner Justizverwaltungsstelle

280 Stellungnahme vom 24.4.1963 (SächsHStA Dresden, Bestand 11455, Nr. 3868, Bl. 6).
281 Beschluss vom 30.4.1963 (ebd., Bl. 9).
282 Beschwerde vom 17.5.1963 (ebd., Bl. 10).

ruderte nun zwar etwas zurück und gestand zu, dass der Nachweis, ob der Tatbestand des § 175 überhaupt erfüllt sei, »nicht exakt geführt werden kann«. Das Verhalten »dürfte aber trotzdem Erregung öffentlichen Ärgernisses im Sinne des § 183 StGB darstellen«. Im Disziplinarverfahren gehe es jedoch ohnehin »nicht um die strafrechtliche Seite«, sodass der Beschwerde »nicht gefolgt werden« könne.[283] Eine Position, die man im DDR-Justizministerium teilte. Justizministerin Hilde Benjamin verwarf die Beschwerde schließlich als »unbegründet«. Auch wenn »von einer Strafverfolgung abgesehen wurde«, könne »daraus keineswegs geschlussfolgert werden, dass die ausgesprochene Disziplinarmaßnahme nicht gerechtfertigt wäre«:

»Mit Recht war ein größerer Teil der Bevölkerung einschließlich vieler Mitarbeiter der Dresdner Gerichte empört, als sie von dem moralisch-verwerflichen Verhalten des Beschwerdeführers und seines Freundes erfuhren. Beide hatten eine verantwortliche Stellung in der Justiz, besonders der Beschwerdeführer hatte in seiner Eigenschaft als Sekretär bei der Erziehung und Qualifizierung der mittleren Kader und übrigen Angestellten des Kreisgerichts die Verpflichtung, dass sein moralisches Verhalten stets einwandfrei bleibt. Er wusste seit längerer Zeit, dass der Statistiker K. homosexuell veranlagt ist. Es mag dahingestellt bleiben, ob seine Einlassung, er habe frühere Annäherungsversuche des K. zurückgewiesen, glaubhaft ist. Allein dadurch, dass er den leitenden Funktionären der Dresdner Justizorgane gegenüber die Homosexualität des K. lange verschwieg und sich im Gegenteil diesem noch unterwarf und dabei selbst homosexuell betätigte, verstößt so gröblichst gegen das ethische Empfinden unserer Bevölkerung und untergräbt das Ansehen der Justiz in solchem Maße, dass seine fristlose Entlassung gerechtfertigt ist.«[284]

Anders als im Disziplinarverfahren zahlten sich die demonstrierte Reue und Demut im Parteiverfahren doch noch aus. Denn hier kam der Mann mit einer »Rüge« davon. So wurde von den Parteigremien nicht nur berücksichtigt, dass er »nach wie vor« bestritt, »homosexuell veranlagt zu sein« und »eine strafbare Handlung nach § 175, 175a StGB begangen zu haben«. Offenbar glaubte man ihm auch, dass der jüngere Mann »gegen den Willen des Genossen« dessen »Geschlechtsteil geküsst« habe und dass »es dabei nicht« zu »verkehrsähnlichen Handlungen« gekommen sei.[285] Die »Milde« der Parteirichter war aber keineswegs Ausdruck einer wie auch immer gearteten »Toleranz« gegenüber der Homosexualität. Im konkreten Fall war sie vielmehr das Ergebnis der vorbildlichen »Selbstkritik« des Betroffenen wie auch der Annahme, es habe sich womöglich

283 Stellungnahme vom 13.6.1963 (ebd., Bl. 12).
284 Beschluss vom 20.6.1963 (ebd., unpag.).
285 Information aus dem Parteiverfahren vom 27.4.1963 (ebd., Bl. 7).

tatsächlich nur um einen einmaligen »Ausrutscher« gehandelt. In eindeutigeren Fällen, insbesondere dann, wenn es zu einer Verurteilung nach § 175 kam, wurden SED-Mitglieder hingegen sofort aus der Partei ausgeschlossen.[286]

Das Instrument des Parteiverfahrens war Ausdruck einer für die »Erziehungsdiktatur« der DDR typischen Art von Arbeitsteilung zwischen Justiz, Disziplinarkammern, Parteien und anderen gesellschaftlichen Organisationen.[287] Dabei kam den Letzteren die eher »pädagogische« Rolle zu, Straftäter, aber auch Außenseiter, die strafrechtlich nicht zu belangen waren, zurück auf den »rechten Weg« zu führen, indem sie ihre Resozialisierung bzw. »Vergesellschaftung« organisierten und überwachten. »Konfliktkommissionen, Schiedskommissionen und Hausgemeinschaften« ebenso wie Gewerkschaften und »die staatlichen, wirtschaftlichen und gesellschaftlichen Leiter der Kollektive und Organe der Gesellschaft« sollten »bei der Erziehung der Massen und insbesondere der Rechtsverletzer« mitwirken.[288] Die wichtigste Rolle bei dieser »Zwangserziehung Unangepasster«[289] spielten die 1952 geschaffenen »Konfliktkommissionen« der Betriebe, die seit 1959 zu »Gesellschaftsgerichten« aufgewertet wurden, deren Aufgabe es war, über die Einhaltung der »sozialistischen Arbeitsweise und der sozialistischen Lebensweise« zu wachen und bei Verstößen »erzieherische Maßnahmen« zu ergreifen.[290] Dazu gehörte es auch, in die »Privatsphäre der Betroffenen« einzudringen und »Schnüffeleien im Privatleben« vorzunehmen.[291] Organisatorisch wurden die »Gesellschaftsgerichte« zunehmend mit dem System der Strafverfolgung verzahnt, sodass es zum Beispiel zur Einstellung von Strafverfahren kommen konnte, nachdem die Beschuldigten »erzieherische Aussprachen im Kollektiv« absolviert und dabei »offene Selbstkritik« geübt hatten.[292] »Konfliktkommissionen« und »Gesellschaftsgerichte« konnten aber auch auf eine Kündigung hinwirken, was bei Homosexuellen zumindest dann die Regel gewesen zu sein scheint, wenn sie gesellschaftlich relevante Positionen bekleideten. Es handelte sich also um ein die Justiz ergänzendes Sanktionssystem, bei dem man auf »die Wirksamkeit des sog. sozialistischen moralischen Werturteils« bzw. »Unwerturteils« setzte. In der ideologischen Selbstwahrnehmung galt »das moralische Werturteil in der DDR als *der*

---

286 Vgl. dazu Kapitel III.4.

287 Zu dem von Wierling geprägten Begriff der »Erziehungsdiktatur« vgl. Dorothee Wierling, Die Jugend als innerer Feind. Konflikte in der Erziehungsdiktatur der sechziger Jahre. In: Hartmut Kaelble/Jürgen Kocka/Hartmut Zwahr (Hg.), Sozialgeschichte der DDR, Stuttgart 1994, S. 404–425.

288 Irene Sagel-Grande, Die Entwicklung der Sanktionen ohne Freiheitsentzug im Strafrecht der DDR, Berlin 1972.

289 Lindenberger, Volkspolizei, S. 381.

290 Werner Reiland, Die gesellschaftlichen Gerichte der DDR, Tübingen 1971, S. 71.

291 Ebd., S. 74.

292 Ebd., S. 70 f.

moralische Stimulus und *das* Mittel zur Erziehung und kollektiven Selbsterziehung«.[293] In der Praxis gehörten zu den Sanktionsmitteln Parteirügen und -ausschlüsse, Berufsverbote und im Extremfall die komplette soziale Deklassierung.

Der SED kam in diesem System zwar die führende Rolle zu, denn »die Partei leitet den Prozess der gesellschaftlichen Erziehung«.[294] Doch auch in den Blockparteien und anderen gesellschaftlichen Organisationen gehörten »erzieherische Aussprachen« und ähnliche disziplinierende Verfahren zur alltäglichen Praxis. Wie weit dabei in die Privatsphäre der Betroffenen eingedrungen wurde, zeigt der Fall eines Journalisten aus Leipzig, der 1961 ins Visier der LDPD-Bezirksleitung geriet, nachdem ihn ein Student beschuldigt hatte, ihn sexuell belästigt zu haben. Die Angelegenheit wurde von der LDPD zunächst im Rahmen einer »Blocksitzung« mit dem 1. Sekretär der SED-Bezirksleitung besprochen. Dabei wurde als erstes geklärt, »ob die Dinge in der Öffentlichkeit bekannt« und »wie das politische Verhalten und die Arbeit des Kollegen« seien – beides waren offenbar wichtige Kriterien, an denen das weitere Vorgehen ausgerichtet wurde. Dabei stellte sich heraus, dass der Betroffene drei Jahre zuvor bereits in Suhl »wegen gleicher Verfehlungen« seine Funktion als stellvertretender LDPD-Bezirksleiter verloren hatte. Darüber hinaus hatte er damals eine »Parteistrafe« erhalten und war »zur Bewährung in den Bezirksverband Leipzig« versetzt worden, wo er zunächst »unter straffer Kontrolle im hauptamtlichen Parteiapparat« gearbeitet hatte und später zum stellvertretenden Chefredakteur der Parteizeitung »Sächsisches Tageblatt« avanciert war.[295] Da die neuen Anschuldigungen bislang allenfalls »in der Parteileitung der Fakultät« behandelt worden waren, entschloss man sich dazu, der Sache zunächst mittels einer »Aussprache« mit dem »Parteifreund« nachzugehen.

Bei der »Aussprache«, an der drei Funktionäre der LDPD-Bezirksleitung teilnahmen, wurde der Journalist mit den Anschuldigungen des Studenten konfrontiert, wobei er sich wesentlich weniger demütig zeigte als der oben zitierte Justizangestellte: »Erst nach und nach, nach vielen Hinweisen auf die Notwendigkeit, vor der Partei die Wahrheit zu sagen, schilderte er stückweise den formalen Ablauf der uns bekannten Geschehnisse, ohne aber die anormalen geschlechtlichen Beziehungen zu dem Studenten zu erwähnen. Es war notwendig, ihm Abschnitte aus dem uns bekannten Brief vorzulesen, um ihn zu einem Geständnis zu bewegen, wobei er immer nur so viel zugab, wie er meinte, dass die Partei es weiß.«[296]

293 Sagel-Grande, Die Entwicklung der Sanktionen ohne Freiheitsentzug, S. 53. Hervorhebung im Original.

294 Ebd., S. 51.

295 Schreiben vom 5.4.1961 (SächsStA Leipzig, Bestand 21123, Nr. IV/2/15/670, unpag.).

296 Niederschrift über eine Aussprache mit Parteifreund W. am 5.4.1961 (ebd., unpag., S. 1 f., hier 1).

Im weiteren Verlauf der »Aussprache« musste der Beschuldigte über sein »eheliches Verhältnis zu seiner Frau« Auskunft geben, die ihm »im Prinzip« helfe, »mit seinen sexuellen Problemen fertigzuwerden. Warum sie es an diesem bewussten Abend nicht getan hat und ihn nicht gehindert hat, seinen Regungen nachzugehen, konnte er nicht sagen.« Die Vertreter der LDPD-Bezirksleitung scheuten sich nicht, intimste Details zu erfragen. Dabei gerierten sie sich in einer für diese Verfahren wohl typischen Haltung als höchste moralische Instanz und übernahmen eine paternalistische Rolle ähnlich der von Eltern oder Priestern, aus der ein besonderes »Vertrauensverhältnis« resultiere, das dazu verpflichte, »Verfehlungen« stets »ehrlich« und aus eigenem Antrieb zu beichten:

»Zu der Frage, warum er die Partei, die ihm nach den Vorfällen in Suhl ein großes Vertrauen entgegengebracht hat und ihm eine neue Basis gegeben hat, nicht ehrlich von seinen Verfehlungen unterrichtet hat, antwortet er, dass er zwar Gewissensbisse gehabt hätte, aber selbst nicht mehr den Umfang seiner Verfehlungen gekannt hätte und demzufolge geneigt gewesen sei, die Dinge zu bagatellisieren. Weiterhin sei er davon ausgegangen, dass der Student ja mit diesen Beziehungen einverstanden gewesen ist. Er würde jetzt einsehen, dass es richtig gewesen wäre, gleich zur Partei zu kommen. Er bittet darum, ihm die Möglichkeit zu geben, seine Verfehlungen durch Arbeit wieder gutzumachen. Auf Befragen erklärte er ausdrücklich, dass das seit Suhl die erste Verfehlung gewesen ist.«[297]

Zum weiteren Vorgehen wurde schließlich »vereinbart«, dass der Beschuldigte sofort eine »Niederschrift anzufertigen« habe, in der er die Partei »nochmals umfassend über die Dinge« informiert. In der Zwischenzeit würden die »Parteifreunde« mit »seiner Frau in ihrer Wohnung eine Aussprache führen«, zu der der beschuldigte Journalist dann später hinzukommen sollte. Tatsächlich wurde nun auch die Ehefrau eingehend befragt. Dabei ging es zunächst um den Vorwurf des Studenten, sie hätte ebenfalls versucht, ihn zu verführen, und zu diesem Zweck sogar ihre Brust entblößt – Behauptungen, die sie entschieden zurückwies. Zur Homosexualität ihres Mannes erklärte sie, sie sei über diese zwar informiert, habe sie ihn doch geheiratet, nachdem er 1940 bereits einmal nach § 175 verurteilt worden war. Doch »in den 18 Jahren ihrer Ehe« hätte es »dafür keinerlei Anzeichen mehr gegeben«, weshalb sie der Meinung sei, »dass es ihr gelungen ist, durch ein gutes Eheleben ihren Mann von seinem abnormen Wege abzubringen«. Da die Gattin über die »Vorkommnisse« in Suhl angeblich nicht informiert war, betrachteten es die LDPD-Funktionäre als ihre Aufgabe, sie nun darüber in Kenntnis zu setzen:

»Sie wird daraufhin von uns befragt, was sie annehme, warum ihr Mann 1958 aus seinen Funktionen in Suhl abgelöst worden ist. Das sei doch aus gleichen homosexuellen Verfehlungen heraus geschehen. Sie behauptet darauf, dass das nicht stimmen würde. Nachdem was ihr Mann ihr gesagt hat, ist er deswegen abgelöst worden, weil er seine früheren Verfehlungen aus dem Jahre 1940 in

297 Ebd., S. 1 f., hier 2.

seinem Fragebogen nicht angegeben habe. (Dazu ist zu sagen, dass der Partei frühere Verfehlungen nicht bekannt sind und dass auch darüber im Fragebogen und im Lebenslauf keine Angaben gemacht worden sind.)«[298]

Beachtlich ist, dass die Ehefrau die erniedrigende Situation nun nutzte, um ihrerseits in die Offensive zu gehen und »die Partei« mit ihren eigenen Waffen zu schlagen: »Frau W. sagt, dass, wenn ihr solche Verfehlungen aus dem Jahre 1958 bekannt gewesen seien, sie natürlich noch viel mehr auf ihren Mann Obacht gegeben hätte, da auch damals diese Dinge unter starker Alkoholeinwirkung passiert seien. Sie kritisiert die Partei, dass sie im Jahre 1958 nicht über diese Dinge informiert worden ist. Ihr Mann hat sie offensichtlich belogen.«[299]

Das Spiel von Kritik und Selbstkritik gipfelte schließlich in einer Auseinandersetzung, die das Ehepaar nach Ankunft des Gatten in Anwesenheit der LDPD-Funktionäre zu führen hatte und dabei erneut Wahrheitswillen, Reue und Läuterung inszenierte:

»Gegen 20 Uhr trifft W. in seiner Wohnung ein. Sie macht ihm Vorwürfe und fragt ihn, warum er zu ihr kein Vertrauen hat. Sie behauptet, dass sie ihm doch immer geholfen habe. Sie macht ihm den Vorwurf, dass er die Familie zwar immer politisch erziehen will und erzieht, dass er aber selbst an sich nicht arbeitet, noch dazu, wenn er ja weiß, dass bereits im Jahre 1958 solche Verfehlungen vorgekommen sind, wovon er sie nicht unterrichtet hat. W. gesteht in diesem Zusammenhang das ein, was seine Frau uns über die Vorkommnisse im Jahr 1940 mitgeteilt hat. Er gibt auch zu, 1958 die Partei wissentlich belogen zu haben, indem er auch im Zusammenhang mit diesen Vorfällen die früheren Dinge nicht aufgedeckt hat. Er hat sie damals nur benutzt, um seiner Frau die Wahrheit zu verschweigen.«[300]

Zum Abschluss wurde mit dem Ehemann nochmals »ein längeres Gespräch über das Verwerfliche seiner Handlungsweise geführt«. Er sah »angeblich alles ein« und bat »nur immer, ihn doch nicht zu vernichten und eine Chance zu geben«. Die LDPD-Funktionäre warnten ihn eindringlich, »seine Probleme mit einer Republikflucht lösen« zu wollen – in diesem Fall werde »die Partei ohne Rücksicht die Dinge veröffentlichen«. Nach Rücksprache mit dem LDPD-Vorsitzenden und »in Absprache mit den staatlichen Organen« kam es dann noch am selben Abend zu einem weiteren Besuch der Funktionäre, bei dem dem Beschuldigten sein Personalausweis abgenommen und er über die Suspendierung seiner Parteimitgliedschaft und die sofortige Beurlaubung von seiner Tätigkeit beim »Sächsischen Tageblatt« unterrichtet wurde. Zwar gab man ihm die Zusicherung, dass er »eine Lebensbasis für sich und seine Familie erhalten wird«.[301] Es sei aber »nicht zu

298 Niederschrift über eine Aussprache mit Parteifreundin K. W. am 5.4.1961 (ebd., unpag., S. 1–6, hier 2).
299 Ebd., S. 3.
300 Ebd., S. 4.
301 Ebd., S. 4.

erwarten«, dass er »in seiner jetzigen Tätigkeit weiter verbleiben könne«.[302] Wie die LDPD-Bezirksleitung dem 1. Sekretär der SED-Bezirksleitung am nächsten Tag mitteilte, sollte der Mann vielmehr »eine Arbeit erhalten, bei der er unter ständiger Kontrolle ist«.[303]

Tatsächlich kümmerten sich die Kaderabteilungen der Betriebe und die verschiedenen Parteidienststellen um die Unterbringung der aus dem Dienst Entlassenen an anderen Arbeitsplätzen. Kriterium war dabei neben der Möglichkeit einer »ständigen Kontrolle« vor allem, dass es sich bei der neuen Position nicht um eine gesellschaftlich relevante handelte, die im Fokus der Öffentlichkeit stand und deren Prestige und Ansehen durch einen Homosexuellen »geschädigt« werden konnte. Die Entlassungen gingen deswegen meist mit einer gesellschaftlichen Deklassierung einher. Im oben vorgestellten Fall des Justizangestellten am Dresdner Kreisgericht war der verordnete Abstieg geradezu symbolträchtig: Dem Mann wurde »eine Arbeit als Sachbearbeiter beim VEB Kohlenhandel« zugewiesen.[304] Der einzige mit sozialem Prestige verknüpfte Bereich, in dem Homosexuelle unter bestimmten Bedingungen geduldet wurden, war die Welt von Kunst und Kultur. Doch auch hier herrschten strikte Regeln. Das Ansehen der Kultureinrichtungen durfte auf keinen Fall leiden, weshalb die Homosexualität, zumindest nach außen hin, nicht allzu deutlich in Erscheinung treten durfte. Handlungen, die das Potenzial hatten, sich zu einem öffentlichen Skandal auszuwachsen, wurden nicht geduldet und mitunter auch streng sanktioniert.

Vereinzelt kam es auch in der Welt von Kunst und Kultur zu Entlassungen. Das zeigt nicht nur das oben vorgestellte Beispiel eines Defa-Mitarbeiters, der gekündigt wurde, nachdem Kollegen seine Homosexualität mit einem missglückten Scherz publik gemacht hatten.[305] Auch der schon mehrfach erwähnte Fall eines Sängers am Dresdner Operettentheater macht deutlich, wie begrenzt die Toleranz selbst in Künstlerkreisen war. Zum Verhängnis wurde dem 24-jährigen Buffo, dass er im März 1958 einen 17-jährigen Kollegen von der Bühnentechnik »zweimal nach der Vorstellung« mit zu sich nach Hause genommen hatte, wobei er den Jugendlichen »wohl mal umarmte und flüchtig küsste«.[306] Nachdem sich die Mutter über das nächtliche Fernbleiben ihres Sohnes beschwerte, meinten die Kollegen von der »Gruppe Technik«, sie hätten »insbesondere seit dem 17.3.1958 [dem Tag des ersten Stelldicheins] beobachtet«, dass der Jugendliche »in seinen Arbeitsleistungen nachließ« und »dauernd müde war«. Auf Antrag der »Gruppe Technik« forderte die Betriebsgewerkschaftsleitung die Theaterleitung schließ-

302 Ebd., S. 6.
303 Schreiben vom 6.4.1961 (ebd., unpag.).
304 Schreiben vom 13.6.1963 (SächsHStA Dresden, Bestand 11455, Nr. 3868, Bl. 12).
305 Vgl. Kapitel III.4.
306 Schreiben vom 20.4.1958 (BStU, MfS Karl-Marx-Stadt, Reg. Nr. XI/180/63, Band 1, Bl. 36).

lich auf, »eine Untersuchung durchzuführen, inwieweit der jugendliche Kollege X – 17 Jahre alt – intime Beziehungen zu dem Kollegen Y hat«.[307] Schon am folgenden Tag fand die Untersuchung statt, bei der der 17-Jährige vernommen wurde und nunmehr einräumte, dass er bei dem Operettensänger »genächtigt habe«: Dieser habe dabei »den Versuch unternommen, sich ihm zu nähern«. Am nächsten Tag wurde der 17-Jährige dann von der Volkspolizei vernommen, wo er »diese Aussage bestätigt und noch dazu erklärt« habe, der 24-jährige Sänger habe »ihm gegenüber Liebeserklärungen abgegeben, ihn abgedrückt und geküsst«. Noch am selben Tag wurde seitens der Theaterleitung in Abstimmung mit der Disziplinarkommission die fristlose Kündigung ausgesprochen und mittels eines Schreibens »an alle Mitglieder« des Theaters bekannt gemacht. Zur Begründung wurde darin unter anderem auf die Einschätzung der »Gruppe Technik« verwiesen: »Die Kollegen der Technik sind deshalb ganz besonders empört, da die besorgniserregende Veränderung des Jugendlichen Y durch Kollegen X und das Nächtigen bei ihm eingetreten ist. Wir sehen im Auftreten des Kollegen X gegenüber dem Kollegen Y eine den [sic!] moralischen und sittlichen Anschauungen unserer Werktätigen stark verletzenden [sic!] Verhaltensweise. Es kann deshalb den Mitgliedern unseres Theaters nicht mehr zugemutet werden, mit dem Kollegen X zusammen zu arbeiten.«[308]

Ob der Operettensänger in dem Verfahren überhaupt gehört wurde, bleibt unklar. Er verschaffte sich schließlich Gehör, indem er gegen seine Kündigung Einspruch einlegte. Eine Woche später tagte daraufhin die »Konfliktkommission« der Gewerkschaft, der er vortrug, dass sich sein Einspruch »darauf beschränkt, die fristlose Kündigung dahin umzuwandeln, dass er von sich aus das Arbeitsverhältnis kündigt«. Doch selbst diese Form der »Ehrenrettung« wollten ihm die Mitglieder der »Konfliktkommission« nicht zubilligen. Nachdem sie sich versichert hatten, dass der Sänger die »angeführten Tatsachen nicht abstreitet«, äußerten die Kommissionsmitglieder »nacheinander einmütig, dass sie die im Kündigungsschreiben vom 10.4.1958 angeführten Gründe für ausreichend zu einer fristlosen Entlassung ansehen« und den Einspruch zurückweisen.[309] Der Sänger wandte sich daraufhin an den Intendanten, dem er versicherte, sich dem Jugendlichen nicht genähert zu haben. Er habe diesem zwar »gesagt, dass man ihn liebhaben könnte«, doch er habe sich »wohl gehütet, weiter zu gehen und Handlungen vorzunehmen, die ihn hätten befremden können«. Durch den Umstand, »dass man diese Sache der Volkspolizei übergab«, sei zwar »eine völlig neue Situation geschaffen« worden. Doch die Volkspolizei habe ihm gegenüber erklärt, »dass die ganze Sache viel zu bedeutungslos war, um ein Verfahren ge-

307 Erklärung der Theaterleitung vom 10.4.1958 (ebd., Bl. 38).
308 Ebd.
309 Protokoll vom 16.4.1958 (ebd., Bl. 37).

gen mich zu eröffnen«. Dass man im Theater »anderer Meinung« sei, könne er nicht nachvollziehen: »Eine Angelegenheit, welche von der Volkspolizei richtig als Bagatelle erkannt worden ist, soll plötzlich innerbetrieblich so schwerwiegend sein, dass sie nur durch fristlose Entlassung geahndet werden kann? Ich habe das Gefühl, dass man im Eifer akuter Erregungen da viel zu weit gegangen ist.«[310]

Doch die Bitte des Sängers, seine Entlassung »bis zur endgültigen Klärung« in eine Beurlaubung umzuwandeln, wurde vom Intendanten Peter Bejach abgelehnt. Der Vorfall sei nicht nur »eine bedeutende betriebliche Unerfreulichkeit«, sondern auch eine »große menschliche Enttäuschung«, habe er dem Sänger doch immer sein »besonderes Wohlwollen entgegengebracht«. Bejachs Reaktion zeigt aber auch, dass es nicht allein die Homosexualität war, die zur Entlassung führte. Als erschwerend wertete er einen erst kurze Zeit zurückliegenden Fall von Unterschlagung betrieblicher Gelder, der bereits im Januar desselben Jahres zu einer ersten Beurlaubung geführt hatte. Und im Hinblick auf den aktuellen Fall war es in den Augen Bejachs vor allem das jugendliche Alter des Kollegen, das eine harte Reaktion erfordert habe:

> »Die Geschichte mit dem noch jugendlichen Betriebsangehörigen Y ist, selbst allein in der Darstellung, die Sie mir in Ihrem Brief geben, für mich ganz gewiss nicht eine Bagatelle. Mir fehlt von hier die Übersicht, ob die angebliche Meinung der Volkspolizei im Sinne des Strafgesetzbuches – die Einschätzung als Bagatelle – richtig oder falsch ist. Innerhalb der betrieblichen Belange stellt es das unter keinen Umständen dar. [...] Hinzu kommt, dass ich weder den Eindruck eines Eifers in akuter Erregung noch den einer übergroßen Härte der Entscheidung durch meine mich vertretenden Mitarbeiter gewonnen habe. Dieses subjektive Gefühl Ihrerseits scheint mir eine Täuschung und vor allem ein Beweis dafür zu sein, wie wenig Sie selbst erkennen können oder wollen, dass Ihr Verhalten gegenüber einem minderjährigen Kollegen indiskutabel ist.«[311]

Ob das gleiche Verhalten gegenüber einer jugendlichen Kollegin ebenso »indiskutabel« erschienen wäre, sei dahingestellt. Bei einem homosexuellen Annäherungsversuch an einen Jugendlichen war jedenfalls auch in der insgesamt toleranten Theaterwelt eine Grenze überschritten – noch dazu, wenn es sich um einen Betriebsangehörigen handelte und die Beschwerde einer Mutter vorlag, die größeres Aufsehen hätte nach sich ziehen können. Andererseits führte der Vorfall nicht zum Ende der Bühnenkarriere des Operettensängers: Dass er schon wenige Monate später ein neues Engagement am Meininger Theater erhielt, unterstreicht, dass die Welt von Kunst und Kultur in punkto Homosexualität doch deutlich liberaler war als die meisten anderen gesellschaftlichen Bereiche in der DDR.

310 Schreiben vom 20.4.1958 (ebd., Bl. 36).
311 Schreiben vom 3.5.1958 (ebd., Bl. 39).

6. Zwischen Repression und Duldung: Alltag Homosexueller in Sachsen

Das repressive Klima der ersten beiden Nachkriegsjahrzehnte führte dazu, dass sich die in den 1930er-Jahren etablierten Muster des Stigma-Managements nur langsam veränderten. Die Rückkehr zum alten § 175 eröffnete prinzipiell zwar mehr Freiräume, waren doch körperliche Nähe, Zärtlichkeiten und sogar die wechselseitige Onanie nun straffrei. Doch die fortwährende gesellschaftliche Stigmatisierung sorgte auch jenseits des Strafrechts dafür, dass eine offene Kommunikation ins soziale Abseits führte. Wer sich nicht in die Rolle eines Parias begeben wollte, war auf ein Stigma-Management angewiesen, das die Kommunikation über den privaten Bereich streng reglementierte. Welche Informationen man wem gab, wie weit man sich mit Andeutungen oder Codes gegenüber Dritten offenbarte und was genau in welchem sozialen Kontext adäquat war, musste genau bedacht und permanent kontrolliert werden. Während sich ein offenes Bekenntnis im beruflichen Kontext und in den offiziellen gesellschaftlichen Bereichen von Massenorganisationen und Vereinen in aller Regel verbot, war es im engeren sozialen Umfeld aber durchaus möglich, die eigene Homosexualität anzudeuten oder zu enthüllen. In welchem Maße dies geschah, hing von der Persönlichkeit, der sozialen Herkunft und dem Bildungsstand des einzelnen ab, aber auch von dem Milieu, in dem er sich bewegte. Grundsätzlich war es so, dass die Homosexualität im privaten und halböffentlichen Bereich keineswegs komplett verschwiegen, sondern je nach Situation und Adressat mehr oder weniger versteckt kommuniziert wurde.

Am offensten war die Kommunikation auch weiterhin im »Schutzbereich« von homosexuellen Freundeskreisen und an einschlägigen Treffpunkten wie Gaststätten, Parkanlagen und Bedürfnisanstalten. Dass die Polizeibehörden explizit homosexuelle Lokale und Tanzveranstaltungen nicht duldeten, wurde bereits oben erwähnt – selbst in Berlin wurden die einschlägigen Kneipen bis Ende der 1960er-Jahre geschlossen.[312] Nach 1945 hatte es zwar zunächst ein paar Hoffnungszeichen gegeben. So etwa die von Curt Röbel und anderen 1946 ins Leben gerufene Tanzveranstaltung in der Leipziger Gaststätte »Concordia«, die zunächst geduldet und »den homosexuellen Frauen und Männern« nach »Fürsprache des damaligen Herrn Polizeirat Humperdink« im November 1945 sogar ausdrücklich gestattet worden war. Allerdings wurden die Teilnehmer »listenmäßig erfasst« und die Kripo stellte »durch wiederholte Besuche« sicher, dass die Abende in »einem anständigen, einwandfreien Rahmen« stattfanden. Im Dezember 1946 verschärfte der Nachfolger Humperdinks die Regeln dann bereits, die Teilnehmer mussten nun mindestens 25 Jahre alt sein, überdies wurde »auswärtigen Gästen der Zutritt

312 Vgl. Kapitel IV.4.

vollkommen versagt«.[313] Spätestens Ende der 1940er-Jahre, als die Volkspolizei die Verfolgung wieder forcierte, dürfte das »Concordia« dann komplett geschlossen worden sein. Auch in Dresden soll es »nach 1945« zunächst »eine schwule Kneipe im Hygienemuseum« gegeben haben, doch »die fiel weg, als das von der HO übernommen wurde«.[314] Spätestens ab 1950 wurde die Eröffnung von Homosexuellenlokalen dann »sofort von der Krim. Polizei unterdrückt«, wie Rudolf Klimmer berichtete.[315] Gleichwohl existierten in den sächsischen Städten auch weiterhin Gaststätten, die als informelle Treffpunkte Homosexueller galten. In Dresden war dies zum Beispiel der »Hattenheimer«, ein Lokal in der Rähnitzgasse, in dem sich »vornehmlich Homosexuelle« trafen.[316] Der 1938 geborene Zeitzeuge Frank Paul lernte den Hattenheimer bereits als Jugendlicher kennen: »Das war eine Bierkneipe, dort verkehrten auch Nutten, ich sage mal so, es war ein bisschen gemischt. Das bestand aus drei Räumen, der dritte Raum war uns vorbehalten. Und es gab keine Berührungsängste. Das war ja vorwiegend Stammpublikum, man kannte sich.« Solche Kneipen fungierten als Rückzugsorte, an denen man sich nicht verstellen musste: »Man hat getrunken und wenn einem jemand gefiel oder umgekehrt, jemand fand einen selbst interessant, dann wurde in der Regel immer ein Schnaps ausgegeben und dann prostete man sich zu.« Freilich waren auch Kneipen wie der Hattenheimer nicht gern gesehen: »Das haben die im Zusammenhang mit dem 13. August 1961 dicht gemacht. Die wollten das schon lange.«[317] Doch auch danach gab es noch ähnliche Treffpunkte, in den 1960er-Jahren waren das etwa das »Gambrinus« am Postplatz oder das »Hotel Excelsior« in der Prager Straße 45. In dessen Keller befand sich »eine Bar, in der eigentlich nur Männer verkehrten« und ganz eigene Regeln galten. Auch viele Schwule betraten sie nur »klopfenden Herzens« – selbst wenn sie sich vor Ort ganz anders in Szene setzten:

»Ich kannte keine Schwellenangst, betrat die Bar, als wollte ich diesen Laden kaufen. Natürlich flogen sofort alle Köpfe herum, um den nun wirklich ›Neuen‹ zu sehen. Die Gäste, welche sich Hoffnungen einräumten, sparten nicht mit anzüglichen Blicken, hielten auch mit anerkennenden nicht hinter dem Berg. Die von vorneherein aussichtslosen Herren zuckten abwertend mit den Schultern und gaben sich total uninteressiert oder ließen sich zu Äußerungen hinreißen wie: ›Viel zu mager‹, oder ›Der ist ja blond, nein, wir lieben schwarze Männer. Nicht, meine Liebe?‹ Der so angesprochene [sic!] nickte heftig. Da ich unmittelbar vor ihnen stand und noch nach einem Platz Ausschau hielt, konnte ich es mir nicht verkneifen, einen Schritt auf den Tisch derer zuzugehen, die blonde Männer verschmähten. Mit dem charmantesten Lächeln im Gesicht sagte ich: ›Wussten Sie auch, dass die Blonden halten, was die Schwarzen versprechen?‹«[318]

313 Schreiben vom 19.3.1947 (SächsHStA Dresden, Bestand 11380, Nr. 513, Bl. 39).
314 Interview mit Frank Paul vom 30.5.2018.
315 Schreiben vom 19.11.1950 (BArch, DP/1/7193, Bl. 145).
316 Urteil vom 20.8.1961 (BStU, MfS BV Karl-Marx-Stadt XIV 148/63, Teil 1, Band 1, Bl. 68–77, hier 70).
317 Interview mit Frank Paul vom 30.5.2018.
318 Manfred Nietzelt, Der Himmel ist hoch, Frankfurt a. M. 1992, S. 115f.

Auch in kleineren Städten gab es einschlägige Treffpunkte, oft war das Publikum dort aber wesentlich gemischter. In Zwickau war es die »Palast-Bar«, in der neben Soldaten, Jugendgangs und Prostituierten auch »ein Kreis Homosexueller«, nämlich »10–12 Leute mindestens in der Richtung«, verkehrte. Die Umgangsformen waren eher rüde. So berichtete ein ebenfalls homosexueller IM an die Stasi: »Um nur etwas die Atmosphäre zu charakterisieren: Als er [der ›Boss‹ einer Jugendgang] dann an unserem Tisch vorbei kam und sagte: ›Nun, X da drüben, die, fickst du die heute Abend oder wie denkst du, sonst mache ich's.‹ So ungefähr ist der Umgangston, auch wenn die einzelnen Stamm-Nutten dabei sind, nimmt man sich kein Blatt vor den Mund, da wird sehr offen über solche Dinge gesprochen.«[319] Doch gerade dieses Umfeld eröffnete auch Homosexuellen die Möglichkeit, sich einigermaßen ungezwungen zu verhalten. Ein weiterer Treffpunkt in Zwickau war die Gaststätte »Gastronom«, in der ebenfalls »ein homosexueller Kreis« verkehrte, »ungefähr 4–5 junge Männer, die durch ihr Getue es so sichtbar zeigen, wie sie veranlagt sind, dass es ein offenes Geheimnis wäre«. Das jedenfalls erzählte eine lesbische Frau einem Stasi-IM.[320]

Freilich war es keineswegs selbstverständlich, dass Schwule oder Lesben in Gaststätten geduldet wurden, war es theoretisch doch sogar möglich, dass »auffälliges, anstößiges Verhalten Homosexueller in öffentlichen Lokalen« strafrechtlich verfolgt wurde, wie DDR-Juristen in den Jahren 1955 und 1964 vermerkten.[321] Dass Wirte Homosexuelle duldeten, hing oftmals damit zusammen, dass sie selbst oder aber ihre Angehörigen homosexuell veranlagt waren. Beim Betreiber des Zwickauer »Gastronomen« handelte es sich zum Beispiel um den Vater der lesbischen Frau, die über den homosexuellen Kreis erzählt hatte. Und auch der Umstand, dass bis Mitte der 1950er-Jahre in der »Hüttenmühle«, einem Ausflugsrestaurant in Hohenstein-Ernstthal, »auch Feste von Homosexuellen« stattfanden, war darauf zurückzuführen, dass sich das Restaurant »zu der Zeit noch in der Regie des Besitzers« befand, eines damals etwa 65 Jahre alten Homosexuellen.[322] Später verpachtete der Mann das Restaurant an die HO, was offenbar dazu führte, dass keine derartigen Festivitäten mehr stattfinden konnten. Tatsächlich machte es die Überführung vieler Kneipen und Restaurants in Staatseigentum immer schwieriger, geeignete Treffpunkte zu finden. Hinzu kam, dass viele der Ruinen, in denen »halbseidene« Lokale Unterschlupf gefunden hatten, nach und nach aus dem Stadtbild verschwanden. In Dresden »okkupierte« man schließ-

319 Bericht vom 30.10.1962 (BStU, MfS BV Karl-Marx-Stadt XIV 148/63, Teil A, Band 1, Bl. 30 f., hier 30).

320 Bericht vom 17.12.1963 (ebd., Teil A, Band 5, Bl. 41–45, hier 42).

321 Dressler/Naundorf, Materialien zum Strafrecht, S. 187; Manecke/Meinel, Strafrecht der DDR, S. 159.

322 Bericht vom 9.11.1962 (BStU, MfS BV Karl-Marx-Stadt XIV 148/63,Teil A, Band 1, Bl. 74 f., hier 75).

lich den »Altmarktkeller« direkt im Herzen der Stadt: »In der Zwischenzeit war das Stadtzentrum aufgebaut und wir haben immer mal andere Gaststätten aufgesucht, dann hat sich das so ergeben, dass wir den Altmarktkeller uns ausgesucht hatten in Dresden. Eine große Speisegaststätte und du kriegst das ja schnell mit.« Allerdings bekamen es auch das Personal und die anderen Gäste »schnell mit«: »Die ganze Stadt wusste es. Also es war bekannt, vor allem in dem Haus Altmarkt, da sind drei Gaststätten in dem Haus gewesen. Und zum Fasching haben die immer große Veranstaltungen gemacht. Und der Rosenmontag wurde von den Schwulen okkupiert.« Dass dies gelang, war allerdings ein beständiger Kampf, denn »in der DDR gab es nie genügend Gaststättenplätze«. Deswegen gingen die älteren Schwulen »immer zeitig in den Altmarktkeller« und reservierten Tische. Die anderen »konnten dann ein bisschen später kommen«.

Auch das Verhalten war nun reglementierter als in den alten Kneipen: Allzu »auffällig« und »anstößig« durfte es nicht zugehen, wollte man die Duldung durch Wirte und Kellner nicht aufs Spiel setzen. So berichtete Gunna Bohne, in der Dresdner »Moccastube«, dem in ihren Augen einzigen Café, in dem sich »Schwule und auch Lesben einigermaßen ungeniert und unbeeinflusst von der ›Gesellschaft‹ treffen konnten«, sei es vorgekommen, dass die Restaurantleitung sagte: »Sie möchten jetzt das Restaurant verlassen.« Ihr sei »das auch einmal passiert, dass ich mit einer Freundin zusammen, also wirklich denke ich, sehr harmlos dagesessen habe. Wir haben uns Fotos angeguckt, und ich habe wahrscheinlich den Arm um sie gelegt. Da kam dann ein Oberkellner angescheucht und hat uns vom Platz verwiesen.«[323] Hinzu kam, dass immer die Gefahr bestand, sich durch den Besuch solcher öffentlicher Gaststätten zu »outen«, konnte man dort doch jederzeit Arbeitskollegen oder Nachbarn begegnen. So zum Beispiel in Chemnitz, wo »es über viele Jahre nur das Café am Markt« gab, das als einschlägiger Treffpunkt galt. Das war »aber wenig besucht, weil sich viele nicht getraut haben, weil das ja öffentlich war«.[324] Ähnliches berichtete die lesbische Zeitzeugin Tommy auch über Berlin: »Es war auch so, dass einige wegen ihres Berufes nicht gerne öffentlich gesehen werden wollten. Zu Hause ja, aber woanders hingehen war für sie nicht drin.«[325] Aus all diesen Gründen zogen es einige schwule Männer vor, anonymere Treffpunkte wie Parkanlagen und öffentliche Toiletten aufzusuchen, ermöglichten diese doch flüchtige Begegnungen im Verborgenen, ohne von Dritten als Homosexueller identifiziert zu werden. Attraktiv waren diese Treffpunkte auch, weil Homosexuelle nur selten eine eigene Wohnung hatten. Die Wohnungsnot war in der Nachkriegszeit groß und bei der staatlichen Wohnraumzuteilung kamen in aller Regel nur junge Ehepaare zum Zuge. Viele Schwule und Lesben wohnten

323 Gunna Bohne. In: Karstädt/Zitzewitz (Hg.), … viel zu viel verschwiegen, S. 69–84, hier 78.
324 Interview mit Frank Paul vom 30.5.2018.
325 Tommy. In: Karstädt/Zitzewitz (Hg.), … viel zu viel verschwiegen, S. 53–61, hier 58.

Abb. 29: Die Moccastube im Café Prag, Dresden 1960; Quelle: Ansichtskarte, Privatbesitz des Verfassers.

deswegen auch im fortgeschrittenen Alter noch bei ihren Eltern oder aber als Untermieter bei einer Zimmerwirtin. Einen Partner mit nach Hause zu bringen, war unter diesen Umständen schwierig, weshalb einige Männer den schnellen Sex in Parks und Pissoirs vorzogen. Für andere waren das aber auch Orte, an denen man sich traf und kommunizierte: »Das waren sogenannte Klappen, da hatten wir mehrere in Dresden und da traf man sich einfach. So und dann hat man natürlich auch mal so einen Schwatz gemacht.« Die Dresdner »Klappen« hatten im Szenejargon sogar Namen und wurden von einigen im Rahmen einer täglichen Runde angesteuert:

»Klappe ›Altmarkt‹, das war klar. Die in der Prager Straße war ›Prager‹ einfach. Die ›Hohe Tatra‹. Dann gab es Bahnhof Mitte, also von der ›Hohen Tatra‹ aus ging man dann Richtung Bahnhof Mitte. Die hatte keinen besonderen Namen. Aber die nächste, da war so eine Bahnunterführung und da stand so ein Pissoir an der Maxstraße, das war der ›Max‹. Neustädter Bahnhof hatte auch keinen Namen. Von dort aus dann, auch unter einer Brücke, das war die ›Tunnelklause‹. Dazu gab es noch eine Vielzahl. Zu der Zeit hatte jede Elbbrücke, sowohl auf der Altstadtseite als auch auf der Neustadtseite, am Brückenkopf eine öffentliche Toilette. Die waren zum Teil nicht mehr bewirtschaftet, aber die gab es halt noch. Zum Glück!«[326]

326 Ebd.

Die größten Freiräume boten jedoch Treffen und Feiern im privaten Kreis. Hier konnte man sich gehenlassen, ungehemmt kommunizieren und auch mit den Geschlechterrollen experimentieren. Freilich setzte das eine eigene Wohnung voraus, über die eben nur wenige verfügten. Über eine entsprechende Party, die 1964 in Karl-Marx-Stadt stattfand, berichtete ein IM der Stasi:

»Im Verlaufe des Abends wurde Weißwein getrunken. Später wurde dann getanzt, auch die Männer tanzten zusammen. Bei dieser Gelegenheit holte X seine eleganten, goldenen Stöckel-Damenschuhe heraus, in denen er dann tanzte. Auch einer von den Erfurtern zog sie sich dann an. Es war eine aufgeschlossene homosexuelle Atmosphäre vorhanden. Man knutschte sich dabei auch gegenseitig ab, wobei es jedoch nicht zu größeren sexuellen Ausschweifungen kam, auch nicht so, dass man sich eventuell draußen vor der Tür oder in anderen Räumen dazu getroffen hätte.«[327]

Bemerkenswert an der geschilderten Feier war allerdings, dass auch ein junges Mädchen eingeladen war, die von der Veranlagung der anderen Gäste angeblich gar nichts wusste:

»Das Mädchen, das anwesend war (blond, schlank, sehr gut aussehend, tanzt phantastisch), ist wohl das erste Mal in dem Kreis gewesen und über die Problematik kaum unterrichtet. Dem Gespräch konnte ich entnehmen, dass ihr eigentlich nicht so zum Bewusstsein kam, was sich hier abspielte, obwohl X und auch manch anderer sehr weit gingen in ihren Bemerkungen und Erzählungen. Z. B. erzählte X, dass er in Italien einmal splitternackt vor einem Amerikaner getanzt hätte, wobei er sein G-Teil immer entweder nach vorn oder hinten verstecken musste, um ja recht damenhaft zu wirken. Man griff sich gegenseitig auf die Schenkel, und man umarmte sich, aber zu größeren sexuellen Berührungspunkten kam es nicht.«[328]

Ein weiterer Bereich, in dem sich Homosexuelle vergleichsweise ungezwungen bewegen konnten, war die Welt von Kunst und Theater. Gerade die Theater galten als Orte, an denen eine relativ offene Atmosphäre herrschte und vieles möglich war. Nicht selten waren Homosexuelle hier tonangebend, so etwa am Kreistheater Annaberg, wo ein schwuler Schauspieler und Regisseur arbeitete, der sich laut einem Stasi-Bericht schon am Bernburger Theater als »die Königinmutter« bezeichnet hatte: »Er ist ja die tollste Dame am Theater. Unter den homosexuellen Kollegen am Theater ist der Kollege auf die anderen ›Tanten‹ (spezieller Ausdruck der Homosexuellen) eifersüchtig.«[329] Am Zwickauer Theater herrschte 1963 angeblich eine so homosexuelle Atmosphäre, dass selbst heterosexuelle Schauspieler gleichgeschlechtliche Kontakte suchten. So habe ein Darsteller erklärt, dass »es am Theater einen allgemein verbreiteten Standpunkt gibt, dass Homosexualität gleich Talent wäre, und dass er nur deshalb diese Beziehungen

327 Bericht vom 2.9.1964 (BStU, MfS BV Karl-Marx-Stadt XIV 148/63, Bündel 1, Teil 1, Bl. 98–102, hier 99).

328 Bericht vom 2.9.1964 (ebd.).

329 Bericht vom 25.5.1967 (BStU, MfS Karl-Marx-Stadt, Reg. Nr. XI/180/63, Band 1, Bl. 171 f., hier 172).

hätte, um zu beweisen, dass er wirklich Talent besitze«.[330] Nun dürften solche Stasi-Berichte auch von Übertreibungen gekennzeichnet gewesen sein, in denen unterschwellige Aversionen zum Ausdruck kamen, die es, wie oben bereits geschildert, durchaus auch an den Bühnen gab. Das zeigt auch eine andere Passage des hier zitierten Berichts, in der angeprangert wurde, »dass da alles getan wird, um solche Leute zu halten, obwohl sie selbst in der Öffentlichkeit Ärger erregen, dass man diesem genannten« Operettensänger »sogar eine Wohnung besorgt, also, dass er mit seinen Knaben zusammen sein kann«.[331] Dass die Situation trotz aller Offenheit auch an den Theatern etwas komplexer war, als hier behauptet, zeigt der Fall eines anderen homosexuellen Schauspielers, der versuchte, »nach außen hin als gewiss. Geck immer wieder mit den verschiedensten Frauen [sic!] Bekanntschaften zu renommieren« und zur Tarnung mit »einer bekannten Theaterkritikerin verheiratet« war.[332] Im Vergleich zur restlichen Gesellschaft gehörten die Bühnen aber fraglos zu den wenigen Bereichen, die Homosexuellen ein paar Freiräume eröffneten, weshalb es viele dorthin zog.

Abgesehen von solchen Sphären war die Furcht, sich unfreiwillig als Homosexueller zu erkennen zu geben, weit verbreitet – und das zu Recht, denn die Konsequenzen, die ein »Outing« nach sich ziehen konnte, wogen schwer. Die meisten Homosexuellen betrieben deswegen ein sehr ausgefeiltes Stigma-Management, was andererseits aber auch nicht bedeutete, dass sie ihre Veranlagung gegenüber jedem geheim hielten. Gerade im engeren sozialen Umfeld war es auch nur schwer möglich, die Homosexualität komplett zu tarnen. Wer mit Mitte zwanzig den gesellschaftlich vorgezeichneten Weg von Ehe und Familie noch nicht eingeschlagen hatte, machte sich schon verdächtig. Dazu Frank Paul: »Na, wenn ein junger Mann mit 25 Jahren keine Frau hat, sind die Dinge eigentlich klar. Nicht ausschließlich, das kann schon einmal sein. Ich habe einen Cousin hier in Dresden, der hat mit 27 seine erste Frau gehabt – der war Sportler und ist so in seinem Sport aufgegangen, dass er da offensichtlich keine Bedürfnisse hatte. Aber von der Sache her, dein Umfeld nimmt das zur Kenntnis und fängt an, Spekulationen anzustellen. Das bleibt nicht aus.«[333] Wie offen über einen solchen »Verdacht« kommuniziert wurde, hing allerdings von zahlreichen Faktoren ab, nicht zuletzt von der Sozialisation und dem Charakter der Beteiligten, aber auch vom gesellschaftlichen Milieu, in dem sie sich bewegen. Der Umgang reichte dabei von einem »wissenden Beschweigen« bis zu Andeutungen, Anzüglichkeiten oder An-

330 Bericht vom 8.1.1963 (BStU, MfS BV Karl-Marx-Stadt XIV 148/63,Teil A, Band 2, Bl. 8–10, hier 8).
331 Ebd., Bl. 9 f.
332 Ebd., Bl. 9.
333 Interview mit Frank Paul vom 30.5.2018.

feindungen; von problemorientierter Verbalisierung bis zu offener Akzeptanz.[334] Eher unwahrscheinlich war es hingegen, dass die Veranlagung Familie, Freunden oder Nachbarn gänzlich verborgen blieb, wie es in einem 1963 angefertigten Stasi-Bericht über einen Kreis 50- bis 60-jähriger Homosexueller aus Stollberg behauptet wurde: Unter ihnen befänden sich ein Rechtsanwalt und ein Arbeiter, die mit ihren Schwestern zusammenlebten, doch diese seien über deren »Veranlagung nicht informiert«. Auch die Mutter des dritten Mannes, mit der dieser in einem Haus zusammenwohne, sei »über seine Veranlagung nicht informiert«.[335]

Die meist sehr engen Wohnverhältnisse und die auch ansonsten hohe soziale Kontrolle in Familie und Nachbarschaft führten in der Regel eher dazu, dass es irgendwann ins Auge fiel und zum Thema wurde, wenn ein junger Mann die üblichen Rollenerwartungen nicht erfüllte. So etwa bei einem Abiturienten aus Voigtsdorf im Erzgebirge, der »sehr westlich angehaucht« war »in seiner Kleidung, mit Plutschins [Blue Jeans] und Trappergürtel«, womit er »äußerlich irgendwie einen Protest zum Ausdruck bringen« wollte. Er war »an künstlerischen Dingen sehr interessiert« und wollte »bei der DEFA eine Ausbildung als Kameramann« machen. Dass er sich überdies mit einem Mann aus Westdeutschland Briefe schrieb, entging seinem Bruder nicht: »Sein älterer Bruder hat das ihm gegenüber schon einmal leicht komisch gefunden und Anspielungen dahin gemacht, dass es eigentlich eigenartig wäre, dass er gerade mit einem Mann Briefwechsel hätte.«[336] Einige Homosexuelle offenbarten sich denn auch ihren Eltern oder Geschwistern. Zum Beispiel ein 18-Jähriger aus Karl-Marx-Stadt, der nicht nur einen großen homosexuellen Bekanntenkreis hatte, »vor allem Minderjährige«, wie ein Stasi-IM bemerkte, sondern der sich bereits als 14-Jähriger mit seinem Freund »mit Ring usw. ›verheiratet‹« hatte: »Die Eltern wissen um die homosexuelle Veranlagung ihres Sohnes. Sie kennen auch« seinen Freund. »Zu Zeiten gehen sie sogar gemeinsam aus.«[337] Auch Frank Paul berichtet über seine Jugend im Dresden der 1950er-Jahre, dass seine Mutter über alles informiert war. Mitunter brachte auch er seine Liebschaften mit nach Hause: »Nicht immer. Das hing dann immer ein bisschen von dem Typ ab. Manchmal wollte man nur ein wenig Abwechslung, da natürlich nicht. Aber ich hatte ein eigenes Zimmer zuhause und das wurde abgeschlossen. Meine Mutter hatte das am Ende zu akzeptieren, ich meine zähneknirschend zwar, aber da habe ich mich durchgesetzt.« Auch den Nachbarn blieb all das nicht verborgen: »Meine Mutter hat das kurz abgetan. Also ich weiß, zu der einen Nachbarin hat sie gesagt: ›Fragen Sie ihn

334 Vgl. dazu Kapitel II.1 und Zinn, Volkskörper, S. 79–242.
335 Bericht vom 2.4.1963 (BStU, MfS BV Karl-Marx-Stadt XIV 148/63, Teil A, Band 3, Bl. 20).
336 Bericht vom 24.7.1963 (ebd., Teil A, Band 4, Bl. 27–29, hier 27 f. und 29).
337 Bericht vom 15.10.1964 (ebd., Bündel 1, Teil 1, Bl. 181–184, hier 183).

Abb. 30: Frank Paul im Jahr 1959; Quelle: Privatbesitz Frank Paul.

doch selber.‹« Das jedoch wagte die Nachbarin nicht: »Ach, um Himmels Willen. Da waren sie zu feige dazu«.[338]

Selbst unter den Homosexuellen, die eine Ehe eingingen, gab es einige, deren Partner Bescheid wussten. Und dies nicht nur in den Fällen, in denen das Verhältnis von vorneherein als eine »Scheinehe« angelegt war, die nur der Tarnung dienen sollte. Auch »gewöhnlichen« Ehegatten entging nicht unbedingt, dass der Partner andere sexuelle Präferenzen hatte. So etwa im Fall eines Bäckermeisters aus Zwickau, über den ein IM berichtete: »Er ist verheiratet. Seine Frau weiß seit der Hochzeit seine Veranlagung, gibt sich aber trotzdem mit ihm zufrieden, hat ein gutes Verhältnis mit ihm, ist jedoch nicht lespisch [sic!].«[339] Auch wenn Arrangements wie die hier geschilderten nicht unbedingt die Regel waren, trifft die verbreitete Annahme, die Homosexualität sei im familiären Kontext zumeist verheimlicht oder tabuisiert worden, doch nur einen Teil der Realität. Freilich bedeutete das Wissen um die homosexuelle Veranlagung nicht notwendig, dass diese auch geduldet oder akzeptiert wurde. So hieß es über die Bäckersfrau: »Sie achtet darauf, dass ihr Mann keine Dummheiten macht« – eine Formulierung, die einen breiten Interpretationsspielraum eröffnet.[340] Gleichwohl gab es auch die Fälle, in denen sich das soziale Umfeld als ein schützendes Bollwerk erwies. So etwa bei einem jungen Mann, der einer sexuellen Handlung mit einem Jugendlichen verdächtigt wurde. Als deswegen »ein Besuch der VP bevorstand«, half ihm eine 22-jährige Freundin, indem sie dem »Mitarbeiter der VP im Morgenmantel die Tür« öffnete und behauptete, »sie sei die Verlobte«. Nachdem auch der Beschuldigte die »homosexuellen Beziehungen abgestritten« hatte, wurde »die Anklage zu den Akten gelegt«. Beachtlich an dem Fall ist überdies, dass die 22-Jährige ihrem schwulen Freund in dieser »schwierigen Situation mit Kenntnis ihres Mannes« half.[341]

Doch es gab auch die Fälle, in denen das soziale Umfeld jegliche Unterstützung verweigerte. Solche Erfahrungen machte zum Beispiel der oben bereits erwähnte Walter Schwarze, der 1940 bei den Gestapo-Razzien im »Burgkeller« verhaftet und später nach Sachsenhausen und Groß-Rosen deportiert worden war.[342] Nach seiner Entlassung zur Wehrmacht und dem Einsatz an der Front hatte er schließlich noch Jahre in sowjetischer Kriegsgefangenschaft verbracht – als er schließlich nach Leipzig zurückkehrte, war er ein gebrochener Mann. Von seinen Eltern, bei denen er zunächst wieder wohnte, wurden seine Verfolgung und seine

338 Interview mit Frank Paul vom 30.5.2018.

339 Bericht vom 9.11.1962 (BStU, MfS BV Karl-Marx-Stadt XIV 148/63, Teil A, Band 1, Bl. 74 f., hier 75).

340 Ebd., Bl. 75.

341 Bericht vom 2.4.1971 (ebd., Teil 3, Bl. 127).

342 Vgl. Kapitel II.5.

Homosexualität tabuisiert. Und auch Schwarze selbst wollte mit seiner Veranlagung nichts mehr zu tun haben. Gleichwohl erkundigte er sich eines Tages nach seinem alten Liebhaber. Daraufhin bekam er Folgendes zu hören: »Er ist jetzt verheiratet, hat schon zwei Kinder. Als sie dich verhafteten, hatte er panische Angst. Aber es ist ihm nichts passiert. Er meinte, du seiest ein Riesenrindviech gewesen, alles zuzugeben.« Daraufhin versuchte nun auch Schwarze, ein heterosexuelles Leben zu führen. Zweimal heiratete er, doch beide Ehen gingen in die Brüche: »Ich habe immer wieder versucht, so zu leben wie die anderen Menschen. Ich habe immer wieder gedacht: ›Lieber Gott, lass mich doch nicht so werden.‹ Ich habe gekämpft wie ein Löwe. Ich wollte es nicht mehr sein. Und wenn ich es noch einmal wäre, im ersten Bad würde ich mich ersaufen.«[343]

Letztlich blieb die Homosexualität ein Stigma, mit dem eine besondere Vulnerabilität einherging. Die weitreichenden sozialen Konsequenzen, die mit der Enttarnung der Homosexualität verknüpft sein konnten, machten die Betroffenen zu einer »leichten Beute« für Kriminelle. Insbesondere Erpressungen scheinen in den 1950er- und 1960er-Jahren noch weit verbreitet gewesen zu sein. Oftmals waren es professionelle Erpresser, die sich auf Homosexuelle spezialisiert hatten, aber auch junge Männer, die sich ungeplant auf Sexualkontakte eingelassen hatten, nutzten mitunter die »Chance«, sich illegal zu bereichern. 1962 wurde zum Beispiel ein Buchhalter der SDAG Wismut »von einem jungen Mann erpresst«. In dem betreffenden IM-Bericht bleibt allerdings unklar, wie die Sache ausging, ob also »der junge Mann ihn bei der Polizei meldete« oder ob das Opfer »dann selber hinging, um sich gegen diese Erpressung zu wehren«.[344] Das eine wie auch das andere, so viel ist klar, wird zur disziplinarischen Maßregelung, vermutlich zur Entlassung des Buchhalters geführt haben. Neben Erpressern waren es vor allem Jugendgangs, die schwulen Männern das Leben schwer machten. Die meist männlichen Jugendlichen und Heranwachsenden suchten gezielt die Treffpunkte Homosexueller in Parks und an öffentlichen Toiletten auf, um diese dort zu drangsalieren. Einige spielten sich als »Hilfspolizisten« auf, um Männer, die sie zunächst zu sexuellen Handlungen animierten, im Anschluss aufs Polizeirevier zu bringen. In Zwickau und vermutlich auch in anderen sächsischen Städten gab es – wie oben geschildert – ganze Gruppen junger Männer, die sich auf solche »Abenteuer« spezialisiert hatten.[345] Anderen Gangs ging es in erster Linie darum, schwule Männer zu demütigen. Dazu der Zeitzeuge Frank Paul: »In den sechziger Jahren gab es so eine Erscheinung, wir haben dann immer gesagt, mit den Halbstarken, also es gab so Straßengangs. Und da gab es einige, die haben gern

343 Zit. nach Müller, »Narben bleiben immer«, S. 366 f.

344 Bericht vom 9.11.1962 (BStU, MfS BV Karl-Marx-Stadt XIV 148/63, Teil A, Band 1, Bl. 74 f., hier 74).

345 Vgl. Kapitel IV.2.

die Schwulen verfolgt. Jagen, weißt du?« Dabei sei es weniger um Gewalt gegangen als um die Demütigung und das damit verknüpfte Überlegenheitsgefühl:

»Ne, gewalttätig wurden die nicht. Die haben dich vollgelabert. Und ich sage mal, Schwule sind ja feige und ausgerissen und die nun hinter uns her. Du wurdest gejagt. Ich habe es dann aber auch erlebt, ich wurde am sogenannten ›Max‹ angepöbelt von drei jungen Männern und unter dem Motto ›Wir gehen jetzt zur Polizei‹ und da habe ich gesagt, dass ich mitkomme. Ihr wollt dort erzählen, dass ich schwul bin und das darf ich. Und ich werde dort eine Anzeige erstatten, wegen Pöbelei und Bedrohung. Sind die mit mir fast einen Kilometer gelaufen und dann haben die gesagt: ›Wir lassen das lieber!‹ Nur noch hundert Meter bis zur Polizei. [...] Ja freilich, das war Freizeitspaß. Und meistens hat das auch geklappt, weil die meisten nicht so reagiert haben, wie ich. Die haben versucht sich aus der Affäre zu ziehen. Und da hat man meistens keine guten Karten.«[346]

Dass sich die meisten Homosexuellen solchen Situationen durch Flucht zu entziehen versuchten, lag freilich auch daran, dass es an Hilfe und Beistand mangelte. Der Polizei wollten sie sich in der Regel nicht anvertrauen, konnten sie so doch selbst in deren Visier geraten. Zudem war unsicher, ob sie auf den »Freund und Helfer« überhaupt zählen konnten. Nicht nur, weil es an den schwulen Treffpunkten auch immer wieder zu Polizeirazzien kam, sondern auch, weil zumindest ein Teil der »Ordnungskräfte« der »Zuarbeit« der Jugendgangs durchaus wohlwollend gegenüberstand. Frank Paul berichtet zwar über einen Fall, in dem ein Abschnittsbevollmächtigter der Polizei die Gäste eines einschlägigen Lokals, das von einer Gang belagert wurde, durch den Hinterausgang zur Straßenbahn geleitete. Doch er betont auch, dass das Verhalten der Polizei unkalkulierbar war: »Es gab beides, es gab Verständnis, wobei ich immer davon ausgehe, das waren keine angeordneten Sachen, aber es wurde den sehr subjektiven Ansichten der Einzelnen viel Freiraum eingeräumt. Wer dafür Verständnis hatte, konnte das und wer das nicht hatte, konnte das auch.«[347] Dass das Klima bei der Volkspolizei überwiegend homosexuellenfeindlich war, dürfte aber außer Frage stehen. Noch in den 1980er-Jahren galten Schwule den meisten Polizisten als Freiwild, als potenzielle Kriminelle, die man an ihren Treffpunkten ungestraft »jagen« konnte. Vollkommen unvorstellbar war es da, einen Homosexuellen in den eigenen Reihen zu dulden. Während außereheliche Beziehungen und andere »moralische Verfehlungen« von den Kollegen mitunter gedeckt wurden, diente Homosexualität in den männerbündischen Strukturen der Volkspolizei der Ab- und Ausgrenzung. Dominierend war hier ein »Verständnis ›reiner‹ Männlichkeit«, mit dem die üblichen Ängste vor einem Kontrollverlust über soziale Beziehungen, aber auch über eigene, oft unbewusste homosexuelle Anteile einhergingen, einem Kontrollverlust, »der am Ende in ›Zersetzung‹ und ›Versumpfung‹ zu münden

346 Interview mit Frank Paul vom 30.5.2018.
347 Ebd.

drohte«.[348] In den eigenen Reihen wurden Homosexuelle deswegen mit besonderem Eifer verfolgt. Das zeigt auch die Geschichte des Dresdner Volkspolizisten Rainer Falz (Jahrgang 1955), der von seinen Kollegen verdächtigt wurde, schwul zu sein:

»Am 7. Oktober, zum Tag der Republik der DDR, wurde ich zu so einer Sonderstreife eingesetzt mit einem Streifenpolizisten. Und der Herr Anders, so hieß der damals, der Streifenpolizistenführer, der hat also von mir verlangt, dass ich während der Streife übern Altmarkt auf die Toilette runtergehe und sozusagen die Schwulen hochjagen soll. Und das hab ich damals nicht gemacht, weil da bestand für mich eben, nach meinem Wissen-, Wissensstand, oder nach meinem Gerechtigkeitssinn, gar kein Grund. Es war keine Ordnungswidrigkeit zu erwarten und man konnte ja jetzt nicht davon ausgehen, dass ein Volkspolizist, der auf eine Toilette runtergeht, guckt, was die dort machen und dann daraus … äh, äh … selbst o-, sich orientiert und sagt, das ist eine Ordnungswidrigkeit, weil der pinkelt, und der macht eine Ordnungswidrigkeit, weil er sich am Geschlechtsteil manipuliert, wer soll denn das rausfinden?! Also, das war nur rausgesucht und entweder war das eine, eine, eine, eine Finte, um überhaupt mich zu überführen der Homosexualität von Anfang an, oder es, es ist eben diese, diese Geschichte gewesen, dass eben bei der Polizei damals ja natürlich, Schwule spielten da keine gute Rolle, wie Kriminelle, und da wurde alles, was in diese Richtung ging, natürlich kriminalisiert und dann hat der eben gedacht, jetzt ist das Ding so, jetzt schicke ich den jungen Genossen da runter und der kann da die Schwulen hochjagen«.[349]

Der Vorfall führte schließlich zur Entlassung des damals 25-jährigen Falz. Dabei ging es weniger um die Befehlsverweigerung, vorgehalten wurde ihm, »ob ich mir nicht darüber im Klaren wäre, was das ist, man müsste jetzt mutmaßen, dass ich selber homosexuell sei«. Der junge Mann sollte eine Erklärung unterschreiben, dass er aufgrund seiner Homosexualität »freiwillig« aus dem Dienst ausscheide. Zur Begründung wurde auf die »klassischen« Argumente verwiesen, auf die vermeintliche Unzuverlässigkeit und Illoyalität Homosexueller:

»Das ist unvereinbar mit dem Polizeidienst, homosexuell zu sein, weil Sie Dienstgeheimnisse verraten könnten, weil Sie ja durch, durch, weil's bekannt ist, dass Homosexuelle eine große, äh ... Fluktuation mit anderen Leute haben und viele Bekanntschaften haben und mit ganz unterschiedlichen Menschen aus den, aus den unterschiedlichsten Milieus. Und da bestünde also die große Gefahr, dass ich Dienstgeheimnisse weiter preisgebe.«[350]

Der psychische Druck, unter dem Homosexuelle aufgrund all dieser »Rahmenbedingungen« ihres Lebens standen, war groß. Dennoch gelang es vielen, sich im Laufe der Zeit ein individuelles Stigma-Management anzueignen, das ein aus ihrer Perspektive »glückliches« und »erfolgreiches« Leben ermöglichte. Doch es gab auch die anderen, die an dem Druck zerbrachen. Besonders für junge

348 Lindenberger, Volkspolizei, S. 133.
349 Interview mit Rainer Falz vom 7.8.2018.
350 Ebd.

Abb. 31: Rainer Falz in Vopo-Uniform; Quelle: Privatbesitz Rainer Falz.

Schwule und Lesben war es schwer, den für sie richtigen Weg zu finden. Dies galt umso mehr, wenn sie bereits eine berufliche Laufbahn eingeschlagen hatten, die von der DDR-Führung als »systemrelevant« betrachtet wurde und eine besondere Loyalität zu Staat und Partei erforderte. Schwule Männer, die bei der Volkspolizei, dem MfS oder der NVA dienten, also in Institutionen, die nicht nur ideologischen und militärischen Kadavergehorsam verlangten, sondern als heteronormative Männergesellschaften auch zutiefst homosexuellenfeindlich strukturiert waren, standen wohl unter dem größten Anpassungsdruck. Kam es hier zur Enttarnung und Diskreditierung, sahen einige keinen anderen Ausweg mehr als den Selbstmord. So auch ein 22-jähriger Mitarbeiter des MfS aus Dresden, dessen langjährige Beziehung mit einem Kameraden 1966 entdeckt wurde. Die Stasi beließ es nicht bei der Entlassung des Mitarbeiters, überdies »sollte auch der Vater« von »der abnormen Verhaltensweise seines Sohnes unterrichtet werden, mit dem Ziel der weiteren positiven Einflussnahme auf die Entwicklung seines Sohnes«. Als sich dieser daraufhin das Leben nahm, kommentierte das der Berichterstatter der Disziplinarabteilung des MfS mit der Bemerkung, dass er wohl »den Auseinandersetzungen mit seinen Eltern aus dem Wege gehen wollte«.[351] In einem anderen Fall aus dem Jahr 1968 beging ein 29-jähriger Wachtmeister der NVA aus Leipzig Selbstmord, nachdem die Volkspolizei gegen ihn Ermittlungen wegen homosexueller Handlungen eingeleitet hatte. In einem Abschiedsbrief schrieb er, »dass er aus dem Leben geschieden ist, um einen Skandal zu vermeiden«.[352]

Für lesbische Frauen war die Situation leichter und schwieriger zugleich. Dass die weibliche Homosexualität straffrei war, machte vieles einfacher. Doch die gesellschaftliche Stigmatisierung traf lesbische Frauen ebenso wie die alltägliche Repression, die im Verbot offizieller Treffpunkte, einschlägiger Zeitschriften und Bücher oder eindeutiger Zeitungsannoncen zum Ausdruck kam. Auch die berufliche Drangsalierung über »erzieherische Aussprachen«, Disziplinarmaßnahmen und Entlassungen dürfte lesbische Frauen in ähnlichem Maße getroffen haben wie schwule Männer. Entsprechende Quellenbelege aus Sachsen ließen sich im Rahmen der Recherchen für diese Studie zwar nicht finden, einzelne, oben bereits erwähnte Beispiele aus anderen Regionen machen das aber deutlich.[353] Erschwerend wirkten für lesbische Frauen auch die in der DDR weiterhin vorherrschenden traditionellen Rollenerwartungen. Die rechtliche und ökonomische Situation der Frauen war inzwischen zwar deutlich besser als vor 1945. Doch der soziale Anpassungsdruck blieb hoch – wer mit Mitte zwanzig noch nicht eine glücklich verheiratete »Mutti« war, wurde schnell zum Außenseiter. Da die tradierten

351 Information vom 16.3.1966 (BStU, MfS GH 194/85, Bl. 70–72, hier 72).
352 Abschlussbericht vom 28.3.1968 (BStU, MfS HA I 14841, Bl. 259 f., hier 260).
353 Vgl. Kapitel III.4.

Geschlechterrollen in der Erziehung weiterhin virulent waren, spricht viel dafür, dass sich lesbische Frauen eher in »ihr Schicksal« fügten und heirateten, als schwule Männer – statistisch untermauern lässt sich diese Annahme allerdings nicht. Doch auch für lesbische Frauen musste eine Ehe nicht notwendig in Selbstkasteiung enden, wie ein IM-Bericht aus dem Jahr 1963 deutlich macht: »Sie erzählte mir von sich, von einer Kollegin und davon, dass diese 31 Jahre alt ist und das zweite Mal verheiratet mit einem 24-jährigen Mann. Aus der ersten Ehe hat sie 3 Kinder. Die X ist mit dieser Frau befreundet und sagte, dass diese im Monat nur einmal Verkehr mit ihrem Mann habe, weil sie das nicht häufiger will. Abgesehen davon wäre sie – und das sagte die X mit einem leicht lächelnden Seitenblick – etwas anders veranlagt.«[354]

Überdies gab es auch immer die anderen Frauen, jene, die selbstbewusst und selbständig ihren eigenen Weg gingen. In Freundeskreisen organisierten sie eine lesbische Subkultur, die ähnlich wie die schwule einen »Slang der Homosexuellen« hervorbrachte. Gemeinsam besuchte man Lokale, in Karl-Marx-Stadt verkehrte man beispielsweise in einer »als homosexuell und lespisch [sic!] bekannten Gaststätte«.[355] Und auch das unter schwulen Männern verbreitete Spiel mit den Geschlechterrollen war in einem Teil der lesbischen Szene Usus, wie folgender – allerdings von einem schwulen Mann verfasste – IM-Bericht über eine lesbische Frau zeigt: »Ich bin der Auffassung, dass sie bei lespischen [sic!] Verhältnissen die Rolle der Frau spielt. Sie verfügt nicht über die üblichen maskulinen Merkmale, die männliche lespische [sic!] Teile haben, wie derber Händedruck, ziemlich festen Schritt, kurzen Haarschnitt, also betont männliche Dinge, oder Schnaps mit einem Ruck trinken. Sie wirkt vielmehr in ihrer Gesamtheit fraulich, was hinreicht bis zum Schminken und sehr mondänem Fingernägellackieren und anderen mondänen Dingen.«[356]

Ähnliches berichtete die Zeitzeugin Tommy alias Rita Thomas über die Berliner Lesbenszene der 1950er-Jahre. Demnach waren die Frauenbeziehungen oft von einer strikten Rollenverteilung geprägt, wobei der burschikosere Part oft »Bubi« oder »Bübchen«, der feminine Part oft »Mäuschen« genannt wurde: »Das war geläufig nachher. Wenn ich das erklären soll, ist das so: Wenn einer eine Hose anhat und die Haare ein bisschen kurz oder vielleicht ein bisschen anders läuft, dann ist das ein Bubi«. Ihre Freundin Helli sei »ein Mäuschen, denn sie macht sich fein, und ich bin eher ein Naturbursche«.[357] Derartige Rollenmuster hatten

354 Bericht vom 17.12.1963 (BStU, MfS BV Karl-Marx-Stadt XIV 148/63, Teil A, Band 5, Bl. 41–45, hier 41).

355 Ebd., Bl. 41.

356 Ebd., Bl. 44.

357 Tommy. In: Karstädt/Zitzewitz (Hg.), … viel zu viel verschweigen, S. 53–61, hier 55.

Abb. 32: »Mäuschen« und »Bubi«: Tommy und ihre Freundin; Quelle: FFBIZ/Fotosammlung Rita Thomas (C Rep. 40 Acc. 4 Nr. 50).

Tradition: Bereits im Kaiserreich hatten sich einige lesbische Frauen als »Vater« und »Muttchen« bezeichnet.[358]

Obwohl sich die meisten Frauen, die sich für einen »explizit« lesbischen Lebensweg entschieden, in einer prekären Außenseiterrolle wiederfanden, gab es auch diejenigen, die beruflichen Erfolg hatten und Anerkennung gewannen. In Dresden war dies Gret Palucca, die als Ikone des modernen Tanzes von vielen verehrt wurde und über deren private Lebensgestaltung man geflissentlich hinwegsah. Dabei war es nur schwer zu übersehen, dass Palucca mit ihrer Partnerin, der Kinderärztin Marianne Zwingenberger, nicht nur ein Haus sondern auch das Leben teilte.[359] Doch wie so oft mit der männlichen, ging das soziale Umfeld in diesem Fall auch mit der weiblichen Homosexualität um: man nahm sie zur Kenntnis und schwieg. Dieses Stigma-Management bevorzugten offenbar auch Palucca und Zwingenberger selbst, die »ihre Bekannten und Verwandten und selbst ihre Freunde über die Beziehung rätseln« ließen.[360] Auch untereinander kommunizierten die beiden nur sehr zurückhaltend, zumindest in ihren Briefen – ob dies ein Kennzeichen ihrer Beziehung war oder ob sie fürchteten, ihre Post werde von der Stasi mitgelesen, bleibt offen.[361]

Noch verwirrender wurde die Lage, als sich Palucca mit Irmgard Schöningh eine weitere Freundin zulegte, die schließlich auch in das gemeinsame Haus in der Wiener Straße zog. Die meisten Freunde »konnten die häusliche Lage in Dresden kaum einschätzen, wussten nicht, welche der beiden Frauen Palucca näher stand« und welche man in Briefen eher grüßen sollte.[362] Nur wenige waren mit den privaten Verhältnissen so vertraut wie eine Freundin aus Westdeutschland, die Palucca und Schöningh »eine gute, neue Lösung für Eure gute und fruchtbare Partnerschaft« wünschte.[363] Der faktischen Tabuisierung in der Kommunikation mit Palucca selbst stand freilich die Dresdner Gerüchteküche gegenüber, denn in der Stadt war ihre Homosexualität ein »offenes Geheimnis«. So erzählte eine junge Arbeitskollegin von Zwingenberger der Palucca-Biografin Susanne Beyer, ihr Mann habe ihr damals erklärt, »dass Zwingenberger mit Palucca zusammenlebe und dass es da noch eine dritte Frau gebe, die ganze Stadt spreche darüber«.[364]

Für die Polizei scheint die Beziehung der beiden hingegen kein großes Thema gewesen zu sein. In einer Polizeiakte über Zwingenberger, in der es um eine

358 Vgl. Susanne zur Nieden, Der »kesse Vater« und seine Beziehung zu den polaren »Geschlechtscharakteren«. In: Barbara Duden/Karen Hagemann/Regina Schulte/Ulrike Weckel (Hg.), Geschichte in Geschichten. Ein historisches Lesebuch, Frankfurt a. M. 2003, S. 319–324.

359 Vgl. Kapitel II.12.

360 Beyer, Palucca, S. 240.

361 Vgl. etwa Postkarte vom 9.9.1952 (AdK, Palucca-Archiv, Palucca_2087_002_01).

362 Beyer, Palucca, S. 266.

363 Postkarte vom 16.12., ohne Jahresangabe (AdK, Palucca-Archiv, Palucca_2051_002_01).

364 Beyer, Palucca, S. 277.

Abb. 33: Die Kinderärztin Dr. Marianne Zwingenberger im Jahr 1954; Quelle: Institut für Geschichte der Medizin, TU Dresden.

andere Frage ging, wurde zwar kurz notiert, sie sei »sehr gut mit einer Pallucca [sic!] befreundet«.[365] Ob dies eine Anspielung auf deren Verhältnis sein sollte, blieb allerdings ebenso unklar, wie der Hinweis für das weitere Verfahren, in dem es eine kleine Menge Radium ging, die die beiden geerbt hatten, bedeutungslos blieb. Auch die Stasi notierte 1968 in einer Akte, dass Palucca »lespisch« (sic!) sei. Von Interesse waren für das MfS offenbar nur die Beziehungen Paluccas zu ihrem ehemaligen Ehemann, der schon lange in Westdeutschland lebte.[366] Auch wenn Gret Palucca ein Sonderfall war, eine hochdekorierte Künstlerin, die die DDR-Führung unbedingt im Land halten wollte und die sich deswegen viele Freiheiten nehmen konnte, die anderen nicht zugestanden wurden, wirft ihr Fall doch auch ein Schlaglicht auf die Situation lesbischer Frauen in der DDR der

365 Aktenvermerk aus dem Jahr 1949. Zit. nach Beyer, Palucca, S. 249.
366 Beyer, Palucca, S. 313.

1950er- und 1960er-Jahre. Denn selbst im Fall der prominenten Palucca sorgte die gesellschaftliche Stigmatisierung der Homosexualität dafür, dass das Thema weitgehend gemieden wurde. Mit einer offenen Kommunikation ihrer Lebensumstände, so viel war der auf ihre Karriere und ihren Ruf sehr bedachten Künstlerin klar, hätte auch sie sich ins soziale Abseits manövriert.

Ähnliche Ausnahmefälle wie den von Palucca gab es auch unter schwulen Männern. Zu jenen, die trotz ihrer Homosexualität zu großen Ehren kamen, zählte zum Beispiel Ludwig Renn, der 1947, aus dem mexikanischen Exil zurückgekehrt, zunächst Direktor des Kulturwissenschaftlichen Instituts und Professor an der Technischen Hochschule Dresden geworden war. Renn blickte als altes KPD-Mitglied, Verfolgter des NS-Regimes und Spanienkämpfer allerdings auf eine antifaschistische Musterkarriere zurück. Auch das Thema Homosexualität hatte er in seinem 1936 veröffentlichten Exilroman »Vor großen Wandlungen« in mustergültiger Weise verarbeitet, indem er einen – wenn auch facettenreichen – homosexuellen Nazi auftreten ließ und damit das entsprechende Propagandaklischee bediente.[367] Renn, den man 1969 schließlich zum Ehrenpräsidenten der Akademie der Künste ernannte, wurde mit Preisen und Orden geradezu überschüttet, den Nationalpreis der DDR erhielt er gleich zweimal. Bei Männern von seiner Prominenz drückten die zuständigen Behörden auch mal ein Auge zu. Zwar hatte man es ihm 1947 verwehrt, »seinen mexikanischen Geliebten aus dem Exil nach Deutschland mitzubringen«.[368] In Dresden soll er dann aber mit einem neuen Partner, dem ebenfalls aus Dresden stammenden Max Hunger (1901–1973), zusammengelebt haben. 1949 soll mit Hans Pierschel (1922–1994) sogar noch ein dritter Mann zu dieser Lebensgemeinschaft dazugestoßen sein.[369] Belegt ist, dass alle drei seit 1952 in Berlin-Kaulsdorf zusammenwohnten.[370] Renn und seine Lebensgefährten wurden schließlich sogar in einem gemeinsamen Grab in der »Künstlerabteilung« auf dem Zentralfriedhof Friedrichsfelde in Berlin beigesetzt, das heute unter Denkmalschutz steht.

Bedingung für einen solchen Sonderstatus war es allerdings, sich in der Öffentlichkeit bedeckt zu halten. Prominente wie Renn oder der vermutlich bisexuelle DDR-Kulturminister Johannes R. Becher »haben über ihre Homosexualität öffentlich nur geschwiegen«.[371] Dass sich das Thema für einen Kommunisten nicht

367 Ludwig Renn, Vor großen Wandlungen, Zürich 1936. Vgl. auch Jörn Meve, »Homosexuelle Nazis«. Ein Stereotyp in Politik und Literatur des Exils, Hamburg 1990, S. 59–73.

368 Manfred Herzer, Ludwig Renn. Ein schwuler kommunistischer Schriftsteller im Zeitalter des Hochstalinismus. In: Capri. Zeitschrift für schwule Geschichte, Berlin, 3 (1991) 10, S. 27–37, hier 37.

369 Quellenangaben liefert der Wikipedia-Artikel, in dem sich diese Angabe findet, allerdings nicht. Vgl. https://de.wikipedia.org/wiki/Ludwig_Renn#cite_note-4; 26.11.2020.

370 Herzer, Ludwig Renn, S. 37.

371 Kurt Starke/Bert Thinius/Eduard Stapel, Schwuler Osten. Homosexuelle Männer in der DDR, Berlin 1994, S. 54.

schickt, hatte Wilhelm Pieck übrigens schon 1936 deutlich gemacht, als er Renn zu seinem Roman »Vor großen Wandlungen« schrieb, »bei einem kommunistischen Schriftsteller« wirke »die allzu starke Hervorkehrung homosexueller Momente peinlich«.[372] Renn beschäftigte sich zwar immer wieder mit dem Thema. 1948 ging er in einem Brief an Klimmer sogar so weit, den § 175 als »eine Unmöglichkeit« zu verurteilen und Klimmer zu gestatten, diese »Worte ganz oder teilweise« zu verwenden.[373] Später übte er sich dann aber wieder in Zurückhaltung. Ein in den 1950er-Jahren verfasster »Versuch einer Paläo-Soziologie«, der sich in den Augen von Manfred Herzer »wie ein Schwulenbefreiungsmanifest à la Hirschfeld liest«, blieb unveröffentlicht.[374] Erst Klimmer publizierte 1965 kurze Auszüge in seiner in Westdeutschland veröffentlichten Abhandlung »Die Homosexualität als biologisch-soziologische Zeitfrage«.[375] In seinen eigenen Veröffentlichungen erlaubte sich Renn in der DDR-Zeit dagegen nur noch Andeutungen »in kleinen, wie eingeschmuggelt wirkenden Episoden«, sodass der »arglose Leser es kaum« bemerkte.[376] Noch 1975 lehnte er die Bitte von Herzer, »seine Stimme gegen die Homosexuellenverfolgung durch den SED-Staat« zu erheben, unter Verweis auf sein fortgeschrittenes Alter ab: »Und eine öffentliche Stellungnahme? In welchem Organ denn? Und ich glaube nicht an die Wirksamkeit von Manifesten irgendwo in die Gegend hinein. […] Und eine solche Kampagne braucht doch Jahrzehnte, wenn nicht Jahrhunderte, um die festgefressenen Vorurteile zu überwinden.«[377]

Auffällig ist, dass es vor allem Künstler mit internationalem Renommee waren, die eine – wenn auch sehr begrenzte – »Narrenfreiheit« genossen. In diesem Punkt agierte die DDR also wenig anders als das NS-Regime, das Ausnahmetalente wie Gustaf Gründgens ebenfalls relativ »pfleglich« behandelt hatte. In anderen gesellschaftlichen Bereichen, so zum Beispiel an den Universitäten, hatten die angeblichen »moralischen Anschauungen der Werktätigen über das normale Geschlechtsleben« dagegen einen deutlich höheren Stellenwert.[378] Nicht nur homosexuelle Studenten mussten hier mit ihrer Exmatrikulation rechnen, auch Hochschullehrer konnte ein zweifelhafter Ruf die Professur kosten. Das dürfte auch dem bekannten Literaturwissenschaftler Hans Mayer bewusst gewesen sein, der 1948 in die SBZ übersiedelte, um eine Professur an der Leipziger Universität zu übernehmen. Auch Mayer gehörte zunächst zu den Aushängeschildern der

372 Brief Piecks an Renn vom 4.12.1936. In: Beiträge zur Geschichte der Arbeiterbewegung, 31 (1989), S. 196. Zit. nach Herzer, Ludwig Renn, S. 33.

373 Schreiben vom 1.10.1948 aus Teilnachlass Klimmer (vgl. Anm. 7, Kapitel III.1).

374 Herzer, Ludwig Renn, S. 31.

375 Klimmer, Die Homosexualität als biologisch-soziologische Zeitfrage, S. 161–163 und 241.

376 Herzer, Ludwig Renn, S. 32.

377 Brief Renns an Herzer vom 30.11.1975. Zit. nach ebd., S. 34, Anm. 7.

378 Manecke/Meinel, Strafrecht der DDR, S. 151.

DDR: Er war gut vernetzt, verkehrte mit Berühmtheiten wie Stephan Hermlin, Friedrich Wolf und Bertolt Brecht und genoss deswegen sicher mehr Freiheiten als gewöhnliche Hochschullehrer. Dennoch achtete er penibel darauf, dass über seine Homosexualität nichts nach außen drang. Wer nach Indizien für seine Veranlagung sucht, geht selbst »bei Mayers Briefen leer aus«.[379] Noch in seiner 1975 veröffentlichten Abhandlung über »Außenseiter«, in der er den Homosexuellen ein ganzes Kapitel widmete, vermied er jeden Hinweis auf persönliche Betroffenheit.[380] Auch im Umgang mit seinen Studenten scheint Mayer in seinem Stigma-Management äußerst zurückhaltend gewesen zu sein – so jedenfalls schilderte es der Schriftsteller Christoph Hein, der bei Mayer studiert hat, in seinem Roman »Verwirrnis«.[381] In einem Interview mit der »Süddeutschen Zeitung« behauptete Hein allerdings, Mayers Flucht in den Westen im Jahr 1963 habe nicht nur politische Gründe gehabt: »Ein anderer Punkt war aber auch, dass er sich als Homosexueller in Leipzig nicht outen wollte. Er ging rüber, weil drüben die Homosexualität zumindest in den Universitätsstädten akzeptiert wurde, wie in Ostdeutschland nur an den Theatern.«[382] Ob das stimmt, sei dahingestellt. Ohne Frage war es aber so, dass, wie Klimmer schon 1950 festgestellt hatte, »sehr viele Homosexuelle« in den Westen auswanderten, weil sie glaubten, »dass die Homosexuellen in der Bundesrepublik mehr persönliche Freiheit haben«.[383]

379 Heinz Schlaffer, Was lag hinter der Keuschheit des Erfolgs? Die »Briefe 1948 bis 1963« des Literaturwissenschaftlers Hans Mayer offenbaren die Eitelkeit und Geltungssucht als Überlebensstrategie. In: Frankfurter Rundschau vom 31.5.2006 (https://www.fr.de/kultur/literatur/hinter-keuschheit-erfolgs-11686447.html; 26.11.2020).

380 Hans Mayer, Außenseiter, Frankfurt a. M. 1975, S. 169–309.

381 Demnach outete sich Mayer noch nicht einmal gegenüber seinem Lieblingsstudenten Friedeward, der in Heins Roman selbst homosexuell ist. Allerdings lässt Hein auch eine relativ offene lesbische Professorin auftreten. Was hier Fiktion ist und was die Erinnerungen des Studenten Hein wiedergibt, bleibt offen. Vgl. Hein, Verwirrnis, S. 119, 148, 151–153, 233–239, 275–277.

382 Die Grenze ist heute noch ziemlich dicht. Christoph Hein im Interview mit Felix Stephan. In: Süddeutsche Zeitung vom 28.8.2018. Zit. nach: https://www.perlentaucher.de/efeu/2018-08-24.html; 26.11.2020.

383 Schreiben vom 19.11.1950 (BArch, DP/1/7193, Bl. 145).

V. Resümee

Mit der vorliegenden Studie wird ein Schlaglicht auf 35 Jahre sächsischer Geschichte geworfen, die ohne Frage einen historischen Höhepunkt der Verfolgung und Repression Homosexueller markieren. Es ist kein Zufall, dass dieser Zeitraum mit der Herrschaft zweier diktatorischer Regime zusammenfällt, die die Freiheit des Einzelnen weitgehend negierten und dem vermeintlichen Nutzen der »Gemeinschaft« unterordneten. Kann man also davon sprechen, dass die Homosexuellenverfolgung zumindest in ihrer exzessiven Ausformung ein Kennzeichen diktatorischer Regime ist? Der Jurist Richard Lange hat diese Frage schon 1951 aufgeworfen, indem er auf eine auffällige »Parallelität der Entwicklung« der Homosexuellenverfolgung »bei den totalitären Systemen« und deren »Gegenläufigkeit zu der allgemeinen Entwicklung in den demokratischen Staaten« hinwies. Lange untermauerte dies damit, dass die massive Verschärfung des § 175 durch die Nationalsozialisten im Jahr 1935 zeitlich zusammenfiel mit der Wiedereinführung der Strafbarkeit der Homosexualität in der Sowjetunion im Jahr 1934. In beiden Diktaturen, so Lange, habe man in der Homosexualität eine »Gefahr für die Disziplin der militärischen oder militärähnlichen Organisationen« gesehen. Im Hinblick auf den Fortbestand des § 175 in der Bundesrepublik leitete Lange daraus den Prüfauftrag ab, »ob nicht die Neufassung von 1935 ihrer Tendenz nach typisch totalitär war und infolgedessen ihre weitere Anwendung dem Geist unserer Verfassung widerspricht«.[1]

Bekanntermaßen blieb die NS-Fassung des § 175 in der Bundesrepublik noch bis 1969 in Kraft und auch das Bundesverfassungsgericht wollte 1957 nicht erkennen, dass es sich hierbei um typisches NS-Unrecht gehandelt habe.[2] Demgegenüber kehrte die DDR bereits 1950 zur alten, etwas milderen Fassung des Pa-

1 Lange, Anmerkung zum BGH-Urteil vom 13.3.1951, S. 563.

2 Urteil des Ersten Senats des Bundesverfassungsgerichts vom 10.5.1957, 1 BvR 550/52. In: Bundesverfassungsgerichtsentscheidungen (BVerfGE), Band 6, S. 389.

ragrafen zurück. Die Situation entwickelte sich also etwas komplexer, als es Lange vermutet und wohl auch erhofft hatte. Das enthebt freilich nicht davon, der Frage nachzugehen, inwieweit die massive Homosexuellenverfolgung, die Mitte der 1930er-Jahre einsetzte, nicht doch als ein Wesensmerkmal totalitärer Herrschaft zu betrachten ist und inwieweit dies nicht auch auf die DDR der 1950er- und 1960er-Jahre zutrifft. Betrachtet man die Motive beider Regime, homosexuelle Männer strafrechtlicher Verfolgung zu unterwerfen, so fallen bei allen Unterschieden doch auch einige Kontinuitäten ins Auge. Die Nationalsozialisten sahen in der Homosexualität in erster Linie eine Gefahr für »Männerbund« und »Männerstaat« – in den Augen Heinrich Himmlers drohte deren Unterwanderung durch homosexuelle Cliquen, was letztlich zur »Zerstörung des Staates« führe. Ein Bedrohungsszenario, das direkt anknüpfte an tradierte Klischees von der Homosexualität als einem »Laster« degenerierter Eliten, das schon das alte Rom zu Fall gebracht habe. Dem zugrunde lag die Vorstellung vom Homosexuellen als einem »unsicheren Kantonisten«, der vollkommen beherrscht sei von seinen sexuellen Vorlieben und diesen alles andere unterordne. Da er das »Leistungsprinzip« angeblich durch ein »erotisches Prinzip« ersetze, stilisierte Himmler »den Homosexuellen« zur Gefahr für die staatliche Ordnung und die militärische Disziplin, ja zum »Staatsfeind« schlechthin. Ideologisch eingebettet wurde all dies in die NS-Rassentheorie, indem die Bekämpfung der Homosexualität zur »Lebensfrage jedes Volkes« und zur Überlebensfrage des deutschen überhöht wurde.[3] Kurz: Das homosexuelle Begehren erschien unbeherrschbar, sowohl durch den Einzelnen wie durch den NS-Staat, der den Anspruch erhob, auch das Privat- und Geschlechtsleben der Volksgenossen bis ins letzte Detail zu steuern.

Für die SBZ und die Frühphase der DDR ist zunächst keine vergleichbare ideologische Motivation der Verfolgungspolitik erkennbar. Himmlers Bedrohungsszenario erschien diskreditiert und die Akteure der Deutschen Justizverwaltung und des sächsischen Justizministeriums tendierten dazu, an die eher liberalen Traditionen von SPD und KPD anzuknüpfen, die sich in den 1920er-Jahren noch für die Abschaffung des § 175 stark gemacht hatten. Als wesentliches Hemmnis, diese Politik fortzusetzen, erwies sich die Sowjetische Militäradministration, deren Zustimmung zu einer entsprechenden Änderung des Strafgesetzes zweifelhaft erschien. Die Entscheidung des Obersten Gerichts, zur alten Fassung des § 175 zurückzukehren, war insoweit eine pragmatische Lösung, um den drohenden Konflikt mit der Besatzungsmacht zu umgehen. Doch sie markiert gleichzeitig den Endpunkt der reformorientierten Entwicklung der ersten Nachkriegsjahre. Denn seit 1950 verschärfte sich die strafrechtliche Verfolgung durch Polizei und

3 Himmler, Geheimreden, S. 104.

Justiz wieder deutlich. Und auch im neuen DDR-Justizministerium gewannen nun jene Kräfte die Oberhand, die die Homosexualität für eine Gefahr hielten. Dabei operierte man teilweise mit demselben Begriffsrepertoire, das bereits im »Tausendjährigen Reich« zur Rechtfertigung der Verfolgungsmaßnahmen gedient hatte. Verantwortlich dafür waren geistige und zum Teil auch personelle Kontinuitäten, die schon früh erkennbar waren: Das Landgericht Halle sprach von der »Entartung einer Seuche« und meinte, man müsse die Homosexualität zum Schutz der »Volksgesundheit« mit »allen Mitteln bekämpfen«.[4] Der Dresdner OLG-Rat Gerhard Ledig machte sich die in der NS-Zeit maßgebliche Sichtweise zu eigen, dass bei Homosexuellen »das erotische Moment statt sachlicher Beweggründe ausschlaggebend wäre«, weshalb eine »Verfälschung der sozialen Beziehungen auf staatlichem, kulturellem und wirtschaftlichem Gebiete« drohe.[5] Und der Chemnitzer Oberstaatsanwalt berief sich auf die »Anschauung der Bevölkerung« und die »Anschauung der Volkspolizei«, um eine schärfere Verfolgung Homosexueller zu fordern.[6] Im Laufe der 1950er-Jahre wurden die Sprachregelungen zwar dem ideologischen Rahmen des Arbeiter- und Bauernstaates angepasst: Nun waren es die »moralischen Anschauungen der Werktätigen über das normale Geschlechtsleben«, die durch die Homosexualität angeblich verletzt wurden.[7] Im Kern ähnelten all diese »Argumente« aber den in der NS-Zeit gebräuchlichen sehr. Neben solchen Kontinuitäten gab es aber auch eine wesentliche Differenz zur NS-Ideologie: Während Himmler davon überzeugt war, wenn man die Homosexualität nicht bekämpfe, bedeute dies »das Ende Deutschlands, das Ende der germanischen Welt«,[8] gingen die sozialistischen Ideologen eher davon aus, dass diese »unter den gesunden sozialen Verhältnissen im sozialistischen Staate« von alleine »abnehmen«[9] und in der kommunistischen Idealgesellschaft ganz verschwinden werde. Jedenfalls interpretierte man die Homosexualität als »ein Überbleibsel aus der kapitalistischen Gesellschaftsordnung, wo sie Ausfluss moralischer Degeneration übersättigter Kapitalisten war«.[10] Wahlweise war sie auch »eine typische Entartungserscheinung der herrschenden Klasse« oder Ausdruck »der sittlichen Zersetzung der herrschenden Klasse«.[11] Mit der Beseitigung

4 Urteil vom 18.5.1949 (BArch, DP/1/20495, Band 3, II 3621/49, Bl. 19–21, hier 20R).

5 Gerhard Ledig, Stellungnahme vom 4.3.1949 (SächsHStA Dresden, Bestand 11380, Nr. 513, Bl. 44–46, hier 44R). Vgl. dazu Kapitel I.1, insbes. Himmlers Ausführungen zum »erotischen Prinzip«.

6 Schreiben vom 2.6.1950 (BArch, DP/1/7193, Bl. 105–105R, hier 105f.).

7 Manecke/Meinel, Strafrecht der DDR, S. 151.

8 Himmler, Geheimreden, S. 97.

9 Thesen und Vorschläge der Unterkommission »Jugend und Familie« aus dem Jahr 1959. Abschnitt D Sexualverbrechen (BArch, DP/1/2376, Bl. 542–554, hier 549).

10 Urteil vom 1.10.1962 (BStU, MfS GH 90/78, Teil P, Bl. 58–63, hier 62f.).

11 BArch, MdJ, P1/VA/1325, Bl. 300f. Zit. nach Grau, Sozialistische Moral, S. 107.

dieser Klasse, so die logische Konsequenz, musste aber auch die »Entartungserscheinung« wegfallen. Aus ideologischer Perspektive hätte eine aktive Bekämpfung der Homosexualität also eher überflüssig erscheinen müssen – doch diese Perspektive setzte sich erst ab Mitte der 1960er-Jahre durch.

Nun waren viele der geschilderten Motive schon 1933 nicht vom Himmel gefallen, sondern Ausdruck über Jahrzehnte gewachsener Ressentiments. In der NS-Ideologie verschmolzen sie dann aber zu einem auch rassenpolitisch begründeten Bedrohungsszenario, das zu einer Überlebensfrage des deutschen Volkes stilisiert wurde. Insofern könnte man im Hinblick auf das »Dritte Reich« von einer ideologiegetriebenen Verfolgungspolitik mit totalitärer Tendenz sprechen. Eine neue Dimension lag auch in der Maßlosigkeit, die sich in Himmlers Verfolgungsprogramm manifestierte. Der Wille, noch die geringste homosexuelle Regung zu unterdrücken, war das Resultat der vollkommenen Missachtung des Individuums, das sich den vermeintlichen Interessen der »Volksgemeinschaft« zu unterwerfen hatte. Damit gingen die Nazis weit über das hinaus, was mit der Kriminalisierung der männlichen Homosexualität ursprünglich intendiert gewesen war, nämlich die Unterbindung bestimmter Sexualpraktiken. Ihnen ging es um die Umerziehung des Homosexuellen zu einem nützlichen, das heißt heterosexuellen Mitglied der »Volksgemeinschaft«. Dazu sollten schwule Männer auch nach ihrer Haftentlassung überwacht und ggf. in Konzentrationslager eingewiesen oder medizinischen »Umpolungsversuchen« wie der »Entmannung« unterworfen werden. Dieser grenzenlose Macht- und Gestaltungsanspruch, der mit dem Prinzip »Gemeinnutz vor Eigennutz« gerechtfertigt wurde, war ein weiteres Charakteristikum, das die NS-Verfolgung von der strafrechtlichen Verfolgung in Kaiserreich und Weimarer Republik unterschied und zu einem tendenziell totalitären Projekt machte. Ihr Ziel war die grenzenlose Verfügbarkeit des Einzelnen für Führer, Volk und Vaterland.

Die Strafverfolgung in der DDR war von dieser Maßlosigkeit weit entfernt. Auch die Motive blieben eher diffus – eine klare ideologische Linie ist jedenfalls nicht erkennbar. Ideologiegetrieben war die Verfolgungspolitik hier also nicht, eher war sie das Resultat einer unklaren machtpolitischen Gemengelage, in der tradierte Ressentiments und Rücksichten auf die Besatzungsmacht eine Strafrechtsreform vereitelten. Allerdings war auch der sozialistische Staat getrieben von dem Anspruch, das Leben jedes Einzelnen bis ins Letzte regeln, ja mehr noch, einen neuen, sozialistischen Menschen erschaffen zu können – und dass der sozialistische Mensch nicht homosexuell zu sein hatte, stand außer Frage. Die Methoden und Instrumente, die bei der Verwirklichung dieses Ziels zum Einsatz kamen, waren nun zwar solche, die auf den ersten Blick »humaner« erscheinen. Doch der repressive Charakter von »Konfliktkommissionen« und »Gesellschaftsgerichten«, die die Strafjustiz ergänzten, indem sie sich um die »Erziehung« der Unangepassten kümmerten, wird leicht unterschätzt. Die Anmaßung, in das persönliche Leben der »Delinquenten« steuernd einzugreifen, um sie auf den vermeintlich richtigen, das heißt heterosexuellen Weg zu führen und langfristig auf diesem zu halten, offenbarte den wahren Charakter der »Erziehungsdiktatur« DDR, der jede menschliche Regung, die nicht in das Bild des »neuen Menschen« passte, suspekt war. Wie fragwürdig dieser psychologisierende Ansatz war und wie viel weniger er die »Freiheit des Menschen« respektierte, als das einfache Strafgesetz, hat Hannah Arendt 1955 pointiert beschrieben:

»Zwischen dem Verbrechen und dem Laster, als welches die Gesellschaft sich das Verbrechen assimiliert, besteht ein fundamentaler Unterschied. Verbrechen verüben freie Menschen, die für ihre Untaten zur Verantwortung gezogen werden können. In Laster werden Menschen Kraft einer fatalen natürlichen Veranlagung verstrickt. Daher lebt in all den oft bornierten moralisierenden Attitüden, mit denen frühere Zeiten, allen sogenannten ›psychologischen Verständnisses‹ bar, Laster als Verbrechen be- und verurteilten, so viel mehr Respekt vor der menschlichen Person, vor der Freiheit des Menschen, als in dem humanen ›Verstehen‹ moderner Psychologen, welche den Menschen zu einem nach Gesetzen automatisch funktionierenden Mechanismus erniedrigen.«[12]

Insoweit zeichnete auch die DDR-Homosexuellenpolitik eine spezifische Form von Maßlosigkeit aus. Kennzeichen der sozialistischen Erziehungspolitik war die ideologische Unterstellung einer »Interessenidentität« von Individuum und Kollektiv, die »den Einzelnen völlig dem Kollektiv unterwirft«, weshalb Werner Reiland hier von einer »totalitären Ausrichtung« spricht.[13] Durch die Verzahnung von Justiz und Gesellschaftsgerichten und die Einbeziehung von Arbeitskollegen, Hausgemeinschaften, Angehörigen und Freunden wurde der soziale Druck bewusst gesteigert und »die Zuhörerschaft zum Tribunal«.[14] Die Erwartung, der »Delinquent« möge vor einem solchen Tribunal »offene Selbstkritik« üben und Besserung geloben, ließ eben jenen »Respekt vor der menschlichen Person« vermissen, den Hannah Arendt im klassischen Strafverfahren noch gewahrt sah.[15] Das Spiel von Kritik und Selbstkritik zielte auf die Verinnerlichung der ideologischen Prämissen: Neben den äußeren sollte ein »innerer Zwang« treten, der dem »Delinquenten« Geständnis, Selbstanklage und -verurteilung abverlangte.[16] Im Umgang mit Homosexuellen reichte der Anspruch einer Reglementierung sämtlicher Lebensbereiche von Versuchen der individuellen Umerziehung über die Sanktionierung von Bildungschancen und Berufswahl bis zur Unterdrückung von Möglichkeiten der Kontaktaufnahme in Lokalen, Vereinen oder über Zeitschriften. Vor diesem Hintergrund verwundert es nicht, dass viele Homosexuelle die DDR in Richtung Westdeutschland verließen, obwohl dort noch der

12 Arendt, Elemente und Ursprünge, S. 138.
13 Reiland, Die gesellschaftlichen Gerichte der DDR, S. 67.
14 Ebd., S. 74.
15 Ebd., S. 70.
16 Vgl. Arendt, Elemente und Ursprünge, S. 691 f.

NS-Paragraf in Kraft war. Das schärfere Strafgesetz schreckte sie offenbar weniger, als dass sie die größere persönliche Freiheit, die mit den in der Bundesrepublik mehr oder weniger geduldeten subkulturellen Nischen verbunden war, lockte.

Freilich sagen maßlose Regelungsansprüche noch nichts über die Praxis von Verfolgung und Repression und erst recht nichts über die alltäglichen Lebensbedingungen von Schwulen und Lesben. Hannah Arendt meinte nicht zu Unrecht, das »Wesentliche der totalitären Herrschaft« liege nicht darin, dass sie »bestimmte Freiheiten beschneidet oder beseitigt«, sondern vor allem darin, dass »der Raum des Handelns, und dies allein ist die Wirklichkeit der Freiheit, verschwindet«.[17] Wie aber war es darum bestellt? Dass es zwischen den Verfolgungsprogrammen und ihrer praktischen Umsetzung oftmals erhebliche Diskrepanzen gab, hatten bereits die Forschungen des Verfassers zur NS-Homosexuellenverfolgung in Thüringen ergeben.[18] Ein ähnliches Bild zeigt sich nun auch in Sachsen. Auch hier wurde die Verfolgungspraxis Himmlers Ansprüchen oft nicht gerecht. Das galt vor allem für ländliche Regionen, in denen die Verfolgungsintensität wesentlich geringer war als in den Großstädten, was zum Teil mit der geringeren »Sichtbarkeit« homosexuellen Lebens im ländlichen Raum, zum Teil mit der geringeren »Fachkompetenz« der lokalen Polizeidienststellen zu erklären ist. Doch auch zwischen den Großstädten gab es Unterschiede. Und hier zeigt sich die große Bedeutung, die den lokalen Akteuren bei Kriminalpolizei, Gestapo und Justiz zukam. Viel hing von der personellen Ausstattung der Dienststellen und der Motivation der einzelnen Beamten ab. Dabei wirkte die Flut von Dienstanweisungen und Formularen, mit der das Berliner Gestapa die lokalen Polizeistellen zu einem scharfen Vorgehen anhalten wollte, nicht immer beflügelnd, sondern mitunter auch kontraproduktiv. Welche Gründe im Einzelnen dazu führten, dass sich die Verfolgung in Leipzig insgesamt auf einem deutlich niedrigeren Niveau bewegte als in Dresden, wird wohl nicht mehr zu klären sein. Doch der Befund ist eindeutig.

In der Konsequenz griff die Leipziger Gestapo ab 1939/40 massiv in die Verfolgungspolitik ein und stellte einen »Spezialsachbearbeiter« ab, der dazu beitrug, dass die Verfolgtenzahlen zeitweise anstiegen. Ein Eingreifen, das typisch war für den nationalsozialistischen »Maßnahmenstaat«: Um die lokale Homosexuellenverfolgung anzuheizen, entsandte das Berliner Gestapa regelmäßig »Sonderkommandos«, vor allem in Großstädte, mitunter auch in die Provinz. Durch aktive Ermittlungsarbeit und insbesondere durch Polizeirazzien an Treffpunkten Homosexueller gelang es so tatsächlich, die Verfolgtenzahlen temporär in die Höhe zu treiben. Nachhaltig war dieser Effekt aber nur selten, wie in Leipzig sank

17 Arendt, Elemente und Ursprünge, S. 683.
18 Vgl. Zinn, Volkskörper, insbes. S. 343–499.

die Zahl von Verhaftungen und Anklagen nach Abzug der Gestapo in der Regel wieder deutlich. Wesentlicher Ermittlungsfaktor blieben deswegen Anzeigen aus der Bevölkerung und Aussagen Beschuldigter. In Leipzig lag der Anteil der Ermittlungsverfahren, die auf externe Anzeigen zurückgingen, bei 56,2 Prozent, im Umland sogar bei 87,8 Prozent. Auf den ersten Blick scheinen diese Zahlen das Bild einer sich selbstüberwachenden »Volksgemeinschaft« zu bestätigen, das die NS-Forschung der vergangenen beiden Jahrzehnte geprägt hat.[19] Doch auch hier zeigt sich bei genauer Betrachtung ein differenzierteres Bild, als die in der Öffentlichkeit vorherrschende Vorstellung, Homosexuelle seien von homophoben Nachbarn oder Arbeitskollegen denunziert worden, erwarten lässt. Denn die Motive der Anzeigeerstatter waren sehr vielfältig, Homophobie war neben Neid, Eifersucht, Rache, Geldgier etc. nur eines von vielen. Die Analyse der Leipziger Anzeigen hat überdies einen Aspekt zutage gefördert, der in der bisherigen Forschung gerne übersehen wurde: die tatsächliche oder vermeintliche »Verführung« Jugendlicher. Zwei Drittel aller Anzeigen drehten sich um den Vorwurf der »Jugendverführung« oder des Kindesmissbrauchs. In aller Regel waren es Eltern, Arbeitskollegen oder die von sexuellen Avancen Betroffenen selbst, die sich an die Polizei wandten.

Damit korrespondiert, dass Fälle von »Jugendverführung« auch einen großen und wohl deutlich überproportionalen Anteil an der Gesamtverfolgung hatten: In den Großstädten waren es fast die Hälfte, in den ländlichen Regionen drei Viertel der Verfahren. In der praktischen Umsetzung der Verfolgungspolitik wurden also andere Akzente gesetzt als im Gestapa, wo man gerade den »gewöhnlichen« Homosexuellen zum »Staatsfeind« stilisierte. Die Fokussierung auf »Jugendverführer«, die auch medial besser zu transportieren war, weil sie das tradierte Stereotyp vom Homosexuellen als »Knabenschänder« bediente, zeigte sich schließlich auch in der Praxis der KZ-Einweisungen durch die Leipziger Kriminalpolizeistelle. Entgegen der landläufigen Annahme, der Erlass zur Vorbeugungshaft Homosexueller habe zu großen Teilen auch »gewöhnliche« Homosexuelle getroffen, war man bei der Leipziger Kriminalpolizeistelle der Ansicht, der Erlass richte sich ausschließlich gegen »Jugendverführer«. Tatsächlich wurden aus Leipzig fast nur solche Männer in die Konzentrationslager eingewiesen, die Vorstrafen wegen »Jugendverführung«, Kindesmissbrauchs und/oder wegen anderer krimineller Delikte hatten und somit als »Berufsverbrecher« galten. Dagegen gingen die wenigen Fälle, in denen offenbar eine Verurteilung wegen »einfacher« Homosexualität für eine KZ-Einweisung ausreichte, auf Anordnungen der Gestapo zurück. Dieser Befund deckt sich mit Forschungsergebnissen zur

19 Vgl. Gellately, Die Gestapo und die deutsche Gesellschaft, S. 109–121; Bajohr/Wildt, Volksgemeinschaft.

KZ-Einweisung durch die Kriminalpolizeistelle Köln, inwieweit er repräsentativ ist für das gesamte Reichsgebiet, müsste allerdings durch weitere Untersuchungen geklärt werden.

Insgesamt verlief die Verfolgungspolitik während der NS-Zeit also keineswegs reibungslos und nicht immer erwiesen sich die lokalen Akteure bei Polizei und Justiz als die »willigen Vollstrecker«, als die man sie heute zumeist betrachtet. In der praktischen Umsetzung haperte es an vielen Stellen und das von Himmler initiierte Verfolgungsprogramm drohte gerade an seiner Maßlosigkeit zu scheitern. Dennoch gerieten in Sachsen tausende schwule Männer ins Visier von Polizei und Justiz und hunderte wurden schließlich sogar in Konzentrationslager eingewiesen. Die Verfolgungsintensität nahm erheblich zu: Die Zahl der jährlichen Strafverfahren stieg von 94 im Jahr 1933 auf 722 im Jahr 1939. Diese Zahlen machen aber auch deutlich, dass nur ein Bruchteil der mutmaßlichen Homosexuellenpopulation von den Verfolgungsmaßnahmen betroffen war. Nur etwa ein Viertel der homosexuellen Männer geriet ins Visier der Verfolgungsbehörden und nur etwa neun Prozent wurden nach den §§ 175 und 175a verurteilt. Der großen Mehrheit gelang es hingegen, im »Dritten Reich« zu »überwintern« – womit freilich noch nichts darüber gesagt ist, wie ihre Lebensbedingungen im Einzelnen aussahen.

Auch die Situation lesbischer Frauen erfordert eine etwas differenziertere Betrachtung als bislang üblich. Obwohl die Nationalsozialisten die weibliche Homosexualität ablehnten, lesbische Zeitschriften verboten und auch einige Treffpunkte schlossen, kann von individueller Verfolgung keine Rede sein. Der § 175 kriminalisierte nur die männliche Homosexualität und auch für eine »versteckte« Verfolgung finden sich keine Anhaltspunkte. Dies führt auch der Fall dreier lesbischer Frauen aus Dresden vor Augen, die 1941 nach einer nächtlichen Schlägerei verhaftet wurden. Obwohl sich einzelne Beamte der Kriminalpolizei sichtlich bemühten, die Homosexualität zum Ermittlungsgegenstand zu machen, kam man schließlich zu dem Ergebnis, diesbezüglich sei »kein Anlass zum Einschreiten gegeben«.[20] Auch wenn der Ermittlungsvorgang viel über die homosexuellenfeindlichen Einstellungen der beteiligten Beamten verrät und vor Augen führt, dass lesbische Frauen ebenso wie homosexuelle Männer zu den vulnerablen Gruppen zählten, die aufgrund ihrer Veranlagung leichter ins Visier der Polizeibehörden geraten konnten als »gewöhnliche« Mitbürger, macht er doch gleichzeitig deutlich, dass auch der größte Ermittlungseifer an seine Grenzen stieß, wenn die Gesetze und Verordnungen des NS-Staates keine Handhabe boten. Von Repressionen betroffen waren lesbische Frauen nur dann, wenn weitere Umstände

20 Abschlussbericht des Sittendezernats vom 1.2. und 7.2.1941 (SächsHStA Dresden, Bestand 10789, Nr. 619, Bl. 50–52).

hinzutraten, die ein »Einschreiten« ermöglichten. Interessanterweise war auch dies vor allem dann gegeben, wenn Kinder oder Jugendliche involviert waren. So fokussierte die weibliche Kriminalpolizei im Dresdner Fall vor allem auf den Umstand, dass eine der drei verhafteten Frauen mit 17 Jahren noch im jugendlichen Alter war, was man als »ein Verbrechen am deutschen Volke« zu werten versuchte, habe »die Jugend« doch »ein Recht, vor der Verführung solcher Frauenspersonen geschützt zu werden«.[21] Dass sich gegen die älteren Partnerinnen der 17-Jährigen mangels gesetzlicher Grundlage nichts unternehmen ließ und nur gegen die Jugendliche selbst »Erziehungsmaßnahmen« eingeleitet wurden, führt aber vor Augen, dass die weibliche Homosexualität – trotz aller Repression – bei Erwachsenen in aller Regel geduldet wurde. Die Situation lesbischer Frauen ist deswegen mit den Begriffen Stigmatisierung, Repression und Toleranz adäquater zu beschreiben als mit dem der Verfolgung.

Nach 1945 verschob sich der Fokus der Verfolgungsmaßnahmen dann noch weiter auf den Topos der »Jugendverführung«. In den Debatten über eine Abschaffung des § 175 spielte dieser Aspekt eine nicht unwesentliche Rolle, und es ist kein Zufall, dass das Oberste Gericht der DDR 1950 zwar die Verfolgung der »einfachen« Homosexualität zurückschraubte, indem es die NS-Fassung des § 175 als »nazistisch« verwarf, den von den Nationalsozialisten überhaupt erst geschaffenen § 175a, der die »Jugendverführung« und die Prostitution kriminalisierte, aber unverändert bestehen ließ. Auch wenn es in den frühen 1950er-Jahren noch einige Unsicherheiten über die Anwendung des § 175 gab und einige Staatsanwaltschaften und Gerichte darauf drangen, die wechselseitige Onanie auch weiterhin verfolgen zu können, war der strafrechtliche Verfolgungsdruck gegenüber »gewöhnlichen« Homosexuellen doch deutlich geringer als zu NS-Zeiten. Gleichwohl blieb die »einfache« Homosexualität weiterhin im Fokus der Polizeibehörden und die Strafverfolgung lief noch bis Mitte der 1960er-Jahre weiter. Dabei zeigten sich in der DDR ähnliche regionale Unterschiede wie schon zu NS-Zeiten. Zum einen gab es innerhalb Sachsens ein deutliches Stadt-Land-Gefälle. Doch auch zwischen den DDR-Bezirken gab es deutliche Unterschiede. So war die Verfolgungsintensität in Ostberlin am höchsten, was sicher auch damit zusammenhing, dass die Hauptstadt ein besonderer Anziehungspunkt für Homosexuelle war. Wegen der urbanen Struktur Sachsens erscheint es auch plausibel, dass die Verfolgung in den sächsischen Bezirken höher lag als in den meisten anderen Regionen. Dass ausgerechnet der Bezirk Karl-Marx-Stadt den zweiten Rang hinter Berlin belegte, ist aber eher überraschend, galt Chemnitz doch nicht als ein besonderer Anziehungspunkt für Homosexuelle. Offenbar war hier aber

21 Ergänzungsbericht vom 20.1.1941 (ebd., Bl. 48).

der Verfolgungseifer der lokalen Akteure besonders groß, was sich bereits 1950 gezeigt hatte, als sich der örtliche Oberstaatsanwalt für eine Intensivierung der Verfolgung stark machte. Eine Rolle spielte dabei wohl auch, dass die SDAG Wismut in der Region viele Standorte unterhielt und homosexuelle Handlungen unter den Bergarbeitern als ein besonderes Sicherheitsrisiko betrachtet wurden. Die in Karl-Marx-Stadt angesiedelte »Bergbaustaatsanwaltschaft« scheint hierauf ein besonderes Augenmerk gehabt zu haben.

Die verbreitete Annahme, spätestens mit dem Strafrechtsergänzungsgesetz von 1957 sei die Verfolgung »gewöhnlicher« Homosexueller eingestellt worden, erweist sich als eine Legende, die mit der historischen Realität relativ wenig zu tun hat. Zur Einstellung von Strafverfahren nach den §§ 8 und 9 StEG kam es in den ersten Jahren nach Einführung des Gesetzes so gut wie nie. In den 1960er-Jahren lassen sich anhand der aus Sachsen überlieferten Strafregister dann zwar vereinzelte Einstellungen nach diesen Paragrafen nachweisen. Übersehen wird dabei aber gerne, dass schon die Durchführung eines Ermittlungsverfahrens einen zutiefst repressiven Charakter hatte und dass in aller Regel auch mit einer Verfahrenseinstellung Sanktionen verknüpft waren. Meist war sie an »erzieherische« Maßnahmen der »Gesellschaftsgerichte« gebunden. So gehörten etwa »erzieherische Aussprachen im Kollektiv« zu den Voraussetzungen einer Einstellung.[22] Im Fall der Homosexualität zielte der Erziehungsgedanke auch nicht auf eine Duldung, sondern auf ihre Überwindung, galt sie doch als kapitalistisches Relikt, für das es im Sozialismus keinen Platz mehr gab. Inwieweit und in welcher Form sich diese ideologischen Vorgaben aber tatsächlich in die Praxis von Polizei und Justizbehörden übersetzten, ließ sich anhand der wenigen Quellen, die dazu in Sachsen überliefert sind, nicht verlässlich eruieren.

Da es sich bei der Verlagerung des Sanktionssystems hin zur »Erziehung« durch »Gesellschaftsgerichte« um eine Entwicklung handelte, die für die Verfolgung und Repression Homosexueller insbesondere in den 1960er-Jahren von hoher Relevanz gewesen sein könnte, sollte dieser Frage anhand von Quellen aus anderen DDR-Bezirken weiter nachgegangen werden. Von Interesse wäre hier nicht nur, inwieweit Strafverfahren tatsächlich an »Gesellschaftsgerichte« delegiert wurden, sondern auch, wie oft Verfahrenseinstellungen über den eigentlich unerwünschten »›Zimmertermin‹ mit erzieherischer Einwirkung« durch Staatsanwälte und Volkspolizeioffiziere zustande kamen, der »natürlich nur den geringen Erfolg einer Moralpredigt haben konnte«.[23] Zu klären wäre auch die Frage, inwieweit homosexuelles Verhalten unterhalb der Schwelle der Strafbarkeit zum Anlass »erzieherischer Einwirkung« durch Betriebskollektive, Hausgemeinschaf-

22 Reiland, Die gesellschaftlichen Gerichte der DDR, S. 71.
23 Ebd., S. 69.

ten, Parteikommissionen etc. wurde. Von besonderem Interesse wäre überdies, ob und inwieweit auch lesbische Frauen davon betroffen waren. Zwar waren sie – zumindest bis zur Strafrechtsreform von 1968 – keiner spezifischen strafrechtlichen Verfolgung unterworfen. Einige Hinweise, die sich im Rahmen dieser Studie ergeben haben, deuten aber darauf hin, dass die »erzieherische« Disziplinierung auch lesbische Frauen traf. Exmatrikulationen und berufliche Nachteile drohten ihnen offenbar ebenso wie schwulen Männern.

Dass auch der Status lesbischer Frauen in der DDR äußerst prekär war, steht außer Frage. Dem Staatssicherheitsdienst, der für die Repression in der DDR-Zeit von großer Relevanz war, waren sie ebenso suspekt wie homosexuelle Männer. Nach Gründung der Stasi richteten sich deren Aktivitäten zunächst auf Fragen von Spionage und Landesverrat. Später wurden Homosexuelle grundsätzlich als »negative Personen« eingeordnet, deren nur schwer durchschaubares Doppelleben per se verdächtig erschien. Gleichwohl hatte der Staatssicherheitsdienst nur wenig Hemmungen, Schwule und Lesben als informelle Mitarbeiter anzuwerben, um »homosexuellen und anderen negativen Personen« nachzuspionieren.[24] Homosexuelle Männer warb man vor allem dann an, wenn sie wegen eines Verstoßes gegen § 175 ins Visier der Polizei geraten waren oder bereits eine Strafe verbüßt hatten – die Bereitschaft zur Zusammenarbeit wurde dabei mit der Aussicht auf eine Reintegration ins berufliche und gesellschaftliche Leben erpresst. Die Operativpläne, die für die Arbeit solcher IM entworfen wurden, gingen Ende der 1950er-Jahre bereits sehr weit und machten auch nicht davor halt, homosexuelle Beziehungen zur Ausforschung, Diskreditierung oder Anwerbung vermeintlicher Gegner zu instrumentalisieren. Dass es in dieser Zeit bereits Operationen zur »Zersetzung« homosexueller Kreise gab, ließ sich anhand der aus Sachsen überlieferten Akten allerdings nicht belegen. Auch hier wären weitergehende Studien auf breiterer Quellenbasis vonnöten.

Wie aber reagierten Schwule und Lesben auf Verfolgung und Repression? Wie sich Alltag und Stigma-Management entwickelten, gehört zu den am schwierigsten zu erforschenden Fragen, sind aussagekräftige Quellen wie Tagebücher oder Briefe doch viel seltener überliefert als Dokumente des Verfolgungsapparates. Doch auch aus Letzteren lassen sich einige Schlüsse ziehen. Dies gilt zum einen für die für die Lebensumstände Homosexueller nicht unerhebliche Frage, wie die Bevölkerung auf die Verfolgungsmaßnahmen reagierte. Für die NS-Zeit lässt sich hier anhand des Anzeigeverhaltens immerhin feststellen, dass die Bereitschaft, »gewöhnliche« Homosexuelle zu denunzieren, deutlich geringer war, als bislang oft unterstellt. Die Gründe dafür waren sicherlich vielfältig und die Sorge, sich mit einer Anzeige selbst Ärger einzuhandeln, mag bei den meisten überwogen

24 Einschätzung vom 23.10.1960 (BStU, MfS GH 90/78, Teil P, Bl. 40 f., hier 41).

haben. Kurz: Es war nicht unbedingt Toleranz oder gar Akzeptanz, was Nachbarn oder Arbeitskollegen davor zurückschrecken ließ, zur Polizei zu gehen. In der Konsequenz trug diese Zurückhaltung aber dazu bei, dass das Gros der Homosexuellen einer strafrechtlichen Verfolgung entging. Darüber hinaus gab es auch in der NS-Zeit gerade im engeren sozialen Umfeld schützende Netzwerke, die es Schwulen und Lesben ermöglichten, sich einige, wenn auch sehr begrenzte Freiräume zu bewahren. Mitunter waren diese, wie in der Leipziger »Gruppe Andreasplatz«, mit oppositionellen Milieus verknüpft. Freiräume eröffneten aber auch, Zimmerwirtinnen, die in ihrer Wohnung schwule Festivitäten duldeten oder lesbisch-schwule Arrangements, die nach außen Schutz boten.

Die größte Veränderung des alltäglichen Lebens, die die NS-Verfolgung für Homosexuelle mit sich brachte, war der Wegfall der schwul-lesbischen Infrastruktur von Lokalen, Vereinen und Zeitschriften. Diese massive Einschränkung von Möglichkeiten der Kontaktaufnahme führte zu einer Verlagerung des Lebens in private Zirkel, bei schwulen Männern aber auch zu einer verstärkten Nutzung traditioneller Treffpunkte in Parkanlagen, Bahnhöfen und öffentlichen Toiletten, an denen nun allerdings ein erhöhtes Risiko bestand, in polizeiliche Razzien zu geraten. Darüber hinaus erschloss man sich neue informelle Treffpunkte in »normalen« Gaststätten und im öffentlichen Raum. Die hohe Anzahl Homosexueller, die in Leipziger Einkaufsstraßen verhaftet wurden, wenn sie vergeblich versuchten, sich (zumeist heterosexuellen) Jugendlichen oder Männern zu nähern, ist ein Indiz dafür, wie sehr sich die Kontaktanbahnung auf Straßen und Plätze verlagert hatte. Sie macht andererseits aber auch deutlich, dass das Bedrohungsgefühl bei einem Teil der Homosexuellen nicht so ausgeprägt war, als dass sie sich von dem Risiko einer Verhaftung hätten abschrecken lassen. Ein Umstand, der sicher mehr über das individuelle Risiko-Management aussagt als über den tatsächlichen Verfolgungsdruck, der aber auch deutlich macht, dass nicht überall und jederzeit Verhaftung drohte.

Noch schwieriger einzuschätzen ist, inwieweit sich das Stigma-Management im Hinblick auf Familienangehörige, Nachbarn oder Arbeitskollegen veränderte. Die aus Sachsen überlieferten Quellen geben nur wenig Einblick in die Kommunikation im sozialen Nahfeld, in der Tendenz bestätigen sie aber die Erkenntnisse, die der Verfasser bereits anhand von Verfolgungsakten aus dem Altenburger Land gewonnen hatte. Hier hatten sich vielfältige Formen der Kommunikation über das Stigma identifizieren lassen, die sehr stark von Charakter, Sozialisation, Bildungsgrad und sozialem Umfeld der Beteiligten abhingen, die im wesentlichen aber von Variationen eines allseitigen »wissenden Beschweigens« geprägt waren. Dieser Befund machte überdies deutlich, dass Stigma-Management kein einseitiger Prozess war, dass es dabei also nicht nur auf das Informationsmanagement des Stigmatisierten ankam, sondern auch auf die Wahrnehmungen und Reaktionen des »Publikums«. Selbst wenn man also davon ausgeht, dass die meisten Homosexuellen in Anbetracht des erhöhten Verfolgungsdrucks noch zurückhaltender und vorsichtiger kommunizierten, heißt das noch nicht, dass das »Publikum« anders agierte als zuvor. Um die Frage beantworten zu können, inwieweit sich das Stigma-Management veränderte, wären allerdings Vergleichsstudien etwa zur Situation in den 1920er-Jahren notwendig. Dass es schon damals – trotz eines insgesamt liberaleren Klimas – nicht üblich war, sich als Homosexueller zu outen, dürfte außer Frage stehen, denn Homosexualität galt auch in den »Goldenen Zwanzigern« als unsittlich und konnte zu gesellschaftlicher Diskreditierung und unehrenhaften Entlassungen führen. Insofern dürfte das Stigma-Management Homosexueller schon vor 1933 äußerst komplex gewesen sein und es ist gut möglich, dass die Veränderungen, die die NS-Zeit mit sich brachte, nach einer vergleichenden Untersuchung weniger gravierend erscheinen könnten, als oftmals unterstellt. Dennoch steht außer Frage, dass viele Männer ihr Verhalten – wenn auch in unterschiedlichem Maße – den neuen Umständen anpassten. Auffällig ist zum Beispiel, dass ein nicht unbeträchtlicher Anteil der Männer, die zu Gefängnisstrafen verurteilt worden waren, nach ihrer Entlassung heiratete.

Nach 1945 veränderte sich das Stigma-Management zunächst deutlich, hatten doch viele Homosexuelle die Hoffnung, der § 175 werde nun fallen – eine Hoffnung, die nicht wenige auch in Briefen an die Deutsche Justizverwaltung und andere staatlichen Stellen zum Ausdruck brachten, in denen sie sich teilweise sogar als »Betroffene« zu erkennen gaben. Auch die Einrichtung einer Tanzveranstaltung in Leipzig und das Zusammentreffen von angeblich 600 »Artgenossen« zur Leipziger Herbstmesse von 1948 zeugen von der Aufbruchstimmung, die damals herrschte. Dass die Verfolgung in den 1950er-Jahren wieder zunahm, enttäuschte nicht nur die Hoffnungen, die sich viele gemacht hatten, es veränderte auch das gesellschaftliche Klima, sodass nun alte Ressentiments in neuem sozialistischem Gewand wiederaufleben konnten. Wer im SED-Staat Karriere machen wollte, musste nun also ein ähnlich ausgefeiltes Stigma-Management pflegen wie zuvor. Das immer enger gestrickte Netz sozialer Kontrolle, das die nun propagierte »sozialistische Moral« überwachte, tat ein Übriges, um das alte Spiel von Täuschung und Tarnung zu perpetuieren. Wer allerdings bereit war, sich in die Rolle des gesellschaftlichen Außenseiters zu begeben und berufliche Nachteile in Kauf zu nehmen, dem drohte zumindest strafrechtlich deutlich weniger Ungemach als noch zu NS-Zeiten. Durch die Rückkehr zum alten § 175 waren einige homosexuelle Handlungen legalisiert, erst recht galt dies für Berührungen, Zärtlichkeiten oder Küsse, die Mutige nun wieder ungestraft austauschen konnten, wenn auch nicht unbedingt in der Öffentlichkeit. Die meisten Homosexuellen kannten diese Rechtslage sehr gut und einige nahmen ihre neu gewonnenen Rechte mit großem Selbstbewusstsein für sich in Anspruch und bekundeten auch gegenüber Polizei und Justiz ihre »Auffassung, sie hätten ein Recht auf diese Art der sexuellen Betätigung«.[25] Ein vergleichsweise »offener« und »selbstbewusster« Umgang mit der eigenen Homosexualität scheint vor allem in den Bereichen von Kunst und Kultur, so insbesondere an den Theatern, möglich gewesen zu sein, tummelten sich doch hier ohnehin viele »schillernde« Figuren, denen ein Sonder- und Außenseiterstatus zugestanden wurde. Aber auch im Arbeitermilieu, in dem die Gefahr des beruflichen Absturzes eher gering war, erstritten sich manche Freiräume, die in anderen gesellschaftlichen Sphären unerreichbar erschienen.

Zweifellos aber war es nur eine kleine Minderheit der Schwulen und Lesben, die bereit war, in die Rolle des Parias zu schlüpfen. Andere zerbrachen an dem sozialen Druck, ließen sich in Scheinehen oder in den Selbstmord treiben. Das Stigma-Management der meisten allerdings scheint auch weiterhin zwischen Ver- und Enthüllung des eigenen Begehrens changiert zu haben – je nach Situation, Gegenüber und den jeweils einzukalkulierenden Risiken und Nebenwirkungen einer Offenbarung. Wie weit der Einzelne ging, hing auch in der Nachkriegszeit vor allem von seiner Persönlichkeit, seinem Charakter und dem sozialen Umfeld, in dem er sich bewegte, ab. Dies zumindest scheint eine Konstante zu sein, die das Stigma-Management Homosexueller über alle Zeiten hinweg geprägt haben dürfte. Verfehlt wäre es insofern auch, die Situation Homosexueller auf die bloßer »Opfer« der gesellschaftlichen Umstände zu reduzieren. Übersehen wird dabei nämlich, dass sich die meisten zwar nicht dem repressiven Klima, aber doch einer individuellen Verfolgung entziehen konnten. Kurz: Viele Homosexuelle waren durchaus eigenwillige Akteure, die nach Glück und Erfüllung strebten und ihr Schicksal trotz widriger Umstände zumindest subjektiv mehr oder weniger »erfolgreich« gestalteten.

Was nun sagt dies über die eingangs aufgeworfene Frage nach dem totalitären Charakter der Homosexuellenverfolgung in der NS-Zeit und der frühen DDR? Darf man Nationalsozialismus und Kommunismus überhaupt vergleichen? War die DDR ein totalitärer Staat? Als Historiker darf und muss man selbstverständlich alle geschichtlichen Entwicklungen vergleichen, was noch lange nicht heißt, sie gleichzusetzen. Ob man neben dem NS-Staat und der Sowjetunion unter Stalin auch die DDR als einen totalitären Staat betrachtet, hängt natürlich von dem Totalitarismuskonzept ab, das man zugrunde legt. Der Begriff des Totalitarismus wurde in den 1920er-Jahren geprägt und bezog sich zunächst auf Bolschewismus und italienischen Faschismus. Als wesentliche Neuerung gegenüber der autoritären Herrschaft betrachtete man, dass die totalitäre »jede Lebensregung dem Staat« unterwerfe. Die klassische Definition Carl J. Friedrichs nennt als Charakteristika totalitärer Herrschaft eine auf eine »vollkommene« Endgesellschaft

25 Urteil des Stadtbezirksgerichts Berlin Mitte vom 1.10.1962 (BStU, MfS GH 90/78, Teil P, Bl. 58–63, hier 62 f.).

ausgerichtete Ideologie, eine auf einen Führer ausgerichtete Partei, die Staat und Massenmedien kontrolliert sowie einen terroristischen Polizeiapparat, der politische Gegner und willkürlich herausgegriffene Bevölkerungsgruppen verfolgt.[26] Dagegen hat Hannah Arendt ihr Konzept mit dem spezifischen Terror der NS-Zeit und des Stalinismus verknüpft, sodass ihre Definition eigentlich nicht auf die DDR anwendbar ist. Andere betrachten die DDR mindestens bis zum Ende der Ära Ulbricht, mitunter aber auch in den späteren Jahren noch als totalitären Staat.[27] So etwa Peter Graf Kielmansegg, der insbesondere die Kritik reflektierte, die Totalitarismustheorie ignoriere sozialen Wandel und soziale Konflikte in den verschiedenen Ostblockstaaten. Er erweiterte das Konzept insofern, als er stärker auf die *Möglichkeit* der totalen Kontrolle abstellte: Charakteristisch für totalitäre Systeme sind in seinen Augen die »Monopolisierung von Entscheidungsmacht in einem Führungszentrum«, die »prinzipiell unbegrenzte Reichweite der Entscheidungen«, das heißt die Möglichkeit, in alle gesellschaftlichen Bereiche einzugreifen und schließlich die »prinzipiell unbeschränkte Freiheit, Sanktionen zu verhängen« – bis hin zum Terror.[28]

So überzeugend die verschiedenen Totalitarismuskonzepte auch sein mögen, der empirischen Forschung liefern sie, wie Wolfgang Merkel kritisiert, oft »keine hinreichend präzisen Kriterien zur Identifikation totalitärer Systeme«.[29] Das zeigt sich insbesondere dann, wenn man Verfolgungsziele, Verfolgungspraxis und deren alltägliche Auswirkungen einer differenzierten Analyse unterzieht. In Bezug auf die Homosexuellenverfolgung kann man zwar argumentieren, dass die *Verfolgungsziele* sowohl in der NS-Zeit wie auch in der DDR der 1950er- und 1960er-Jahre eine totalitäre Tendenz hatten, weil sie über die Bestrafung homosexueller Handlungen weit hinausreichten und einen »uneingeschränkten Verfügungsanspruch« über jeden Einzelnen postulierten:[30] Indem sie die Überwindung der homosexuellen Veranlagung einforderten, zielten sie auf die totale Unterwerfung des Individuums unter die angeblichen Interessen der Gemeinschaft. Insoweit ließe sich auch die von Lange aufgeworfene Frage, »ob nicht die Neufassung« des § 175 »von 1935 ihrer Tendenz nach typisch totalitär war«, positiv beantworten, zielte sie doch nicht mehr nur auf die Bestrafung bestimmter

26 Clemens Vollnhals, Der Totalitarismusbegriff im Wandel. In: Aus Politik und Zeitgeschichte, 54 (2006) 39, S. 21–27, hier 22 f.

27 Vgl. z. B. Eckhard Jesse, War die DDR totalitär? In: Aus Politik und Zeitgeschichte, 42 (1994) 40, S. 12–23.

28 Peter Graf Kielmansegg, Krise der Totalitarismustheorie? In: Zeitschrift für Politik, 21 (1974) 4, S. 311–326, hier 324.

29 Wolfgang Merkel, Totalitäre Regimes. In: Totalitarismus und Demokratie. Zeitschrift für internationale Diktatur- und Freiheitsforschung, 1 (2004) 2, S. 183–202, hier 184.

30 Ebd.

sexueller Handlungen, sondern auf die »Ausmerzung« der Homosexualität an sich.[31] Eine Zielsetzung, die die DDR dann zwar nicht mehr strafrechtlich, wohl aber über den von ihr propagierten Erziehungsgedanken weiter verfolgte. In der *praktischen Umsetzung* scheint es aber weder dem NS- noch dem DDR-Regime gelungen zu sein, ihren maßlosen Regelungsansprüchen gerecht zu werden. In der NS-Zeit wurden zwar radikale Maßnahmen propagiert, in der Fläche ließen sich diese aber oft nur rudimentär umsetzen. Für die DDR-Zeit wird noch detaillierter zu erforschen sein, inwieweit der Erziehungsgedanke, der die Gesellschaftsgerichte prägte, an Homosexuellen exekutiert wurde. Betrachtet man die Auswirkungen, so gilt für beide Regime, dass es einem großen Teil der Homosexuellen gelang, sich Verfolgung und Repression zu entziehen und – wenn auch sehr eingeschränkte – Handlungsräume zu bewahren. Der totalitäre Herrschaftsanspruch ließ sich gegenüber Schwulen und Lesben nur partiell durchsetzen. Kann man also von einer totalitären Verfolgungspolitik sprechen, wenn sich allenfalls der Verfolgungsanspruch als totalitär erweist? Nach Arendt wohl eher nicht. Denn der »Raum des Handelns« Homosexueller als »die Wirklichkeit der Freiheit« konnte nicht gänzlich zum Verschwinden gebracht werden, nicht in der NS-Zeit und erst Recht nicht in der DDR.[32] Demgegenüber würde Kielmansegg, der die bloße Möglichkeit betont, in »alle Sphären individueller Existenz« einzugreifen und »über die Gesamtheit der Lebenschancen des Einzelnen« zu verfügen, den totalitären Charakter der Verfolgungspolitik vielleicht bejahen.[33]

Ein berechtigter Einwand gegen eine Klassifizierung der Verfolgungspolitik in NS-Staat und DDR als »totalitär« ist freilich auch, dass die Homosexualität nicht nur in der Bundesrepublik, sondern auch in vielen anderen demokratischen Staaten noch lange strafrechtlich verfolgt wurde. Diese Verfolgung war zwar stärker durch rechtsstaatliche Verfahren reglementiert als die in NS-Staat und DDR. Überdies spricht viel dafür, dass auch der praktische Zugriff auf die »Sphären individueller Existenz« eingeschränkter war, als in den gerade in dieser Hinsicht von Maßlosigkeit gekennzeichneten Diktaturen. Gleichwohl waren die Unterschiede wohl eher graduell. Inwieweit man also »totalitäre« und »demokratische« Formen der Verfolgung Homosexueller sinnvoll scheiden könnte, wird nur im Rahmen vergleichender empirischer Studien zu klären sein. Vielleicht ist es aber auch nicht so wichtig, wie man »das Kind« letztendlich nennt. An der die Würde und Freiheit des Einzelnen missachtenden Anmaßung der geschilderten Verfolgungsprogramme ändert es nichts.

31 Lange, Anmerkung zum BGH-Urteil vom 13.3.1951, S. 563.
32 Arendt, Elemente und Ursprünge, S. 683.
33 Kielmansegg, Krise der Totalitarismustheorie, S. 325.

VI. Anhang

1. Abkürzungsverzeichnis

AdK	Akademie der Künste
AV	Ausführungsverordnung
BA-MA	Bundesarchiv – Militärarchiv Freiburg
BArch	Bundesarchiv
BayHStA	Bayerisches Hauptstaatsarchiv
BDVP	Bezirksbehörde der Deutschen Volkspolizei
BfM	Bund für Menschenrecht
BGH	Bundesgerichtshof
Bl.	Blatt
BLHA	Brandenburgisches Landeshauptarchiv
BStU	Archive des Bundesbeauftragten für die Stasi-Unterlagen
BV	Berufsverbrecher/Befristeter Vorbeugehäftling
BV	Bezirksverwaltung
BVG	Berliner Verkehrsbetriebe
CDU	Christlich-Demokratische Union Deutschlands
CRICO	Criminal Code Committee
ČSR	Tschechoslowakische Republik
DDR	Deutsche Demokratische Republik
DJV	Deutsche Justizverwaltung
DNVP	Deutschnationale Volkspartei
FFBIZ	FFBIZ – das feministische Archiv
GdE	Gemeinschaft der Eigenen
Gestapa	Geheimes Staatspolizeiamt
Gestapo	Geheime Staatspolizei
GG	Grundgesetz
GI	Geheimer Informator
HHStA Wiesbaden	Hessisches Hauptstaatsarchiv Wiesbaden
HJ	Hitlerjugend
HO	Handelsorganisation
HStA Düsseldorf	Hauptstaatsarchiv Düsseldorf
HStA Marburg	Hessisches Staatsarchiv Marburg
HStA Stuttgart	Hauptstaatsarchiv Stuttgart
IfZ	Institut für Zeitgeschichte
IM	Inoffizieller Mitarbeiter
Jg.	Jahrgang
KB	Kameradschaftsbund
KGB	Komitet gossudarstwennoi besopasnosti pri Sowjete Ministrow SSSR (Komitee für Staatssicherheit beim Ministerrat der UdSSR)
KL	Konzentrationslager
KPD	Kommunistische Partei Deutschlands
Kripo	Kriminalpolizei
KZ/KZL	Konzentrationslager

LAB	Landesarchiv Berlin
LABW	Landesarchiv Baden-Württemberg
LDPD/LDP	Liberal-Demokratische Partei Deutschlands
Lfm.	Laufmeter
LG	Landgericht
LHA Koblenz	Landeshauptarchiv Koblenz
MdJ	Ministerium der Justiz der DDR
MfS	Ministerium für Staatssicherheit der DDR
NKWD	Volkskommissariat für innere Angelegenheiten der UdSSR (Narodnyj kommissariat wnutrennich del)
NS	Nationalsozialismus, nationalsozialistisch
NSDAP	Nationalsozialistische Deutsche Arbeiterpartei
OdF	Opfer des Faschismus
OG	Oberstes Gericht der DDR
OLG	Oberlandesgericht
OPG	Oberstes Parteigericht der NSDAP
PAAA	Politisches Archiv des Auswärtigen Amtes
PrV	Politisch, rassisch oder religiös Verfolgter
R	Rückseite
RGBl.	Reichsgesetzblatt
RGSt	Entscheidungen des Reichsgerichts in Strafsachen
RJF	Reichsjugendführung
RKPA	Reichskriminalpolizeiamt
RSHA	Reichssicherheitshauptamt
RStGB	Reichsstrafgesetzbuch
SA	Sturmabteilung der NSDAP
SächsHStA Dresden	Sächsisches Hauptstaatsarchiv Dresden
SächsStA Chemnitz	Sächsisches Staatsarchiv Chemnitz
SächsStA Leipzig	Sächsisches Staatsarchiv Leipzig
SBZ	Sowjetische Besatzungszone
SD	Sicherheitsdienst des Reichsführers-SS
SDAG Wismut	Sowjetisch-Deutsche Aktiengesellschaft Wismut
SdP	Sudetendeutsche Partei
SED	Sozialistische Einheitspartei Deutschlands
Sign.	Signatur
SLUB	Sächsische Landesbibliothek – Staats- und Universitätsbibliothek Dresden
SMB	Schwules Museum Berlin
SMAD	Sowjetische Militäradministration in Deutschland
SMAS	Sowjetische Militäradministration in Sachsen
SoavP	Staatliches Regionalarchiv in Pilsen / Státní oblastní archiv v Plzni
SPD	Sozialdemokratische Partei Deutschlands
SS	Schutzstaffel der NSDAP
StA Freiburg	Staatsarchiv Freiburg
StA	Staatsanwalt/Staatsanwaltschaft

Stasi	Ministerium für Staatssicherheit, auch Staatssicherheitsdienst der DDR
StEG	Strafrechtsergänzungsgesetz
StFilA Bautzen	Staatsfilialarchiv Bautzen
StGB	Strafgesetzbuch
StPO	Strafprozessordnung
SV	Sicherungsverwahrter/Sicherungsverwahrung
ThürHStA Weimar	Landesarchiv Thüringen – Hauptstaatsarchiv Weimar
ThürStA Altenburg	Landesarchiv Thüringen – Staatsarchiv Altenburg
ThürStA Gotha	Landesarchiv Thüringen – Staatsarchiv Gotha
ThürStA Rudolstadt	Landesarchiv Thüringen – Staatsarchiv Rudolstadt
UA Leipzig	Universitätsarchiv Leipzig
UdSSR	Union der Sozialistischen Sowjetrepubliken
U-Haft	Untersuchungshaft
unpag.	unpaginiert
Vopo	Volkspolizist
VP	Volkspolizei
VPKA	VP-Kreisamt
VVN	Vereinigung der Verfolgten des Naziregimes
WhK	Wissenschaftlich-humanitäres Kommitee

2. Quellenverzeichnis

AdK (Akademie der Künste): Palucca-Archiv, Nr. 1924, 2051, 2087.

Archiv der deutschen Jugendbewegung: Foto Hans Blüher, 1907, N4, Nr. 16.

BA-MA (Bundesarchiv – Militärarchiv Freiburg): Film 1842/AN 5525 555–558.

BArch (Bundesarchiv Berlin): DP/1 1231; DP/1 8616; DP/1 8623; DP/1 VA/7062; DP/1/112; DP/1/20495; DP/1/23551; DP/1/2376; DP/1/2488; DP/1/30338; DP/1/6458; DP/1/7193; DP/1/7219; DQ/1/2129; DX/1/335; OPG J 0018; OPG J 0084; R 3001/20973; R 3001/20973; R 3001/21165; R 3001/21460; R 3001/23062; R 3001/52964; R 3001/64716; R 3001/78297; R 43/II/1202,; R 58/497; R 58/840; R 9347 (Karteikarte Klimmer); R 9361/II/581198; R 9361-I/18935; R 9361-I/34829; R 9361-II/1120178); R/58/9692; RD 19/28–15; ZD 7650 A. 17; ZSg. 116/108.

BayHStA (Bayerisches Hauptstaatsarchiv): MInn 72644, Nr. 2535 a 89.

BStU (Archive des Bundesbeauftragten für die Stasi-Unterlagen): MfS 1030-58; MfS AP Nr. 4320-61; MfS AU 114-56; MfS AU 1897-58; MfS AU 191-60; MfS AU 307-55; MfS AU 307-55; MfS AU 309-55; MfS AU 31-60; MfS AU 383-54; MfS AU 390-58; MfS AU 390-61; MfS AU 435-58; MfS AU 527-58; MfS AU Nr. 1208-58; MfS BdL-Dok 403; MFS BV Erfurt AIM 223-54; MfS BV Gera AOP 26-54; MfS BV Gera AU 47-54 Bd. I-IV; MfS BV Halle AIM 1296-64; MfS BV Karl-Marx-Stadt AP 2363-66; MfS BV Karl-Marx-Stadt XIV 148-63; MfS BV Leipzig AOP 164-56 und AIM 859-56; MfS GH 194-85; MfS GH 32-64; MfS GH 400-54; MfS GH 42-74; MfS GH 647-59; MfS GH 70-61; MfS GH 90-78; MfS HA I 14841; MfS HA II 17987; MfS Halle, BV Halle AIM 1296-64; MfS Karl-Marx-Stadt, Reg. Nr. XI-180-63 ; MfS WR 683; MfS WR 685; MfS ZAIG Nr. 526; MfS Zentralstelle – ASKS 67450 ; MfS GH 59-56; MfS HA I 14841.

Dr. Rudolf Klimmer und Arnim Schreiner Stiftung im Archiv der Schwulenbewegung: Teilnachlass Rudolf Klimmer. Derzeit verwahrt von Eckhard Prinz in Heidelberg.

FFBIZ (FFBIZ – das feministische Archiv): Nachlass/Fotosammlung Rita Thomas, C Rep. 40 Acc. 4.

HHStA Wiesbaden (Hessisches Hauptstaatsarchiv Wiesbaden): Abt. 409/3; Abt. 461, Nr. 29145.

HStAM (Hessisches Staatsarchiv Marburg): 180 Eschwege Nr. 1718.

Institut für Geschichte der Medizin, TU Dresden: Foto Marianne Zwingenberger, 1954.

Institut für Stadtgeschichte Frankfurt am Main: Nachlass Albert Christel (S1-91) und Sammlung Personengeschichte (S2-10.327).

ITS (International Tracing Service Bad Arolsen): Zahlreiche Personenrecherchen unter https://collections.arolsen-archives.org/search/, u. a. nach sämtlichen namentlich bekannten Angeklagten aus Leipzig.

Karl May Stiftung Radebeul: Autogrammkarte Oskomon-Rathen 1938.

LAB (Landesarchiv Berlin): A Pr. Br. Rep. 030-02-05, Nr. 922; A Rep. 358-02, Nr. 111948; C Rep. 118-01, VdN-Akte Edith Fiedler, Nr. 2392; C Rep. 118-01, VdN-Akte Hertha S., Nr. 7734.

LABW (Landesarchiv Baden-Württemberg): Abt. StA Freiburg, G 701/2 Nr. 1168.

LHAK (Landeshauptarchiv Koblenz): Bestand 584/1, Nr. 8191.

PAAA (Politisches Archiv des Auswärtigen Amtes): Personalakte Henkel, Sign. 005763.

SächsHStA Dresden (Sächsisches Hauptstaatsarchiv Dresden): Bestand 13471, NS-Archiv des MfS, Nr. ZB 7712 A.2 und ZW 276 A 16; Bestand 10789, Polizeipräsidium Dresden, Nr. 58, 69, 91, 96, 124, 165, 188, 202, 222, 243, 261, 270, 280, 445, 465, 469, 472, 484, 496, 504, 600, 619, 670, 674, 686, 705, 722, 729, 739, 813, 848; Bestand 11117, Staatsanwaltschaft beim Oberlandesgericht Dresden, Nr. 100; Bestand 11120, Staatsanwaltschaft beim Landgericht

Dresden, Nr. 2552; Bestand 11120, Staatsanwaltschaft beim Landgericht Dresden, Register der Vorverfahren: Nr. 862, 1047, 896, 861, 887, 906, 1039, 1026, 733, 814, 843, 871, 885; Prozessregister 1931–1934: Nr. 1043, 964, 985, 1042, 963, 983, 1041, 960, 984, 1046, 962, 986, 1045, 987, 961, 1000, 967, 989, 999, 958, 968, 990, 1003, 971, 988, 1004, 972, 998, 1005, 969, 1002, 1006, 970, 996, 1007, 975, 997, 1008, 977, 1001, 1009, 978, 973, 992, 1012, 959, 982, 976, 980, 991, 1013, 981, 995, 1010, 979, 993, 1011, 965, 974, 994, 1016; Register der Hauptverfahren 1935–1945: Nr. 817, 715, 745, 788, 746, 790, 744, 785, 759, 784, 712, 719, 786, 714, 716, 755, 789, 711, 728, 743, 793, 801, 750, 795, 753, 794, 813, 849, 948, 2704, 2737, 2738, 2739, 2740, 2741, 2747, 2749, 2697; Bestand 11121, Staatsanwaltschaft beim Landgericht Freiberg, Prozessregister: Nr. 2118, 2121, 2122, 2123, 2124, 2125, 2127, 2128, 2130, 2133, 2137, 2138, 2140, 2141, 2142, 2143, 2144, 2145, 2146, 2156, 2163; Register der Hauptverfahren: Nr. 2148, 2157, 2171, 2178, 2179, 2180, 2196, 2197, 2198, 2208, 2209, 2210, 2226, 2227, 2228, 2233, 2243, 2251, 2252, 2254, 2263, 2264, 2265, 2266, 2267, 2279, 2280, 2294, 2295, 2296, 2297, 2307, 2318, 2319, 2320, 2329, 2330, 2331, 2342, 2343, 2344, 2355; Bestand 11380, Landesregierung Sachsen, Ministerium der Justiz und Hauptabteilung Justiz beim Ministerpräsidenten, Nr. 513; Bestand 11455, Bezirksgericht Dresden, Nr. 3868; Bestand 13040, Staatsanwaltschaft des Kreises Bautzen, Strafregister 1952–1967: Nr. 3347, 3348, 3349, 3350, 3351, 3352, 3353, 3354, 3355, 3356, 3357, 3358, 3359; Bestand 13026, Staatsanwaltschaft der Stadt Dresden, Verfahrensregister 1953–1967: Nr. 2.004, 2.005, 2.006, 2.007, 2.008, 2.009, 2.010, 2.011, 2.012, 2.014, 2.017, 2.018, 2.019, 2.020, 2.021, 2.022, 2.023, 2.024, 2.025, 2.026, 2.027, 2.028, 2.029, 2.030, 2.031, 2.032, 2.033, 2.034, 2.035, 2.036, 2.037, 2.038, 2.039, 2.040, 2.041, 2.042, 2.043, 2.044, 2.045, 2.046, 2.047, 2.048, 2.049, 2.050, 2.051, 2.052, 2.053, 2.054, 2.055, 2.056, 2.057, 2.058, 2.059, 2.060, 2.061, 2.062, 2.063, 2.064, 2.065, 2.066, 2.067, 2.068, 2.069, 2.070, 2.071, 2.072, 2.073, 2.074, 2.075, 2.076, 2.077, 2.078, 2.079, 2.080, 2.081, 2.082; Bestand 13366, Staatsanwaltschaft des Kreises Dresden-Land, Verfahrensregister 1952–1967: Nr. 2489, 2490, 2493, 2494, 2495, 2496, 2497, 2498, 2499, 2500, 2501, 2502, 2503, 2504, 2505, 2506, 2507, 2508, 2522, 2523, 2524, 2525, 2526.

SächsStA Chemnitz (Sächsisches Staatsarchiv Chemnitz): Bestand 30465, Justizverwaltungsstelle Karl-Marx-Stadt, Nr. 25; Bestand 30503, Staatsanwalt des Bezirkes Karl-Marx-Stadt, Nr. 1121; Bestand 30509, Staatsanwaltschaft Freiberg, Nr. 276, 278, 279, 280, 281, 282, 283, 284, 285, 286, 287, 288, 289, 290, 291, 292, 293, 294; Bestand 32888, Bergbaustaatsanwalt Karl-Marx-Stadt, Nr. 467, 469, 485, 535, 544, 562, 616, 657, 682, 894; Bestand 30514, Staatsanwaltschaft Karl-Marx-Stadt, Nr. 82, 123, 129, 149, 160; Bestand 30526, Staatsanwaltschaft Zwickau, Nr. 37, 44, 57, 60; Bestand 30518, Staatsanwaltschaft Plauen, Nr. 41, 90; Bestand 39074, NS-Archiv Obj. 14 ZD 54/3275/08; Obj. 14 ZD 55/0338; Bestand 30068, Gefangenenanstalt Hoheneck, Nr. 361, 374, 606, 638, 663, 680, 688, 698, 717, 728, 729, 751, 773, 784, 851, 876, 912, 924, 926, 934, 949, 976, 1098, 1113, 1164, 1210, 1266, 1269, 1273, 1327, 1337, 1359, 1367, 1376, 1481, 1534, 1555, 1571, 1674, 1723, 1768, 1769, 1781, 1810, 1839, 1864, 1871, 2141, 2208, 2230, 2242, 2291, 2353, 2752, 2942, 2980, 3000, 3031, 3035, 3049, 3075, 3173, 3254, 3279, 3323, 3351, 3621, 3673, 3720, 3721, 3727, 3745, 3747, 3760, 3810, 3821, 3870, 3904, 3952, 4017, 4037, 4045, 4053, 4058, 4233, 4618, 4627, 4659, 4693, 4728, 5036, 5044, 5045, 5116, 5180, 5223, 5230, 5257, 5313, 5319, 5344, 5560, 5581, 5582, 5606, 5614, 5751, 5903, 5961, 6002, 6016, 6024, 6036, 6154, 6306, 6332, 6426, 6453, 6476, 6492, 6524, 6529, 6536, 6581, 6813, 6817, 7014, 7155, 7236, 7254, 7300, 7409, 7424, 7438, 7447, 7485, 7495, 7500, 7523, 7577, 7580, 7787, 7811, 7843, 7976, 8047, 8067, 8097, 8127, 8232, 8237, 8348, 8514, 8578, 8616, 8619, 8620, 8642, 8766, 8774, 8808, 8850, 8859, 9053, 9072, 9212, 9563; Bestand 30071, Zuchthaus Zwickau, Nr. 329, 928, 992, 1475, 1588, 1693, 1720, 1828,

1931, 2034, 2187, 2707, 3095, 3216, 3515, 3806, 4153, 4502, 4978, 5183, 5208, 5418, 5548, 6533, 7025, 7571, 7695, 9025, 9231, 9385, 10085, 10088, 10159, 10207, 10208, 10453, 11196, 11247, 11533, 11918, 12279, 12549, 12935, 12944, 13939, 14437, 14799, 14812, 14962, 15026, 15030, 15242, 16138, 16221, 16243, 17309, 17408, 19804.

SächsStA Leipzig (Sächsisches Staatsarchiv Leipzig): Bestand 20114, Landgericht Leipzig, Nr. 1, 45, 86, 95, 102, 108, 130, 141, 144, 155, 156, 206, 207, 210, 216, 218, 242, 256, 262, 276, 280, 301, 323, 331, 361, 363, 365, 368, 379, 386, 388, 395, 406, 432, 538, 608, 616, 618, 619, 656, 687, 688, 690, 693, 698, 740, 743, 746, 756, 786, 799, 807, 808, 809, 814, 817, 820, 945, 1000, 1047, 1138, 1143, 1175, 1176, 1193, 1203, 1205, 1226, 1228, 1233, 1254, 1255, 1257, 1272, 1281, 1287, 1293, 1301, 2183, 2209, 2226, 2228, 2256, 2262, 2270, 2276, 2280, 2282, 2298, 2299, 2309, 2311, 2323, 2324, 2326, 2347, 2375, 2382, 2390, 2395, 2399, 2429, 2457, 2480, 2484, 2490, 2496, 2539, 2542, 2546, 2551, 2553, 2555, 2562, 2566, 2629, 2635, 2642, 2644, 2660, 2669, 2700, 2714, 2720, 2750, 2759, 2779, 2785, 2810, 2813, 2814, 2817, 2859, 2861, 2866, 2872, 2876, 2877, 2896, 2927, 2934, 2939, 2961, 2979, 2982, 2989, 3020, 3026, 3027, 3028, 3029, 3030, 3137, 3178, 3180, 3182, 3185, 3212, 3220, 3234, 3238, 3269, 3270, 3271, 3272, 3273, 3274, 3370, 3619, 3630, 3631, 3637, 3649, 3661, 3729, 3798, 3806, 3844, 3998, 4028, 4032, 4048, 4080, 4116, 4132, 4136, 4161, 4162, 4184, 4186, 4212, 4224, 4226, 4228, 4229, 4241, 4246, 4264, 4267, 4271, 4276, 4283, 4287, 4288, 4301, 4312, 4319, 4340, 4371, 4390, 4401, 4402, 4409, 4411, 4414, 4426, 4427, 4449, 4455, 4464, 4468, 4472, 4506, 4522, 4539, 4542, 4545, 4597, 4607, 4611, 4636, 4827, 4828, 4830, 4837, 4841, 4842, 4848, 4859, 4860, 4862, 4958, 4961, 4963, 4965, 4967, 4973, 5044, 5074, 5118, 5120, 5139, 5155, 5157, 5161, 5170, 5178, 5202, 5274, 5551, 5572, 5961, 6504, 6890, 6893, 6894, 6897, 6898, 6901, 6903, 6906, 6910, 6913, 6914, 6920, 6922, 6926, 6927, 6928, 6932, 6946, 6947, 6950, 6961, 6965, 6968, 6976, 6977, 6978, 6980, 6987, 6991, 6998, 7000, 7004, 7012, 7014, 7028, 7055, 7056, 7057, 7058, 7067, 7070, 7076, 7092, 7098, 7105, 7106, 7109, 7113, 7116, 7120, 7139, 7140, 7143, 7144, 7146, 7157, 7158, 8152; Personalakten, Nr. 2085; Bestand 20031, Polizeipräsidium Leipzig, Personenakten: PP-S 27, 81, 246, 311, 400, 478, 744, 761, 849, 1525, 1526, 1534, 1752, 2001, 2417, 2620, 2622, 2788, 2854, 3380, 3459, 3479, 3546, 3723, 3757, 3779, 4016, 4313, 4611, 4695, 4805, 5129, 5455, 6014, 6076, 6147, 6459, 6834, 7922, 8058, 8240, 8348, 1216/151, 1216/183, 2025/71, 2317/160, 2317/30, 240/104, 3400/100, 4900/66, 4900/71; Tätigkeitsberichte über Sittlichkeitsdelikte: PP-V 4952; Bestand 20036, Zuchthaus Waldheim, Nr. 12319, 6110, 13883, 06470, 07149, 07287, 07395, 07396, 07404, 07659, 08191, 08334, 08471, 10301, 10325, 10412, 10424, 10590, 10650, 10712, 10761, 10795, 10933, 11074, 11091, 11141, 11215, 11216, 11287, 11421, 11457, 11569, 11572, 11595, 11627, 11632, 11657, 11658, 11660, 11709, 11749, 11801, 11812, 11824, 11836, 11846, 11882, 11921, 11947, 11971, 12055, 12069, 12070, 12082, 12115, 12173, 12183, 12238, 12351, 12354, 12384, 12412, 12413, 12429, 12445, 12469, 12484, 12548, 12593, 12629, 12630, 12645, 12679, 12726, 12812, 12833, 12834, 12849, 12913, 12976, 13283, 13304, 13355, 13427, 13442, 13461, 13475, 13508, 13509, 13536, 13579, 13588, 13700, 13763, 13889, 13940, 13981, 13993, 14116, 14181, 14200, 14234, 14248, 14277, 14284, 14424, 14441, 14442, 14669, 14670, 14712, 14713, 14813, 14869, 14997, 15041, 15049, 15063, 15118, 15128, 15213, 15230, 15232, 15253, 15302, 15324, 15360, 15452, 15510, 15515, 15516, 15551, 15671, 15738, 15747, 15771, 15820, 15824, 15865, 15874, 15902, 16007, 17018, 17512, 19082, 19454, 19898, 8287; Bestand 20035, Untersuchungshaftanstalten Leipzig, Nr. 1023, 1099, 82, 561, 1114, 563, 537, 200, 549, 938; Bestand 20034, Strafanstalt Kleinmeusdorf, Nr. 1235; Bestand 20142, Staatsanwaltschaft beim Landgericht Leipzig, Nr. 125; Bestand 20266, Staatsanwalt der Stadt Leipzig, Nr. 11; Bestand 21102, S. Hirzel Verlag, Nr. 64, 65; Bestand 21123, SED-Bezirksleitung, Nr. IV/2/15/670; Bestand 22230, Volkspolizeikreisamt Borna, Nr. 504.

SLUB (Sächsische Landesbibliothek — Staats- und Universitätsbibliothek Dresden): Deutsche Fotothek, df_hp_0050404_028.

Stadtarchiv Leipzig, Bestand Oberbürgermeister, Personalamt, Nr. 928, 452.

StFilA Bautzen (Staatsfilialarchiv Bautzen): StFilA Bautzen, Bestand 50071, Staatsanwaltschaft beim Landgericht Bautzen, Nr. 85, 392, 393, 394, 395, 396, 397, 398, 399, 400, 401, 402; Bestand 50050, Amtsgericht Ebersbach, Nr. 39; Bestand 50013, Amtshauptmannschaft Bautzen, Nr. 1626; Bestand 50013, Amtshauptmannschaft Bautzen, Nr. 1633; Bestand 50014, Amtshauptmannschaft Kamenz, Nr. 2114; Bestand 50018, Landratsamt Hoyerswerda, Nr. 752, 753, 178, 179; Bestand 50043, Pflegeheim Bautzen, Nr. 1472; Bestand 50043 Pflegeheim Bautzen, Nr. 433, Bestand 50047, Amtsgericht Bautzen, Nr. 99; Bestand 50058, Amtsgericht Neusalza-Spremberg, Nr. 295; Bestand 50068, Amtsgericht Zittau, Nr. 14, 15; Bestand 50582, Versorgungsamt Bautzen, Nr. 738.

SMB (Schwules Museum Berlin): Nachlass Rudolf Klimmer.

ThHStA Weimar (Landesarchiv Thüringen, Hauptstaatsarchiv Weimar): Generalstaatsanwalt, Sign. 438; Ministerium der Justiz, Sign. 159.

ThürStA Altenburg (Landesarchiv Thüringen, Staatsarchiv Altenburg): Bestand 1-15-0201, Landgericht Altenburg, Sign. 214, 216, 239, 257, 448, 505.

ThürStA Gotha (Landesarchiv Thüringen, Staatsarchiv Gotha): Generalakten der Staatsanwaltschaft Erfurt, Sign. 4.

UA Leipzig (Universität Leipzig/Universitätsarchiv): Rep. I VIII 258; Nr. 435/39, Pers. Wendeborn, Medizinische Fakultät.

Zeitungen: Systematisch ausgewertet wurden die Jahrgänge 1937 bis 1940 der Dresdner Nachrichten und des Freiberger Anzeigers und der Jahrgang 1937 der Leipziger Neuesten Nachrichten. Die NS-Zeitung Freiheitskampf konnte in Kooperation mit dem Datenbankprojekt des Hannah-Arendt-Institutes bis einschließlich 1938 ausgewertet werden, darüber hinaus wurden die Ausgaben der Monate November 1939 bis Januar 1940 gesichtet. Stichprobenartig anhand der Daten von Prozessterminen und politischen Ereignissen wurden der Völkische Beobachter des Jahres 1937 sowie die Jahrgänge 1938 bis 1941 des Bautzener Tageblattes ausgewertet.

3. Literaturverzeichnis

Adam, Otto: Zu einigen Problemen des Benutzungsrechts an den Universitäts- und Hochschulbibliotheken in der DDR. In: Zentralblatt für Bibliothekswesen, Band 94, Leipzig 1980, S. 122–133.

Adressbuch der Landeshauptstadt Dresden, Ausgabe 1942 und 1943/44.

Arendt, Hannah: Element und Ursprünge totaler Herrschaft, Frankfurt a. M. 1955.

Bajohr, Frank/Wildt, Michael: Volksgemeinschaft. Neue Forschungen zur Gesellschaft des Nationalsozialismus, Frankfurt/Main 2012.

Baumann, Jürgen: Paragraph 175. Über die Möglichkeit, die einfache, nichtjugendgefährdende und nichtöffentliche Homosexualität unter Erwachsenen straffrei zu lassen (zugleich ein Beitrag zur Säkularisierung des Strafrechts), Berlin 1968.

Becher, Johannes R.: Dem Ewig-Lebenden. In: Die Volkspolizei, Nr. 5/1953 (http://www.17juni53.de/chronik/5303/bild_6.html; 25.11.2020).

Becher, Walter: Zeitzeuge. Ein Lebensbericht, München 1990.

Becker, Peter: Von der Biographie zur Genealogie. Zur Vorgeschichte der Kriminologie als Wissenschaft und diskursiver Praxis. In: Bödeker, Hans E./Reill, Peter H./Schlumbohm, Jürgen (Hg.): Wissenschaft als kulturelle Praxis, 1750-1900, Göttingen 1999, S. 334–375.

Berndl, Klaus/Kruber, Vera: Zur Statistik der Strafverfolgung homosexueller Männer in SBZ und DDR bis 1959. In: Invertito. Jahrbuch für die Geschichte der Homosexualitäten, 12 (2010), S. 58–124.

Beyer, Susanne: Palucca. Die Biografie, Berlin 2009.

Blecher, Jens: Vom Promotionsprivileg zum Promotionsrecht. Das Leipziger Promotionsrecht zwischen 1409 und 1945 als konstitutives und prägendes Element der akademischen Selbstverwaltung, Dissertation an der Martin-Luther-Universität Halle-Wittenberg, 2006.

Blubacher, Thomas: Gustaf Gründgens. Biographie, Leipzig 2013.

Blüher, Hans: Die deutsche Wandervogelbewegung als erotisches Phänomen. Berlin 1914. Faksimile-Nachdruck: Blüher, Hans: Wandervogel 1 bis 3. Geschichte einer Jugendbewegung, Frankfurt a. M. 1976.

–: Die Rolle der Erotik in der männlichen Gesellschaft, Jena 1917.

–: Die Rolle der Erotik in der männlichen Gesellschaft. Eine Theorie der menschlichen Staatsbildung nach Wesen und Wert. II. Band. Familie und Männerbund, Jena 1919.

–: Die Rede des Aristophanes. Prolegomena zu einer Soziologie des Menschengeschlechts, Hamburg 1966.

Boberach, Heinz (Hg.): Richterbriefe. Dokumente zur Beeinflussung der deutschen Rechtsprechung 1942–1944, Boppard am Rhein 1975.

Boeters, Gustav: Ein homosexueller Kraftwagenführer. In: Monatsschrift für Kriminalpsychologie und Strafrechtsreform, 22 (1931), S. 734–739.

Bohrmann, Hans/Toepser-Ziegert, Gabriele (Hg.): NS-Presseanweisungen der Vorkriegszeit. Edition und Dokumentation, Bände 1935/II, München 1987; 1936/II und 1936/III, München 1993; 1937/III, München 1998; 1938/I, 1938/II und 1938/III, München 1999.

Borgmann, Reinhard/Staadt, Jochen: Spionage im ZK. Zwei Top-Agentinnen im Herzen der Macht, Berlin 1998.

Borowski, Maria: Parallelwelten: Lesbisch-schwules Leben in der frühen DDR, Berlin 2017.

Brand, Walter: Auf verlorenem Posten. Ein sudetendeutscher Politiker zwischen Autonomie und Anschluss, München 1985.

Breithaupt, Dirk: Rechtswissenschaftliche Biographie DDR, Dissertation an der Christian-Albrechts-Universität Kiel, 1993.

Brenner, Hans/Heidrich, Wolfgang/Müller, Klaus-Dieter/Wendler, Dietmar (Hg.): NS-Terror und Verfolgung in Sachsen. Von den Frühen Konzentrationslagern bis zu den Todesmärschen, Dresden 2018.

Bretschneider, Wolfgang: Sexuell aufklären, rechtzeitig und richtig. Ein Ratgeber für sexuelle Erziehung, Leipzig 1956.

Broszat, Martin (Hg.): Kommandant in Auschwitz. Autobiographische Aufzeichnungen des Rudolf Höss, München 1963.

Buddrus, Michael: Totale Erziehung für den totalen Krieg. Hitlerjugend und nationalsozialistische Jugendpolitik, München 2003.

Buhtz, Gerhard: Sammlung von Handschriften der Rechtsbrecher. In: Zeitschrift für gerichtliche Schriftuntersuchungen, 3 (1928) 16, S. 9–13.

Bülow, Carola von: Der Umgang der nationalsozialistischen Justiz mit Homosexuellen, Dissertation an der Carl von Ossietzky Universität Oldenburg, 2000.

Christel, Albert: Apokalypse unserer Tage. Erinnerungen an das KZ Sachsenhausen, Frankfurt a. M. 1987.

Cornwall, Mark: The Devil's Wall. The Nationalist Youth Mission of Heinz Rutha, Cambridge 2012.

Criegern, Carl von: Schutz dem Kinde. In: Leipziger Neuesten Nachrichten vom 14.1.1937, S. 9.

Dammann, Martin: Soldier Studies. Cross-Dressing in der Wehrmacht, Berlin 2019.

Deutsches Bühnen-Jahrbuch, Theatergeschichtliches Jahr- und Adressenbuch, Band 47, Berlin 1936.

–: Theatergeschichtliches Jahr- und Adressenbuch, Band 52, Berlin 1941.

Dietz, Karl/Hesse, Peter G.: Wörterbuch der Sexuologie und ihrer Grenzgebiete, Erste Auflage, Rudolstadt 1964.

–/Hesse, Peter G.: Wörterbuch der Sexuologie und ihrer Grenzgebiete, Vierte Auflage, Rudolstadt 1971.

Dobler, Jens: Von anderen Ufern. Geschichte der Berliner Lesben und Schwulen in Kreuzberg und Friedrichshain, Berlin 2003.

–: Zwischen Duldungspolitik und Verbrechensbekämpfung. Homosexuellenverfolgung durch die Berliner Polizei von 1848 bis 1933, Frankfurt a. M. 2008.

–: »Den Heten eine Kneipe wegnehmen«. In: Sonntagsclub (Hg.), Verzaubert in Nord-Ost. Die Geschichte der Berliner Lesben und Schwulen in Prenzlauer Berg, Pankow und Weißensee, Berlin 2009, S. 167–173.

–: Unzucht und Kuppelei. Lesbenverfolgung im Nationalsozialismus. In: Eschebach (Hg.): Homophobie und Devianz, S. 53–62.

Domeier, Norman: Der Eulenburg-Skandal. Eine politische Kulturgeschichte des Kaiserreichs, Frankfurt a. M. 2010.

Dörner, Bernward: NS-Herrschaft und Denunziation. Anmerkungen zu Defiziten in der Denunziationsforschung. In: Historical Social Research, 26 (2001) 2/3, S. 55–69.

Dressler, U./Naundorf, M.: Materialien zum Strafrecht. Besonderer Teil. Heft 2. Verbrechen gegen die Person, Berlin 1955.

Eissler, W. U.: Arbeiterparteien und Homosexuellenfrage. Zur Sexualpolitik von SPD und KPD in der Weimarer Republik, Berlin 1980.

Eschebach, Insa (Hg.): Homophobie und Devianz. Weibliche und männliche Homosexualität im Nationalsozialismus, Berlin 2012

Etzel, Matthias: Die Aufhebung von nationalsozialistischen Gesetzen durch den Alliierten Kontrollrat (1945–1948), Tübingen 1992.
Feix, Gerhard: Der Schutz Minderjähriger vor sexuellen Anschlägen im künftigen StGB. In: Neue Justiz, 15 (1961), S. 750–753.
Finkelmeier, Conrad: Die braune Apokalypse. Erlebnisbericht eines ehemaligen Redakteurs der Arbeiterpresse aus der Zeit der Nazityrannei, Weimar 1947.
Forst, Rainer: Toleranz im Konflikt. Geschichte, Gehalt und Gegenwart eines umstrittenen Begriffs, Frankfurt a. M. 2003.
Fout, John C.: Homosexuelle in der NS-Zeit: Neue Forschungsansätze über Alltagsleben und Verfolgung. In: Burkhard Jellonnek/Rüdiger Lautmann (Hg.), Nationalsozialistischer Terror gegen Homosexuelle. Verdrängt und ungesühnt, Paderborn 2002, S. 163–172.
Fraenkel, Ernst: Der Doppelstaat, Hamburg 2012.
Freisler, Roland: Ein Reich – ein Recht! Gedanken zur Verschmelzung des ostmärkischdeutschen und altreichsdeutschen Strafrechts. In: Deutsche Justiz, 103 (1941) 17, Ausgabe C, S. 478–494.
Freund, Kurt: Die Homosexualität bei Mann, Leipzig 1963.
Friedländer, Benedict: Die Renaissance des Eros Uranios. Die physiologische Freundschaft, ein normaler Grundtrieb des Menschen und eine Frage der männlichen Gesellungsfreiheit, Schmargendorf-Berlin 1904.
Fromm, Bella: Als Hitler mir die Hand küsste, Reinbek 1994.
Fuchs, Thomas: Strafgesetzbuch für das Deutsche Reich vom 15. Mai 1871. Historisch-synoptische Edition 1871–2009, Mannheim 2010.
Gellately, Robert: Die Gestapo und die deutsche Gesellschaft. Zur Entstehung einer selbstüberwachenden Gesellschaft. In: Schmiechen-Ackermann, Detlef (Hg.): Anpassung, Verweigerung, Widerstand. Soziale Milieus, politische Kultur und der Widerstand gegen den Nationalsozialismus in Deutschland im regionalen Vergleich, Berlin 1997, S. 109–121.
Genossenschaft deutscher Bühnenangehöriger (Hg.): Deutsches Bühnen-Jahrbuch, Band 63, Hamburg 1955.
Gerats, Hans/Lekschas, John/Renneberg, Joachim: Lehrbuch des Strafrechts der Deutschen Demokratischen Republik. Allgemeiner Teil, Erste Auflage, Berlin 1957 und Zweite Auflage, Berlin 1959.
Gerlach, Carola: Anträge auf Anerkennung als »Opfer des Faschismus« (OdF) und »Politisch, rassisch oder religiös Verfolgter« (PrV). In: Pretzel: NS-Opfer unter Vorbehalt, S. 193–221.
Geuter, Ulfried: Homosexualität in der deutschen Jugendbewegung. Jungenfreundschaft und Sexualität im Diskurs von Jugendbewegung, Psychoanalyse und Jugendpsychologie am Beginn des 20. Jahrhunderts, Frankfurt a. M. 1994.
Giese, Hans: Der homosexuelle Mann in der Welt, Stuttgart 1958.
–: Homosexualität oder Politik mit dem § 175, Reinbek 1967.
Goffman, Erving: Stigma. Über Techniken der Bewältigung beschädigter Identität, Frankfurt a. M. 1975.
Gollner, Günther: Homosexualität. Ideologiekritik und Entmythologisierung einer Gesetzgebung, Berlin 1974.
Gorki, Maxim: Proletarischer Humanismus. In: Rundschau über Politik, Wirtschaft und Arbeiterbewegung, 3 (1934) 5, S. 1297–1299.
Grau, Günter (Hg.): Homosexualität in der NS-Zeit. Dokumente einer Diskriminierung und Verfolgung, Frankfurt a. M. 1993.

–: Sozialistische Moral und Homosexualität. Die Politik der SED und das Homosexuellenstrafrecht 1945 bis 1989 – ein Rückblick. In: Grumbach, Detlef (Hg.): Die Linke und das Laster. Schwule Emanzipation und linke Vorurteile, Hamburg 1995, S. 85–141.

Grau, Günter: Ein Leben im Kampf gegen den Paragraphen 175. Zum Wirken des Dresdner Arztes Rudolf Klimmer 1905–1977. In: Herzer, Manfred (Hg.): 100 Jahre Schwulenbewegung. Dokumentation einer Vortragsreihe in der Akademie der Künste, Berlin 1998, S. 47–64.

–: Leipzigs Drittes Geschlecht. In: Capri. Zeitschrift für schwule Geschichte, 11 (1998) 25, S. 27–47.

–: Liberalisierung und Repression. Zur Strafrechtsdiskussion zum § 175 in der DDR. In: Zeitschrift für Sexualwissenschaft, 15 (2002) 4, S. 323–340.

–: Lexikon zur Homosexuellenverfolgung 1933–1945: Institutionen – Kompetenzen – Betätigungsfelder, Münster 2010.

–/Plötz, Kirsten: Verfolgung und Diskriminierung der Homosexualität in Rheinland-Pfalz, Mainz 2017 (https://mffjiv.rlp.de/fileadmin/MFFJIV/Vielfalt/RLP_unterm_Regenbogen/Forschungsbericht_gesamt.pdf; 8.12.2020).

Hacke, Gerald: Der Dresdner Juristenprozess 1947 im Spannungsfeld der politischen und medialen Auseinandersetzung. In: Osterloh, Jörg/Vollnhals, Clemens: NS-Prozesse und deutsche Öffentlichkeit. Besatzungszeit, frühe Bundesrepublik und DDR, Göttingen 2011, S. 167–188.

Heger, Heinz: Die Männer mit dem Rosa Winkel. Der Bericht eines Homosexuellen über seine KZ-Haft von 1939–1945, Hamburg 1972.

Hein, Christoph: Verwirrnis, Berlin 2018.

Hergemöller, Bernd-Ulrich: Einführung in die Historiographie der Homosexualitäten, Tübingen 1999.

–: (Hg): Mann für Mann. Biografisches Lexikon zur Geschichte von Freundesliebe und mannmännlicher Sexualität im deutschen Sprachraum, Zweite Auflage, Berlin 2010.

Herrmann, Ulrich: Vom HJ-Führer zur Weißen Rose: Hans Scholl vor dem Stuttgarter Sondergericht 1937/38 (Materialien zur Historischen Jugendforschung), Weinheim 2012.

Herzer, Manfred: Ludwig Renn. Ein schwuler kommunistischer Schriftsteller im Zeitalter des Hochstalinismus. In: Capri. Zeitschrift für schwule Geschichte, 3 (1991) 10, S. 27–37.

Heymann, Britta: Ernst Melsheimer (1897–1960). Eine juristische Karriere in verschiedenen staatlichen Systemen, Frankfurt a. M. 2007.

Himmler, Heinrich: Geheimreden 1933 bis 1945 und andere Ansprachen. Hg. von Bradley F. Smith und Agnes F. Peterson, Frankfurt a. M. 1974.

Hirschfeld, Magnus: Die Homosexualität des Mannes und des Weibes, Berlin 1914.

–: Von einst bis jetzt. Geschichte einer homosexuellen Bewegung 1897–1922, Berlin 1986.

Hockerts, Hans Günter: Die Sittlichkeitsprozesse gegen katholische Ordensangehörige und Priester 1936–1937, Mainz 1971.

Hoffschildt, Rainer: Mindestens 154 Frauen kommen aufgrund des »§ 175« vor Gericht (cultpress.de/rosa-winkel/Frauen_Paragraf_175.pdf; 13.3.2020).

Hofmann, Michael: Soziale Strukturen in Ostdeutschland (https://www.bpb.de/geschichte/deutsche-einheit/lange-wege-der-deutschen-einheit/303482/soziale-strukturen; 19.8.2020).

Homosexuelle Initiative Wien (Hg.): Rosa Liebe unter dem Roten Stern. Zur Lage der Lesben und Schwulen in Osteuropa, Zweite Auflage, Kiel 1986.

Huneke, Samuel Clowes: Die Grenzen der Homophobie: Lesbischsein unter dem NS-Regime. In: Zinn (Hg.): Homosexuelle in Deutschland, S. 117–129.

–: The Duplicity of Tolerance. Lesbian Experiences in Nazi Berlin. In: Journal of Contemporary History, 54 (2019) 1, S. 30–59.

Janßen, Karl-Heinz/Tobias, Fritz: Der Sturz der Generäle. Hitler und die Blomberg-Fritsch-Krise 1938, München 1994.

Jellonnek, Burkhard: Homosexuelle unter dem Hakenkreuz. Die Verfolgung von Homosexuellen im Dritten Reich, Paderborn 1990.

Jellonnek, Burkhard: »Staatspolizeiliche Fahndungs- und Ermittlungsmethoden gegen Homosexuelle. Regionale Differenzen und Gemeinsamkeiten«. In: Paul, Gerhard/Mallmann, Klaus-Michael (Hg.): Die Gestapo. Mythos und Realität, Darmstadt 2003, S. 343–356.

Jesse, Eckhard: War die DDR totalitär? In: Aus Politik und Zeitgeschichte, 42 (1994) 40, S. 12–23.

Justizministerium der Deutschen Demokratischen Republik (Hg.): Strafgesetzbuch und andere Strafgesetze. Erweiterte Textausgabe mit Anmerkungen und Sachregister, Berlin 1954.

Kailer, Thomas: Vermessung des Verbrechers. Die Kriminalbiologische Untersuchung in Bayern 1923–1945, Bielefeld 2011.

Karstädt, Christina/Zitzewitz, Anette von (Hg.): … viel zu viel verschwiegen. Eine historische Dokumentation von Lebensgeschichten lesbischer Frauen in der Deutschen Demokratischen Republik, Berlin 1996.

Kielmansegg, Peter Graf: Krise der Totalitarismustheorie? In: Zeitschrift für Politik, 21 (1974) 4, S. 311–326.

Klare, Rudolf: Homosexualität und Strafrecht, Hamburg 1937.

Klimmer, Rudolf: Die Homosexualität und ihre Bestrafung. In: Neue Justiz, 4 (1950), S. 109–111.

–: Die Homosexualität als biologisch-soziologische Zeitfrage. Dritte erweiterte und verbesserte Auflage, Hamburg 1965.

Knoll, Albert: Homosexuelle Häftlinge im KZ Dachau. In: Mußmann: Wissenschaftliche Tagung, S. 59–71.

Knopp, William/Rätz, Walter: Kriminalität und Gefährdung der Jugend. Lagebericht bis zum Stande vom 1. Januar 1941. Hg. vom Jugendführer des Deutschen Reiches, Berlin 1941.

Kogon, Eugen: Der SS-Staat. Das System der deutschen Konzentrationslager, Frankfurt a. M. 1946.

Köhler, Jürgen: Mein Vater war schlohweiß – Rekonstruktion eines politischen Mordes. In: Grabner, Sigrid/Röder, Hendrik/Wernicke, Thomas (Hg.): Potsdam 1945–1989. Zwischen Anpassung und Aufbegehren, Potsdam 1999.

Kötzschke, Richard/Thiele, Walter: Die Geschichte der Dresdner Staatspolizei zu ihrem 75-jährigen Bestehen, Dresden 1928.

Krafft-Ebing, Richard von: Psychopathia sexualis. Mit besonderer Berücksichtigung der conträren Sexualempfindung. Eine klinisch-forensische Studie. Zehnte, verbesserte und theilweise vermehrte Auflage, Stuttgart 1898.

Kreuter, Alma. Deutschsprachige Neurologen und Psychiater. Ein biographisch-bibliographisches Lexikon von den Vorläufern bis zur Mitte des 20. Jahrhunderts. Band 1, München 1996.

Kriminalstatistik für die Jahre 1919–1931. Bearbeitet im Reichsjustizministerium und im Statistischen Reichsamt, Bände 320, 346, 311, 354, 320, 328, 335, 347, 370, 384, 398, 429, 433, Berlin 1927–1934.

Krolle, Stefan: »Bündische Umtriebe«. Geschichte des Nerother Wandervogels vor und unter dem NS-Staat. Ein Jugendbund zwischen Konformität und Widerstand, Münster 1985.

Lange, Richard: Anmerkung zum BGH-Urteil vom 13.3.1951. In: Juristenzeitung, 6 (1951) 17, S. 562–564.

Lautmann, Rüdiger/Grikschat, Winfried/ Schmidt, Egbert: Der rosa Winkel in den nationalsozialistischen Konzentrationslagern. In: Lautmann, Rüdiger (Hg.): Seminar: Gesellschaft und Homosexualität, Frankfurt a. M. 1977, S. 325–365.

–: »Hauptdevise: bloß nicht anecken.« Das Leben homosexueller Männer unter dem Nationalsozialismus. In: Beck, Johannes (Hg.): Terror und Hoffnung in Deutschland 1933–1945. Leben im Faschismus, Reinbek 1980, S. 366–390.

Ledig, Gerhard: Der Begriff als Instrument der Rechtspflege, Berlin 1927.

–: Kriminologie. Kleine kriminalistische Bücherei, Band 6, Berlin 1947.

Lemke, Jürgen: Ganz normal anders. Auskünfte schwuler Männer aus der DDR, Frankfurt a. M. 1989.

Lindenberger, Thomas: Volkspolizei. Herrschaftspraxis und öffentliche Ordnung im SED-Staat 1952–1968, Köln 2003.

Löffelsender, Michael: Strafjustiz an der Heimatfront. Die strafrechtliche Verfolgung von Frauen und Jugendlichen im Oberlandesgerichtsbezirk Köln 1939-1945, Tübingen 2012.

Longerich, Peter: Heinrich Himmler. Biographie, München 2008.

Maaß, Rainer: Ein Darmstädter Landesverrat im Jahre 1922 und seine ungeahnten Folgen. Die unglückliche Geschichte von Ludwig Möser. In: Invertito. Jahrbuch für die Geschichte der Homosexualitäten, 7 (2005), S. 9–36.

Manecke, Kurt/Meinel, Joachim: Strafrecht der DDR. Besonderer Teil. Heft 4. Straftaten gegen die Person und ihre Bekämpfung. Hg. von der Juristischen Fakultät der Humboldt-Universität zu Berlin, Februar 1964.

Mann, Reinhard: Protest und Kontrolle im Dritten Reich. Nationalsozialistische Herrschaft im Alltag einer rheinischen Großstadt, Frankfurt a. M. 1987, S. 295.

Mayer, Hans: Außenseiter, Frankfurt a. M. 1975.

Menne, Jonas: »Lombroso redivivus?« Biowissenschaften, Kriminologie und Kriminalpolitik von 1876 bis in die Gegenwart, Tübingen 2017.

Merkel, Wolfgang: Totalitäre Regimes. In: Totalitarismus und Demokratie. Zeitschrift für internationale Diktatur- und Freiheitsforschung, 1 (2004) 2, S. 183–202.

Meve, Jörn: »Homosexuelle Nazis«. Ein Stereotyp in Politik und Literatur des Exils, Hamburg 1990.

Micheler, Stefan/Müller, Jürgen/Pretzel, Andreas: Die Verfolgung homosexueller Männer in der NS-Zeit und ihre Kontinuität. Gemeinsamkeiten und Unterschiede in den Großstädten Berlin, Hamburg und Köln. In: Invertito. Jahrbuch für die Geschichte der Homosexualitäten, 4 (2002), S. 8–51.

–/Terfloth, Moritz: Homosexuelle Männer als Opfer des Nationalsozialismus in Hamburg, Hamburg 2002.

Micheler, Stefan: Selbstbilder und Fremdbilder der »Anderen«. Männer begehrende Männer in der Weimarer Republik und der NS-Zeit, Konstanz 2005.

–: » … und verbleibt weiter in Sicherungsverwahrung«. Kontinuitäten der Verfolgung Männer begehrender Männer in Hamburg 1945–1949. In: Pretzel, Andreas/Weiß, Volker (Hg.): Ohnmacht und Aufbegehren. Homosexuelle Männer in der frühen Bundesrepublik, Hamburg 2010, S. 62–90.

–: »Wir dachten, damit ein gutes Werk zu tun …« Verfolgung Männer begehrender Männer während der NS-Zeit in Hamburg unter besonderer Berücksichtigung von Denunziationen. In: Zinn (Hg.), Homosexuelle in Deutschland 1933–1969, S. 61–84.

Mitteilungen des Wissenschaftlich-humanitären Komitees (WhK), Jahrgänge 1926–1933, Faksimile-Nachdruck, Hamburg 1985.

Möllers, Heiner: Die Affäre Kießling. Der größte Skandal der Bundeswehr, Berlin 2019.

Müller, Joachim: »Narben bleiben immer«. Das Leben des Walter Schwarze. In: Müller/Sternweiler (Hg.), Homosexuelle Männer im KZ Sachsenhausen, S. 359–372.

–: »Um von meinem Trieb befreit zu werden«. Kastrationen im Krankenrevier. In: Müller/Sternweiler (Hg.): Homosexuelle Männer im KZ Sachsenhausen, S. 283–299.

–: »Wie die Bewegung, so die Verpflegung«. Die Strafkompanie Schuhläufer. In: Müller/Sternweiler (Hg.): Homosexuelle Männer im KZ Sachsenhausen, S. 181–189.

–/Sternweiler, Andreas (Hg.): Homosexuelle Männer im KZ Sachsenhausen, Berlin 2000.

Müller, Jürgen: Ausgrenzung der Homosexuellen aus der Volksgemeinschaft. Die Verfolgung von Homosexuellen in Köln 1933–1945, Köln 2003.

–: Praxis polizeilicher Vorbeugungshaft. In: Mußmann (Bearb.), Wissenschaftliche Tagung, S. 39–43.

Munier, Julia Noah: Lebenswelten und Verfolgungsschicksale homosexueller Männer in Baden und Württemberg im 20. Jahrhundert, Stuttgart 2021.

Mußmann, Olaf (Bearb.): Wissenschaftliche Tagung. Homosexuelle in Konzentrationslagern. Vorträge, Bad Münstereifel 2000.

Neubert, Rudolf: Die Geschlechterfrage. Ein Buch für junge Leute, Rudolstadt 1956.

Nicolaysen, Rainer: Entwürdigt – Die Aberkennung von Doktortiteln im Dritten Reich. Homosexuelle Opfer der Hamburger Universität. In: Domeier, Norman/Nicolaysen, Rainer/Borowski, Maria/Lücke, Martin/Schwartz, Michael: Gewinner und Verlierer. Beiträge zur Geschichte der Homosexualität in Deutschland im 20. Jahrhundert, Göttingen 2015, S. 45–61.

Nieden, Susanne zur: Eine delikate Frauenangelegenheit. In: dies.: Unwürdige Opfer. Die Aberkennung von NS-Verfolgten in Berlin 1945 bis 1949, Berlin 2003, S. 126–130.

–: Der »kesse Vater« und seine Beziehung zu den polaren »Geschlechtscharakteren«. In: Duden, Barbara/Hagemann, Karen/Schulte, Regina/Weckel, Ulrike (Hg.): Geschichte in Geschichten. Ein historisches Lesebuch, Frankfurt a. M. 2003, S. 319–324.

–: Die Aberkannten. Der Berliner Hauptausschuss »Opfer des Faschismus« und die verfolgten Homosexuellen. In: Frei, Norbert/Brunner, José/Goschler, Constantin (Hg.): Die Praxis der Wiedergutmachung. Geschichte, Erfahrung und Wirkung in Deutschland und Israel, Bonn 2010, S. 264–289.

Nietzelt, Manfred: Der Himmel ist hoch, Frankfurt a. M. 1992.

Oberstes Gericht der DDR: § 175 ist in der alten Fassung anzuwenden. OG, Urteil vom 28. März 1950. In: Neue Justiz, 4 (1950), S. 215.

Oberstes Gericht der DDR: Zur Frage der Unzucht im Sinne des § 175a Ziffer 3 StGB. OG, Urteil vom 5. Mai 1955. In: Neue Justiz, 9 (1955), S. 451.

Oettel, Andreas: Gewerbezählungen in Sachsen in der 1. Hälfte des 20. Jahrhunderts – Struktur der Wirtschaft (statistik.sachsen.de/download/300_Voe-Fachbeitrage/Ausgabe_06.pdf; 2.4.2020).

Peters, Jan-Henrik: Ein Homosexueller im KZ Sachsenburg. Alfred Kastner (1889–1938) In: Pampel, Bernd/ Schmeitzner, Mike (Hg.): Konzentrationslager Sachsenburg (1933–1937), S. 373–379.

Plötz, Kirsten/Velke, Marcus: Aufarbeitung von Verfolgung und Repression lesbischer und schwuler Lebensweisen in Hessen 1945-1985, Wiesbaden 2018 (https://soziales.hessen.de/sites/default/files/media/hsm/forschungsbericht_aufarbeitung_verfolgung.pdf; 8.12.2020).

Postert, André: Die Hitlerjugend – eine »Schule der Homosexualität«? Diskurse um die sittliche Gefährdung der Jugend. In: Zinn (Hg.), Homosexuelle in Deutschland 1933–1969, S. 85–102.

Pretzel, Andreas (Hg.): NS-Opfer unter Vorbehalt. Homosexuelle Männer in Berlin nach 1945, Münster 2002.

–/Roßbach, Gabriele: »Wegen der zu erwartenden hohen Strafe …«. Homosexuellenverfolgung in Berlin 1933–1945, Hg. vom Kulturring in Berlin e. V., Berlin 2000.

Proust, Marcel: Auf der Suche nach der verlorenen Zeit, Band 4: Sodom und Gomorrha, Frankfurt a. M. 2011.

Rademacher, Michael: Deutsche Verwaltungsgeschichte von der Reichseinigung 1871 bis zur Wiedervereinigung, Osnabrück 1990 (http://treemagic.org/rademacher/www.verwaltungsgeschichte.de; 12.10.2019).

Reichsgesetzblatt (RGBl.): Teil 1, Jg. 1921, 1923, 1924, 1933, 1935, 1939, 1941 (https://de.wikisource.org/wiki/Reichsgesetzblatt_(Deutschland)).

Reiland, Werner: Die gesellschaftlichen Gerichte der DDR, Tübingen 1971.

Renn, Ludwig: Vor großen Wandlungen, Zürich 1936.

RGSt: Entscheidungen des Reichsgerichts in Strafsachen 1880–1944. Archiv-DVD-ROM, Berlin 2005.

Rodewald, Hans: Die Unfruchtbarmachung geistig Minderwertiger im Lichte der Medizin und des Rechts. In: Monatsschrift für Kriminalpsychologie und Strafrechtsreform, 22 (1931), S. 705–720.

–: Entmannung und Entmannungsuntersuchungen. Text und Erläuterung der AV des Reichsjustizministers vom 10. Okt. 1936 In: Monatsschrift für Kriminalbiologie und Strafrechtsreform. Organ d. Kriminalbiologischen Gesellschaft, 28 (1937), S. 3–11.

Röll, Wolfgang: Homosexuelle Häftlinge im Konzentrationslager Buchenwald 1937–1945. In: Mußmann: Wissenschaftliche Tagung, S. 94–104.

Rosenkranz, Bernhard/Bollmann, Ulf/Lorenz, Gottfried: Homosexuellen-Verfolgung in Hamburg 1919–1969, Hamburg 2009.

Ruffin, Kurt von: Als schwuler Häftling in den KZs Columbiahaus und Lichtenburg 1935/36. Winfried Kuhn interviewt Kurt von Ruffin im Herbst 1978 in Berlin. In: Capri. Zeitschrift für schwule Geschichte, Berlin, 4 (1991, eigentlich Februar 1992) 13, S. 4–10.

Ruppel, Manfred: »Als die Fesseln fielen«. Albert Christel. In: Müller/Sternweiler (Hg.), Homosexuelle Männer im KZ Sachsenhausen, S. 373–376.

Sagel-Grande, Irene: Die Entwicklung der Sanktionen ohne Freiheitsentzug im Strafrecht der DDR, Berlin 1972.

Salomon, Alice (unter Mitwirkung von Wronsky, Siddy): Leitfaden der Wohlfahrtspflege, Wiesbaden 1921.

Schäfer, Leopold: Die Einzelheiten der Strafgesetznovelle vom 28.6.1935. In: Deutsche Justiz, 97 (1935) 28, S. 994–999.

Schiefelbein, Dieter: Zur Verfolgung von Homosexuellen in Frankfurt/Main. In: Ulrich, Axel/Knigge-Tesche, Renate: Verfolgung und Widerstand in Hessen 1933–1945, Frankfurt a. M. 1996, S. 404–414.

Schischkin, Alexander Fjodorowitsch: Die Grundlagen der kommunistischen Moral, Dritte Auflage, Berlin 1959.

Schmid, Hans Dieter: Gestapo Leipzig. Politische Abteilung des Polizeipräsidiums und Staatspolizeistelle Leipzig 1933-1945, Beucha 1997.

Schmidt, Gunter: Homosexualität und Vorurteil. In: Giese, Hans: Homosexualität oder Politik mit dem § 175, S. 109–125.

Schönherr, W.: Über das Mamma-Sarkom. In: Zeitschrift für Geburtshilfe und Gynäkologie, 154 (1959), S. 270–292.

Schönke, Adolf: Strafgesetzbuch für das Deutsche Reich. Kommentar, 2. durchgearb. und erg. Auflage, München 1944.

Schoppmann, Claudia: Nationalsozialistische Sexualpolitik und weibliche Homosexualität, Pfaffenweiler 1991.

–: Zeit der Maskierung: Lebensgeschichten lesbischer Frauen im »Dritten Reich«, Berlin 1993.

–: Nationalsozialistische Sexualpolitik und weibliche Homosexualität, Zweite überarbeitete Auflage, Pfaffenweiler 1997.

–: Verbotene Verhältnisse. Frauenliebe 1938–1945, Berlin 1999.

–: Elsa Conrad, Margarete Rosenberg, Mary Pünjer, Henny Schermann. Vier Porträts. In: Eschebach (Hg.): Homophobie und Devianz, S. 97–111.

–: Zwischen strafrechtlicher Verfolgung und gesellschaftlicher Ächtung. Lesbische Frauen im »Dritten Reich«. In: Eschebach (Hg.), Homophobie und Devianz, S. 35–51.

–: Lesbische Frauen und weibliche Homosexualität im Dritten Reich. In: Schwartz, Michael (Hg.): Homosexuelle im Nationalsozialismus, München 2014, S. 85–91.

Schreiber, Carsten: Täter und Opfer. Der Verfolgungsapparat im NS-Staat. In: Vollnhals, Clemens (Hg.): Sachsen in der NS-Zeit, Leipzig 2002, S. 170–182.

Schulz, Christian: Paragraph 175. (abgewickelt). Homosexualität und Strafrecht im Nachkriegsdeutschland. Rechtsprechung, juristische Diskussionen und Reformen seit 1945, Hamburg 1994.

Schurtz, Heinrich: Altersklassen und Männerbünde. Eine Darstellung der Grundformen der Gesellschaft, Berlin 1902.

Schwartz, Michael: Homosexuelle, Seilschaften, Verrat: Ein transnationales Stereotyp im 20. Jahrhundert, Berlin 2019.

Schwarz, Hanns: Schriftliche Sexualberatung, Rudolstadt 1959.

Seel, Pierre: Ich, Pierre Seel, deportiert und vergessen, Köln 1996.

Simon, Jürgen: Kriminalbiologie und Zwangssterilisation. Eugenischer Rassismus 1920–1945, Münster 2001.

Smelser, Ronald M.: Das Sudetenproblem und das Dritte Reich 1933–1938. Von der Volkstumspolitik zur Nationalsozialistischen Außenpolitik, München 1980.

Sparing, Frank: »… wegen Vergehen nach § 175 verhaftet«. Die Verfolgung der Düsseldorfer Homosexuellen während des Nationalsozialismus, Düsseldorf 1997.

Sparing, Frank: Zwangskastration im Nationalsozialismus. In: Kriminalbiologie, Düsseldorf 1997, S. 169–212.

Stapel, Eduard: Warme Brüder gegen kalte Krieger. Schwulenbewegung in der DDR im Visier der Staatssicherheit, Magdeburg 1999.

Starke, Kurt/Thinius, Bert/Stapel, Eduard: Schwuler Osten. Homosexuelle Männer in der DDR, Berlin 1994.

Statistisches Bundesamt: Sonderreihe mit Beiträgen für das Gebiet der ehemaligen DDR. Heft 15. Ausgewählte Zahlen der Volks- und Berufszählungen und Gebäude- und Wohnungszählungen 1950 bis 1981, Wiesbaden 1994.

Statistisches Jahrbuch der Deutschen Demokratischen Republik 1959. Hg. von der Staatlichen Zentralverwaltung für Statistik. 5. Jahrgang, Berlin 1960.

Statistisches Jahrbuch für das Deutsche Reich. Herausgegeben vom Statistischen Reichsamt, Zweiundfünfzigster Jahrgang, Berlin 1933, und Neunundfünfzigster Jahrgang, Berlin 1942.

Sternweiler, Andreas: » . . . wegen dringenden Verdachts homosexueller und bündischer Betätigung festgenommen«. Homosexuelle aus der Jugendbewegung. In: Müller/Sternweiler (Hg.), Homosexuelle Männer im KZ Sachsenhausen, S. 109–149.

–: Chronologischer Versuch zur Situation der homosexuellen im KZ Sachsenhausen. In: Müller/Sternweiler (Hg.), Homosexuelle Männer im KZ Sachsenhausen, S. 29–55.

Strafgesetzbuch der Deutschen Demokratischen Republik -StGB- vom 12. Januar 1968 (http://www.verfassungen.de/ddr/strafgesetzbuch68.htm; 27.08.2020).

Terhorst, Karl-Leo: Polizeiliche planmäßige Überwachung und polizeiliche Vorbeugungshaft im Dritten Reich, Heidelberg 1985.

Thinius, Bert: Verwandlung und Fall des Paragraphen 175 in der Deutschen Demokratischen Republik. In: Freunde eines Schwulen Museums in Berlin e. V. (Hg.), Die Geschichte des § 175, Berlin 1990, S. 145–162.

Ulrichs, Karl Heinrich: Forschungen über das Räthsel der mann-männlichen Liebe. Band XII. Critische Pfeile, Berlin 1984.

Volk, Ludwig (Hg.): Akten Kardinal Michael von Faulhabers 1917–1945, Band 2: 1935–1945, Paderborn 1978.

Vollnhals, Clemens: Der Totalitarismusbegriff im Wandel. In: Aus Politik und Zeitgeschichte, 54 (2006) 39, S. 21–27.

Vorbeugende Verbrechensbekämpfung. Erlaßsammlung. Schriftenreihe des Reichskriminalpolizeiamtes. Hg. vom Reichssicherheitshauptamt, Nr. 15, Berlin 1941.

Vormbaum, Moritz. Das Strafrecht der Deutschen Demokratischen Republik, Tübingen 2015.

Wagner, Patrick: Hitlers Kriminalisten. Die deutsche Kriminalpolizei und der Nationalsozialismus, München 2002.

Wahl, Niko: Verfolgung und Vermögensentzug Homosexueller auf dem Gebiet der Republik Österreich während der NS-Zeit. Bemühungen um Restitution, Entschädigung und Pensionen in der Zweiten Republik, Wien 2004.

Wartelsteiner, Maxi: Rückkehr unerwünscht. Schwul-Sein und das ewig gesunde Volksempfinden, Schkeuditz 1995.

Weiß, Wolfgang: Anmerkung. In: Neue Justiz, 3 (1949), S. 145–147.

Wentker, Hermann: Justiz in der SBZ/DDR 1945–1953. Transformation und Rolle ihrer zentralen Institutionen, München 2001.

Werkentin, Falco: Politische Strafjustiz in der Ära Ulbricht: Vom bekennenden Terror zur verdeckten Repression, Berlin 1997.

Wiebe, Katja: Verordnete Verunsicherung. Homosexualität, Jugendschutz, Jugendliteratur. In: Osteuropa. Spektralanalyse Homosexualität und ihre Feinde, 63 (2013) 10, S. 99–105.

Wierling, Dorothee: Die Jugend als innerer Feind. Konflikte in der Erziehungsdiktatur der sechziger Jahre. In: Kaelble, Hartmut/Kocka, Jürgen/Zwahr, Hartmut (Hg.): Sozialgeschichte der DDR, Stuttgart 1994, S. 404–425.

Wilde, Harry: Das Schicksal der Verfemten, Tübingen 1969.

Wolfert, Raimund: Homosexuellenpolitik in der jungen Bundesrepublik. Kurt Hiller, Hans Giese und das Frankfurter Wissenschaftlich-humanitäre Komitee, Göttingen 2015.

Zeck, Mario: Das Schwarze Korps. Geschichte und Gestalt des Organs der Reichsführung SS, Tübingen 2002.

Zeidler, Manfred: Das Sondergericht Freiberg. Zu Justiz und Repression in Sachsen 1933–1945, Dresden 1998.

Zimmermann, Gustav: Wesen, Geschichte, Literatur, characteristische Thätigkeiten und Organisation der modernen Polizei. Ein Leitfaden für Polizisten und Juristen, Hannover 1852.

Zinn, Alexander: Die soziale Konstruktion des homosexuellen Nationalsozialisten. Zu Genese und Etablierung eines Stereotyps, Frankfurt a. M. 1997.

–: »Das Glück kam immer zu mir«. Rudolf Brazda – Das Überleben eines Homosexuellen im Dritten Reich, Frankfurt a. M. 2011.
–: »Aus dem Volkskörper entfernt«? Homosexuelle Männer im Nationalsozialismus, Frankfurt a. M. 2018.
–: Abschied von der Opferperspektive. Plädoyer für einen Paradigmenwechsel in der schwulen und lesbischen Geschichtsschreibung. In: Zeitschrift für Geschichtswissenschaft, 67 (2019) 11, S. 934–955.
–: (Hg.): Homosexuelle in Deutschland 1933-1969. Beiträge zu Alltag, Stigmatisierung und Verfolgung, Göttingen 2019.

4. Abbildungsverzeichnis

Abb. 17: Kassiber vom 29.5.1937
Quelle: SächsStA Leipzig, Bestand 20114, Nr. 6920, Bl. 14.

Abb. 18: Autogrammkarte von Oskomon
Quelle: Karl May Stiftung Radebeul.

Abb. 19: Travestie bei der Wehrmacht
Quelle: Martin Dammann, Soldier Studies. Cross-Dressing in der Wehrmacht, Berlin 2019, S. 14.

Abb. 20: Aktenvermerk der Leipziger Kripo zum Erlass vom 12.7.1940
Quelle: SächsStA Leipzig, Bestand 20031, Polizeipräsidium, PP-S 2001, Bl. 15.

Abb. 21: Gestapo-Foto von Werner Kähler aus dem Jahr 1940
Quelle: SächsStA Leipzig, Bestand 20031, Polizeipräsidium, PP-S 1425, Bl. 14.

Abb. 22: Registrierung in der Landeslichtbildersammlung. Polizeifoto von Gertrud R. aus dem Jahre 1933
Quelle: SächsHStA Dresden, Bestand Polizeipräsidium 10789, Nr. 619.

Abb. 23: Die Dresdner Tänzerin Gret Palucca
Quelle: SLUB/Deutsche Fotothek, df_hp_0050404_028, Foto von Genja Jonas.

Abb. 24: Grenzgängerinnen: Lesben-Lokale gab es nur in Westberlin
Quelle: FFBIZ/Fotosammlung Rita Thomas (C Rep. 40 Acc. 4 Nr. 46.a).

Abb. 25: Private Freiräume: Lesbische Freundinnen im Garten
Quelle: FFBIZ/Fotosammlung Rita Thomas (C Rep. 40 Acc. 4).

Abb. 26: Resolution, die Röbel an den sächsischen Landtag sandte
Quelle: SächsHStA Dresden, Bestand 11380, Nr. 513, Bl. 28.

Abb. 27: Bekanntenkreis »aus gut gekleideten Männern« – Foto aus Klimmers Nachlass
Quelle: Teilnachlass Klimmer bei Eckhard Prinz.

Abb. 28: Rudolf Klimmer, vermutlich in den 1960er-Jahren
Quelle: Grau, Ein Leben, S. 51.

Abb. 29: Die Moccastube im Café Prag, Dresden 1960
Quelle: Ansichtskarte, Privatbesitz des Verfassers.

Abb. 30: Frank Paul im Jahr 1959
Quelle: Privatbesitz Frank Paul.

Abb. 31: Rainer Falz in Vopo-Uniform
Quelle: Privatbesitz Rainer Falz.

Abb. 32: »Mäuschen« und »Bubi«: Tommy und ihre Freundin
Quelle: FFBIZ/Fotosammlung Rita Thomas (C Rep. 40 Acc. 4 Nr. 50).

Abb. 33: Die Kinderärztin Dr. Marianne Zwingenberger im Jahr 1954
Quelle: Institut für Geschichte der Medizin, TU Dresden.

5. Personenverzeichnis

Seitenangaben mit Asteriskus beziehen sich auf Fußnoten.